阮小路◎主编

经管法
保研申请
全指南

（上册）

新华出版社

图书在版编目（CIP）数据

经管法保研申请全指南 / 阮小路主编. —北京：
新华出版社，2018.4
ISBN 978-7-5166-4010-4

Ⅰ.①经… Ⅱ.①阮… Ⅲ.①研究生－入学考试－
自学参考资料 Ⅳ.①G643

中国版本图书馆CIP数据核字（2018）第072898号

经管法保研申请全指南

主　　编：阮小路

责任编辑：蒋小云　　　　　　　　封面设计：中尚图

出版发行：新华出版社
地　　址：北京石景山区京原路8号　　邮　　编：100040
网　　址：http://www.xinhuapub.com
经　　销：新华书店
购书热线：010-63077122　　　　中国新闻书店购书热线：010-63072012

照　　排：中尚图
印　　刷：北京盛彩捷印刷有限公司
成品尺寸：170mm×240mm
印　　张：45　　　　　　　　　　字　　数：882千字
版　　次：2018年4月第一版　　　印　　次：2018年4月第一次印刷

书　　号：ISBN 978-7-5166-4010-4
定　　价：119.00元（全二册）

编者名单

主编

阮小路　　　保研论坛站长、易保研创始人

副主编（按姓氏笔画排序）

王凌	浙江大学	管理学院
李晓彤	清华大学	公共管理学院
李梦薇	中国科学院大学	管理科学与工程
汪力	中国人民大学	信息资源管理学院
郑琳琳	浙江大学	管理学院
曹志成	北京交通大学	经济管理学院
彭晨	北京大学	软件与微电子学院
薛笑阳	复旦大学	经济学院
Rebecca	北京大学	经济学院

编委（按姓氏笔画排序）

万雪	西南大学	保送	同济大学	经济管理学院
王玉	对外经济贸易大学	保送	中国人民大学	信息学院
王红东	福建中医药大学	保送	华东师范大学	法学院
王君涵	兰州大学	保送	中国人民大学	农业与农村发展学院
王森维	兰州大学	保送	中国人民大学	农业与农村发展学院
王瑶	中央财经大学	保送	北京大学	光华管理学院
朱冰妍	重庆大学	保送	中国人民大学	公共管理学院
任玺悦	西南交通大学	保送	上海交通大学	机械学院
杜沁瑞	云南大学	保送	中国人民大学	法学院
肖可靓	中南财经政法大学	保送	中山大学	国际金融学院
张子璇	南京农业大学	保送	华东理工大学	商学院
张宏赫	河海大学	保送	中国科学技术大学管理学院	

张张	河海大学	保送	天津大学	管理与经济学部
张迪	武汉大学	保送	北京大学	光华管理学院
张瑞恩	四川大学	保送	南开大学	经济学院
陈彦博	山东大学	保送	上海交通大学	中美物流研究院
陈梦婷	哈尔滨工业大学	保送	厦门大学	法学院
罗书琴	四川大学	保送	清华大学	伯克利深圳学院
周羽新	对外经济贸易大学	保送	复旦大学	管理学院
赵真	武汉理工大学	保送	中国海洋大学	经济学院
南奈川	山东大学	保送	清华大学	Open-FIESTA
秦歌	厦门大学	保送	中国人民大学	劳动人事学院
莎伦	吉林大学	保送	复旦大学	经济学院
贾思宇	东北财经大学	保送	中央财经大学	财政税务学院
盛樱波	宁波大学	保送	中国社会科学院	经济系
雪诺	武汉大学	保送	北京师范大学	法学院
梁菁	中南财经政法大学	保送	北京大学	法学院
琪布吉	武汉理工大学	保送	上海财经大学	国际工商管理学院
紫晶fish	河海大学	保送	天津大学	管理与经济学部
睡树上	北京林业大学	保送	中山大学	岭南学院
Charmaine	西南财经大学	保送	北京师范大学	经济与工商管理学院
Daisy	南京农业大学	保送	南开大学	金融学院
Jes	厦门大学	保送	复旦大学	经济学院
Joe	同济大学	保送	清华大学	经济管理学院
Joyce	江南大学	保送	中央财经大学	金融学院
Liz	兰州大学	保送	厦门大学	财务管理与会计研究院
Luck	西安电子科技大学	保送	南开大学	周恩来政府管理学院
Ruby	中央民族大学	保送	中国社会科学院	数量经济与技术经济系
Sherry	重庆大学	保送	中国人民大学	法学院

编者（按姓氏笔画排序）

刘海博	李凯	张鹏	油二卖三晒
赵乘	柴鑫	曹末	橙子
ch	Judy	melody	Wendy
Wing			

前　言

各位读者，展信好！

写前言是个很有意思的事，但同时也是件不大好做的事情。怎么说呢，前言就好比这本书的使用说明书，所以在构思和正式写这本书的过程中，那些萌生出来的想法和思考，恨不得一股脑儿都倒给读者。虽然是叫前言，但往往是在全书写完之后，我才会动笔开始写它。就好像即将嫁女儿的父母一般，恨不得把她的生活习惯、喜欢吃的东西、平时的小好恶，都娓娓道来。凡此种种，无非是希望能够和这本书的每位读者，都更充分地交流，让每位读者，都能更清楚地了解我们是如何设想、设计和最终落实这本书的内容写作的。这样，想必可以有助于大家更快进入阅读此书的状态。

那么言归正传正题。为什么想要编辑这么一本书呢？我们团队把它叫作《经管法保研全院校申请指南》。标题有两层含义，一是全院校，二是指南。

对于第一层含义，全院校。这本书希望尽可能去覆盖全国所有招收经管法专业保研学生的高校和科研院所，上至清北复交人，下至普通的地方非211院校，尽量搜集有用信息。

大体上，本书体例按"地域–学校–学院"的三级分类，分门别类介绍各个高校接收经管法专业保研学生的情况。这里有两种特例：对于信息量尤其大且分设众多夏令营的学校，如清华经管，本书单列第四级目录，将不同的夏令营分开介绍，力图使读者对该校的经管法保研考核有更清晰的理解；对于有效信息较少，在 2017年或更早年份，经管法保研招生十分有限，仅为个位数的院校，本书会按地区合并，在一篇文章中一起介绍。虽信息有限，但也许一星半点的信息，对于需要的读者来说就是重要启发，故虽与大体例不符，亦不忍删去，在接下来可能的再版中，我们也希望能够借助更多同学的力量，对信息不够充分的院校予以补足。

值得一提的是，本书为了分类方便，将整个国内接收保研学校按地域分为8个大区，纯粹为分类之用，编者并非地理专精人士，如在地域划分上尚存不专业之处，也望读者海涵。

对于第二层含义，指南。这里想先谈谈本书的几个哥哥姐姐们，我们团队从2014年起，陆续编纂《保研一本通》《经管保研宝典》等书籍。《保研一本通》

通过介绍全专业、全流程的保研全景，来将读者领入保研大门，在2014年外保初次完全放开的背景下，《保研一本通》的写作，更多放在了保研大的背景、方略、步骤的介绍上。因此，很自然的，读者和我们本身，都意识到，需要一些更精细的书籍，去深入到保研的各个环节，各个分支，通过对这些更为细节的内容的介绍，来进一步地为读者展示保研每个环节的具体"战斗方式"。因此，《经管保研宝典》应运而生。相比《保研一本通》，《经管保研宝典》专注于经管保研的介绍，书中针对经管保研的特点，介绍经管保研过程中如何从"英语学习""科研训练""建模比赛""实习实践"等闪光点塑造自己，分别介绍"自述""文书""推荐信""导师邮件"等各项文书的写作技巧，亦选用一些真实案例，并对各专业各院校的情况做了介绍。也正是在《经管保研宝典》编辑完成之后，团队萌生了进一步搜集和整理每个经管法院校申请、考核情况，从而为学生编写一本具体到每个学校的书籍的想法。如果说《保研一本通》是道，讲究的是师傅领进门，修行靠个人；《经管保研宝典》是术，如同武林秘籍，一招一式，拆开了揉碎了讲；那么，《经管法保研全院校申请指南》更像是本字典，我们将各个学生申请各院校的保研经验，按院校分成以下几个部分，摘出客观有效的信息，展示给大家。希望当你不知如何定位，不知如何准备具体某个学校的申请，不知如何准备具体某个学校的笔面试及其他考核，不知如何选择具体某个学校的offer时，都可以打开对应院校的页面，查询到自己需要的信息。

本书共分8个大区，京津、上海、江浙、东南、西南、西北、华北东北、中部，每个大区再细分为学校，每个学校再细分为学院，个别学院会继续细分为项目。

全书累计包含128个学校，308个学院信息。

每一篇（一般是一个学院）包含如下内容：

申请环节

本部分介绍投递材料准备及网申填写过程中的注意事项

参营/推免复试前准备

本部分介绍参营（预推免/九推）前如何针对性进行准备

夏令营/推免考核内容

本部分描述参营（预推免/九推）期间的时间线，笔试、面试、论文答辩或其他考核内容

录取情况

本部分介绍该营（预推免/九推）招收哪些专业，大致录取情况

过来人回声

本部分是对相关人士的采访（可能包含录取的学生、落选的学生、进入替补名单的学生、拒绝offer的学生、往届参与考核的学生、已在该院校就读的学生等）

以上这些院校的介绍，如果只有夏令营，那么文章的介绍会包含夏令营内容；如果只有预推免或九推，那么文章的介绍会包含预推免/九推内容；如果既有夏令营，又有预推免或九推，那么文章的介绍会既包含夏令营内容，又包含预推免/九推内容。

值得一提的是，本书并非保研经验的汇总。不论是在编书还是培训的过程中，我们都逐渐意识到，往届保研学生的原始个人经验虽然信息丰富，但难免带着一定的主观色彩和个人色彩，即存在着一些噪声。因此，本书写作过程中，有意识地挑选作者保研经验中客观的部分，所以文章内并不包含作者的个人基本情况，而尽可能只保留申请过程、复试准备、复试内容、录取情况等客观信息，只在最后为了丰富信息的内容，加入了"过来人回声"部分。

由于时间仓促，信息庞杂，笔者在编写过程中，难免挂一漏万。对于本书提供的信息，欢迎读者帮助我们查缺补漏，也欢迎读者指出其中的不足和谬误之处。更希望本书的读者，在保研成功之后，也加入到更新本书的队伍中来。帮助本书不断成长，保持蓬勃的生命力。

在本书的编写过程中，得到了众多团队、学生和院校的帮助。在这里我要对易保研咨询师们表示感谢，本书的核心团队由在易保研服务多年，精通保研辅导的优秀咨询师组成；我要对提供大量书稿的保研学生表示感谢，正是你们的奉献，使得本书能够囊括全面的保研信息，为读者提供更优质的内容；我要对保研论坛新老版主们、参与稿件审订的《保研一本通》和《经管保研宝典》编辑团队成员表示感谢。国内众多院校在本书编写过程中提供支持，在这里，一并表示感谢。

希望本书能够对同学们的保研历程有所助益，预祝各位读者成功保送进入理想高校就读研究生！

阮小路

2018年2月5日于北京

目　录

京津篇

推荐院系

2018上海高级金融学院金融硕士推免生招生公告及夏令营通知

上海交通大学上海高级金融学院（Shanghai Advanced Institute of Finance，简称SAIF）是上海市人民政府为实现将上海建设成为国际金融中心的国家战略、满足上海乃至全国金融业发展并与国际接轨的迫切需要，依托百年名校上海交通大学创建的一所金融学院。SAIF以"汇聚国际一流师资、培养高端金融人才、构筑开放研究平台、形成顶级政策智库"作为必达使命，已获国际精英商学院联合会（AACSB）的国际认证，是全球获得该项认证的最年轻商学院之一。英国《金融时报》公布的2017年金融硕士排名中，SAIF 金融硕士项目（MF）全球排名第14，亚洲排名第1，并一举成为投资回报率、薪资涨幅方面排名亚洲第1的金融硕士项目。目前，SAIF MF 已成为亚洲最负盛名的金融硕士项目之一。

金融硕士（Master of Finance，简称MF）是SAIF的旗舰项目，毕业生平均起薪连年全国第一，就业率始终保持在100%。MF项目实行国际化和开放式办学模式，直接引进世界级名校的一流师资，两年全日制，全英文教学，MF项目课程设置密切联系业界实践，与国际全面接轨，学院的金融实验室能够实时接收全球主要金融市场的交易数据，供学员在实盘演练中感受瞬息万变的世界金融市场。截至目前，MF项目已招收九届金融硕士研究生，其中前七届学生除部分读博深造外，其他学生全部开启精彩职业生涯。（请点击此处查阅历届毕业生就业报告。）

今年的推荐免试招生分为SAIF MF迷你营及SAIF MF夏令营两种形式，五场迷你营将于2018年4月至5月期间，在北京、上海和广州三地举行，期间将发放一定数量的项目预录取名额及夏令营邀请名额，我们建议所有学生申请参加迷你营。若未能参加迷你营的同学也可直接申请夏令营。另外，SAIF MF会在部分学校举办开放日活动，与学生和家长面对面交流，具体请关注项目微信公众号通知。

申请流程图

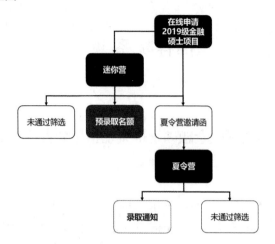

2018迷你营及夏令营时间安排

2018 SAIF MF迷你营日程表

每位申请者只可参加一场迷你营，不可重复参加

城市	时间	申请材料及截止日期
上海1	2018年4月14日-4月15日	2018年3月22日23:59前在系统中完成申请
北京1	2018年4月21日-4月22日	2018年3月22日23:59前在系统中完成申请
广州	2018年5月12日-5月13日	2018年4月13日23:59前在系统中完成申请
北京2	2018年5月19日-5月20日	2018年4月20日23:59前在系统中完成申请
上海2	2018年5月26日-5月27日	2018年4月27日23:59前在系统中完成申请

2018 SAIF MF 夏令营安排

SAIF MF 夏令营（上海）	2018年7月14日-7月17日	2018年6月15日23:59前在系统中完成申请

申请材料（系统提交，递交纸质材料视为无效申请）

○ 完整申请表

含个人信息，未填写完整视为无效申请（SAIF网申自动生成，报名模块已于2月28日开通，请点击此处进入）；

○ 扫描：截止申请提交时，最新在校成绩单（由教务部门盖章）

双学位学生同时附第二学位成绩单；

○ 扫描：相关英语能力资格证书复印件，如英语六级、GMAT、GRE、TOEFL、雅思等；

○ 个人陈述（英语），填入系统；

○ 60秒视频，个人全英语录制，按系统提示操作；

○ 两封推荐信

由系统直接发送推荐人邮箱获取，推荐人类别无限制，可以是教授、辅导员或实习公司主管等；

○ 扫描：其他证明材料

如已发表论文的复印件、奖状复印件、各类证书复印件等

○ 以上材料所提及扫描版，请务必合并成一个PDF文件在相应位置进行上传，否则新文件将会覆盖已上传文件。

申请条件：

1、本科三年级在校生（2019年应届毕业生），不限专业；

2、能获得母校推免研究生资格；

3、有较强数理基础及分析能力；

4、有优秀的英语能力。

联系方式：

E-mail：mf@saif.sjtu.edu.cn

电话：021-62934968

网址：http://mf.saif.sjtu.edu.cn

微信公众号：SAIF-MF

地址：上海市徐汇区淮海西路211号402室

邮编：200030

北京大学国际法学院

北京大学国际法学院（简称"STL"）创立于2008年，是中国也是全世界范围内，唯一将美国法律培养模式（J.D.）和我国传统的法律硕士培养模式（J.M.）相结合培养法律人才的法学院。STL严谨的教学、中英双语和苏格拉底式法学教育模式致力于培育可在世界范围内与英美顶尖律师竞争的高端法律人才，服务于以科技创新、金融服务和国际化为特征的现代经济发展和一带一路的国家战略。

STL创院院长为美国康奈尔大学前校长、上海纽约大学美方校长、2011年中国政府"友谊奖"获得者Jeffrey Lehman教授。经过近十年的发展，STL已经建立起一支顶尖的国际化师资队伍，面向全球招生。高度国际化的学习环境让学生感叹："在STL学习就像是身在中国的留学！"

STL的毕业生就业率接近100%，主要任职于国际顶尖的律师事务所、公司、政府机构或者前往世界一流大学继续深造。毕业生工作单位主要包括：方达、金杜、君合、天同、Kirkland & Ellis、Quinn Emanuel、Dechert、Paul Weis、Simpson Thatcher、Cleary Gottlieb Steen & Hamilton、DLA Piper、Morrison &Foerster、华为、腾讯、百度、国家开发银行、普华永道（深圳）、通用电气、平安银行、招生证券、前海股权交易中心、最高人民法院、华南国际经济贸易仲裁委员会、联合国难民署、中国国际经济贸易仲裁委员会等。选择继续深造的STL毕业生则被包括哈佛大学、耶鲁大学、牛津大学、北京大学、巴黎政治大学、芝加哥大学等在内的世界著名学府录取。

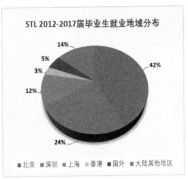

【所在地】深圳市南山区西丽大学城北大校区国际法学院

【性质】北京大学下设独立院系，性质同北京大学法学院，目前仅招收研究生

【学位项目】法律硕士（法学）&J.D.；法律硕士（非法学）&J.D.；LL.M.（仅招收留学生）

【入学方式】全国法硕联考、推荐免试或国际申请

【教学语言】J.D.项目课程纯英文教学，中国法法律硕士课程中文教学

【学制】根据2018年招生简章，法律硕士（法学）&J.D.和法律硕士（非法学）&J.D.双学位学制均为4年。具体请以招生年度的招生简章为准。

【学费】根据2018年招生简章，中国籍学生（含港澳台）学费标准为6万人民币/年，国际留学生学费标准为12万人民币/年。具体请以招生年度的招生简章为准。

【推免要求】获得推荐免试资格的优秀应届本科毕业生，专业不限；英语能力高，能适应全英文授课；对美国法律及跨国法律研究学习有浓厚兴趣，有志于从事涉外经济法律实务工作。

【申请方法】通过北京大学研究生网上申报系统报名，递交申请资料，参加复试后在全国推免服务系统中完成网上报名、网上缴费、接受复试确认和待录取确认等环节。

【联系方式】

咨询电话：0755-26032287

招生邮箱：admission@stl.pku.edu.cn

学院官网：http://stl.pku.edu.cn

通讯地址：深圳市南山区西丽大学城北大校区

国际法学院410办公室

STL微信公众号

京津篇

第一章　清华大学

清华大学五道口金融学院（金融专硕）

申请环节

一个人的发展需要是全方位的，只会考试其实有点劣势。但是需要提醒大家一点的是，参加活动固然有趣又能提升能力，但学习成绩是万万不可以放松的。保研道路上成绩排名是敲门砖，多方位能力展示的前提是对方学校给你展示自己的机会，这个机会很大程度上要依赖你的排名。

给大家的建议就是：

成绩：依旧很重要，不能放松。

科研：如果将来有申请学硕或者博士项目的打算的话，大二就可以为写论文做准备。个人认为，大三和大二下的科研能力不会有质的飞跃，所以不用担心自己学的东西少不足以开始做科研，如果有想法请大胆尝试吧。当然啦大二不想写大三也是来得及的，同学们也不必过于焦虑。

实习：如果将来想申请专硕，实习还是要尽早开始，至少需要有一份拿得出手的实习写在简历上。

看到这里大家可能注意到了，科研和实习的准备已经有了分水岭，这关系到你对未来的计划。最好的情况是你有明确的目标想要申请专硕或是硕博，这样就可以根据自己的目标做针对性的准备；但如果你还没有想得特别清楚，那就两方面都做些准备吧。

参营/推免复试前准备

五道口的考察重视金融知识。但主要体现在面试。笔试考察英语、数学、逻辑的内容，和GMAT考试很像，但英语的难度要低于GMAT。笔试是通过性测试，即只要合格，成绩高低不会影响最终的录取结果。因此最终录取与否还是取决于面试中的表现。面试包括简历内容、专业知识、英语口语测试几个部分，没有严格的要求，但一般都是这些内容。

我在准备上，大约花费了一周半的时间准备面试，另外有三天的时间准备笔试。因为五道口金融的面试不和大多数夏令营以及期末考试冲突，所以时间更为充沛一些。另外这场面试是我参加的第一场夏令营面试，所以花费的准备时间格外多一些。准备简历上可能提出的问题的回答、一些基础的英文问题、自我介绍、时事问题等内容。笔试如上述，不难而且分数不那么重要，因此那三天基本就是在做GMAT的题目，熟练熟悉一下应付笔试就没问题了。

夏令营/推免考核内容

面试内容主要是经历、英语口语、现实经济状况、专业课问题。面试过后会[①]有一场笔试，内容类似GMAT，包括英语阅读、逻辑、数学，但是是中文版（当然英文阅读部分是英文啦哈哈哈）。这场笔试是通过型测试，及格即可，成绩不纳入排名。

面试的话，主要被问到的问题有简述实习经历，其中你印象较深的事情；固定收益证券这门课里，简述B-S模型；有论文为什么不读博士等。

录取情况

滚动录取，一共三批，每批200多人。最终录取120人左右，其中50人北京班，70人是和一个会计研究院合办的。每年情况或有变化但变化不大，具体得看当年招生政策。

过来人回声

通过参加这个夏令营，我的感受就是：

1. 学校比较重视实习经历。有大券商的实习是非常加分的；

2. 学习希望学生具有全球化的视野，因此出国的交换交流经理也是很宝贵的，同时这也可以一定程度上说明你的英语能力；

3. 因为申请的同学成绩都很好，所以面试官不会把成绩很top当作你一个非常大的优点，你需要向面试官展现一些其他方面的闪光点；

4. 注意体现自己的专硕所需技能，科研之类的经历不要过分强调，不然老师们会觉得你是一个更适合做学术的学生，不适合他们的项目。（一位2017年录取学生）

---

① 易宝提示：保持好成绩很重要

清华大学五道口金融学院（金融直博）

申请环节

据五道口直博最新通知，2019级保研招生进行改革，由往年三批次改为3月、9月两个批次。3月举行为期两天的春令营，并在春令营完成大部分直博招生。春令营实行教授宣讲与选拔相结合的形式，仅有春令营能与各位博导深度探讨交流。

申请材料包括：申请表、个人陈述、两封推荐信、本科前5学期（9月份申请人请提交前6学期）成绩单、中英文简历、二寸照片一张，贴于报名表上、其他可以证明其能力或经历的材料。

如果自己做过与五道口的项目相近的研究项目，入营几率会有所增加。大家在选择老师跟着做项目时可以考虑一下。但这并不是决定因素。成绩单到本教办打印，排名证明要自己到想申请的学院的官网下载模板或者自己草拟一个模板，然后找本科办的人填写并盖章。推荐信要提前联系好老师，五道口要在官网上下载模板，然后给老师填写。

参营/推免复试前准备

参营前，要将所需材料全部准备好。同时做好笔试面试准备。笔试只考察数学，考察高等数学、概率论和线性代数。难度不大，主要考察熟练程度。复习的话用考研数三的复习材料即可。我当时用的是李永乐的疏散复习资料。

面试准备主要是准备自己的论文。虽然不是答辩的形式，但是老师会一直围绕你的论文进行提问。建议找论文的指导老师和学长学姐对你进行提问。

夏令营/推免考核内容

五道口金融直博第一批大概在每年四月份开始，第二批在7月中旬，第三批在九月份。五道口第二批一共入营26人。三批最终一共录取10人。

日程：

五道口会在邮件中告知你的面试顺序，自己估摸着时间到地方即可，不要求提前到。面试一共进行两天。在面试全部结束之后，第三天上午进行笔试。笔试可以提前交卷。

五道口不安排住宿，需要自己提前定好房间。

题目回忆：

笔试考察高数线代和概率论。

1、极限

2、收敛（敛散性）

3、函数周期、奇偶特性；

4、第一类曲线积分以及适当的积分变量代换技巧；

5、二重积分

6、二次型

7、矩阵的特征值和特征向量

8、线性方程组求解；

9、对称矩阵正交分解等；

10、条件概率简单计算；

11、矩估计和最大似然估计。

复习的话就复习考研数三就可以了。我买了李永乐的书。看那本书刷题应该就够了。

面试：

面试时间一人半个小时左右。道口的面试会有一个英文问题。比较基础。我被问到的是如果去你的学校旅游，你会怎么介绍。[①]

我的问题主要围绕论文展开，从选题到数据，等等。问得特别细致，所以没有时间问专业知识。其他同学被问到了专业课知识。道口比较喜欢问有关货币政策的知识，大家可以复习一下货币金融学。

过来人回声

重视笔试重视笔试重视笔试。道口最后是按照笔试面试的综合成绩进行排名然后录取。因为有论文，所以面试的时候会涉及一些计量知识。要提前做好准备。虽然不要求着装，但是大家都穿的正装或者是business casual，大家可以做个参考。不用紧张，既然能够入营就说明自己足够优秀，要好好准备，平常心对待。（2017年一位录取学生）

---

① 小妍提醒：考一个好六级分数吧！

清华大学经济管理学院
（工商管理创新创业与战略管理方向直博项目）

申请环节

我在8月份的时候开始准备自己的材料，清华大学经济与管理学院是有夏令营的，但是那段时间我在准备其他高校的夏令营，所以就错过了。八月末的时候，清华经管院就公布了推荐免试博士生的要求，我也按照要求先进行了网申。网申系统主要是填写申请表，申请表的内容包括：报考类别、报考系所、报考专业、报考研究方向、导师、自己的专业、学业排名、综合排名、平均成绩、入学时间、政治面貌、外语水平、获奖情况、个人陈述等。同时，我也准备了相关纸质的材料：申请表、个人陈述、两封推荐信、成绩单密封、两篇发表论文的复印件、获奖证书等，纸质材料是需要邮寄的，一般都要求顺风或者EMS。

其实，这些材料在参加其他夏令营的时候，自己就已经准备好了。但是，可能是为了表达自己的足够重视，材料都从新大改了一遍。比如，本人自述，由于是跨专业加直博，所以自己从写了一篇，我的指导老师还有导员都分别给我修改了一遍，一字一句，甚至是一个标点。再比如专家推荐信，之前的推荐信都是我拟定一个草稿，老师稍微修改一下签字就好。这一次是我们学院的负院长以及一位教授自己一字一句写的，因为担心我的语气不像老师，等等。其他的细节就不赘述了，之所以说这些一方面表达的是自己的认真态度，另一方面也很感谢我的老师们的帮助。

参营/推免复试前准备

清华经管院复试通知下发前会有博士研究生招生工作日程安排的通知，但是并没有复试的内容要求。通过一些网上帖子，自己得知清华经管有面试和笔试两个部分，比较重视英语能力。

自己一方面是看一些专业书籍，另一方面就是准备英语口语。因为我报考的是工商管理专业的创新、创业与战略的研究方向，所以就主要看了清华出版的战略管理方向的一本教材，最后发现笔试内容和专业课程没什么关系。我是提前一天到北京，所以那天的下午到晚上，我高中同学一直陪我练习口语，她就是英语专业的，直到第二天面试之前，我俩还是一直在练习，不过我很紧张。

夏令营/推免考核内容

首先是笔试，清华的笔试很霸气，就是一份英文论文。答题纸就是几张白纸，问题的话大都是对这篇学术论文的分析，印象比较深的就是里面有一个问题：你认为哪些指标不合理？同时还可以添加哪些指标？对于笔试我想说的是，一方面英语肯定要好，另一方面就是有阅读英文paper的习惯，这个速成不了，需要一定的时间的锻炼，最关键的是要真真正正参与过学术研究，学术研究里面一些基本概念要有。我觉得笔试主要就是考察我们的学术素养，以及英语能力。

其次就是面试，面试的时候，我们那组大概有十几个人，大家都挺厉害的，有在职的、留学的、应届生。面试的时候会录像，这个时候一定不要紧张，不要有小动作。面试官是5个人，我印象比较深刻的问题：1.用英语阐述一下笔试的主要内容。2.用英语介绍一下自己。3.说说你对于创新、创业战略的认知？你读过哪些相关的论文？其他的问题就是看你的简历随机提问了。我觉得面试更多看重的是你的表达能力，尤其是英语的表达能力。

面试结束之后，整个复试就结束了。

过来人回声

清华经管这次复试给我最大的感受就是这个学院很重视学生的英语能力以及学术素养，不过博士本来就是要安安心心搞学术的，这种考察方式也是合理的。如果真的喜欢科研或者有意向做科研，可以尝试清华直博，如果只是想去一个更好的学校，成功的概率比较低。

清华大学经济管理学院（工商管理营销管理直博项目）

申请环节

清华大学经济管理学院的营销管理直博项目招生分成两批，一批在7月份的夏令营，一批是9月推免。

由于需要的资料较多，我准备的文书顺序是简历、个人陈述、推荐信。先把简历写清楚了，然后把简历上的一些内容分成几点扩展开来写个人陈述，最后从个人陈述抽取几部分写推荐信，这样写起来进度很快。其中，简历可以准备两份，[①]一份是正式的，用于面试；另一份可以没有格式用于网申，直接复制粘

---

① 路姐提醒您：适当的训练口语

贴。清华经管的招生系统，看上去非常友好，一次性填不完可以保存，但只要提交了就不能再修改了。所以网申可能需要前前后后修改个三四次再提交。

网申系统中需要把个人陈述、推荐人的信息、证书等都填上，所以一般都是所以材料准备差不多了再进行网申。网申提交了以后就可以下载信息表。

准备好资料以后，按照要求的顺序排好封装。由于我是京内的，为了表示诚意，我亲自送了资料过去，也提前去找一找经管学院的位置。

参营/推免复试前准备

得知自己拿到入营offer后，我开始对这个项目以及学院老师的研究方向进行详细了解。营销直博的笔试和面试主要考察一个人的科研能力，而不怎么考察营销专业知识，所以这对于跨专业保研的同学来说很有优势。

笔试内容是看一篇英文论文回答一些问题，所以我在那段时间读了很多学院老师的论文，对营销的基本研究思路和方法做一个大致的了解。

在面试方面，我会给自己做一些模拟面试，包括中英文自我介绍、英语口语、自己相关的经历以及论文等。其中我把老师可能问的题目和回答都整理出来，这样面试的时候问到准备过的问题就不会那么紧张。另外，如果有论文的话，是很有优势的，但是一定要提前模拟答辩，把论文的主要内容、创新点、自己的贡献讲熟练。

夏令营/推免考核内容

夏令营时间较短，2天就完了，整个流程也比较简单，7月3日下午需要先去学校报道，拿饭卡还有夏令营的资料。

7月4日一早，我就赶过来听宣讲会，先是项目的介绍紧接着是营销专业研究方向的介绍，分为消费者行为、模型、公司营销，整个过程学术氛围比较浓厚。我一直对消费者行为比较感兴趣，写的论文也是相关的，所以也比较有信心。

7月4日下午先进行笔试，笔试的时候每个人会发5篇论文，选择其中一篇回答答题纸上的几个问题就行，用中文还是英文都可以。由于有一些专业名词不会翻译，所以我都是用英文答的。我选择的英文论文回答的问题是：（1）该文章研究问题是什么？为什么这个问题是有意思的问题。（2）这篇文章的贡献是什么？（3）这篇文章用了什么研究方法？不足和优势在哪？（4）你认为未来的研究方向是什么？问题不多，每个问题大概有半个小时的时间回答。我先用了1个小时把整篇文章读了一下，大致了解这篇文章讲的什么，然后在根据它的问题具体去找答案式的细读，因为毕竟是考试，全读懂了再做题可能就没时间了。

7月5日上午是面试，面试老师一共有5个。进去以后先做了一个中文自我介绍，然后她们就开始问论文。有的老师会用英文提问，就用英文回答；如果老师用中文提问，就用中文回答。总的来说，问的问题非常细致，从研究内容、创新点、研究的方法、我的贡献，就连我是怎么做访谈，访谈了几个人，问卷的收集对象都问了。所以一定要好好准备，提前预练。最后他们会问一些常规的问题，比方说你还申请了什么项目？你为什么读博？你感兴趣的研究方向，等等。

录取情况

面试完了就可以回去了，等待大概2～3周左右就会收到邮件。不管录没录，经管都会发邮件，这一点非常人性化。因为营销方向的老师不多，所以我们这批只录了3个，到了九推以后又录了两个，其中一个是夏令营等待的。

过来人回声

1. "清华经管营销非常欢迎跨保的学生，它考察的内容主要是科研能力。"（一位2017年录取学生）

2. "清华经管竞争很激烈，对学术水平要求太高了，没有论文面试非常尴尬。"（一位2017年落选学生）

清华大学经济管理学院（MiM管理硕士）

申请环节

考察的硬性指标包括本科院校、成绩排名及英语成绩，学生工作、实习经历、交换情况、科研经历、实践竞赛等，则是非常好的加分项目。

该项目是2017年4月29日在官网发布的申请通知，要求中有提到英语水平突出。TOEFL 100分或IELTS 7分以上的报考者给予优先考虑。据我了解，托福雅思成绩确实在入营选拔时有一定作用，入营的同学中大部分满足了该条件，同时群面也是全英文的形式，可见对英语的重视程度。

必交的材料每年变化不大，有意申请的同学可以提前着手准备。主要包括：申请表（网申系统生成）、中英文简历（各不超过一页）、个人陈述1500字、两封推荐信、成绩单以及英语成绩证明、获奖证明、论文等支撑材料。

参营/推免复试前准备

清华经管MiM的夏令营于2017年6月26日发送的邮件通知入营资格，仅仅提前夏令营选拔一周的时间，因此建议大家提前做些准备。在确认参营后便邮件告知了夏令营具体考核的流程。

因篇幅所限，请扫描二维码或登录易保研官网
www.ebaoyan.cn了解历年夏令营详细日程

参营前，我向之前保研过去的一些学长学姐们了解了相关情况，知道了主要考察是笔试、个人面试和小组面试。笔试是考察管理学（罗宾斯著，清华大学出版社，英文版）这本书上的内容；个人和小组面试是中文英文结合。因此没有学过管理学课程的同学可以提前开始着手复习，同时在平日注意锻炼提高英语口语。

除此之外，也要准备一个突出自身特点与亮点的英文自我介绍，因为个人面[①]试只有10分钟，评委老师不是每个人手中都有参加面试者的材料，因此个人面试的大部分问题是围绕着自我介绍中所提及的内容展开的。

夏令营/推免考核内容

7月4日是报道，资格审查，领取个人名牌（小组面试时使用），在签到时我注意到入营的一共有70名同学，而其中有近一半是清华和北大的同学。

7月5日上午主要是由MiM项目的老师、同学进行项目介绍以及互动答疑。同时在当天会公布第二天的面试时间与分组情况。下图是在分享会上清华的老师给我们介绍的2016年MIM就业概况，大家在考虑职业规划时也可以进行参考，而且可以看出就业情况还是比较乐观的。有些同学对颁发的工商管理学位有所顾虑，但是老师告诉我们mim项目在清华经管的平台，会有很多丰富的资源，就业方向也不局限于管理。2016年MIM就业概况如下：

行业	占比
咨询	14.3%
政府机构/事业单位/非营利组织	7.1%
证券	1.8%
投资银行	8.9%
投资管理（包括PE、VC、信托等）	8.9%
商业银行	25.0%
其他	3.6%
能源/化工	3.6%
科技/新媒体/电信	5.4%

---

① 小西提示：最好有一些科研成果哦（*. ω＜）

行业	占比
金融服务	10.7%
基金	7.1%
保险	3.6%

7月5日下午是笔试环节。笔试考察就是之前提到的管理学（罗宾斯著，清华大学出版社，英文版）内容，题型有单选和简答，试卷是中英文结合，中文的简答题中文作答，英文简答题英文作答。选择题是比较基础的知识，没有偏、难的知识点，两个小时的时间比较充裕。但是每年的笔试内容会有些许改变、调整，因此笔试前管理学课本上的知识要好好学习，这本书有对应的中文版，可以考虑同时复习。

7月6日是面试，分成两个教室，35人一大组，在同一个教室逐次进行单面，这些人分为7个小组在另一个教室进行群面。首先是个人单面，10min，5~6位老师提问，中英文结合，老师用英文提问就用英文回答，老师用中文提问就用中文回答，会有摄像机全程录像作为记录材料，时间控制在10min。

单面全部结束后统一开始小组群面，5~6位同学一组，5~6位面试官，30min左右，中文案例，全程英文讨论。3分钟时间阅读案例，根据抽签顺序轮流回答案例的问题，每人限时1分钟。随后是自由讨论环节，讨论需围绕案例展开。讨论结束后不需要作小组总结，面试官后续不会进行提问。小组讨论主要围绕各个领域的热点话题，2017年的夏令营有便利店未来发展、王者荣耀、共享雨伞等。需要平日多关注时事新闻，提升自身软硬实力。

个人单面我所遇到的首先是英语自我介绍，接下来老师对于自我介绍中的一些经历英语进行提问，涉及比赛中扮演的角色、科研成果，等等。

面试时会具体到每个人几点几分进行面试，不需要9—22点全程参加，根据自己的面试时间安排提前到达即可。

录取情况

录取结果会在结束后两周左右通过邮件的方式通知，没有waiting和拒信。每组录取2~3人，近几年来几乎都是如此，近半数的录取比例在夏令营中还是比较高的。该项目在九月推免时仍然有部分名额，考核方式也比较相近，包括笔试和面试，区别在于安排紧凑且结果发放很快。

过来人回声

"清华经管MIM项目夏令营的录取比例是比较高的，如果能够入营，则一定要好好把握机会，在笔试和面试中充分展现自己。此外，今年个人单面时不允许带新的简历材料，所有面试官手中只有一份在个人入营申请时提交的材料，面试官互相传阅，因此在入营申请时就需要做好准备，同时由于一些老师手中并没有材料，面试时自我介绍就是非常重要的了。"（一位2017年落选学生）

清华大学经济管理学院（金融硕士）

申请环节

关于申请的材料，我在准备的过程中是准备了一个小本本，就是可以随时随地带着的那种。把每个学校需要申请的材料，申请的时间节点，网上看到的面经都记在特定的板块里。有些材料是可以通用的，比如说个人简历、个人陈述（如果要投学硕和专硕的话，建议个人简历和个人陈述写两份，因为关注点不同）、英语证书、获奖证明等，我是先都扫描成PDF然后需要的时候去打印的（推荐一下全能扫描王）。再比如推荐信、成绩证明、成绩单申请等需要找老师、教务处的，我都是整理完一起去找老师的，这样节约自己的时间，也节约老师的时间。还有些学校要求拍视频的，我建议也是尽早拍完，拖延症真的会害死人的！

在这里说一下英语成绩，一般也是学校筛选除了排名之外最重要的部分。所以在还能够考六级的日子里一定要好好准备！如果来不及了就去报一个雅思或者①托福，一定要注意他的出分时间是要在你申请的截止日期之前的。本人就很悲催的在最后一次才勉强过了500，可以说是直接影响了光华的入营，还好经管给了我一次珍贵的机会，再次感恩。

经管前期准备的东西主要有必须提交的材料：除了传统的中英文个人简历、个人陈述、推荐信、成绩单以外，还可以选择提交自己的GMAT和GRE成绩来免除笔试，但是鉴于笔试比较简单，大家也没必要特意去考相关的考试。清华经管的整个申请系统还是比较朴素的，内容也与其他学校的大致差不多，如果有可以和海外交流经历挂上钩的一定要写，个人觉得这一点非常重要。此外，经管系统中除了个人陈述还可以上传一个800字的补充介绍，建议大家能上传也要上传，这个也有可能是决定你是否能入营的关键因素。另外，经管也要邮寄纸质版材料，成绩单还要求密封，所以大家一定要打好提前量出来，不要在截止日期前措手不及。

参营/推免复试前准备

保研其实是一个长期的很奇妙的过程，既需要长期的积累（比如GPA、综合

---

① 小妍提醒：(ˉ﹃ˉ)↗*Studying makes me happy*

能力等）又十分讲求缘分，以金融专硕项目为例，不同的项目考察方式不同、招生老师关注的点不同，想要拿到offer就需要找到适合自己的项目或者说和自己相匹配的项目。

总的来说金融专硕项目在筛选简历阶段硬性指标比较看重的是专业排名、英语成绩；剩下的大概可以算作综合能力包括：科研、竞赛、实习/创业经历以及你提交的文书情况（个人陈述、简历等）。

我在准备的时候发现，金专复试阶段项目之间的差异性则比较大，大概可以分为两类：1.有专业课笔试并且笔试成绩在复试中占比较大，复试侧重于考察基本功的扎实程度，笔试成绩占到50%左右；2.无专业课笔试或者专业课笔试占比很小，更注重材料的审核、面试时的表现等，这样的项目代表性的就是清华经管了。再加上我是第二批去面试的，时间正好和我的期末考试完全冲突，可以说是时间非常紧张。在准备之前，我提前找了学长学姐进行了了解：

经管的复试分为笔试和面试。笔试的内容分为逻辑、数学、和英文阅读，一共50道选择题。笔试属于过关性考试，达到60分就可以（又有说是55分的，不到60分会直接被拒）。逻辑题类似于MBA考试的逻辑题，我是复试前利用了最后一个上午找了一些公务员的逻辑题做了做找了找感觉，这部分题目绝大部分不难，把握好句间逻辑就可以（在读题的时候可以自己先梳理逻辑）；数学题基本上是初中和高中的题目，不过有参加第一批的同学说他做到的是小学奥数题的类型，复试之前这部分基本不用准备，但是我这一次遇到了几道比较变态的题，还有解析几何……但是占的比例非常小，总体来说逻辑题和数学题这两大部分的题目都是比较简单的，因为是过关性考试，所以个别难的题目可以先放掉把时间用来做后面的英文阅读。英文阅读我觉得难度略高于六级，我做的时候前面花的时间比较多，所以比较赶，还是应该合理分配这部分时间。英文阅读还是需要复式前做几篇找一下感觉，平时也要重视英语的学习和运用（我就是英语渣，吃了挺多亏）。总的来说，笔试难度很小，放平心态把题目做完基本上都没有问题。虽然说很多单词都不太认识，但是对于做题还是没有很大的影响。总之笔试并不是很难，如果有GMAT和GRE可以免试的话更好，没有的话也不用太担心。

经管的面试是简历面试，5面1。面试流程是候场—场务老师把你的材料（简历和个人陈述）递给面试的老师，让面试老师先看你的材料—入场—1min自我介绍（中文）—简历面试。简历面试的主要内容就是你简历上呈现的，所以简历上的所有东西一定要非常熟悉。面试时间20min，1min自我介绍然后是问题。面试问题除了一个英文问题（英文问题大多是问海外交换经历或者其他简历上体现的经历）都是中文，老师比较关注的点是科研、专业课、实习、交换、创业。社团、学生工作、实践之类的一般不会问。因此，我针对自己的简历和个人陈述重新进行了梳理，并且找不同的同学进行了好几次的模拟面试，感觉效果不错，建议大家一定要模拟面试。

最开始的信息获取建议大家可以买一本《经管保研宝典》，这本书很适合作为保研的"扫盲工具书"用，里面也会有一些比较好用的小技巧。入营后复试准备的信息可以从这个保研论坛等获取，早做准备。

因篇幅所限，请扫描二维码或登录易保研官网
www.ebaoyan.cn了解历年夏令营详细日程

夏令营/惟免考核内容

准确地说清华经管并不是夏令营，纯考核形式，食宿自理，只要在规定的时间去参加考核即可。考核为滚动形式，一共三轮，报名是3月、5月、9月各有一批，我报了第二轮。第一轮往往清北的学生偏多，毕竟是最早开始的保研院校，其余也都是各985的大神，被碾压的可能性较高。建议大家还是看一下时间安排，慎重决定轮次。

5月31日报名截止，6.9收到的面试通知，6月20那一周进行复试，第二周周一就收到了预录取通知。第二批参加复试的有60人，因为经管会发waiting所以具体录取多少人不是很清楚，最终的名额会在9月下旬确定。

笔试应该是所有人统一在6月21日晚分不同考场进行，在此再次向大家强调准时到场的重要性！虽然笔试难度并不大，但是本人就因为考试急急忙忙赶向了清华，结果路上还遇到了大雨，由于第一次去还找不到路，最后完全湿着考完了这场笔试，还好最后通过了。

面试安排的时间都不同，一般外地的同学好像都会被安排在笔试那[1]一天的白天进行面试。在面试的时候我曾经问过前后的几个同学，发现他们都是经管本科的，而且出来之后发现他们还在讨论面试的老师教过他们什么课程，当时瞬间信心就没了，这里提醒大家一定要自信！面试是5对1，每人15分钟，建议穿正装。评委中有校友，有一个老师专门负责英文面试。面试从自我介绍开始，大多是问简历上的问题和自我陈述里的问题。简历和自我陈述大家要仔细对待，以我的惨痛经历来看，老师真的会仔细看你写的材料。我感觉经管的面试还是非常有深度的，往往第一个老师的问题会决定你整场的面试方向。对于我来说，由于第一个老师提问了我关于本科专业保险的问题，后面百分之八十的问题都围绕着保险展开，准备的好多金融知识都没派上用场，这里提醒大家一定要把握好自己的专业。我被问到的问题大概有：你为什么要选择读金融硕士？你觉得你自己有什

---

[1]　易宝提示：保研论坛有很多学姐学长的经验分享帖

么优势适合？怎么看待万宝之争？怎么看待大陆和香港的保险行业差异？怎么评价保险行业的发展前景？

我也问了一些其他的同学，他们被问到的问题也有：你在自我介绍中提到了你是一个很有潜力的人，那么请你举例说明这一点。学过哪些金融专业课程？你有报其他学校吗？会去深圳班吗？还有个同学说他的家乡是广东之后就和老师聊了很久家乡……

在这里一定要提醒学弟学妹，真的要沉着冷静，即使被问到的问题没有提前准备好，也要现场组织自己的语言，让自己尽可能看起来有逻辑。经管的面试应该比较看重学生的精神风貌，所以在面试的时候就算被怼得有问题回答不出来也不要弃疗，别的老师再问新问题的时候也要调整好心态用良好的精神面貌去回答问题。

保研这一路走来，要感谢的人太多了。被我打扰过很多次却还是十分耐心的学长学姐，帮我写推荐信的老师们，以及在背后一直默默支持最后和我分享喜悦的父母，在选择offer过程中给我建议的家人、老师、同学。最后，也希望学弟学妹都能够收获心仪的offer，大家加油！

录取情况

我们这届参加面试的同学较多，应该超过了五百人。一共进行了三批的面试，四月、六月以及九月份各一批，每一批都会有直接录取、替补录取、waiting list以及拒绝四种结果，替补录取将在这一批直接录取的同学拒绝之后进行补录，而waiting list将在最后一批结束之后进行补录，最终录取了150人，北京班40人，深圳班共110人。

过来人回声

1. "清华经管的笔试比较水，基本上完全是由面试成绩决定的。所以大家一定要针对自己的简历和个人陈述进行精心的准备，做到有问必答，机会还是很大的！"（一位2017年录取学生）

2. "清华经管还是比较看重学生的整体素质的，大家一定要在大学前三年全方面发展自己，尽量不要有特别明显的短板，我就是因为英语的短板导致了最后没能成功圆自己的清华梦……"（一位2017年落选学生）

清华大学经济管理学院（清华–哥大商务分析硕士）

申请环节

清华大学与哥伦比亚大学商务分析硕士双学位项目的申请分为两个阶段：网上注册报名；纸质资料提交。四月底就发了通知，截止时间在六月中旬，所以留给大家的时间还比较充分。

该项目与出国申请的项目准备也差不多，要求的都是：GPA，实习，GT成绩，荣誉获奖以及学术研究等方面，提交的材料也很类似：网申，推荐信（三封中英文对照或者全英文），个人陈述（全英文）。

在保研项目的申请方面，很多有特色的项目都有自己的偏好，考查方式以及未来的发展方向也略有差异。建议各位准备保研的同学还是要选准自己喜欢的项目，精心的和自己的规划进行匹配。

参营/推免复试前准备

参营之前，之前为了其他的项目，在数学方面已经进行了复习，所以等到入营通知时，自我感觉数理基础已经有了一点底，所以复习的方向就放在了面试和英语上。

英语的话，清华–哥大的商务分析硕士项目本身就对托福、雅思、GRE有了要求，所以入选的同学已经保证了有比较好的英文基础，后来准备的主要就是英文专业词汇和英语面试口语。

面试的话，可以找周围优秀的同学进行面试模拟，经过一两次练习，把问题找出来，进行改正，效果提升还是很明显的。

夏令营/推免考核内容

清华大学与哥伦比亚大学商务分析硕士双学位项目的夏令营时长两天。第一天上午是开营仪式：主要是项目介绍与讲座，下午笔试；第二天是面试。

笔试一共五道题，有中文也有英文。数学笔试考察的是关于特征根、微分方程、泊松分布之类的知识点。计量部分考了OLS的证明以及简单的运筹线性规划、计量经济学方法的应用，以及两个计量模型的F检验。整体感觉考核的还是比较基础，很多考察了对于定理的理解，建议大家在准备笔试时打好扎实的基础。

面试的时候被要求携带五份个人简历，所以估计到应该是五对一的单面，和老师聊了大概二十分钟左右。[1]

面试过程中一定会考察英文口语，我是用英语谈论自己的职业规划，有的小伙伴是进行英文自我介绍，也有被问到专业相关的问题的。面试的过程中，大部分是针对简历进行提问，老师问得挺仔细，简历上的每个细节都可能被问到，务必充分准备。面试过程中还会让做一道题，之前一定做好心理准备，不然容易慌。题目内容一般就是概率论，数理统计的问题，也很有可能考运筹学，与笔试一样注重于考察定理理解与应用。

面试的建议还是熟悉自己的简历，确保每一点都很熟悉，都有话题可聊。如果真的被问住了，要自信，尽量将问题引导到别的方向，否则那个问题会被一直追问下去。我的感觉是，面试很有可能考察的不是你的优势而是你的最短板。

录取情况

招生类型	专业	入营人数	全部录取人数
清华–哥大商务分析硕士	管理科学与工程	60人	24人

注：清华大学与哥伦比亚大学商务分析硕士双学位项目的结果大概在夏令营后一个月公布。

过来人回声

"清华大学与哥伦比亚大学商务分析硕士双学位项目的材料准备相较于其他推免项目而言，会复杂一点。对英语方面的考试，有明确的指标。有意向报考此项目的同学，一定要提前准备好相关的语言成绩。同时，较好的英语口语在面试中也会有较大的优势。"（一位2017年落选的学生）

清华大学统计学研究中心

清华大学统计学研究中心是2015年刚刚成立的，2017年是第一次招生保送生。

该中心主要招收统计、数学与应用数学、计算机、自动化、生物信息、经济学等相关专业方向的直博研究生。夏令营大概在5月初会出通知，7月中旬去参营。

---

[1] 小也提醒您：多参加一些认可度高的竞赛吧

申请环节

该中心没有历史数据，所以我怀着尝试一下的心态报名，再仔细阅读了招生简章之后，我开始认真的准备材料。

准备好资料以后，我把纸质版原件全都扫描成电子版，制成一个PDF文档，通过网申系统上传。

网申完成后，可以顺便把需要打印出来的纸质版材料都打印完，放在一个大信封里面备用。

夏令营/推免考核内容

夏令营入营结果在6月初通知，并在7月17日至19日进行。在清华参营的三天，我深深地感受到了清华浓厚的学术氛围。

笔试内容涉及数学、统计学、计量等多个学科的基础知识。

面试主要有专业面和论文答辩。专业面是单面的形式，主要针对个人的简历提问相关的科研经历，考察对统计学和数据科学是否有浓厚兴趣、读博的决心，等等。论文答辩是提前抽一篇论文然后进行展示并答辩，主要考察学生的科研潜力。

过来人回声

"清华大学统计学研究中心是新成立的，但是招生规模很小，生源限于清北。"（一位2017年落选学生）

清华大学社会科学学院

申请环节

接到清华大学社科学院的入营通知时，距离入营大约有三周时间，社科学院是举办夏令营比较晚的，在北大几个营之后。

参营/推免复试前准备

笔试考察微观经济学、宏观经济学、政治经济学的内容。我从没接触过政治经济学。出于时间紧张的原因，我未对这门学科做准备，只能拿有限的时间来复习宏微观经济。微光经济学和宏观经济学考察难度大约在中级水平，我大约花费了一周时间进行复习，但是这个复习时间可以和其他夏令营的复习结合起来，因为不止一家夏令营会考察微观、宏观经济学的知识。

夏令营/推免考核内容

夏令营四五天，前面都是研讨课，由于参营人数少，讨论的气氛很好，几乎每个人都有发言的机会。倒数第二天有一个研究展示，相当于临时准备的一个pre。最后一天上午面试下午笔试。面试内容包括论文、经历、专业知识。笔试题目包括西方经济学、政治经济学的内容，最终录取是前面这些考核内容成绩的加权。考试时间较为紧张，难度较大，能答对一半左右就算是比较好的情况了。

录取情况

夏令营入营25人左右，最终录取4人。

过来人回声

总之，这个夏令营每位同学的参与度都很高，当然这主要是因为参营的人数少。如果认真的话能学到很多东西，能从教授那里等到很多思考，教授们也鼓励学生们展开自己的思考。觉得不太有利的一点是，参营的人当中大约一半都是本院的学生，但是最后结果证明并不会对本院学生有多少偏爱。①

夏令营过程中保持认真积极的态度，真正参与到这个过程当中，你会发现自己有很多收获。（一位2017年录取学生）

易保研保过学员成功案例——跨专业逆袭的故事：清华社科院、北大汇丰、复旦计算机、人大信息

清华大学教育研究院

申请环节

我是在清华教育研究院的夏令营通知出来之后才关注这个院的，在通知之中甚至对于英语和成绩没有做出非常明确的要求，而且报名专业也没有限制，建议跨专业的同学可以尝试一下。

这里有一个小建议，希望大家准备的时候把自己想要投递的院校相关截止日期还有要求做成一个表格，这样自己看起来也方便，还可以提示自己不要做错。

清华教育研究院采取的是邮件申请和纸质申请同时的申请方式，因此所有的材料都需要准备纸质版和电子版两份。因此，我将自己相关的纸质材料都进行了

---

① 小也提示：小部分夏令营在8月份举行

扫描，存成pdf格式以便进行申请。它所要求的申请材料基本上与其他夏令营类似，所以我之前所准备的比较通用的材料都可以派上用场。但是这里有一个需要提醒的是，针对个人陈述，我所得出的经验是各个部分的重点一定要突出，同时要针对不同院校的特点进行修改，比如如果投递清华教育研究院的话可以重点突出自己有关于教育和管理的相关经历，如果有学术成果就会更好。建议完成一份1500字的标准后，根据不同院校（1000字/2000字的要求进行删减和扩充），还有非常重要的一点，一定要在个人陈述中体现出你今后的学业规划以及职业规划，这个也是行为面中一定会问到的问题。准备好这些材料之后一定要记得在DDL之前把材料寄出去并且发送电子邮件！不要因小失大！

因篇幅所限，请扫描二维码或登录易保研官网
www.ebaoyan.cn了解历年夏令营详细日程

参营/推免复试前准备

时间安排比较紧张，整个活动比较紧凑。在夏令营结束之后，我还参加了教研院组织的一次支教活动。事实证明，教研院应该非常看重"行胜于言"，最终获得拟直接录取资格的学生大部分都是参加支教的小伙伴。

由于清华教育研究院采取笔试+面试的形式，在入营之前学姐曾经跟我说笔试也比较重要。因此，我对自己所学过的专业课进行了有针对性的复习，根据后来的经验，复习的时候一定不要抓住偏怪难去扣，要抓紧基础的部分进行复习，因为比较基础，而且相对于比较广泛，对于大家平时积累的要求可能更高。

同时，为了避免考试时面对时事热点问题无话可说，我还进一步整理了相关的时事热点问题，比如双一流建设、高考改革等，并且针对相关问题写出比较全面的评述，以备不时之需。这一点也要提醒大家，希望大家要多关注时事问题，事实证明考试中还是有灵活运用的题目的，建议在这一部分多花一些时间。

此外，我还准备了中英文的自我介绍，针对自己的简历再一次进行全面的排查，希望能够在面试中也占得先机。

夏令营/推免考核内容

清华教研院的整个安排十分紧凑，7月2日进京，3日下午报道，然后就把时间表和评分细则以表格形式发给我们。看到分组的一瞬间内心就崩溃了，一共8组，每组5~6人，至少三个清华北大和北师大的学生，很明显具有交叉学科的特点，社会学、教育学、经济学、管理学、工学、文学、哲学，等等都有同学入营，也正是因为一个组的同学拥有不同的学科背景，所以在后续的展示之中也需

要注重突出小组整体思考的全面性。此外，和其他小伙伴交流也有助于全面提升自己的视野，我觉得收益颇丰。

整个过程中除了讲座、参观校史馆和苏世民学院等较为轻松的安排之外，还有正常的笔试和面试。笔试中有关于定量研究的题目，关于研究假设和"去伪存真"两类错误；文言文"格物致知"一段的古文翻译；以及个人对高等教育和精英大学培养方向的理解。考察的内容不仅涵盖基础知识，还有一些其他的与时事相联系的内容，再一次印证平时看新闻的重要性！

比较虐心的是面试。教研院安排每个小组在"教育与技术"、"教育与环境"、"教育与贫困"、"教育与健康"四个话题之内选择一个方向，利用一天时间准备，做一个小组展示，同时让教研院的研究生师兄师姐分几个时间段参与讨论，并为每个小组成员打分。另外，小组成员还有一个自评和互评打分环节。也就是说你和队友在并肩作战的时候，还要考虑相互之间的竞争，可以说压力很大了。

整个面试分为三部分，一开始是每人三分钟的英文自我介绍，也是整个夏令营中唯一需要英语展示的地方；第二部分是二十分钟的小组展示，一定要有团队精神啊！我们组第一个发言的小伙伴花了十分钟介绍文献综述部分，导致最后展示被强行打断，根本没有讲完；第三部分是老师提问环节，有针对课题提问的，也有针对简历提问的。压力面为主，比如问发言最少的小伙伴，生命中有没有什么值得自豪的事情，问一个略显强势的小伙伴有没有让自己后悔的事情。

考核过后，我感觉自己的希望不大，因此还小小的低沉了一段时间。在我内心默默挥别清华，准备九月推免的时候，收到了教研院的拟直接录取通知，虽然感觉很惶恐，但还是喜极而泣啊。

最后给大家的建议是，复习笔试的时候缩小范围，不去扣偏怪难的题目，要注意平时的积累，平时多关注时事，有事没事刷刷新闻，自己多思考。

保研的路上可能会有很多同伴、有来自四面八方的消息、有各种各样的笔试面试技巧，但是我觉得，做自己最重要！以最真实的我，对自己、对导师、对研究生生涯负责。希望各位成功！①

录取情况

专业	入营人数	全部录取人数
教育学	未公布	42
公共管理		

---

① 小西提示：在保研论坛找个朋友一起努力的话会更有斗志哦！

过来人回声

1. "我个人认为，清华教育研究院后面的支教环节对于录取还是有一定的影响的，所以建议大家能够参与的积极参与，毕竟也是一次提升自己很好的机会。"（一位2017年录取学生）

2. "在清华教研院的这次夏令营经历让我收获颇丰，组员之间不同的背景和专业，让展示能够更加多元化，但我认为展示一定不能偏题而且要控制好时长，不然可能会造成很不好的影响。虽然没有被录取，但是我还是十分感谢这次经历。"（一位2017年落选学生）

清华大学法学院（法本）

申请环节

清华大学法学院目前只有9月份推免，没有夏令营。所以希望推免清华法学院的话只有认真准备清华大学九月份的推免。笔者开始着手准备清华大学的推免是从当年的三月份开始的，因为每个学校即使是相同的二级学科，考察内容也是不同的，所以对推免的笔试应该有针对性的早做准备，复习强度不应该低于考研，甚至要更加认真才可以。下面为清华大学法学院各专业复试考察笔试内容：

研究方向	考察内容
法理学	比较法总论
宪法学与行政法学	行政法学
刑法学	刑法学
民商法学	商法学
诉讼法学	证据法学
经济法学	经济法学
环境与能源法学	环境资源法学
国际法学	国际法综合（即国私、国公、国经）
知识产权法学	知识产权法
比较法与法文化	中国法制史、比较法总论
国际仲裁与争端解决	国际法综合（即国私、国公、国经）
法律硕士（非法学）	文科综合

对于清华大学法学院的各种投递材料的准备应该是最后了，在放暑假以前各大夏令营早已开营，所以自己的奖状复印件、英语成绩单、专业课成绩单这些都

已经备了很多份。清华大学法学院的推免通知于八月中旬通知，从近几年的时间点来看通知几乎都在八月中旬到下旬。八月下旬清华大学研究生招生系统开放，就可以开始注册报名了。清华大学报名需要下列材料：申请表一份（网申系统自动生成）、个人陈述、两封推荐信、成绩单密封、论文获奖证书等支撑材料。

针对上述材料，结合我的投递情况做如下阐述：首先，报名表是系统自动生成，只要按照系统填写就好，成绩单需要教务处盖章，一般学校都有自助打印，但是这里清华大学需要对成绩单进行密封，这就需要到学院教学科完成此项工作，加盖公章。其次，对于专家推荐信，这里是清华大学重点考察的内容，这里的专家推荐信最好是有专家亲自推荐并密封，而不是自己写好请老师签字盖章。如果你的推荐专家越权威，效果可能越好。再者，对于学术成果，我本人是没有学术成果的。咨询了同样进入复试的同学们，大多数都没有在核心期刊上发表过文章杂志（如果各位同学有自费发表的学术声誉不好的文章，最好不要提交，在其他学校复试过程中，有些老师毫不留情地指出了某同学为什么要自费发表文章，场面一度十分尴尬）。最后，获奖表现这里，写得模棱两可。一般学校是学生本人有什么就要什么。我在投递过程中对此也很疑惑，遂拨打了咨询电话。清华老师给的回复是只要省部级以上的奖状。所以只要挑自己最优秀的即可。另外，清华是没有要求提供英语成绩证明的，只会在报名表填写过程中有一个英语水平一栏。我本人英语水平特别不好，甚至因为这个有学校将我拒之门外。在清华材料提交过程中我是没有提交英语成绩的，但这并没有影响我进入复试。所以如果英语不好，英语成绩反倒不用提交。当然，英语十分优秀一定要提交英语成绩，国际法专业是必需的。我所知道的一个同学，不是专业第一，但雅思分数高，也进入了清华法学复试。

参营/推免复试前准备

笔者认为，清华大学法学院复试应准备较长时间，越早准备主动性越强。在临近复试之前，可以将自己的自我介绍、英文自我介绍等进行事前准备。回顾自己所阅读的法学经典名著，回忆起曾经的内容，为复试面试做好准备。至于笔试准备，则可参考笔者的准备周期，考察内容也在上面做了介绍。我个人认为，大家如有闲暇时间，不妨到网上搜索一下清华大学法学院与你本学科有关教授们，做到对他们的熟悉，包括学生观点或学术著作等，一是避免面试时的紧张，二是[1]可以和教授们面试时侃侃而谈，有话可说。

---

[1] 易宝提醒您：3~4月该搜集夏令营信息啦~

夏令营/推免考核内容

清华大学法学院每年的复试一般集中在九月中旬的周六周日，一般法学硕士复试时间为一天，法硕非法学为两天。

因篇幅所限，请扫描二维码或登录易保研官网www.ebaoyan.cn了解历年夏令营详细日程

2017年9月17日上午9；00～11；00为笔试时间，所有法学硕士推免生都在法学院四楼大会议室进行笔试，座位随机，没有间隔。一般每个科目试卷都为三到五道论述题。笔者为三道题，分值为30/30/40，题目十分灵活，以考查学生学科基础和学术视野为主，答案应该是开放的。

2017年9月17日下午13：30为面试时间，法学硕士推免生按照分组分成不同的学科进行面试，法理、宪法、比较法环境法等为一组，国际法、国际仲裁一组，刑法、诉讼法等为一组，民商经济卫生法等一组，总共分了四组。每组五位专家，各学科有一到两位教授。一般面试时只有本学科教授提问，其他教授对你感兴趣也会提问。每个人固定20分钟，有专人计时。面试话题随机，就是纯聊天，聊天话题多为读过的书和你本专业相关的话题。英语提问就是上述话题中用英语回答。整个过程没有任何限制，聊得很随机，全看你如何表现。

录取情况

清华大学法学院推免2017年向外校共发放21个复试资格，录取8人，2018年共发放25个复试资格，录取5人。下面三个图的数据分别是笔者在准备复试时收集和亲身参与清华法学复试过程中记录下2018年清华大学法学院推免各专业复试人数、2017年清华大学法学院推免录取情况以及2018年清华大学法学院推免录取情况：

专业	清华本校人数	外校人数
比较法与法文化学	2	2
民商法学	4（支教团自带名额1人）	4
知识产权	3（国防生2人自带名额）	1
国际仲裁与争端解决	3	2
国际法学	1	2
经济法学	1	2
刑法学	5	4
法理学	2	2

专业	清华本校人数	外校人数
诉讼法学	5（艺术等自带名额2个）	2
宪法与行政法学	1	2
环境与能源法学	1	2
卫生法学	1	1

	院校类型	院校类型	推免录取人数
1	清华大学	985/211	19
2	中国政法大学	政法院校、211	3
3	北京大学	985/211	1
4	复旦大学	985/211	1
5	南京大学	985/211	1
6	中南财经政法大学	985/211	1
7	山东大学	985/211	1
合计			27

	院校类型	院校类型	推免录取人数	录取专业
1	清华大学	985/211	20（3专项）	
2	中国政法大学	政法院校、211	1	宪法与行政法学
3	吉林大学	985/211	1	国际仲裁与争端解决
4	北京航空航天大学	985/211	1	国际法
5	山东大学（威海）	985/211	1	宪法与行政法学
6	厦门大学	985/211	1	知识产权
合计			25	

从上面图表中看得出来，清华大学法学每年外校推免成功的同学寥寥无几，能够获得复试资格的同学大多数都是各个学校的专业第一名，或英语极其优秀的同学。18届25个复试的同学都来自五四传统校和其他985/211。这些同学一般都已经拿到多所学校的通过资格，每个同学身上都有三到四个录取资格。比如人大、武大、上交、浙大、中政法，北大国际法学院等诸多顶级学校。

过来人回声

作为一名非清华本校的同学，最终能够被清华录取，成为仅有的几人之一，觉得真的是幸运之极。在夏令营和推免参加的几所学校之中，清华大学法学院给我留下的印象是最深的。三道论述的笔试题外加自由的面试，这样的考察考的真的是平时积累，而不是靠稍微准备准备就可以应付的。能够和众多优秀的大家一起参加复试，既知足又幸运，感谢自己踏实的三年学习时光。（一位2018年录取学生）①

真的是十分认真的准备了此次的复试，想向着自己的梦想冲击一把，无奈优秀的人太多。通过各种前期其他夏令营的相遇，此次复试的同学们大家彼此都很熟悉，都是一群优秀的人，最后绝大部分折戟而归。虽然已经联系了导师，但是落选也只能和敬仰的导师擦肩而过。在复试的时候能和中国五位顶级的法学大家闲聊20分钟，感觉人生也会因此而圆满不少。希望自己以后能够更努力一点，幸运多一点。（一位2018年落选考生）

清华大学法学院（非法本）

申请环节

2017年清华法律硕士推免通知是在8月25日左右出的，填写网申，寄出材料只有差不多两周的时间。

关于清华法硕的要求：官网给出的要求很宽泛，基本满足保研资格的学生都在他文件的要求之内，清华不是很看重本科院校所以不必为自己是不是985、211所担忧。但是网传清华只要前三或者5%，其实这个是不准确的，有很多进入复试的人是不满足这个要求的，就我自己的经验和复试和同学的交谈而言，我觉得成绩10%以内都是有希望的，其次清华挑人是选择一些在某一方面有特殊强项的，成绩很好、英语很棒（四六级不行最好有比赛或者出国交换）、科研有成果、实践活动很出彩这些东西都是很好的加分项，大家要明白一个道理任何一个简历都是一个整体，除非你某一项特别差（比如六级不及格）以外，不会因为某一项不太好完全否定你，只要有所长展现自己的长处，在材料中展示出自己有可培养的潜力与优势即可。

网申：清华网申是在清华自己的研究生官网注册账号，一个人只能申报一个专业，根据要求填写自己的详细信息，很多信息都有字数限制比如：个人陈述、英语能力，等等。

纸质材料：清华要求寄送的材料比较少成绩单、排名证明、推荐信。其中最难写的就是推荐信，清华有专门自己的推荐信格式，分为几个不同的模块问的十分细致，总体字数写下来近3000字，我觉得这个是个人材料准备的重头戏，仅推

---

① 路姐提醒：整理材料一定要细心哦

荐信我花了差不多一周的时间撰写修改，推荐信切忌用模板，千万不要简单地复制自己其他的推荐信，千篇一律的假大空词语。我的建议是选择自己跟着做过项目或者比赛的老师，以这个事件是主线从项目的开始、发展、结果来写推荐信。以我个人而言我选择了大创的导师和指导创业项目的导师，在每一个模块中以老师的口吻从项目中我发挥的作用以及所展示出来的能力来推荐信，做到每一个点都有事件根据有评价结论基本就可以了。其他材料成绩单、英语成绩单、排名证明等都按照官网的要求打印盖章就好了。清华官网的通知里面是没有要求寄送自己的获奖证书复印件的，所以很多同学没有寄送，后来吃了亏。最后材料寄送一定要准时，清华的老师很严格，而且清华本校学生和外校学生材料提交时间不一样所以要注意时间差，实在太赶可以寄送顺丰的当日达，总之不能迟到。

参营/推免复试前准备

清华只有九月推免没有夏令营，一切的准备都是在夏令营以后了。九月推免通知一般都是在8月下旬或者9月初出，清华法学院官网上的前一年的通知一般过段时间会被删掉，但是在百度里面还是能够找到一些之前九月推免的要求，基本所需要的材料大同小异，和其他学校夏令营的要求也差不多。出了通知到复试之间的时间很紧又要准备材料，因此我在夏令营结束到出通知这段时间内都是在尽可能准备自己法律知识的空缺。很多人认为清华的复试很难准备，索性拼运气，我很不推荐这样，清华的复试虽然考得很宽泛但是基本的答题方式和法律知识还是需要准备的，所以大家在出通知之前一定要大家多看看法律相关的知识。因为一开始的目标是定在清华法学院的，我所有的复习材料基本是以清华出的教材为主，主要看了高其才老师的《法理学》、冯象老师的《政法笔记》《美国要案评审》、人大出版的《法律硕士（非法学）联考要点客观题背诵》（推荐），其他空闲时间看了央视出的《法治中国》。清华说的上是一个很红正的学校了，所以看一些央视纪录片甚至法制频道的一些近期司法案例都是很有用的，2017年的清华法硕笔试和面试题目有几个都在《法治中国》里面出现了，也推荐大家有空多看看。除此之外还整理了近几年所有清华复试的题目，保研和考研复试的题目都有看一遍，基本是为了寻找答题的方法。至于很多人提到的清华复试出现的各种名词解释，我认为这个确实很难准备，但是可以多看看新闻什么的，就2017年的题目而言基本是出在近几年的热点话题范围内的。

夏令营/推免考核内容

复试时间是9月17日到9月18日两天。

笔试：清华笔试是早上8点开始三个小时，题目类型包含：名词解释、分析题、论述题。

名词解释：1、共享经济 2、人工智能 3、宪法宣誓制度 4、良心自由

因篇幅所限，请扫描二维码或登录易保研官网
www.ebaoyan.cn了解历年夏令营详细日程

5、一带一路

分析题：良法、依法治国、山西交警应不应该罚抄写。

论述题：如何推进国家治理现代化

2017年的笔试相对比较简单，参加笔试的人很多几乎没有弃考的。三个小时的考试时间也比较充足，我的答题原则就是条理清晰，分析题尽量分段来写，每一个题目选两到三个点分析，最后总结即可。论述题挑了《法制中国》纪录片[①]的分集题目做小标题，来论述，总之大家能够详细地表达清楚自己的观点就可以。

面试：清华法硕面试是单面，1个人面对6个教授1个记录员，主面试官代表提问，其他教授随机提问。

面试流程：自我介绍、抽取题目作答、随机提问、英文问答。

中文自我介绍30秒到一分钟，回答后会抽取题目（题目不重复使用），我是最后一个面试没有抽题，老师知道我本科是会计学后直接问了法与经济的关系，其他同学抽到的题目有限号出行的利弊、健康中国2020、共享单车，等等。其他的问题基本是围绕自己的自我介绍展开的，我被问到了自己的论文，由论文引出的证监会监管问题，等等。最后一个英文问题比较常规：如果你被录取你认为你有什么优势在清华法学院脱颖而出。

PS：首先清华面试是进行一天的，早上八点明理楼一楼公布分组之后要大家在面试教室先统一见一下面试教授，统计人数，很多人没去会被认为自动放弃（后面虽然也会提醒），下午面试1点钟进行，时间卡得很严格，过号会被调到最后面试，也会影响面试官对你的印象。最后，最好准备个人简历，个人简历不是硬性要求，但是准备简历可以框定自己的面试被提问到的题目范围，也可以加深老师对你的印象，简历排版和内容简洁清晰即可。

录取情况

2017年9月11日就可以在清华研究生官网自己注册的账号里面查阅材料录取状态了，9月12日就在官网公布了所有复试名单，2017年的竞争比较激烈，清华本校的学生比去年多了一倍，本校54个人，外校88个人。最终录取70多个。但是

---

① 易宝小提示：时间清晰的保研计划可以提高效率

有很多人手里有其他offer最后放弃清华法硕，最终的录取比例还是很可观的，算是所有法硕项目录取比最高的项目。

清华大学清华-伯克利深圳学院

申请环节

首先介绍一下清华TBSI的项目，TBSI是清华大学和加州伯克利大学在深圳市政府的支持下联合建立的。TBSI将汇聚全球一流的师资团队，三分之一来自清华大学，三分之一来自加州伯克利大学，另外三分之一将在全球范围选聘最优质的师资。目前，TBSI产业顾问委员会（IAB）已经创立，腾讯、大疆、比亚迪、中兴通讯、思科等知名高新技术企业加入其中。

硕士的话一般是三年，在清华读一年，在伯克利读一年，再回到清华读一年。去伯克利念书的要求是你必须通过伯克利的硕士申请，达到他们要求的托福雅思GRE成绩并且在研一的时候申请（具体过程跟大四申请一模一样），如果伯克利给了你offer，就可以在研二的时候出去念一年，当然学费和生活费是要自己支付的。两个学校之间有学分互认合约。

由于在申请阶段，大量的学校放出夏令营通知，为了争取时间，给大家的建议就是，对于有共性要求的材料，提前准备好。需要经常用到的电子版材料（获奖证书、成绩单、论文）可以提前扫描好；纸质版材料提前打印好多份。之后看到了各学校的通知，再对材料进行筛选和补充，就能节省很多时间。

参营/推免复试前准备

一直很向往清华-伯克利深圳学院，所以一直在保研论坛等论坛上关注他们的考核形式等相关信息。

后来，我所做的主要的准备就是提高英语水平和积累大数据方面的知识。

英语的话，我之前备考过托福，所以基础还不错。主要提高的方面就是专业术语以及口语表达能力。找周围英文比较好的同学进行了面试模拟，准备好一些可能的答案，以免面试一紧张就不会说了。

大数据知识方面，我下载了国内外的论文进行阅读。同时，还关注了目前国内外数据科学发展的新方向，新成果。因为大数据是现在很火，发展也很快速的领域，所以我认为多关注新动态是很有必要的。

夏令营/推免考核内容

数据科学与信息技术专业：

清华–伯克利深圳学院的夏令营是在发夏令营通知的时候就告知了夏令营考核的流程。

因篇幅所限，请扫描二维码或登录易保研官网
www.ebaoyan.cn了解历年夏令营详细日程

期间有很多时间可以更加具体、全面的了解这个项目，同时在校园中的体验也让我更加向往未来能够在这里继续进行深造。

冷餐交流会是和参营小伙伴互相认识的好机会，在短短的夏令营，结识了很多优秀的小伙伴，和大家进行交流真的感到自己需要进步和学习的地方还有很多，会继续勉励自己的。

说到具体考核，清华–伯克利深圳学院没有笔试，只有面试。面试的过程是全英文的，会发一篇小文章先阅读，了解一下其中的含义，之后会就这个问题进行提问，由于时间很短，文章不会很难，一般可能都是论述性质文章，老师都很和蔼，不会很为难你。之后会就相应的一些你的资料进行提问，问题也都不难，考察你的英文水平。面试的形式是群面，大概六个老师十五分钟的样子。一定要全程微笑，显示自己好像"这个没问题啊"的精神面貌。

录取情况

招生类型	专业	入营人数	全部录取人数
硕士	环境科学与新能源技术	24	21[①]
	数据科学与信息技术	28	22
	精准医学与公共健康	7	4
直博生	环境科学与新能源技术	65	2
	数据科学与信息技术		3
	精准医学与公共健康		4

过来人回声

"面试期间老师不会很为难，所以个人认为态度很重要。一方面是要告诉老师自己真的很想来到这里，有自己明确的兴趣研究方向，希望可以继续深入研究。另一方面是遇到了不太会的问题，尝试着和老师分享自己的逻辑思考，不要

---

① 易宝提醒：不要忘了各个学校的截止日期

慌。"（一位2017年录取学生）

清华大学医院管理研究院

申请环节

虽然夏令营也收获了不少offer，但是还是有点名校情结，9月份决定再试试推免，因为清华的推免通知比较早就去了清华。申请的流程和夏令营差不多，先在网上填报，然后寄材料，材料也跟夏令营的时候准备得差不多。这里提示一下大家，除了关注清华大学的研究生招生的官网一定还要关注你申请的学院的官网通知。不然很容易漏掉重要的通知。

参营/推免复试前准备

清华大学医院管理研究院没有笔试，所以在准备期间主要是针对英语和了解关于医院管理方向的一些时事进行准备的。

准备期间可以阅读的材料主要是《经济学人》，还可以听BBC，关注一下FT中文网上的文章。时间比较充足的同学，最好在自己的研究方向上，选几篇国内外的学术论文进行深入阅读，这样在面试的时候，和面试官可以有更多的内容可聊。

英语的准备就是多说多练，实在志忑，就把能够想到的问题都列出来，提前准备好答案。

就录取难度来讲，个人认为难度比较大，九推加夏令营综合考核，最后录取二十多人。很多转专业的学生，有医学背景的同学会有较大优势。

夏令营/推免考核内容

清华大学医院管理研究院的推免是没有笔试的，九推面试的时候只有学硕，面试的老师是随机的，不一定是你报考的老师。大概流程是给你两段英文，朗读一段，概括这两段的大意，然后谈谈对这个主题的理解及认识，因为我并没有学过公共管理，我就扯了一些我看过的论文之类的…之后是老师自由提问，因为我给了简历，所以老师基本上就是围绕我的简历在提问，挨个问了我做过的科研项目…因为有些校级科研真的蛮水，所以当时跟老师说的时候就有点尴尬…我真没想到他们会把所有的科研项目都问一遍，然后老师还会问一些比如你觉得做科研会面临哪些困难啊，你做科研会用哪些方法，你在科研过程中最感兴趣的问题是什么，以及你做过的最有意思的研究是什么之类…总之就是想看看你对科研的兴趣以及科研能力吧，反正要尽力表现出自己对学术很有热情和兴趣大概就可以了。

医院管理对于本科专业的限制少，学法律的、公共政策的、计算机的、医学、护理学、行政管理的、经济学的都可以学习，只要对于医院管理或者医疗卫生改革有兴趣，那么医院管理专业就是进入清华大学的最佳机会。

录取情况

招生类型	专业	复试人数	全部录取人数
硕士	公共管理（医院管理）	56人	24

过来人回声

1."清华大学医院管理研究院的考核集中于科研和英语两个方面，所以大家对于自己写在简历上的科研经历一定要了解的非常清楚，不然很容易就被老师问倒了，同时也建议大家多读一些相关的学术论文。"（一位2017年录取学生）

2."清华大学医院管理研究院的考核对于有医学背景的同学会有较大的优势，大家在准备材料的过程中可以多联想一些自己和医学相关的经历，会有更大的优势。"（一位2016年录取学生）

清华大学Open FIESTA项目

申请环节

在你决定要不要申请Open FIESTA之前，希望你对你和这个专业的契合度有所判断。因为这是个开放性很强的学科。夏令营的通知大概在5月份发布，只有网申系统，不需要提前寄送纸质材料。所需要填写的资料也和大同小异。个人感觉，总的来说，如果你英文够好（这是前提，全程基本都是英文交流的），并不打算读博（这个专业没有博士，培养方向也不是研究方向，而是比较偏向于创业）。

整个过程有两个阶段，在7月份有线上的环节，夏令营的老师会每周布置一个任务，需要你在指定的网站上完成。都是一些创新型的任务，需要你针对一个主题提出自己的看法，通过自己的方式展现出来。比如我是设计专业的，作品集是设计师的名片。这个一定要重视。尽可能早的开始做，里面放的作品宁缺毋滥，有人曾说"整个作品集中，最差的那个作品代表着你的水平"，其实作品集中最差的作品是代表着你对自己的标准有多高，如此说来不无道理。

参营/推免复试前准备[①]

夏令营的时间非常长，是围绕一个工作坊的项目

因篇幅所限，请扫描二维码或登录易保研官网
www.ebaoyan.cn了解历年夏令营详细日程

夏令营/推免考核内容

工作坊是快速工作坊，时间控制是一大考验。分组时会考虑到各专业的综合性，大家都是各自专业的翘楚，因此每组的综合实力应该不会差多少。建议分组之后，先互相介绍明确各自的长处；任务下发之后，老师会给出分期汇报的时间节点，根据这些时间节点，列一个严格执行的进度安排表（重要！），尽早确定你们的方向，然后撒欢儿地推进吧！不要当作严肃的任务，而是当作自己的团队改变世界的演习，认真调研，确定真正有意义的方向，然后开开心心地放手去做。

夏令营全程都是英文，老师也是外教，最后的答辩也是全英文。英语其实也是在说交流的前提，交流是灵感的来源、是推进设计的必要途径。而掌握一手好英文，你就可以和来自全世界的小伙伴交流、给外国老师展示你酷酷的想法，以及进行最终汇报。

面试阶段，分为英文8分钟面试和中文面试两部分。面试时第一件事当然是自我介绍啦。后面的问题可能会根据你的自我介绍来问，来之前记得好好斟酌。英文面试时会问到你对创新设计的理解，交叉学科融合创新设计也是open的核心，自己要好好思考哦。中文面试每个人谈的都不一样。有一点要记得，第一天讲座的时候，老师说过一番话，大意是："既然大家已经来到了这里，是各专业的前几名，那么你们的学习能力相信也不需要我去质疑，这不是我们想要去考验的。我们想要知道的是你学习能力之外的部分，这不是单向的选拔，是你和Open相互了解、相互选择的过程，你我可能一拍即合，也可能互相看不顺眼，希望大家放松心态，展现最真实、耀眼的自己，愉快地度过这个夏令营就好。"所以啊，面试的时候，就当作约会或者相亲，愉快地交谈就好啦。

[①] 易宝提示：接到入营通知可以开始备战夏令营啦！

录取情况

专业	人数	全部录取人数（包括预报名）	备注
精准医学与公共健康	共60人	11	
数据科学和信息技术		18	

过来人回声

"其实从选题也能够看得出来，联合国可持续发展iSDGs……希望的是学生对社会的关怀、责任感以及着手利用设计去'Make a little difference'的能力。创新设计，其实是个很广的范围。简直包罗万象。当时香港的一位创新设计活动的组织者也在，他和前来夏令营的学生们闲聊时，这样回答"迷茫"这个问题："也许你还没想清楚自己这一生究竟要做什么，没有那么幸运到足够早地找到命中注定的事业，但希望你是一个即使短暂迷茫也不会惶惶不安的人。做一个个有趣的人，愿意去尝试、勇敢、并且心怀天下。'"（一位2017年录取学生）

易保研保过

保过名校，不过退费。保过成功率超过98%，保过学员超过5000名。成熟的辅导流程，成功的保研案例，广泛的导师资源，全面的课程安排，真实的经验分享，完备的信息优势。让专业的人做专业的事，你只管好好学习，我们来搞定申请。

易保研官方微信：iebaoyan

第二章　北京大学

北京大学光华管理学院（金融硕士）

申请环节

光华金专是rolling base的滚动申请，类似于五道口的选拔，申请流程是先网申，分批次通知面试，有了面试资格再带着材料入营面试。2017年的网上申请时间为2017年3月9日—8月31日，在北大光华官方网站，进入研究生页面金融硕士报考服务系统，网上注册并填写申请材料，以下是2017年申请的批次安排：4月6

日、5月6日、6月3日、8月31日。

敲黑板：上一批次申请材料将自动延续到下一批次！！！所以只要网上系统里没有说被拒绝，就还是有可能在后面的批次被翻牌子的，我就是被翻出来的一个。

所需要的入营纸质材料有在网上填写的入学申请表1份、个人陈述1500字、推荐信3封（中英文均可，对推荐人资格没有要求）、本科阶段成绩单（由教务部门盖章）、前两年半总评成绩排名证明（由教务部门盖章）、英语水平证明材料（国家英语四、六级考试成绩或TOEFL成绩、GRE/GMAT成绩等）、各类相关证书以及体现自身学术水平和创新能力材料。这些都会被要求在系统网申时提交电子版，所以要注意保存好原件。比较推荐在正式填写光华金专的系统之前在excel中自己提前列一个时间表，从大一到大三大大小小的成就分别按科研、社会实践、实习等方面分别整理，这样在面对系统里细碎的内容时会大大节约时间（连实习联系人的联系方式都会要求填写的），个人陈述也就直接复制粘贴自己早就准备好的内容即可。相对而言比较有特色的材料要求就是一段3～5分钟个人展示视频，非强制，中英文皆可，没感觉出在选拔中视频的重要性。

参营/推免复试前准备

北大光华金专的夏令营是考核流程很简单，只有面试，而且具体时间不一定，我是第三批次入营面试的。我6月28日收到滚动申请制面试通知，告知7月5日一天面试全部完成。

比较羞愧的是我是5月6日前提交的材料，没注意到滚动申请这种制度，所[①]以入营通知来后十分慌乱，把各个方面又重新准备一下。

面试的难度理论上是小于笔试，但是鉴于前几届学长学姐对面试过程的痛苦描述，我还是好好看了看自己简历上罗列的专业课，特别是比较经典的理论。之后就是主要挖掘自己论文和实习中的内容，因为是就业导向的专硕，个人把重点放在了实习经历的价值思考上，但是后来证明对于光华金专，论文也是很重要的。

夏令营/推免考核内容

第三批次的夏令营仅有1天，7月5日，考核形式为面试。面试的顺序由考生报到后根据现场抽签结果确定，当场会有负责相关事宜的面试小组收取纸质材料，当天共有60余人入营。

面试顺序安排好后，大家集中于休息室，会有志愿者按抽签顺序带领考生到

---

① 小西有话说：提前熟悉本校的保研名额分配方式

相应的会议室参加面试。面试是三个会议室同时进行，每个会议室有5位老师，有光华本院的，据说也有从人大等友校请过来的，室内还会有志愿者实时进行面试录制以防不公平的事情发生。

今年的面试主要围绕简历展开。面试开始先是中文自我介绍1分钟，然后会被打断，开始提问环节。面试官先是问我对专业课的掌握情况，然后根据提到的课程进行穷追不舍的提问，到最后不会的时候才会放过。之后就是对我简历上写出的论文进行提问，从要求对内容和创新点的介绍，到直接反驳批评论文的各个方面，老师们是一直板着面孔，并且用不赞同的眼光相互交流，现场压力十分巨大。完成关于论文方面的询问后，面试老师又对职业规划进行提问，然后面试结束。没有出现英文提问环节。

录取情况

2017年夏令营：一共四批，总入营人数约为250人，最终光华金融硕士录取56人

过来人回声

1. "北大光华的金融专硕的夏令营给人的感觉其实不能算是传统意义上的夏令营，因为光华金专一共是分了四批进行面试，滚动招生。考核形式很简单，只有面试，但是考核的内容对营员的要求很高，无论是专业课还是论文，都会被追问得巨细无遗；而且基本是以压力面的形式，使得很大一部分人都是笑容满面地进去，苦着脸出来，我也是在面试的时候因为太过紧张表现得十分不自信，出来就知道自己没戏了。"（一位2017年落选学生）

2. "北大光华的夏令营项目一直都是最难进的几个之一，尤其是近年来热度飞涨的金融硕士，学院和项目方向叠加的光环使得光华金专成为大多数人心中的女神项目，但是其实相对而言，难度并没有那么大。首先，分批次进行了生源的分流，一般前两批竞争都是准备十分充分的营员进行名额争夺，而且据说2017年的各个批次的营员都有不同的特点，比如实习丰富的在第三批、科研丰富的在第二批（非官方言论，仅为小道消息），所以能入营还是有所依仗的；其次，考核形式只有面试，只要在录像机前撑过15~20分钟，就算成功一大半了，这期间老师问的问题基本都会是在准备范围内，只是深度会有所超过预期；最后就是光华学院还是很公平的，对光华本科或者北大本科的学生没有明显的偏好或者照顾，适合跨专业同时辅修金融的同学"（一位2017年录取学生）

北京大学光华管理学院（金融学直博）

申请环节

北大光华在申请时不用寄送纸质材料，所有材料在网上提交。在所有材料中，简历、个人陈述、参营论文这三个是最重要的，准备起来也比较久。申请直博项目必须要提交论文，想要拿到好的入营资格，一篇高质量的论文是很必要的。论文越早准备越好，最好从大三开学就开始准备，但是也不需要太过于焦虑。我的论文是在5月份才正式完成的。

所有申请材料中简历是最重要的，值得反复修改。我的简历前后一共改了6版。最好尽早准备简历，在准备简历的过程中也能发现自己的欠缺之处。博士项目的个人陈述要突出自己的科研经历。包括项目经历和学科竞赛，最好不要放太多实习，一个就够了。照片建议去专业拍证件照的地方拍的好看一些，第一印象还是挺重要的。我的照片是蓝底正装照；证书最好jpg和pdf格式各存一份。

推荐信要提前联系好老师。有的老师只会推荐一定个数的项目，这可能就需要你找多个老师才能达到海投的目的。光华由于是网申系统，推荐信模板会直接由系统发到老师邮箱中。

参营/推免复试前准备

通知并没有告诉笔试内容。参营前，我在网上查找了之前的保研经验，了解了光华的笔试科目。光华金融直博项目重视对金融相关课程的考察，即投资学、公司金融和衍生金融工具。

投资学参考教材：博迪。

公司金融参考教材：罗斯。

衍生金融工具参考教材：约翰赫尔。

这几门课程也是金融的核心专业课程，而且博士项目笔试成绩非常重要，所以一定不要掉以轻心，要认真复习。

夏令营/推免考核内容

因篇幅所限，请扫描二维码或登录易保研官网www.ebaoyan.cn了解历年夏令营详细日程题目回忆：

笔试：^①

光华笔试考察投资学、公司金融和衍生金融工具。这些都是大三我们的专业课，学得也比较扎实，再加上刷了夜复习，所以光华的笔试做完之后感觉很好。因为入营人数少，所以今年笔试没有刷人。

1、有效市场假说

2、CAPM和APT的区别

3、二叉树模型的推导

4、财务杠杆

5、信用评级两种方式的优劣评价（信息不对称问题）

6、一些其他的论述题，用到公司金融的知识

面试：

光华的面试就是结合简历问问题，一条一条往下问他们比较感兴趣的，会问的比较细。也比较看重学生的思维。

录取情况

光华每个专业的直博营分开进行。金融直博今年入营20人，最终录取7~8人左右（参营时说的，并不准确。）

过来人回声

光华的项目一直以录取率低闻名，特别是博士项目在笔试之后就会刷一半人（今年金融博是因为入营人数少，所以没有刷人）。很多同学因为听到面试的重要性而忽略了笔试，这样可能连面试环节都无法进入。笔试题目出的不难，虽然没有宏微观的题目，但是很多题目里用了微观经济学的思想，很考察经济学思维。建议大家把宏微观好好复习。因为有论文，所以面试的时候会涉及一些计量知识。要提前做好准备。（2017年一位录取学生）

北京大学光华管理学院（市场营销）

申请材料

基本的有申请表、简历、个人陈述、推荐信、成绩单、成绩排名、入营论文。

---

① 小西提示：确保自己在本校获得保研名额

光华直博项目企业管理方向比较特别的是需要一个英文的个人陈述，个人觉得还是挺花时间的，毕竟是材料中能直观体现英语水平的一块。推荐信需要三封。成绩排名一般要求是重点院校前10%。入营论文不强求，有不提交的同学也入营了。

参营/推免复试前准备

光华给了入营前的作业：1.发了两篇英文文献让我们选一篇来读并回答所给的问题，一篇来自JPSP（人格与社会心理学杂志），一篇modelling的，根据平时的积累和兴趣我选了前者。2.让我们阅读涂平老师编著的《市场营销研究应用导向》。这个作业据说在最后的录取评估中是占一定比例的。

有些年会考现场读PAPER答题，这种时候可能也会遇到类似问题。

入营前作业题的类型：

一篇quant的文章《Reading social influence》：（Iyengar, Van den Bulte and Valente, 2011）

1. What do you think are the major difficulties in empirically identifying and assessing social influence?

2. What are the strengths and weakness of this paper?

3. What could be the future research based on your reading of this paper?

一篇CB的文章Dijksterhuis（2004）JPSP article.

Please answer the following questions upon reading Dijksterhuis（2004）JPSP article.

1. What is unconscious thought? How is it defined in the paper? Is it well defined? How is this construct related to other established constructs?

2. What is the mechanism underlying the observed effect in this paper? How did the researcher test the mechanism?

3. What is your evaluation of this paper? What are the good aspects of this paper and what are the problematic aspects of this paper?

夏令营/推免考核内容

发了纸质的参营日程，电子版没有留存了。第一天下午报道，然后自我介绍。中间几天都是讲座，还有一天中午是笔试。最后一天上午面试。通过了笔试的同学才能面试，因此笔试还是很重要的（当然面试是最后一关的重要性也不言而喻）。光华夏令营有很多学术讲座，在这些讲座中可以了解到很多研究前沿，可以和老师、师兄师姐很好地互动，感觉受益匪浅。

关于笔试：当时是有两份卷子，一份有关统计学，基本是考《市场营销研究应用导向》这上面的内容，印象中有考logistic模型，有方差分析；一份有关消费者行为，印象最深的是让你介绍三个以上你读过的消费者行为文献的主题，我当时就自己积累的文献选择了三个比较前沿的主题，每个下面写了大概三篇论文的思路。还有大题是问你什么是consumer behavior，cb研究的方法有哪些。总之，大体都是比较综合性的问题。PS：其实当时拿到卷子是很懵的，因为听前辈说往年笔试都是现场读论文回答问题，今年形势有变化。

关于面试：面试在光华二号楼进行，每个人约20分钟。总共有8位老师，大概问了这些问题：1.介绍一下你自己（中英文不限）2.介绍你的一个研究经历。[①] 3.为什么要读博。（以及作为男生，出去闯荡业界可赚大钱，为何甘于做学术）。4.用英文讲一篇读过的论文。5.对什么研究方向感兴趣，为什么。6.还会就成绩单问一两科为啥没考好。整个下来感觉比想象的轻松，因为老师都很和蔼，气氛很好。

录取情况

2016年夏令营市场营销方向总共有四十位以上的同学入营，实际参加笔试大约三十人（包含十名硕士起点），通过笔试筛选，最后6人进入面试，最终实际录取2人。

过来人回声

多读营销研究领域的顶级期刊，Journal of Marketing，Journal of Marketing Research, Journal of Consumer Research, Marketing Science。多学习营销科学研究的基本方法，SPSS、基本的统计知识等要有一定的掌握，最好要有自己一篇较为完整（不一定特别高级，课程论文都可以，但是要是你自己独立写的，有你自己的创新点，能体现你的研究思路和对研究方法的掌握）的研究论文，以及想清楚自己是否真正想要做学术，对营销科学研究是否真正感兴趣。（一位2017年录取学生）

北京大学光华管理学院（国民经济学）

申请环节

夏令营的相关通知每年4～5月份左右会在光华的官网上有通知，此外光华官网上还有应经系往年的夏令营时间安排。保研实际上是一场长跑，最终的良好结

---

① 小也提醒：面试就是表现自己

果实际上依赖于大学前三年的努力。大一大二主要是打好基础，大三就进入了保研的冲刺阶段。

参营/推免复试前准备

应经硕博项目非常看重科研能力，要提升这方面的表现主要有以下几个办法：一是高质量的工作论文或已发表论文，著名老师的推荐信。大家可以在本科期间多多尝试参与到著名老师的研究项目中去，如果没有这样的机会，最好的办法就是在老师的指导下完成一篇高质量的学术论文（发表与否并不重要）。最好能够在大三寒假前完成论文初稿的写作，之后参营前完成终稿。二是平时复习好专业课，不光是应对笔试，也是要努力学会说出来，学会给别人表达自己所学的经济知识，在分析问题的时候能够展示出自身的经济学思维。

夏令营/推免考核内容

我是在2016年参加的夏令营。具体时间安排如下（附时间安排表）。光华夏令营持续时间蛮长，第一天上午安排了开营仪式与大师专题讲座，光华学术委员会主席张志学教授讲述了学术创新的基本要素，描绘了光华博士生的生活状态。光华应用经济系主任周黎安教授表达了他对现代经济学的理解，并介绍了他的官员激励理论。之后各专业会分别进行专题讲座与笔试、面试。我参加的是应用经济学系的夏令营。第一天下午、第二天上午及第三天安排的是光华应经系老师的专题讲座，包括：颜色的经济史讲座，陈玉宇介绍经济增长理论最新动态，孟涓涓介绍其行为经济学研究，林莞娟老师的实验经济学研究，还有王辉、孙铖、孙腾等新晋海归老师的讲演。通过10场左右的讲座，对于光华应经系各个老师的研究方向有了大致的了解。第二天下午是笔试（考生可选做经济学与数学，只有1位同学选择了数学，建议选择经济学），第三天会公布笔试的结果，笔试排名靠前的同学获得第四天的面试机会。

光华笔试题目回忆

（1）微观部分：

1.消费者效用最大化问题，前两问很容易，第三问有难度，考察了拟线性效用函数的收入效应与替代效应的特殊性质。

2.厂商生产成本问题，记不太清楚了，只能做出一部分。

3.寡头、博弈论综合题，同样记不清楚，只能做出一部分。

（2）宏观部分：

1.一个从未听说过的模型，根本无从下手。

2.IS-LM简单计算，容易，可参考Mankiw中宏相应章节的课后习题。

总结：宏观部分一道题太难，几乎没人会做。另一道题太容易，几乎都能拿满分。所以真正拉开差距的是微观部分。微观部分很像光华本科生中微的练习题与考试题，如果能够拿到周黎安老师的中微课件与习题以及龚六堂、颜色老师的中宏练习题，那么对考试还是会有很大帮助的。

光华面试回忆

光华应经的面试分两组进行，我的面试老师是陈玉宇、龚六堂、王辉、孙腾，之前听说是压力面试，还很紧张。但是面试开始后，整个的过程还是挺轻松的。不过听说周黎安、孟涓涓、翁翕、孙铖那组的面试压力就很大，面试的主要问题包括：

1.做一个1至2分钟的自我介绍并谈谈你对现代经济学的理解；

2.介绍一下你的这篇论文的研究结论；

3.使用的是什么数据，样本量有多大；

4.（我的论文主要研究了人力资本积累与家庭持有风险资产的关系）你的样本中有多少家庭持有股票，是不是太少了，这个研究结论有普遍意义吗？

5.这篇文章的影响机制不是很清楚吧，收入这个因素你并没有很充分的考虑①吧；

6.你能不能跟我讲一个与文章结论相反的经济故事，教育水平高有没有可能降低股票市场参与率？

7.（论文采用了断点回归的方法）断点处不仅教育年限断了，其他与教育相关的变量也断了，我对你的论文不满意，现在你能不能跟我讲一个生活中见到的其他的与经济学相关的小故事？

8.（我谈到了我最近关注的颜色老师关于晚清铁路开通与市场发展的论文，认为可以从交易成本的角度完善原有的论文）铁路开通降低交易成本，你的逻辑思路是什么样的，你从哪里看出来颜色老师忽略了这个因素，你读过AER上那篇关于市场整合的经典论文吗？

9.我能不能从这个角度质疑颜色的论文，既然他要研究铁路建设与市场整合之间的关系，现在的经济数据与高铁建设数据不是更容易获得吗，我们为什么要研究晚清的数据，你觉得我的这种质疑有道理吗？

总结：光华面试几乎全部是围绕论文展开的，所以一篇高质量的论文至关重要。其实光华非常看重的是你的经济学思维能力与应变能力，放平心态，做一个有belief的人，敢于坚持自己的正确观点，不要显得心虚与胆怯。他们最想要的学生是充满研究的热情，耐得住寂寞，同时又要有研究的潜力。

---

① 易宝小提示：**联系导师十分重要**

录取情况

光华应经的录取情况大致是9/65左右，光华应经每年获得入营资格的同学在80人左右，因为国发院、清华经管与光华夏令营时间常常冲突，所以实际入营的大概65人左右，最终直博与硕博合计录取约10人，其中北大本校会占据5人左右，所以光华应经被刷的概率挺大。

过来人回声

光华应经是学术导向非常强的系所。他们想找到具备科研潜力的研究生。所以如果想要获得成果，其实就是努力培养自身的科研素养。那么良好的科研素养包括哪几个方面呢？首先当然是过硬的基本功，经济学的基本功主要是经济学理论，数理能力。具体体现在经济学核心课程以及数学课程成绩优秀，整体绩点名列前茅，成绩是筛选的基本标准，达到了基本要求，老师们才觉得你具备基本的学习能力，才愿意去看你有没有其他出彩的地方。有了过硬的基本功之后，不能确保你能够成果，因为现在成绩优秀的学生实在太多了，最终决定你能否录取的是你的科研素养。在面试的实际过程中，其实是围绕你的学术论文展开的，所以论文质量的高低决定你能否被录取，怎样写出高质量的论文就超出了本文讨论的范畴，概括地说，你需要培养自己的经济学逻辑思维能力，也就是学会用经济学的分析框架看到周围的经济现象，并把这样一种思维方式内化为自己的一种本能。当你具备了好的经济学直觉后，一篇好的论文就顺势而来了。此外还要注意多与老师沟通交流，避免走太多弯路。学会讲经济学故事，培养展示经济学论文演讲的能力也是非常重要。（一位2017年录取学生）

北京大学光华管理学院（MPAcc项目）

申请环节

由于今年是第一年招收推免生，2017年5月3日才在官网上发出报名通知，在线申请时间到5月31日截止，所有所需的材料都是在报名网站上填写，不需要邮寄纸质版材料。材料要求和其他各个院校的夏令营相似，个人信息，个人陈述，推荐信，成绩单与成绩排名，获奖证书，英语成绩及其他材料。

光华网申的推荐信是提交老师的邮箱，系统会自动给老师的邮箱发送问题链接，由老师点开链接直接在问题下方作答并提交，自己提前是看不到问题的，因此需要提前与老师联系，并说明情况。光华的推荐信填写比较麻烦，但是近些年来推荐信发挥的作用有所减弱。硬性指标主要还是成绩排名和英语成绩等。

关于网申材料准备其实各个院系都是大同小异的，所以可以在网申开始前提前着手修改简历，撰写个人陈述，联系老师写推荐信等。

参营/推免复试前准备

6月23日（周五）下午收到了入营通知，包括了面试所需要准备的材料以及时间安排。

因篇幅所限，请扫描二维码或登录易保研官网www.ebaoyan.cn了解历年夏令营详细日程

邮件通知面试时需携带的材料：

1.《北京大学光华管理学院2017年夏令营报名表》6份。

2. 个人陈述2份。（含原件1份）

3. 本科阶段成绩单2份及排名证明2份（含原件1份）：排名证明为大学前两年半总评成绩的排名证明，需由教务部门盖章。

注：网上填报排名须与教务盖章排名一致。不一致者视为无效报名。

4. 获奖证书复印件2套。

5. 英语水平证明若干2份：国家英语四、六级考试成绩、TOEFL成绩、GRE、GMAT、雅思等考试成绩单复印件。

6. 工作成果若干2份：体现自身学术水平的代表性学术论文、出版物或原创性工作成果等材料的原件或复印件。

因为这些材料都是在面试时由面试官审阅，因此建议在面试前将材料整理排版装订整齐有序，体现个人的基本细节素养。此外，活动不提供食宿，外地的同学应提前做好安排规划。在参加面试前学院是对面试内容和考核完全保密的。[①]

夏令营/推免考核内容

夏令营总共进行了2天，主要就是第二天的面试，大家在自己收到的面试时间前往指定教室即可；

7月7日下午的入营仪式主要是介绍光华及项目特色，同时有两位光华的老师给我们上了体验课，最后是关于项目的互动答疑，开始前要进行签到，建议参加。答疑时有同学问到了面试形式，回复是一切保密。

7月8日是面试，按照个人收到的通知进入候场教室，检查资格，上交手机，抽签（因为每个人要面两场，抽签决定两场的教室和时间，两场各面试20min）。

---

① 路姐提示：4~6月制作文书材料准备参营论文

所有面试教室都是3v1，三个面试老师坐在对面，隔着一张桌子，距离很近，以聊天为主。一场面试是自我介绍加上老师随机提问，另一场是自我介绍后抽题回答问题之后随机提问。抽题的题目有二胎政策、金融业是实现中国梦的行业、华为宜家为什么不上市、华为国际化的机遇和挑战等。两场面试均没有涉及过多会计专业问题和英语问题，很发散很灵活，都是根据你所说的继续追问或材料里面的问题，大部分同学的反馈也都是这样的。

面试时大家总结反馈的频率较高的问题主要有：未来职业规划、为何选择光华MPAcc、实习经历、实践竞赛、兴趣爱好等。职业规划几乎每个同学都被问到了，因此要好好思考准备。老师比较感兴趣的或是回答的不完善的方面，会一直追问，有时候还会微笑着"怼"人，面试过程中一定要保持良好的心态，以一种交流、沟通的心态面对。

录取情况

入营的有80人左右，最后发了12个offer，没有waiting和拒信，12个同学中有拒绝offer的也不会进行替补，因此最后只录取了9人，下面是最终北大研招网官网上的录取结果公示（被录取人的名字已隐去），虽说鼓励跨专业，但是可以看出2017年录取的几乎都是本科是会计专业的同学。

	录取同学本科所在学校	录取同学本科专业
光华管理学院会计硕士	南开大学	会计学（国际会计）
	西南财经大学	会计学（注册会计师方向）
	西南财经大学	会计学
	北京大学	会计学
	中山大学	会计学
	东北财经大学	会计学（国际会计方向CPA班）
	中山大学	会计学
	武汉大学	会计学
	中央财经大学	会计学

过来人回声

"北大光华MPAcc最后公布的录取名单全部都是会计学专业的学生，因此跨专业的同学还是要保持谨慎。两场面试问题非常发散和随机，是面试老师与你聊天的方式来全面认识了解你，选择与项目匹配的候选人，所以提升自身素养和实力才是硬道理。"（一位2017年落选学生）

北京大学光华管理学院（统计学硕博）

北京大学光华管理学院统计夏令营招收统计学硕博，是在光华下面一个比较小而精的系，商务统计与经济计量系。光华的夏令营是在2017年的3月份开放申请的，往年都是在5月份，今年提前了一点。统计学夏令营安排在5月，比其他专业的要早将近两个月。我瞄准光华统计夏令营是在寒假，也一直根据往年的时间安排在准备，2017年开营时间猝不及防地提前，还是对自身的准备有一定影响。

申请环节

2017年光华管理学院是在3.17出的简章，然后需要申请人在线进行提交材料，无须递交纸质材料，对获得入营资格的同学另行通知需提交的纸质材料。

线上投递的所需材料包括：《北京大学光华管理学院2017年夏令营报名表》1份，申请系统生成；个人陈述1份；专家推荐信3封（线上邮箱填写）；本科阶段成绩单1份及排名证明1份；获奖证书复印件，英语水平证明及其他工作成果，等等。

成绩单是前两年半的总评成绩及证明（教务部门盖章）；个人陈述是重中之重，一篇好的个人陈述在很大层面上决定了能不能入营，如何在一篇1500字左右的个人陈述中展现出个人2.5年的大学成果，及个人与所申专业的契合度是非常重要的，要让招生老师阅读后，认为"这就是我们所需要的学生"。保研也是一个梳理的过程，我是在大三上的期末就整理了下自己大学以来所获的奖项，所做的学术论文，等等。我记得今年一开始通知是3月底截止，后来好像推迟到四月中旬，光华最主要的是要多关注它是推免招生系统，上面会有通知文件的更新、具体的时间安排，等等。我当时还附加了一份个人简历，这个视情况而定，如果通知的要求材料中没有这一项，也可以不附加。

参营/推免复试前准备

网申完之后就是复习概率统计，等等知识然后等结果。也一直有搜关于这个营的信息，可能是因为招生体量小，在网上只能找到一篇2010年的经验分享，所以也没有太大借鉴意义，只能自己尽可能精细地看书。因为2017年开营时间比[①]往年早，所以也在复习上增加了不少难度。

---

① 小西提示：不同的风格的项目要展示自己不同的侧面

夏令营/推免考核内容

我是在4.21日收到的入营通知，可能是因为只有统计专业在五月份，所以这个夏令营十分干脆，入营通知其实就是笔试通知，在2017年5月4日进行笔试。笔试报道要带着申请材料的纸质版，材料要与申请时上传的电子版一致，装到文件夹袋子里。

笔试整体来说比较难，是全英文的题目，基本上都是统计、概率、多元统计及计量的内容。全是证明及课本上可以找得到的推导。考了大概五道题目，大题下面有小题。

笔试试题回忆版：

1.Beyesian updating

2.Ols with one regressor

3.Moment generating function/black sholes pricing formula

4.GLS/partitioned regression

5.Joint distribution/independence

笔试这一块，还是比较注重基础专业知识，主要复习多元统计、计量经济学以及概率论等书，可以看下随机过程和时间序列分析等书。我当时复习用的是北京大学的本科生教学的书，不得不说书的质量还是蛮高的，基础证明梳理通了，做这个试题还是会比较上手的。整体来说试卷难度较大，由于考试时间在5月初时间也比较紧，所以还是建议要提前好好复习。

笔试的时候看到入营人数为28人，想来怎么报名的也有个200+人吧，比率还是蛮低的。然后基本上入营的都是前一二名，有突出面的可能会放宽比例。最后要录取的人数为3~4人。总体来说，难度很大。

笔试过后，当天晚上会邮件通知成绩。通过笔试的会收到复试面试邀请，未通过的无邮件通知。笔试刷掉大概2/3的人，笔试后一周进行面试。

面试其实是论文答辩，会提前几天给学生发几篇论文，然后挑选一篇进行研读，制作PPT，面试当天要进行论文答辩。论文多为光华商务统计与计量经济系自己的老师写的论文，多为统计方向，所以建议学弟学妹可以在官网上找到统计专业硕博导师的主页进行下载论文，研读并提高自己的文献阅读与思辨能力。

先进行讲论文，然后老师们会围绕论文来提问问题，因为是硕博营，学术氛围真的很强，问的问题也比较难。具体问题是根据所给文献提出，故不再赘述。

光华管理学院统计学专业夏令营整体的感觉来说，是对数理比较友好，就以笔试来说，很多知识点是非数理人很难自己去掌握的，所以强烈建议数理方面的人才尝试这个营。经管的同学如果要参营，一定要多加学习数理知识，最好是用北京大学本科生教学的教材（全校通识及数学科学学院教学用书）辅助学习，我推荐一本，Morris的概率统计。

过来人回声

1. "北京大学光华管理学院统计学硕博营，最重要的就是入营条件，基本上为前两名，其他硬件也很重要，初审刷人还是比较厉害的。再来就是要把笔试会涉及的知识尽可能精细的掌握。对于论文答辩可以多看看光华老师的论文，提高自己的科研能力，录取比不高，但足够优秀还是有希望的。"（一位2017年录取学生）

2. "北大光华硕博营是一个录取比非常令人害怕的营。最终只录4个左右，但是投递光华的人不用说，一定很多。统计学硕博是比较重视学生学术能力，笔试内容偏向于数学本科生的概率统计知识，一般的计量经济已经不太适用了。笔试过了才有面试机会，所以一定要提前巩固知识，争取不要留遗憾。"（一位2017年落选学生）

北京大学光华管理学院（应用经济学）

申请环节

报名表（简历）、个人陈述。这相当于大家的名片，几乎所有的成绩、奖项、经历都要在这里体现出来。在做这部分时，基本要求是清晰，如果你有能力并且想多下功夫的话也可以多加润色。申请不同学校使用的个人陈述可以做修改。

推荐信。光华需要三位老师的推荐信。要保证推荐信的质量，避免一些对你评价并不是很好的推荐信的出现。一封好的推荐信应该具备以下几点特征：老师名气大、老师和你想申请的项目有联系、你在这门课上成绩好或是在某些方面有惊艳的表现、课程的方向和申请项目一致，但这些条件很难同时达到。并且国内对推荐信重视程度并不高，不必过于强求。提醒大家，最好在推荐信截止时间前两周就联系老师，为老师和自己都留出充裕的时间来准备。

证书、实习、科研，这些都是软性可选的，能提供多少就提供多少啦。有小部分硕博的项目会要求提供参营论文，所以如果一篇论文都没有的话申请这些项目就会有点受限制。

参营/推免复试前准备

接到入营通知好距离参营大约有一到两周的时间。这段时间比较忙碌，因为正是夏令营集中通知是否入营和准备参营的阶段。扰乱心情的事情非常多，要保持理智，做一个完整的规划。

在做规划的过程中，我认识到了笔试的重要性。之后花费了大约一周的时间来准备笔试。笔试是经济学、数学选考一门。我认为我的经济学基础比较好，同[①]时对比较难的数学没什么把握，因此只准备了经济学的考试。微观加宏观，难度跨度包括初级、中级和部分较简单的高级经济学，从而方便自己应付各个难度的考试。

面试我准备突出我的个人论文，因此对论文进行深入的熟悉。由于本身对论文熟悉度就很好，更多的深挖工作并不是很耗时，大约花费三天时间。同时这些笔面试准备其实是相通的。另一个夏令营也很有可能需要考察到这些内容，因此一周半的时间不完全算是单独为了这一个营准备的。

夏令营/推免考核内容

夏令营为期四五天，前几天讲座（签到）。倒数第二天笔试，笔试内容是经济学和数学选做一门，笔试后排名只留下前30名参加面试。面试内容主要是论文的提问、经历的提问。

笔试中经济学科目试卷包含5道大题，三道微观经济学，两道宏观经济学。

微观经济学考察博弈论、效用最大化等知识点；宏观经济学考察索罗模型、与汇率相关的宏观模型（这道题目需注意，我们常用的范里安、索罗等人的教材中不包含此模型，因此可能略微超纲）。

面试主要提问的问题有简述你的论文；模型的主要结论、意义；细小的模型相关问题估算北京大学东门地铁站全天的客流量等。

录取情况

总共60人左右入营。笔试前30名参加面试。面试结束后最终录取八人。

过来人回声

1.笔试成绩非常重要。只有笔试通过后才会有面试的机会，笔试不算很简单，需要有比较扎实的课程基础再加上一段时间的复习。复习时间我个人花费了一周左右，但如果条件允许可以分配更多的时间。

2.光华的面试非常灵活，没有固定的套路，面试官只是想从你身上看到你的闪光点，你吸引他们的地方。也许是你的论文，也许是你的逻辑，等等。但还是和学术相关为佳。（一位2017年录取学生）

---

① 小也温馨提示：6月就会接到入营通知啦！

北京大学光华管理学院（管理科学与工程直博）

申请环节

（1）保研准备从四月开始，频繁拜读保研论坛，首先是看保研论坛扫盲确定学校专业，大陆城市确定为北京、上海、天津。

（2）其次是专业学校选择，综合专业、学校以及自身做过科研项目涉及方面和兴趣点进行了初步定位。

（3）之后是通过各种关系找意向学校专业的师兄师姐理解专业、导师情况，进行进一步选择。然后各意向学校官网，找2015年的招生时间节点和信息（2015和2016往往没有什么大的差别），反复认真研读看自身条件是否符合，哪些可以进一步完善。

（4）参营论文撰写是一个漫长耗时的过程，建议大家提前了解去年信息早作准备。五月下2016年正式通知下来之后开始主攻中英文简历、申请表、个人陈述、推荐信、成绩单盖章。中英文简历可以写好找有经验同学帮忙改一下，我当时大致用了整整一周做简历。不同学校的个人陈述形式最好可以有差别，了解相关学校的校训、风格、宣传片、校史等，针对性地表达。当然不用每个学校这么麻烦，选三四个意向较强的就OK。需要考虑的问题有：推荐信、A4大信封要不要用有校徽版本的？不同学校指定的快递种类？信封封面上要求写的固定内容是什么？是否要求申请表复印第一页贴在信封上面？是否要求在每一个获奖证书复印件上签字？每份学校的材料我全部制作了不同的特色化封面、目录并根据学校要求进行装订，具体情况大家可以灵活调整。

参营/推免复试前准备

大部分学校由笔试和面试两项组成，很多学校会在入营通知邮件里详细写清楚笔试的科目，但需要自己了解入营录取比例、笔试面试比例，可以打电话问夏令营招生老师入营录取比，找学长学姐了解笔试面试比例和进一步详细的内容。北大光华入营通知比较晚，一直到6月20日，需要合理分配自己不同学校的笔试、面试准备时间（尤其是专业不同，考察点不一样）。

夏令营/推免考核内容

光华管科开营在7月3日，登录夏令营报名系统确认是否参加以及对于非北京地区的生源，请确认是否住宿。夏令营的住宿地点是北京大学万柳特房中心。要求营员全程参加活动，如你已报名其他学校或北大其他院系的夏令营活动，活动时间有冲突，请慎重选择。报到时需要携带身份证和学生证，以及近期一寸照片（彩色、黑白均可）两张。

准备笔试基本从6月20就要开始（那时还没出入营结果通知），那段时间正值课设周，还是时间较紧张的。学弟学妹们还是一定要注意保持大三下考试成绩的保持，毕竟9月份的面试还是很重要的。

笔试安排在了下午一点，在这之前大家可以调整作息。笔试完后是学长学姐的分享，其余时间大家可以准备第二天的面试。光华管科分笔试和面试两部分，今年管科系统一拉通考试，不区分具体方向。笔试包括英语论文、运筹学、微观经济学、概率论、高数、线代、统计学、开放题。考察的专业课内容除了微观经济学和概率论结合的那道大题外，都很基础，复习重庆大学对应老师所讲知识应①该基本足够。开放题分为四个小问，大致就是用实验探索并验证"在斗鱼平台花钱买虚拟装备的动机"，并讨论有哪些方面可以加以利用实现盈利。面试光华管科分为五大部分，平均每人30分钟，自我介绍之后，主要有简历提问、数学建模运筹方面专业知识提问、其他方面专业知识提问、逻辑思维题目提问、未来发展规划提问这五个环节。

录取情况

北大管科直博、普博每年一共招6~7个，入营30个。管科只招博士生，没有硕士和硕博选择。（以上比例为2016年的比例）。

北京大学光华管理学院（组织与战略管理系企业管理）

申请环节

北大光华组织与战略管理系企业管理方向要求投递的纸质材料共计7项，申请表、个人陈述（企业管理专业的各方向申请者需以英文撰写个人陈述）、专家推荐信3封、成绩单、成绩排名、获奖证书复印件、英语成绩证明、论文材料等。

首先是个人陈述，事先我在保研论坛下载了许多前辈的个人陈述作为参考，结合自己的科研和获奖、实习经历，撰写了一份个人陈述，个人陈述非常重要，是对自己过去的一个梳理，做好这一步，之后的准备工作也会更有方向。注意到，光华的企业管理的个人陈述是英文的，这就需要中翻英了（相信大部分人都

---

① 路姐告诉你：好好准备人生第一场面试

是先写好中文个人陈述的），最好找英文特别正的老师和同学帮你看看，修改完善一番。

然后是专家推荐信，要找了解自己、与自己交集多、与所申报专业相关的老师。比如某门专业课老师（恰好你在该门课上表现突出、成绩特别好、小组作业做得特别好等）、某研究项目（如科研项目、创业项目等）的指导老师、系主任等，这样才可以写出翔实的、与经历形成呼应的高质量的专家推荐信，而且这种情况下老师愿意为你推荐的可能性也比较高。

成绩单是2.5年的，需要去学院教务处申请打印和盖章。再梳理一下自己本科期间的获奖情况，建议扫描做成一个有目录的PDF，这样不仅方便打印，还方便其他夏令营的网申。

最后一项是"提交体现自身学术水平的学术论文等"，基本上是指自己的论文了，可以是发表的，也可以是未发表的，要把自己之前写好的专业论文重新整理和排版，做到心中有数就好。

参营/推免复试前准备

北大光华的夏令营是在发夏令营招募通知的时候就告知了夏令营考核的流程，但后期有些许修改，且不同系有不同细节，要到入营后拿到册子才真正确定。

因篇幅所限，请扫描二维码或登录易保研官网
www.ebaoyan.cn了解历年夏令营详细日程

注意：营员规定时间内未报到将视为自动放弃入营资格；报到后要求全程参加夏令营活动，无故缺席将取消营员资格。

6月20日，在距离开营大概有两个星期的时间的时候，我收到了入营通知，在此之前是没有想到自己能入营的，所以收到入营通知的时候，我非常惊喜，但在惊喜之外，我毫无准备，便决定开始战前艰苦卓绝的准备。

我的第一反应就是保研是一场信息战，知己知彼，百战不殆。于是，第一，我上光华的官网上下载并且整理了所报专业的所有老师的简历、研究方向、最新论文，以供自己进一步参考和研究；第二，我在网上下载了许多光华企业管理的保研经验分享，研读后，对前辈们的经历进行提炼，从中发现考核要点和规律；第三，为了获得最新信息，在现实中靠人脉寻找最近几届参加过光华夏令营企业管理方向的前辈，向他们咨询一些更为具体的细节，如近几年的考核重点，考核创新之处，各位老师的偏好和研究兴趣等。

我根据所得的信息和要点，为短暂的备战时间制定了战略方向和执行细节，

值得注意的是，这样的备战没到夏令营最后一天，都不能结束。首先，根据筛选方式可发现，专业知识重要（笔试），科研热情和潜力重要（面试），因此我决定全面复习组织行为学、组织理论、人力资源管理、战略管理等一系列教材（打听到北大光华用的是什么版本的教材），其中穿插着对专业老师所发表的英文论文的速读训练（因为我得知最近一届面试时考了这一点），还有《组织与管理研究的实证方法》（陈晓萍、徐淑英、樊景立）的阅读，这本书也是研究生阶段的参考书；其次，本人不是面霸，所以为了面试时能显得比较体面，我这段时间常给自己提问，并不断思考答案，得不出好的答案的时候，会请教老师和同学，从他们的回答里汲取养分，锻炼自己的思维；最后，根据自己的记忆力和考核点的重要程度，我安排了比较适合自己的准备计划，前期注重教材和知识点的复习，后期注重对论文、自己过往经历的熟悉和面试的思路的精炼。

此外，在6月29日，收到先期作业，要求对一篇文章中标蓝部分进行英翻中的翻译，是逐句翻译，但允许适当根据中文表达习惯调整语序，推荐通读上下文，对所翻译部分进行正确的理解，本次作业将交由院系老师判分，截止时间是7月1日。这个不难，因此不赘述。据了解，下一届的先期作业是提交一份proposal，个人认为较有难度。

夏令营/推免考核内容

夏令营总共进行了5天，考察的时间大概是一天半，对于没有进入面试环节的同学来说，实际考察时间只有笔试那半天。

7月3日是早上报道，然后去万柳学生公寓收拾一下休息一下，下午是专业班会，由老师主持，主持的老师是这次招新的负责人，明确告诉我们今年笔试不[①]考任何专业知识，并且让我们进行自我介绍，要求突出自己的特点，我在这一个环节做得不太好，没有说出自己的特色，并且我发现在此的同学都很不得了。

7月4日是一整天的讲座，起床以为自己感冒了（后来得知是雾霾引起的不适），啃了两颗维C银翘片，结果瞌睡了一天。讲座方面，早上首先是张志学老师的讲座，我原以为会讲述如何寻找有重要意义的学术问题来研究，原来张老师说的是如何成为一个创新型学术的人才；在周黎安老师的讲座上，周黎安老师讲述了他在"晋升锦标赛"和"行政发包制"的研究。下午是王辉老师和仲为国老师的专业讲座，王辉老师讲述了一个关于领导风格的研究，并和大家讨论其中诸多细节；而仲为国老师没有讲自己的研究，而是讲述了战略研究方面的一些要点，大家听得非常认真，在知道他是他是此次笔试的出题人后，大家更加精神抖擞了。晚上的聚餐是在光华新楼，菜式不错，餐厅装潢很棒，光华的老师对大家

① 小西说：其实竞争在上保研考场前已经结束了上半场

的情况十分关注，跟大家讨论了今天的讲座的内容，还对大家本科或硕士期间在研究方面的兴趣进行了采访。

7月5日早上安排的讲座是两位女神老师的分享，她们跟我们讲述了自己的国外求学经历。在此之前，就已经听说了国外求学，尤其是国外读博士的困难：大量的阅读，冗杂的修改……女神们的现身说法，的确是痛并快乐的经历，但是对于热爱研究热爱学术的人而言才是痛快，如果不适合走这条路便是只有痛苦。我想她们希望我们思考读博士对于自己的价值究竟是什么吧。下午进行了笔试考试，下午的考试是四道题目，时间两个小时，前两道和最后一道是英文，第三道是中文。第一题是爱因斯坦的IQ题，我一开始有点被吓到了，不过也顺利得出答案；第二题是对"在海外上市的公司的CEO如果有英文名的话，其公司的股票价值会更高"的一个研究的支持和反对的理由列举，我觉得问题不大，但是短时间内要有深刻的见解也不容易；第三道题是对"中美不同文化背景下上下级对不同结果的负责任程度"的图表进行数据分析和解释，我觉得看上去虽浅显但是有小陷阱，做起来要特别小心，我差一些就完全弄错了；最后一道题据说是去年战略系的夏令营考题，我没看过，讲的是高管集权与民主建议之间的矛盾，第一问要我们写一篇英文essay解释这个矛盾，第二问要我们设计一个组织结构来解决这个矛盾，时间有些不够，我觉得自己答得有失水准，回来宿舍还把组织理论与设计好好看了一下，补充一下知识。总而言之，我觉得题目很有意思，不考专业知识，但是又考到大家的基础能力。

7月6日早上，邀请了已经毕业的和在读的师兄师姐来分析他们在光华学习的经历，下午是答疑和结营仪式，给大家发了北京大学光华管理学院"全国暑期夏令营"活动结业证书，并且和系主任合影留念。在晚上七八点左右，我收到了笔试通过的面试通知，于是熬夜熟悉简历，并且和师长打电话稳定情绪，说起来这几天的讲座也给我提供了很多展示自己的方向，我把自己的自我介绍改了许多，删掉了获奖部分，增加了对自己本科所做科研努力的情况的描述。

7月7日，去光华新楼进行面试，一共两场，一场群面，一场个面。早上小组面试时，我们在阅读材料的那30分钟都不知道要讨论什么，有点乱来的感觉，这对我们很不利。阅读材料是A4纸大小、双面的英文理论，说的是行为学家和经济学家对于薪酬差距的不同理解，在阅读的30分钟内我先读完了，并且梳理好了理论框架，和大家解释了其中的内容，大家也进行了许多补充。三十分钟后我们被叫入一个会议室，其中有七八位老师，让我们用12分钟就刚刚的阅读材料讨论出一个研究计划，然后剩下的十多分钟是老师们的提问环节。我错失了先机，没有抢先说自己对这个理论的分析，被其他同学先说了，而且我也没先提出自己的研究想法，也是被引导着走，后来回答问题的时候，对老师的问题"你们研究的本质是什么？"我也没答上来。但是当老师问这个研究存在什么不足时，我指出了行业限制的问题，获得了老师们的点头肯定。另外，当老师问我们为什么把企业生命周期和薪酬差距结合起来的时候，我结合了组织发展生命周期理论对组织层级和薪酬等级作了解释，老师们好像也比较认可，并且，在整个讨论过程中，我指出了一些研究设计上的问题。总体上不功不过。因为是下午一点多面试，我中午没有去吃饭，抓紧了时间在熟悉自己的简历和论文，并且补了补妆，才下去面试。在面试室外面等待的时候特别紧张，为了缓解情绪，我又把材料整理了一遍，又很认真地练习了几遍自己的自我介绍。深呼吸了几个来回，就轮到我进去了。一进去我就把我的简历交给了坐在主位的教授。大概有5～6位老师吧，感觉很和蔼，很善良。一叫我开始，我就开始了我的中文自我介绍，老师们都在看简历没有看我，这让我压力小了很多。介绍完后，首先是问我自我介绍里说自己来了光华之后意识到自己的不足具体是什么？我回答了自己受到的经济学训练和管理学研究之间的差别，表达了自己想学习管理学研究方法的心情。然后让我用英文介绍自己的一篇论文。老师又问了我几个问题：我的论文题目都是怎么来的？在科研团队中创新时的角色是什么？问本科的同学毕业后都去哪里就业？其中读研的多不多？我的同学们都怎么看我？以后要做什么？为什么？想在哪里读博？后来，他们把话题回归到研究上，问我为什么要做某个题目，我说首先因为我最初跟着导师受到导师研究方向的影响，后来越研究越有趣，就一直研究下去了。又问了一个很相似的问题，就是为什么一直做这个题目，我回答一个问题没研究透彻我放不开，而且这个题目的研究有很多有趣的方向，所以我一直研究。最后，老师让我去叫下一位同学，于是就结束了。

7月8日，归途，离开万柳的时候我还是有回头看，再见了北京。[①]

录取情况

组织与战略系入营有六十人左右（包括本科起点和硕士起点），实际参加有四十几人，最终录取的是十四人左右。

过来人回声

不需要提前联系导师，夏令营期间，除笔试和面试之外，讲座、专业聚餐的表现不计入考核。企业管理专业各方向组织行为与战略管理、市场营销外语要求参照硕士起点申请人的入营要求第8项——至少满足以下其中一项：

＊通过"北京大学博士研究生英语水平考试"（具体合格标准，另定）；

＊TOEFL成绩90分以上（IBT）或220分以上（CBT）；

＊GRE成绩1200分以上（新标准310分以上）；

---

① 易宝提示：7月是参加夏令营考核的时间

* GMAT成绩650分以上；

　　* 英语六级成绩不低于580分（或按照百分制的标准，六级需达到75分以上）;英语专业四级考试合格；

　　* 雅思成绩（A类）6.5分以上；

　　* 在母语为英语的国家或地区参加过英文授课学位项目学习并获得学位。

（一位2016年录取学生）

北京大学经济学院

申请环节

　　4月中旬北大经院发布了夏令营通知，有四个专硕方向，九个直博方向，每个学生只能申请一个，考虑到笔者自身成绩排名实在太不堪（21%），也没有发过paper，所以一开始只是抱着试试看碰运气的心态开始准备材料，在方向上也在自己感兴趣的基础上尽可能冷门，最后决定报经济史直博，后来的夏令营经历证明这个决定是完全正确的。简历、个人陈述、排名证明、科研论文七七八八的材料，填了网申，紧赶慢赶终于在截止时间前写好了这些材料，但原来准备好的推荐信又出了问题，推荐老师不在学校，只能通过邮寄的方式签字，最后快递到达学校所在城市的时候离截止日期只剩不到24小时啦，凄凉的到集散中心快递堆里翻来找去，花了比平常贵十倍的价格寄的次日达，截止日期的下午三点终于被签收了，心里大石头才落了地。所以再次提醒大家，一定要尽早沟通、尽早准备。

　　材料准备的话，简历最好中英文都准备一份，一页为宜，个人陈述笔者也只写了一页，总感觉这些材料老师们都不会有心情去翻看第二页的，简历上最好也贴上本人美美的证件照一张，刷脸还是很有必要的。推荐信两封，如果找不到大牛的话最好找熟悉自己的老师，或者体现最想向审阅资料的老师展现的那个方面，比如比较想体现自己的科研实力，可以找本科阶段的导师或者合作过的老师来写。个人陈述、推荐信这些北大经院都有自己的模板，可以写好了再让老师们盖章签字。科研论文的话最好体现经济学上的计量功底吧，感觉后来的笔试面试中计量的权重还是蛮大的，经院老师应该也比较注重这方面吧。

参营/推免复试前准备

　　大概报名截止后半个月就收到入营offer了，经院老师的效率还是值得肯定的，夏令营安排也通知了。

　　因篇幅所限，请扫描二维码或登录易保研官网

www.ebaoyan.cn了解历年夏令营详细日程

即便在开营前做了一些努力，北大经院在笔面试内容形式上也丝毫没有透露。时间有限，笔者就直接略过了对数学的全部复习，将重点放在宏微观上，用的教材是曼昆的宏观和平狄克的微观，过了一遍课件，简单看了下书上的重点，提前了解了下报考方向经济史（主要也是过课件，后来基本上完全没用到），就这样奔赴北京了。

夏令营/推免考核内容

夏令营总共进行了5天，第一天入营报道领取营服资料饭卡，最后还有个闭营晚会，很多小伙伴表演了节目，当然零食也是大大的有。

直博专硕两组前面讲座、后面晚会都是在一起的，只有笔试面试是分开的。直博组是26日笔试，27日面试，专硕组刚好相反。笔试直博专硕两套卷，考核内容也差异蛮大的，不过都很难，以笔者直博组为例，了解宏微观主干知识是基础，不了解根本没办法做，在了解的情况下还考察学员的逻辑思维能力、现场学习能力、数理推导能力，很多知识，例如博弈论，笔者感觉已经和专业选修课难度差不多了，笔试基本是中文，只有最后一道英文论述题，讨论维持教育公平性和向贫困地区贫困学生倾斜矛不矛盾，一共三小时，时间非常紧，很难准备，真的很考学生经济学综合素养。而且据说笔试不过线是一定会被刷的，北大经院还是比较传统，很看重学生的基础知识啊。

面试各专业分开面，各专业都不同，提前二十分钟看题，每人面试25分钟左右，面试的时候笔者才发现经济史是真的很冷门啊，算上笔者一共也只有三个学生，想一想如果笔者报的是金融专硕或者是金融学的直博这种热门专业的话，估计连第一关简历筛选都过不了呢。面试先是自我介绍，中英文不限，不过笔者认为自我介绍重在给面试老师留下印象，如果自身英文一般花很大时间精力把自我介绍背得滚瓜烂熟可能反而会弄巧成拙。接下来是三个有关经济史的问题，三选二，印象最深的是第二个问题考察一个研究中国明代经济发展水平与生活水平的加州学派的代表人物，当时笔者看到这个问题直接待在当场，这也从侧面反映出了北大经院出题真的是无迹可寻啊，完全没有办法提前准备。最后一个是英文[1]口语，为什么选择经济史方向以及谈谈一个最impressive的经济史著作，因为笔者真的没有看过任何有关经济史的著作，所以当场跟老师表示能不能讨论一个经济史相关的paper，老师们很nice地答应了，所以最后还是面的比较顺利。感觉摸透老师的出题意图还是很重要的呀，最后一题主要是英文以及对所选方向经济史的

---

[1] 易宝提示：多逛逛论坛，忘掉紧张吧↘（^ω^）↗

兴趣考察，所以是讨论著作还是paper问题都不大，可见小伙伴们面试的时候一定要沉着镇定啊，碰到不会的问题也不要直接什么都不讲，整体而言老师们还是很nice哒。

录取情况

以下为2017年北京大学经济学院的录取情况。

招生类型	专业	入营人数	全部录取人数
专硕	金融硕士	63	31
	保险硕士	47	15
	税务硕士	48	17
	国际商务硕士	44	15
直博	政治经济学	10	3
	经济思想史	7	1
	经济史	3	0
	西方经济学	14	3
	世界经济	5	1
	人口、资源与环境经济学	11	3
	财政学（含税收学）	6	3
	金融学	16	3
	风险管理与保险学	5	0

过来人回声

1. "参营的时候觉得北大对自己学校自己学院的学生偏爱还是挺重的，其他学校的学生面试的时候一定要敢于展现自己，注重和面试老师们的沟通，千万不能说着说着没话了，面试的话也是营服或正装，最好正装，让老师记住你就是成功的一半呀"。（一位2017年录取学生）

2. "其实面试的时候就能感觉到面的不是很好，也可能是老师一次性面太多学生记不住了，感觉一直对我缺乏兴趣，问的问题也刚好都是我不熟悉的，老师频频摇头，落选也算意料之中吧"（一位2017年落选学生）

北京大学软件与微电子学院

申请环节

北京大学软件与微电子学院共举办过两届夏令营，但是2016年他们取消了夏令营，2017年北大软微夏令营只有软件工程一级学科，而招收经管类学生的计算机技术是没有夏令营的。计算机技术下设九个经管类方向，分别是：大数据技术与应用，大数据与云安全，增强与虚拟现实，金融大数据，金融信息服务，创新与创业投资管理，电子商务与物流，低碳技术与经济，计算机辅助翻译。所以经管学生想选择计算机技术下的经管类方向只有九月推免一条途径。

九月推免报名的时候，最好暑假就做准备，这样才可以有备无患。我是7月下旬就开始去找以前的通知简章，因为基本上每年的时间都很接近，这样心理准备就比较充足。我当时查看的去年软微学院出通知的时间是9月14日，截止时间是9月19日，时间很短。我们这一届学校出通知的时间是9月8日，截止时间通知是9月18日，中间留有较长一段时间的准备期。

暑假时期准备需要投递的材料时间正合适，北大软微当时要求我们投递的纸质材料有：北京大学2017年接收推荐免试攻读研究生申请表2份、北京大学2017年接收推荐免试攻读研究生个人陈述1份、北京大学2017年接收推荐免试攻读研究生专家推荐信3封、本科阶段成绩单1份、获奖证书复印件各1份、国家英语四、六级考试成绩，或TOEFL成绩，或IELTS成绩，或GRE成绩等体现自身英语水平的证明1份、通过北京大学推荐免试研究生网上申报系统打印的《北京大学2017年接收推荐免试攻读研究生申请信息表》1份。

其实北大每年需要准备的材料都大同小异，而且相对于其他学校来说也是比较全的，准备北大材料的过程也是为申其他学校做准备。北大的申请表、申请信息表在网申系统里面填好可以直接生成打印版，非常方便。个人陈述在官网中也有模板，建议提前拟好个人陈述，到时候出了通知直接套模板。北大软微需要3位专家分别推荐，且密封并在封口骑缝处签字，这个在官网中也可以找到模板。成绩单是3年的，需要去学院教务处申请盖章。英语成绩自然是不用说了，这是硬指标，北大软微也会在复试时进行英语水平的考察。最后再梳理一下自己本科期间的获奖情况，把获奖证书原件扫描和复印，这样基本上需要提交的纸质材料就完成了。为了后面方便填写网申系统，我也同时写了一份个人简历。另外，各类英文证明材料，国家级奖项，发表文章等可以额外加分

北大的网申系统做得已经相当完善，所以诸如个人简历、相关材料的电子

版最好在暑假时就可以提前准备好。再就是个人陈述的内容，软微学院的培养宗旨是以专业型硕士为方向，因此更看中学生的综合实践能力，相对于科研方面的考察，学院更加青睐参加过许多国家比赛经历较为丰富的同学。所以如果有相关经历的话，就要重点陈述。我当时就是把自己参加挑战杯和数学建模比赛的经历重[①]点写了一些，面试老师还提问到了。

参营/推免复试前准备

北京大学软件与微电子学院在复试之前都会出一个复试通知，因此要及时关注官网的通知和北大推免系统里给出的回复。2017年北大软微的推免复试时间是9月23日、24日、25日，在大兴校区。

北大软微2017年、2018年两年推免都是招生148人，其中计算机技术76人。所以从整体招生专业比例来看，计算机技术专业与非计算机技术这两年都约占一半，进复试的比例大致为3：1，招生范围变化不大，反正当时去面试现场还是挺多人的，单面需要的时间挺长。我后来看北大软微的录取名单，觉得北大真的是喜欢985、211的学生，即使不是985、211，也更偏爱京内高校，所以如果是985、211出身的同学可以把握住这个机会。

夏令营/推免考核内容

我认为北大软微今年的复试还是很简单的，就是英语笔试和单面，记得以前有夏令营的时候还有辩论和群面，现在难度真的是下降很多。英语笔试主要是听力，难度和性质很像商务英语，建议可以拿BEC商务英语高级作准备，这方面的书籍就有很多啦，比如：《剑桥BEC真题集第4辑（高级）》《新编剑桥商务英语（BEC）学生用书高级第3版》《新编剑桥商务英语（BEC）同步辅导（高级）（第3版）》《新编剑桥商务英语（BEC）证书考试指南（高级）》《新编剑桥商务英语（BEC）证书考试模拟考场（高级）》《新东方剑桥商务英语高级词汇精选》等。面试就是单面，时间大概是10~15分钟，面试的内容五花八门，主要是根据你的学科背景和简历提问。我当时被问到的题目是怎样看待互联网领域出现的并购事件，还问了我参加挑战杯的一些经历。听旁边参加面试的同学说，还有被问到数据挖掘、网红经济、刺猬理论等很专业的问题，所以在面试之前需要掌握一些必要的经济学知识，这时候就必须推荐曼昆的《宏观经济学》和哈尔.R.范里安的《微观经济学：现代观点》。

听旁边面试的大神说，《计算机文化》这本书可以作为面试宝典重点一读，我了解了一下，这本书介绍了计算机和数字基础知识、计算机硬件、计算机软

---

① 小西提示：针对往年面试情况做一些面试预演吧~

件、操作系统和文件管理、局域网、因特网、web和电子邮件、数字媒体、计算机产业、信息系统的分析与设计、数据库以及计算机编程等内容，的确是作为面试知识点准备的有力武器。

录取情况

下表是北大软微2018年的推免录取情况，可以做参考：

招生类型	专业	入营人数	全部录取人数
硕士	软件工程（083500）	共42人	7
	电子与通信工程		10
	集成电路工程		16
	计算机技术		76
	软件工程（085212）		29
	工业设计工程		4
直博	软件工程（083500）		6

过来人回声

1. "北大软微真是经管类学生的福音，作为北大死忠粉的我是艰苦奋斗才杀出重围的。复试的时候就只有面试，比较简单，可能前期材料就淘汰了很多人吧！我觉得复试很重要的一点就是要有自信，要敢于说话，老师对你的简历感兴趣，你就去重点介绍，要像讲故事一样，这样老师自然就会觉得你的实践经历很丰富，而且语言表达能力还不错！哈哈，能进入北大真的是太开心啦！"（一位2018年北大软微推免录取学生）

2. "我来自一个末流985的末流经管类专业，成绩尚可但不拔尖，有几项竞赛经历，竟然成功进了北大软微，很是激动啊！北大软微虽然很年轻，而且可能大家还没有特别认同，但真是一个不错的选择啊！他们的就业率据说达到了95%，涉及金融，互联网，公务员，软件，咨询等行业，我觉得这就是我想要的，Fighting!"（一位2017年录取学生）

3. "我九月份就开始准备北大软微的推免，比较想去北京的高校，而且对他们的金融大数据方向很感兴趣，所以就试了试。但是北大软微真是太高冷了，我前期材料都没有通过，也没有参加复试的机会。后来我看了他们的录取名单，北大的有一堆，985、211的比比皆是，还有很多是京津地区的高校，瞬间就释然了。我的落选可能与我本科学校层次不是985、211，而且六级成绩比较差有关系，继续努力吧！"（一位2017年落选学生）

易保研保过学员成功案例——北京大学软件与微电子学院

北京大学国家发展研究院

申请环节

大三下学期刚回学校的时候就可以开始准备投递的材料了，一般在学院的官网上都会有往年的夏令营通知，国发院在通知这方面网站上的内容都非常非常的全面，从发出夏令营通知到入营营员名单再到最后面的录取名单都会按照时间顺序排列好。

等到大三下学期刚开学的这段时间，就可以准备纸质材料了，夏令营不同的营准备的纸质材料具有很大的相似性，国家发展研究院要求投递的纸质材料有：1.申请表、个人陈述、专家推荐信2封。2.本科（含本科双学位）成绩单和加盖教务部门公章的专业排名证明。3.其他证明材料。选取具有代表性的材料，每一份控制在3项以内，包括①已发表论文复印件，②奖状证书复印件，③各类外语①考试成绩单复印件。证明材料应简明，并与在线申请内容相一致，总页数不得超过20页（建议采用双面打印，不超过10张纸）。

这里一定要提醒一点就是关于材料的提交一定要按照通知上的要求，选择最重要的材料提交上去，不要超过页数。

从入营的营员人数看，入营60人。其中企业管理学科限10人，金融学领域限10人，经济学科其他领域共40人左右。

以去年的招生专业和硕博比例类型构成来看，硕士生和博士生的入营比例大体相同，但是硕士生的录取比例要小于博士生的录取比例，所以从竞争的激烈程度而言，硕士生的竞争压力是大于博士生的。

招生类型	专业	入营人数	全部录取人数
硕士	国家发展	共60人	1
	西方经济学		12
	金融学		2
	企业管理		3
直博	国家发展		10
	西方经济学		3
	企业管理		2

---

① 小妍有话说：夏令营的暂时失败绝不是世界末日

　　我感觉国发院是一个比较注重学生是否有研究潜力的学院吧，在院里的老师都真的非常热爱学术，所以他们也很希望能够招收到那些真正致力于科研的学生。所以也一直有一个传闻（不知道是不是真的），国发院的博士项目其实是比硕士项目难度要大的，能直博的也都是很厉害了。国发院的夏令营近几年改了形式，不是强制性的需要你有一篇论文，但是如果你的科研水平和科研训练还不错，我还是建议能够有一篇学术成果的，不一定现场会问你关于你这篇论文的东西。

　　成绩单需要从大一到大三上学期三年半的总学分积成绩，需要去学院教务处申请打印和盖章。再梳理一下自己本科期间的获奖情况，把获奖证书原件扫描和复印，这样基本上需要提交的纸质材料就完成了。纸质材料国发院在通知上有用红色标注不能超过页数，所以一定要筛选出最重要最重要的材料放上去，当时自己在筛选材料的时候也是很纠结不要哪个，后来觉得最好能针对性的针对它希望能够招收到的学生类型来筛选会更好一些，比如立志做学术的，学术相关的论文奖项会为你添分不少。在准备必要提交的纸质材料过程中，你也可以对自己的大学时间轴进行梳理，同时完成自己的个人简历撰写，个人简历虽然不是必要提交项，但是对于未来自己的网申系统填写等都有很大的作用，能够节省很多时间。

　　国发院的夏令营分为网上填写的报名表和官网的通知附录两个，都需要按照里面的内容填写。一个简历报名表只能填写一个专业，在国发院的夏令营通知的区域，还需要提交一份不超过1500字的个人陈述，模板也是官网下载。对于个人陈述的撰写方面，我也从保研论坛中搜取到一些个人陈述的参考资料，结合以前学长学姐的个人陈述写作技巧，以及自己的科研、创业等各项经历，，撰写完成了一份个人陈述。关于个人陈述我有几个建议，第一点，一开始时个人陈述写的越详细越好，因为这样后面你就可以直接进行删减，从一大段文字中挑选出你认为写得好的几段话比只皱皱巴巴几句话的扩充要方便很多，所以前期的详细撰写，包括个人简历的梳理就显得非常重要了；第二点，个人陈述一定要写的像你自己，个人陈述存在的目的就是为了让审阅材料的评委老师能够发现你的亮点，认可你，觉得你的各项性格与经历适合他们的夏令营项目，才会给你发入营offer，如果只是简简单单把其他学长学姐的个人陈述下载下来完全复制一篇，很可能就千篇一律没有新意，吸引不到评委老师了；第三点就是个人陈述上面说限制一千五百字就千万不要过分超字啊，不要觉得多写一点能够把自己概括的更全面，审核老师只会觉得你逻辑思维不清，主次不明确的，就算你真的有很多很多个人经历，可以挑最厉害的几个拿出来讲，这样既简明有直接，更容易得到老师青睐。

　　由于国发院现在不是强制要求有论文和讲论文了，所以我就不详细讲论文这一块了，但是如果你打算拿着论文一起投递最好还是早一点完成，寒假可以好好完成一篇论文，5月份以前一定要完成并且有很好的框架。

参营/推免复试前准备

去年国发院的夏令营通知在5月24日发出，入营名单在6月12日公布，教务老师还会单独给你预留的邮箱发一份邮件询问你是否能够参加，要记得及时回复。

因为国发院没有笔试，只有一场面试，所以我也没有怎么特别的看书，不过也还是建议大家可以看看曼昆的经济学原理和范里安的微观经济学，国发院好像是7月快中旬的时候开始夏令营所以还是有很充足的时间可以准备的。

夏令营/推免考核内容

国发院只通过夏令营招生，没有九月推免没有九月推免没有九月推免（重要的事情说三遍）所以想进入国发院的同学一定要抓住夏令营的机会。

夏令营一共是四天，这四天的参营生活真的是非常非常非常开心，现在回想起来还是会有些怀念的想哭的，在这四天时间里面，真正的就感受到了国发院的包容和教会我们努力学努力玩。在国发院里面，从来就没有陌生人之间的间隔，结束夏令营的时候感觉大家真的就是很好很好的朋友了，

以下就是四天的具体日程：

第一天下午，北大勺园报道，会有国发院的小哥哥小姐姐们将我们分为几组，带着一起在海淀公园素质拓展，玩了一下午游戏帮助破冰，[1]

晚上是超级好吃的露天自助餐，吃完饭以后团建到九、十点才回宿舍。

第二天需要特别特别早起床来北大，上午是好几场大师讲座，讲座内容都非常精彩，国发院非常厉害的几位老师为我们讲他们的研究领域和研究的一些成果，每一场讲座都让我领略了经济学、管理学不同区域的大师们的思考以及大师们对我们的谆谆教诲以及期望。从老师们的讲座中非常鲜明地认识到我们都应该有一种历史使命感，当前的世界与中国面临了诸多现实问题，如经济危机等，现实问题有待解决，经济学科也有待发展，我们作为今天的经济学生、明天的经济学家有义务去研究这些问题，推动这些问题的解决，我们要有一种"怀天下抱负"的胸襟去面向未来。感觉国发院里的老师这种家国情怀并且一直在努力践行真的非常非常让人钦佩。下午是OFO小黄车的企业参访，好像是国发院的以前的师兄创办的，从北大逐渐发展壮大起来，听师兄讲他们创业的历程，小黄车的几次生死攸关，一步步克服困难获得多轮投资，感觉能够坚持下去的毅力真的很了不起，参访也是受益颇多。晚上依然是团建时间，由于面试名单还没有公布大家心中也都是很忐忑，晚上八九点以后我们的第二天面试的信息就发过来了。

---

[1] 小妍提示：每个学校都有专属的考核方案

第三天，第三天白天的全天都是面试，分为五组，每组的人都是打乱的，硕士博士，经济学、金融学大类、管理学大类也都是打乱的一起参加面试，每个人可以根据自己前面面试人员人数推一下自己什么时候过去，面试是在朗润园里面。一个小组大概有五位评委老师，一对多面试。老师手中有简历及打分表。首先自我介绍，其次由评委老师进行自由提问环节，针对简历及相关表现进行轮流提问。期间可能还会考察你的英文水平，包括用英文提问，等等。正常一人面试约为15~30分钟左右。国发院老师有很大比重会问你为什么想来国发院读书，这是一个很有情怀的回答，可以事先准备好，然后会问你的规划，打算未来从事什么。还有一个环节是他会从一个大盒子里面抽取一道时政热点题目，然后让你用经济学原理解释出来，比如会问你摇号和买号的福利经济学相关问题，等等。关于论文答辩，我也在最后结束以后问了一些一起参营的小伙伴，感觉有些人会被问道，问到的比例不是很高，会问例如模型怎么构建之类的。第三天晚上是闭营晚会，每个小组都会要求表演一个节目，从歌曲到舞蹈，等等。感觉大家真的不仅是学术水平高，也很会玩啊。负责带我们的研究生招生组的老师也说了很多话，关于对我们未来的寄予希望，等等，非常感动。最后大家大合唱的时候一起唱五月天的《倔强》，现在回想，其实也真的很温馨很温馨，不确定未来如何，希望一直能保持自己的倔强吧。

第四天是爬慕田峪长城，照例也起的非常非常早啊，大巴车把我们载到慕田峪长城起始点，我们从那儿开始爬，感觉真的爬了很久很久，听说这个是国发院一直都保有的夏令营项目，因为学三高要过体力关哈哈哈哈哈，国发院真的太可爱了。回来以后和小组成员们一起吃了一顿午饭，非常非常喜欢和仰慕的国发院夏令营就这样很温馨很温馨的结束了。

录取情况

北京大学国家发展研究院接收2017年推免研究生工作教授委员会通过对进入复试学生综合评审，最终确定35名同学获得北京大学国家发展研究院2017年推免研究生接收资格，其中直博生15人，硕士生20人。

过来人回声

我觉得对于直博来说，你的成绩、本科学校、科研经历比较重要，如果你是985+前2+一定的科研经历的话，那么个人意见去清北直博没多大问题的，基本稳了，工程能力作为参考，可以锦上添花，但是不起决定性作用了。同时直博一定要联系好老师。我觉得5月份，基本就可以给老师发邮件套词了，差不多了。
（一位2017年录取学生）

易保研保过学员成功案例——北京大学国家发展研究院

北京大学汇丰商学院

申请环节

对于汇丰来说就是英语要好，具体原因我后面讲。所以对于准备夏令营，我做的第一件事就是把我已经退化到惨不忍睹的英语刷上去，而当时最近的英语能力考试就是六级了。汇丰夏令营官网对于英语六级的要求是520分，实际上最好能达到550甚至580的水平，所以建议分数不够的同学好好准备一次刷高一点。

Anyway，等我开始认认真真准备外保，已经是2017年3月了，我也开始了解包括汇丰在内的夏令营项目。

对于汇丰，其实我们这一届的汇丰夏令营（正式名称是2017年全国优秀大学生经济金融论坛）要求的材料很简单：

1. 论坛报名表（中英文各一份）。

2. 参会论文或论文提纲（PDF格式，英文），请围绕经济、金融、管理相关议题展开。新闻传播专题的讨论，可围绕财经传媒相关议题展开，请提交参会论文或论文提纲（PDF格式，中英文皆可）。

3. 本科阶段成绩单1份（加盖教务处公章，原件扫描件）。

4. 其他能证明本人优秀的文件（复印件）。

在材料准备阶段最重要的就是第二项的英文参会论文（或提纲）。事实上，在开幕仪式上，海闻院长直接告诉我们，"我们最看重的就是你们的论文，你们的学术态度。有些同学可能成绩很好，但是提交的论文是随随便便甚至弄虚作假搞出来的，我们不会接收"（大意）。并且，这篇论文作为你入营后答辩的基础，[①]如果准备不充分，答辩时依然很容易暴露出问题被老师问倒。

至于怎么准备论文，这个得自己想办法。总之如果一开始就是为答辩准备的，那么在研究问题的时候就得开始不停问自己问题，用最严格的方式审视自己的研究意义、方法、数据、结论，等等。只有说服了自己才能说服老师。另外往年也有用美赛论文成功入营的，也是一种手段，只是对于展示和答辩要花费更多功夫了。

另外，虽然通知中虽然说如果论文没准备好，提交论文提纲也行。个人建议最好还是能交完整论文，或者初稿也会比提纲好一些。

接下来是网申的部分，汇丰不需要提交纸质材料，所有材料均在官网提交。

---

① 小妍提醒您：8月要备战预推免面试啦～

最好提前准备好自己的中英文简历，这样到时候直接复制过去就好了。

参营/推免复试前准备

我们这届材料提交的截止日期是6月5日，入营通知在6月21日发到了我的邮箱，而夏令营将在7月7日开营。总的来说，准备时间还是比较充足的。在这段时间需要准备的事项有：

1. 论文的完整版全文（英文，pdf）

2. 论文的摘要和目录（英文，word）

3. 答辩用的PPT

4. 英文简历

这些东西要在7月2日前提交，且之后不可再修改。

我还准备了的东西有：

5. 英文讲稿（逐字稿）

6. 论文和简历可能会被问到的问题及解释（建议不少于10页A4纸）

7. PPT翻页笔

关于怎么准备答辩这个问题，最重要的事情是让听众清楚地知道你在说什么，让他们能够和你有交流的基础。这件事情看起来好像很简单，很多人都做不到，尤其是用英文阐述论文的情况下。很多小伙伴本身论文写得很好，可是如果老师不知道你在说啥，他就不能和你交流关于论文的问题，你经过深入研究的观点也就得不到发挥的机会。不仅如此，老师还是要问问题的啊，那他就只能从他听到的仅有的部分，或者从简历上问你一些看起来很奇葩的问题。结果你不会，然后你还埋怨老师不按套路出牌。其实问题就在于你没有让老师知道你在说什么。反过来，如果你清楚地告诉老师我为什么要研究这个问题，我遇到了哪些问题，又是怎么解决的，这个结论我觉得很有意思因为什么原因……老师听完之后自然会从他们的角度思考你说的东西，你们也就会有良好的交流。当然，仅有良好的交流是不够的，在这个基础上你的论文质量要能够抵得住老师们的疑问。而一旦通过了，自然会比那些被问简历、问奇葩问题的同学得分高了。

好了，我这么说你应该知道你应该达到的效果应该是怎样的了，至于具体做法，无他，唯手熟耳——多练习，多修改你的稿子。

夏令营/推免考核内容

关于参营期间的时间线，我之前说过汇丰的营很贴心，他们从发入营邮件开始就为大家建了群，之后各事项都会在群里告知大家，并且老师和学长学姐无时无刻不在解答大家的问题。所以没什么特别需要注意的地方，需要干什么的时候群里总会有人提醒的。

因篇幅所限，请扫描二维码或登录易保研官网 www.ebaoyan.cn了解历年夏令营详细日程

报道日在7月7日。今年的开营特别"坎坷"，因为6日7日那两天包括深圳在内很多地方都下暴雨，很多同学航班都延误了。报道日主要的事项就是在大学城安置好，小组的同学互相认识，一起参观。到了晚上有一个交流会，海闻院长先讲话，然后每个小组上台自我介绍，大家都很有创意，笑声此起彼伏。

7月8日和7月9日就是本次论坛的重头戏——论文展示及答辩了。所谓论坛，就是大家都坐在同一个教室，按顺序一个一个上去讲，然后接受老师提问。每天每个会场分为4场，而演讲顺序，则在每场开场前半小时才公布。也就是不到开场没有人知道下一场是不是自己，刺激吧。不过习惯了这样的氛围反倒放松了，什么时候讲不是讲呢，发挥出自己准备好的东西就行了。

此外，8日晚上和9日晚上都安排了活动。8日是在麒麟山庄吃饭，据说是逼格挺高的地方；9日晚上则有一个新老生圆桌交流会，不同专业的在校学长学姐坐在报告厅的不同区域，我们则将他们重重围住，拷问，哦不，是咨询我们想知道的更多情况。包括军训啊，海外交流，就业，等等，总之收获还是很多的，打消了我心中的很多顾虑。

7月10日，上午是海院长的讲座，关于中国经济形势的，受益匪浅。下午则分组出去参观，我们组去了深交所，另一组去了创维。晚上的晚会则是最欢乐的时候，每个组都要上台进行才艺展示。虽然大家几乎都没有准备的时间（行程太满了），但是我们组还是充分发挥了聪明才智，拿到了最佳创意奖。哦对了，晚会结束后会选三个小组评奖，据说对考核也会有加分。

7月11日，上午是闭幕式和志愿填报。关于志愿填报，有一点是你要填报的志愿和你在那个会场是没有关系的。比如我被分在宏观经济分会场，论文也跟金融方向无关，但是可以填金融专业。结果和奖学金很快也出来了，最终我收获了汇丰的offer，有了着落，这个暑假的这份回忆也被我永远的铭记。

汇丰的整个夏令营都充满着乐趣，这段回忆也让人难以忘怀。希望每一位同学都能收获自己满意的结局！

录取情况①

我们这届同学入营的有155人，按照提交的论文被分入了6个会场进行答辩，每个会场又分成了2个小组，每组各分配一个在校的学长或学姐作为辅导员。在

---

① 路姐提示：9月底别忘了填报九月推免

校内的行动基本上都是以小组为单位，并且小组成员有啥问题辅导员都会帮忙解决。

专业	入营人数	全部录取人数
西方经济学	夏令营：155	32
金融硕士	九月推免：338（含夏令营已录取）	148

过来人回声

1."由于汇丰夏令营只设置了一个论文答辩的环节，所以想要报名汇丰的同学一定要提前准备好相关的英文论文，并且对英文答辩进行提前的演练，因为教授可能会对大家比较严格。一般来说夏令营录取率很高。"（一位2017年夏令营录取的同学）

2."汇丰夏令营的录取率非常的高，一般不出大问题的同学都能被录取。但是九月推免也有很大的机会，一般也会预留比较多的名额，而且采取面试的形式，对于学术能力不是那么强的同学可以考虑九月推免的机会。"（一位2016年九月推免录取的同学）

易保研保过学员成功案例——北京大学汇丰商学院

北京大学教育学院

申请环节

教育学院其实是一个比较"神秘"的学院。由于没有本科生教学，大家对它的了解都很有限，可能很多同学都以为它是继续教育学院或者是专门开进修班的……但其实教育学院是一个教学严谨扎实、学术科研实力强的院系。这次夏令营感觉北大的同学比较少，大多数都是别的学校的同学，正在考虑保研的同学们可以到教育学院官网了解一下。

教育学院夏令营分成四个方向报名：高等教育学，教育技术学，教育经济与管理（经济方向）和教育经济与管理（管理方向），分别对应了教育学院的四个系；在夏令营中也是分四个系进行交流、考察的。

今年的报名时间是五月中到六月中，基本要求和需要准备的材料基本上与往年的保研材料一致。需要注意的是，夏令营的申请需要在网上系统申报。具体的内容可以参考官网通知，在这里简单的罗列一下准备的材料及相关的注意事项：

包括夏令营申请信息表、夏令营申请登记表、专家推荐信、个人陈述等比较常规的材料。有一些材料是在夏令营申报系统中填写生成的，然后打印出来提交，有一些是自己直接打印即可。个人感觉其实还是GPA和排名更加重要，同时后面应该每个专业都有英文面试，还是挺看重英语水平的。本人排名也不是大神级别，感觉北大能拿到保研资格、英语过关的同学们过初审还是没有啥问题的，所以不用太过担心。

参营/推免复试前准备

由于北大教育学院的笔试更加偏向于考察更加开放的问题，即专业与时事问题相结合的开放式考察，所以我还是针对专业课进行了一定得复习。但是建议大家不要耗费过多的时间，只要心里有一个大概的框架，到时候能够及时运用相关的知识进行分析即可。同时由于我申请的是经济方向，还针对基础的经济学相关知识进行了一定的复习，比如微宏观，也不是要求特别的扎实，只要针对一些重要的基础内容会运用即可。

针对笔试而言，我觉得最重要的是了解一些教育社会问题。我觉得还是重在平时对于社会问题的关心以及自己思考问题的逻辑和方法，平时要多注意看新闻，并且及时总结进行相关的评述，最好还能够运用一些自己所学过的知识就更好了。我当时去国发院的论坛上找了17年春季学期国发院"教育经济学"课程的课件来看，也看了一遍范先佐的《教育经济学》，这对于这个学科基本的研究内容、研究方法的了解还是有裨益的。不过功利地来说，感觉对于最后笔试、面试没有太大的作用，更重要的其实还是针对时事的敏感性和评论深度。

由于其面试大致分为三个部分，我也分别进行了准备。首先是个人材料一定要熟悉，面试里面会反复被问及，可能是用中文也可能是用英文。要好好准备自己的简历，针对一些比较常见的行为面问题一定要能够及时做出回答，做到知无不言，言无不尽。

其次，也要充分熟悉自己提交的论文之类的学术成果，要能描述出逻辑结构，讲出个所以然，体现自己的学术素养。我是通过一个故事引入了自己研究的问题，并且按照论文的结构进行了介绍，最后还针对当下比较热点的双一流问题进行了展开论述，效果还是比较好的。当然，在准备的过程之中一定不要害怕麻烦老师，一定要保证自己的论文是比较有质量的，一般的论文可能给老师留下不太好的印象。

最后，由于我的英文是一般水平，所以我在准备英文辩论这场面试中花了比较长的时间。首先，利用课余时间扩展了一些自己的词汇量和一些教育学的专有名词，先丰富了资源。然后，给自己做了一些定时训练，出了一些比较热点的题目自己定时进行论点与论述过程的演练。最后，还找了关系比较好的同学一起练习了英文辩论，提高了自己的应变能力，事实证明在最后的面试之中这些训练还是起到了效果的。

我认为对于参营同学们来说，表现出自己对于这个学科的兴趣、热情和投入①的意愿，我觉得是很重要的。同时，报我这个方向的多数也是学经济学、金融学的同学，表现出你自己立志学术，希望静下心来做研究，也是很重要的。

夏令营/推免考核内容

北大节奏很快，第一天报道拿材料，入住宿舍；第二天讲座、见面会、交流会；第三天上午笔试，上下午面试，晚上集会当场颁发优秀营员证书，然后就可以离开了。

文件通知说是四天，但第一天是京外同学报道，最后一天是别的活动，实际上就只有两天。

第一天主要是院系介绍和交流。早上是开营仪式和嘉宾报告，主要是介绍学院；下午分成四个系各自交流。感觉学院准备夏令营是很用心的，下午，我所在的教育经济与管理系的老师基本上全数到场，陈院长也一直在和我们做沟通交流；然后还包了我们一餐晚餐，在学院楼顶吃站点比萨……（说起来教育学院楼顶的天台风景真好，地理位置太出众了）

第二天是分专业进行的各式各样的考察，不同专业的考察方式和内容不同。教育经济方向的考察是四个专业里最复杂的，包括了早上的笔试和下午的三场面试。下午的面试分成三场，每场7分钟，没有先后顺序。参加面试前会把你之前上交的所有材料给你，然后你带着这些材料进入教室，把材料交给老师开始面试。在这里再提醒一下，额外准备多份个人简历分发给每个老师是极好的，每个教室都是二或三个老师进行面试。

第二天晚上是闭营仪式，在闭营仪式上直接宣布优秀营员名单并颁奖。每个专业给的优秀营员都小于该专业最后招生的总数，比如教育经济学方向最后要招13个人，给了9个优秀营员，在9月份还会面试录取其他一部分同学。

接下来重点说一下北大的考察方式。北大教育学院采取笔试+面试的考核方式。笔试以论述题的形式进行考察，今年考察了：（1）高校设置重点班，全国设置重点高校，对此有何看法？（2）当初填报高考志愿时的原则和步骤是什么？如何判断自己的志愿填报的好不好？

这种偏思辨类的题目，因为我申请的是经济方向，所以尽量从经济学角度出发，配合人文思辨，尽量简洁答题但时间还是不够，这种中性的论述题其实是非常考验学生日常积累和综合素质的。

---

① 小西提示：面试前准备好得体的服装

结束笔试后马上面试，在面试前没有透露任何和面试有关的消息，到了现场才知道有三场面试，问什么也不知道，面试分三场，顺序不限，分上／下午场：

第一场是简历面试——2个老师，根据简历问题提问，具体问题包括：为什么报考这个专业？有什么想问老师的问题？实证研究方面的经历？在大学里收获最大的一门课是什么？为什么？老师们不会非常严厉的苛责大家的回答，只是需要大家对于自己的简历比较熟悉。

第二场是代表性论文面试——4个老师，具体问题包括：简单用3分钟介绍一下自己的研究？研究结论有哪些创新之处？再给一次机会想改善研究的哪些不足？有没有得到和预期想法不符的结论？注意：这个面试其实就是学术水平面试，专业性很强，如果不能体现出对科研项目的了解和对专业术语的把握就不太可能引起注意。

第三场是我最担心的英语面试——2个老师，形式是英语辩论：一般英语面试都是一个个进入，但北大是两个人一起进去，所以一开始大家都很奇怪。两人一组，一进去就让抽题，这才知道是要进行英语辩论。随机确定正反方，笔者当时一进门就坐了正方的位子，坐下才知道，有些慌张。抽到的辩论题目是"目前中国的大学教育规模还不够大"，正方需要在2分钟内看完一张A4纸大小内容的英文阐述并打好腹稿，紧接着用2分钟阐述观点，3分钟辩论，老师不做任何评论。

在辩论结束后老师进行一对一英语提问：大学里印象最深刻的事？评价一下自己的学校以及学院等，基本1人2个问题，然后另一个老师就一直在纸上写东西。注意：这个有点类似英语压力测试，在这种情况下考察参营者的本能反应，想进入理想院校的同学最好增强日常英语口语训练。

以上就是关于教育学院夏令营的一些小小经验。最后看录取情况来说，教育经济与管理一共录取了21名同学，北大的占据了多数，其他各个学校的机会比较均衡，我也最终成功被补录进了录取名单，算是非常幸运了！总的来说，教育学院的老师都非常热情，非常和蔼，乐于和同学们交流，每一个面试的氛围都很轻松，所以没有什么好紧张的。另外，我觉得主要考察的还是学术素养和思维习惯与方式，对于经济学、教育学的专业内容并没有什么涉及，所以应该不需要在专业方面有太深入的研究，但是有条件的同学最好还是能够进行一定的复习，这样到时候更容易脱颖而出。最后祝每一个奋斗的同学都能有的放矢，最终收获自己理想中的成果！

录取情况

招生类型	专业	入营人数	全部录取人数
硕士	教育经济与管理—管理	25	21
	教育经济与管理—经济	41	

过来人回声

1. "由于面试中有英文辩论的环节，再加上我自身的英语水平比较好，托福也考到了98分，所以在面试之中表现得也不错。后来和大家交流过，发现英语[①]面试要出彩还是相对比较简单的，所以大家可以抓住这个机会。"（一位2017年录取学生）

2. "北大教育学院的比是比较开放，再加上面试也有行为面的部分，对于我这种平时不太关注时事的同学来说非常痛苦，大家在准备的过程中一定要注意准备好相关的材料。"（一位2017年未录取学生）

北京大学统计科学中心

北京大学统计科学中心通过夏令营招收数学、统计学、经济学、计算机科学、自动化、公共卫生等专业直博生，每年夏令营大概在4月会出通知，之后5月下旬就要参营，时间非常早。身边很多同学都错过了这个通知，所以想尝试统计科学中心的同学一定要提早准备。

申请环节

因为该中心是刚刚开始招生，历史数据很少，所以我仔细阅读了招生简章，也问了一些在北大的同学，据了解，该中心的专业课主要是数学和统计，和我本科学的差不多，而且中心非常注重学术，因此在文书方面，我重点突出自己的专业素养和学术潜力。

准备好申请需要用到的纸质材料以后，我把纸质版原件全都扫描成电子版，制成一个PDF文档，并注明学校和姓名。我们报名截止的日期：2017年4月30日。

发完邮件以后，可以顺便把需要打印出来的纸质版材料都打印完，放在一个大信封里面备用。大概两周后，会有邮件通知参加面试以及流程。

---

① 小妍提醒：面试基本的礼仪不要忘记略

参营/惟免复试前准备

准备参营可以从笔试面试两方面来，笔试的话主要是统计专业课的内容，包括数学、统计学、计量经济学等，可以复习一下之前学过的课程的课件，如果有时间可以看一下相关的考研的习题，一般夏令营笔试难度都不会超过考研题。

除了准备笔试以外，我还认真准备了一下面试，包括中英文自我介绍、英语口语、自己相关的经历以及论文等。另外，还可以深入了解一下中心老师的研究方向，看一些他们写的论文。

夏令营/惟免考核内容

夏令营在2017年5月26～28日进行，入营的一共有25人。在北大参营的三天，我深深地感受到了北大浓厚的学术氛围。

5月26日中午，我前往燕东园32号小楼报到并领取材料。下午进行笔试，笔试内容涵盖数学、统计学、计量经济学等多学科基础知识。

5月27日上午是宣讲会，首先是陈主任讲述中心历史和科研成果，随后，北京大学统计科学中心的老师们先后向大家介绍了各自的研究方向与最近的研究进展，台下同学可以就自己关心的培养方式、学科前沿问题向老师提问。

面试分两部分，自我展示和论文答辩，可以看出面试环节还是比较重要的。在这里声明一下，不是所有同学都有机会进行论文答辩，中心会根据笔试和自我展示的情况筛掉一半的人，剩下的人才有机会进入论文答辩环节。

其中自我展示在5月27日下午到5月28日上午进行，每个同学先进行15分钟的英文自我介绍，将自己本科期间参与过的学习、科研经历以及对未来的研究计划进行详尽展示，并回答老师提出的问题。

5月28日下午公布了进入下一环节面试的名单，进入的同学抽取一篇论文并在5月29日下午进行了文献展示和答辩，需要准备ppt，展示对论文的理解并回答老师提出的问题。

录取情况

最终录取的人数大概为2～4个，其中包括北大本校的，所以外保的机会非常小，但是能够去感受一下北大的学术氛围也非常值得。

过来人回声

1. "北大统计科学中心主要招收直博生，需要学生有很好的学术素养和学术潜力。另外专业知识背景也要过硬。"（一位2017年录取学生）

2. "北大统计科学中心每年录取名额很少，大概2~3个，其中还包括清北的学生，所以给外校的名额几乎为0。"（一位2017年落选学生）

北京大学燕京学堂

申请环节

2017年北大燕京学堂的夏令营网申是从4月5日开始，一共分为三批申请，每一批次申请截止之后是否安排面试，将根据申请材料审核状况来决定。上一批次申请材料将自动延续到下一批次。第一批申请截止时间5月15日；第二批申请截止时间6月15日；第三批申请截止时间7月15日。虽然可以有较长准备时间，但仍要注意时间节点，防止错过申请。

夏令营的报名非常简单，仅在网申系统中填报即可，无须寄送材料。

参营/推免复试前准备

燕京学堂的最终面试往往是来自不同的院系的五位老师，有不同的学术领域，会根据你的简历，推荐信和个人陈述来发问，因为这个学院交叉学科的特殊性质，所以对跨专业同学包容度很大，对跨专业保研同学来说是个非常不错选择。

面试共分为三轮，第一轮、第二轮是单面，第三类为群面，全英文面试。

面试环节最重要的事情是要做好充分的准备。[①]

首先要做好面试前的准备。面试的核心考察的是你是否优秀以及是否适合这个项目。所以在申请之前要问自己几个问题：

1.为什么我要选择这个项目？

回答这个问题要在前期对这个项目的培养目标，课程体系，等等做些必要的了解。可以从学术性，视野，国际性，培养目标等方面思考。

2.为什么这个院系要选择我？

回答这个问题要对自己的大学三年（到保研这个时间点）有很好的回顾：我做过哪些比较有意义事？我在学术上是否有长进？我思考问题的意识和能力是否有所增强？我组织或参加过哪些学生活动，在其中又有哪些收获？我有哪些爱好，和这个项目的契合度在哪些层面可以体现出来？

3.我的未来规划？

未来规划确实可能会变，而且经常会变，但依然要经常思考：我未来是要出国继续读书还是读研后就工作？抑或有其他的打算？我打算在什么领域读书，什

---

① 易宝提醒：参营前和导师确定意向可能增加录取几率

么领域工作？这些未来的考虑都会和当下的选择结合起来，在面试过程中，可以向老师们谈谈自己的未来规划，体现自己的思考。

其次要准备的是自我介绍。往往在面试的开始，老师们都会请你做自我介绍，介绍自己的姓名、院系、专业，自己的学习经历、闪光点，等等。不要把自我介绍变成背简历，因为简历材料都在老师们手里，都可以直接看到，不必重复。要说些无法用冰冷的简历体现出来的部分，比如自己的学术志向或是学术活动体会。需要注意的是，自我介绍时的态度和语气，不必太过谦虚，也不宜十分骄傲。

夏令营/推免考核内容

因为没有成文的通知公告，这里我以我自己的面试时间经历来介绍整个面试流程。

初面可以选择线上skype面试，北京的同学也可以直接去北大面试。线上面试是由学堂的一位外国女老师进行的。面试是全英文，共持续十五分钟。问题都是围绕我的ps和简历展开，包括：我印象最深的一次新闻报道；我是否有与外国同学交往的经历；我的学生工作情况；为什么对燕京学堂感兴趣；我为什么适合燕京学堂这个项目等。整个面试进行得非常紧凑，问题一个接着一个，很考验一个人的反应能力。

初面通过后，7月28日收到终面时间通知，2日的面试，面试的地点是一个有着一张小圆桌的小办公室，五位老师是主考官，另三位老师负责时间控制等，总之就是——被一圈老师围着。终面的问题也是围绕我的简历和ps展开，大部分问题都在我的准备范围之内，问题包括对学堂认知类：为什么想来燕京学堂；你的职业规划是什么；学堂能为你的未来规划起到什么作用；对个人科研经历的询问：一位老师直接就让我介绍下我大创的课题；实习经验的询问；选择一个我实习过程中印象最深的例子等。

终面给我的感觉并不容易，老师会质询你的回答，并期待你做出相关解释。比如在我说完自己的职业规划后，老师就问我为什么要转换领域？

但无论遇到什么问题，都应该尽量让自己保持微笑，真诚地表达，尽可能化解危机，表达出一种自信。毕竟，只有你相信自己，才能让别人相信你。

录取情况

这里一定要注意，燕京学堂的九月推免仅仅是提交材料的过程，录取人员全部来自夏令营的录取人员，因此要注意学院夏令营通知信息以及报名的时间节点，避免错过。

过来人回声

1.面试过程中还有非常重要的一点：知之为知之，不知为不知，千万不要给自己挖坑。面试不只是考察你的知识储备，也考察你的应变能力、对待挑战的态度和能力。如果老师问到自己确实不清楚的领域和话题，要诚恳地说出自己目前的想法，然后表明自己在这个领域或对这个问题的思考不是很充分，会继续学习。如果不懂装懂乱说一气，很可能被老师当场打脸。不给自己挖坑，还应该尽可能地让自己说出来的可控的回答都可以被追问。所以要对自己科研做了什么，论文写了什么，有何结论以及活动怎么组织，有何收获，等等问题要提前思考好，要经得起追问。（一位2016年录取的同学）

2.如果时间允许，最好做个模拟面试。请一些学长学姐或是同学来根据你的简历和其他申请材料向你发问。心里思考过和嘴上表达过有时候是两回事，有逻辑地表达并展现自己是需要在模拟中不断锻炼的。（一位2017年录取的同学）

北京大学国际法学院

申请环节

北京大学国际法学院一般提前一年就会有预报名信息的填写，比如2018年的考生，现在就可以登录国际法学院网站，找到SHP（Summer Honors Program）项目进行预报名。正式的报名一般会在4月份以后，正式报名的截止时间是6月中旬。预报名阶段只是为了让国际法学院了解目前想要报考的学生的情况，从而制定夏令营的招生规模，所以这个阶段只是需要填写基本信息，比如姓名、邮箱、电话等，以便于正式报名开始后，国际法学院可以以邮件或电话的形式向考生发出提醒，以免考生错过了报名时间。所以如果错过了预报名阶段也没有关系。①

随后，到了五六月份，国际法就会在全国几个城市的重点高校召开夏令营招生宣讲会，对于不熟悉国际法学院的学生来说，这是一个非常好的了解这个项目的机会。如果是已经想好冲刺国际法的学生，更是可以借此机会和国际法的相关教职人员进行接触，如果在会场上能给老师留下好的印象，顺便投上简历，对于学生取得夏令营的offer有加分的作用。根据我参加2017年国际法宣讲会的经验来说，给同学们进行宣讲的是国际法学院的院长、招生主要负责人以及对招生应该有一定话语权的另一名国际法教授。因为我在参加宣讲会之前就已经了解过了国际法学院并且有意向冲刺该院校，所以我提前准备好了自己的简历，在宣讲会结束后，我便将简历递给了招生老师，也询问了一下我的科研成果并不是很丰

---

① 易宝提示：关注往年的夏令营为今年做预期

富，有没有可能获得国际法的夏令营offer。招生老师的回复是，你参加了这么多的课外活动并获得过这么多奖项，你还能拿到国奖，成绩排名也挺靠前（当时的排名是3/70），这就证明你是非常优秀的了，国际法就需要这种多元化的学生，希望是挺大的。同时我也去和教授、院长进行了一定的交流。而入营后的经历证明，这样的提前认识确实是会给老师留下一定的印象，如果在夏令营的表现也较好，那么获得优秀营员的概率会大大增加。

因为4月份报名系统就开了，所以4月份的时候，感兴趣的考生便可以开始准备自己的材料了。不确定是否要报名的考生，也可以等到5月份听完宣讲会之后再进入系统进行报名。我在听宣讲会之前，其实也还没有决定是否要报名，因为国际法的网上申报的内容还是比较烦琐的，所以我是一直等到宣讲会结束之后才报的名，基本上也是5月中旬。当然，除了网上的报名系统，国际法还要求我们将在读证明、前两年半的成绩和排名等材料全部扫描并发送至邮箱，但是不用邮寄，而且在申请阶段也不需要准备老师推荐信，所以相对简单一些。但是虽然在申请阶段不需要提交推荐信，但是推荐信在入营的时候也是要带着和其他资料一起提交的，而入营的时候是7月底，基本各个学校都已经放假了，所以虽然6月底网上报名的时候不需要提交，但是也一定要记得在老师放假之前，找老师签好推荐信。国际法学院要求提交的材料中也并没有着重强调科研水平，没有专门要求准备参营论文，这可能是与它的考核方式有关。国际法的考核就是一场模拟辩论，并不涉及任何论文答辩，因此，这对于当时科研成果较为单薄的我来说，确实是一个很好的机会。当然，如果你有比较出彩的论文，国际法学院也是很乐意接收的。但是相比之下，国际法学院对于英语能力的要求更高，所以如果可以在6月份之前，拿到一个不错的雅思或托福成绩，对于申请国际法学院会是一个优势。在获奖的奖项里面，除了数学建模等竞赛，国际法学院可能更关注全国大学生英语竞赛，如果你能争取一个一等奖，应该会是很好的加分项。如果以上都没有，那四六级成绩最好要比较突出（6级最好600以上），至少不能是劣势。当然，如果英文成绩一般，但是别的表现非常出色，也是可以成功获得国际法学院入营offer的，比如我当时夏令营的舍友，她的英文水平就一般，但是她的科研成果丰硕，而且当是参加国际法夏令营的时候，她已经获得了北大光华的offer。所以，申请国际法的阶段，其实只要你的资料能凸显出你的个人特色，证明你比别人优秀就可以了。我当时一是为了争取学校的保研加分，另一方面就是为了弥补科研的不足，突出自己的英文水平，所以专门报了全国大学生英语竞赛和托福，竞赛获了三等奖，托福差几分到100。虽然不是非常出彩，但是综合其他的条件来看，我应该是已经达到了国际法对于优秀学生的定义。

国际法在报名阶段的网申和寄发邮件是两个不一样的过程。网申阶段是从国际法学院的网站进入，找到SHP项目，随后就会有当年夏令营的报名网站，通过那个网站填报信息。这个网申的系统和北大其他专业的网申系统要填写的资料基本是一致的，内容也是包括个人基本情况、获奖情况、科研成果、个人陈述、简历，等等。我当时填写的系统中，获奖情况一栏是有字数限制的，如果字数超过了规定字数，材料就无法提交。我一开始写完一个奖项就换一行，但后来发现无法提交，才发现是因为字数超出了限制，所以为了尽可能多地把奖项写进去，我就把两个奖项之间用分号隔开，同名的奖项就直接写一等奖／二等奖，不再重复奖项的名称。个人陈述和奖项我都建议是提前在word文档中写好再粘贴到报名系统中。我当时报名的时候，可能是到了5月底、6月初，距离报名截止时间（6.16）非常近了，所以学生们都在大批量进入报名系统报名，因此很多时候材料根本无法上传，卡住之后就要重新登录，刚刚写的东西全部没了，又要重填，非常浪费时间。所以我后来都是先写好了word文档，然后再复制粘贴进去。个人陈述一般来说都不要太少，但是里面尽量提一些报名信息中没有的内容，像获奖情况这些就不要再重复写进去了，这样浪费了字数还重复了信息。最好就是描写自己参加的课外活动以及科研成果。但是也要注意言简意赅，因为招生老师根本没有时间看这么多内容，通常就是一扫而过，所以我尽量确保老师随便扫的地方都有我想要表达的重要信息。在递交的材料多了以后，我就发现，每个学校要求的核心信息不过以下几个：个人简历、个人陈述、获奖情况、科研成果、社会活动。只是各个院校的字数、格式等要求不同，因此，方便起见，我都是先打好了草稿，遇到不同学校的不同要求，就把这几个内容排列组合放进去，适当增添或删减，这样能提高效率。因为到5、6月份，基本上各个院校的夏令营申报时间都是这个时候，那个时候我一方面要准备期末考，另一方面要准备入营的笔试面试，还要天天跑材料，不提高一点效率，真的是忙不过来。[1]

最后一点，国际法学院不区分专业，这就省去了我上网站查找各个专业信息的工作，只管填报即可。

参营/推免复试前准备

北大国际法学院的夏令营首先会发邮件告知你已被录取，但是具体的行程安排这个时候我们还不知道。我记得国际法报名截止时间是6月16日，我收到国际法夏令营offer的时间是7.4，并要求在7.9日之前回复是否参营，不回复就视同放弃，所以这个阶段一定要常留意邮件，并且及时回复。另外，国际法学院因为还安排了营员去香港的行程，所以如果参营，是需要另外交3000元的，这个费用当时是要求在7月9日前汇到邮件里的指定账户。所以，确定参营的话，一定要记得及时汇款，否则功亏一篑。当然，由于夏令营涉及去香港的行程，所以营员这个

---

[1] 小也提醒：搜集信息非常重要！

时候就还需要办理港澳通行证。邮件里还有征集夏令营营服设计稿的通知以及要求发送一张证件照以便于制作营员证。如果有绘画基础的同学，不妨积极参与设计，如果稿子被采纳，入营之后可以借此让老师记住你，也是一个不错的表现机会。但是我没有什么绘画天赋，所以也就没有参与设计，但是后来有投票环节，我也是积极参与了。第一封的录取邮件中，并没有涉及夏令营的考核流程，直到7月25日，国际法学院才给我们发来了正式的流程以及分组情况。这个时候，我们就被拉入了一个夏令营的群里，并且能够知道入营的营员都有哪些，来自什么学校，什么专业，这让我们能对自己的"对手"有进一步了解。国际法的招生对象主要是非法本的学生，所以从入营成员的名单中可以看到，60%的学生来自于非法学专业，其中经管类专业占了大多数，但是也不乏药学、哲学等比较冷门的专业。

拿到了夏令营行程之后，我发现整个夏令营当中竟然没有笔试环节，前几天的行程基本就是上课，讨论，最后有一个模拟法庭。而且，从发给我们的日程安排都是英文的这点来看，这个夏令营对于英文运用能力的考察应该是一个重点。所以放假回家后的半个月，我基本每天都会自言自语练习将近3小时的口语。因为我本身不是法学专业，对于法律知识的了解也非常薄弱，因此，为了加深我的法律意识，我专门找了一部关于律师的美剧《The suits》，一边练听力，一边练口语，同时也会对剧里的一些专业词汇进行摘抄。由于国际法学院主要关注中国法和美国法，而且是以美国J.D的培养方式来培养学生，因此，我专门找了《影响美国大法官的100个案例》来提前熟悉美国法的法律思维，同时也是熟悉美国法的历程。因为夏令营的考察主要还是口语和听力，而口语一直都是我比较薄弱的环节，所以我还专门找出了当时考托福口语时候的《研修英语》进行辅助练习。

夏令营/推免考核内容

从2016年、2017年的入营时间来看，国际法的夏令营一般安排在7月底，而且时间较长，一般为6天，我当时的入营时间是7月29日到8月5日。

7月29日

当天是营员报道的时间，下午先到达国际法学院的大楼领了材料之后，就各自收拾宿舍，然后用晚餐，晚餐是拿着发票去食堂就可以了。国际法的食堂装修得非常温馨，有一种西餐厅的感觉。当天晚上没有安排，但是由于下午大家已经拿到了一本参营材料，里面是之后两天的课程资料，以及最后考试的case，所以当天晚上大家基本会在宿舍或者到达国际法的大楼预习第二天上课的内容。资料里会有老师提前备好的问题，基本就是第二天老师在课上可能会问到的问题，所以最好是提前有所准备，这样第二天可以积极举手，参与到课堂中去。

7月30日

早上是开营仪式，大家一起坐在国际法学院最大的课室进行，大约1小时就结束了。随后，营员们按照之前的计划，被分成了两大组，分别去到了两间教室，进行自我介绍，相互认识，这个自我介绍全程用英文表述。虽然说我有准备面试的英文自我介绍，但是那个是相对官方而且简练的自我介绍，可以说是完全不适用于国际法学院的这种自我介绍。因为当时下面还坐着几十个营员，所以根本没有办法说自己科研有多厉害、成绩有多厉害，这样听起来会非常不自然。还好当时我坐的位子比较靠后，所以在前面营员做自我介绍的时候，我重新整改了自己的自我介绍。虽然这部分不占分，但是也是给大家留下一个好印象，给自己建立信心的环节。这个自我介绍不用太官方，最好是能和大家互动起来。每个营员基本都没有介绍自己获得过哪些奖项，反而是在说自己的家乡是哪里，有什么好玩的地方或者是为什么想来国际法，以后有什么打算，等等比较生活化的话题。

等大家都介绍了一轮以后，基本也就是中午了，所以结束之后直接就去用午餐了。下午给大家安排了一个校友面对面的环节，STL邀请了六七位杰出校友来给我们做分享，校友们基本也都是全英交流，所以之后的提问环节，学生们基本也是用英文提的问题。之前我一直觉得两个中国人讲英文非常突兀，但是这可能也是国际法有独特魅力的地方，在当时那种环境下，我反而觉得一切都发生的非常顺其自然。提问环节如果可以提问或者发言，也可以多举手，主要目的并不是要提什么问题，而是能多露面就多露面。当然，这也是一个进一步了解STL的过程。

当天晚上是movie night，这就比较轻松了，看了一场电影，但是我一直在看第二天上课的材料，所以也没有仔细听电影主要讲的是什么，所以最后有一个discussion的环节我也就没有举手回答问题了。Discussion也不是真的分组讨论，[①]就是Dean让大家谈谈看完电影之后的感悟，有几个同学举手回答了一下，然后大概9点多，这一天的日程就结束了。

7月31日

早上是Professor Ho给我们讲了一堂关于猎物所有权归属的案例，这个案例的文字材料在我们入营的时候就已经发给我们了，相关的问题我们在课前也进行过思考，所以课上积极回答问题就好。

下午是去华为参观，首先是华为的负责人给我们介绍华为的发展沿革，随后是简单的提问环节，我在这个环节上提了一个问题，主要是问你认为华为是否已经赶超了苹果，如果没有，需要多久能赶超苹果。我的主要目的其实也是为了能

---

① 小西有话说：亲爱的你，一定可以成功！

多表现一下，让老师印象深刻一点。这个环节结束以后，我们就被带到了华为的展厅进行参观。参观过程中，同学们基本就围着STL的老师边走边问，了解的东西也是和STL的培养方式相关的一些问题，因为人多，可能插不上话，那也没有关系，毕竟人这么多，老师也记不得谁在他身边问过问题。

晚上被统一带回之后，我们用过晚餐又继续上了一门晚课。

8月1日

早上上的课是中国法的课程，老师同样有提问环节，多回答问题，积极举手就好。课程结束之后，我们按照之前分好的讨论组，被分到了4间教室，每个教室都配了一个老师，老师都是外国人，主要就是引导我们如何来分析最后我们要陈述的case。这堂课主要是让我们临时分成了正反方，相互辩论。因为一个教室里的人不多，大概也就15人左右，所以发言的机会肯定是有的，表现的积极就可以了。当然，讨论中一些好的观点也要记下来，因为最后我们是要自己写成一份陈述的。

下午上的是财产权的课程，讲课的老师非常会和学生互动，所以只要老师点到你，你能回答的上来就行。即使回答不上来也没有关系，能够将出自己的逻辑就可以了。这门课上老师没有抽查到我，所以就比较惬意地过了一节课。课程结束之后是vice dean的一场讲话，主要就是一个讲座，期间也会抛出一些问题，能回答也尽量举手回答一下。

晚上继续是分小组讨论，但是这个是为第二天早上的模拟法庭做准备了，老师会告诉我们模拟法庭上的一些程序和要注意的礼节，这个要注意听，因为第二天的模拟法庭上，这都是评分的依据。随后，这一晚大家就是自己去完成自己的statement。大部分人都熬到了2、3点，甚至有更晚的。我写完稿子，背完，回到宿舍大概也是2点了。

8月2日

早上就是正式的模拟法庭了。我们被分成了很多组，每4个学生一组，进入不同的教室。每个教室会有一位法官（由STL的教授担任，也是考官）以及2名原告（2位考生）和2名被告（2位考生），随后，第一名原告先进行6分钟的陈述，再由第一名被告进行6分钟的陈述，接着是第二名原告和第二名被告分别进行陈述。在各位进行陈述的时候，法官会随时打断，抛出问题。我在上面陈述的过程中，就被问到，你凭什么认为eats能联想到食物，很多东西都是可以吃的，我就觉得brainy eats听起来就像是一种吃了对脑子好的药物。当时我一是紧张没太听懂法官的问题，二是确实一下子不知道怎么去反驳。但是肯定不能冷场，所以我就随便讲了两句就绕过去了，然后迅速回到了我的稿子上。最后在我们四个都结束之后，老师都给我们逐个点评了，讲到我的时候就说一些口头用语不能太多，法庭是一个正式的场合……在小组形式的模拟法庭结束后，所有人的面试也就结束了。

下午，我们又有一个和在校学长学姐交流的机会，这个时候，我的舍友就收到了老师发来的消息，通知她开始准备下午模拟法庭的展示。这个展示已经不是考试了，老师只是会从早上模拟法庭中表现非常优异的学生中挑出8人，然后让他们随机分成两组，主要就是在所有营员面前，再进行一次陈述，但是此时法官将由3位院长担任。这几个被选出来的学生相当于已经拿到了优秀营员的资格，下午的这个仅仅是一次展示，不会再有评分。即使展示中有纰漏，或者发挥的不尽人意，也已经没有关系了。所以趁着我们和学长学姐的交流空隙，他们几人就在后面做着准备。但是我当时的心态非常放松，完全没有被这个影响到，因为STL录取的优秀营员相对较多，所以即使没有赶上这一批，也还有很大希望可以被录取。另一方面就是，本身参营我就觉得只是个体验，想感受一下STL的教学风采，当然能有机会来这里学习当然是最好的。所以总体而言，我的心态还是相对轻松的。在这个展示结束以后，我们就一起前往了深圳的四海一家，这是一家非常大的自助餐厅，所有营员在这里共进晚餐，每桌还会安排几位老师入座，我对面坐的正好是我最喜欢的两位老师，所以整个席间就听着两位老师畅谈他们的人生感悟，我也算是找着了一个好机会让老师认识我。

当天晚上，大家都忙于收拾行李，因为第二天一早，我们就要前往香港，进行香港两日游。这相当于是紧张考核之后的大放松，这两天可以尽情地玩，不会有任何计入成绩的项目。但是因为老师也会随行，所以期间如果能找机会和老师沟通交流，就一定要多沟通交流，不要真的以为是去香港购物，还是要有一点目的性。毕竟，夏令营的营员这么多，能让老师记住你的机会真的不多。随后就是香港两日行的游玩攻略，在这里就不细说了。

录取情况①

招生类型	专业	入营人数	全部录取人数
硕士（非法学）	不区分	112（含4个国际生）	55（38人通过夏令营录取）
硕士（法学）			26（16人通过夏令营录取）

（注：2018年招生计划与2017年录取情况一致，2017年招生计划与2016年录取情况一致，因此上图实际代表2017年与2016年的实际录取情况）

由上图可以看到，北京大学国际法学院更倾向于本科是非法学专业的学生，这对于本科非法学，但是想转法学的学生来说是一个利好信号。另外，2017年通

① 易宝提示：保持好成绩很重要

过推荐免试入学的学生占总招生人数57%左右，2018年该比例上升为60%，且无论是招生规模还是推免名额都有所上升。再考虑到该学院的影响力逐步扩大，也愈发成熟，未来关注和报考的学生会越来越多，学院规模也会相应加大，加上该院院长在夏令营中也明确表示，国际法学院非常喜欢接受推荐免试的优秀学生，如果参营的学院足够优秀，可以考虑放宽推免的名额。可以预见，国际法学院对于推免的名额可能会放得更宽，而且招生人数可能也会有所增加。

另外，没有拿到夏令营offer的同学，也可以争取mini camp的名额以及九月推免的名额。今年通过mini camp和九月推免获得最终预录取资格的大约有30人，也是不小的比例了。

过来人回声

1.国际法学院对于英文能力的要求相对较高，要求有良好的英文表达能力，因为参营的过程基本是全英交流。最后的模拟法庭环节要表现的自信，这对于最后的评分很有帮助。作为一个完全没有法学背景的学生，在国际法不会受到任何"歧视"，因为参营的营员大部分都没有法学知识，考察的内容也不是你法律知识有多么渊博，更多的是要考察学生的思辨能力。（一位2017年录取学生）

2.国际法学院通过夏令营和九月推免的录取比例还是非常大的，所以一定要争取获得夏令营的offer，然后好好表现。因为国际法学院对于推免生比较偏好，所以推免的名额相对较多，被录取的希望也比较大。而且，一直要有信心和耐心，不到最后一刻都不要放弃会被录取的希望，因为每年在最后录取的时候，都会有学生选择放弃，这样在递补名单的学生就会有机会了。（一位2017年录取学生）

3."国际法学院确实是一所对于思辨能力要求较高，英文水平要求也较高的学校，如果英文水平不过关，其他条件优秀，依然是有很大落选的可能。而且，模拟法庭的这种考核方式不是每个人都能适应的，它非常考验学生的应变能力和口语的熟练度，所以对于临场应变能力较弱、自信心不足的学生来说，还是有较大难度的"（一位2017年落选学生）

易保研保过学员成功案例——多短板逆袭的典型：北大国际法、人大环境、复旦大数据等

北京大学现代农学院

申请环节

现代农学院在2017年是首次通过夏令营招生，所以没有往年招生的信息。但是可以同时准备其他营的申请材料的时候一起准备，一般在学院的官网上都会有往年的夏令营通知，如果没有的话，可以直接在网上搜，注意记录一下去年的网申时间和投递材料的截止时间，还可以关注保研论坛等公众号，保研论坛在这一方面做得非常好的一点是，只要一个营出了夏令营消息，就会立即在论坛官网进行分享，这帮助我省略了烦琐的一个一个营单独查找的过程。

等到大三下学期刚开学的这段时间，就可以一边准备纸质材料了，夏令营不同的营准备的纸质材料具有很大的相似性。北京大学现代农学院只设有直博项目，学院老师也是希望能够招收对于农林经济领域有研究兴趣的学术型研究学术。如果想要申请现代农学院的直博项目，一定要有自己的至少一篇学术论文成果。投递的论文可以是发表的，也可以是未发表的working paper，哪怕是没有发表的论文也一定要保持论文应有的格式规范化。成绩单需要从大一到大三上学期三年半的总学分积成绩，需要去学院教务处申请打印和盖章。对于成绩单，不同的学校有的有不同的模板。再梳理一下自己本科期间的获奖情况，把获奖证书原件扫描和复印，这样基本上需要提交的纸质材料就完成了。我的获奖材料提交一般是按照奖项的大小由国家级到校级依次整理。在准备必要提交的纸质材料过程中，你也可以对自己的大学时间轴进行梳理，同时完成自己的个人简历撰写，个人简历虽然不是必要提交项，但是对于未来自己的网申系统填写等都有很大的作用，能够节省很多时间。

北大现代农学院的夏令营不需要在网上填写报名表，但是有自己单独的简历模板，可以在它的官网下载下来，按照里面的内容填写。一个简历报名表只能填①写一个专业，应该是默认只有农业经济管理专业博士项目。当时我在填写的时候还没有要求填上具体想去的专业，只有在实际参营的时候才知道的。申请北京大学现代农学院夏令营需要提交一份不超过1500字的个人陈述，需要从官网下载个人陈述的模板。建议个人陈述可以写的详细一些，这样之后修改的时候就有了足够的素材；可以把自己本科的经历按时间梳理一遍，记得强调有成就的领域；个人陈述需要写出个人的突出之处，避免千篇一律，因此选取的内容和措辞

---

① 小妍提醒：考一个好六级分数吧！

需要好好斟酌。最后一点是个人陈述不能够超过上面提到过的一千五百字。超过字数不会提升你的竞争力，审核老师只会觉得你逻辑思维不清，主次不明确的，就算你真的有很多很多个人经历，可以挑最厉害的几个拿出来讲，这样既简明有直接，更容易得到老师青睐。

最后还有论文这一块，我认为如果想申请学术型项目，特别是学术型的直博项目，论文真的是最好就要有啊，学术潜力如何衡量，也不能简简单单的就通过十几分钟的面试体现出来，所以一定要有一篇可以在夏令营拿得出来给老师们展示的论文，论文的准备和撰写越早开始越好。如果是想从别的专业转专业的同学，论文一定是要准备一篇与你所想转的专业一样类型的，比如工学院的同学想转经管院学经济，就一定要有一篇能够体现你经济学思维的论文。我建议五月份以前最好就要把自己的论文完成，论文不是强制性的需要发表，如果大三还没有自己的论文的同学可以从寒假就开始准备啦。

参营/推免复试前准备

北京大学现代农学院的夏令营先发夏令营通知，拿到参营资格的同学，教务老师会单独给你的邮箱发一份夏令营考核流程时间表。

因篇幅所限，请扫描二维码或登录易保研官网www.ebaoyan.cn了解历年夏令营详细日程

六月初现代农学院的夏令营入营通知就会下来，到六月末的参营期间其实中间还是有很长的一部分时间准备的。

参加夏令营前有以下几点需要注意：

首先北京大学现代农学院的夏令营是有笔试的，主要笔试科目是中级微观经济学和中级计量经济学。没有强制要求的复习提纲和建议书目。由于2017年是他们的首次夏令营招生，所以题目出的并不是非常难，都是一些很基础的题目，但是以后也许会有难度加大的倾向。所以我建议在准备夏令营的时候一定也要看看自己的专业课知识，把中级微观经济学和中级计量经济学的课本都至少翻一遍。

其次由于这是一个很注重你的科研能力的夏令营，所以在参营以前一定要很熟悉很熟悉自己的论文，包括论文的思路，数据获取与数据处理，研究最后结论与研究意义，等等，都需要非常清晰，同时自己论文的后续参考文献你也需要真的读过，如果面试老师恰好也有与你所写的论文是一个研究方向，并且也看过这些参考文献，可能老师也会直接与你讨论参考文献中的一些论文，这个时候冷场就很尴尬了。当然如果真的不会，一定要坦陈的和老师承认自己不了解，不要死撑着。现代农学院讲解论文的时候不需要放映PPT，所以你可以根据自己的习惯

选择是否制作一份PPT或者直接口述，都是可以的。

夏令营/推免考核内容

北京大学现代农学院只会通过夏令营招生，没有九月推免，所以希望能够在现代农学院未来深造的同学一定要抓住夏令营的机会。

夏令营总共进行了4天，但是实际考察的时间是参营第二天下午的考试，如果第二天的考试合格可以参加第四天的面试，6月30日京外同学报道，京内同学可以不用去。

7月1日基本上是参营的三十个同学的第一次见面，上午是一上午的讲座，现代农学院的院长和农业经济政策中心的系主任还有农经的各位老师，包括行政老师都会到场，首先是老师和营员的自我介绍，然后是一上午的讲座。老师们会把自己的主要研究领域和研究的论文讲述给大家听，这是一个很好的了解老师研究方向的机会。未来你是否想跟随这个老师的研究方向，老师的研究内容你是否感兴趣都可以通过上午的讲座大致了解。印象中大概大部分农经的老师都做了报告，所以时间其实一直持续到了下午，中间有一个茶歇，很多零食小蛋糕~

7月1日下午先是继续由没有做完报告的老师讲完自己的研究领域与研究内容，大概三点左右就开始准备考试了。考试时间好像是两个小时，中级微观经济学和中级计量经济学放在一张试卷上考，前面半张试卷是中级微观经济学的题目，后面半张试卷是中级计量经济学的题目，题目感觉不是很难，都是一些很基础很基础的知识，感觉只要能够在考前翻一遍书应该问题就不大，所以我好像还提前交卷了。

7月1日晚上会有现代农学院师兄师姐带大家游园以及帮大家答疑解惑。

7月2日早晨，需要很早很早起来，从王克桢楼出发去一个农业合作社，还去了一个大农场参观访查，感觉很好玩，可能老师们也希望能够通过这种实践的方式让大家对未来将会从事的领域更加有形象认识吧。

7月2日中午回到北大以后，下午就是和老师们的自由交流环节了，大家可以选择自己最想交流的两位老师，按照时间顺序进行分组排列，大概一个老师和五六个学生一起交流，交流时间为半个小时。这段时间你可以和自己最想选的老师开始套磁啦，也相当于是后一天面试前的一个小面试，如果和老师谈话的过程中让老师非常非常喜欢，面试什么的应该也就有底了。也可以通过这个过程更加深入了解到老师们的研究领域，帮助自己更好的确认自己的目标。

7月3日晚上是一场非常非常丰盛的自助餐，所有夏令营的老师都会到现场，[1]和同学们坐在一起，畅聊人生，大快朵颐。等到结束后回宿舍，大概最后

---

① 路姐提醒您：适当的训练口语

一天的面试名单也就公布出来了。

7月4日，全天面试，一个一个面试，每一个人有一个差不多的时间点，可以估计快到时间再过去。面试在一个会议室里面，有六位老师。首先是自我介绍，然后我开始讲自己的论文。论文讲完以后，问到我论文数据是怎么获取的，怎么处理的，然后以后想研究的方向是哪一块，还问到了我的简历上的科研经历，还考察了我一段英文，就是随性拿出一本农林类专业英语书，随便翻出一页，让我用英文读一段话，然后用最简单的话把它主要内容给概括一下。面试时间我猜大概是二十多分钟，然后就直接出来了。

录取情况

现代农学院的结果不会立马公布，他们会一个一个发offer，不会一次性把所有offer都发出来，所以有可能整个暑假你可能都要在焦急纠结的等待消息，也有可能第二天或者第三天就会有offer，所以不要着急，可以耐心地慢慢等。

过来人回声

1. "北京大学现代农学院看参营以及最后录取的学生背景分析来看，他们还是很喜欢经济学相关专业的同学，可能这样原本的本科经管类学的相关性更高一些，同时不同老师的研究领域其实也有很大的差异性，所以研究方向的对口其实也非常非常重要的。不过这些也可以通过后期自己的努力进行差距的弥补。"（一位2017年录取学生）

2. "北京大学现代农学院老师真的都非常注重学生的科研能力和科研潜质，所以一定要想清楚自己是否愿意直博以及研究中国农业经济相关问题，老师都是农业经济学节的大牛，真的很感兴趣一定要多磨炼自己的科研水平，同时一定要给老师表达出自己很喜欢学术研究的意向。"（一位2017年落选学生）

北京大学环境学院

申请环节

我逐渐确定自己想要继续读研深造是在大二的下学期。在此前也都没有主动地去了解过保研相关的政策，也是因为一开始是比较想出国的。后来和师兄师姐聊天的时候，发现自己的一些条件还可以试试保研这一个路径，所以在中途其实是很匆忙的改变了自己的整个人生发展轨迹的。好在最后在老师，好友的鼓励下与自己的坚持下取得了较好的结果。

参营/推免复试前准备

因为确定了保研，大三上学期我开始有目的性的为自己未来的保研开始做准备。为了能够在科研上有一定的吸引力，我也参加了大创，等等课外学术论文竞赛。从学期中期到期末，我多次和老师一起交流讨论，与小伙伴们一起调研，搜集数据，清理数据，撰写论文。

大三下学期，为了以防万一，我开始两手准备，在语言考试方面也下了不少功夫，吸取了以前由于信息不对称带来的很多教训以后，我也是积极地和师兄师姐们以及以前我们学校保研到北大的一些学姐学长交流，提前询问之前夏令营的具体考核方式以及内容等信息，更加有针对性的做了准备，我想这也应该是我能够顺利拿到offer的一个很重要的考虑因素吧。

总体来说，这一年的保研历程我感触最深的就是一定要多明晰保研政策，信息的获取能力非常重要，培养自己的信息攫取能力与做事情的针对性、计划性、前瞻性对于自己最终目标的实现都有非常深远的意义；另外一方面，坚持下去的信念、勇于尝试和探索的勇气、脚踏实地的扎实能够很大程度上帮你达到你的目标。这样一个经历告诉我，对于自己未来的选择一定要更加坚定，对于自己的能力要有一个清楚的认识，选择了就不要害怕自己做不到，选择了就一定要想一切方法做到。

夏令营/推免考核内容

因篇幅所限，请扫描二维码或登录易保研官网
www.ebaoyan.cn了解历年夏令营详细日程

北大环境院的推免没有笔试，以面试为主，2017年的面试网申时间是从9月7日开始，截止时间是9月18日。面试时是十几个老师同时面试1个学生，且有现场录音录像以保证公平。面试分为三个部分，面试问答、专业问题问答和英语口译。首先是自我介绍，没有时间限制，除基本信息以外，主要介绍了自己做的与环境相关的科研工作、社会实践、创业比赛等。接着开始专业问题问答，主要包括与专业相关的问题，如"与资源禀赋相关的贸易策略选择问题""出口替代"，在简历中有体现的问题，如"对资源环境逆差的理解"，与论文相关的问题，如"阐述你的论文思路""你的论文为什么要使用xx模型"，与所在学校或个人相关的问题，如"修过与环境相关的哪些课程，主讲老师是谁，用的什么教材""参与科研的动力来源是什么"，以及一些与环境相关的热点时事解读等。

由于我的本专业其实也并不是环境相关的专业，唯一沾的上边的是大经管这个范畴。我认为不管学的是什么专业，多和不同专业的人交流，是非常有必要

的。同时自己也要多涉猎相关的书籍，了解他们的专业课，在自己的科研论文与课题方面多向这边靠近，往往会有较好的效果。

我在参加面试的过程中，有遇到一些提问非常非常犀利尖锐的老师，面试的时候我提到了一个自己曾经看过的一篇北大环境学院老师写的相关论文，关于污染和国际贸易之间关系的。当我刚讲完整个文章的大致论证方式和研究结果的时候，其中一个老师迅速接过我的话问我一个问题"你认为这篇论文的漏洞在哪里？"北大一直崇尚思想自由，而且当时这篇论文的作者还在面试现场，是我的[①]另外一位面试官，我从因果关系和相关关系的角度提出一个可能出现的问题，也顺利通过了这一关。老师出其不意的一个问题也让我有了很多反思，我想这类问题不仅是在考查学生对论文的解读是否深入，是否具备不错的抗压能力和应变能力，对于科研问题是否能独立思考、大胆质疑。建议平时带着问题阅读文献，树立批判性思维，不要人云亦云。对于我日后做研究也会是一个很好的时刻警醒自己的事例。

由于我并不是环境经济学专业的科班出身的同学，北大招生的老师也并没有非常刁钻地问我很多专业问题，感觉他们的专业问题还是非常基本的，类似于一般的微观经济学知识在于环境领域的运用，例如专业问题问答主要是针对外部不经济、科斯理论等环境经济学经典理论进行阐述，最好能结合国家政策或热点时事，让理论变得更加丰满而具有说服力。所以自己对于中级微观经济学和中级宏观经济学这两门经济学入门级课本一定要好好地学习与掌握。只有这样才能让老师对于你的专业知识和素养产生信服。

最后一个环节是与英语相关的环节，老师们让我看一则环境保护协议签订的英文，时间给的非常短，然后让我用自己的语言把文章的主要内容给讲述出来。建议平时多阅读英文文献，加强翻译训练，同时也要提高自己在强压力情况下的抗压训练，多积累专业词汇。特别是参加夏令营或者推免研究生以前一定要把相关专业的高频率出现的英文单词做一个汇总，多看多思考。

录取情况

招生类型	专业	入营人数
硕士	环境管理	11
直博	环境管理	直博3+硕转博2

正如我在文章最开始所说的，学会攫取与利用信息是非常非常重要的，对于各位有意向来北京大学环境科学与工程学院继续深造的学弟学妹们一定要多多关

---

① 小西提示：最好有一些科研成果哦（*. ω＜）

注学院的通知公告，希望不久的将来，也能听到你们满拿offer的喜讯。

过来人回声

1、"特别强调一下文案写作能力和面试的应变能力，败在这块的人太多了。别的不说，个人陈述拿过来，明眼人扫一眼就能看出你是不是一个有想法的人。面试老师真的是阅人无数，切莫轻敌。一定要认真准备自己的申请材料并且有针对性地提前准备一些回答。（一位2017年落选学生）

2、"面试一定要多说话！面试要是卡壳了会让场面很尴尬，也会影响老师对大家的印象。如果对自己随机应变能力不是很有信心，那不妨提前准备一些老师可能感兴趣的内容，说完自我介绍或者回答完问题之后就把自己提前准备的内容一说。这样做的好处是一方面不会冷场，另一方面这些东西本身也是老师感兴趣或者本来打算问的，所以自己直接说了也未尝不可。不过也有老师不太喜欢这种，所以最好说之前问一下可否自己再说一些自己的想法。总体上老师们一般还是很和蔼的。"（一位2017年录取学生）

申请环节

大数据学院比较偏重计算机编程方向，当时参营的同伴有很多是理工计算机背景的同学，大数据研究中心算是非经管法专业转向金融领域的一个比较好的选择换句话说，其实对于纯经管专业的学生不是很有利。

参营/推免复试前准备

我对于这个夏令营没有着重准备，不着重准备的原因是，专业不是特别对口，而且他们看中的计算机编程和数学也不是短期内可以快速提升的东西。主要进行了以下两部分的准备：一部分是花两三天熟悉了个人论文，这是可以和其他夏令营的准备合并在一起的。另一部分就是，数学的复习。数学较难的内容几天也学不会，所以我索性对自己学过的数学内容进行复习，参照笔记和考研的题目。当然后来证明这种准备方式并不是很有效，因为数学笔试的难度高于考研题目。

夏令营/推免考核内容

入营60人左右。夏令营四五天，主要是讲座活动，最后两天安排笔试和面试。这个营非常注重数学和计算机编程基础，专门对口金融学专业的方向非常有限，并且也重视编程能力。笔试考察数学+计算机编程，面试就是简历面+论文+一些随意的问题。前两部分可能更容易做一些针对性的准备。

笔试的话，经济金融背景学生的试卷是计算机编程题目+数学题目。数学背景、计算机背景的学生试卷会不相同，更加侧重于自己的专业内容进行考察。面试的话就是简历面+论文+一些随意的问题。

论文部分的回答需要提前准备好。包括论文的研究问题、主要假设、主要模型内容、结论、与他人的不同。回答不需要过为冗长，时间控制在3min左右即可。但是核心内容一定要包含在这段叙述当中。最后是再次重点强调论文的结论和与前人研究的不同之处。这部分问题依赖于对论文的熟悉程度。请确保递交上去的论文你要非常熟悉，至少亲自参与一部分，将自己不熟悉的部分在前期准备当中通过询问撰写这部分的老师和同学来解答你的问题。

过来人回声

参加北京大学大数据研究中心，我的感受就是入营不偏好经管专业学生，夏令营的内容更是很多机器学习的内容……我在这个夏令营中很多内容听不懂（当然了，都是机器学习我根本不会）。考试也是一样的情况，虽然计算机、数学、[①]其他是分了三组在考试，其他组多是一些教育、法学等专业的学生。我作为数理金融方面的学生只能选最适合自己的数学，但实际上这些数学也很难，并不是大学数学或者考研数学的难度，另外笔试共五道题目中有一道是编程题，所以这样下来笔试答得很差。（一位2017年落选学生）

北京大学法学院（法律硕士非法本）

想来距离九月推免结束已经三月有余，一直想要提笔去写点感悟来记录自己的推免经历，但总是被俗事所扰，待到再提笔去写时，脑海中似乎也只留下了未名湖、博雅塔、凯原楼的淡影，当初在北大笔试面试的一幕幕似乎又能够回现在眼前。北大是无数学子的执念，而我可能只是其中一个，愿把这段经历同大家分享。

申请环节

北京大学法学院没有夏令营，只有九月推免。2016年北大法硕的考试时间是在九月份，因此我在8月底就天天去刷北大法学院的官网。9月初，北大出九推通知，考试为9月22日，网申时间为9月8日至18日，材料截止时间为9月15日，时间安排还是比较紧凑。需要递交的纸质材料有系统导出的申请表、申请信息表、2000字个人陈述、3封专家推荐信、成绩单、成绩排名、外语复印件、无违纪证明，其中有几份书面材料需要从官网下载模板。

---

① 小妍提醒：（￣▽￣）♪ *Studying makes me happy*

9月8日网申系统开通后，注册账号，再按照提示一步步进行即可，填写内容与纸质材料大致。最后导出申请表，与其他纸质材料一起投递，建议用EMS。

暑假时期准备需要投递的材料时间正合适，北大法学院要求法律硕士投递的纸质材料有：北京大学2018年接收推荐免试攻读研究生申请表2份、北京大学2018年接收推荐免试攻读研究生个人陈述1份、北京大学2018年接收推荐免试攻读研究生专家推荐信3封、本科阶段成绩单1份、申请人所在学校或院（系）提供的成绩排名证明1份、获奖证书复印件各1份、国家英语四、六级考试成绩或TOEFL成绩，或IELTS成绩，或GRE成绩等，体现自身英语水平的证明1份、通过北京大学推荐免试研究生网上申报系统打印的《北京大学2017年接收推荐免试攻读研究生申请信息表》1份、申请人所在学校或院系提供的无违法制裁和违纪处分的证明。

其实北大每年需要准备的材料都大同小异，而且相对于其他学校来说也是比较全的，准备北大材料的过程也是为申其他学校做准备。北大的申请表、申请信息表在网申系统里面填好可以直接生成打印版，非常方便。个人陈述在官网中也有模板，北大法学院的个人陈述要求用大约2000字介绍申请人本科专业背景、学习情况、在校期间参加社团组织或社会活动情况、对法学领域和我国法律界的了解和认识，以及在攻读法律硕士研究生阶段的学习和研究计划、毕业后的预期就业目标等。建议可以先提前拟好个人陈述，到时候出了通知直接套模板。法学院需要3位专家分别推荐，且密封并在封口骑缝处签字，这个在官网中也可以找到模板，对推荐老师的学科没有要求。成绩单是3年的，需要去学院教务处申请盖章，成绩排名的话也有专门的模板，需要按照那个模板来填写、盖章。英语成绩自然是不用说了，这是硬指标，不过法律硕士在复试时没有英语的考察。最后再梳理一下自己本科期间的获奖情况，把获奖证书原件扫描和复印，这样基本上需要提交的纸质材料就完成了。为了后面方便填写网申系统，我也同时写了一份个人简历。另外，各类英文证明材料，国家级奖项，发表文章等可以额外加分。总体来看，北大的材料还是比较烦琐的，相对也比较耗时。

网申系要尽可能早地填报，不要拖到最后，要给寄送材料保留时间。北大的网申系统做得已经相当完善，所以诸如个人简历、相关材料的电子版最好在暑假时就可以提前准备好，这样在填报系统的时候才能够游刃有余。再就是个人陈述的内容，官网的通知中已经提到了要求。因为法律硕士是专业硕士，而且本科阶段都是非法学专业，那么法律思维和你本科学科与法律的关系就需要在个人陈述中体现出来，我本科阶段是历史类专业，因此在个人陈述的时候就把历史学的思维和法律联系起来，并结合个人经历去阐述。

参营/推免复试前准备

该营要求笔试和面试成绩必须都达60分，其中笔试成绩占70%，面试成绩占30%，非常注重法理写作，我从网上看了一些北大保研、复试经验帖，首先看了苏力等法学大家的一些文章，学了学文章写作的结构，然后拿社会争议事件（孕妇跳楼、格斗娃娃、于欢案之类）练笔，从不同的角度（例如从各事件主体的角度）写下自己的看法及感想。有时我还会自己与自己辩论，就一件事情写下正反方的观点。同时积累了一些法律名言，为长论文做准备。因为考试时题量很大，很容易写不完，所以大家一定要自己动手写写，避免考试手生写不出东西。此外我还看了一遍张文显老师的《法理学》《大法官的智慧》等经典书目，培养法理思维。

在复试前两个月，我开始阅读《法治及其本土资源》《运送正义的方式》《美国宪政历程》《大法官的智慧》等一些法律书籍，这期间还翻看一些法理学教材，这些都可以用于笔试时分析问题。面试的话，就是结合时政热点自己练着去分析和阐述，最好去买一些考公务员的申论题目去做，对笔试和面试都非常有帮助。因为北大法硕（非法学）的面试是无领导小组讨论，因此最好可以去找专门的老师进行辅导和培训，至少要对保研面试的无领导小组讨论流程足够熟悉，[①]不然到时候就会非常被动。

由于北大没有英语面试，只有中文面试，且考试题目也多与社会争议热点有关，我就多看了下那段时间的新闻，多多提出自己的见解。

夏令营/推免考核内容

因篇幅所限，请扫描二维码或登录易保研官网www.ebaoyan.cn了解历年夏令营详细日程

9月21日下午：报道，虽然规定两点开始，但最好一点多就来排队，因为考生非常多。

9月22日上午：笔试，首先是两个小的材料分析题，每个25分，尽量写到800字左右；然后是一篇长材料论述，50分，要求2000字以上。第一个材料分析题的意思是三国时的一位怀孕的妇女夫家犯了谋反罪，按当时法律该女子也该判死刑。有一位官员提出该女子怀孕，杀掉实属不义；且不论是娘家还是夫家犯罪，女子都要被判刑，这对她来说不公正，建议没出嫁的女子随娘家判刑，已出嫁的女子随夫家判刑。问你如何看待这名官员的说法。当时我分了两点回答，一点是

---

① 易宝提示：保研论坛有很多学姐学长的经验分享帖

不杀怀孕的女子是因为法律要维护正义，另一点分不同的判刑情况是因为绝对的公平就是不公平。

第二个材料分析题是说许多人将微信当成了职场阵地，产生了许多员工在微信上拍上司马屁、朋友圈举报的事件。让你从员工、公司、政府三个角度来看待这件事。这个题还算简单，注意不要偏激就好。

第三个长论述题的材料比较难懂，第一段先讲要重视男女平等，第二段讲维护女性权益首先要维护其经济权益，第三部分讲的是农村女性土地权益保障，且材料非常详细。当时我拿到材料不知从哪个角度入手，可能这也是北大考试的一个特点，追求多元的答案。我的思路是当代女性经济权益保障的困境和出路——以农村女性土地权益保障为例，结合了部分材料，也提出了自己的观点。

9月22日下午：面试，五人一组，面试题目比较贴近生活，我抽到的题目是"如何看待留学低龄化和价格虚高的问题"，其他题目有：是否该取缔小黄车、直播违法等问题。

顺便说一下2016年的推免笔试题目，两个材料分析题是分析"徒善不足以为政，徒法不能以自行"、评价"瓦特对蒸汽机收取专利费，矿主们认为是垄断行为"。然后是长论述，材料是关于基层法官流失的现象。

录取情况

专业	考试人数	优秀营员人数	备注
法律硕士（非法学）	495人	120人	2017年九推
法律硕士（非法学）	398人	120人	2016年九推
法律硕士（非法学）	376人	120人	2015年九推

法律硕士（非法学）招收的都是本科专业非法学的学生，但是如果本科阶段学过法学双学位会具有很大的优势，而且从录取的专业情况来看，北大法硕更加青睐本科阶段是小语种、财经类或者理工科的学生，这些学科跨学科学习法律更具与优势。而且，北大法硕是宽进严出，大概500人可以参加复试，但是最终只收113人，大部分人都被刷掉，录取的人中还有接近一半是北大、清华、人大的学生，北京高校的学生也更容易被录取，因此这个竞争压力是非常大的，每个同学的差距很小，稍微一疏忽就会落选。

过来人回声

1.北大法学院非法学法硕考试的门槛其实并不高，只要符合条件就可以参加考试，不过选拔的过程很严格，筛掉的人也很多，而且笔试是三篇论文，阅卷主观性还是蛮高，因此大家要做好心理准备。另外由于考试的人多，下午的面

试会拖到很晚，建议姓氏比较靠后的同学准备点充饥的东西。（一位2017年落选学生）

2.笔试很重要，大家要多读多些相关材料，一定要注意练笔，不然上了考场容易无从下笔。还有就是有些题目看着简单，但一定要发散思维，你能想到的别人也能想到，多去想创新性的东西。（一位2017年录取学生）

3."我本科阶段是学习刑侦的，自己对法律非常感兴趣，因此在拿到保研名额后就决定申请北大的法硕。我被录取还是很幸运的，属于补录进去，这归功于我面试分数比较高。面试的时候我觉得整个小组要提前交流，大家要激烈讨论，而不是消磨时间各行其是，评委老师更希望通过学生的思维碰撞看出学生的特点，要把自己最擅长的东西展示给别人，这一点很重要吧！"（一位2017年录取学生）

保研论坛

互助、开放的全国性教育论坛，致力于为国内各高校保研学子提供保研交流和学习的平台。

保研论坛官网：www.eeban.com

官方微信：IEEban

第三章　中国人民大学

中国人民大学汉青经济与金融高级研究院

申请环节

3月中旬，我开始进行纸质材料的最后确认，针对一般夏令营要求的成绩单（前两年半的成绩）、排名证明（前两年半的成绩排名）、获奖证书复印件、推荐信等进行了又一遍检查，确保没有问题。同时针对自己的简历和个人陈述进行了一次又一次的修改，请教了不少师兄和师姐，力求做到完美。①

汉青大概是4月份出的申请通知，看到之后我便开始根据要求对自己的所有材料进行修正。汉青采取的是无纸化申请，所有的申请都在网站上完成。因此，

---

① 小也提醒您：多参加一些认可度高的竞赛吧

我将自己相关的纸质材料都进行了扫描，存成pdf格式以便进行申请。首先，注册了汉青网申系统，网申系统里包括基本信息、获奖信息、实习信息、时间信息等，还需要填写个人陈述。因为之前已经填写过其他院校的网申系统了，所以这个系统没有特殊的项目填起来也非常的快。针对个人陈述，我所得出的经验是各个部分的重点一定要突出，同时要针对不同院校的特点进行修改，比如汉青国际化氛围较为浓厚，如果有国际交流经历可以作为重点突出。我的经验是先根据自身的情况完成一款通用型的初稿，然后可以根据不同院校的要求修改，效率很高。还有非常重要的一点，一定要在个人陈述中体现出你今后的学业规划以及职业规划，这个也是行为面中一定会问到的问题。同时，汉青的推荐信需要老师用你在网申系统里填写的邮箱发送推荐信至指定邮箱，比较麻烦，需要提前和老师沟通好。大概在系统关闭后两周左右就会收到入营邀请，汉青今年邀请了大约270人入营，最后录取89人，入营机会还是比较大的，有很多小伙伴排名都已经在5~6名开外，10名之外也有人在。

参营/推免复试前准备

在你接受入营通知后，人大汉青就会发送相应的安排至你的邮箱。

因篇幅所限，请扫描二维码或登录易保研官网
www.ebaoyan.cn了解历年夏令营详细日程

汉青近几年都是采取笔试+面试的形式，在入营之前学姐曾经跟我说笔试比面试更加重要，这一点在后面我参营的时候也得到了验证。因此，我根据官网上的要求进行了有针对性的复习，根据后来的经验，复习的时候一定不要抓住偏怪难去扣，要抓紧基础的部分进行复习，因为汉青的全英文选择题考察还是比较基础的。

我们这届没有区分方向，采取了较为全面的考查范围，数学以及金融学基础都进行了考察。有一件非常重要的事情是汉青的笔试是全英文的，虽然有一些专有名词会给出解释，但是还是建议这些概念的英文单词要提前查一查，熟悉一下。在复习数学的时候，高数线代和概率论我都用了高等教育出版社的教材结合平时上课时候的题目进行了复习，对于数学的三门课而言，只需要抓住主干知识就可以了，比如高数中非常重要的极限积分、级数等内容，线代中看了矩阵和行列式计算、特征值等内容；概率论是我本来学过的，也相对比较简单，我只花了比较少的精力看看概率密度函数、参数估计和假设检验等内容。针对笔试中的金融学基础部分，我是以本科的专业课程为基础，主要也是看了一些比较重点的内容，比如投资学CAPM模型、APT模型，公司财务也是主要看了现金流折算等方

式，但是忽略了公司治理的问题（惨痛的教训！）；衍生复习了期权定价、二叉树、BS公式等核心内容。

针对面试，我是在入营前一个星期进行了集中的强化。因为我平时就有看一些行业热点新闻的习惯，所以这次强化主要是针对一些热点新闻再过一次，同时结合自己所学过的专业课程进行分析。事实证明最后押中了面试的四道题中的三道题，唯一漏掉的是自己面试的那道题（极其惨痛的教训！）因为汉青采取的小组群面的形式，你是可以听到其他人的观点的，所以即使题目不太会也不要太着急，可以结合别人的观点进行创新，言之成理即可。针对英语水平，汉青只要求一个英文自我介绍，因此我只是背熟了加上口语还可以，就没有特意去准备。

夏令营/推免考核内容

汉青的夏令营活动在入营报到的时候学院就已经分好了组并且每组都配有汉青的师兄师姐做辅导员，他们都是去年参加项目录了汉青的，所以会告诉大家好多复试相关的东西，如果自带搭讪技能的可以考虑多多搭讪，得到一些内部消息。

汉青当时强调了考勤的重要性，但是全程几乎没有签到。第一天主要是报到和讲座，讲座是全英文的，提问也需要用英文，提问的机会还挺多的，嘉宾也挺大咖的，大家可以争取一下。晚上有一场一个小时左右的师生见面会，可以看到很多高颜值年轻的海归大神们，老师们会介绍一下自己的研究方向。第二天早上从8：30到11：30笔试，11：45到12：45有一场加试，本科主修经管任何专业或者辅修过任何经管专业的都不用加试，笔试内容数学20道，金融相关30道，考察的内容比较基础，所以之前复习较深入的同学可能会比较吃亏，如果不抓紧做时间还是比较紧张。数学中高数线代概率论几乎占比相同，各6~7道的样子，都考察的比较常规；金融学基础部分大部分都是计算题，但是还有一些公司治理的部分，大家切记一定要看啊！

笔试的下午是管清友的讲座，主题有一些易经的感觉，可以说没有很听懂了，讲座结束后在教室门口可以看到自己的面试分组，决定自己第三天上午的行程。

第三天上午是面试，需要准备六份简历，但是可能只是为了了解你，并不会针对简历进行提问，全程老师不会说话。面试一共有4批，从8：30到12：30，一个小时放1批进去，每一批有6组，题目相同，批与批之间题目不一样。面试是10~11人一组，群面60分钟，其实很多组都只面了50分钟左右，不同组的老师风格可能不同，我们这组志愿者宣读完面试规则之后，由1~10日依次一分钟英文自我介绍，会有志愿者卡时间，然后翻开桌上的试题（中文的）一段比较短的材料，有三个相关问题，5分钟阅读并准备，可以带只笔进去写下想法。面试[①]前一天西瓜会的时候有一组的辅导员跟我们说，几乎一半的人笔试没及格（辅导员说比去年难度大），笔试70分以上（估计是前50名）就比较稳了，感觉汉青很看重笔试的，但是笔试没考好面试超常发挥也是很有可能被录的。尤其是笔试70～100名，其实差距都不会太大。我就是面试之后辅导员私戳我面试成绩很不错，但是最后总成绩并不是很高，可能是被笔试拖了后腿。

面试完的下午是hr论坛，有工商银行、道富银行和华夏基金的hr经理来谈谈当今hr招人的趋势，可以互动提问自己的问题。最后一天上午是小组节目的展示，比较轻松和缓了。

汉青营结束第二天就出结果了（通过邮件告知）第一批发放了90个offer，9月也有补录。Waiting大概30人左右，最后补录完waiting list还有名额，又补录了非waiting的名额，所以机会还是挺大的。

最后给大家的建议是，复习笔试的时候缩小范围，不去扣偏怪难的题目。平时多关注时事，有事没事刷刷新闻，自己多思考，尤其是股票市场，辅导员跟我们强调考察的很多。

录取情况

招生类型	专业	入营人数	全部录取人数
硕士	金融专硕——量化金融方向	244人	89人
	金融专硕——投资与基金管理方向		
直博	金融学	未公布	9人
	数量经济学		9人

过来人回声

1. "人大汉青比较注重笔试的考察，所以一定要在笔试当中取得一定的优势；面试的时间较短，成绩很难拉开非常大的差距。还有就是要记得跟辅导员多进行交流，表达出自己很想来的愿望。"（一位2017年录取学生）

真题研究局 _ 2017年人大汉青群面真题解析与思考

---

① 小也提示：小部分夏令营在8月份举行

中国人民大学国际学院

申请环节

2017年人大国际学院的夏令营通知是4.12在学院官网上挂出的，一定要注意，人大国际学院历年来说网申和材料投递周期均较长，可以有较长准备时间，但仍要注意时间节点，防止错过，且仅有夏令营这一种招生途径。

夏令营的报名非常简单，没有网申系统，仅在夏令营通知页面将夏令营申请表、报名信息表等附件下载下来填好即可，注意成功报名不仅需要邮箱的信息投递，还要将纸质材料一起投递至要求地址，才算完成报名，二者缺一不可。

参营/推免复试前准备

中国人民大学国际学院夏令营考核包含线上线下讲座学习（签到计入面试成绩，不过比例较低），笔试以及面试。这个学院对于有计算机等工科背景的学生有偏好，对于跨专业的同学的包容性也很大。

夏令营行程是在发夏令营通知的时候就告知了夏令营考核的流程，具体如下：

A.日程安排

时间	内容
7月7日～7月11日	网络学习，由知名教授与业界资深专家为营员提供精彩的金融风险管理专题讲座，以线上视频课程的形式进行。（注意线上讲座有签到，签到计入面试成绩）
7月13日	上午营员报道，下午一点半开营仪式，两点半笔试
7月14日	专家现场讲座与互动，由学院教授与业界资深专家为入营者提供最前沿的金融风险管理专题讲座。（注意讲座有签到）
7月15日、16日	面试（中英文结合）

B.笔试

笔试内容涉及第一部分金融学基础，第二部分关于编程、计量经济学的题目。金融学基础主要涉及货币银行学、金融工程内容，而关于编程的题目不指定编程语言，主要考察编程的思路。

C.面试

面试分两天进行，每天同时进行两场，每场面试有5位左右的老师。面试的形式是中英文混杂，每个人情况不同。

流程大致为：首先自我介绍（中英文均有，建议两手准备），然后中英文各抽问题回答，若题目不会可以选择换题目。

考虑到跨专业的同学对于金融学相关课程的学习会有所欠缺，所以我建议大家在大三下半学期抽些时间多看看投资学、货币银行学、金融工程的内容，对这些课程的整体框架有个把握，对经典模型比如CAPM，APT，B-S模型有清晰的认知。同时建议每周花一定时间浏览相关时事新闻，分析学习别人对某个问题的看法，总结并结合自己的想法做一些记录，可以为之后的中文问题面试打下坚实的基础；而关于面试英文问题的回答，其实老师对于英文要求并不是特别高，所以仅需表达流畅清晰就好，不需要有太大压力。

夏令营/推免考核内容

7月7日至7月11日为专家网络视频实时课程阶段，由知名教授与业界资深专家为营员提供精彩的金融风险管理专题讲座，以线上视频课程的形式进行。线上讲座有签到，签到计入面试成绩。[①]

夏令营正式报道是13日，面试是在北京校区（国际学院在苏州校区上课），早上报道然后安排好住宿后下午一点半一个简单的开营仪式后两点半笔试，笔试内容第一部分是金融学基础，包括一些基本的名词解释、问答和计算简答，第二部分就比较难考了两个编程思想的题目，然后是一些计量的问答。编程具体考核了数独编程问题和一个画图的题目；计量经济学考核了OLS、模型推导等；同时也有考察对时事问题的看法等。建议大家多复习一些宏微观经济学、货币银行学、金融工程、计量经济学的内容。

14日安排了一整天的讲座，也是有签到环节的。

在报道的时候会出一个面试分组名单，是15、16日两天的面试分组。我是16日早上面试，面试分两个教室，中英文自我介绍大家都最好都准备一下。进去面试的时候一共五个老师，首先是英文自我介绍大概一分到两分钟，然后教授会让你从左手边抽一个英文题目念出来回答，我抽到的是"What do you think of risk and tell an experience about it"，然后老师顺着问了很多问题比如你怎么规避风险的。然后老师说你从右手边抽一个中文问题，我第一次抽中一个题目目测有七八行读了一遍还没看懂是什么意思，老师就说你要是觉得难给你一次换题的机会，然后我又抽了一个题目，讲一下你觉得美国的paypal和支付宝的发展有什么不同的地方。

这里通过和其他人的交流，面试时也有同学英文题目被问到转基因食物的优

---

① 小西提示：在保研论坛找个朋友一起努力的话会更有斗志哦！

缺点，如何经营一家咖啡馆等。中文问题有包含次贷危机、金融风险，主要还是涉及时事问题。

在每个人回答完毕后，也会有老师会提问一些个人相关经历的问题，主要还是集中在本科的学习、科研论文、竞赛等一些活动经历上，比如本科阶段某个课程学到了什么，科研论文的选题的依据，对于跨专业的同学还可能问到为什么选择从工科转到金融，等等。这里有个小小的秘诀避免在中英文问题回答完毕后被问到较多专业问题，即自己准备好个人中英文简历，简历内容确保自己非常熟悉，不论问到任何问题都可以有相应的回答，开始面试前奖简历递给每位老师，这样可以引导老师提问简历上呈现的内容，可以尽可能减少被问到自己不熟知的问题。但最重要的还是要临危不乱、沉着应对。

过来人回声

1.在笔试过程中，因为会充分考虑到跨专业同学的情况，不仅包含金融学内容，还有一些计算机编程题目，但是无须担心，编程题目语言不限，即使无法写出，仅写思路也可以，更注重思维而非编程能力。（一位2017年录取的同学）

2.面试中大家要注意不要冷场要一直思考并表达你自己的观点，其实老师们怼你也是一种引导你思考和指向他想要的答案的方法，be brave to talk。带简历和论文的同学也要在面试前好好思考一下，被问到了不要冷场。（一位2017年录取的同学）

易保研保过学员成功案例——中国人民大学国际学院

中国人民大学环境学院

申请环节

我们这一届夏令营网上申请是从五月二十四号开始，截止时间是六月十八号，参加夏令营是从七月五号开始，一共是三天。

3月末四月初，可以准备纸质材料了。关于准备1篇学术成果，也就是自己的一篇论文，没有强制要求是否应该有，但是考虑到学术类夏令营参营绝大多数老师都是需要看你相应的科研参与情况与成果的，如果你还没有，寒假期间也来得及写一篇论文，论文可以是发表的，也可以是未发表的，跨专业申请的最好有你所跨保专业的相关论文，不然很难说服老师你适合你所跨保的这个项目，你具有相应的能力。关于论文的格式有一个小技巧就是可以在人大环境的官网上下载学术成果简介的格式填好，老师们对于他们的格式要求更加熟悉，对于你的小细心应该也会增加很多好感的。成绩单是2.5年的，需要去学院教务处申请打印和盖章。再梳理一下自己本科期间的获奖情况，把获奖证书原件扫描和复印，这样基本上需要提交的纸质材料就完成了。个人简历没有强制要求，但是如果你能写一个，对于以后熟悉你的简历和老师关于你所做项目的提问就能比较得心应手了，而且参加别的夏令营有的需要填写网申也是需要一份个人简历的。

准备完成各种资料以后主要要完成的就是一份个人陈述，可以在保研论坛下载相关的个人陈述的一些参考资料，保研论坛的干货很多大家可以多多发掘多多利用。

参营/推免复试前准备

人大环境学院夏令营在参营通知的时候就明确的表明了有笔试，而且跨专业是需要增加笔试的。专业课笔试内容为：

序号	专业	笔试内容（满分100分）
1	020106– 人口、资源与环境经济学	资源与环境经济学
2	070503– 地图学与地理信息系统	地理空间信息技术综合
3	0713Z1– 生态学	普通生态学
4	083001– 环境科学	环境科学（水环境学、大气环境学和土壤环境学）
5	083002– 环境工程	环境工程（水污染治理、大气污染治理和固废处①理处置）
6	0830J1– 环境政策与管理	公共管理与环境政策（含公共管理学、环境政策理论与方法）
7	1203Z1– 自然资源管理	资源环境管理综合

加试科目：

跨一级学科申请免试攻读硕士学位研究生的申请人，须在复试时加试一门专业课，满分100分，各专业加试科目如下：

020106– 人口、资源与环境经济学：环境科学概论

070503– 地图学与地理信息系统：地理信息科学概论

0713Z1– 生态学：保护生物学

083001– 环境科学：环境科学与工程概论

083002– 环境工程：环境科学与工程概论

---

① 易宝提醒您：3~4 月该搜集夏令营信息啦～

0830J1- 环境政策与管理：环境科学概论

1203Z1- 自然资源管理：自然资源管理概论

因篇幅所限，请扫描二维码或登录易保研官网
www.ebaoyan.cn了解历年夏令营详细日程

审核形式包括：专业笔试、加试笔试以及综合面试（综合面试满分100分，包括专业课面试、外语听力和口试、综合素质面试等），面试内容包括但不限于：自备PPT就一篇代表自己科研能力的论文进行约10分钟左右的陈述和答辩，论文主题应与环境问题相关。其中个人陈述5分钟，包括以下内容：研究问题的提出、研究意义、研究方法与研究结论。

在录取通知下发以前，我也针对自己的参营论文做了一份PPT，因为要在现场讲，所以一定要熟悉自己的论文，做PPT也是熟悉自己论文流程的一个很重要方式。因为人大环境学院人口资源环境经济学还需要考《资源与环境经济学》的专业课，所以也需要将相关书籍翻阅一遍，把曾经做过的题目都看一看。跨考人口资源与环境经济学的同学还需要多考一门环境科学概率，建议跨考的同学也能够把这一本书知识点梳理和学习一下。

夏令营/推免考核内容

由于中国人民大学环境学院与经济管理专业相关的专业只有人口、资源与环境经济学和自然资源管理这两个专业，下面我将详细介绍一下这两个专业的考核时间线和项目内容。其中人口、资源与环境经济学是经济学硕士学位，自然资源管理是管理学硕士学位。

人口、资源与环境经济学：

夏令营总共进行了3天，重点的考核时间是两天，第二天下午的笔试和第三天的全天的面试；

七月五号下午开始报道，晚上是分专业的老师和学生们的见面会，感觉人资环的老师都来啦，好多好多老师呀。老师们给我们讲了一下人口资源环境专业的历史和现在，未来我们的发展，现在他们在做的研究，等等。我们谈了好久，由于下面的学生特别特别多，所以还是老师们主讲，我们提问的形式啦。听老师们的介绍的时候感觉老师们真的很热爱很热爱这个专业，并且也有很多可以研究的很有意思东西。感觉这个小型的见面会也是老师们帮助我们更加了解未来我们将会进入的这一个学院这一个专业领域是怎样一种体验吧。

七月六号上午是和环境学院其他专业的夏令营参营同学一起参加的一个开营仪式，院长，副院长，还有很多老师都做了相应的学术论文报告，研究点非常有意思。下午是考试，人口资源与环境经济学需要考资源与环境经济学，如果跨考还需要考环境科学概论。每个场次大概考一个小时，几道大的论述题，感觉都非常非常基本，没有计算题和推导题，也没有画图题。所以对待专业课的资源与环境经济学我感觉把书本刷一遍，题目刷一遍问题还是不大的。环境科学概论考的也是特别基本的题目，跨考老师不会拿很难得相关知识来为难你，所以不需要钻研的很刁钻，但是普适性的知识点都是需要掌握的。晚上是全院所有老师一起的自助餐，可以在享受自助餐大餐的基础上和你感兴趣的老师交流，或者有什么关于专业的疑问也可以问老师。

七月七号上午全天都是面试。早晨过去的时候面试名单还发生了一些变动和调整，所以最好在面试当天能够早一点到现场准备，防止出现人员变动带来的bug。面试的老师一共是三个，由于不同专业是分开教室面试的，所以面试你的老师一定是你所想报考专业的老师，进去之后先进行自我介绍，中文英文的都可以，没有强制要求。然后老师会对你进行简历上一些简单的提问，之后会打开你的PPT，让你把自己的论文大致框架和结构讲一下，当你讲完论文，老师们会非常快速的针对你的论文开始和你一起讨论，从模型构建问题到数据筛选之类的，感觉专业的老师在这一块真的需要好好准备一下才不会被打乱节奏啊，面试我的老师最后还来了一句，用英文把你的论文大概讲一遍，我当时。。。然后还是赶紧大概翻译了一下，没有卡壳但是当时没想到会问这招还是有点吓到了。所以大家一定要对自己论文的专业英文有一定的掌握啊。

自然资源管理：

自然资源管理专业的整体流程和人口、资源与环境专业还是一样的。七月五号下午开始报道，晚上是分专业的老师和学生们的见面会，由于自然资源管理的人数少一些，所以老师可以和同学们非常非常详细的进行交流沟通，有意向的同学可以在这一波小面试中好好表现啊。①

七月六号上午也是和环境学院其他专业的夏令营参营同学一起参加的一个开营仪式，下午是考试，也是大概考一个小时，几道大的论述题，也是比较基本的。晚上是全院所有老师一起的自助餐，可以在享受自助餐大餐的基础上和你感兴趣的老师交流，或者有什么关于专业的疑问也可以问老师。

七月七号上午全天都是面试。问的也是论文和简历的相关问题。

---

① 易宝小提示：时间清晰的保研计划可以提高效率

录取情况

招生类型	专业	入营人数
硕士	人口、资源与环境经济学	共113人
	自然资源管理	
	环境政策与管理	
	地图学与地理信息系统	
	环境工程	
	环境科学	
	生态学	

过来人回声

1. "考试的题型以论述题为主，7道简答题任选5道作答，涉及的知识点包括物质平衡理论、产权理论、公共物品理论、外部性理论、庇古手段VS科斯手段、市场失灵和政策失效等环境经济学的经典概念，但并不是单单考查学生对基础知识的记忆，笔试题更注重对基础理论的理解以及理论与现实生活的结合，从中窥察学生的知识面和思考逻辑。笔试参考书为人大环境院院长马中老师主编的《资源与环境经济学》，跨一级学科的申请人须加试一门专业课，各专业加试科目都挂在院网上。晚上是豪华丰盛的自助餐&师生沙龙，每个同学都可以跟老师面对面交流，老师们也非常有耐心。建议提前在院网上了解各个老师的信息，准备自己的想问的topic，脸盲症需要更加刻苦，不然只能当一名吃瓜群众。"（一位2017年录取学生）

2. "在面试和专业问题的考核方面，老师的提问非常分散，往往是中英文问题交叉、专业问题和常规问题掺杂。专业问题可能涉及环境经济学基础知识，如英文问题"解释环境库兹涅茨曲线""如何运用环境经济学的知识来解决xx问题""如何平衡经济发展与环境保护"，或与国家政策或社会热点相关的问题，如"如何理解习主席说的把绿水青山变成金山银山"，更多的是与论文主题相关的问题，如"该论文主题体现了什么环境经济学原理""举例说明林业的经济效益和生态效益"，以及常规问题"为什么选择这个专业""为什么选择在人大学这个专业""参加了其他哪些学校的夏令营"等。很多问题都没有标准答案，老师只是想在字里行间探索你的知识储备和思维方式。"（夏令营参营学生）

易保研保过学员成功案例——多短板逆袭的典型：北大国际法、人大环境、复旦大数据等

中国人民大学经济学院

申请环节

我在3、4月份的时候开始准备自己的材料，这个时候只能先根据去年的夏令营通知，一般在学院的官网上都会有往年的夏令营通知，如果没有的话，可以直接在网上搜，注意记录一下去年的网申时间和投递材料的截止时间，2017年人大经院的夏令营申请时间是从4月26日到5月30日。

3月中旬，可以准备纸质材料了，要求投递的纸质材料有夏令营报名表1份、前五学期的成绩单与专业排名证明（均须加盖教务科章）、与经济学相关的获奖资格证书及各类英语考试成绩单的复印件、两封有推荐者签字的推荐信、申请硕博连读项目的必须提交1~2篇的参营论文。我申请的是硕博连读项目，余下本文的部分都是针对硕博连读项目来说的。除了这些需要邮寄的纸质材料之外，我还准备了两份简历，一份是详细的word版的，另一份是简洁的可以给老师看的简历。这样做不仅可以帮助自己梳理一下自己的大学生活，发现自己大学经历中的科研亮点、比赛亮点，等等，而且等到网申系统开放的时候，就可以直接把简历中写好的内容复制粘贴到网申系统中。网申系统中的信息除了自己的基本信息外，还需要自己的发表论文情况、学生工作情况、获奖情况等。

参营/推免复试前准备

人大经院的夏令营在公布入营名单之前就通知了夏令营考核的流。

因篇幅所限，请扫描二维码或登录易保研官网
www.ebaoyan.cn了解历年夏令营详细日程

虽然说人大经院在申请夏令营的时候会让学生选择专业，但是这个专业并不是你最终录取的专业，在面试之前会重新让你在复试申请表上选择专业，最多可以选择三个专业。但是专硕项目和硕博连读项目之间的专业不能变。在复试在准备硕博连读项目笔试的时候，我看了曼昆的宏观经济学、范里安的微观经济学现代观点、宋涛的政治经济学教程、逄锦聚的政治经济学以及人大经院历年的考研真题。由于我本科学校没有学过中微中宏以及政治经济学的资本主义部分，因此在准备经院的笔试这个过程对我来说是很痛苦的，我最终没有通过考核也是意料之中的结果。

夏令营/推免考核内容

具体的流程在上面的活动安排中写得很清楚了，我下面就不赘述了。硕博连读项目除了几场学术讲座之外，就是笔试和面试。笔试部分具体的题目记不太清了，大概记得微观主要涉及效用、竞争、均衡价格、补偿效应等价效应等，是两道计算题。宏观部分主要是索罗模型，什么条件能让储蓄有效地转化为投资，不[①]同的经济周期理论对于经济周期是怎么区分的，政经部分大概是社会主义市场经济，剩余价值的计算，商品的二重性，等等。面试是在7月11日上午，一组五个老师，有两个专门负责英文问题，最终我在复试报名表上填写的第一个专业是政治经济学。进来首先是自我介绍，然后问英文问题。我被问到的是本科阶段最深刻的一门课，你的论文主要讲了什么内容，在文章中企业家精神你是怎么衡量的。中文问题是问为什么西方经济学从亚当·斯密开始，政治经济学和西方经济学你觉得哪个对，（关于我的专业）财政学中你印象最深的几门课程。由于计量在经院十分重要，也有同学被问到计量经济学的基本假设的。

录取情况

人大经院的夏令营是接收外校推免生的唯一途径，而且学术类项目只接收硕博连读的学生，不接收普通学术类硕士推免生。

专业		参营人数	全部录取人数
政治经济学	硕博连读学术类项目	约80多人	共30人
西方经济学			
国民经济学			
经济史			
经济思想史			
世界经济			
国际贸易			
企业经济学			
网络经济学			
数量经济学			
国防经济学			
区域经济学			
城市经济学			
国际商务方向	国际商务专业硕士项目	约40多人	共15人
"互联网+"方向			

---

① 路姐提醒：整理材料一定要细心哦

中国人民大学农业与农村发展学院

申请环节

17年人大农发为了提前选拔优质生源、扩大学院知名度，在许多高校都举办了宣讲会，就笔者所知至少在山东大学、厦门大学、四川大学进行了招生宣讲。宣讲过程结束后会对有意向报考的学员进行预录取，通过预录取的学员可以提前收获入营offer，没有通过预录取的同学也可以继续完善资料按流程进行报名。宣讲会对于保研过程中竞争力不是非常强的小伙伴来说确实是一个不错的机会，一方面可以了解这个院校，另一方面如果能在紧张的夏令营申报过程中提前收获一份入营offer也是一颗可以稳定心态的"定心丸"。

人大农发17年招收农业经济管理、林业经济管理、农村发展、技术经济及管理、食品科学、食品安全管理六个专业的学术型硕士以及一个农村与区域发展专业硕士，最后统一颁发管理学硕士学位。就笔者经历而言，宣讲会后的预录取竞争会比正常竞争小很多，所以保研过程中小伙伴们要勇于展现自己，抓住每一个机会。

参加人大农发宣讲会预录取时要提供申请材料的纸质版，并且由宣讲老师统一带回人大农发院，也可以省掉一笔邮寄费了。材料其实也不复杂，申请表（提供模板）、成绩单、两位老师的纸质版推荐信、夏令营论文的提纲或全文（纸质版）以及其他证明材料（获奖证书、四六级证书）复印件一份。基本上这些材料都可以在申报的时候几所学校一起准备，比如成绩单、推荐信什么的，统一找老师审核签字。可能有点麻烦的是夏令营论文，因为人大农发的夏令营考核里是包括论文答辩环节的，这份论文的重要性可想而知。不过大家也不用特别的担心，夏令营通知里也提到"如果目前提交困难，可暂不提交"。不过还是鼓励大家尽早高质量完成论文撰写，如果需要的话也可以寻求下老师或者学长姐们的帮助，毕竟保研也算一桩人生大事啊。

除了纸质材料外，人大农发还要求发送电子版材料至指定邮箱，包括申请表和汇总表两份材料，都提供了模板，而且特别强调了纸质版和电子版材料不齐全者，报名不予受理，大家细节上也要注意下呀。

参营/推免复试前准备

笔者因为宣讲会预录取表现得还不错，提前收到入营offer，接下来的申报心态就放平和了很多，也开始着手准备人大农发的夏令营考核了。顺便说一下，虽然夏令营通知上有写要求"本科前三年总评成绩排名在班级前10%"，但笔者也了解到有一些小伙伴成绩差一点点的，包括笔者自己，也都收到入营offer了，所以还是那句话，鼓励大家在保研过程中抓住一切机会，很难说那个时刻就获得了幸运女神的眷顾呢。

因为通知上有提到包括笔试面试两部分，而笔者报名的是技术经济及管理方向，所以笔试上主要复习了经济学的宏微观，而且算是跨学科自学了《管理学基础》吧，主要是提前把课件过了一下。面试分为综合素质面试、专业面试和外语面试三部分。因为不太清楚综合素质面试的具体方式，所以只是留心了下近期的[①]经济学新闻，大家也可以在营前准备阶段多关注几个经济、管理、金融类的公众号，复习专业课之余也可以刷一刷推送，了解一下近期的新闻时事。专业面试主要是自备PPT就一篇代表自己科研能力的论文进行约15分钟左右的陈述和答辩，而且特别提到了"研究问题的提出"，"研究意义"，"研究方法和数据"，"研究结论"四个考点，所以笔者就重点准备了下论文和PPT，找了导师进行了一次模拟答辩，当时被导师拆的七零八落险些在台上哭出来，不过最后夏令营过程中还是交出了令自己满意的答卷。因为笔者本身英文基础还可以，所以外语面试就主要突击了下英文口语，让自己熟悉了下面试的情景，准备了英文的自我介绍，其他的也就顺其自然了。

夏令营/推免考核内容

因篇幅所限，请扫描二维码或登录易保研官网
www.ebaoyan.cn了解历年夏令营详细日程

人大农发夏令营持续三整天，但大家应该也能感受到强度是相当大的，不仅开营仪式、闭营仪式、专家讲座一个不少，笔试面试的流程也相当复杂。对营员的身心都是巨大的考验。

人大农发的笔试环节根据所报专业将营员分为两组，不过均为闭卷考试，时长三小时。食品科学、食品安全管理两个专业方向考食品综合；农业经济管理、林业经济管理、农村发展、技术经济及管理专业、农村区域与发展（专业硕士）五个专业方向考经济学基础（宏观、微观）、管理学基础和部分专业知识。因为笔者报的是技术经济及管理方向，就只谈谈后者的笔试情况，整个试卷微观经济学占40%，宏观经济学占20%，管理学占40%。考察的知识点基本上都是教材中的重点内容，像微观的效用函数计算、寡头博弈、垄断，等等，宏观的IS–LM模型，管理的公平理论，也有一些理解分析的题目，比如美国70年代后女权运动兴起的原因之类的。整体来说，微观偏难，宏观比较简单。

---

① 易宝提醒：不要忘了各个学校的截止日期

笔试结束的当天下午就进行英语测试，两人一组，先自我介绍，然后一段两分钟左右的英文录音放两遍，再讨论十分钟。话题的话有的是香港回归、有的是黑天鹅事件。

第二天就是综合素质测试和论文答辩了。先进行全体的无领导小组讨论，时长约30分钟。然后轮流进行论文展示，老师会就论文选题、模型、数据、结论、文献等方面提出问题。

晚上是师生联欢会，这里要吐槽一点在紧张的考试之余还要准备节目参加联欢会。第三天上午闭营，整个夏令营就结束了。

录取情况

以下为人大农发2017年的夏令营情况。

招生类型	专业	入营人数	全部录取人数
学硕	农业经济管理	共199人	25（候补2名）
	林业经济管理		1
	农村发展		11（候补2名）
	技术经济及管理		11
	食品科学		1
	食品安全管理		3
专硕	农业管理（原农村与区域发展）		17

过来人回声

1. "总体而言，农发的考试强度非常大2天就考完了所有，还让参营同学分组搞出个小型晚会，对大家的身心都是极大地挑战。我见到已经拿到清北offer想来玩的同学中途退营，也有顶不住压力走的，包括我自己面试前都想要走人，因为在之前参加过的夏令营中，我的论文被老师批评一塌糊涂，没有拿到满意的没有拿到满意的offer，而农发是我的最后一个夏令营。论文答辩前我就站在农发的楼下号啕大哭，还用雨伞遮住脸不想让别人看见，但是咬牙撑下来就海阔天空，我最后也幸运地拿到了offer"。（一位2017年录取学生）

2. "在人大的考试我发挥的不尽人意，因为11日上午笔试，下午就要英语测试，晚上还有两场讲座，第二天上午紧接着就是面试和答辩，没有休息和准备的时间。"（一位2017年落选学生）

易保研保过学员成功案例——中国人民大学农业与农村发展学院、中央财经大学金融学院

中国人民大学统计学院

申请环节

人大一般通过夏令营招收外保学生，像统计学院，本院的学生也会通过夏令营保送，因此有意保到人大的同学尽量选择参加夏令营，不要等到九推，以免丢失良好的机会。

为了深入的了解统计学院，我翻阅了其官网上的推免招生版块的历年招生的信息，我发现统院一般会在5月份初发布夏令营通知，于是我在3月中旬开始准备网申资料。初审时，统院只需要网申，网申过了，参加夏令营的时候再提交纸质版材料，所以在匆忙的五月份省去了打印整理的时间。但与此同时，也应该充分认识到网申的重要性，所以一定要提前准备好网申需要的材料。其中申请表需要先打印出来，签字后在扫描成电子版。成绩单需要前五学期的成绩，成绩单和排名证明须要有学校教务处的公章才有效。另外，英语水平的证书只需要国家英语六级考试证书。如果有其他英语证书如果考得成绩高的话也可以提交（雅思6.5以上，托福95以上），如果没有达到的话最好也不要提交了，这样反而证明自己的英语水平不好。[1]

另外还需要提交同本专业相关的全国竞赛获奖证书，提交的奖状必须是国家级奖项所获证书。其实我的大多数获奖都是校级或者省级的，但是为了增加奖状数目，我把国家奖学金证书还有像全国大学生数模竞赛（虽然是省部级二等奖）这样的国家级以上的比赛的获奖证书都提交了。

准备好资料以后，我把纸质版原件全都扫描成电子版。申请表保存为pdf格式，个人信息汇总表保持原表式样，成绩单、排名证明及六级成绩单、竞赛获奖证书、已发表的学术论文均为原件的扫描件。所有申请材料的电子版发送至rucstatsummer@163.com。邮件及文件标题均以"所在学校+姓名"命名，例如"中国科技大学+张三"。

发完邮件以后，可以顺便把需要打印出来的纸质版材料都打印完，放在一个大信封里面备用。

---

[1] 易宝提示：接到入营通知可以开始备战夏令营啦！

虽然没要求带简历，但是为了在面试时给老师留下好的印象，我提前准备了中文简历。我在保研论坛上找了一些模板，同时我也参考了《经管保研宝典》那本书的内容。

参营前准备

6月底的时候终于出了入营名单，看到自己入营非常的开心。其实从4月份开始我就陆续复习了专业课，得知入营以后，我根据入营的笔试面试要求进行了更细致的准备。我报的是经济统计的学硕，笔试分两部分内容，一是数学三、二是统计学。于是我买了数三考研的题并找了历年人大考研的统计学真题进行学习。

在面试方面，我给自己做了一些模拟面试，包括中英文自我介绍、英语口语、自己相关的经历以及论文等。另外，还有需要展示的英文论文，这个论文是在入营名单出来之后通过邮箱发送的。你要看懂这篇文章然后做个PPT到时候去讲。

我拿到论文后认真地读了几遍，对于不懂的地方又找了一些参考文献来读，然后早早地准备好ppt参营时用。

参营内容

夏令营时间较短，3天就完了，整个流程也比较简单。

7月17日上午需要先去学校报道。第二天上午专业介绍，学术性硕士有精算统计、数理统计、经济统计和生物统计四个专业，其中精算统计应该属于最好的，竞争也最激烈，然后是数理统计，人也很多，生物统计的同学就比较少，报的并且来了的最后都被录了，专硕有数理统计和保险精算，难度也是精算大于数理统计。

下午是笔试，不同的专业考试内容是不一样的，都会考三套卷子，这里简要回忆一下，卷一（数学考试）高数1证明题函数数列一致连续；高数2积分证明题积分的平方小于2/pai*平方的积分。线代1可逆矩阵；线代2 R（A）+R（B）小于等于n。卷二（专业课部分）概率论1条件概率；概率论2统计部分的一个证明题；回归方程的结果矩阵形式的证明。卷3是一个根据在夏令营期间进行讲座内容的考试。

面试的话，学硕是论文答辩，除了讲这篇文章，还要回答老师对这篇文章有疑问的部分以及一些拓展的东西。我的论文是一个关于国际汇率的文章，可以说是全文没有任何的统计理论知识，老师就问到了PPP（购买力平价），我就很可悲的没有答上来，不过也没关系，不会就说不知道就行。之后，老师还会根据你的简历去问一些其他的问题，比如你的专业相关的问题，所以统计一定要好好复习一下。

然后就结营了，大概是在两周之后出的结果。

录取情况

最终一共录取了20多个学硕和直博，专硕也有20多个。

过来人回声

1. "人大统院对数学要求很高，最好好好复习一下专业知识，能有效地提升笔试成绩。"（一位2017年录取学生）

2. "人大统院最终录取名额太少了，竞争非常激烈，对专业知识要求也很高，跨专业的学生也得好好学过统计知识以后再去。"（一位2017年落选学生）

中国人民大学财政金融学院

申请环节

在我的夏令营经历中，感觉教授更看重专业素养，即使申请的是专硕，也不是单单特别看中实习经历，因此要充分利用学校的资源，多多参与老师的科研项目，尝试自己写论文。其次就是保持自己的成绩不要下滑，夏令营入营比较看中排名。

以上均准备好后，可以关注一下目标院校的招生信息，提前做准备，例如：去年夏令营的时间，夏令营考核的内容、形式等。最早的mini营应该在2018年3月或4月份就开始了，多数院校都是在5月中下旬开始申请的。

其实人大的项目大家可以尝试同时申请汉青和财金，这两者在申请系统上还是有很多共通处，并且时间也比较相近。他们的系统开放时间都比较晚，大概在四月底五月初的时候，所以在报名的时候不用太急，注意关注实时刷新就可以了。而且这两个好像都是不能边填边保存的，所以最好把需要的照片、简历、个人陈述提前准备，一次性填好就可以提交了。

准备的材料和其他夏令营都是一样的，证件照、简历、个人陈述、推荐信（都[①]是两封即可）。人大的申请不需要直接提交自己制作好的完整简历，但还是考虑到上述提及的不能边填边保存的问题，就是建议要制作一份完整简历，在填报的时候直接将实习、科研等经历复制上去，会省事很多。个人陈述学校一般不会给出模板，我用的是比较老套的结构，在个人陈述里要说明这几个问题：你以前做过什么与申请专业相关的努力，从中收获了什么；你对专业的认识以及将

---

① 小西有话说：提前熟悉本校的保研名额分配方式

来的研究/职业规划；最后套路性地表达一下对此校/院的赞美与向往。在写个人陈述初稿时就要注意语言的精炼，由于会有强制规定不能超过1500字，字数太多无法提交，要内容上要有所取舍。

参营/推免复试前准备

在学校的成绩排名出来以后，我去查了人大财金的官网，有关夏令营的笔试资料，然后就开始复习数学和金融相关的专业课，因为大三下的课很多，所以需要合理安排一下时间。除此之外要多去看看经验贴，看看面试的时候需要准备什么。申请时间可以参考往年的，今年官网发的通知是4月26日，材料的话按照通知上的准备就可以了，推荐信什么的可以多去保研论坛看看帖子。

财金的考核方式就是很常规的笔试+面试的考核，还有日常的讲座等活动考勤，如果没有串营的打算，其实也没有缺席的必要，这还是结交营友的好机会。个人感觉下来考试对基础知识掌握的全面性很高。笔试和面试成绩各占50%。

笔试又分数学和专业课（各占100分），数学考试内容有微积分（50%）、线性代数（25%）、概率论（25%），数学的难度和题量都不大，相当于396经济类联考难度而且有一些必考题比如概率论里的贝叶斯公式，线代里的证明可逆矩阵、求特征根和特征向量，微积分里的级数证明，等等。数学部分的教材用自己学校的材料来复习就可以了。

专业课内容是金融学（50%）、公司金融（25%）、投资学（25%）。金融学的教材推荐用人大黄达版的金融学，因为他们的金融学囊括了我们所学的货币银行学和国际金融学，而且这本书在后面的面试也会有用，应该说考人大金融必买吧。但是这本书不需要我们重新去学一遍，因为我个人认为这一版内容太多太杂，条目不是太清晰，所以以这本书为大纲，对应自己原来的书进行复习比较省时。再者时间不足的情况下，搭配这本书的教辅笔记也是可以的，把课后题的答案扫读一遍，有时候会碰到原题。这部分关于货币需求和货币供应论是绝对重点，因为不是我们那一年货银考试的重点，所以很容易忽视掉。公司金融和投资学用罗斯版的和博迪版的黄皮书即可，甚至公司金融用自己学校的材料我觉得都够了。公司金融必考MM定理和现金流、NPV的计算。投资学必考CAPM定理和两资产的最优组合，相应的公式要记牢直接代入计算，不需要在考试的时候推导。专业课这一部分考下来就是题量有点大，主要是很多的简答和论述，写到手断；其次这一部分题目是比较灵活的，并不完全考书本知识，还是考察了你的新闻关注程度和实际分析能力，比如为什么中国股利股息升高的现象？从不同角度谈谈如何"去杠杆"？人民币国际化的利弊？如何看待电子货币的前景？说难其实也不难，都是比较宏观的题目，可答的角度和点很多，就看你思路是否开阔，平时是否关注时事了。因此，我在准备的时候也问了一些学姐学长，在复习专业课的同时也针对时事进行了专门的强化。

夏令营/推免考核内容

今年夏令营时间是7月7日到7月10日，第一天是上午报道，下午专业交流会，会有老师和师兄师姐和营员进行交流，财金学院的老师都很温和。第二天的话就是笔试了，上午数学，主要是高数线代概率论的，考核就像我前面所说的，认真复习的话并不是特别的难。下午专业课，考察的就是一些金融的专业课程，如我前面所说，复习认真的话问题也不大。剩下的时间安排了一些讲座，由财金的老师进行讲座，也可以跟老师进行交流，收益颇丰。第三天和第四天主要就是面试了，面试每年的形式都不一样。

面试部分就是群面，大家一起进去，每个组会抽两道题，大家就同一个问题进行回答。财金的群面环节不是无领导讨论，没有给大家讨论的环节，这里有可能是轮流答也有可能是抢答。我那一组抽到的题目一个是有效市场假说：你作为投资者，希望市场是有效的还是无效的？为什么？另一个是中国推出人民币汇率指数的原因？如果是抢答的话，大家一定不要害羞内敛，因为一轮答题下来你会发现除了个别有很精彩的论述，大部分人的思路和角度是十分相似的，这时候谁先答题谁就抢占了先机，我在第一轮的时候吃了这个亏，第二轮的时候就立马克服了胆怯的心理，整理好了观点就马上举手抢答。如果有时候题目的讨论进入了一个比较僵的局面，没有新观点的出现，老师会加以引导，气氛很和谐，大家不用担心。群面之后就是单面的环节，同时也是英文面。这里黄达版的教材就又派上用场了，因为英文面有点像口头版的名词解释，而那些词条就来自于《金融学》后面的词条，比如Impossible Trinity、financial intermediary、Asset-backed Security之类，其实是什么东西用中文我们都会，就是英文怎么组织语言平时可以练练。因为我们进去的时候已经是最后一组了，估计老师也是比较疲惫，很直接地和我们说了就是考察一下你的英语表达能力，对你具体问题的答题内容不是很看重。但冷场真的就是巨尴尬，所以就是畅所欲言，勇敢地说出你的理解吧。

综合以上各点可以看出人大财金真的是很偏好宏观经济、货币金融这一块的，在平日里看新闻时就要多加关注。

总而言之，希望大家好好学习，努力提高GPA，高一点的GPA对申请学校[①]来说还是很有用的，科研和社会活动的也要多参加，在九月本校这边申请保研的时候很有用。希望大家都能取得自己满意的结果，祝你们幸运！

---

① 小西提示：确保自己在本校获得保研名额

录取情况

专业	入营人数	全部录取人数
金融	未公布	85人
税务		19人
保险		8人
财政学	未公布	8人
金融学		19人
金融工程	未公布	4人
保险学	未公布	4人

过来人回声

1. "人大财金的笔试和面试都占50%，所以要求我们较为均衡。个人认为笔试可以拉开的差距会更大，所以在复习的时候一定要抓紧笔试，同时面试也不能放松，最好能够多看一些时事，多思考。"（一位2017年录取学生）

真题研究局 _ 2017人大财金夏令营面试真题解析与思考

中国人民大学劳动人事学院

申请环节

相较于其他的院校，中国人民大学劳动人事学院的夏令营算是通知的比较早的，4月中旬就能看到劳人院的夏令营通知，材料的截止日期是5月中，提供的准备时间不足一个月。

准备材料还有的小诀窍就是，对于有共性要求的材料，提前准备好！比如自己的获奖证书、成绩单、论文等，可以提前扫描好，准备好5份左右的纸质版，之后看到了各学校的通知，再对材料进行筛选和补充，也能节省很多时间，将更多的时间用在复习上。

我是看到通知才开始针对性的准备材料的，劳人院要求的是扫描后发送材料的电子版，要求的材料有夏令营申请表、夏令营申请汇总表、个人陈述、专家推荐信、本科前5学期成绩单、本科前5学期成绩排名证明、夏令营答辩论文提纲或全文、英语水平证明（成绩单）、获奖或资格证书、体现自身学术水平的代表性学术论文等。劳人院没有单独的网申系统，但是所有的材料需要提交电子版，所以材料的准备上一定要仔细，同时也要保证电子文档的清晰度。

参营/推免复试前准备

人大劳人院的夏令营是在发夏令营通知的时候就告知了夏令营考核的流程。

因篇幅所限，请扫描二维码或登录易保研官网
www.ebaoyan.cn了解历年夏令营详细日程

大部分学院在发送入营通知之前，还会提前发邮件让确认是否参营，提供的确认时间十分短暂，所以大家一定要养成多查看邮箱的习惯，不要错过了。确认入营之后就会收到入营通知，一般会详细地告诉你日程安排和一些考核方式，接下来就可以针对性的准备了。

我当年考核的内容主要是笔试和论文答辩，前期准备就集中于专业课的准备和论文PPT的制作。

论文答辩的准备工作就是制作PPT，大家的PPT要做到特点突出，一定要清楚地表达自己的主要观点和内容，如果在入营通知时就收到了答辩的时间要求，那么在正式答辩前也可以自己多练练，因为在现场，老师对于时间的把控还是十分严格的。

夏令营/推免考核内容

劳动经济学专业：
夏令营总共进行了3天，第一天笔试，第二天全天的讲座，第三天面试。

7月11日，下午进行报到，前期电子版提交的材料全部都需要提供纸质版证明，所以同学们真的不要在电子版材料上产生什么歪心思，不然到时候无法入营。之后晚上就进行了笔试，笔试认真准备了，难度算是中等偏上。

7月12日，进行了开营仪式，举办了四场讲座。讲座的老师都是学院或是行业内比较知名的人物，如果大家在这期间有什么问题可以和老师积极交流，但是举手问问题这个不会纳入考核，可能就是给老师一个印象，个人感觉对录取结果影响并不大。

7月12日的晚上是分专业座谈，相较于白天的讲座，晚上就是更小范围的交流，和自己专业的老师也有了更多的、更近距离的接触。每个人都会进行自我介绍，基本上每个人都会对老师进行提问。晚上的座谈将会是更加针对自己专业的交流，也会了解到各个老师的研究方向，同学们可以在座谈会上表达自己未来想进行的研究方向，和对口的老师多交流。

7月13日是全天的面试，在报到当天就能看到自己的分组安排，并要求拷贝

PPT。面试的形式就是论文答辩，流程为讲解自己的论文并回答老师的问题。老师会问一个英文问题，一般是专业相关，所以在前期准备的时候，在英文方面，还要多积累一点专业词汇。论文答辩需要注意的就是时间把控的问题，遇到自己不熟悉的问题也不要慌张，明确的表达自己的想法，展现自己的清晰逻辑是重点。

录取情况

招生类型	专业	入营人数	全部录取人数
硕士	人力资源管理	共207人	25[①]
	劳动经济学		11
	劳动关系		12
	社会保障		13

注：劳人院在举办夏令营之后，九月推免将不再接受推免生。

过来人回声

1. "劳人院非常欢迎跨专业的同学，但是跨专业并不意味着对专业基础要求不高。老师更期待在经济学基础比较牢固的情况下进行专业的综合。同时，在面试答辩的时候一定要突出自己的特色。"（一位2017年录取学生）

2. "劳人院的人力资源管理专业是每年报考的热门专业，淘汰率也会比较高。如果对于专业没有特别具体的目标，可以多关注一下劳人院的其他专业。"（一位2017年落选学生）

中国人民大学商学院

申请环节

人大商学院主要通过夏令营招生，虽然9月份也会有推免简章，但所剩名额较少，希望有意去人大商院的同学优先考虑夏令营，以免错失良机。2017年的夏令营申请时间在5月份，参营时间在7月10日到7月13日，与很多本校其他学院如汉青、财金、信院冲突，所以申请的时候请慎重选择。商学院下设企业管理系、组织与人力资源系、市场营销系、管理科学与工程系、贸易经济系、会计系和财务与金融系等7个学系。夏令营的项目分为硕博连读项目和专业学位项目，其中有会计专硕和国际商务专硕。

申报采用网申的形式，不需要提交纸质版材料。每个人限报一个专业，申请

---

① 小也提醒：面试就是表现自己

材料包括申请表；个人陈述（包括但不限于：学术背景、曾经做过的研究工作，以及攻读研究生阶段的学习和研究计划等）；本科成绩单及成绩排名；两封老师推荐信；科研成果；获奖证书；英语成绩证明；其他有参考价值的证明材料。

参营/推免复试前准备

需要准备的材料里面虽然没有简历，但是为了在面试时让老师对你更了解，需要提前准备中文简历。可以保研论坛上找了一些模板，或者参考《经管保研宝典》那本书的内容，然后找了比较专业的师兄或者师姐帮忙修改了几遍，注意一定要彩印。

另外，人大很看重笔试，所以需要提前复习一下笔试科目，一般包括管理学原理、会计专业课等。除了准备笔试以外，还要准备一下面试，包括中英文自我介绍、英语口语、自己相关的经历以及论文等。如果是学硕或者直博的话，最好自己准备一篇论文，而且一定要提前模拟答辩，把论文的主要内容、创新点、自己的贡献讲熟练。

夏令营/推免考核内容

MPACC会计专硕专业：

商院的MPAcc会计专硕是十分不错的，在国内可以说数一数二，培养了很多大牛可以说是商院的王牌专业了。在等待了漫长的一个月初选后，我在7月初去参加了人大的夏令营。入营的一共有33个人，整个营里边人大自己人占三分之二，外来的就我一个人完全没有会计背景，其他人至少都是财务管理专业的。

人大是可以住校的，不过行程安排非常紧，报到当天晚上有讲座，然后第三天上午要做小组做作业，所以每天基本是讲座、作业，几乎熬到2、3点才睡。考核形式是：小组研究成果报告+笔试+面试。

第一天是听讲座，发放小组报告题目。小组研究成果报告是很有趣的，可是差不多就一个晚上准备时间，我们最后确定的题目是在线评论与公司价值，大家培养了难得的小友情，交流了很多体验，其他组的报告几乎都是涉及会计实务和股权之类的问题。

笔试范围很广，考了会计、财管、成本管理会计和审计，题目难度一般但是非常灵活，题型是简答和计算。其中财管和成本管理会计都很简单，审计考的也是基本概念但是由于复习不到位忘的比较多。我记得具体内容考了资产负债表的两个日后事项、注册会计师实质性程序、股权投资的含义，15个小项目科目的所属认定，关于资本成本的计算，混合成本的公式和计算，等等。

如果是跨专业的话，笔试还有一个跨专业管理学基本能力考试，这个一定要注意，我去了之后才知道，只复习了一晚上，不过考试内容是管理学原理，还算比较简单。

面试是英语+专业知识，一共有五个老师，是抽题的形式，抽一道专业题，一道英语口语题，我抽到的专业题是债务重组，考的很细节。英语口语是老师说一段英语你再翻译一下。

国际商务专硕专业：

我申请的是人大的国际商务专硕，财务学一共30多人入营，最后录取的有10多个（大概）。各有优势，可能是数学，可能是科研，不一定非得是名校出身。

听说人大的专硕夏令营是今年才开的，不过在人大待这么几天我觉得人大的学术氛围是很浓的，可能培养模式会更加偏向学硕。人大的夏令营考核方式就比较传统且复杂了，考核形式有3种：案例讨论+展示、笔试、面试。

案例讨论+展示是以小组形式完成的，案例在前一天傍晚给出，第二天一大[①]早就要进行PPT展示及答辩。所以这天晚上肯定是熬夜的节奏。当晚我们组弄到3点，有别的组直接就住在外面了。

早上PPT展示完了之后，下午紧接着就是笔试，笔试内容是目标专业相关的内容，共2个小时。参考书的话还是要自己去看的，官方没有给出相应的参考书。

笔试完之后第二天早上就是面试。从安排可以看出人大对各个方面的重视程度。50个人的面试安排在一天，没有分开面试组，所以每个人的面试时间应该就5~6分钟。面试问题主要根据学生的简历上的经历提问，但没有就一个问题深究，最后再问一个英语问题就结束了，氛围还是很轻松的，只是很明显感觉面试不那么被看重。

硕博连读-会计和财务专业：

我一直向往人大，通过短短三天的夏令营，也让我真正感受到人大是个适合学习和研究的地方。

第一天报道的晚上是师生见面会，主要是老师的自我介绍和硕博项目介绍，还有老师与学生的沟通。我对财务与金融系主任姜老师印象最深刻，他很有魅力，分分钟让你想要投身学术。其他老师也都是学术界的大牛，王化成、况伟大两位老师也使我印象很深刻。各专业的老师都很幽默而不失深度，让你不知不觉爱上这里。另外布置了第三天上午研究设计展示组队的问题。

第二天和第三天上午都是学术讲座，包括会计理论、金融理论、资产定价、专硕老师的案例讲座，认真听收获很大，下课后夏令营助理会记下你的发言和提问。第二天晚上有老师和学长学姐的交流会。

第三天上午是会计硕博连读项目的分小组研究设计展示，有些专业没有安排

---

① 易宝小提示：联系导师十分重要

研究设计展示的就是再听一场讲座。研究展示是4～5人一组，自选报告题目，主要展示研究背景、设计、预测结果等，要求有完整的架构，主要考查学生分析思考问题的能力。展示时间10～12分钟，需要PPT。

下午是笔试，考的都是大题，其中财务学专业笔试财务、金融、数学各有涉及，随意选择题目，选满100分即可。其中财务专业有：财务管理的目标、资本结构理论、股利理论、介绍你的一项研究、你对万科事件的看法，等等。会计专业一共6道大题，涵盖了财务会计、管理会计、审计以及时事热点，都是比较主观和灵活的题目，考查学生的思辨能力。

第四天全天面试，分为专业面（抽两道题，比笔试涵盖范围更广，我是会计专业，抽到的是一道管理会计、一道财务会计的题）和英语面（首先抽一道题，用英文回答，然后有老师念一段英文（5~6句话的样子）然后进行翻译）。

录取情况

最后录取的营员不一定来自名校，非985和财经名校也有机会，关键是要让老师看中你的学术潜力。其中这次参营的会计硕博营员有24个左右，最终招12个左右（50%的比例还是挺高了），但有一半的样子是本校的同学，所以外校的同学竞争还是比较激烈的。

过来人回声

1．"人大商院学术氛围非常浓厚，老师也很注重学生的学术潜力。"（一位2017年录取学生）

2．"人大商院是我梦想的天堂，但是对专业要求很高，没有强大的专业知识背景，很难进。"（一位2017年落选学生）

易保研保过学员成功案例——中国人民大学商学院、中央财经大学金融学院

中国人民大学信息学院

申请环节

人大信息学院保研招生主要是在7月份的夏令营，本校和外校的同学都会参加，到了推免的时候几乎就没有名额，所以我早早地准备通过夏令营保送到人大信院。建议有意保到人大的同学尽量选择参加夏令营，不要等到九推。

翻阅了中国人民大学信息学院网站的推免招生版块的历年招生的信息，我发现人大一般在5月份左右会发布夏令营通知，于是我在3月份就开始准备网申资料。人大需要的材料还是比较少的，系统开放以后允许申请时间也较长，不过网申需要一次性填完，也就是说如果不提交需要重新填一遍，所以一定要提前准备好所有的材料，尤其是个人陈述需要提前写好（大约500字）。

在写个人陈述的过程中，我在保研论坛上找了一些模板，同时我也参考了《经管保研宝典》那本书的内容，把简历上的一些内容分成几点扩展开来写，这样写起来进程很快。我一开始洋洋洒洒写了2000字，但是由于字数有限，我就把内容删减了不太重要的信息，保留最核心的部分，复制到了网申系统中。

封面在招生简章的附件里面，填写资料明细然后打印出来，横向贴到装资料信息的信封上。网申提交了以后就可以下载申请信息表。与其他学校不同的是，人大要在文书材料这一关就需要简历，所以我在3月份的时候就做过比较详细规范的简历，然后找了比较专业的学姐帮忙修改了几遍，申请的时候又根据人大的一些特点再次修改后才提交，注意一定要彩印。成绩单需要前三年的成绩，须要有学校教务处的公章才有效。获奖证书包括自己的奖学金证书、各项学术类、创业类、商赛等竞赛的得奖证书、计算机二级证书以及其他证明自己能力的证书（例如CFA等）。英语水平的证书中，国家英语四、六级考试证书是必须的。另外，如果申请直博的话需要专家推荐信，但是学硕不需要。①

准备好资料以后，按照封面的顺序排好封装。由于我是京内的，为了表示诚意，我亲自送了资料过去，但是很不巧招生老师不在，于是我放到了另外一个办公室，并给招生老师发了邮件。人大招生老师非常nice，他们第二天就给回了收到的邮件。收到确认资料邮件后，我抓紧时间对笔试面试进行了准备。

参营/推免复试前准备

信息学院的入营名单到了6月底才出，等待的过程非常的艰辛，但是我当时对自己还是比较有信心的，所以在整个6月份一直在准备参营。人大是非常看重笔试成绩的，管科学硕的笔试考的是C语言和JAVA，有上机也有机考。由于我是计算机专业背景出身，所以复习起来不算难。我先把c语言程序设计的课件看了一遍，熟练掌握基本的知识点，认真做笔记。对应部分进行上机练习。复习了一遍以后我自己找一些模拟题（之前期末考试用过的），或者自己变形已有题目，一定要能在有限时间独立编出题目来。对于Java面向对象的程序设计，据我了解，这部分考核多注重概念，不会考JAVA的大题，多是一些小题。我复习时对比C语言，体会面向对象和面向程序编程思想的不同之处。

---

① 路姐提示：4~6月制作文书材料准备参营论文

在面试方面，我会给自己做一些模拟面试，包括中英文自我介绍、英语口语、自己相关的经历以及论文等。其中我把老师可能问的题目和回答都整理出来，这样面试的时候问到准备过的问题就不会那么紧张。另外，如果有论文的话，是很有优势的，但是一定要提前模拟答辩，把论文的主要内容、创新点、自己的贡献讲熟练。

另外，因为报的是学硕，所以为了深入了解该院老师的研究方向，我特意查了信息学院老师的师资力量简介，看到了他们写的一些论文，并选择几篇感兴趣的下载下来，认真研读，准备面试时用。

夏令营/推免考核内容

夏令营时间较短，2~3天就完了，整个流程也比较简单，7月10日下午需要先去学校报道，拿一些宣传的书籍同时办理住宿。我离得比较近，所以没有住校，京外的同学好好享受这个福利吧，一般学校都不包住。

7月11日一早，我就赶过来听宣讲会，先是所有专业同学一起听院长讲一些学院的光荣历史，之后分专业到不同教师进行各个实验室或者研究课题的宣讲。我去的是信管系，信管系的老师非常有爱，宣讲气氛非常好，老师相互之间会互相开玩笑，换场的时候有互动，让人感觉在这个系学习会很和谐。计算机系那边是分实验室宣讲的，实验室很多，学术氛围比较浓厚。

7月11日下午先进行面试，面试顺序大概是按照学校来排的，前面是985、然后211，最后是双非的。面试每人大概10~15分钟，面试前，会要求学生填一个表，上面只有两栏信息，一个是本科学校，一个是专业排名。然后剩下的是打分表。面试老师一共有5个，有一个老师专门问英语老师。值得注意的是最好自备5份简历。因为老师手里出了那张表以外没有任何其他资料。由于我是第一次面试没有经验，没有带简历过去，所以面试开始的时候比较尴尬。不过我在自我介绍的时候说了自己的科研论文、参加的比赛，等等。然后引导着老师问了一些相关的问题，一一回答后，老师觉得还比较满意，于是又问了一些比较简单的问题，比如你怎么看待研究生阶段翘课实习，等等，其实这些问题只要正常说就好了，表达自己有好好做科研的决心就好。英文问题是谈谈你最喜欢的课程。面试气氛比较和谐，老师们不是很严肃，期间甚至还跟我开玩笑。总体上来讲，专业性不是很强，可能是因为后面笔试会考察专业水平，但是比较看重学生的态度。

面试之后，我就回学校复习第二天的笔试了。笔试分为纸质卷子的答题和上机考试。其中纸质卷子的大题一般涉及1~2个简答题，4个左右的编程题。纸质的卷子答完后就会有30min左右的上机考试，上机考试的内容和POJ（北大在线判决系统）上的题比较像。一般来说最后的上机编程题比较难，但是也不要紧张，你可以看到其他同学提交的程序是否正确，实际上做对的没有几个。所以调整好心态，不管写的怎么样，一定要在规定时间提交，只有你交了才有可能得分。虽然上机题我一个都没对，但是我都写出了最核心的代码，最后笔试成绩也还可以。

录取情况

最终进入面试的38个人当中，有6个人拿到最终offer，录取比例其实不高，但是值得注意的是，有2个人转到了系统理论。在宣讲的时候，老师特别提出，如果有想转进这个新专业的可以面试的时候提出来，被录取的概率比较大。

过来人回声

1. "人大信院对编程要求很高，最好提前复习一下C语言，能有效地提升笔试成绩。"（一位2017年录取学生）

2. "人大信院最终录取名额太少了，竞争非常激烈，不是双非的话，很难拿到最终offer。"（一位2016年落选学生）

易保研保过学员成功案例——跨专业逆袭的故事：清华社科院、北大汇丰、复旦计算机、人大信息

中国人民大学法学院法律硕士（非法本）

申请环节

人大法学院的夏令营是2016年才有的，之前一直是九推的形式。3月份我从网上查到人大法学院2016年夏令营的时间为7月8日至10日，网申及材料投递时间为5月10日至30日，通知推出时间为4月24日。2016年要求准备的纸质材料有1份夏令营申请表、学生证身份证复印件、1～5学期成绩单原件、英语六级成绩单或其他英语证明文件、校级及以上级别奖状、学术论文或刊物（不超[①] 2篇）。因为每年夏令营要求的纸质材料差不多，所以3月份我就把那些比较硬性的纸质材料先准备好，便投入到夏令营复习中。

去年纸质内容的变化是校级及以上奖项不能超过3项，多了社会实践参加情况证明，同样也不能超过3项，学术论文分为了"已发表"和"未发表"两种形式。记得这个系统个人自述写好后显示没有空格，问了大家都有这个问题，所以

---

① 小西提示：不同的风格的项目要展示自己不同的侧面

在申请时有不明白的问题要多问招生办老师和周围同学。

参营/推免复试前准备

因篇幅所限，请扫描二维码或登录易保研官网
www.ebaoyan.cn了解历年夏令营详细日程

2016、2017年人大法硕非法本的考试内容是：1.面试（①外语听力和口试30分；②综合素质面试，采取辩论赛形式，70分）。2.笔试（①公民法律常识，涉及宪法基本知识和日常法律常识30分；②逻辑推理40分；③写作，有材料分析和论说文两种形式30分）。

我准备逻辑的训练用的是MBA的逻辑训练题，刷了一遍书；看了几本法律通识书《西窗法雨》《洞穴奇案》等，做了做读书笔记；热点整理方面与小伙伴抱团取暖，每个人整理两个月的热点时事并汇总，也看了如澎湃网、南方周末、人民社论等网站，也算是把近两年发生的热点事件顺了一遍，提高思辨能力；英文面试方面准备了一份1～2分钟的英文介绍，平时多用口语交流，注意发音和流畅；同时还看了几场经典的辩论赛，学习专业辩手的姿势语态，和同学可以模拟打一场辩论赛，也非常有用。

法律常识方面，因为我同时在准备司法考试，所以没有过多地复习法律常识。没有准备司考的同学可以看一下非法本法硕考研的教材，多做题练一下，知道一些基本概念和原则，例如无罪推定、程序正义、实体正义、无因管理、不当得利、支付令之类的，要会用。（主要看民法、刑法、行政法、宪法的内容）

建议大家带一身正装，打辩论赛的时候也正式一些。

夏令营/推免考核内容

7.8下午，报道，领取营服，分配宿舍。晚上开营仪式，有名家讲座。

7.9上午：中文辩论赛，随机六人一组进屋子面试，采用3v3形式，面试时间一个小时。首先抽签决定正反方和一二三辩，然后抽题目，然后有15分钟内部讨论时间，这时大家抓紧讨论辩论思路，找好每个人要说的点，一定要有逻辑，且不能用手机查资料。15分钟结束后，可以带纸和笔进去，开始进行简单的自我介绍，然后按照辩论规则发言就好。

具体辩论流程：

1.从正方一辩开始六名选手轮流进行1分钟中文自我介绍。

2.由正方一辩开始3分钟立论，立论顺序为正一、二、三，反一、二、三。

3.由反方二辩开始3分钟质询，质询顺序为反二、三、一，正二、三、一。

4.由正方三辩开始3分钟总结，总结顺序为正三、二、一，反三、二、一。

5.由反方三辩开始2分钟点评，对对方优点、缺点等进行评价。

我的题目是"是否赞成未成年人见义勇为"，其实还算比较好答，大家一定要把握好节奏，尽量不要给其他同学挖坑。其他题目有：如何看待安乐死、学术抄袭是否犯法、网约车的利弊、不正义的法律应不应当被遵守、舆论对于公正判决的影响是好是坏、技术和法律应该谁优先、廉租房是否有利于改善贫困。

7月9日下午：英语面试，随机三个人一组，面试30分钟左右。首先三个人就一篇长文章每人读其中一部分，读完后就该篇文章自由讨论10分钟左右。建议大家提前与队友商量好发言顺序，每个人尽量都多回答。我的题目是如何看待大的技术公司在Facebook等软件上对反恐有所作为，其他题目有英语高考改革、北京高房价、国际运输等。

7月10日上午：笔试，有10个法律基础常识判断题，每个1分；10个不定项法律常识题，每个2分（感觉题目还是比较灵活，涉及民法、劳动法、宪法、婚姻法等法律，例如"一个人义务为邻居保管走失的羊，后来羊不慎死亡，是否要赔偿/父母是否有义务赡养18岁的大学生孩子/最高院院长是谁任命的"）；10个逻辑题，每个3分，题型与MBA类似；40分论述题，二选一，1500字左右。第一个题目是给了三个材料，内容大致为程序正义、实体正义。第二个题目是给了一段古文，较难，我选择的第一个。

7月10日下午：参观校园，欢送会，闭幕式。

录取情况

专业	参营人数	优秀营员人数	备注
法律硕士（非法学）	100人	74人	2017年夏令营
法律硕士（非法学）	120人	88人	2016年夏令营

过来人回声

1. 人大法学院对学生成绩排名要求非常高，我们学院参加人大夏令营的都是各个专业的第一名，但是优秀营员比例还是挺高的，而且考试内容也比较丰富，需要认真准备。（一名2017年录取学生）

保研优辅

只做清北复交人的高端保研辅导品牌。人生最后一个全日制学历，能不拼一下清北复交人吗？

官方微信：baoyanyoufu[①]

第四章　中央财经大学

中央财经大学财政税务学院

申请环节

中央财经大学财政税务学院发布通知的时间处于夏令营集中发布的时间，感兴趣的同学要多多关注，否则忙起来很容易错过。6月初就能看到财政税务学院的夏令营通知，材料的截止日期是6月底，提供的准备时间不足一个月。

中央财经大学财政税务学院的材料投递分为三个阶段：网上注册报名；申请人以发送电子邮件的形式递交申请材料；纸质资料提交。这三项内容都必须在不足一个月内准备好，缺一不可。

所以为了争取时间，给大家的建议就是，对于有共性要求的材料，提前准备好！比如自己的获奖证书、成绩单、论文等，可以提前扫描好，准备好多份的纸质版，之后看到了各学校的通知，再对材料进行筛选和补充，也能节省很多时间，将更多的时间用在复习上。

在发送电子版材料时，关于材料的命名，如果学院有要求的话，一定要严格按照要求来，给审阅人留下好的印象；如果没有明确要求，那么在命名上也要明确地表示出自己的姓名及材料名；最后进行的是纸质版投递，要做到纸质材料和电子版材料保持一致，并且整洁美观，合理运用曲别针、小夹子等。

参营/推免复试前准备

中央财经大学财政税务学院会在确认入营后，发夏令营的流程，夏令营活动包括开营仪式、专题讲座、导师面对面、论文展示、笔试、面试等环节。

税务专硕的考核内容主要是笔试和面试，前期准备就集中于专业课的准备和英语口语表达的提升。

对于笔试的准备工作，主要就是参照考研的备考书籍，学习专业课；也搜集了往年的真题以及笔经，同时把考研的复试题找出来自己多练练。笔试还是一个需要量的积累与框架构建的过程，大家结合自己的学习方法进行安排就可以了。

---

① 小也温馨提示：6月就会接到入营通知啦！

面试的准备工作就是英语口语和案例积累了，因为是专硕，所以考察重点都放在税收实务上，考察大家运用专业知识的能力。同时，老师会通过提英文问题来考察口语能力。

夏令营/推免考核内容

税务专业：

夏令营总共进行了3天，第一天笔试，第二天全天的讲座，第三天面试。

7月15日，进行报到、开营仪式等内容，大家一定要注意参营通知中需要携带的纸质版证明材料，准备好各种身份证明的原件复印件，否则在入营确认上会十分麻烦。

7月16日～7月17日，内容就开始充实起来了。举办讲座的老师都是学院或是行业内比较知名的人物，如果大家在这期间有什么问题可以和老师积极交流，给老师留下一个好印象，专硕的同学可以更踊跃一点；之后还会有分专业和导师交流的环节，和自己专业的老师也有了更多的、更近距离的接触。

专硕的考核的形式就是笔试和面试相结合。在报到当天就能看到自己的分组安排。面试的过程中，老师会问一个英文问题，一般是专业相关，所以在前期准备的时候，在英文方面，还要多积累一点专业词汇。面试过程中，遇到自己不熟悉的问题也不要慌张，明确的表达自己的想法，展现自己的清晰逻辑是重点。

录取情况

招生类型	专业	入营人数	全部录取人数
硕士	财政学	共69人	9
	税收学		6
	税务		14
	资产评估		11
硕博连读	财政学		3
	税收学		1

注：财政税务学院的招生主要集中于夏令营环节，在九推只有少量的名额。

过来人回声

1. "税务专硕的学科特点指明了考核的方向，就是偏向于案例分析，相较于学术型硕士，老师更希望看到的是学生在实际中运用专业知识的能力，在参加夏令营的过程中，大家一定要多多全面地展示自己。"（一位2017年录取学生）

2. "税务专硕要求能够灵活的运用专业知识，所以同学们在参营的时候，着

重展现自己的专业思维，将知识和实践相结合。同时，在自己的经历中有和税务相关的实践也会加分。"（一位2017年落选学生）

中央财经大学金融学院

申请环节

虽然我很早就开始向同校的学长学姐了解保研，但我还是比较懒的，我是在4月中旬以后开始准备保研的，在夏令营中算是比较晚的了。但是在这里想提醒保研的同学，不同学校的选拔考核方式不同，总会有学校会看上你，所以各位要相信自己，多准备几个。如果通知上对成绩或英语有明确要求的，基本不会接受低于那个分数的学生，大家也不必费时费力自讨苦吃啦，还不如有时间多多准备自己能去的学校。[①]

4月之后基本是在研究各个学校的申请标准，这个可以通过看往年的录取名单去推测看学校偏好。这个时候陆陆续续学校的通知也出来了，所以整个申请比较匆忙。不过我还是很认真的写了自我陈述、专家推荐信等，其实根据我的经验来看，这里不太建议花费过多的时间在这上面逐字逐句斟酌，因为申请的学生实在太多了，老师根本没有时间和精力去仔细看每个人的材料，老师主要还是看你的硬件实力，成绩科研才是硬道理。当然好的材料对于网申关还是非常重要的。

在专业选择方面，由于本科是管理类专业，申请经济类专业可以说是跨了一级学科，不过幸好我之前对金融很感兴趣，选修了许多经济金融相关的课程，所以在保研中决定申请金融专业。中财的金融学院是单独一个夏令营填报系统，所以大家为了保险起见，也可以同时申请它的其他学院和专业。

参营/推免复试前准备

在参加夏令营之前，我咨询了一下以前我们学校保到中央财经大学金融学院的学长和学姐，他们在面试和笔试的准备中给了我很大的指导。虽然当时时间匆忙，我没来得及看学长和学姐推荐我的经济学类的考研396真题和经济类联考考查的数学部分，但是我还是好好准备了面试的。在参营前的一星期内，我认识了一个同去参加夏令营的小伙伴，我们分工负责搜集当时的财经热点，分类整理成话题卡，每天用半个小时相互练习。当然，我们最后都如愿以偿，现在我们已经成了很好的朋友。

[①] 路姐告诉你：好好准备人生第一场面试

夏令营/推免考核内容

因篇幅所限，请扫描二维码或登录易保研官网
www.ebaoyan.cn了解历年夏令营详细日程

1.笔试：考察数学和经济基础。

数学主要包括高等数学、概率论和线性代数，其中一共有11道题，全是大题，有5道高数的题，3个概率论的题，3个线代的题，这些题都是基础题，尤其是线代和概率论，都非常简单，所以各位只要好好看书，复习平时所学也差不多了，完全没有必要去做考研高数的难度。但由于大家可能都没来得及时间复习，所以可能考的也不太理想。如果是跨专业的同学，建议好好复习数学，即使你经济金融基础不太会，但是数学的优势完全可以弥补专业课上的劣势，为你找回胜算。

经济基础的话，题型主要是选择、论述和计算，涉及的内容包括宏观经济学、微观经济学、货币银行学、国际金融学、公司金融、金融工程和金融市场等，考察的都是比较基础的内容，不会很难。

2.面试：内容是经济金融热点相关，考察的是个人的逻辑、思考和团队能力。

面试的形式是群面，这里所谓的群面并不是无领导小组面试，而是更倾向于角色扮演和发言的类型，而且都是最近1～2个月发生的非常新的热点问题。我个人感觉今年的热点更倾向于二级资本市场的热点，据说这个会变，根据出题老师的研究方向和风格来的，可能今年出面试题的老师比较喜欢研究资本市场。比如说今年抽到的面试题涉及有新三板、债券通、A股纳入MSCI市场指数这些，你作为监管层、证券公司、二级市场的投资者、上市公司股东和主持人等，做不同角色的发言。

面试Tips：第一，建议大家提前准备一分钟自我介绍，中英文都要准备，老师可能让你用中文或者英文介绍自己；第二，发言内容，大家分角色发言的时候，切忌泛泛而谈，要具体深入地去谈自己的看法，尽量从微观层面谈自己的看法；第三，说话要有逻辑条理，做到有理有据，思路清晰。

录取情况

金融学院的老师效率很高，大概在参营结束后的三到五天就出了优秀营员结果，当时是发邮件通知的。我当时收到了营员的录取邮件也是非常开心。据说当时是给69个同学发了邮件，计划录取的推免生人数也是69人。如果没有收到邮件也不要灰心，因为到最后很多前面被录取的同学不会去，说不定你就被候补了。

过来人回声

由于中财金融是我一直很想去的院校之一，所以我在给自己分析定位后，就主要准备并参加了这个夏令营，最终也如愿收获了offer。在选择学校时，我建议大家根据自身的情况和定位，投递10～20个学校就差不多了。如果投递的太少，未免有些冒险；如果没有目标性的海投，这样也会浪费自己的时间和精力，不能集中准备自己想去的学校。总之，希望大家能够在这当中做好权衡。

有些时候，也会有些感慨，尽管有的学校没去成可能会有些遗憾，但是自己作为一个跨专业的同学能来到中财金融也还是蛮幸运的。其实自己的幸运还是来自于以前学期的积累和努力。虽然我准备文书的时间较晚，但是保研终究是一场持久战，考察的还是你前三年的积淀。所以我认为前期的积累更为重要，考前做好相关的准备，保持一个良好的心态，你想要的结果就会出现。最后提醒大家的一点就是，经管类的竞争还是比较激烈的，尤其成绩和英语要求比较高，所以大家一定要好好提高成绩和英语。（一位2017年录取学生）

易保研保过学员成功案例——中国人民大学农业与农村发展学院、中央财经大学金融学院

中央财经大学会计学院

申请环节

我在4月份的时候开始打算申请中央财经大学会计学院的硕博夏令营，我看了一下这是它第二年举办夏令营。这个时候我是向一位以前参加过这个项目的学长请教，而且我当时也是在这个学长之前写的基础上结合了自己的情况去修改了[①] 材料。由于是用的学长写好的框架，所以材料准备起来还是蛮快的，印象中我2天就差不多把所有材料都准备好啦。在此，我还要好好感谢学长。

最晚在5月份，就可以着手准备相关材料了，在初始报名阶段，不需要准备纸质材料，只需要在研究生系统中网申，同时将相关材料扫描后整理成一个pdf发送邮件。需要邮件投递的材料包括：①个人信息登记表；②个人陈述；③两封会计学或财务学副教授及以上职称的教师推荐信；④本科学习成绩单和成绩排名证明；⑤其他证明材料，包括各类英语考试成绩单、与经济管理学科相关的获奖或资格证书、计算机水平考试成绩证明、已发表论文或在研论文（如有）、已发表论文需包括期刊目录等。从入营到参营的各个环节来看，科研都是重中之重。所

---

① 小西说：其实竞争在上保研考场前已经结束了上半场

以，想要参加这个项目的同学，好好写论文，好好研究课题。

关于网申系统，在此提醒一下大家，中央财经大学会计学院硕博项目的夏令营是要在研究生院的系统中报名的，虽说一个系统，但是只要夏令营时间不冲突，是可以同时填报一个或多个学院的夏令营的。对了，不得不说的是，中央财经大学的研究生系统只能用火狐浏览器或者安卓手机报名，希望大家不要因为用错浏览器而导致报名不成功。网申系统里除了自己的基本信息之外，还需要填写发表论文和其他研究成果情况、个人陈述、主要学生工作经历、主要科研经历、获得奖项等，并且都有一定的字数限制，一般是100～200字左右。由于我之前已经写好了一份简历，网申系统填起来就比较得心应手。另外，需要完成的就是一份个人陈述，我参考以前的经管保研书籍，并在网上下载了一些个人陈述的模板，根据自身的特色和表达方式，结合自己的获奖经历，撰写了一份个人陈述。这个时候的个人陈述一定要言简意赅，详略得当，重点突出，并能够形成自己的文笔特色，如果精力允许的话，将自己的个人陈述与自身经历、对方院校特点结合起来写则更好。

参营/推免复试前准备

中央财经大学会计学院的夏令营通知先会发短信确认一下是否参加，然后在官网上会公布入营名单，随后会收到一封邮件，在邮件中告诉你夏令营日程的安排和考核内容，以及报名需要携带的纸质版材料。

因篇幅所限，请扫描二维码或登录易保研官网
www.ebaoyan.cn了解历年夏令营详细日程

7月初，在收到入营通知之前，我觉得中央财经大学的会计硕博项目应该是一个很重视学生科研能力的学院，因此我还在参营前下载了一些中财会计专业的老师的一些文章来看。同时，不知道是否考察专业课知识，还把专业课知识也过了一遍。大致是在7月3日左右收到入营通知，通知要求做好一份自己的学术成果PPT，用于在夏令营期间展示，夏令营参营前主要就是准备这个PPT了。

夏令营/推免考核内容

夏令营总共进行了3天，考察的时间也是3天，说实话参加完整个面试流程，整个人感觉超级累，因为感觉除了在考察营员还是在考察营员，就连听讲座的时候都不能水哈哈。

7月10日下午报道，会有专门的志愿者在地铁门口引导，并且配有专车负责接送营员从地铁口到学校，这点还是让人感觉蛮有人文关怀的。7月10日晚上，

是破冰活动，这个活动不涉及学员的考察，就是为了让大家熟悉一下彼此，所以这个大家就当刚来到学校放松调整一下啦。

7月11日上午，主要是在做行动学习，这个其实就差不多是无领导小组讨论和头脑风暴的结合，我们去年的讨论的主题是"成为一名优秀的会计科研人员需要具备哪些素养"，然后大家讨论出结果后，选派一名代表总结小组的发言，其他同学如果有补充的话也可以发言。这个展示环节结束之后，会给每个同学一分钟的时间，来简要展示和介绍一下自己，这个时候你不要泛泛而言，主要就针对几个自己突出的优势来说。这个环节可能也不会涉及打分的内容，主要目的还是混个脸熟，让老师注意到你并尽量记住你，那这个环节的目的算是基本达到了。

7月11日下午一整个下午都是在论文答辩，论文答辩的时候大概有10个老师坐在最后一排在听你答辩，老师们还是听的蛮认真的，这个时候就开始考核营员了，不过大家的差别可能不是很大，外加这个环节占比也不是很高，大概20%。不过，还是要好好表现的，毕竟要混个脸熟，第一印象可以说是非常重要的。之后，老师可能会问几个小问题。晚上就是笔试内容，笔试包括心理测试和笔试题，心理测试30分钟，笔试2个小时。

7月12日一整天的时间，都是在听学术讲座与论文，在入营的时候，会发一个时间表，表上有写论文的主题，这时可以提前了解一下思路。这个时候，各个老师也是会陪着大家一起听学术讲座的，真的可以看出中央财经大学会计学院的各位老师对待这次项目选拔的谨慎程度了。

7月13日上午，是面试。面试的形式是5对1，当天将30人分为了2组，一个人大概10~20分钟。首先，用英语做一个三分钟的自我介绍，会提前告诉你让你准备好，只要看看英语不是很差就可以了。这时候老师会仔细看看你入营时上交的纸质材料，其中比较关心的还是你的论文和科研能力的考查。另外，有一个几乎是每个同学都会被问到的问题，就是"为什么选择读博"或"有没有做学术的兴趣和决心"。

之后，颁发结营证书，完成退房，然后就意味着为期3天的夏令营结束了。是否录取的结果大概会在一星期后发短信通知，没有收到短信的话基本就意味着没戏了。[①]

如果没有被录取的话，也不要灰心，9月份还有专硕的推免，录取的专业是会计专硕和审计专硕，形式是笔试+面试。笔试有给参考书目，面试是英语+专业面试。

---

① 易宝提示：7月是参加夏令营考核的时间

笔试参考书目：

《中级财务会计》	王君彩	经济科学出版社（2013.2 第五版）
《成本管理会计》	孟焰、刘俊勇	高等教育出版社（2011.5）
《审计学》	丁瑞玲、吴溪	经济科学出版社（2012.8 第四版）
《财务管理学》	荆新、王化成、刘俊彦	中国人民大学出版社（2012 第六版）

过来人回声

1."中央财经大学会计学院的夏令营之前联系导师不是很重要，很多导师可能都不会参与项目的选拔。如果其他方面比如排名有缺陷的话，但是自己科研情况又比较好，只要在发邮件的时候附上自己写的比较好的论文，突出自己的科研实力，事实证明还是非常有效的。同时，需要注意的是整个项目虽然考察的形式很多，但是其实主要还是看你的科研能力和决心。面试的时候把老师的注意力引导到你的优势上。"（一位2017年录取学生）

2."中财会计学院的硕博项目是一个比较重视学生学术能力的学校，如果你没有想清楚为什么要读博，没有表现出读博的决心的话，能够入选还是蛮难的。"（一位2016年落选学生）

易保研保过学员成功案例——中南财经政法大学会计学院、西南财经大学会计学院

中央财经大学商学院

申请环节

央财统一的夏令营报名系统中的信息是面向所有学院的，所以填写的时候一定要认真对待，资料也要尽量丰富一些。今年，央财首次开始使用微信公众号来进行报名，所以是可以直接在手机上填写信息的。但是我建议还是在网页上进行填写，或者是利用微信网页版进行填写。因为手机上打字一是容易出错，二是不好编辑，很可能出现手机上的显示格式和电脑上的显示有出入的情况。我当时就是现在word里编辑好了以后，再复制粘贴过去，这样至少可以确保格式是正确的。填写的过程中还要注意是否有字数的限制。最后，会有一个各院系夏令营项目的报名选择。原则上来说，央财是允许一个学生申报多所学院的，但是时间不能有冲突，否则系统是无法报名的，所以不用担心如果两个营冲突了该怎么办，这是不存在的。我当时本来想着是要报好几个学院的，都去碰一碰，但是后来由

于时间的限制，我最后只能选择了入营概率最大的几个学院，因为至少要确保自己的入营概率。

填写完报名系统之后，就可以根据自己选择的营去准备相应学院要求的材料了。我一开始并不知道报名系统中会自动筛选时间冲突的营，所以把自己想去的院校的材料都准备好了，然后才去填的报名系统。结果准备了6个营，最后只报名了3个营。相当于有3个营的资料都浪费了，资料浪费倒是没什么，最主要是其中跑材料，找老师签字等流程，其实是很费时间和精力的。所以建议要申报央财的同学，一定要先填了报名系统，确定自己要参加哪几个学院的营之后，再去准备材料，避免不必要的工作。另外，央财商学院是不需要提前寄送资料的，所有的材料基本上都是要以pdf的格式扫描后邮件发送，而且每份材料都有相应的一些小要求，比如一式三份、盖教务处的张、正反面复印，等等。虽然都是小要求，但是一定要重视，按要求来，千万不要图省事，或者太粗心大意忘了这步或者忘了那步。总体来说，央财是很重视标准的。我还记得当时我去现场交材料的时候，招生老师确实就是一份份逐步核对，但凡不合规范的都被打回去重新准备了。在递交的材料多了以后，我就发现，每个学校要求的核心信息不过以下几个：个人简历、个人陈述、获奖情况、科研成果、社会活动。只是各个院校的字数、格式等要求不同，因此，方便起见，我都是先打好了草稿，遇到不同学校的不同要求，就把这几个内容排列组合放进去，适当增添或删减，这样能提高效率。

虽然商学院在递交报名表的时候就要求填写研究方向和导师意愿，但是基本不作为录取的门槛，因为入营之后，会再发一份导师确认书，那个时候才是真正分配导师的时候，所以入营前的意愿，我感觉就像是一种信息采集，不太影响录取几率，大家不用非常重视，按自己的意愿写就可以了。

参营/推免复试前准备

由于商学院是一个硕博连读的项目，但是我感觉更像是一个直博的项目。因为这个项目中间是没有退出机制的，也就是不完成博士的学业要求，连硕士文凭都拿不到。也因为这样，所以参营的考核就是导师制的，你选择的导师最后就是你的考官，是否被录取就取决于你选择的导师是否同意接收你。所以，如果想要拿到商学院的offer，最好是在拿到夏令营录取通知后，马上就发邮件和自己感兴趣的导师开始联系。我当时是因为同时在准备好几个营，而且也并不清楚商学院的考核机制是导师制的，所以完全没有提前和老师进行联系。但是入营之后我就发现，老师最后比较感兴趣的几个学生都是和他之前有过联系的。由于入营后，我们都要求提交一份研究计划书，而且这个计划书就是针对所选导师的研究方向的，所以最好在前期和老师联系的时候，就着重聊聊你的研究计划、研究兴趣和方向，最好能获得老师的指点。如果这个时候，能和老师有一些邮件往来，你有觉得这个导师确实是你想要的导师，那么我还建议你最好和老师约个时间见面谈谈，这样拿到offer的概率会更大，毕竟在央财商学院的夏令营中，导师基本上[①]就决定了你的去留。

鉴于实际参营之后，只有一个晚上的时间可以准备研究计划书，时间实际上是非常紧张的。所以，如果你在参营之前有能力，有时间，最好先确定自己想要的导师，然后就他的研究方向初步撰写你的研究计划书。提前准备计划书还有一个好处就是，你可以利用这段时间，去和自己学校的老师进行沟通，让自己的老师给你的计划书提一些意见或者帮你修改修改。毕竟自己学校的老师应该还是很支持自己的学生能去更好的学校发展，所以我相信本校的老师还是会尽心尽力帮你的。否则，入营之后，仅靠自己的智慧和一个晚上的努力，确实是很难写出一份出彩的研究计划。

夏令营/推免考核内容

央财商学院的夏令营基本都是在7月中旬，今年的营开在了7月16日至18日。

当天下午进行报道，当天晚上会有一个简单的破冰活动。破冰活动中，所有营员会聚在一个教室，每个人简单来做一个自我介绍，然后老师要我们自由分组，大概是6个人一组，分给了每组一包棉花糖和一包牙签，看哪个组能落出最高的塔。这个活动结束中其实没有特别需要展现自我的地方，因为大家都第一次见面，也没有特别的机会让你突出自己，所以这个晚上就尽情地玩耍就可以了。

第二天早上是开营仪式，随后就是各个导师的介绍，基本上决定在夏令营招收自己博士生的导师都会到场，还有学长学姐的经验分享。就是在这个讲座上，很多人才意识到商学院的硕博连读项目是没有退出机制的，也是因为这样，当天晚上就有好几个营员选择退出了。老师在做宣讲的时候，也多次提醒我们，一定要做好读博的心理准备，如果没有充分的思想准备，也劝大家三思而后行。老师也开玩笑说，每年宣讲会讲完，就会吓跑好几个学生。但后来看来，实际情况也的确是这样。当天下午也是一场讲座，讲座过程中也基本上不涉及自我展现的机会，所以大家只要充分接受老师提及的信息，考虑自己是否要继续这个项目，以及想要选择的导师是哪一位就好了。讲座的过程中，老师会下发一份导师志愿的确认书，这个一定要好好思考。最好能充分了解身边的同学都对哪个老师感兴趣，如果想要提高拿到offer的概率，就选择相对人少一些的导师。毕竟每个导师都只有一个名额，如果申报的人多，竞争必然就更大。下午的讲座结束后，我们就各自去准备研究报告了，可以去图书馆也可以回宿舍。因为央财的宿舍里是没

---

① 易宝提示：多逛逛论坛，忘掉紧张吧↘（^ω^）↗

有无线网的，所以还是建议大家去图书馆查找资料。

第三天早上，是我们和导师的面对面交流。对哪个导师感兴趣就和哪个导师一对一的聊一聊。每个导师都会在各自的教室里坐着，只要你看到教室里没人，就可以进去和老师沟通。老师不会问你什么问题，主要是你向老师提问，更多像是一种聊天，所以不用太拘谨。我当时进去就做了个自我介绍，然后老师就说我之前经常去你们学校开会啊。我一下就不紧张了。如果提前有和老师在邮件上联系过，那这个时候一定要提到自己和老师曾经联系过，然后聊聊你的研究方向，借着这个机会就可以看看老师对你的态度了。如果老师表现出强烈的兴趣，那么恭喜你，下午的考核你已经拿到了大半的印象分。这个时候主要就是看你能不能获得老师的青睐，给彼此多一些了解的时间。大约11点，我们就上交了研究报告的终稿，随后群里就会有分组名单。申报了同一个导师的学生，就会被分配到同一个组里。面试的时候是一个一个进去，我首先做了个自我介绍，然后老师直接就根据我简历的内容提了几个简单的问题，比如：你为什么会去这个机构实习，以后的打算和规划是什么，博士期间的规划是什么。整个过程比较简单，可能是因为我没有提前和老师邮件联系过，所以老师并没有和我聊太多关于我研究计划的内容。但是其他有和老师邮件联系过的营员，基本就和老师就研究计划展开了比较深入的交流。我的面试过程比较轻松和简单，也没有涉及英文面试，老师主要就是对简历的一些内容进行了提问，然后就结束了。面试结束后，我们就收拾行李，回家了。

录取情况

专业	考核方式	实际招收人数			
		2016		2017	
技术经济及管理	夏令营	3	5	3	6
	常规考核	2		3	
跨国公司管理	夏令营	1	4	1	3
	常规考核	3		2	
企业管理	夏令营	5	11	7	14
	常规考核	6		7	
人力资源管理	常规考核	4	5	5	5
物流管理	常规考核	2	2	3	3

招生类型	专业	入营人数 （实际会更多一些，有的学员没有考核就放弃了）	获得拟录取资格人数
硕博连读 （夏令营）	技术经济及管理	13	3（4个递补名额）[①]
	跨国公司管理	3	1（1个递补名额）
	企业管理	31	7（9个递补名额）
专硕 （常规考核）	技术经济及管理	网上报名即可参加考试。	3
	跨国公司管理		2
	企业管理		7
	人力资源管理		5
	物流管理		3

从总体招生规模上看，2017年比2016年增加了一定的名额，但整体上还是呈现出企业管理的招生人数明显多于其他专业，而跨国公司管理在夏令营期间的招生人数非常少，这也是由于央财跨国公司管理专业的博导较其他专业要少，所以招生规模近年来都不是很大。

2017年企业管理招收人数最多，跨国公司管理招收人数最少。由于是导师制的考核方式，因此每年夏令营的招收人数主要和当年申请博导的导师数直接相关。如果该专业今年愿意带博士的导师较多，则该专业的夏令营招生人数也就较多。因此，可以就每年的导师情况进行具体分析。

由于具体选择哪个方向是入营之后还可以再次选择的，所以对于想去央财商学院的学员来说，可以先填报企业管理方向，入营后再选择跨国公司管理的方向，确保入营的机会。如果没有直博的意愿，建议不要考虑央财商学院的夏令营，直接报名央财推免生的常规考核。央财推免生的常规考核有两场，六月和九月，考试的科目几乎一样，所以如果六月份的考试没有发挥好，可以九月的时候再次报名。想要攻读人力资源管理和物流管理方向的学员只能参加推免生的常规考核，这两个方向不设夏令营。

过来人回声

1. "由于商学院的夏令营是硕博连读项目，所以和导师提前联系是非常重要的。如果对该项目感兴趣，要在拿到入营通知后主动和老师联系，提前准备研究计划，这样入营之后就可以和导师就你的研究计划多沟通，加深印象。如果老师对你的研究计划也表示出了兴趣，那基本你就能获得优秀营员的资格了，毕竟能

---

① 小西提示:针对往年面试情况做一些面试预演吧~

下定决心读博的学生不多，很多学生在这个项目面前都会有所徘徊。对我来说，整体考核还是比较轻松的。"（一位2017年录取学生）

2. "商学院的考核不太难，主要就是一个研究计划。没有笔试，面试环节就是和导师的沟通，没有英文面试，也没有专业知识的面试。但是由于这是一个直博的项目，所以建议提前和老师邮件联系，如果能在夏令营开营之前成为老师心仪的学生，那么最终拿到offer的概率就很大了。"（一位2017年录取学生）

3. "由于导师很希望夏令营中选择的学生都不会放弃这个名额，所以老师还是比较注重你读博的意愿的。当时我可能是还没有下定决心是否要读博，所以和导师沟通的环节中，我就没有表现出强烈的意愿，甚至有一点徘徊。可能是这样，所以影响了最终的得分。"（一位2017年落选学生）

中央财经大学经济学院

申请环节

央财经济学院今年是第一次举办夏令营，官网公布夏令营通知的时间是2017年5月22日，申请截止时间为2017年6月10日，值得注意的是央财经院的夏令营是2017年招收推免生的唯一途径。

央财经院要求将申请材料邮寄纸质材料一份，邮件发送一份，邮件发送时需要发送证明材料的扫描件。要求的申请材料有报名表1份、成绩单和排名证明1份、推荐信2封、参营论文1～2篇、六级成绩单复印件1份、学生证和身份证复印件1份、安全责任协议书1份和获奖证书复印件1份。首先，报名表、排名证明和推荐信都需要从央财经院官网下载模板，需要注意的是写推荐信的两位老师中至少有一人为经济学门类专业教师。其次，参营论文可以是平时的工作学习论文，也可以是已发表论文。最后，获奖和资格证书只需要提交与经济学相关的即可。电子邮件发送的扫描件需要按照官网通知的材料顺序合并成一个PDF文件。

参营/推免复试前准备

央财经院的夏令营举办时间为2017年7月14日到7月18日，具体的夏令营安排是在7月7日发到夏令营的微信群里的。

因篇幅所限，请扫描二维码或登录易保研官网www.ebaoyan.cn了解历年夏令营详细日程

央财经院在夏令营微信群里通知我们综合笔试的考核内容为微观经济学、

宏观经济学、政治经济学和英语，具体复习书目可以参考央财经院的考研参考书目。因为我大三下还有很多专业课，可以用来准备笔试的时间不多，为了节省时间我在网上找了逢锦聚版政经的知识点总结，微经和宏经用的是圣才出的高鸿业版西方经济学微观、宏观考研辅导书，因为不知道英语的考核方式，所以也没有特地去准备。

虽然央财经院今年是第一年办夏令营，没有可以参考的面试经历，但是因为提交的申请材料中包括了参营论文，所以在前期准备中我做了参营论文的展示PPT，准备了5分钟版、10分钟版的展示讲稿，同时猜想答辩中可能会被问到的问题，并提前准备好回答方案。另外，在参加央财经院夏令营之前我已经参加了①三所院校的夏令营，这三所院校的考核都包括了论文答辩，所以在参加央财经院夏令营时我对于自己的论文已经非常熟悉，同时还积累了一些答辩技巧，这对于我参加央财经院的笔面试考核都有很大的帮助。所以，在参加夏令营期间，建议大家不断地总结已经参加过的笔面试经历，从中得出经验教训，会对参加之后的夏令营考核有帮助。

夏令营/推免考核内容

央财经院今年采取的是大类招生，申请夏令营和入营时都没有区分专业，所有学生的专业都是经济学类，在夏令营期间每位营员都会填一张专业志愿表，从1至10排序自己想去的专业，学院会根据营员的笔面试成绩排名决定营员最终被录取的专业。

7月14日，在沙河校区报道，领取营服，选择住宿的房间，晚上举办了开营仪式，要求每位营员进行自我介绍，并由学院领导和老师介绍夏令营流程和要求等内容。

7月15日上午先去参观了沙河校区的图书馆，参观完后又进行了座谈会，座谈会上老师介绍了学院的专业设置、培养方案等。之后就是部分老师介绍自己的科研经历、研究方向和对学生的要求等，最后是学生提问环节。下午是讲座，印象中是请了两位老师进行了两场讲座。晚上是自由活动时间，央财给的临时校园卡是可以进入图书馆的，由于第二天下午有笔试，所以大部分营员都在图书馆复习。

7月16日上午还是讲座，记得是在这次讲座结束后填写了专业志愿表，下午是笔试。政经、微经、宏经和英语是放在一套卷子上进行考核的，经济学的考试题都是比较正常的题目，没有特别偏难怪的问题，政经全是问答题，印象中考了商品的二因素和劳动的二重性的联系、剩余价值的相关问题、论述并评价中国社会主义经济的发展道路等。微经和宏经有选择题和计算题，记得宏经有一道题考

---

① 小妍有话说：夏令营的暂时失败绝不是世界末日

了存在进口关税的均衡，这个在圣才的考研辅导书里好像是没有出现的。英语只有一道阅读题，给了一篇长度为一页半A4纸的文章，让你用200字英文（记得是）来概括文章的主要内容，我们当时考的是和难民相关的文章。

7月17日全天都是面试，面试顺序是事先安排好的，分成两组进行，面试只有中文面试。首先会进行一个简单的自我介绍，之后老师会让介绍一下自己的参营论文，没有PPT展示，就是单纯的讲解，之后老师会根据你的论文问问题或者随意问一些与论文无关的问题。我被问到我本科学的微经、宏经、中微、中宏和计量分别是用谁编写的书，还问了我的参营论文收集数据时所用的调研方式，又问了我计量经济学都学了哪些内容，伪回归是什么，怎么解决伪回归的问题。

7月18日，举办了闭营仪式后就各自离开学校。

中央财经大学信息学院

申请环节

央财的信息学院是今年首届举办夏令营，夏令营的信息都出的比普通的学校晚一些，我大概六月初才看到这个消息，然后申请截至是6月25日，好在前期联系过推荐老师，也准备了部分材料，所以申请起来还算轻松。材料是不需要邮寄的，网上报名并准备好材料后发送到指定的邮箱就可以了，入营时再提交原件

参营/推免复试前准备

大概7月初官网会公布时间安排和入营名单，名单上是56人但最后实际参营是四十多人。

因篇幅所限，请扫描二维码或登录易保研官网
www.ebaoyan.cn了解历年夏令营详细日程

每个专业笔试的内容不一样，大家要根据自己的专业准备相应的内容，具体的在入营须知中有写：产业经济学专业的笔试科目是经济学基础一（含西方经济学和政治经济学）；电子商务专业的笔试科目是管理学基础；软件工程专业的笔试科目是软件工程。除了笔试，还要准备一个不超过10分钟的科研展示，准备好后建议自己多练习几遍，做到流畅并且尽可能不要超时，还可以模拟一两个小问题向自己提问。

夏令营/推免考核内容

13日下午报道，并领取了营服和一些生活用品。然后参观了一下校园，晚上

还举办了破冰小活动。第二天一早举行了开营仪式，信息学院的老师们给我们介绍了学院的历史和概况。午餐是可以刷央财的学生卡的，正好尝了一下央财的食堂，感觉还可以。笔试其实是我比较担心的一环，因为期末考试结束的晚所以基本没有能怎么准备，好在笔试的题目没有特别难，中规中矩，下午笔试完就继续听讲座，晚上回去了之后再过了几遍科研展示的内容就准备休息了。第三天就主要是面试，其实还是挺紧张的，一天折腾下来也比较累，到这里考核的部分就结束了。第三天就是闭营仪式然后给大家颁发结业证书。

录取情况

听老师说是大概一百多名同学投递了材料，筛选了56位同学入营，但实际上只有四十多人参营。录取结果在结束后两周左右的时间通过邮件的方式通知的，具体录取的人数不太清楚，但认识的朋友都有收到录取通知。

过来人回声

"个人感觉信息学院相比于央财的财政金融学院等要相对冷门，入营和录取的门槛也较低，整体来说考核强度较大但难度不算太大。"（一位2017年录取学生）

中央财经大学管理科学与工程学院

申请环节

央财管科要求投递的纸质材料有加盖所在院系公章的夏令营申请表、个人陈述（不超过2000字）、两封专家推荐信、证明科研潜力的成果（我准备的是参营论文）、本科前五学期的成绩单和专业排名（第六学期考试成绩单要入营时提供）、学业竞赛的获奖证书各一份、英语六级考试成绩单及TOEFL等其他英语水平成绩证明、身份证、学生证复印件和安全责任书。要求提供的材料比较多，所以希望大家在投递前仔细复核，千万别漏寄材料。

除了准备好投递材料，还需要在网申系统填写基本信息，并把各项指定材料发送至夏令营指定邮箱，这样才算是最终完成申请流程，希望大家在投递前仔细复核各项申请材料，不要出现失误以免造成不能入营的结果。

参营/推免复试前准备

中央财经大学管理科学与工程学院夏令营的入营安排及考核办法是在八月初官网公布的，方便大家进行准备。

因篇幅所限，请扫描二维码或登录易保研官网
www.ebaoyan.cn了解历年夏令营详细日程

7月初，在收到录取通知之前，我就对数学和专业课进行了系统的复习，加上自己八月份的夏令营只有这一个，在参加完其他夏令营之后我就完全投入复习，并且总结之前夏令营的经验对自己的答辩论文PPT进行修改。面试方面，我自己上网找了一些经验贴还有常见面试会问的问题，并针对问题提前准备了一些答案，还有就是在平时训练自己的英语表达能力，为参营做好充分的准备。

夏令营/推免考核内容

夏令营总共进行了4天，考察的时间有3天，可以看出学院特别重视此次夏令营，想选拔优秀人才。8月21日下午报道，选住宿的房间；

8月22日上午开营仪式，下午有一个教师交流会。接下来就是数学基础的笔试，主要考察微积分、线性代数、概率论与数理统计的相关知识。晚上有专业知识笔试，每个专业考核内容不一样，我是申请的投资学学硕，考核内容是微观经济学，房地产经济管理也考这个内容。管理科学与工程硕士考运筹学和多元统计，然后工程与项目管理考核的是项目管理综合。

8月22日整个白天是专业面试和英语水平测试。专业面试是论文陈述和答辩，答完辩老师会根据论文内容进行提问；英语水平测试主要考察对专业英语、日常英语的掌握程度与听说能力，是抽题回答，和小伙伴讨论之后还记得一些题目：高等教育、面子消费还有诚实的好处。然后听一段听力并回答问题。

8月23日上午综合素质面试是无领导小组讨论，进行案例分析，一组人比较少，只有四个人。然后下午就离营了，考核结果是隔一段时间才出得。

总之，学院老师十分重视大家的数学和专业素养，因此数学好、专业基础扎实，再加上在夏令营考核中能够充分表现自己的同学会十分占优势。

录取情况

招生类型	专业	入营人数	全部录取人数	录取比例
硕士	投资学	20+3	12	52.17%
	房地产经济与管理	10+1	6	54.55%
	管理科学与工程	10	3	30.00%
	工程与项目管理	10+1	7	63.64%
硕博连读	投资学	10	2	20.00%
备注	入营人数加号后的人数为中央财经大学本校专项入营			

过来人回声

1. "央财管理科学与工程学院的老师十分重视大家的数学和专业素养，因此数学好、专业基础扎实，再加上在夏令营考核中能够充分表现自己的同学会十分占优势。夏令营考核的内容还是很多的，因此需要认真准备，这样录取的希望就会很大。"（一位2017年录取学生）

2. "央财管理科学与工程学院夏令营的考核形式很多，需要充足的时间进行准备，但是自己因为准备时间不足，在无领导小组和英语水平测试中表现不是很理想，因此排名靠后。所以我觉得专业知识的准备需要提早进行，这样才能在夏令营中脱颖而出。"（一位2017年落选学生）

易保研保过学员成功案例——中央财经大学管理科学与工程学院

中央财经大学政府管理学院

申请环节

中央财经大学各个院校的夏令营报名都是要统一进行网申的，今年央财第一次使用微信公众号来进行网申。通过这个平台填写的信息会统一公布给你申请的所有学院，所以这一步的网申填写的信息都比较基础。后来我发现，这个报名系统的信息实际上是各院校老师审核你的第一步。而且，中央财经大学的特点是非常的严谨，这点我是从各个学院的夏令营氛围中感受到的。所以，招生老师对于材料的审核其实是非常严格的。很多人会感觉只要不需要提交证明，像排名这些信息就可以随便写。而一开始的网申环节确实是不要求提交附件，也就是不需要开具证明的，但其实，老师都会将你填写的报名信息和你之后向院校投递的材料进行对比。

在寒假的时候，我其实就已经把上一年央财的报名时间浏览过一遍了，据过① 去的经验来看，央财夏令营报名系统开放的通知会在央财研究生院的官网公布，大概是5月中旬，这个时候有些学院会同时在自己学院的官网公布自己学院夏令营通知，但是也有个别学院会公布的晚一些，所以大家不用着急，5月开始多刷一刷自己关注的院校的官网就好。因为央财举办夏令营的学院还是比较多的，所以为了能提高入营概率，我本来是打算申请多几个夏令营的，但是网申的

---

① 小妍提醒您：8月要备战预推免面试啦～

时候我才发现，系统会自动识别两个营的时间是否有冲突，如果有冲突，只能二者选其一。所以由于时间的限制，我最后只选择了入营概率最大的几个学院。

虽然政府管理学院在递交报名表的时候就要求填写专业方向，但是基本不作为录取的门槛，因为入营之后，会再发一份专业意向确认书。而且这个确认书更像是一种对专业意向的排序。最后录取首先是按照整体成绩进行排名，然后先考虑大家的第一志愿，如果某个专业已经录取满了，则考虑学生的第二志愿。所以报名表上填的意愿，我感觉就像是一种信息采集，不太影响录取概率，大家不用非常重视，按自己的意愿写就可以了。

参营/推免复试前准备

今年是政府管理学院举办的第一届夏令营，就今年的参营体会来看，政府管理学院的夏令营比较注重营员的专业知识。因此，建议参营前多复习复习公共管理的基础知识。由于今年是第一届，所以我完全没有办法获取夏令营的考核信息，当时时间也非常紧张，我又是跨专业的，所以基本就放弃了专业知识的复习。但实际上，笔试和面试考核中都涉及很多公共管理的专业知识，知识的难度并不大，都是基本功，所以，参营前抽点时间补充一下基本知识，基本就可以应付夏令营中的考核了。

夏令营/推免考核内容

央财政府管理学院的夏令营基本都是在7月中旬，今年的营开在了7月13日至15日。

当天下午进行报道，晚上会有一个简单的破冰活动。我们这届总共招收了30多个营员，大家被安排在了一间普通的教室中。破冰活动中主要就是大家逐个进行自我介绍，然后分组派代表上台，通过击鼓传花的方式传球，当球停在某个人手上的时候，台上的同学就要向大家介绍这个同学。通过大家的自我介绍，我大概了解到了自己竞争对手大概都是来自什么学校什么专业的。可能是由于这是第一届夏令营，所以竞争相对不是那么激烈。一半是211院校的，一半是985院校的。但是当时的30多个学员中，有6、7个是央财本校的，所以当时我还是觉得有点压力的，毕竟最后只有十几个优秀营员的名额，而本校的学生肯定会占去几个名额。但是破冰活动并不涉及考核成绩，组织的老师也不负责之后的面试打分，所以大家积极参与，好好放松就可以了。

第二天早上是开营仪式，院系领导都会到场。开营仪式结束后，会有一场讲座。吃过午饭，简单休息过后，下午就是专业课的笔试。笔试的内容有3、4道名词解释，3、4道简答题，最后是2道案例题。名词解释都是公共管理方面的简单名词，简答题也是考查基本知识，比如：解决政府失灵的手段有哪些、公共管理绩效评估困难的原因。案例题则是综合的分析，当然也是需要运用到公共管理知识的。考试时长为2小时。我因为之前没有准备过专业课，所以笔试中基本就是凭着自己的理解进行答题，跟书本上的理论肯定是对不上的。当时我就想，虽然理论不扎实，但是能写多少就写多少吧，说不定还有写到点子上的。所以我虽然什么理论都不懂，但是还是凭借着之前对公共管理的一些了解，把卷子全部填满了。当天晚上没有安排，就是让我们自己准备第二天的科研成果展示，这个科研成果就是报道的时候提交的论文，所以就相当于是对参营论文的一个阐述。由于我之前已经拿这份论文参加过几个其他的营，所以这份科研成果已经进行过好几次展示了，相对熟练，所以当天晚上我过得还是比较轻松的。但是我的舍友可能之前都没有准备过，所以她们都在图书馆泡到了深夜，准备科研成果的展示。所以，建议大家提前准备好自己的展示，这样可以让你们在夏令营的过程中有一个比较轻松的心态。

第三天早上，我们被分成了两组，两边同时进行面试，平均每个人10分钟。当天早上，我们被要求8：30就到课室候考，到了教室之后才能看到分组名单。面试顺序就是名单上排的顺序，而我是被排到了倒数第5个，所以差不多到11点，才轮到我，所以我之前很长一段时间都是在教室里等着考完回来的同学交流面试经验。因为当时我们那个课室有好几个央财本校的学生，他们都比较熟，所以一个考完出来，就回过来交流一下自己抽到了什么题，英文考了什么，中文考了什么。来来回回几轮的交流，我基本就摸清了面试基本都有哪些题目，然后就和大家一起百度搜答案，背答案。我进去之后，下面坐了三个老师。我先是进行了英文的自我介绍，然后老师让我抽一张英文题目，果然就是抽到了之前他们提到的英文问题，心想所幸有所准备，不然对于我一个跨专业的学生来说，这样的基础知识要用英文来回答还是有一定难度的。回答完英文问题后，老师又让我抽了一张中文试题，并且挑其中两个回答。我当时抽到的中文问题和他们抽到的都不同，那就只能靠自己的理解，随便说了两点，说到后来，自己都感觉说不下去了，匆匆结尾就出去了。

下午的时候，还是按照早上的分组分为两个课室进行答辩。答辩的时候，下面坐着3个评分的老师还有这组的所有学生。一个人答辩结束后，老师先提问，然后老师会回头问我们有没有问题。我一开始并没有打算提问，但是我发现，老[1]师要求我们提问题之前先报一下自己的名字和学校，之后老师们好像有在做一些记录。我突然意识到，这应该也会是老师打分的一部分。如果问题提的比较有深度，应该也会加一下印象分。所以我就提了2次问，主要都是针对他们的模型进行提问。因为我发现，他们的参营论文都没有运用很复杂的模型，可能是

---

[1] 路姐提示：9月底别忘了填报九月推免

因为公共管理专业背景的学生都没有统计学的知识，所以对模型的理解都不太到位，所以我就针对他们的模型进行了提问。我的参营论文虽然也没有用复杂的模型，但是好像是老师们比较喜欢的实证论文，所以老师对我的论文表现出了比较大的兴趣，我就借机表达了我对政府管理方向的兴趣。我的展示相对来说还是比较顺利的，老师提的问题基本都在我的意料之中。展示结束后，就是简单的结营仪式，然后我们就回去收拾行李离校了。

录取情况

专业	夏令营入营人数	最终录取人数
行政管理	计划招收30人，实际招收40人	12
教育经济与管理		1
城市规划与管理		3

今年是政府管理学院举办的第一届夏令营，而夏令营的招生方式也是政府管理学院接收推免生的唯一方式。所以，想要申请政府管理学院的学员要好好把握夏令营的机会，因为九月推免政府管理学院将不再举办考试接受推免生。另外，因为政府管理学院只有夏令营这一唯一方式接受推免生，所以录取比例还是非常大的，即使没有获得优秀营员的名额，也会获得候选递补的资格，在推免阶段，只要前面有人放弃预录取资格，就会往下递补。根据2017年最后获得预录取资格的情况，递补10名以内的学生都是有希望的。所以最终获得预录取资格的比例还是非常大的。

根据入营后的情况来看，夏令营实际招收人数多于公布的招收人数。2017年商学院夏令营的入营成员40人，而2017年公布的招收人数仅30人。营员中有来自985院校，也有来自211院校的，从营员的院校背景上看，没有看出政府学院对于985院校的偏向性。而营员的专业背景也不仅局限于公共管理方向，其中也不乏财务管理、会计等背景的学生。

从各专业的录取人数来看，行政管理的录取人数远大于其他两个专业，但是报名表上填写的志愿基本不影响夏令营的入营概率。因为入营之后，学院还会要求学生可以按自己的兴趣重新填写志愿确认书。最后学生是按总评成绩排名，先按第一志愿录取，如果人数超过了招收计划，则会被调剂到第二或者第三志愿。所以填写志愿的时候只要按照自己的兴趣填写即可，不存在冷门和热门专业之分。在考核的时候，也不涉及各个专业的专业问题，所有的考核都是统一进行的。所以填写报名表的时候不需要过多纠结具体填写那个专业。

过来人回声

1."政府管理学院对于专业知识的考查比较重视，建议考生们提前复习好人大出版的《公共管理学》一书，很多基本概念都来自于这本书，而且这也是官方公布的参考书目。"（一位2017年录取学生）

2."政府管理学院的夏令营虽然招收的人不多，还有将近10个本校的同学，但是今年有10个人弃考，相当于只有30个人竞争16个名额，再考虑到所有没有拿到优秀营员称号的，都会进入递补名单，所以当前面的同学放弃了预录取资格后，递补名单中会有好几个同学获得最终的预录取资格，所以大家要有信心和耐心，在确认预录取资格的时候，耐心等待学校的通知。"（一位2017年录取学生）

3."政府管理学院的笔试和面试都非常有专业性。我就是没有做好充分的准备，在笔试环节没有发挥好，在中英文的专业面试中基本也没有回答上来，所以总成绩排名靠后。"（一位2017年落选学生）

中央财经大学中国经济与管理研究院

参营/推免复试前准备

中经管的老师都是海归，平时上课也是中英文双语，所以会在面试中就能体现出对英语的重视，但是也不会要求非常高，建议大家熟悉经济学金融学常用专有名词的英语表达吧。学院考核重视西方经济学，对于马克思主义经济学、政治经济学等内容几乎没有涉及，所以不需要在这些方面做什么准备。

夏令营/推免考核内容

中经管只组织九月推免，不举办夏令营。九月推免获得复试资格的约有四十余名同学，最终录取20人，具体包括金融学、国民经济学、产业经济学、国际贸易学几个专业。均为学术型硕士。学硕优点在于就业压力来的不那么急迫，而且学费非常便宜；专业硕士就是节省一年的时间，但是学费会贵一些。九推复试只有两天，先是一场笔试，考察宏微观经济学的内容+金融学等，面试包含简历面+论文+专业知识提问。前两部分是可以提前做准备的，而第三部分与笔试内容有很大程度的重合，因此不需要特别的投入很多精力。

录取情况

九月推免获得复试资格的约有四十余名同学，最终录取20人。

过来人回声

需要提醒一点是，中经管教学是中英文双语，老师均为海归，因此面试中可能时不时说几个英文的经济学词汇，有精力的话可以做个准备。[①]

中央财经大学国际经济与贸易学院

申请环节

我大概五月份在朋友圈看到学姐分享了央财国际经济与贸易学院的招生简章，才开始准备申请这个院校。央财申请阶段只需要网申，然后去参营时再带着纸质材料去就可以了。把材料这些准备好后基本已经快六月份了，然后央财笔试的内容又非常多，六月份几乎整整一个月都在紧张的复习，所以大家要申报的话一定要提前关注学院发放的信息，提前准备笔面试，不然时间紧张手忙脚乱就很容易出错。

参营/推免复试前准备

央财有笔试，笔试通知中也说到了会考察宏微观经济学、计量经济学还有国际贸易学、国际金融、国际投资、国际贸易实务和专业英语等知识点，所以就根据这些内容进行了相应复习。面试方面的话主要是准备了论文的PPT，并请舍友帮忙模拟了几个与论文相关的问答。

夏令营/推免考核内容

央财国际经济贸易学院的夏令营是在收到入营通知、正式入营前发布的。

因篇幅所限，请扫描二维码或登录易保研官网
www.ebaoyan.cn了解历年夏令营详细日程

笔试面试的时间相对还是比较紧张的，想参营了再复习是来不及的，所以要提前准备好。央财的考核内容相对传统，虽然没有公布具体的比例，但是笔试应该占了不少的一个比例，难度和历年考研真题大致相当，几乎是对夏令营营员的要求和考研的同学是一致的，流程也一致，所以按照考研题的难度来复习经济学综合和国际贸易学综合是没有问题的。最后笔试的成绩没有公布，但据同学们反馈的情况看考得好一点的大概能答到80分左右的样子。

---

① 小西提示：面试前准备好得体的服装

然后面试方面，面试由英文面试、科研展示、专业知识面试三部分组成。科研展示是十分钟左右，需要准备PPT，展示完了就抽取一个问题回答，我和我舍友都是抽到的"全球价值链"的概念，但应该总共有十道题左右给大家抽，其他同学说他们抽到的题比较开放，言之有理即可。我是在科研展示和专业面试之后进行的英语面试，英语面试就相对比较轻松了，就是看一篇很短的文章然后回答两至三个问题，老师有时会直接提问文章下面写着的问题，也有可能随机问，我就被问到了"什么是绿地投资"随机问题要特别去准备的话可能范围太广了，只能说平时多积累一些专业词汇，然后英语能流畅表达就可以了，估计大家的英语水平也都差不多，答完那两三个问题老师就会示意你可以离开了。

录取情况

在入营方面，大部分入营学生来自985或211院校，但也不乏来自于天津财经大学、江西财经大学等双非院校的本科生，然后大家的专业基本是国贸或国贸相关的，比如国际商务。这次夏令营实际参营52人，7月10日结束面试，大约7月20日就收到了录取通知，最后应该是录取了22人左右，只要总得分超过60分即录取，没有公布各个考核部分的比例及每个人具体分数，但应该是笔试和科研展示最为重要，这两部分可以用心准备一下。

过来人回声

"央财的行程安排得比较紧凑，但是能感觉得出来老师们很用心，会坐着和大家一起吃饭啥的，还建立了一个微信群一直和大家及时沟通，后期推免系统报名时也一直很及时的回复大家，非常有爱。"（一位2017年录取学生）

中央财经大学中国金融发展研究院

申请环节

2017年中央财经大学中国金融发展研究院是没有夏令营的，只能通过先笔试考核，再进行一轮面试考核才能获得录取资格，也就是所谓的常规考核方式。笔试考核的话是在6月份和9月份举行两场，这里要提醒大家的是如果决定尝试中金发的话，最好先参加6月份的笔试，因为这一轮笔试如果没过的话，还是可以继续参加9月份的，相当于有两次机会吧，希望大家都能把握住。笔试要达到60分以上才算通过，我没赶上6月份的笔试，只参加了9月份的笔试。还有一点就是关于笔试缴费的问题，第一这个是需要有个资格初审的，原则是本科所学的专业与报考的推免专业原则上相同或相近，有些跨专业报考的资格审查通不过，就没法缴费。第二建议大家提前缴费，2017年的时候就出现临近截止日期系统出问题，我身边有些同学就出现那两天一直在缴费，但是就是交不上，最后就没能参加笔试。面试的时间是在9月底。

关于申请材料的话，前期只需要在指定的研究生院推免生报名系统上填写信息就可以了，不需要邮寄纸质材料，需要填写的信息也都是基本的，没有什么特殊的地方，只要前期填写过夏令营的网申系统，这里应该不会有什么问题，然后就是缴费系统，成功缴费后就等着去参加笔试和面试就行了。去现场参加复试考核的时候倒是需要一些纸质材料，主要是申请表，需要加盖公章；学生证和身份证原件和复印件；成绩单原件，也需要加盖公章；英语成绩单；学术成果证明件，比如复印的发表的论文，你的科研证明这些；获奖证书的原件和复印件。除了这些之外，建议大家做一份简历，打印几份出来带在身上，还是有一定的用途的。

参营/推免复试前准备

复试前除了要准备上面的材料，最重要的就是准备笔试和面试了，笔试的话，这个官网上有公布笔试的科目和参考的书目，中金发推免生只有金融学专业，2017年笔试的科目和参考书目是经济学基础二，包括《宏观经济学》，编者是 [1] [美]N·格里高利·曼昆，2011年中国人民大学出版社；《微观经济学：现代观点》，[美]哈尔·R·范里安著，费方域等译，2011年上海三联书店、上海人民出版社。笔试的话，我复习的时候也主要是看了这两本，想着不管怎么样先通过笔试再说，所以我全部的夏令营结束后就主要在啃这两本书，复习的方法的话，就是先把书通读一遍，因为自己之前也修过宏微观的课程，只是教材不一样，看看跟自己之前学习的内容有哪些相同和不同的地方，然后就开始刷题，因为当时是不知道考试的题型，所以就全部的题型都刷了一下，主要题目的来源就是往年的一些考研的真题，因为这个是有权威的答案的，所以做起来也比较放心。关于面试的准备的话，因为之前参加过一些学校的夏令营，面试的形式不外乎专业面跟英语面，专业课的话，我之前准备夏令营的时候，过了一遍国际金融学、投资学、货币金融学这些金融的基础专业课，所以暑假准备中金发的九推的时候没怎么准备这些。英语的话，我个人觉得还是非常有必要再准备一下的，我夏令营的时候很多英文的面试都不太熟练，这个如果能有人帮助自己一起训练那是再好不过了，不然只能自己听听力，自己练口语了。

夏令营/推免考核内容

笔试的话，宏微观是在同一张卷子上的，难度不是很大，反正比我之前做的

---

① 小妍提醒：面试基本的礼仪不要忘记略

一些学校考研的真题要容易，考试的重点就是平时老师强调的那些重点，题型是只有计算题跟简答题，没有选择和判断这些，基本上结合自己的教材，参考指定的教材能过一遍就没问题的。不用看得太细，把一些大的知识点看懂，理解透，区别和逻辑关系都搞懂，就可以了，我觉得最重要的是梳理和对比。

笔试通过了以后去参加面试的大概有70个人左右，面试的时间大概有15分钟左右吧，形式是全英文的面试，所以说准备英语口语还是很重要的，问得最多的内容就是简历的内容，除此之外还有个人喜好这些，面试个人认为提前准备的可能性不大，毕竟没有固定的问题，都是根据个人制定的随机的问题，可以提前做的工作我觉得就是再做一份英文的简历吧，这个在面试沟通的时候还是很有用的。

录取情况

专业的话，只有金融学，笔试审核通过去参加面试的大概有70个人，最终通过面试录取的有20人，候补40人。至于生源的话，虽然学校有一定的影响，但是自己的表现更重要，最终录取的也有普通一本院校的同学，但是非常重视英语成绩，因为研究生阶段的学习是全英文的，包括上课，教材，考试，所以如果英语不好的话，通过考核是很难的，进来之后学习上也会有压力的。

中央财经大学中国财政发展协同创新中心

中心现为中央财经大学研究生培养二级单位，硕士研究生分为硕博连读研究生（五年制）与学术型硕士研究生（三年制）两种模式。夏令营是中心选拔硕士研究生（含硕博连读生）的唯一方式。

申请环节

每年4、5月份是各个学院夏令营通知发放的高峰期，因此，在这段时间内需要留意各学院的官网。在通知里会详细写明网申的地址和截止日期，去年中心的网申时间为5月20日～6月30日，逾期报名系统自动关闭，不再接受申报。

在了解时间之后，就可以开始准备网申了。首先要在指定的网站上注册一个账号，网申的内容不同学院大同小异，差别主要在于字数限制。长的大概要求1000—2000字以内，短的要求80—100字以内，所以建议所有内容都准备长短两个版本。

在这个步骤中需要注意的是：

1）有的学校系统不太稳定，尤其在申请高峰期时，经常需要维修，因此建议早几天完成网申，不要卡在DDL的边缘；同时要多安装几个浏览器，一般推荐

Chrome和Firefox。中心去年在通知中提醒使用Chrome，Firefox以及IE11版本以上的浏览器。

2）在提交证明材料的时候，所有材料都需要对原件进行扫描，扫描后按顺序编辑成一个pdf文件，作为支撑材料上传报名系统；

3）所有内容建议在word中准备好之后再粘贴到网上系统，提交之前一定要多检查几遍，确定没有错填漏填，因为申报信息一经确认提交，不允许进行修改。

去年中心要求的纸质材料提交时间为5月25日到6月30日。需要邮寄的纸质材料包括：《2017年中国财政发展协同创新中心财政学菁英夏令营申请表》：1份，手写签字，并加盖所在院系公章，这张表需要从通知的附件里下载后填写；

中英文个人简历：各1份，在所有学院的夏令营中，中心对英文的要求水平相对较高，要求提交英文版简历；专家推荐信：两封副教授（或相当职称以上）的推荐信，对于这份材料中心也有统一的格式，需要从附件中下载模板；前五个学期本科成绩单和专业排名证明：中心要求两者均需有学校教务部门或所在院系公章，所以要提前去找教务老师或院系领导盖章；参营论文：需要与经济学、财政学（含税收学）等经济管理大类相关，去年在附件中给出了论文的模板，注意根据模板调整自己论文的格式，如果没有定稿，也可以在此时只提交初稿，在开营时提交终稿，但初稿与终稿论文的总体框架需要一致；其他可以证明研究潜质的材料：比如科研项目的研究报告，这一条不是必需的；身份证学生证复印件：身份证复印件需要正反面，学生证复印件需要复印学号页和注册页，各1份；《安全责任书》：在附件中会给出格式，需要由申请者本人和一名申请者监护人手写签字，[①] 提交3份原件；其他证明材料：比如各类获奖证书、资格证的复印件等，这一条也不是必需的。

在这个步骤中需要注意的是：

1）注意截止日期，以当地邮戳为准，一定要提前准备。尤其是需要盖章和老师家长签字的内容，比如排名证明、推荐信等，需要自己提前准备好才能去盖章签字，我自己去年就是因为没有提前准备，赶在DDL之前才发现很多内容不是我一个人可以完成的，因此十分紧张仓促；

2）材料要按照要求和顺序装订成册并装入A4大信封，信封正面注明姓名+学校+专业+协同创新中心夏令营申请材料。在这一点上不同学校要求不太一致，很多学校不要求装订，但中心去年在通知中明确要求装订成册，所以一定要认真阅读通知，整齐有条理的材料会给招生老师留下非常好的印象；

3）注意通知中要求的快递。中心去年要求必须通过EMS邮政快递或顺丰快递的方式邮寄，不接受其他邮寄方式。

---

① 易宝提醒：参营前和导师确定意向可能增加录取几率

4）纸质版材料的信息、填报内容要与网申中填写的严格一致。

参营/推免复试前准备

收到入营通知的时候总是十分激动的，因为关于未来又多了一个机会。中心十分亲切友好，同时以邮件和电话两种方式联系入营同学。这个时候如果确定参营，一定要在规定时间内明确回复邮件，因为过期就会被视为自动弃权，所有统计都以邮件回复为准。

在回复确认邮件之后，中心会提前发送邮件告知入营安排和考核说明。这种风格十分为学生着想，也有利于我们提前准备。去年的考核形式如下：

无笔试，考核分为中文和英文两轮面试。英文面试占总成绩的30%，中文面试占总成绩的70%，两轮成绩的加权平均值为最终的面试成绩。

1）英文面试

现场从英文考核题库中抽取一篇英文短文，总结论文的核心内容并概括阐述。取成绩的平均值构成学员此轮面试的成绩。

2）中文面试

由两个环节组成，满分为100分。第一环节为2分钟的研究经历展示，总分40分；第二环节为8分钟的研究成果展示，可PPT展示，总分60分。评委老师根据学员的情况适时进行提问，全体评委打分的平均值构成第二环节面试成绩。

从告知的考核形式中可以看出，中心十分重视英文水平和学术能力，尤其是第一部分阅读纯英文的学术论文有一定难度。所以在入营之前，我提前阅读了一篇财政领域的英文文献，学习一些学术专业英文术语，并了解了阅读文献的方法和技巧；同时，也针对中文面试环节准备了参营论文和研究成果PPT。

夏令营/推免考核内容

中心的夏令营是我参加过的最亲切友好的夏令营。在入营之前，老师会通过邮件多次和营员进行沟通，提醒我们在入营的时候携带6份纸质版材料，包含个人简历、参营论文（中文部分考核所需讲解的论文），及其他证明支撑材料。而且特意告诉我们，闭营之前会组织夏令营联谊活动，让我们积极准备节目参加。整个夏令营的风格也是非常轻松温馨的。

因篇幅所限，请扫描二维码或登录易保研官网
www.ebaoyan.cn了解历年夏令营详细日程

可以看到中心的夏令营时间相对较长，而且去年将住宿安排在了央财隔壁的酒店。住宿和就餐环境非常舒适，时间节奏也比较轻松，中间穿插了很多专家教

授的讲座，中心的老师都比较年轻活泼，整个夏令营更像一个交流学习的平台，而不仅仅是考核。这也是我参加过的最喜欢的一个夏令营。下面写一下印象最为深刻的几个部分，便于学弟学妹们更立体地了解中心：

1）教师走访：开营第一天的晚上会有老师来到我们的房间，并不是考核，是和营员们聊聊天，了解一下大家的想法和情况。所以不用太紧张，老师们都十分可爱；

2）英文考核：去年的英文面试相对较难，是N对一的形式，首先给我们一篇全英的论文，有45分钟的时间阅读，期间可以做笔记查单词，时间结束后收走论文，进去面试。面试分为两个部分，介绍论文内容和回答相关的一个问题。介绍论文内容必须用英文，回答问题可以选择用中文，每个部分都有限时。英文文献相对较长，所以在阅读的时候一定要注重方法，把握重点；

3）学科前沿素质拓展：这个部分是一个经济学实验，也是十分新颖有趣的一个环节。这个环节并不是考核，而是老师们带着营员们利用中心开发的一个微信功能进行了一个博弈论实验。在这个实验的过程中我们切身体会到了经济学的有趣，老师们通过这种方式来引起我们对于思考和学术的兴趣。为了激励我们，在实验中赢得的钱都转成现金发给大家，得分排名最高的几位同学还有额外的奖金。为了培养大家的兴趣，中心的整个夏令营都十分新颖有趣味性，可以看出老师们十分重视，为此准备了很久，这也是中心最令我感动的地方；

4）中文考核：中文面试是在礼堂进行的，下面不仅有老师，还有所有的营员和助教。这也体现了中心夏令营的理念，不仅仅是考核，更重要的是交流与分享。每个人先将自己的材料分发给老师，然后上去讲PPT，内容包括自我介绍和论文展示，讲完之后老师会根据论文的主题进行相关提问。去年的这个环节，老师指出很多营员的参营论文形式都十分完善，但有的时候是为了跑回归而跑回归，学术研究的目的应该是解决问题，因此建议我们更加深入地思考。我从其中也受益[①]良多。

录取情况

根据去年的情况来看，中国财政发展协同创新中心夏令营入营人数在50人左右，通过考核甄选出15名左右的同学进入2018年免试攻读硕士学位研究生候选人名单。

过来人回声

如果让我用几个词来形容中心的夏令营，那就是：新颖、活泼、有趣。整个

---

① 易宝提示：关注往年的夏令营为今年做预期小也提醒：搜集信息非常重要！

夏令营的环境十分轻松温馨，相比之下更注重交流而不是考核。感谢中国财政发展协同创新中心，我在这里度过了非常愉快的六天，听到许多有名学者的讲座，获得了很多启发，也收获了一些志同道合的朋友。保研路漫漫，希望师弟师妹们都能有美好的经历和结果。（2017年一位录取学生）

中央财经大学保险学院

申请环节

中央财经大学保险学院是通过夏令营来招生的，并且夏令营为唯一的推免招生考核方式，9月份不再进行推免复试等环节，所以想要去保险学院的同学要好好把握夏令营的机会。去年的时候是在5月25日就在中央财经大学保险学院的官网出了相关通知，同时也在研究生院的系统中开放了这个学院的报名系统，截止时间是6月15日，报名时间持续大约20多天，请大家千万要注意时间节点，我建议可以在一个excel或word中把各院校的时间情况列一个list。在通知中，明确提出英语水平要达到六级480或者用雅思、托福等可替代的同水平成绩，因此，英语水平这道线还是蛮重要的，大家至少英语也要达到500分及以上。

在研究生的系统上注册报名结束并不意味着报名的结束，学院层面对报考考生的筛选主要是通过邮件发送的PDF申请材料。在这个申请材料中，需要准备的材料涉及，第一类是夏令营相关材料，比如报名推荐表，夏令营申请表；第二类是个人相关材料，比如个人陈述，本科成绩单原件，证明科研潜力的成果，证明英语能力的证书，各类获奖证书或资格考试证书，专家推荐信两封，其他证明个人身份的材料，比如身份证、学生证复印件、电子版生活照，等等。不得不说，要求提交电子版生活照在夏令营中是十分少见的，我猜应该是想看看大家对待生活的态度或性格什么的，所以大家记得PS的好看点。

入营名单的公布，是在6月25日，接到入营电话或短信通知的同学需要在6月30日回复是否入营，如果前面有人放弃，后面还会有递补入营名单，所以如果有同学开始没接到通知，不要放弃，说不定你就在递补名单当中呢。在此，需要提醒大家的是，大家是可以同时报名多个学院的，前提是夏令营举办的时间不冲突，而且中央财经的报名系统的填写非常简单，只需要填写一次，但是却可以选择多个志愿，而且各志愿间没有先后顺序。

参营前准备

去参加夏令营面试的通知一般会在6月中下旬在官网中有具体的入营名单通知，同时也会公布一些具体的夏令营日常安排和考核安排。

因篇幅所限，请扫描二维码或登录易保研官网
www.ebaoyan.cn了解历年夏令营详细日程

夏令营的推免招生有笔试和两次面试环节的考查。我在参加夏令营之前，也没有仔细复习专业课，因为我自己属于跨专业，加之期末考试和夏令营时间正好挨在了一起，我根本没有时间去复习专业课，就梳理了一些基础的知识，比如经济金融学的基本知识，还有保险学的基本理论，另外，看了一点点风险管理的知识。

参营复试内容

夏令营考核分成了专业笔试、专业面试、外语听说能力测试以及无领导小组讨论共四个环节。考核满分为100分，其中专业笔试成绩*35%+专业面试成绩*50%+外语听说能力测试5%+无领导小组讨论成绩10%。在入营期间参与日程安排表里其他活动的表现作为录取参考，只要没有太差的表现这一项其实也没用啦。虽说是考核成绩加起来，但是需要注意的是，如果某个单项考核不合格的话，是不会被录取的，所以各个环节千万不要有瘸腿。

具体来说，各项的考核内容如下：

入营的第二天下午是笔试。在入营之前，并没有给参考书目，但笔试不必担心，都是一些非常基础的知识，而且主观题的占比很高，即使对跨专业的同学来说，只要是经管相关专业，其实都是可以的。

第三天的一整天是面试。面试是分专业进行的，进去之后，首先将自己的本科期间的相关材料一式五份的交给对面的老师，老师会根据你的成绩、学校、科研和获奖给你做一个分数的评价，这部分大概占5%，其实比例也不是很大。与此同时，老师会让你进行自我介绍，我当时是要求中文自我介绍一分钟。接下来就是专业面试，面试的形式是抽题。虽说是专业知识面试，但是考察形式还是蛮灵活的。如果老师发现你是跨专业的，一般不会为难你的，只要你能够言之有理，自圆其说，有自己分析问题的逻辑，让老师看到你的思维，就完全没有问题。最后一个环节是测试英语听说能力，据说占夏令营考核成绩5%。英语问题是比较简单很口语的日常话题，老师随机问你，比如说为什么要来中央财经大学保险学院选择读该专业，我当时还被问到认为参加美国大学数学建模比赛所需要的最重要的三项素质是什么。

入营的第四天上午是无领导小组讨论，这部分占比也不是很大，大概占

10%。① 每组8～10人不等，要求选取一个代表，现场随机抽题，这个无领导小组就比较灵活了，出题内容与专业无关。我们组在讨论时，要求在老师读完讨论题目后，有5分钟的时间构思发言提纲，之后第一轮每个人轮流用2分钟讲一下自己的观点，随之进入自由讨论环节，这两个环节时间不超过 30 分钟，总结陈述不超过 5 分钟。在这期间，你要注意的是，第一，整个小组要形成一个决议，即对问题达成一致共识；第二，小组选派一名代表在讨论结束后向老师报告讨论情况和结果。如果没有做成总结人的话，可以在总结人发言结束后积极补充问题。

总体来看，决定成绩考核结果的比较重要的是第三天的专业面试（包括英语听说），占到了一般的比例，然后是笔试比较重要，占比大概占三分之一，剩下的就是材料评定和无领导小组面试。

录取情况

2017年中央财经大学保险学院夏令营入营100人，其中保险专业硕士45人、保险学硕士20人、精算学硕士25人、社会保障硕士10人。最后通过夏令营的方式一共录取了43个人，录取率接近50%。由此可见，只要能够入营，被录取并不是一件很难的事情。其中，保险学和精算学的硕士竞争相对来说更激烈一些，而保险专硕录取率相对来说更高一些。下面是中央财经大学保险学院2017年夏令营招生录取情况：

	保险学	8 人
保险学院	精算学	8 人
	保险	25 人
	社会保障	2 人

过来人回声

"中央财经大学保险学院推免招生的唯一方式是参加夏令营，如果想要去保险学院，千万要关注学院官网的相关时间及时报名。夏令营结束后，即使没有拿到优秀营员也不要气馁，因为之后很多前面的同学有更好的offer选择，这时她们可能会放弃，在后面的同学被候补的机会还是很大的呢！"（一位2017年被候补录取的学生）

保研大讲坛、保研公开课
关于保研的一切，都从这里听见和学到。
官方微信：baoyanjiangtan

---

① 路姐提醒您：适当的训练口语

第五章　对外经济贸易大学

对外经济贸易大学公共管理学院

申请环节

对外经贸公共管理学院的申请过程还是比较简单的，只需要寄送材料和寄发邮件就行，不需要网申。公共管理学院今年的夏令营是5月26日发布的，但是6月7日前就要求把所有材料寄送到学院。因为公管学院今年第一次举办夏令营，我是无意间点开了公共管理学院的官网，才偶然看到了它发布的通知。但是当时我看到夏令营通知的时候还差3天就截止递交材料了，时间还是非常紧张的。

公管学院要求的材料就是申请表、在读证明、个人陈述、推荐信、报名信息统计表、成绩单、四六级或雅思托福成绩、获奖证明和科研成果等。因为大部分院校都是5月中旬出通知然后6月中旬是截止报名的时间，所以4、5月份就可以着手准备这些基本材料以及撰写模板了。我大概是寒假的时候就把自己想要申报的夏令营信息都捋了一遍，然后4、5月的时候就在准备基本材料，5、6月的时候正式申报。当时，一边要复习专业课，一边要准备期末考，还要关注各个院校的报名通知，每天都过得非常忙乱。所以如果不提前做好工作，根本来不及报名。我身边的同学就是5、6月份才开始关注，所以最多也只申了5、6个营，拿到1、2个入营通知。我本身不属于大神类的，为了提高自己的入营率，只能"广撒网"了。

从夏令营的招收规模来看，公共管理学院的入营规模相对较小。我看了一下公管学院的招生计划，每个专业招收的推免生数量本身也相对较少，所以一旦入营，拿到offer的概率还是比较大的。但是夏令营招收的几个专业里，行政管理的招生人数明显较多，而且入营之后的考核成绩是按照申请表上填写的专业分别排名的，所以申请的时候就要考虑好自己的专业。从招生人数上看，填报行政管理的人数肯定相对较多，但是给的名额也比较多。所以具体如何抉择，还是见仁见智了。

参营/推免复试前准备

今年是外经贸公共管理学院举办的第一届夏令营，就今年的参营体会来看，公共管理学院的夏令营考核相对灵活，无论是面试形式还是笔试内容都更侧重学生对知识的实际应用，而不是基础知识的考核。因此，建议参营前多关注近半年的相关领域的时事新闻。对于新闻中的涉及公共管理方面的一些新提法，要尤为重视。如果还有时间，可以参看人大的《公共管理学》，复习一遍公共管理的基础知识。

夏令营/推免考核内容

今年外经贸公共管理学院的夏令营开在了7月2日至5日。

第一天下午进行报道，在签到和领完了夏令营日程之后，基本就可以走了。在报名时填写了住校的学生则被安排在外经贸的会议中心，没有填写住校的学生就可以离校了。我当时考虑到我们学校和外经贸的距离不远，所以就没有填需要①住宿，但是后来发现，其实住在学校会方便一些，至少早上不用担心迟到，而且中午还有地方可以休息。所以建议大家可以申请住校。

拿到了第二天的日程之后，我就发现公共管理学院没有传统意义上的面试环节，所谓面试的分数就是每个讲座后每个小组上台展示的分数。而且，我上网查了一下四位主讲老师的介绍，他们正好是本次招生的各系主任或副教授。因为我们的成绩最后是分专业来统计的，排名第一的就获得预录取资格，这也就意味着，要在自己系主任讲课的那天充分展现自我，争取更高的面试分和印象分。所以当天晚上，我就开始查找讲座的资料。但是因为不是书本上的知识点看，所以我也就是上知网查找了主讲老师写过的文章，基本都通读了一遍，然后做了点笔记。

第二天上午先是开营仪式，之后就是范院长的讲座，主题是《政商关系治理：理论与方法》。院长大概讲了1个小时，随后他就给我们抛出了问题让我们分组讨论，然后分组上来展示。我们讨论的问题大概是，你认为我国的经济发展方式体现了儒家的思想吗？如何体现的？如果没有，你认为体现了哪一家的思想？我们的组都是前一天就已经分好的了，而且是固定的。所以我们四个迅速就凑到了一起，各自上网搜集资料。我们的准备时间大概有20分钟，然后每组上台讲5分钟，老师会在下面计时。我们组一开始都围绕着儒家思想在讨论，讨论我国的经济发展到底是体现了儒家的哪一种思想，然后各自提了自己的观点，但是都没有一个人在做记录。后来我们突然意识到，我们是需要推一个代表上去发言的，而且还需要一个比较有条理的稿子。于是我主动提出，我来帮大家屡一下思路，然后我顺便就把笔记也给做了。轮到我们组的时候，因为大家手上没有笔记，所以顺其自然的就把我推出了，这大概也是小组讨论的一个套路吧。一定要

---

① 小西提示：最好有一些科研成果哦（*. ω＜）

随时把大家的想法记录下来，然后在最后的时候把大家的思想统一起来，简单总结。这个时候，如果大家都没有稿子，只有你有的话，基本上你就会被推出去做展示。虽然我手上有稿子，但是我对我们讨论的结果其实是不太满意的，因为没有回答老师提出的比较核心的问题，而且我们对于我国的发展道路也是一知半解的，所以上台讲的时候，我心里是比较没底的，匆匆讲完就先下来了，感觉分数是不会太高。各组汇报完之后，大家就结伴去外经贸的食堂吃饭了。中午的时候，如果住在外经贸的就可以回酒店休息，像我没有住宿的就只能回教室趴着睡一会儿了。

下午是吕维霞副院长讲的题为《公共服务市场化改革的有效模式》的讲座。吕老师还是非常和蔼可亲的，很喜欢和学生在讲座中互动。因为我的论文正好写的也是公共服务市场化方面的东西，所以和老师的互动比较多。最后的讨论题是：你认为政府和企业在PPP项目中的出资比例应该是4/6，还是5/5，或者是按照什么标准来分配出资比例？给出你的理由。我们的讨论相对充分，但是组里有两个同学应该是报了吕老师所在的专业，所以我们就把上台阐述的机会让给了她们俩。讲座结束后，这一天的内容就结束了，晚上我们就自行回去准备第二天的材料。

第二天上午是邵鹏教授关于《政治在现实生活中的作用及政治学学科的价值》的讲座。他给出的讨论题是，你认为过去使得"经济四小龙"腾飞的发展方式是否可延续，中国经济应该倾向于哪一种发展方式？邵鹏老师也是很和蔼可亲，我是我们组上台发言的那个，我发言的过程中，邵鹏老师一直微笑地看着我，边听边点头。虽然我也不知道他到底是觉得我说得对还是礼貌性地一种表示，但是他给我的回应还是让我觉得轻松了不少。下午是公管学院海关管理的李海莲教授给我们讲的《一带一路国家区域经济合作的治理路径与政策选择》。李海莲教授不愧是公关学院的女神，讲课也确实很有风范，很有吸引力。她最后给出的讨论题是美国为什么退出跨太平洋伙伴关系协定，它的退出对中国有什么影响？各组展示结束后，李海莲教授还给各组做了个简单的点评，当然说的大部分都是好话。最后就是祝愿大家在笔试中发挥自己的最高水平。当天晚上也是没有安排，就让大家安心准备笔试。我因为是跨专业的，当时也没有想着一定要转到公共管理，所以也没有仔细看过一遍相关教材。当天晚上就只能上论坛和百度搜了一下公共管理的基础知识，看了两眼就睡觉了。

第三天早上就是一场笔试。笔试卷子发下来的时候我就意识到，我昨晚看的基础知识基本是派不上用场了。因为卷子上全是主观题，要么是简答，要么就是材料分析。于是我就凭着自己的理解，尽可能多的写完了整张卷子。交完卷子后，大家就离场了，也没有结营仪式，各自回去等通知就好了。

录取情况

专业	夏令营入营人数	夏令营拟接收人数	最终拟接收人数
行政管理		2	5
海关管理		1	2
公共经济管理	30入营，但最终参营的只有18人。	1	2
教育经济与管理		0	1
文化产业管理		1	1
社会保障			1

由于2017年是对外经贸公共管理学院第一次举办夏令营，而且该院系本身招生规模也较小，所以总体招收人数不多，仅30人。由于许多院校的夏令营都在七月初开展，因此会有一些同学因为两个营冲突了就放弃了其中一个，所以最终参营的人数还会少于录取的人数，比如2017年公管学院实际参营的仅18人。[①] 虽然每个学院的招收人数不多，但是参营的人数也较少，因此，竞争不算特别激烈。从2017年推免生最终的拟录取情况可以看到，最终录取人数几乎与夏令营拿到offer的人数相等。考虑到九月推免的时候，报名的人数会有所上升，而且通过九月推免招收的名额更少，所以公管学院九月推免拿到offer的难度远大于通过夏令营拿到offer的难度。

本届夏令营入营人数共30人，实际参营18人，最终获得优秀营员（拟录取资格）的有5人，没有递补名额，且各专业优秀营员名额仅1人。从最终推免生的拟录取情况来看，行政管理最终拟录取5人，海关管理和公共经济管理最终拟录取2人，其余三个专业均只招收了1名推免生。公共管理学院招收的人数相对较少，这主要是因为公共管理学院每年的招生计划就不多，所以可以分配给推免生的名额也较少。但是从九月推免和夏令营的成功率来看，通过夏令营被录取的可能性明显大于九月推免的可能性。而且参营过程中，老师也明确提到，夏令营共发出5份offer，意味着每个专业都会有一个名额。而对于本身推免招收计划只有1到2人的学院来说，如果拿到offer的营员未选择放弃，则这些专业在九月推免的时候就不会再招生，或者竞争会更激烈。因此，学员们要好好把握夏令营的机会。

过来人回声

1. "公共管理学院今年是第一次举办夏令营，而且报名时间较短，所以竞争相对没有那么激烈，再加上实际参营的学生较少，竞争也较少。夏令营期间多于老师交流，给老师留下深刻印象，笔试不要太差，拿到offer的可能性还是很大

---

① 小妍提醒：（⌒◡⌒）↗ *Studying makes me happy*

的。"（一位2017年录取学生）

2. "要多和老师沟通。因为公管学院的夏令营是没有面试环节的，所以要好好把握课堂的机会，充分与老师沟通，多展现自我，争取高一些的面试分。"（一位2017年录取学生）

3. "公管学院对于笔试的考察相对来说还是比较严格的，不像有些学院的笔试成绩只是一个参考，所以大家还是要认真对待笔试。由于公管学院没有单独面试，所以在课堂上多突出自己，我就是笔试成绩一般，然后课堂上也没有特别展示自己，所以最后没有拿到offer。"（一位2017年落选学生）

对外经济贸易大学国际商学院

申请环节

我是在3、4月份的时候提前准备材料。一般在学院的官网上都会有往年的夏令营通知，如果没有的话，可以直接在网上搜，我们这一届的出通知的时间是5月16日，网申截止时间是6月7日，纸质材料投递截止时间是6月11日。

3月中旬，可以准备纸质材料了，要求投递的纸质材料有夏令营申请表1份、专家推荐信2封、1份成绩单、其他（英语、发表的学术论文、校级以上获奖证书等）等。专家推荐信需要提前和老师联系。成绩单是2.5年的，需要去学院教务处申请打印和盖章。对外经贸国际商学院对英语的要求比较高，官网要求大学英语六级450分以上，但这应该是最低要求。再梳理一下自己本科期间的获奖情况，把获奖证书原件扫描和复印，这样基本上需要提交的纸质材料就完成了。

对外经贸国际商学院的夏令营比较特殊，我们今年是往邮箱里发送电子版材料，除了申请表和报名信息统计表，还需要成绩单扫描件和英语成绩证明扫描件。

2017年夏令营入营名单是6月23日公布的，他们要求被录取的同学在6月27日15：00之前确认是否参加夏令营，我成功被选中，还是很激动的。因为据说有600多人投递材料，但只收了不到50人，淘汰率还是比较高的。被录取参营的同学里面也有很多不是985、211的，可见学校背景在选拔时没有占那么重的份额。

参营/推免复试前准备

对外经济贸易大学国际商学院的夏令营是在发夏令营通知的时候就告知了夏令营考核的流程。

因篇幅所限，请扫描二维码或登录易保研官网

www.ebaoyan.cn了解历年夏令营详细日程

在收到参营通知之前，我觉得贸大国际商学院应该是一个很重视学生专业知识和英语水平的学院，因此我还在参营前集中复习了专业课的知识，主要是财务会计和管理，把一些专业名词、理论的中英文解释都看了一遍。英语方面就是按照雅思阅读、口语准备，还读了很多会计学方面的英文文献。因为今年的流程和去年一致，那个沙盘对抗赛我以前没有经历过，还特地去了解了一下，很像辩论的形式。

夏令营/推免考核内容

夏令营总共进行了4天，考察的时间也就4日、5日两天，7月2日上午报到，下午开营。

7月2日下午，国商的院长王永贵教授先是开营讲话，从国商院的历史状况、愿景使命、师资力量、办学层次、国际化的办学特色等多个方面介绍了一些，大概意思就是要鼓励大家来读吧！然后就是王院长的讲座，主要围绕论文写作的必备要求、论文如何发表等问题展开，不得不说王院长的个人魅力和学术修养确实令人折服！

7月3日全天都是讲座，上午是商院邢小强副院长以《破坏性创新与精益创业》为主题的学术讲座，内容主要包括破坏性创新和精益创业两个方面。下午是MPACC中心的主任祝继高教授带来的《财务与会计中的案例研究》的专题讲座。祝教授首先简要介绍了案例研究的定义、方式与方法，随后从奥瑞金和国美电器①的两个例子出发，深入剖析了教学案例与研究型案例的区别，深入浅出，我深受启发。

7月4日就是沙盘对抗赛，商院营销学系的尚晓燕老师先是进行沙盘模拟课程，然后我们又来到ERP沙盘模拟实验室进行了沙盘对抗赛。沙盘模式是针对生产型企业的，涉及原材料的购买、生产、库存、销售，等等。六人小组进行比拼，最后利润最大的是赢家。但这个沙盘模拟的结果似乎不太重要，因为沙盘模拟结束后还会有一个针对此次模拟的小测验。老师会留下一张相关的信息表，主要是关于成本、收益、利润之类的。全程还是很有趣的，我以前没有经历过，自认为很锻炼能力。

7月5日上午就是面试，下午为笔试和结营仪式。笔试的成绩占到了总共的30%，考的内容大概有十个问答题和一个案例分析，涵盖了管理学各个方面的内容，包括营销、财务、企业战略，等等，但是都不是很深，大多数是基础概念的

---

① 易宝提示：保研论坛有很多学姐学长的经验分享帖

考察，并且很多是之前讲座中出现的内容，可能就是考察学生的参营态度吧！面试就是分中英文问题，英文问题对专业词汇要求高，中文问题需要牢固的专业知识。

商院的夏令营是不招收MPAcc的，只有学硕，最后优秀营员名单公布只有5个人，3个会计学，2个企业管理，我遗憾落选。其实也是在情理之中，参加夏令营是对自己的锻炼吧，商院夏令营性价比还是比较高的，可以学到很多东西，结束夏令营后我开始筹备九推的会计专硕。

对外经济贸易大学的九推前期筹备材料和夏令营基本没有什么区别，在此不赘述。商院的考核分为笔试和面试，笔试是全校统一的。经济类、管理类专业为英语50分加数学50分，满分100分；英语类专业、法学类、公共管理类、政治学类专业等为英语100分。官网介绍英语专业的考试难度介于专业英语四级和八级之间；其他专业的英语测试难度类似大学英语六级考试水平；数学涵盖微积分、线性代数和概率论。今年九推英语题目有单项填空，完形填空和3篇阅读，灵活性强，与考研题型不同，难度近似于雅思。数学全是大题，基本上就是考研数三的类型和难度，建议多做考研数三的真题来准备。

面试题目英文是抽取问题并用英文作答，贸大对英语的要求非常高。这个环节一分钟需要阅读几百字专业英文，还需要组织语言作答，对学员的英语口语和专业词汇要求较高，我抽到的英文题目与财务会计准则有关。

中文部分的问题据说比较分散，也是抽取问题作答，围绕专业知识展开。这一方面没有特别有效的复习途径，只能巩固专业知识，查缺补漏。我当时被问到一些财务报表的知识点，据说还有被问到企业决策的内容的。

总的来说，对外经济贸易大学国际商学院的推免最看重两方面的能力，一是英语水平，二是专业知识掌握程度，这是两个关键点。

参加完整个复试，真的是提心吊胆，因为有很多商院本院的学生和你一起来竞争，自我感觉MPAcc的竞争稍微小点。最终幸运被录取，感觉会计专硕的录取率估计能达到50%，感兴趣的学弟学妹们可以考虑。

录取情况

下表就是今年贸大国际商学院整体的一个录取情况吧，仅供参考。

招生类型	专业	入营人数	优秀营员资格	获得复试资格人数（九推）	九推参加面试人数	九推通过人数	全部录取人数（夏令营+推免）
硕士	会计学（学硕）	夏令营只收学硕，共入营46人，实际参营30余人（申请基数600余人）	3	22	61	13	16
	企业管理（含市场营销、组织行为与人力资源）		2	15		5（夏令营优秀营员1人放弃）	6
	技术经济及管理		0	4		1	1
	会计（专硕）		0	32		16	16
			共5人	共73人	共61人	共35人	共39人

过来人回声

1. "贸大商院的推免录取率感觉要比夏令营高吧，夏令营的淘汰率实在是太高了，每年好像就只有5个优秀营员名额。如果要来参加推免，建议还是选择会计学硕和专硕，一方面是名额多，一方面是竞争小。我最后被MPAcc录取，欢迎学弟学妹来陪我"（一位2017年录取学生）

2. "贸大商院的夏令营好像不怎么重视学校背景，但是特别看重英语和专业水平。我有幸入营，感觉那几天收获挺多的，讲座一级棒，沙盘对抗也很好玩。① 既然选择了参加，就不要抱有太多了功利心，好好享受就好。毕竟每年只有5个优秀营员，被选中可能是大神或者极其幸运的吧！"（一位2017年夏令营落选学生）

对外经济贸易大学国际经济贸易学院

申请环节

对外经济贸易大学国际经济贸易学院发布通知的时间为5月底，感兴趣的同

---

① 小也提醒您：多参加一些认可度高的竞赛吧

学可以在这个日期附近多多关注。

对外经济贸易大学国际经济贸易学院的材料投递分为三个阶段：网上注册报名；申请人以发送电子邮件的形式递交申请材料；入营报到时提交纸质版证明材料。需要注意的是，网申的网站由于报名人数集中，很有可能会崩溃，所以不要集中在截止时间附近才去填报。

之后需要发送的电子版材料只有成绩单和专业排名。院校背景不是很强，但是学习成绩等比较突出的同学们可以尝试一下这个学院。

由于材料要求得挺少，所以报名花费的时间主要是在网申阶段，我是先登录网申界面，将问题都记录下来，之后先把各个答案都揣摩好了再粘贴上去。大家一定选一个网好的地方，一次性地把网申填好；之后在发送电子版材料时，也一定要严格按照命名要求。

参营/推免前准备

通过在保研论坛上提问了解到，对外经济贸易大学国际经济贸易学院的夏令营的录取比例不高，所以大家在权衡选择夏令营的时候可以多多询问，参考各夏令营往年的录取比例。

夏令营活动包括开营仪式、专题学术讲座；学院老师进行授课。考核的形式为论文答辩。

对外经济贸易大学国际经济贸易学院的夏令营内容很偏学术，内容十分充实，期间每一场讲座和老师的授课，都要认真地聆听记录，多和老师进行互动，听完之后要好好进行消化。

论文答辩是唯一的考核，所以大家一定要好好准备，展现出自己论文中最出彩的地方，同时可以请自己学校的导师或者学术水平还不错的同学对论文进行提问，列出老师可能会提的问题，先准备好答案。

夏令营/推免考核内容

国际商务专业：

夏令营开展时间为7月9日——7月14日。

7月9日，全天进行报到，大家一定要注意参营通知中需要携带的纸质版证明材料，准备好各种身份证明的原件复印件，这一点一定要仔细。

7月14日是开营仪式和参观校园、营员互相认识等环节，大家可以趁这个机会多和周围的朋友进行交流、认识。

之后的内容就开始充实起来了：举办讲座，学院老师授课等。讲授内容主要是经济学原理和国际经济学，参营过程中大家可以积极一点，老师希望看到同学们的知识运用能力，大家可以尝试用经济学原理分析解释经济现象。

录取情况

招生类型	专业	入营人数	全部录取人数
硕士	产业经济学	共40人	1
	国际贸易学		1
	国际商务		3
	金融学		1
	金融专硕		2
	数量经济学		1
	税务专硕		1

注：对外经济贸易大学国际经济贸易学院的夏令营刷人特别厉害，在九推还会有较多名额。

过来人回声

1. "大家在选择对外经济贸易大学国际经济贸易学院的夏令营时一定要做好刷人厉害的准备，如果有多个夏令营在手，可以好好权衡一下。同时在参营期间也鼓励多和其他营员进行交流，沟通一下大家的研究方向。"（一位2017年落选学生）

2. "选择对外经济贸易大学国际经济贸易学院的夏令营，由于录取率不高，所以要投入很大的精力进行准备。比较看重的是扎实的专业知识，大家在参营之前多看学院出的考研参考教材。"（一位2017年录取学生）

对外经济贸易大学金融学院

申请环节

我是在寒假的时候开始准备一些基础材料，因为对外经贸大学金融学院只有金融学这个专业，分学硕，普通金融专硕和量化投资专硕，所以我在寒假还稍微看了一下关于金融方面的专业书，担心开学之后事情太多来不及复习。

具体院校的纸质材料和网申我是等学校今年的夏令营通知出来准备的，要求投递的纸质材料有《夏令营申请表》和《报名信息统计表》，申请量化投资专硕项目的同学除提交这两份表外，还需提交《2017年暑期夏令营量化投资硕士研究生项目申请表》，还有加盖教务部门的本科成绩单和本班（本专业）排名证明、^① 成果展示环节的证明材料以及其他证明材料，包括已发表论文的复印件、大学英语六级成绩单复印件、各种获奖证书复印件等。我申请的是金融学硕，所以成果展示是一篇还在投稿阶段的论文。

准备好投递材料，还得同时把申请表格发送至夏令营指定邮箱，这样才算是最终完成申请流程，希望大家在投递前仔细复核，千万别漏寄材料。

参营/推免复试前准备

在夏令营通知中已经把考核形式公布，分为三块，笔试、面试和成果展示。

成果展示方面，申请量化投资项目的学生提供的成果应为量化投资策略报告或相关研究报告；申请学术型硕士的学生应提供学术研究论文；申请普通专业硕士的学生应提供案例分析、产品设计、金融实践问题解决方案、调研报告、基于实际问题分析的政策建议报告等。

因为贸大金融夏令营是在我们大三下学期还没结束的时候进行的，我为了不和期末考试冲突，就提前在四五月开始系统复习专业课和笔试。寒假大致上复习了一个框架，开学后就抓重点进行复习。申请寄出之后就一直在准备笔试和成果展示的材料，为夏令营做好准备。即使没有入营，也会为其他夏令营打好基础，毕竟数学、英语和专业课是众多夏令营都要考核的内容。

在收到入营通知之后，我请了同学帮忙旁听我的成果展示情况并给出建议，结束之后自己再根据她的建议和自己答辩的情况进行调整。面试方面，我自己上网找了一些经验贴还有常见面试会问的问题提前准备了一些答案，还有就是在平时训练自己的英语表达能力，为参营做好充分的准备。

夏令营/推免考核内容

这次夏令营总共进行了4天，6月22日到25日。

我申请的金融学硕笔试主要是通识和金融学专业知识，只要认真复习准备了，题目还是不难的。而量化投资专业硕士项目笔试主要考查数学、统计、金融量化模型、计算机编程（Matlab、SaS、C++、Python、Excel VBA等，掌握一种或多种均可）等方面知识。

成果展示阶段，我讲解了自己的论文，老师问了一些常规的问题。比如为什么要研究这个内容，你觉得你的论文还欠缺什么，某个参考文献对你的论文有何帮助等。

面试阶段，老师参照我们之前答辩的成果展示，简历等进行考察。考察内容包括但不限于研究课题、专业素养和英语水平。需要注意的是面试的老师喜欢问

---

① 小也提示：小部分夏令营在8月份举行

专业课的问题，尤其投资跟计量。也会问到一些关于基差风险的主要来源，类型等比较基础的简答题。后面的英文问题有生活类问题也有专业类问题，需要平时积累。

总之，贸大的金融学院老师十分重视大家的专业素养，因此专业基础扎实，加上在夏令营考核中能够充分表现自己的同学会十分占优势。

录取情况

招生类型	专业	全部录取人数（夏令营和预推免）
硕士	金融	14
专硕	金融专硕	58

过来人回声

1. "贸大的金融学院老师十分重视大家的专业素养，因此专业基础扎实，加上在夏令营考核中能够充分表现自己的同学会十分占优势。夏令营不仅有面试，还有笔试。因此在参加夏令营前好好做往届练习进行训练是十分有必要的。面试的时候一些金融专业知识也要能流畅回答，这样录取的希望就很大了。"（一位2017年录取学生）

2. "贸大的金融学院特别注重学生的数学和编程能力，尤其是量化金融硕士，自己因为时间不够在夏令营前没有好好准备笔试，导致笔试发挥不好最终影响了夏令营的整体表现，没有被成功录取。"（一位2017年落选学生）

对外经济贸易大学信息学院

申请环节

因为对外经济贸易大学信息学院没有夏令营，只有9月份的推免，所以我是在暑假的时候（大约7月份）开始准备自己的材料，在准备材料的过程中，我翻阅了对外经济贸易大学研究生院的网站的推免招生版块的历年招生信息，发现它需要的材料还是比较少的。但是每年的申请时间都很短，基本上系统是9月中旬开，要求你在一周之内必须完成网申，所以一定要提前准备好所有的材料。以2017年为例，系统是在9月15日开启，9月20日下午5点就关闭了。所以申请的同学一定要注意好时间，不要错过报名的机会。

7月初的时候，最好开始准备纸质材料，需要用到的纸质材料有如下表所示

所需材料	材料要求
报名申请表	1份
本科阶段成绩单	1份（须加盖所在学校教务部门公章）①
获奖证书	复印件
英语水平证明（成绩单）	国家英语四、六级考试证书或成绩复印件1份，或专业英语四级/八级证书复印件1份，或TOEFL成绩，或GRE成绩等能体现自身英语水平的证明1份
发表文章或研究成果	复印件
其他要求	学院（中心）要求提供的其他材料
学生证、身份证	复印件

其中报名表是网申完了以后生成的，成绩单需要前三年的成绩，须要有学校教务处的公章才有效。获奖证书包括自己的奖学金证书、各项学术类、创业类、商赛等竞赛的得奖证书、计算机二级证书以及其他证明自己能力的证书（例如CFA等）。英语水平的证书中，国家英语四、六级考试证书是必需的。如果六级的证书来不及下发，可以直接截图。因为我当时在6月份刷了分，但是还没有拿到成绩，所以就直接截图了查询结果，也是没有问题的。如果有其他英语证书如果考得成绩高的话可以提交（雅思6.5以上，托福95以上），如果没有达到的话最好也不要提交了，这样反而证明自己的英语水平不好。

虽然看起来材料要求没有那么复杂，但是也要准备简历、600字个人陈述（网申用）、最好再有一篇学术论文（面试用），这个论文不一定是已经发表出去的，但是最好能够代表自己的学术水平，敢于在老师面前拿出来展示自己的学术素养。

等网申系统开放以后，先注册账号，登录之后把基本信息填好（如果提前准备简历可以直接复制过来），一些需要斟酌的复杂的地方可以先放着。比如之前我不知道需要写600字的个人陈述，而且这个部分也很重要，所以需要一段较长的时间专门写，所以可以先放过。填过一遍之后记下需要后续斟酌的地方，比如需要上传的扫描件还不全，等等，以防后面忘记。

在写个人陈述的过程中，我在保研论坛上找了一些模板，同时我也参考了《经管保研宝典》那本书的内容，把简历上的一些内容分成几点扩展开来写，这样写起来进程很快。我一开始洋洋洒洒写了2000字，但是由于字数有限，我就删减了基本内容，保留最核心的部分，复制到了网申系统中。

---

① 小西提示：在保研论坛找个朋友一起努力的话会更有斗志哦！

参营/推免复试前准备

信息学院的复试是在提交信息以后的3天内发放录取，并告知考核流程。

因篇幅所限，请扫描二维码或登录易保研官网
www.ebaoyan.cn了解历年夏令营详细日程

我准备复试并不是在接到复试通知才开始准备的，那样的话就太晚了。其实我在暑假的时候就开始复习数学、提升英语基础了。数学的复习大概分成两个阶段，第一阶段是概括式的复习，把知识点、公式等框架列清楚了，心理大概清楚有哪些考点，然后第二阶段就是刷题，我买了一本考研数三，把那本书上的题目刷了一遍，虽然题目难度比较大，但是刷完一遍以后感觉回忆起来好多知识。之后等到我接到复试通知，我又重点看了一下当时错的比较多的地方。对于英语，我的英语基础还算不错，而且我6月份刚刚考过六级，题感还不错，所以假期的时候我刷题不是很多，但是为了保证自己的英语水平不下降，我看了很多英文论文，在读论文的过程中保证了自己的阅读能力。

除了准备笔试以外，我还认真准备了一下面试，包括中英文自我介绍、英语口语、自己相关的经历以及论文等。如果自己真的有论文的话是很有优势的，但是一定要提前模拟答辩，把论文的主要内容、创新点、自己的贡献讲熟练。

另外，因为报的是学硕，所以为了深入了解该院老师的研究方向，我特意查了信息学院老师的师资力量简介，看到了他们写的一些论文，并选择几篇感兴趣的下载下来，认真研读，准备面试时用。

夏令营/推免考核内容

推免时间较短一般1～2天就完了，整个流程比较简单，先是9月23日下午的笔试，金融学专业和产业经济学专业笔试内容相同。笔试科目包括英语和数学。英语和数学是同一张卷，只有两个小时，题量很大，所以一定要抓紧时间。

英语部分有三个阅读题，第一个是填词（类似六级阅读第一个），第二个是填句子（类似雅思阅读题型），还有一个是阅读理解选择题。总体来说，难度比六级要大，比考研英语要小。文章的主题都是财经类的。

数学部分考高等数学、线性代数、概率论，题型有三种，选择、填空大题。其中选择填空难度较小，大题一共三个，每科各考一个。高数考的是重积分、概率论考的是条件概率、线性代数考的是正交矩阵，整体难度比考研数三低。

考完之后，大家直接回去，然后准备第二天面试。

9月24日7点半就要报道看面试顺序，所以建议大家不要住的太远不然赶不过来。

9月24日8点半开始面试。面试的顺序是先金融专业再产业经济学。我是唯一一个外校面金融的所以心情比较紧张，面试的时候我是第二个。

面试的老师有四个，进去之后先进行简单的自我介绍，然后老师给了一篇英文文章，类型是财经类，篇幅大概有六级作文的长度（200字左右），不限时间，但一般2分钟就能读完，然后回答老师提问的相关的英文问题。因为我看的那一篇是介绍商务智能的，所以老师用英文让我说一下商务智能的基本概念，还有整篇文章的主要内容是什么。[①]

之后就是中文面试，面试题目围绕个人简历上的科研经历、做过的论文项目等。比如你都会什么统计软件？你的论文运用了什么研究方法？此外，因为我申请的是金融学专业，所以老师问我对金融学专业有什么看法。这是比较简单的问题。难一点的有让你对一些专业词汇的简称进行介绍，内容包括计算机网络、算法、论文模型，等等。总体上，如果写过论文的话大部分时间还是聊论文。

录取情况

招生类型	专业	进入复试	招生人数
学硕	金融学	18	8
	产业经济学	14	3

过来人回声

1. "外经贸信院的金融比较偏技术，所以你会编程的话很有优势。另外，比较重要的就是论文。如果论文写得好录的可能性很高。"（一位2017年录取学生）

2. "信院金融招生名额较少，今年的竞争压力也很大，金融学专业几乎只要了本院的学生，外校的除非科研很强或者愿意转到产业经济学的录取可能性会比较大"（一位2017年落选学生）

对外经济贸易大学法学院

申请环节

总体来说，对外经贸举办夏令营的学院并不是很多，大部分的学院都是通过九月推免来接收推免生的，法学院近几年来也没有举办过夏令营，但是从九月推免的报名人数和录取人数来看，通过九月推免拿到offer的概率还是不小的。

---

① 易宝提醒您：3~4月该搜集夏令营信息啦~

大概是刚开学，外经贸九月推免的报名通知就在研究生官网公布了。因为外经贸在九月推免的时候只允许考生报考一个专业，所以其实风险还是很大的。但是我已经拿到其他offer了，所以我就选择了自己比较感兴趣的法学院，没有在其他学院之间过多徘徊。应该和其他院校差不多，外经贸九月推免也是"双系统"报名的方式。首先是要在外经贸九月推免的系统上报名，其次是要在 "全国推荐优秀应届本科毕业生免试攻读研究生信息公开暨管理服务系统"完成注册和报名。这两个网站所填写的信息要注意保持一致，否则可能会取消报名资格。我当时网申的时间其实是比较紧张的，因为我只看到了在推免系统上报名的截止时间，我还以为外经贸系统的报名截止时间应该是和推免系统一样的，直到舍友问我，你怎么还不报名，我才弄明白原来学校的报名系统只开放5天，也就是9月15日～20日要完成学校系统的报名，至于推免系统上的报名9月28日前提交就可以了。所以大家要仔细看清每一步的截止时间，万一错过了报名时间真的太亏了。我基本上是前一天刚提交，后一天就收到了复试通知，然后就按要求登录了外经贸的推荐免试研究生复试通知书打印系统，从网上支付复试费后，下载打印复试通知书。

参营/推免复试前准备

9月21日收到复试通知，9月23日正式考核。所以，如果真的想要好好准备复试的话，肯定是不能等到收到复试通知再准备的。这也是对外经贸不确定性比较大的地方。因为外经贸的九月推免要求只能报考一个学院，所以在不知道自己是否有复试资格的时候，就要提前准备了，否则等复试通知发下来，几乎只有1天的准备时间，肯定是不够的。我们今年复试有笔试和面试两个环节，满分均为100分，两场考核分别安排在了23日和24日。外经贸的笔试，无论是什么专业，都是由研究生院统一组织的，而面试则是由各学院组织的。因为笔试的内容都是统一的，法学的考核是100分英语+50分数学。英语的难度大概类似六级水平，我当时正好是刚准备完托福考试，所以英语对我来说没有太大的障碍。我更多的时间则是在准备数学。数学涵盖微积分、线性代数和概率论，基本就是大学涉及的所有数学知识。由于只有50分，所以我猜可能主要是大题，我就翻出了以前期末考的复习资料，着重做了一下大题的部分。面试相对来说就比较难准备了，老师的面试风格不一，但是因为之前有参加夏令营面试的经验，所以我对于面试的考核并没有太过紧张。最后的综合成绩是笔试成绩×50%+综合面试×50%+综合加分，据考生的综合成绩依序录取。

夏令营/推免考核内容

9月23日下午14：00～16：00

笔试的考试时间总共是两个小时，考试的内容包括英语和数学。虽然是统一组织的笔试，但是各专业间的侧重还是有所不同。像好几个学院的英语和数学都是50分，但是法学的考核就是100分英语+50分数学，可见法学院对于英语的要求还是比较高的，应该是更倾向英语好的学生。我感觉英语的难度大概类似六级水平，我当时正好是刚准备完托福考试，所以英语对我来说没有太大的障碍。反而是数学，涵盖的内容比较多，所以大家最好时能把学过的知识都过一遍。交卷之后，大家就可以离场，回去准备第二天的面试了。

9月24日

各学院自行组织面试。法学院的综合面试满分为 100 分，60 分及格。如果是跨一级学科报考法学硕士的同学，还要加试一场，考试范围就是法理学、民法学、国际法学。这个成绩是不计入总分的，只要及格就好。所以如果还跨专业的同学，还是要好好准备一下专业课的，像我其实就没有认真准备，所以很多题目① 都是靠常识来答题，这个分数应该就不会很高了。最后成绩实际上是笔试成绩×50%+综合面试×50%+综合加分。而所谓综合加分，主要就是根据本科学校背景、科研论文发表情况、英语成绩还有学科竞赛几个方面，加分总分总共有 10 分。其中要想获得科研论文的加分，必须是已经公开发表的论文，而且考生还要是第一作者，这一条的难度相对较大，我感觉应该很多人都没有办法拿到这个加分。所以大家就主要提升自己的英语水平和竞赛成绩吧。

录取情况

专业	拟招生人数	九月推免报名人数	九月推免录取人数	最终接收推免生
法学理论	3	2	0	1
刑法学	3	2	1	1
民商法学	18	15	10（其中2人调剂至经济法学，2人调剂至法律（法学））	4
诉讼法学	4	3	2	1
经济法学	15	4	1	2
国际法学	36	23	19（其中6人调剂至法律（法学），1人调剂至经济法学）	8
法律（非法学）	45	16	13	10
法律（法学）	60	4	0	4

---

① 易宝小提示：时间清晰的保研计划可以提高效率

外经贸在9月底公布了拟录取名单后，常常会有少数学生选择放弃，这个时候名额就会顺给递补的学生。但是因为法学院没有夏令营，所以法学院是没有递补机会的。也就是九月推免的时候，如果最终结果是未录取，那就不要再等递补的名单了。但是九月推免是存在调剂专业的情况的，像今年的民商法学和国际法学，就调剂了将近一半的学生去了经济法学或者法律（法学）。如果想要挑竞争小一点的专业，提高自己拿到offer的概率，可以考虑报法律（法学）或者经济法学。从九月推免的报名人数和最后的录取人数来看，法律（非法学）专业的录取比例最高，将近90%，民商法学和国际法学也是录取比例较大的。虽然各个专业的最终录取人数不多，但是考虑到九月推免时候的报名人数本来就少，再加上有放弃外经贸预录取资格的学生，所以这样的招生比例还是非常可观的。

过来人回声

1. "九月推免的时候很多人都已经拿到offer了，所以报名的人数有限，因此竞争也相对没有那么激烈，可能是这样，所以我有幸拿到了最后的预录取名额。"（一位2017年录取学生）

2. "外经贸法学院对于英语的要求比较高，我六级过了600，笔试的时候有的同学反映题目比较难，但是对我来说就还好，可能是英语优势，让我的笔试成绩还算不错。"（一位2017年录取学生）

3. "我报的是法律（法学），专业面试的时候考了很多专业的问题，我没想到收到复试通知后只有一天的准备时间，所以准备得很仓促，面试的时候就没有发挥好。"（一位2017年落选学生）

对外经济贸易大学保险学院

申请环节

我的本科就是一所普通的综合类211大学，推免录取院校是对外经济贸易大学的金融专硕。排名是11/113，英语六级532和通过了BEC中级。

因为比较学渣，我没有科研成果、没有获得过省赛以上奖项、没有论文发表，在心里默默戏称自己为"三无"推免生。之所以选择对外经贸，是因为从综合贸大的教学水平、研究生就业率和应考难度这几个方面来看，贸大是一所性价比非常高而且在招生方面很透明并且没有本科歧视的高校。它在京口碑很好，就业率非常高，而我以后也比较倾向于在京津地区发展。

从得知自己有推免资格到填报志愿之间的时间有限，且在第一次新政策的实行下，信息的获取实在是非常重要，我获得信息的主要来源是保研论坛、易保研、相关学校的官网和之前认识的对外经济贸易大学的学长。

对外经济贸易大学是9月中旬才出的预推免通知，要求在15日到20日之间进行网申填报，在23日至24日去学校进行复试，整个时间还是比较紧张。在这里要吐槽一下贸大研究生院的网站有点bug太多，网申填写的内容其实和别的学校都差不太多，比较快的就填完了。之后只需要等待复试通知就可以了。

有一件事一定要提醒大家，这次复试充分显现出了我前期的准备不足。查看各个学校公告就可以看到复试时间，如果填报的保底和进阶学校复试时间相同，就必须做出一个选择；只有在填报志愿的时候，拉开学校的梯度，才能算是多一个机会。同时，还要注意时间的分散问题，像这一次，贸大就和央财完全撞车，同学们一般只能二选一。

参营/推免复试前准备

贸大保险学院今年公布的整个推免流程时间。

因篇幅所限，请扫描二维码或登录易保研官网www.ebaoyan.cn了解历年夏令营详细日程

近几年都是采取笔试+面试的形式，因此，我根据官网上的要求进行了有针[①]对性的复习，根据后来的经验，复习的时候一定不要抓住偏怪难去扣，要抓紧基础的部分进行复习，因为大部分营的考察还是比较基础的。

在准备复试笔试的过程中，主要准备了数学和英语两个方面。

在复习数学的时候，高数线代概率论我都用了高等教育出版社的教材还有平时上课时候的题目进行了刷题，高数内容包括极限、拐点、微分和积分等比较常规的内容，线代看了矩阵和行列式计算、线性表示、特征值等基础内容；概率论包括数字特征、概率密度函数、参数估计和假设检验等。大家注意一定不要去扣偏怪难的题目，要争取覆盖面比较广。在英语方面，我主要是利用六级卷子刷题来保持自己的语感，同时利用背单词的APP提升自己的词汇量，如果平时英语基础比较好的同学只需要保持状态就好了，不用太过担心。

在面试方面，我主要准备了自己的简历和专业课内容。在专业课方面，我复习了《货币银行学》《保险学》等相关的内容，并结合了之前在考研论坛上找到的复试题集合资料。我认为集合资料还是非常有用的。

在简历方面我认为没有必要弄的太花哨，交材料的时候我看到了一本彩色的简历，但是觉得太突兀了。我在其中着重提及自己在三年内努力取得的良好成

---

① 路姐提醒：整理材料一定要细心哦

绩，全面考量一下自己在前三年大学生活中的特色，简明扼要地列出几点。

因为我在科研和竞赛方面没有优势，所以在简历中主要强调的是我考取的证书，也就是自学能力。在自我介绍的过程中，先按照要求简单说明，然后依照你优势的主次说下去，毕竟老师听到感兴趣的就会打断你，这样很可能导致你忘记想要突出的优势了，比如我在面试的时候，说到学校的主要课程，就被老师岔开话题了。针对英文问题，我对于自己简历中比较重要的经历进行了准备，并且准备了英文的自我介绍。

夏令营/推免考核内容

对外经贸大学保险学院的流程在网上写得非常清楚，23日上午来学院报到、提交材料并且参加面试，下午参加统一笔试。笔试包括50分的英语和50分的数学，虽然说是六级水平，但是对词汇的要求接近研究生考试水平，数学是数三水平，对你的总体知识掌握要求比较高，难度其实并不太大，具体题型可以在保研论坛贸大板块查看，已经有人分享了。

下午就是面试了，面试与笔试占比都是百分之五十，但是面试没有及格的话是不会被录取的，而且面试的灵活性比较大，如果老师和你谈得很愉快，录取的概率就非常高。

在面试过程中，贸大的老师非常和蔼，办公室里有四个老师和一个助手。保险学院的面试专业性非常强，在考前两天官网上就告知了复试流程和范围，金融学院是抽2~3道题，覆盖了保险学专业知识和热点时事问题。我在面试中就被问到了如何看待万宝之争问题，所幸自己平时有关注这方面的新闻，不至于无话可说。这里也提醒大家在复习基础知识的时候一定要注意和实际相结合，多多关注新闻时事。

因为贸大很重视英语，我当初很认真地准备了英文自我介绍，结果在候考区专门有个老师跑过来说自我介绍只要说学校、专业和排名，如果有发表论文就说论文成果，其他的都不要多说。我被问到的英语问题是请说说你为什么要选择保险学院。其实问题还是比较宽泛的，只要平时多加练习口语应该不成问题。

在回答的过程中我反应都比较快，但是面试后觉得自己很多东西说得都不够全面，所以沉默的时候不要紧张，想清楚并有条理的回答可能比较加分。等待结果肯定是非常焦虑的，但是幸好贸大的结果发放比较快，没有多久就收到了录取通知，我的保研之旅也到此结束了。

最后想推荐一篇很好的文章，当初特别焦虑的时候在保研论坛看到的。名为"中科院研究员谈保研：不招最优秀的，招最合适的"，看完之后就感觉非常释然，就如文中所说，任何事情都是需要去试一试的，不试怎么能知道？

在这里预祝每位同学都能够如你所愿，取得成功！

录取情况

九月推免录取情况如下：

招生类型	专业	推免人数	全部录取人数
硕士	金融学	14	13
	劳动经济学	4	3
	保险	28	12
	精算学	7	5

过来人回声

1. "保险学院每年只进行九推，没有夏令营，其实机会相对较大。只要笔试能够发挥出自己的水平，面试大家其实拉不开太大差距，只要不紧张就好。"（一位2017年录取学生）

2. "对外经济贸易大学保险学院全校每年只在九月进行推免，没有夏令营，并且笔试相对而言比较重要。所以一定要复习好英语和数学，不然录取的机会很少。"（一位2017年落选学生）

易保研论文中心

面向论文小白、实证零基础的针对性论文辅导，我们走白道，不代写、不代发，只带你学会写论文。①

第六章　中国政法大学

中国政法大学法学院

申请环节

中国政法大学法学院的材料是从四月份开始准备的，根据2016年中国政法大学法学院首届夏令营的通知，以及其官网的公示，提前将大致材料准备好。2017年5月3日中国政法大学官网发布了夏令营公告，详细介绍了夏令营涉及专业、需

---

① 易宝提醒：不要忘了各个学校的截止日期

要准备的材料以及纸质、电子材料的投递截止时间。每人限投一个专业，且需在该校推免报名系统上进行填报。

5月初，夏令营通知发布后，即可按照其要求尽快准备提交纸质材料。需要投递的材料包括：申请表、身份证复印件、《教育部学籍在线验证报告》中文版1份，教育部学信网下载打印，须将有效期延至3个月以上、成绩单、英语成绩证明、个人陈述、证书及论文等。纸质材料准备好后最好装订成册，既整洁大方，又方便老师审查。

纸质材料准备好之后，一定要记得去法大自己的报名系统进行网申。网上报名时会有一个报名编号，也就是之后登录系统的账号，请务必牢记。网上系统填报时，一人只可填报一个专业，且最好先保存，检查一遍再提交，因为提交后就不能再修改。但是，如果真的有信息填写错误，可以重新注册一个编号进行填报，该网址会以最后一次在系统填报的信息为准。

参营/推免复试前准备

收到入营通知后，向去年参加过中政首届夏令营的学长学姐请教了去年夏令营的大致情形，开始抱着中政的几本考研教材狂啃。在入营前，会有两个微信群需要加入，分别为该年中政法学院夏令营大群和自己专业的小群，重要通知会在群里发布，在群里会有志愿者学长学姐，有任何问题都可以向他们咨询，这个时候就要多问多了解，对参营会有很大帮助。

夏令营/推免考核内容

宪法与行政法专业：

夏令营总共进行了4天，考察的时间也就一天，7月1日入营当天会收到一份详细的时间安排，并安排住宿，当天下午首先举行全校性的开营仪式，之后不同学院进行自己的师生见面会，第一天相对轻松。

7月2日上午笔试，主要考察专业知识，下午进行名师讲座，并有互动讨论环节。

7月3日上午面试，行政法专业分成三大组进行面试，三位老师面试一位同学，流程为：抽题，进行自我介绍，老师就自我介绍提问，选择是否换题并就所抽题目进行回答。我当时抽到的题目为"简述行政复议的范围"，题目大多为简述类，考察基础知识较多。如果在对题目的回答中有老师感兴趣的点，会继续进行扩展延伸提问。专业知识提问后，会进行英文面试，有的老师会就自我介绍进行提问，有的则会用英语提问专业知识。下午是名师讲座。

7月4日上午，与师兄师姐进行面对面交流，对法大有了更深入的了解。下午，闭营仪式并颁发证书。

录取情况

专业	入营人数	优秀营员人数
法学理论	11	6
法律史	7	4
宪法与行政法学	36	24
军事法学	4	3
法与经济学	9	5
法律（法学）	20	15

过来人回声

　　"中国政法大学夏令营其实相对来说考察的比较综合，在参营期间的各种表现都可能影响最后的结果。宪法与行政法学的报名人数较多，但录取率也相当可观，一旦获得入营资格，录取的希望就很大，放松心态即可。"（来自一位2017年夏令营被成功录取的学生）

中国政法大学商学院

申请环节

　　因为一直想去北京并且也不是很想换专业，所以就报名了法大商学院的夏令营。同时还申请着其他的夏令营，纸质材料之前准备得差不多了，所以准备起来还是很轻松的。需要提交的材料有：

　　夏令营报名表1份、身份证复印件1份、在线学籍证明（学信网查询后打印就可以）1份、前五学期成绩单1份、四六级成绩证明一份、推荐信2封（这个有模板，相对比较烦琐，还需要推荐人勾选一些选项，建议找比较熟的推荐老师）、1000字左右的个人陈述（后面法大商学院老师通知说不需要提供了），完成网申后再把这些材料按顺序整理好后邮寄出去就可以了，我邮寄的比较早，因为需要额外准备的不多，准备好就邮寄出去然后准备其他的院校了。

参营前准备①

　　我记得我是6月16日下午接到法大老师的入营确认电话的，当时我还挺激动的，因为这是我接到的第一个入营通知。其实接那通电话时犹豫了很久，想着没

---

① 易宝提示：接到入营通知可以开始备战夏令营啦！

准是诈骗电话，后来也有接到其他院校的电话通知。所以大家六月中下旬时最好电话都能接一下，以免错过重要的信息。

因为我根据自己的实际情况，投递了北京的好几所院校，自己也比较的有把握可以入营，所以就比较早的开始看微观、宏观，事实证明这两门课几乎是通用的，很多院校都会设置考核，可以提前准备这两门以及部分专业课，待到收到入营通知并做出取舍后再更有针对性地去准备其他的。

参营内容

因篇幅所限，请扫描二维码或登录易保研官网 www.ebaoyan.cn了解历年夏令营详细日程

商学院的时间安排是和入营通知一起发的，当时看到有综合素质拓展还挺担心的，想说那么晒的天要是在户外岂不是要晒黑，哈哈还好最后大部分活动都是室内进行的。活动持续了三天左右，设置的主要考核有专业笔试、面试和无领导小组讨论，商学院也给出了每个部分所占的比例：选拔考核综合成绩＝背景评估×20％＋专业笔试成绩×35％＋综合面试×35％+无领导小组讨论×10％。我是经济学类，笔试主要就是宏微观，但是可能不同类别的小伙伴笔试内容不一样，因为笔试是分开进行的。面试方面是先做了自我介绍然后根据自我介绍内容提问，最后问几个专业英语问题，都是比较基础的定义或者概念比较之类的。三天的时间其实还是挺充实的，法大的老师也很负责，找了师哥师姐还有杰出校友来和大家交流，在与他们的交流中也加深了自己对法大的归属感。

录取情况

最终录取了17人，还有两个人放弃优秀营员资格，所以其实是给了19个同学优秀营员资格，比夏令营通知上写的13人人数要多，总的来看入营后录取比例已经达到95％，想申请的话应该积极尝试一下。

过来人回声

商学院的考核内容较多但挺好通过的，想在北京读书又对自己不太自信的同学如果参营时间允许可以报名商学院的夏令营作为一个保底的院校。（一位2017年获得优秀营员的同学）

中国政法大学法律硕士学院

申请环节

3月的时候，首先我从网上查了一下法大法律硕士学院2016年的夏令营情况（法硕学院是专门针对非法本法硕的学生，我身边也有部分非法本同学报考了证据科学研究院，大家要看好报考学院的申请资格），投递纸质材料内容包括：1份夏令营申请表、身份证学生证复印件、1份中文版《教育部学籍在线验证报告》、1份本科1～5学期成绩单原件、1份英语证明文件、1份1000字的个人陈述、校级以上（含校级）的证书论文复印件。

4月份，我开始进行个人陈述的撰写，建议大家多写几份，包括800字、1000字、1500字、100字以内简短介绍，可以请教师兄师姐，不断完善。4月底，我开始每天关注官网动态，2017年夏令营时间为7月1日至4日，网申和材料投递时间为5月10日至6月10日，纸质材料与去年一致。于是我在通知的基础上，完善自己的纸质材料。（大家一定要看清通知中的材料要求，做好经常跑办公室盖章的准备）

5月份网申系统开放，大家可以在通知中找到网址。首先在系统中注册编号，网上填写申请信息（包括个人基本信息、申请志愿、本科期间所获奖励、论文学术科研经历、成绩排名），上传照片，最后直接导出打印即可。其中网申内容与纸质内容有重叠，如果之前奖项经历部分已整理好，这里可以直接套用。建议大家精心整理一下自己的纸质材料，给老师留下好印象，最后按要求用EMS邮寄。

参营/推免复试前准备

因篇幅所限，请扫描二维码或登录易保研官网www.ebaoyan.cn了解历年夏令营详细日程

法大考试主要是笔试（逻辑+写作）、面试（中文+英文），我在投递完材料后就开始练习逻辑，买的是MBA的逻辑练习题；看了几本法律通识书《西窗法雨》《洞穴奇案》等；热点整理方面与小伙伴抱团取暖，每个人整理两个月的热点时事并汇总，也看了如澎湃网、南方周末、人民社论等网站，也算是把近两年发生的热点事件顺了一遍；英文面试方面准备了一份1～2分钟的英文介绍，平时多用口语交流；同时还看了几场经典的辩论赛，学习专业辩手的姿势语态。

6月份收到入营通知短信，开始准备火车票、订宾馆的行程安排。有的学校

规定穿营服考试，有的没规定，因此建议大家带一身正装，以防万一。

夏令营/推免考核内容

7月1日上午，大家来到规定地点报道，领取营服，分配宿舍。1日下午，进行见面仪式和名师见面会，许多法律界泰斗都到场了。

7月2日上午，进行笔试考试，分为逻辑题和材料缩写。共有5个逻辑题，稍有难度。这个逻辑题不像MBA的形式，反而更类似脑筋急转弯的逻辑推理（后来我在某趣味逻辑书中发现了原题）。材料缩写是将一篇14页的香港焚烧国旗案缩写成1000字左右，这个题考察了分析、写作、整合等能力，需要早点读完、快点写，不然很容易做不完。2日下午举办了讲座，有各行法律精英，收获颇丰。

7月3日上午是面试，抽签后5人一组一起进行，进去后有四五个老师坐在对面，1号同学抽题，中文题目和英文题目都在一张纸上。首先是中文面试，我们组的问题是"你是否赞成毒驾入刑以及理由"，差不多每个人都能说两轮，积①极的能多说一些。英文面试的题目是"你如何看待在教室里安装监控并把视频传到网上的行为"，答题方式和中文面类似。3日下午是参观活动，可以选择去法院或者是律师事务所。

7月4日上午，总结并颁发证书。

PS：参营的前三天，每晚都为参加夏令营同学准备的讲座，大家也可以参加，感受学术氛围。

录取情况

专业	参营人数	优秀营员人数	备注
法律硕士（非法学）	102人	95人	2017年夏令营
法律硕士（非法学）	不详	51人	2016年夏令营

过来人回声

1.中国政法大学法硕学院的参营同学来自各个专业，考察内容主要是法律素养，不会有专业的法律问题，所以大家不一定非要掌握到像法本同学那样的高度，只要大致了解即可。在面试的时候一定要主动发言，这样老师才会记住你，分数才会高。（一位2017年录取学生）

2.法大法硕学院的老师非常好，整个夏令营流程也非常为学生着想，甚至每个学生都可以连到校园网。考试中还是要注意一下笔试时快点写，题量比较大，很多人都没写完。前面的逻辑题需要巧劲，大家可以没事多练一下逻辑题目。联

---

① 小西有话说：提前熟悉本校的保研名额分配方式

系导师方面个人认为不需要，身边好多同学都没有联系也过了。（一位2017年录取学生）

《保研一本通》

横跨经经管、文、理、工、医科等，最真实的保研经验。

官方微信：eebaoyan123

第七章　天津大学

天津大学管理与经济学部

申请环节

今年天大经管学部的通知是5月17日出来的，要求投递的纸质材料有夏令营申请表1份、个人陈述1份、本科前3年或者2.5年成绩单原件及排名证明原件1份、英语水平证明复印件1份、获奖证书或参与科研项目证明复印件、申请人提交体现自身学术水平的代表性学术论文或原创性工作成果1篇、专家推荐信2封以及学生证复印件1份。我按照要求打印复印然后去学校学院签字盖章之后需要提交的纸质材料就完成了，核查资料结束之后就用EMS邮寄出去了。

关于网申，天大经管学部要求除了在网上报名系统进行登记以外还需要同时填写通知里的报名简表并发送至天大经管学部指定邮箱。网上报名系统里面需要填写自己的个人基本信息、家庭情况、获奖经历、报名专业，等等，如果大家要申报的学校比较多，建议你们可以提前建一个文档把一些经常要网申填写的信息写下来，这样方便复制粘贴。

参营/推免复试前准备

天大经管学部的入营通知是电话告知的，然后问是否参营，最后电话确认结束后才会在官网公布入营名单。所以不同专业收到通知的时间会有几天的误差，我当时是很靠后快月末才收到通知的，因此告诉大家在最后入营名单公布之前都不要放弃希望。

今年天大经管学部的夏令营相关事宜以及考核流程文件是在6月30日通过邮件发送的。里面内容很详细，包括活动安排的具体日程以及考核形式，最后还有贴心的前往学校的交通路线。

因篇幅所限，请扫描二维码或登录易保研官网
www.ebaoyan.cn了解历年夏令营详细日程

天大经管学部的实际考核就是8日上午的学术潜能展示，主要有自我介绍、学术报告展示、提问等的环节。学术报告展示内容不限，可以是自己做过的研究、已发表或正在进行的论文等，只要是与学术相关的内容，都可以进行展示，展示时间严格控制在8分钟内。展示后，面试老师会就展示的内容或者其他方面进行提问，考核过程会有一些简单的生活英文问题。

我在参营前一周内做好答辩PPT并提前发到指定邮箱，剩下的时间分为三个部分。首先是熟悉自己展示的论文内容包括研究目的、研究方法、研究过程、研究结果、创新点和不足之处以及参考文献，尽量充分准备以应对老师关于论文答辩部分的问题。然后在参营前进行模拟答辩，当时我请了自己的小伙伴帮忙旁听并给出建议，结束之后自己再根据小伙伴的建议和自己答辩的情况进行调整。最后对于答辩之后其他问题的提问准备，除了需要对自己申请的专业进行初步了解和本科专业知识的回顾外，还有就是要在平时练习一下英文，锻炼自己的英文表达能力。

夏令营/推免考核内容

我参加的是工商管理学硕夏令营，不过所有专业的同学基本时间进程和考核方式都差不多，主要区别就在于各专业听的专业介绍会和学术讲座在不同地点。夏令营总共进行了3天，我是在7日中午到达天大经管学部然后进行报道并住宿。

我在宾馆抓紧时间收拾好之后下午就举行了开营仪式，在开营仪式中张水波副主任致辞，他介绍了本届夏令营的整体安排，接着从学部现状概要、学部知识创造、学部对外交流与合作、学部校友等方面向我们介绍了学部的总体情况，使我对于学部的发展历程和现今状况有了一个较为深入的了解。开营仪式结束后我就回宾馆洗漱然后准备明早的论文答辩考核。[①]

原定考察的时间是8日一整个上午，但是由于人数较多，实际面试时间从早上八点面试到下午三点多。8日早上去看了分组和面试顺序，我是第一个，一开始还是有的心慌的，但是后来做了心里建设觉得早点结束也好，这样放松了一下心情。我当时是穿的正装去的，虽然是夏天，但是很多参营同学都穿了正装，建议大家可以先带着，准备好到时候看现场情况决定穿不穿。进去之后先自我介绍，然后打开PPT进行答辩，8分钟左右答辩结束之后评委老师开始问问题，包

---

① 小西提示：确保自己在本校获得保研名额

括论文中的论点、主要内容，怎么想到写这篇论文的，还有问了一些简历中高分专业课的问题，因为自己本科是财务管理专业，然后有个老师就问我管理会计和财务会计在成本方面的区别，面试过程中有一个问题没回答上来老师还稍微引导了下，最后成功答出来，感觉老师们都很和蔼。最后主考官问了一个简单的英文问题，关于自己优缺点的。所以希望大家在论文答辩前要对自己的论文进行充分的准备，做到心中有数。对于自己简历中写的东西都需要能在老师提问时回答上来，自己本科所学的专业课也要好好的复习，虽然没有笔试，但是专业课的基本概念还有简单的一些问答题还是要提前看看有个印象，要给老师展现出自己扎实的专业基础。总之，天大经管学部的老师们都很好，面试虽然严肃但不是压力面，放轻松发挥出自己的正常水平就好。

因为我是第一个面试，所以结束得很快，整个过程也就20分钟左右。昨天时间太匆忙，刚好今天面试完很早，我就逛天大校园还有拍照合影，快中午的时候我吃完饭在宾馆休息了一会，准备参加下午的讲座和校史馆。参观校史馆的过程中，我感受到天津大学深厚的历史底蕴和优秀的发展，不愧为近代第一所大学。下午的讲座一共有两场，首先傅利平老师做了题为国家中长期发展战略布局与"一带一路"战略实施学术讲座，通过对世界主要经济体的横向比较，以及我国历史上重大区域经济发展战略的纵向对比，剖析了数据背后我国的经济发展格局。然后殷红春老师从"何谓优秀，何谓卓越"、认识自我改变潜意识、超越自我愿景引领、卓越人生等四个方面阐明青年干部的自我成长是从优秀到卓越的过程，并在讲座中提到，人生有主要的三件事——自己的事、别人的事、老天爷的事，在这其中，关键是要找准自己的位置，正确认识自己的价值，建立正确的人生态度，这是走向卓越的重要前提，两场讲座使我受益匪浅。晚上学部安排了优秀学长学姐经验交流会，在敬佩他们的同时也让我对研究生生活有了初步的了解。

7月9日上午，我们坐车去了天津市规划展览馆，通过引导员的介绍让我对于天津市的布局结构有了非常多的了解。两个小时左右的参观结束后我们到达会议室进行闭营仪式，在老师总结三天夏令营的情况之后，优秀营员代表进行发言，颁发结营证书。在这里不得不感叹老师们的效率，在总结大会之后，我们就拿到了自己的考核结果，每个人的考核结果都装在一个大信封里面，红色纸是录取，蓝色纸是待定，我和我同行的两个小伙伴都拿到了offer，算是不留遗憾地离开了夏令营。夏令营活动安排很紧凑也很好，让我感受到天大欢迎优秀学长来就读的热情。

录取情况

这个表格是今年夏令营入营和录取人数情况统计，供大家参考。

招生类型	专业	入营人数	录取人数
硕士	工商管理	40	24
	公共管理	27	20
	管理科学与工程	54	26
	系统工程	3	2
	应用经济学	16	5
专硕	金融专硕	50	28
直博	工商管理	9	7
	公共管理	4	2
	管理科学与工程	18	7
	系统工程	2	2

过来人回声

1. "天大经管学部学术氛围浓厚，因此老师很重视学生学术科研能力。在夏令营只有学术潜能展示环节考评时，答辩最好是一篇非常规范的学术论文，而且在答辩结束的面试过程中要突出自己有一定的科研经历和素养，热爱科研，录取的希望就挺大的了"（一位2017年录取学生）

2. "天大一直都是一个比较重视学生学术科研能力的学校，在夏令营学术潜能展示中因为自己并没有拿出发表的论文，而是选择了竞赛中的一篇文稿，导致老师在面试时就对我的答辩不是很感兴趣，因此最后结果是候补，并没有被成功录取"（一位2016年落选学生）

易保研保过学员成功案例——天津大学管理与经济学部

天津大学教育学院

申请环节

我是等学校夏令营通知出来后准备的，首先是网上申请：要求申请人登陆天津大学全国优秀大学生暑期夏令营网上报名系统进行网上登记并填写网上报名申请表。网上报名系统里面需要填写自己的个人基本信息、家庭情况、获奖经历、报名专业，等等。如果大家要申报的学校比较多，建议提前建一个文档把一些网申经常要填写的信息写下来，这样方便复制粘贴。[①]

下面就需要发送邮件给教育学院，要求是将所有报名材料整理为1个PDF文档，邮件主题注明"2017年天津大学教育学院暑期报名+姓名"。

纸质材料是在确认入营之后进行提交的，包括天津大学教育学院2018年研究生招生夏令营申请表原件1份、自荐信、个人简历、本科成绩单（前5学期）和专业排名、外语考试成绩单以及其他材料（如推荐信、获奖证书等）。

参营/推免复试前准备

天大教育学院的夏令营是在发夏令营通知的时候就告知了夏令营的日程，包括考核流程。

因篇幅所限，请扫描二维码或登录易保研官网www.ebaoyan.cn了解历年夏令营详细日程

从上表可以看出最终的考核就是9日下午的推免面试，我在参营前进行面试准备，除了之前已经复习的专业课，就是熟悉自己简历上写的内容，因为自己有一篇论文，所以还要充分准备以应对老师关于论文部分的问题。除了这些，就是要在平时练习一下英文，锻炼自己的英文表达能力。

夏令营/推免考核内容

天津大学教育学院夏令营一共三天，7日报到，10日离营。

开营仪式是在8日上午一个会议室里进行的。闫广芬院长和潘海生副院长都参加了，还有一位2016级优秀推免生讲了在天大的一些成果，听完之后感觉备受鼓舞啊。

开营仪式结束之后，院长做了一篇以"梦，才是真的现实"为主题的学术讲座，从梦想与教育、大学与人生、学校与学院、学生与学习四个方面讲了百年以来的教育史、现在的教育学科发展与未来的教育前景，等等，真是学术与实践完美的结合啊，听起来也不觉得无聊，感觉自己对教育学又有了进一步的了解。

8日下午，主要是我们被分成三组分别与相关专业的老师进行交流会谈。交流会谈结束之后大约3点半，就开始了素拓的环节。活动内容有反应游戏、接力游戏、小组对抗以及营员接受惩罚时的才艺展示。9日上午，就是去参观了天津大学校史馆。

然后是推免面试，主要还是针对简历跟论文进行提问，没有什么特别的考核

---

① 小也提醒：面试就是表现自己

形式。接着是闭营仪式，闫院长和好几位学院教师给每个人都送了印有"教天下英才，育家国情怀"院训的纪念证书。最后孙克俐副院长宣布了推免面试结果和相关规定与要求，夏令营整个就差不多结束了，总的来说，感觉天大的教育学院的夏令营应该是非常轻松的。

录取情况

招生类型	专业	入营人数	夏令营录取人数	推免录取人数
硕士	教育学	共49人	共22人	11
	跨文化教育			1
	现代教育技术			3
	汉语国际教育			5
	教育经济与管理			6

过来人回声

1．"天津大学教育学院的老师很重视学生的专业素养以及科研能力。在夏令营考核的时候，良好的面试形态、扎实的专业基础会给老师留下很好的印象。面试时记得带上自己的简历和论文，这样在老师的提问时，不至于完全没有准备。另外在夏令营活动期间也可以积极表现自己，展示自己优秀的一面，这些都对录取非常有帮助"（一位2017年录取学生）

天津大学法学院

申请环节

天津大学法学院我之前查阅过官网，发现没有夏令营，只有九推，于是我的投递材料是先按照去年的要求进行准备的。今年法学院的九推通知出来之后，我根据要求在推免申请系统填报志愿并等待初审。具体院校的纸质材料我是等通过初审后准备的，要求复试携带的纸质材料有天津大学2018年推荐免试攻读硕士学位研究生复试申请表、加盖教务部门的本科成绩单以及一些需要携带的备查原件，包括学生证、身份证、国家级外语考试成绩或合格证书和公开发表的学术论文、科研成果或获奖证书。

参营/推免复试前准备

在保研过程中，我不只参加天大法学院的九推，暑假期间还参加了各个院系的夏令营。为了准备夏令营和九推，我在暑假前夕已经开始利用课余时间对专业课知识点进行整理并复习，整理知识点我习惯于拿一本空白本子，先把知识点框架搭起来，然后再往里面填充内容，主要记核心知识点，毕竟准备时间有限，不能全部复习完。专业课包括王泽鉴的民法学说与判例研究、张明楷的刑法学等。法学知识大多不能死记硬背，只有理解后背诵才能对知识点深入了解，在保研面试的时候回答问题才能融会贯通，能够对知识点举一反三。

等夏令营全部结束之后，我利用假期剩余的时间对之前的参营进行总结，包括自己的笔试面试表现，查漏补缺并完善相关内容。最后询问学长学姐对天大法[①]学院九推的情况进行深入了解再抓重点进行复习，为九推做最后的准备。

夏令营/推免考核内容

预推免的路程往来和住宿是要自己准备的，这个就不说了。推免通知里面写复试考查学生德、智、体、能、勤等多方面的综合素质，着重考查学生科研创新潜力，对学科的认识、学科知识的综合应用能力，考生知识背景等。复试采用面试的方式进行。面试由学院研究生招生工作小组组织实施，采取在法学一级学科与英语知识范围内对考生进行考察，全部面试组教师进行打分的方式。

当时我面试靠后，就在外面等前面的人进去，每个人大概十分钟左右，不是很长时间，但是等的时候需要耐心，不能焦躁。轮到我进去，首先是自我介绍，我把准备好的简历和论文递给老师，我自我介绍的时候老师们就在看我的简历。面试的老师问的问题还是很广的，你不仅要有扎实的专业基础，还得有充分的复习准备。老师还问了一些论文的内容和简历，总之面试过程还是很愉快的。

最后的考核结果是在自己的推免系统中进行显示，然后在9月28日当天确认全国系统开放之后填写并等待录取。

录取情况

招生类型	专业	2017年推免录取人数
硕士	法学	7
	法律（非法学）	2
	法律（法学）	3

过来人回声

1."天津大学法学院学术氛围浓厚，老师很重视学生的专业素养以及科研能

---

① 易宝小提示：联系导师十分重要

力。在复试的时候展示扎实的专业基础，带着自己的简历和论文并提前做好准备对录取非常有帮助。"（一位2017年录取学生）

2."天津大学法学院一直都比较重视学生学术科研能力的学校，但是自己之前由于没有做足功课好好准备复试，结果表现不是很好，并没有被成功录取。希望大家能够在复试前好好准备，最好带上自己的简历，有论文展示会更好。"（一位2017年落选学生）

《经管保研宝典》
专注于经管学子保研的全程规划书籍。
官方微信：EMbaoyan

第八章　南开大学

南开大学周恩来政府管理学院

申请环节

南开大学周恩来政府管理学院招收推荐免试研究生的方式主要是外出武汉、长沙、西安三个地点进行面试，而且我了解到南开大学的推荐免试招生比较早，大部分学校的推免面试都集中在9月份，所以对于南开大学研究生招生网上的通知和时间要及早关注，面试时间就一天，一定不要错过。而且外出推免面试对所在地学生来说其实是一种优势，要好好把握。参加面试之前准备好相关的简历，这个没有固定的要求，但是一些基本材料要有。

我在面试之前联系了周恩来政府管理学院社会学专业的学姐，她给我推荐了一些社会学专业的基本书籍。在面试之前可以通过阅读一些参考书籍了解和记忆社会学的基本理论和方法，尤其是对于跨专业的同学来说。

参营/推免复试前准备

社会学专业分为两个部分，一个是社会学理论，一个是社会学研究方法与社会统计学。社会学理论推荐《社会学概论》这本书，这本书的内容主要是社会学基础概念，以及如何用社会学的理论视角分析现实问题，可以通过建构知识框架，以联系的方法来记忆，形成一条知识链。有时间的话，可以自己试着梳理书中的概念集和问题集，这样能够加深记忆，形成一套知识体系。这也是跨专业保研对新专业知识的入门学习。《西方社会学理论》这本书主要是对西方社会学名家的思想要有整体认知，不一定都要背诵下来，最好是理解式记忆，明白社会学家关注的主题是什么，为什么关注它，提出了什么样的应对策略，能系统地阐述一个人物的思想，我还整理了不同社会学家对同一主题的思考与回应，如关于社会行动理论，韦伯是怎么说的，帕森斯是怎么说的，他们理论的出发点是什么，等等，这样可以把理论的发展沿革系统地连接起来，也便于记忆。总之在面试之前要注意关注社会热点问题，培养用社会学理论与视角分析社会问题的能力，发散思维。社会学研究方法与社会统计学方面的书籍主要是《社会学方法》和《社会统计学》，《社会学方法》中方法的基本原理与应用，要注意原则性问题的考察。阅读《社会统计学》是培养自己的一种发散思维，是对基本原理的考察，和研究方法有交集。总之在看这些书的过程中一定要知道重点是找出知识点重点复习，而不是重新看书重新复习，那样涉及面太广而且时间不够，现在的备考方针就是从重点下手，不是重点的可以适当放弃，研究生时期是深入研究和钻研某一个问题的时期，应当注意的不是知识的广度，而应该是知识的深度，所以要了解清楚自己感兴趣的研究方向是什么，前沿动态是什么，这些都是非常重要的。而且需要注意学习理论要注意应用于实践，比如分析冲突功能者科塞的"安全阀"制度，分别从功能论、冲突论和互动论视角对某一问题进行具体分析等。[1]

看完一遍书之后，需要去找一些社会学的题目做一下，这也是理论和实战的结合了。我的方法是结合社会学专业知识，将以前的面试问题用自己的观点解释清楚，同时我还准备了社会学专有名词的名词解释来反复背诵。这个过程也是记忆学习回顾内容的过程，可能会比较枯燥，但是要坚持，能就一个问题提出自己的见解就更好了。

到5月底我开始熟悉一些面试流程和准备材料，我准备了一段中文自我介绍和一段英文自我介绍并背了下来，我还翻看了一下自己的简历、论文和研究计划，这些内容需要十分熟悉，面试时如果老师问到或者追问就可以流利的回答。

夏令营/推免考核内容

到6月3日面试时，面试我的有5个老师，面试时间大约进行了20分钟，老师都很和蔼，总体风格是根据自己的简历的研究方向和实践经历深入询问，没有固定的套路。我记得首先让我做了一段自我介绍，然后老师问到的问题主要有：感兴趣的研究方向以及该方向的研究核心问题，该方向的知名学者有哪些，学者对这个方向的见解；你读过哪些该方向的书、论文；还有一个问题是用教育社会学的观点谈谈南开大学教育的问题。教育社会学，主要是运用社会学的原理与方

---

[1] 路姐提示：4~6月制作文书材料准备参营论文

法，研究教育现象和社会问题的社会学层面，探讨教育与社会协调发展的条件及机制的一门新兴的边缘学科，是社会学的一门分支学科，也是教育理论的三大基础理论之一。所以我认为对社会学基本概念的掌握和理解是很重要的，不然这个题目也无从谈起了。老师最后还问了我参加的社会科研实践的一些详细问题和对社会学的看法，面试的老师主要是考查学生对于未来想要从事研究的方向的看法和深度，能提出自己对一个问题的观点和独到的见解最好。在面试过程中也不必紧张，其实随着面试过程的进行，面试的氛围就会越来越融洽和温和，面试时一定要自信，把自己会的东西和熟悉的知识展示给面试老师就可以了，就像是平时和老师的观点交流一样，然后老师追问简历上的社会实践和科研项目时，可以把自己的收获以及实践时可能的对未来研究方向的贡献加以详述。

面试结束之后我看到南开大学周恩来政府管理学院的官网上有一个社会学系组织的暑期研修班，由于面试结果未知，我就报名参加了，报名之后接到通知面试通过了，6月13日南开大学社会学系也向我发送了邮件通知我通过了他们的审核，因为通过外出面试的同学也可以参加这个暑期班，而且我觉得暑期研修班的设置很有意义，于是我在6月20日～26日参加了暑期班的课程。

因篇幅所限，请扫描二维码或登录易保研官网
www.ebaoyan.cn了解历年夏令营详细日程

在暑期研修班听的几场讲座确实增强了我对社会学以及这个学科的理解，和博士生的交谈也给了我很多启发，所以还是很建议大家去参加一下暑期研修班的课程的。

南开大学周恩来政府管理学院推免面试和暑期研修班都集中在6月份，以下是他们的日程安排：

相关事项	时间节点	备注
外出武汉面试时间	6月3日9：00	地点：武汉大学本科生院楼北308
外出长沙面试时间	6月5日9：00	地点：枫林宾馆（岳麓区枫林一路43号）
暑期研修班申请截止时间	6月11日23：00	
暑期研修班材料审核结束	6月12日	
外出西安面试时间	6月17日9：00	地点：唐城宾馆（西安市含光路南段229号）
暑期研修班	6月20日～6月26日	报道时需要携带学生证、成绩单、英语CET6考试成绩、研究计划等相关资料

录取情况

从周恩来政府管理学院最终的录取结果来看，985、211院校更加受青睐，但是专硕对学校背景不那么看重，还有录取人数最多的行政管理专业等都值得一试。以下是南开大学周恩来政府管理学院最终的录取人数，供大家参考：

招生类型	专业	外校录取人数	录取人数
学术硕士	国际关系	0	5
	行政管理	11	17
	教育经济与管理	3	3
	社会保障	0	2
	社会工作与社会政策	0	2
	社会学	2	7
	应用心理学	3	5
	政治学理论	2	5
	中外政治制度	1	1
专业硕士	社会工作	5	5[①]

能抓住外出面试的机会还是要尝试一下，不论面试是否成功都尽量参加暑期的研修课程，这既是一种增加自己社会学知识交流和思想积累的过程，也是一个机会。2017年暑期研修班中只有两个人最终录取，当然这是学院和学生双向选择的结果，无论结果怎样，还是希望大家多多尝试，不要错过机会，尽力而为，祝大家都能成功保研到自己心仪的学校和专业！

过来人回声

1.我本科是学行政管理的，因为特别喜欢南开大学，也对社会学方向很感兴趣，所以来尝试一下南开周恩来政府管理学院的外出推免面试。面试时候的问题都是关于社会学专业性的问题，因为是自己感兴趣的方向，而且在面试之前我也做了专业性的准备，在面试过程中表现的比较好。总之我觉得有意向的同学一定要抓住南开周政的外出面试机会！（一位2017年录取学生）

2.南开大学周恩来政府管理学院的暑期研修班是一个性价比很高的选择，我有幸入营，感觉在暑期研修班的学术讲座和交流收获了很多，既然选择了参加，就是享受在夏令营接收学术信息，互相交流观点的，这也是此行的最大收获了。（一位2017年落选学生）

---

① 小西提示：不同的风格的项目要展示自己不同的侧面

南开大学金融学院

申请环节

我准备材料比较早，在寒假的时候就开始了，具体准备中英文个人简历（个人简历一页A4纸即可）、个人陈述，整理好自己有价值的奖状、证书，成绩单和专业排名。考虑到南开金融学院夏令营自开办以来，并没有要求提供推荐信，这一点上也节省了较多精力。

2017年南开金融的夏令营通知是5月17日在学院官网上挂出的，一定要注意，南开金融学院是南开大学经管法专业少有同时开设外出面试的学院，外出面试和夏令营通知是同一天挂出来的，但是外出面试时间比夏令营时间提前一个月，仅有面试没有笔试，且外出面试和夏令营不可同时参加。

2017年外出面试网申时间是5月17日至5月23日，夏令营网申时间为5月17日至5月30日。不论是外出面试还是夏令营，网申都需要先在南开研究生院的系统中先网上申报，申报后三天再关注系统中是否网申通过，只有网申显示通过再邮寄材料是有效的，材料投递截止时间为6月5日。这个由于每年各个时间节点都有所浮动，一定要关注学院通知，切勿错过时间。

南开的外出面试以及夏令营要求的是只能申请一个学院一个专业，网申系统里主要填一些自己的基本信息，上传一些英语、获奖证书即可，填报过程非常简洁，内容也是基本信息内容。注意，在网申通过之后，在线打印系统中的申请表，这个表中包含你的报名号，与其他纸质材料一起投递，才算材料投递有效。

参营/推免复试前准备

南开金融学院对外校学生的录取仅在外出面试以及夏令营两种方式，而外出面试仅有面试无笔试，形式与夏令营相似，这里仅以夏令营参营准备为例进行介绍。

夏令营行程是在发夏令营通知的时候就告知了夏令营考核的流程。

因篇幅所限，请扫描二维码或登录易保研官网
www.ebaoyan.cn了解历年夏令营详细日程

笔试

专业课笔试：满分100分，题型单选题，范围如下：		
金融学、金融工程、金融专硕	微观经济学、宏观经济学、公司金融、国际金融、货币银行学	每门占20%

南开大学经济学院

申请环节

南开的通知出得比较早，大概五月初的时候就看到了，网上申报，申报材料初审通过后才能够邮寄纸质材料，特别注意让邮寄纸质材料也不要大意，后来听说有同学邮寄材料后还是没有给入营，所以每一步都要谨慎，初审通过并不一定就代表会给入营通知。

南开需要邮寄的材料是网申后打印的报名表、夏令营申请表、成绩单复印件及本科排名证明、参营论文、六级成绩或其他英语水平证明、获奖证明等。大概六月中旬就会给通知是否入营。

参营/推免复试前准备

我是先准备的笔试内容，因为同时报了几所院校的夏令营，这部分基本是必考的，虽然不知道占的比重是多少，但觉得这部分可控性最强。参考书方面我选择我们学校学的的保罗萨缪尔森（英文版），大家也可以选择范里安，宏观看曼昆就可以了。然后复习南开经院时建议多看下专业英语，毕竟笔试是全英文的题目。

面试方面建议如果时间充裕就尽早做好，十分钟左右的展示也就是十几页PPT，还是自己写的论文，也不存在什么做好了之后可能会忘之类的问题。做好后要卡着时间模拟几次，南开的话超时了老师是会打断的，不要因为展示时间的问题影响了自己的心态。面试会有英语问答，所以口语方面也准备了一下，考察的就是国际经济学以及自己论文相关的专业英语。

夏令营/推免考核内容

报名通知时就会给出夏令营的安排。

6月28日（周三）下午 14：00～17：00，营员报到；地点：经济学院方楼112。[①]

6月29日（周四）开营式（学校与学院领导致欢迎词、经济学院与各系所介绍）、学术报告会；经济学基础测试、拓展训练（营员分组讨论、与教师互动交流、参营论文展示等）。

6月30日（周五）：各系所专业面试、学术讲座等；17：30 后闭营，营员离校。

参营时间：两天左右，6月28～30日。时间安排地很紧凑，为了更好地发

---

① 小西说：其实竞争在上保研考场前已经结束了上半场

挥，就在校内找了宾馆住，所以还是很方便，但如果住在校外估计就比较辛苦，建议大家如果要住在校内宾馆的话提前预订，记得入营通知时给了宾馆的电话。

第一天：上午开营下午就笔试，笔试之后听讲座，晚上也是讲座。关于笔试，南开经院的笔试，是公认比较难的，但似乎占的比重也不大，因为认识的很多朋友考完都表示答出来的并不多，但最后也都成功拿到优秀营员。题目是全英文出题，难度应该是中级宏微观，微观可着重记一些结论，宏观的跨期消费理论，托宾Q都有考到，还有一些关于汇率的问题。

第二天：各系所面试，面试要求会提前放在官网上，一般是科研展示+自我介绍+专业面试（可能是英文提问），上午就结束了，南开老师都非常和蔼，还建议我们吃过饭去五大道看一看。

录取情况

最终录取的人还是挺多的，我参加的系是二十多人入营，最后录取的19人，应该是我参加的夏令营中录取比例最高的了，别的系所情况应该也差不多。

过来人回声

1.我对天津的印象是很好的，听天津人说话很亲切然后他们有时候很特别的那个口音觉得也挺逗的。在南开吃了几顿饭，感觉食堂也挺不错的，校园没有南方的秀丽有些中规中矩吧，不过听南开的同学说他们宿舍没有安空调，这一点还是有点介意。

学习环境方面呢，南开也算是经济方面的传统名校了，但短短两天只听了三场讲座，感觉老师的国际化率相比厦大要差一些，不知道是不是接触的时间太短了。再就是实习机会可能还是不如北上广。（一位2017年录取为优秀营员的同学）

2.南开大学是传统的经济学名校，就业也很不错，而且老师还是比较鼓励实习，研二时如果愿意可以去找实习。（一位2016录取为优秀营员的同学）

南开大学商学院

申请环节

对于研究生的事情，我基本在我大一入学就已经下定读研念头，但当时年少无知，对保研并无什么概念。真正认识保研还是在大二，参加的英语社团里外专业一名人超级好学姐的热心指导，第一次让我知道了保研论坛这个神奇的网站。后来慢慢接触到直系的学姐学长，告诉我保研需要什么，让我意识到再好的论文科研也都得排在排名后面，首先要抓GPA和rating！！！尽管基本很多本专业学长学姐都给我说英语对于保研没有那么重要，但是学姐的一句话点醒了"你是独特的，你要相信英语会成为你的亮点，属于你的就是你的，不要着急，一步一步走好"，这句话在我保研路上最纠结，最迷茫的时候，一直指引着我，安慰我，不要怀疑自己的能力。

参营/推免复试前准备

大三上开始准备材料时候，多亏一位学长的提醒，个人陈述，推荐信这些琐碎的东西在寒假就基本已经搞定（这个在保研论坛上一搜有很多模板），这真是省去不少精力，因为夸自己也是个累人的活儿……大三寒假里也开始在保研论坛天天签到，挣论坛币，关注自己心仪的学校，根据往年学校出通知的时间，初步列出哪些意向学校，我的设想是先列出自己特别想去的，其次凑合能接受的，最后保底的，之前有学姐告诉过我，夏令营不管怎样，一定要投自己可以保底的学校，这样8，9月份心理状态就不会太焦虑，事实确实如此。我个人感觉，不管排名是否靠前，夏令营机会不要错过，尝试一下，没准补录进去了呢？当然，分析好自身的特点，要学会结合自己特点申请学校以及相应院系的项目，举个例子，我自己英语优势突出，所以当时申请时候我就偏重报了一些根据它考核方式及研究生项目培养计划看起来看重英语的学校，从某种程度来说，可以增加自己的入营概率，所以我在参营之前主要准备是上保研论坛找之前的题目和流程，并且一步步落实的。

夏令营/推免考核内容

南开的笔试是全英文的宏微观选择题，难度与CFA类似。南开主要考中级微观，建议看范里安的现代观点那本，之前忙于期末，所以只能利用最后6天时间看完了重点章节（前言部分有提示），宏观的话高鸿业的应该就ok，这个可以提前看，其他的专业课建议大三下把国际金融重点理论，公司金融重要部分看了，其余的专业课看你自己的偏好。此外，今年不是英文笔试，是中文，但是考了部分高数。面试分为基础+综合+英语面试，话题很广，但我觉得都是学过的基础，外加现实热点，平时多思考，多关注就好，我当时是证券交易所组织形式会员制和公司制差异以及未来中国改革方向；此外，综面时候会问你学过课程，千万别给自己挖坑，说出自己学得好的课程、熟悉的课程，这样跟老师交流的时候会比较熟练。我当时是被问到了金融监管这块，老师问我有什么理论，监管原则设定的核心是什么，这块基本课程上只是涉及，并未深入，导致我当时很尴尬，幸好^① 我反应能力不错，再聊到这块时候跟老师谈我知道的东西，并且主动承认我认知有限，总结不太好，老师后来给我的评价是知道很多东西，不会表达……（听后面一个面试同学说的，她进去的时候老师就在讨论）英面我抽到的比较简单，自我介绍和介绍自己职业规划，但是对于平时一些关键的专业名词，自己多留意积累。回家一周后，结果出来综合分数还蛮靠前，总体来说还是比较满意的

南开的面试很轻松，老师问了我一个国际金融的问题，我不大懂，大概只答出来一半，问了有没有学过程序语言，我老实回答没有，所以就没问。直到后来，所长很感兴趣地问了交谊舞的相关事宜，才就此聊开。总体来说，南开商院是一个非常学术的地方，简历选拔非常严格，老师很平易近人，很适合醉心学术的人去。

录取情况

南开大学商学院接收2017年推免研究生工作教授委员会通过对进入复试学生综合评审，最终确定82名同学获得南开大学商学院2017年推免研究生接收资格。

过来人回声

1.笔试不好不要放弃治疗！笔试不好不要放弃治疗！笔试不好不要放弃治疗！重要的事情说三遍。因为一般笔试在前，面试在后，所以很多同学笔试之后就感 觉丧失信心了。事实上很多学校是很看重面试和简历的，笔试占的权重一般不大（如果你去的是清北复交请忽略我因为我不知道）。我们学校之前有学长学姐笔试一塌糊涂，最后还是过了中山岭南、人大农发和南开经院等。就我个人而言，我南开的笔试，我都想呵呵自己一脸，蒙了半张卷子。但面试我表现还是不错的，一方面因为合成谬误之前有人抽到但是不会，我前几天刚看了就跟老师扯了 大半天，老师感觉很好，另一方面论文展示我避开了自己很稀松平常的计量模型。 而且面试我觉得最重要的就是自信和诚恳，如果能让老师感觉到你真的想来这里 读书，面试整个气氛就会好得多。（一位南开夏令营参营学员）

南开大学经济发展研究院

申请环节

南开大学经济发展研究院的招生方式是夏令营和9月份的校本部面试的方式，其中对外校学生的招生主要以夏令营的考核为主。2017年的时候是在5月中

---

① 易宝提示：7月是参加夏令营考核的时间

下旬就在经济发展研究院的官网出了通知。需要先在南开大学研究生院的网站上进行网申，系统关闭的时间是6月4日，从开始报名到系统关闭只有10多天的时间，所以大家要早做准备，即使留意官网，不要错过重要信息。2017年邮寄材料的截止时间是6月12日，并且以邮寄到达时间为准，同时不接受其他快递和EMS，只接受顺丰快递，这些小细节的问题提醒大家一定要注意，不然最后很可能因为小环节的问题错失重要计划。

参营前准备

南开大学的经济发展研究院的招生主要是以夏令营为主，没有外出面试。面试的时候是分专业面试的，产业经济学和区域经济学在一起面试，而物流学和物流专业工程是另一批面试的专业。听说南开大学的老师风格是向来比较注重本科学校和专业知识以及成绩排名，因此我在夏令营之前重点复习了一下中级宏观经济学、微观经济学以及大致回顾了一下所学的专业课。经济学是所有专业课的基础，这是绝对要先复习的；其次，即使你本科不是完全对口的专业也没关系，老师会根据你的情况去问你本科的课程，所以专业课还是可以复习一下大体框架的，但是出于时间的考虑不必面面俱到。

因篇幅所限，请扫描二维码或登录易保研官网
www.ebaoyan.cn了解历年夏令营详细日程

参营复试内容

由于夏令营入营人数比较多，面试的时间整整持续了2天。面试时间大概一个人20～30分钟，面试结束之后大概一到两周内就会通知结果。

首先会进行一个自我介绍，我们要求的是一分钟的英文自我介绍。之后的面试是分基础（宏微经抽两道题回答）、综合（抽一道题）和英语口语（抽一道题，可能与专业知识有关也可能只是聊天的题）。其实不止经济发展研究院，南开的整个学校都是重视面试和基础专业知识的。

专业问题和综合问题回答之后，老师也会跟你聊一些你简历上的东西，比如你的实践经历，你的科研项目经历，我当时被问到的是关于我的论文的结构和思路，这样的问题只要提前准备应该问题不大。

关于笔试的问题，南开大学经济发展研究院是不给参考书目的，但是最重要的部分就是宏观经济学和微观经济学了，这是经济体系的基础和核心。笔试题目的难度整体还是比较大的。有客观题，比如选择题和判断题这种，也有主观题，大概有8道简答题，简答题都是比较基础的题目，只要平时好好复习课本知

识肯定没有问题。还有计算题，计算题的题量比较大，大部分计算题的难度是中等难度，大概跟课本的课后习题难度差不多，还有两道论述题。我记得当时涉及考试的内容有根据新古典及其增长理论，分析在长期与短期中市场在资源配置中的作用；根据凯恩斯及其增长理论，分析在长期与短期中政府在资源配置中的作用；说明斯塔克伯格模型中先进入市场的一方存在优势；论述莫迪利亚尼的生命周期假说和弗里德曼的永久收入假说，分别是如何对消费函数之谜进行解释的，等等。

录取情况

去年南开大学的经济发展研究院夏令营入营60人，最后一共录取了22个人，其中区域经济学和产业经济学录取了10个同学，物流学录取了5个同学，物流[①]专业工程录取了7个同学，这22个人的学校都是来自211及以上的大学。

过来人回声

1. "一直以来，南开的经济学都是学校的优势学科，而且招收人数也非常多，录取难度相比较金融学院来说要小得多，所以经济发展研究院是一个性价比很高的报考学院。有的时候选择或许会大于努力，希望学弟学妹能够综合分析自身的情况之后，谨慎地选择夏令营的项目报名。"（一位2017年被录取的学生）

南开大学金融发展研究院

申请环节

南开大学金融发展研究院的招生方式是通过校本部9月份的推免面试的形式，但是它的招生通知还是会很早出来的，大概跟夏令营通知的时间差不多，2017年的时候是在5月中旬就在官网出了通知。最后招生老师会对邮寄材料的情况进行筛选，筛选通过后会在系统中通知你，同时也会把地点和时间的具体安排通过短信或者邮件的方式来通知大家。

在此，不得不与大家透露一个我个人的小小猜测，去年南开大学的金融发展研究院一共录取了10个人，这10个人的学校都是来自985大学或者财经类的211大学。由此说明，南开的金融发展研究院对学生的本科学校可能会有一定的限制，所以大家要有一个心理准备。当然，如果你的科研或者比赛非常突出的话，也有可能会放低要求，南开大学的报名系统的填写非常简单。

---

① 小西提示：针对往年面试情况做一些面试预演吧～

各项材料的话基本要在5月初准备好。首先，需要准备的材料是个人简历，同时，个人简历要根据自己的经历反复地修改。基本上，如果理出来了个人简历这条主线，其他的自我陈述、推荐信在个人简历的基础上扩充就OK了。在写材料时，可以直接在网上搜或者去保研论坛上看一下，也可以找自己学长学姐帮自己修改一下材料。

另外，需要完成的就是一份个人陈述，我参考以前易保研出的《经管保研宝典》，并在网上下载了一些个人陈述的模板，根据自身的特色和表达方式，结合自己的获奖经历，撰写了一份个人陈述。这个时候的个人陈述一定要言简意赅，详略得当，重点突出，并能够形成自己的文笔特色，如果精力允许的话，将自己的个人陈述与自身经历、对方院校特点结合起来写则更好。

参营前准备

去校本部面试的通知一般会在9月上旬在系统中通知，同时也会发短信或者邮件通知大家。这个时候要注意在审核结果出来的前后时间里，要多登录系统。

校本部的推免招生只有面试环节的考查，不涉及笔试相关内容，但是虽然面试不涉及笔试的考查，我听南开大学的同学说，老师对学生的基础专业知识还是非常看重的，这个之前要好好准备。由于面试时间比较晚，所以可以有比较充分的时间准备。我在参加面试之前，仔细复习了宏观经济学和微观经济学，宏观经济学用的是高鸿业版的，微观经济学是用的范里安版的。其中比较重点的章节和部分肯定是要复习的，比如消费者最优、完全竞争市场、IS–LM模型、财政政策和货币效应，等等。另外我还看了自己原来学过的课本，像《国际金融》《货币银行》《公司金融》《金融市场》等课本方面的相关知识，对他们做了一个大概的梳理。在此，建议各位同学分阶段复习。第一阶段，能熟练掌握基本的知识点，对应做适量的课后练习。第二阶段，梳理每一章的知识脉络，宏观注意几个模型以及货币财政政策的影响，微观注意均衡的思想。第三阶段，回顾反思，这个阶段主要从面上切入，能把零碎的知识点联系起来，最后把整本书的框架逻辑理出来就完全ok了。

参营复试内容

由于金融发展研究院的招生只有校本部面试，没有外出面试，也不会举办夏令营，所以进行起来非常简单。面试的时候一般是一个人20～30分钟，面试结束之后大概2～3天内就会通知结果，所以整个流程非常快。下面主要就面试的情况向大家做一个简单的介绍：

面试的形式是多对一，一般是3～5个老师面试，院长就坐在旁边。一个人大概20～30分钟的面试时间。

第一个环节是自我介绍，当时是要用一分钟英文自我介绍，如果准备的话，中英文介绍都准备一下吧。具体要英文还是中文介绍，可能真的要看同组老师的风格了。在开始自我介绍之前，可以将准备好的简历，一般准备5~6份简历（宁可剩余，也不能不够），给老师看一下。

之后的面试内容是通过抽题的方式确定考生的答题内容。

首先，先抽一个中文题，中文是专业相关的题，也有可能与经济时事热点相联系的，其中抽题的组员间没有重复题目，组员若第一个题目不会作答，可以换第二次。根据我这次的面试经验和我当时准备面试时搜集的一些经验信息，对可能会问到的问题做了一个大致的梳理，主要是分了了三类问题。1.经济学基础部分；2.金融学基础部分；3.综合知识应用部分和结合经济时事热点问题。回答之后，老师有可能会追问你一些问题，也有可能会根据你的自我介绍和简历去问你一些问题，当然比较看重的部分就是你的科研经历了，如果你有写自己写的论文的话，老师是一定会问你论文的思路和想法的，要提前做好准备。

接下来，老师会针对中文的回答用英语问你一个问题。在用英文问问题时，① 老师会考虑到之前问题的难易程度。如果之前问到的问题比较简单，那老师可能会问你一个比较专业的问题。如果之前抽到的问题比较难，老师会问你一个很简单很口语的日常话题，比如说为什么想来南开大学金融发展研究院，用三个词形容一下你自己，并解释一下你为什么用这三个词描述自己，介绍下你的家乡，你为什么要攻读研究生，你的职业规划是什么，你为什么选择读经济金融；也有可能根据你的个人简历和材料问问题，比如：你为什么参加这个比赛？你从这个比赛中获得了什么？

最后有一些面试的Tips：

第一，建议大家提前准备一分钟自我介绍，中英文都要准备，老师可能让你用中文或者英文介绍自己；第二，发言内容，大家可以多角度分层次的去看待问题，切忌千万不要泛泛而谈，而要具体深入地去谈自己的看法，尽量从微观层面谈自己的看法；第三，说话要有逻辑条理，做到有理有据，思路清晰。

录取情况

2017年推免招生录取了金融学硕8人，金融直博1人，金融工程1人，生源的话以财经类院校为主，比如西财的学生就有4人，其次就是985高校，吉林大学3人，湖南大学，四川大学各1人，南开本校的占比不大，也是1人。

---

① 小妍提示：每个学校都有专属的考核方案

过来人回声

1."南开金融发展研究院考核方式只有面试，整个风格对专业基础知识和科研能力非常重视，希望大家在复试之前能够好好准备专业课的复习，这里所谓的准备并不是说具体的知识点，而是对整本书理解透彻后，归纳总结为自己的逻辑。还有希望大家别像我这样给自己挖坑，写在简历上的科研项目和论文在面试之前一定要把来龙去脉搞清楚，不要只挂个名老师问什么也不知道。"（一位2017年未被录取的考试）

南开大学法学院

申请环节

首先要明确一下南开法学院的一些基本信息。第一，南开大学法学院的官网一般没有招生信息，而"南开大学研究生招生网"的推荐免试一栏存在各类通知信息，各学院都能找到，仔细打开相关的文件就能够找到法学院的推免信息。第二，应该说南开大学法学院的推免比较特别，一次是外出面试的形式，一次是9月份的推免面试，我主要介绍外出面试。在5月中旬开通网上申报系统，5月底6月初进行外出面试，这个时间段相较于其他学校早，也就是说，别人还在积极投递材料，准备夏令营，而你已经获得了录取资格。第三，南开大学一般会在武汉、长沙、成都、西安进行外出面试，法学院一般会去武汉和长沙两个城市，如果你通过网申，会打电话通知你，问你去哪个城市参加面试，要提前订票做好准备。在武汉面试的学生较多，大多为中南财经政法大学的学生，而在长沙面试的人较少，更容易凸显自身优势，假如你没选择，那么就可能把你安排在长沙面试，毕竟长沙需要面试的学生少。

5月中旬网上申报系统开通后，就可以注册系统填写基本信息，网上申报系统中的信息比较简单，主要是专业成绩、专业排名以及英语四六级成绩，学习工作经历，发表论文著作，奖励处分，等等，接着便选择要申报的专业，面试形式选择外出面试。提交成功后，能够查看各个专业的报名人数，可以关注一下有多少人参与，预测一下成功的概率。在此之后，就要时刻关注招生信息网发布的通知，关注系统的审核，关注招生老师的通知电话，同时，做好面试的准备。

参营/推免复试前准备

在面试之前，要准备自我介绍、个人简历、个人陈述、获奖证明等材料，打印网申表，制作成册，一式三份。一般会有三个老师（一个英语面试的老师，一个刑法的老师，一个民法的老师）但是只收取一份材料，个人觉得每个老师给一份比较好，即使后面会退回来两份，老师面试的时候看起来也比较方便。在准备面试的个人材料时，我还向一个学姐请教了经验，大致准备了一些老师可能会问到的问题，例如，专业类：你对哪几门课程比较熟悉，对近期热点问题的看法；科研类：以前的科研竞赛经历；个人规划类：为什么想读研，为什么选择XX方向，研究生期间及毕业后有何规划，如果直博有什么打算；学校类：为什么选择南开大学。这些问题比较常规，很多学校都会问。除了这些材料、问题，一定要复习所报方向的专业知识，再注意面试时要礼貌，耐心听完，诚实就可以啦。

夏令营/推免考核内容

面试一般安排在周末，在某酒店的房间里，不同学院在不同的楼层，找准法学院所在的房间，查看自己的序号，在门外等候面试。

面试的流程如下：

1.中文自我介绍

老师会看你的简历窃窃私语，不用在意，说自己的。有的同学开始没有让进行自我介绍，但是后来在英语面试时进行了英文自我介绍，所以中英文自我介绍都需要准备。

2.根据你的简历问问题

（1）问论文的相关问题，根据你写的论文问你①为什么会选择XX研究生方向？你论文关注点不在这个方向上；②叙述一下写作的思路，等等，有的深有的浅。刑法老师会不停打断，要随机应变。

（2）因为笔者报的是民商法，所以民法的老师问了些专业问题。①对于民[①]商法，你看了那些书？看的是谁的课本？哪个出版社的？②你具体想研究民商法中的哪个方向？③会根据你上一问题选择的方向问一些专业问题，涉及某某法是哪一年修订的，其中变化的内容的追问，变化的利弊，国家为什么要这样制定，等等。这个老师喜欢反驳你，你说明自己的理由，如果意识到错了顺着他，如果没有坚持立场也可以，只要能够侃侃而谈有理有据就行。

（3）当时还有同学被问及一些近期发生的法学热点问题的看法，例如①《民法总则》修订的亮点；②你怎么看辱母杀人案，等等。

3.英文面试

①你的家乡是哪里？②你认为XX城市（你大学所在的城市）怎么样？③你为什么报南开大学？④你还报了XX大学、XX大学吗？为什么？

以上就是2017年的面试问题，总体而言，一个人大概面试15分钟~20分钟，老师的风格就是不停地反驳你，压力面试的风格，要有心理准备。小经验就是，

---

① 小妍提醒您：8月要备战预推免面试啦~

第一，多准备专业知识，把老师向自己熟悉的领域引导，而不能随口乱答；第二，多读一些法学专业书，准备一本自己熟悉的著名的书，多关注时事热点问题；第三，面对不会的问题，不要乱答，承认自己不会，要诚实，也要试着去回答一下；第四，自我介绍一定要背熟牢记，这是第一步印象分；第五，遇到问题不忙回答，不慌张，按照思路回答，纵然毫无头绪，也要保持乐观的情绪，积极应对。

录取情况

在面试结束几周后，会给你寄一份成绩确认函，上面会有你的分数，等到9月份他们进行推免面试的时候，也会对那批学生打分，两次面试分数排名录取。官方说法是这样，但是，收到成绩确认函基本表明你被录取了，9月份他们会确认一次，要求外出面试的学生回复去不去。

录取的比例基本上是50%，比例还是很高的，只要好好准备，希望很大，加油吧，每一次经历都是一次历练，每一程风雨都是收获！

第九章　中国科学院大学

中国科学院大学经济与管理学院

申请环节

大概五月中旬，中国科学院大学经济与管理学院在官网上公布了暑期学校的通知。公布的招生简章上没有明确列出对申请人的要求，不像其他学校那样会列出一二三四点，要求本科出身如何如何、成绩排名如何如何、英文水平如何如何之类的。只在资格审查介绍那里提了一句"原则上推荐本专业成绩排列前10名的学生"看起来就很迷，这也直接导致了笔者在参营时遇见的小伙伴背景真的是五花八门，事实证明后来国科大最后的录取名单上也是大江南北哪里的学生都有。

因为简章上没有提到任何有关材料邮寄或者扫描发送上的问题，只有提到网申，之后就是资格审查。于是笔者就直接开始填报网申了，其实讲真那个网申系统还是蛮考验智商的，而且时不时就会傲娇地崩溃下。此外，网申系统上也没有任何需要提供相关证明扫描件的地方，就连在简章上要求的班主任与学院领导推荐也没有显示，本来笔者还以为又要麻烦班主任线上填写意见、又要求找学院领导的。更令人惊奇的是，网申系统里只要求填写个人的相关信息，如本科院校、专业、排名，等等，完全没有涉及申请者意向报考专业、类别（学硕或专硕）之类的。

参营/推免复试前准备

当六月中旬在官网上看到报到通知的时候，笔者心里突然咯噔了一下，赶紧翻回之前的网申界面，发现自己的状态栏已经显示"已通过"三个字，下面需要选择是否确认入营了。当时除了喜悦就是满满的惊诧了。国科大经管竟然不需要提供任何纸质证明材料、也不需要任何电子版扫描件的上传、没有个人陈述简历推荐信、甚至连报考专业都没让学生选择的情况下，就这样完成了资格审查阶段，而且入选资格由中国科学院大学经济与管理学院专家委员会审定。想想笔者在报考阶段几次几乎放弃这个看起来一点都不靠谱的网申，事实上填的也不是很走心的网站，心里真的是五味杂陈啊。

因为笔者完全没有想到会收到入营offer，一开始的暑期学校通知里也完全没有提到需要提交推荐信之类的材料，加上六月中下旬笔者正在参加另一个学校的夏令营，于是夏令营结束就急急忙忙回学校找老师签推荐信、准备材料，更巧的是笔者之前的一位推荐老师还出国参加学术活动了，赶快又联系了一位老师，重新起草推荐信，又要打好申请表找班主任和学院领导签字，各种忙乱。总算在① 开营之前堪堪弄好了。这里也要提醒一下大家，找老师签署推荐信的时候最好提前联系三到四位老师，一方面有些院校是要求三位老师签署推荐意见的，另一方面也防止像笔者这样的突然情况，毕竟老师们总是飞来飞去的，也都很忙，不一定总能找到人的。

因为时间上也比较紧，所以笔者基本上是完全没有对笔面试进行准备，除了准备前一个夏令营温习过的宏微观就是参营过程中抽空再次温习的宏微观了。

夏令营/推免考核内容

夏令营报到是在7月2日下午一点到五点在国科大中关村校区的青年公寓7号楼，老师人都非常nice，虽然笔者当天飞机延误，快到六点才到，老师们都还没走，还一直跟我说了就好来了就好，因为笔者行李也很多，材料也不好拿，就直接跟我说材料什么的不忙，实在不行明天交也可以，还表示即便今天到得很晚，也会留一部分宿舍钥匙（国科大经管安排住宿的就在中关村校区的硕士生公寓）和被褥，直接在保安处领取就好，先住下剩下的明天再说。真的让笔者感觉心里特别的熨帖。

报到时发的小册子里公布了夏令营流程。

---

① 路姐提示：9月底别忘了填报九月推免

因篇幅所限，请扫描二维码或登录易保研官网
www.ebaoyan.cn了解历年夏令营详细日程

整个夏令营持续五天，时间安排得非常满，而且老师们的效率也很高，五天从院校介绍到招生宣讲、再到笔面试选拔通知选拔结果、再到发放并签署推荐录取函全部完成。对于学生而言，除了可以开开心心的白吃白住还有大牛的免费讲座可以听以外（讲座的老师真的都是大牛，毕竟国科大，最不缺的就是院士了），国科大还会包车带我们到新校区雁栖湖校区去参观，对，就是那个传说中坐落于国家AAAA风景区坐看峰峦叠起、雨雾缭绕，呼吸新鲜空气外加一人一单间、有空调有阳台，六人一套间、有客厅浴室大阳台的豪华宿舍。据说全体硕士生第一年都住在那边哟，后面按系所不同有所差别了。

暑期学校全程活动及笔试选拔均不区分专业，只是在报到并提交纸质材料时根据学员本科专业背景及个人申请意愿分为金融、管理两组。

笔试分为经济、管理、数学（含线性代数、微积分、概率统计等）三套试题，可任选其一。笔试实行末位淘汰制，据说淘汰率为30%，通过后笔试成绩就不计入总体成绩。笔试分为名词解释、计算、论述三类题型。除基础知识外，也颇为注重对学员综合素质，如理解能力、逻辑分析能力、思维能力及智力考察、解决问题能力等的考察。但试卷题量不大，难度也还可以。和其他参营小伙伴们交流后感觉三个科目难度差别也不是很大，大家可以根据自身优势自行选择。

在通过笔试后会收到面试通知，分为金融、管理两个组进行，主要考察学员专业知识、综合素质以及英文水平能力。面试前各学员需提前准备五份个人简历，面试时老师会根据简历内容提出部分问题，也会对会对学员报考专业、类别（学硕或专硕）进行询问。因为笔者本科是全英文授课，所以只问了问我的科研项目经历，没有问我英文问题，只用中文问了我有没有用英文写过论文，不过感觉还是有蛮多小伙伴被问到英文问题的。

最后会依据面试成绩由高至低择优录取，同时也会考虑学员报考意愿，面试排名比较靠前但是报考志愿专业已录满学员也会提供调剂机会。最后通过的同学会让大家签署推荐面试优先录取函。

录取情况

事实上，参营的同学真的是来自五湖四海，既有清华北大的学生，也录了一部分来自非211、985高校的学生。特别是国科大经济与管理学院在金融、管理领域还是挺强的，国科大也被与清华北大并成为五星级院校，即便最后离清华北大仍有差距，但感觉在北京应该还是挺吃得开的，所以即便是双非的小伙伴也是推荐试下的，说不准就真的有缘分呢。

最后总结下笔者国科大保研路的最深一点体会吧，鼓足勇气、坚定信念、相信缘分，祝大家的保研之路都能有个好结果。附上国科大经管2017年暑期学校情况，仅供大家参考。

招生类型	专业	全部录取人数
学硕	金融学	9
	统计学	1
	管理科学与工程	7
	企业管理	7
	创新管理	1
专硕	金融	25
	应用统计	2

过来人回声

1. "中国科学院大学经济与管理学院是个相当年轻的学院，像今年应用统计方向都是第一年招收推免生的，隶属中国科学院大学这种理工强校，大家应该也能猜测到老师会很看重学员的计算机编程能力和数理统计基础，当然这也是我在夏令营中切身感受到的。"（一位2017年录取学生）

2. "虽然很遗憾最终没有获得offer，但是国科大经管的老师都在很用心的准备这次夏令营，也能感觉到他们真的把学生看得很重很重，是真正在努力培养学术人才、未来之星的。"（一位2017年落选学生）

易保研保过学员成功案例——中国科学技术大学管理学院、重庆大学经济与工商管理学院

中国科学院大学数学与系统科学研究院

申请环节①

中国科学院数学与系统科学研究院夏令营活动已经举办了五六届了吧，今年五月底在官网上公布了夏令营通知。

申请的话其实就两项，一个是网上报名，一个是电子版材料提交，申请提交

---

① 小西提示：面试前准备好得体的服装

的截止日期是6月18日，以收到电子版报名材料时间为准。

网上报名的话要登录"科教结合协同育人行动计划"网站，点击"暑期学校报名入口"进行报名，其中"承办暑期学校单位"选择"国科大数学科学学院"，"暑期学校名称"选择"2017年大学生数学暑期学校"。夏令营通知上说的还是很清楚的。

电子版提交就是通过Email提交报名申请表（夏令营通知上有附模板）的电子版至中国科学院大学数学与系统科学研究院夏令营指定邮箱，主题要标明[2017夏令营_学校_姓名]。值得一提的是网申完成后系统也会生成一个报名申请表，但要提交的不是那个哦，是夏令营通知附件上的表格。

虽然夏令营通知上也有写纸质材料的要求，不过那个不需要提前邮寄，是确认入营后报到的时候提交的。材料也都是比较常规的材料。夏令营报名申请表（通知上附件的那份），需要班主任和学院领导的签字或者盖章；两封推荐信，可由班主任或副教授以上的任课老师进行推荐；本科现阶段成绩单和排名，由所在大学教务处出具并盖章；还有其他七七八八的获奖证明复印件。如果顺便的话也可以一起准备了，比如成绩单、排名证明、推荐信之类的，毕竟总去麻烦老师们也不太好，有备无患嘛。

参营/推免复试前准备

2017年6月下旬入营结果就确定下来了，因为很幸运获得了入营offer，直接可以在当时网申的报名系统里查到，需要确认是否同意参加夏令营，或者稍晚一些等中国科学院数学与系统科学研究院的邮件也可以。入营后确认参营需要在7月1日之前在"申请进度"中点击"同意"参加夏令营，过了这个时段入营名额就不予保留了。

因为夏令营是在7月10日至7月16日举行，其实剩下的时间也不多了。于是一方面赶紧补齐报到时需要的纸质材料（那时候还没有找班主任和院系领导签推荐意见），一方面准备夏令营的笔试。听之前的前辈们讲笔试的难度还是挺大的，但确实时间有限，只是简单温习了下数学分析、高等代数之类的，题还没有完全刷完就去参营了。

夏令营/推免考核内容

中国科学院大学数学与系统科学研究院夏令营为京外的学生提供了餐费和免费宿舍，还给予了一定的交通补助。整个夏令营行程也特别满，包括开营式、学术讲座、专家座谈、参观实验室和雁栖湖校区，等等，还有多位著名的院士和中青年数学家给营员们上课，真真切切地近距离接触一批优秀的数学家，了解数学的重要问题和前沿方向，整个参营过程中虽然压力非常大，但也确实学到了很多东西。

和之前几年类似，中国科学院大学数学与系统科学研究院会在夏令营中举办一次大学生数学竞赛，成绩优秀的营员直接入围面试，综合素质突出的营员可以优先录取为推荐免试研究生，可以说是非常刺激了。也可以在途中多联系老师，如果老师很想要你，应该会有更多的机会录取吧。

笔试满分100分，考试时长120分钟，分为八道大题。几乎全是证明，涉及范涵、实变、复变、概率，等等，不算简单，大家适当做好心理准备。

2017年是通过笔试考核才会进入面试环节，感觉基本上分为专业知识、综合素质考核和外语水平考核三部分。不仅会问一些专业问题、也会问一些科研方面的问题，有的同学也被问到了英文，感觉面试排在前面的同学专业问题会多一些，后面的相较少一些。

结束后就是闭营式和文艺演出了，虽然文艺演出需要营员自己出节目，不过大家也都玩得很开心。

录取情况

附上中国科学院大学数学与系统科学研究院2017年夏令营情况，如下。

招生类型	专业	全部录取人数
硕士	系统理论	4
	计算数学	19
	统计学	10
	基础数学	21
	管理科学与工程	4
	应用数学	13
	运筹学与控制论	14
	概率论与数理统计	5
	应用统计	4
	计算机软件与理论	1
	系统分析与集成	3
	管理运筹学	1
	经济计算与模拟	1

招生类型	专业	全部录取人数
直博	系统理论	3
	计算数学	4①
	基础数学	4
	管理科学与工程	5
	应用数学	4
	运筹学与控制论	2
	概率论与数理统计	4
	系统分析与集成	1

过来人回声

1. "中科院的数学研究与国内其他数学研究机构，尤其是大学的数学学院还是有非常明显的不同。这里的研究气氛远远比大学的数学研究部门浓厚，体现了科学院的研究本质。换言之，相较于大学的学校氛围，这里给人一种更为严肃执重的观感。另一个明显的区别是，这里的学术活动十分频繁，密度远远超过了大学的水平。各种各样的讲座报告层出不穷，显示院内研究的活跃。可想而知，这对学生开阔视野，接触研究前沿非常有益。"（一位2017年录取学生）

2. "我可以感受到数学院对于人才培养的重视和良好的培养机制。从举办夏令营这一角度，就可以看出数学院对于青年学生培养的重视，在营期间，通过数学院研究生培养计划介绍和细致的后勤服务等方面，这里有着一流的专家，有着一流的实验室，有着众多的高端学术讲座，有着丰富的数学交流活动，这些智力资源的整合和学术活动的开展，形成了比较系统且富有特色的人才培养机制。"（一位2016年录取学生）

3. "真的是很可惜啊。笔试失利没有获得面试机会。真切地体会到了'人外有人，天外有天'的感觉。"（一位2016年落选学生）

保研成长计划

针对大一、大二学生，规划大学三年保研路线。

官方微信：iebaoyan

---

① 小妍提醒：面试基本的礼仪不要忘记略

第十章　北京师范大学

北京师范大学法学院

申请环节

北京师范大学法学院招收推荐免试研究生只有九推，我就是根据去年的通知时间提前准备材料的。我当时查看的去年出通知的时间是9月13日，截止时间都是9月23日，我们这一届出通知的时间是9月6日，截止时间通知是9月22日，中间留有很长一段时间的准备期。

暑假时期准备需要投递的材料时间正合适，北京师范大学法律硕士要求投递的纸质材料有申请表1份、个人陈述1份、本科阶段成绩单、获奖证书、英语水平证明、发表文章或研究成果。申请表和个人陈述都是有模板的，可以直接套，个人陈述我是提前拟好一个，这个具有普遍性。成绩单是3年的，需要去学院教务处申请盖章。北京师范大学法律硕士对英语要求没有特别高，原则上只要过了6级即可，但是北师面试的时候会有英语考察。最后再梳理一下自己本科期间的获奖情况，把获奖证书原件扫描和复印，这样基本上需要提交的纸质材料就完成了。为了后面方便填写网申系统，我也同时写了一份个人简历。另外，法律硕士作为专业硕士学位，对学生的学术研究水平要求不高，因此没有发表文章或研究成果也是可以的，但是如果有的话可以给自己加分不少，毕竟导师们都比较喜欢有学术研究能力的学生。[①]

北京师范大学的网申系统做得比较完善，相应地对材料的要求比较高。比如这个系统要求上传所有证书、证明、成绩单的扫描版，这需要较多时间准备。再就是个人陈述的内容，法律硕士的面试者本科阶段都是非法律专业，因此最好能够在个人陈述中展现出自己的法律素养和法学思维，这也是面试老师比较看重的一点。而且要尽可能地熟悉自己的个人陈述，这样面试老师在针对你的个人陈述提问时，才能够言之有物。

---

① 易宝提醒：参营前和导师确定意向可能增加录取几率

参营/推免复试前准备

北京师范大学法学院的学术型硕士和法律硕士在复试之前都会出一个复试通知，因此要及时关注官网的通知和推免系统里的回复。今年通知上网申截止时间定的是9月22日，但实际上9月15日左右推免系统就已经给出了复试通知，正式复试时间也是9月22日，因此如果压着时间去投递材料，很有可能就来不及，所以要时刻关注官网和系统通知。下面这个表格就是今年北师大法学院各个重要事项的时间节点：

相关事项	时间节点
网申时间	9月6日～9月22日
纸质材料投递截止时间	9月22日
报到时间	法律硕士：9月22日下午2：00～5：30 学术型硕士：9月28日下午1：00
复试时间	法律硕士：9月23日全天，上午9：00开始 学术型硕士：2017年9月28日下午2：00

法律硕士是9月22日下午报到，23日全天面试。因为22日那天同时有北京大学、中国政法大学法律硕士的面试，所以很多报名者都没有去报到，据说23日重新接纳了一批报到的同学，但是实际上23日面试的人还是不多。北师今年计划招收推免法律硕士80人，但实际上只推免了66人。据面试现场的师兄透露，只要去参加面试且表现不特别差的同学，基本都会被录取。因此，同时心仪法律硕士、京内双一流高校的同学可以考虑选择北京师范大学。而且北京师范大学法学院招收法律硕士（非法学）推荐免试研究生，对本科学校要求不高，官网上未公布名单，但我面试的时候，有询问过周围同学的本科学校，有辽宁大学、郑州大学、浙江理工大学、青岛理工大学、西南政法大学等211或非985、211学校，专业五花八门，有小语种（如韩语）、经管类（如国际贸易、经济学等）、政治学类、刑侦类等专业，这对于非985、211的同学是个利好消息。

夏令营/推免考核内容

法律硕士的面试流程是5～7人一个小组，先分别进入面试教室进行3分钟左右的自我介绍，面试老师有6人，在自我介绍完以后会根据你的简历提几个问题。随后进行英语考察，是抽签选题，然后进行翻译。在所有人完成自我介绍和英语测试后，再集体进入面试教室，围绕一个话题进行无领导小组讨论。时间限制在20分钟，最后由一个人进行总陈述，期间老师不参与发言。英语翻译单词量在200个词左右，主题是围绕时政热点展开，我当时翻译的大概内容是特朗普发推特怒怼希拉里，同组同学还有抽到全国人民代表大会、自拍成为热词等内容。我们小组当时无领导小组讨论的是海底捞的老鼠事件和星级酒店卫生恶心事件，面试老师都比较和蔼，每个组员都有充分的发言时间。我当时结合美国麦当劳冰淇淋机长期不清理的事件和海底捞老鼠事件一起阐述，感觉面试老师还是比较满意。有一个小窍门就是无领导小组面试时如果你没有观点，你可以选择做总结陈词的那个人，同样也可以展现自己的能力。学术型硕士的面试流程更为简单，可能也有人数较少的缘故，面试形式就是1V5，英语考察就是英文法条，但不会局限于你选择的方向，专业知识考察因人而异，面试老师会结合你的简历去提问。

法律硕士的前期准备其实比较综合性，因为北师在面试过程中基本不会考察过于专业的法律知识，重点在考察法律思维的问题。建议在前期准备的时候读一些法律书籍，如《法治及其本土资源》《美国宪政历程》《大法官的智慧》等，最好看一些法理学的教材，同时结合时政热点自己练去分析和阐述。英语方面，可以多去听和看BBC的英语新闻，看着字幕练习翻译也是一个不错的选择。学术型硕士的前期准备可以侧重于对个人材料的了解，英语方面就多去翻译一些英文法条，专业词汇要掌握牢固。

录取情况

下表是北师法学院2017年的推免录取情况：

招生类型	专业	推免人数	全部录取人数
学术型硕士	法学理论	学术型硕士13人，专业硕士66人，共79人	2
	宪法学与行政法学		1
	刑法学		1
	民商法学		2
	诉讼法学		2
	经济法学		3
	国际法学		2
专业硕士	法律硕士		66

北京师范大学法学院的推免法学硕士招生数量非常少，每年都在10～15人，今年法学硕士只接收了13人，每个方向只有1～2人。据推免成功的同学透露，前期材料的淘汰率就高达50%，因此材料要精心准备。如果对北师感兴趣的同学，可以考虑北师刑事法律科学研究院的推免，这是北师的王牌学院，专攻刑法学和诉讼法学。①

---

① 易宝提示：关注往年的夏令营为今年做预期

过来人回声

1. "北师大的法学硕士推免招生的名额真的好少，我是艰苦奋斗才杀出重围的。复试考核形式为面试，比较简答。我面试的是刑诉，但是抽英语法条抽到的是经济法的，也是比较悲催。当初我面试的时候还不了解刑事法律科学院，其实刑科院也是一个不错的选择。"（一位2017年学术型硕士录取学生）

2. "从双非学校进入北师也算是一种逆袭吧！北师的法律硕士相对于京内其他985高校门槛不高，所以对京内双一流学校感兴趣而且想读法硕的同学，北师是一个不错的选择。虽然北师法学院比较年轻，但是实力还是在迅速进步的，我看好她！"（一位2017年法律硕士录取学生）

3. "我九月份就开始准备北师法学院法理学方向的推免，比较想去北京的高校，所以就试了试。但是北师法学院招的学术型硕士数量真是太少了，我前期材料都没有通过，也没有参加复试的机会。可能与本科学校层次不是985、211，而且六级成绩比较差有关系。"（一位2017年落选学生）

北京师范大学经济与工商管理学院

申请环节

京师经管院的夏令营申请投递方式近两年略有变化，但都包括电子材料提交和纸质材料邮寄。拿2016和2017年为例，2017年申请方式为邮件发送申请表+邮寄纸质材料；2016年为填写网申系统+邮寄纸质材料。纸质材料包括报名申请表、本科阶段成绩单原件、前5学期总评成绩排名证明、六级考试成绩证明以及体现自身英语水平的证明材料、已公开发表的学术论文（非必须）、资格证书获奖证书等材料。

京师经管的夏令营属于夏令营中发布较早的，记得当年是我第一个着手投递的夏令营。申请的截止时间也早，一般是五月末六月初，需要注意。值得一提的是，北师大的入营难度不是很大，欢迎非经管背景的同学，也有双非院校入营的先例，本校入营人数很多；从入营条件来看比较开放。

参营/推免复试前准备

由于夏令营开放招生的专业类型均为学硕，因此京师经管整体研究生还是很看重学术能力的。在参营前可以阅读一些经管院老师或报考专业老师的文章，也可当作对专业课复习的提高和升华。尤其是跨专业的同学，如果觉得看教材无从下手建议采用看论文这种相对有针对性的方法。

另外，个人论文展示没有强制要求使用PPT，但个人认为一个简明美观的PPT

会对你的整个展示过程加分，建议提前准备好。

因篇幅所限，请扫描二维码或登录易保研官网
www.ebaoyan.cn了解历年夏令营详细日程

夏令营/推免考核内容

京师经管夏令营的行程应该算是所有夏令营中最为紧凑的，两天完成全部考核。而京师经管的笔试也在这两年发生了较大的变化。但按趋势推测，2016年应该是特例，没有考察任何专业知识，但17年包括16年之前都有经济、英语和数学方面的考核。

2017年的夏令营笔试分为数学、英语、经济学综合三项；3小时内一起发试卷，题量较大，时间不太够用，难度级别小于考研试题；英语考核为文献阅读以及总结；经济学为微观、宏观的典型题目；难度总体不大。相对于面试来讲，笔试对专业知识有一定的要求。一个小时的时间很紧张，会考察诸如管理的职能，双因素理论，公司组织结构的变迁等概念和理论，会结合实际来考察。

而2016年的笔试则为两道大题，无专业门槛。两个小时时间略紧凑。第一题为看英文漫画写感悟，考查学生对问题的描述、剖析能力，个人的情商与价值观。第二题为5页A4纸的公开发表论文的概述部分，要求阅读材料回答问题。主要考察学术敏感度、学术论文阅读能力、创造联想能力。

在面试上，两年都是按专业进行。面试时间严格限定，每组3位老师；面试对英语以及科研的考核较为看重，根据个人材料不同考核问题也有差别；自我介绍视当时情况而定。每个人先进行5~8min的个人论文展示，接下来是老师针对论文和个人素质方面提问。问题包括但不限于：论文：研究方法，包括文章中的问题、局限性的讨论；专业知识：列举本领域期刊，简单回答某管理学概念。由于是学硕，一般不会问到个人实践和学生活动经历。英文的部分限于日常对话，例如如何平衡学习与其他活动等。跨专业的同学不用担心参营论文或面试的提问，老师会考虑到你的背景不会纠结于具体的专业知识，参营论文也可以与申请专业不完全符合，但是研究的潜力和基本的方法或做学术的感觉是需要具备的，这也是对跨专业学生的考察重点。

北师大不会给发预录取，所有通知都会在之后进行邮件通知，而且对于入选名单及录取名单、具体分数等细节都不予公布；入营后可换专业。

录取情况

专业	全部录取人数	夏令营录取人数	备注
政治经济学	3	2	
西方经济学	2	2	不招统考生
人口资源与环境经济学	1	1	不招统考生
劳动经济学	4	1	①
金融学	6	1	
世界经济	2	2	不招统考生
国际贸易	3	2	不招统考生
会计学	9	4	不招统考生
企业管理	6	4	
人力资源管理	4	4	不招统考生
教育经济与管理	3	2	不招统考生
总计	43	31	

2017年夏令营入营154人。入营154人最后选30个左右，竞争激烈。

过来人回声

1. "北师大在夏令营期间会有分专业和导师交流的时间，一定要好好把握这个双向选择的过程。最好能在交流时有针对性地与心仪导师多沟通，个人认为导师的分量还是比较重的。另外，夏令营持续时间比较短也因此活动安排很密集，要准备好充足的精力。"（2016年录取学生）

2. "北师大的经管院比较注重科研能力，研究生会有发表论文的要求。所以在夏令营的面试环节最好能突出自己这方面的潜力，比学生活动和实践经历相比可能更重要。"（2017级研一）

保研论坛鹊桥版
保研学子交友圣地。
网址：http://www.eeban.com/forum-112-1.html

---

① 小也提醒：搜集信息非常重要！

第十一章 北京国家会计学院

申请环节

北京国家会计学院在夏令营申报阶段只需要网申，不需要邮寄相关材料，但是入营时要带将纸质材料带过去存档。最晚在5月份开始着手准备相关材料了，同时将相关材料扫描后整理成一个pdf上传系统。为了后面方便填写网申系统，可以提前把一些必要的问题写出来，整理到一个word里，这样在下次填写其他学校网申时将会是一个很便捷的方式。

关于网申系统中填报专业的选择，大家要依据自身的定位合理填写，其中会计专业的竞争激烈程度最高，其次是审计和税务。网申系统里除了自己的基本信息之外，还需要填写发表论文和其他研究成果情况、个人陈述、主要学生工作经历、主要科研经历、获得奖项等，并且都有一定的字数限制，一般是100～200字左右。由于之前已经写好了一份简历，网申系统填起来就比较得心应手。

另外，需要完成的就是一份个人陈述，我参考以前的经管保研书籍，并在网上下载了一些个人陈述的模板，根据自身的特色和表达方式，结合自己的获奖经历，撰写了一份个人陈述。这个时候的个人陈述一定要言简意赅，详略得当，重点突出，并能够形成自己的文笔特色，如果精力允许的话，将自己的个人陈述与自身经历、对方院校特点结合起来写则更好。

参营/推免复试前准备

北京国家会计学院的夏令营通知先会发短信确认一下是否参加，同时也可以登录查询系统查询结果，此时会要去你回复邮件，确认是否会参营。

因篇幅所限，请扫描二维码或登录易保研官网
www.ebaoyan.cn了解历年夏令营详细日程

夏令营/推免考核内容

A.笔试：笔试题目是标准的试卷类型

在笔试当中，既有主观题目，也有客观题目。大概是有20个选择题，其中考察的内容有一半是政治相关的题目，都是选取的最近时事热点，可看出北国会老师对学生政治素养的重视了哈哈哈。另外一半是管理学和经济学的知识为多，主

要是管理学的知识，经济学只有一二个，所以说管理学还是要好好复习的。[①]

主观题目的话主要是简答和论述。大概有3道简答，2道论述类的大题。第一道简答也是一道时事政治的题目，谈一下对一句话的理解，这句话是截取自十八大报告中的一句话，言之有理即可。第二道，财务管理的目标中股东财富最大化和利润最大化的区别和联系是什么？第三道，函证过程中需要注意哪些问题？

论述题的话，主要是两道案例论述，一道审计的案例，一道财务的案例，回答的时候结合公司案例，分层展开，逐条剖析即可。

B.个人面试

个人面试的时候是被分好了组，同一个小组的人面试题目是相同的，但是同一小组的人面试完后不得交流，要等所有人都面试结束后才能离开。一般一个人面试的时间在10分钟，会有专门的人计时。

首先，是用中文自我介绍1分钟，这个环节也会要求你把提前准备好的简历给老师看，老师大概浏览一下你的基本条件。

接下来，就是5个老师对你一个，让你从给定的两道问题中选择一道作答。有1分钟的读题时间，3分钟的回答时间。

结束之后，老师会指定要求你翻译桌面上的那篇英文文章中的某个段落。我当时翻译的是关于经济全球化和反全球化的内容，之后会根据你读的内容随机问一个问题。

C.案例分析

案例分析占的比重不大，只有20%，所以这部分可能根本拉不开差距，而且面试现场的同学可能都表现不错，老师在旁边也观察不出什么内容来。你只要注意不要太强势，不能自己一直在滔滔不绝地说个不停，也不能不发言。把握好发言的时间，发言内容注意逻辑和条理性就ok了。

D.参营Tips

第一，建议大家提前准备好一篇拿得出手的相关论文和中英文三分钟自我介绍；第二，笔试内容，切忌泛泛而谈，而要具体深入地去谈自己的看法，要有自己的思想和逻辑框架；第三，面试的时候要自信、大胆、谦虚，说话要有逻辑条理，做到有理有据，思路清晰。如果没有被录取的话，也不要灰心，9月份还有专硕的推免，录取的专业是会计专硕和审计专硕，形式是笔试+面试。笔试有给参考书目，面试是英语+专业面试。

录取情况

北京国家会计学院的夏令营是分为会计、审计和税务三个方向招生，每个方向分别计划招生15人。

---

① 小西有话说：亲爱的你，一定可以成功！

过来人回声

1. "北京国家会计学院的夏令营之前联系导师不是很重要，很多导师可能都不会参与项目的选拔。整个考核过程都不难，而且都是比较常规的考查内容。笔试的时候记得答题要分点，有逻辑有条理，还有注意一下字面整洁。面试的时候不必紧张，平常心对待即可，要自信、从容和谦虚，同时要让老师看到你的想法就基本没什么问题啦！"（一位2017年拿到夏令营优秀营员的学生）

2. "我是参加了北京国家会计学院17年的会计专硕夏令营，给我的感觉就是竞争十分激烈，当时会计专业入营了130人左右，最后只给15人的优秀营员，15人的候补名额。幸好我当时还在候补名单中，最后也成功被录取了。建议大家可以考虑报审计或者税务，其实课程内容都差不多，但是这两个专业竞争压力要小得多了。"（一位2017年拿到替补机会并最后被成功录取的学生）[①]

第十二章　中央民族大学

中央民族大学管理学院

申请环节

中央民族大学管理学院没有夏令营，只有九推。今年管理学院的九推通知是在9月15日出来的，要求通过"中国研究生招生信息网"的"推免服务系统"提交申请，即9月28日系统开放之后进行申报并网上交纳报名费。在网报成功2日内将以下材料交或EMS给学院，包括中央民族大学2018年接收推荐免试硕士研究生申请表、个人陈述、两位副教授或教授的推荐信、本科期间成绩单（须盖毕业学校教务处公章）、学术科研成果、获奖证书以及外语过级证书复印件（复试时需携带原件）。

接收纸质材料的截止时间是10月9日（以材料寄送到达为准），在10月10日前院系审查完考生的申请材料之后通过"推免服务系统"通知我们参加复试。

参营/推免复试前准备

首先我是利用暑假时间对我想报考的专业进行了系统了解并按照近年来该专业考研内容进行系统的复习，做到心中有数。一些重点复习内容还咨询了往届参

---

① 易宝提示：保持好成绩很重要

加过中央民族大学管理学院九推的学长学姐，根据他们的反馈进行准备。

九月推免已经到了大四开学，开学还需要进行校内保研资格的申请和评比，因此对于九推面试的准备我是在确认能进入面试之后，利用剩余几天时间进行模拟面试，我还找了同学作为考官，最后模拟面试结束给我提出一些建议。另外还需注重专业相关的时事热点，多阅读相关热点新闻，多关注相关研究前沿，对感兴趣的问题可尝试拓展联想。

夏令营/推免考核内容

预推免的路程往来和住宿是要自己准备的，这个就不说了。推免通知里面写复试采用面试+笔试形式（面试、笔试各占复试总成绩的50%）。

面试一共分三个部分。首先自我陈述5分钟，这个可以在复试前提前准备好稿子然后练熟，主要注意点就是语速不要太快，不能看起来是背的。接下来是抽题回答问题，有关于专业方面的问题，希望大家好好回顾专业知识。最后导师组老师进行提问，一些常规的生活问题，还有读研规划，等等。如果你带了简历和论文，老师会问你简历和论文中的一些问题，如果你之前准备比较充分，应该不会太难，总之面试过程还是很愉快的。

最后的考核结果是研招办先将拟接收名单网上公示10个工作日然后公示拟接收名单无异议的，通过"推免服务系统"向拟接收的推免生发待录取通知，拟录取考生进行网上确认，这样就算是保研结束了。

录取情况

招生类型	专业	复试人数	全部录取人数
硕士	行政管理	2	2
	企业管理	1	1
	技术经济及管理	0	0
	旅游管理	2	1
	会计学	3	2

过来人回声

"中央民族大学管理学院能进入复试的外校同学很少，进去之后会有本校的同学一起竞争，所以在复试前要做好充足的准备，不然很容易被刷下来。希望大家能够在复试前好好准备，最好带上自己的简历，有论文展示会更好。"（一位2017年落选学生）

易保研留学中心

除了保研，我们也能辅导你如何走另一条路。

官方微信：iebaoyan

第十三章　北京理工大学

北京理工大学管理与经济学院

申请环节

我在3月份的时候开始准备自己的材料，北京理工大学管理与经济学院今年的夏令营的通知早在去年就已经发布了，所以按照通知上的要求进行材料准备也较为得心应手。

北京理工大学管理与经济学院的夏令营的申请材料主要包括夏令营报名表，加盖学校教务处公章的本科成绩单，这里注意学院章是无效的；国家英语四级考试的成绩单复印件和各类获奖证书复印件。

参营/推免复试前准备

在收到夏令营的录取通知之前，我觉得北京理工大学的管理与经济学院比较看重学生的数理背景和管理类学学科，经济类学科的知识，所以我也在有限的时间里，做了一些数学题，阅读了一些管理类学科和经济类学科的书籍。

夏令营/推免考核内容

应用经济学：

夏令营于7月1日到7月4日举行。

7月2日和3日，应用经济学科的孟凡臣教授、廖化教授、郝宇副教授、王怀豫副教授为我们做了精彩的学术报告，教授们分别介绍了自己的研究方向以及研究团队的基本情况。通过这些学术报告，我们初步了解了应用经济方向的主要研究内容以及相关研究团队的情况，加深了对应用经济学专业的认识。

7月2日下午，夏令营参营学生与在校的研究生同学进行了座谈，了解了北理工学习、工作、生活的方方面面，进一步加深了对学校和学院的认知。

7月3日下午，夏令营营员分为两组，分别和相应学科教授小组进行了学术成果和学术能力的展示交流，让应用经济学科的老师们充分了解了我们的科研、学术能力，取得了良好的效果。4日上午，我们参观了校史馆，对北理工有了更加深入的了解。最后学科组公布了优秀营员名单，并颁发优秀营员证书。至此，为期4天的夏令营活动画上了圆满的句号。

工商管理学科：

夏令营于7月1日到7月4日举行。

在2日上午的开营仪式上，该学院领导向参加夏令营的同学表示祝贺，非常欢迎更多优秀学生到北理工继续深造和学习，并宣布夏令营开营。此后，工商管理学科陈宋生教授、吴水龙副教授、张斌博士、杨添安博士和叶选挺博士分别为营员做了各研究方向的前沿专题学术报告，并和我们就自己关心的学术问题进行充分的学术交流。

3日下午，工商管理学科全体营员分为四组，分别和相应学科方向的教授小组进行了学术成果和学术能力的展示交流，让工商管理学科的老师们充分了解了我们的科研、学术能力，取得了良好的效果。交流会后，20余位优秀大学生获得学科教授的认可并取得优秀营员的称号。

4日，学院教师带领营员参观了我校的校史馆。工商管理学科优秀大学生夏令营活动圆满落幕。

管理科学与工程：

7月2日和3日，管理科学与工程专业方向的颜志军教授、张祥教授、汪雪锋教授、刘铁忠副教授、崔新副教授、王科副教授、关磊老师等七位老师为我们做了精彩的学术报告，教授们分别介绍了自己的研究方向以及研究团队的基本情况。通过这些学术报告，我们初步了解了学院管理科学与工程方向的主要研究内容以及相关研究团队的情况，加深了对管理科学与工程专业的认识。

7月2日下午，颜志军、刘铁忠、王建才、高慧颖、郭颖、贾琳等老师一起与我们座谈，介绍学院及专业的具体情况，并且回答了我们关于推免、科研相关的问题。座谈轻松而深入，我们普遍从座谈中了解到了很多特别关心的问题，也对北京理工大学更加向往。

7月3日下午是学术能力展示环节。在这个环节，我们向老师们展示了自己的科研成果。要综合考虑的个人素质、科研能力等因素，这一环节是评审的重要依据。

7月4日上午，夏令营举行了简短而隆重的闭营式，颜志军教授为优秀营员颁发了荣誉证书。学院还组织夏令营学生参观了校史馆，帮助大家更好地了解北京理工大学的历史和现状。

过来人回声

1. "北京理工大学管理与经济学院的夏令营具有非常浓厚的学术气息，会真

正让人学习到很多东西，是一个十分优秀的夏令营"（一位2017年录取学生）

2. "北京理工大学管理与经济学院的夏令营非常注重学生的数理背景和管[①]理类学科，经济类学科的知识，营员们的竞争非常激励。"（一位2017年落选学生）

第十四章　北京邮电大学

北京邮电大学经济管理学院

申请环节

在我确定要报考北京邮电大学后，就开始尝试着给老师发邮件。老师的邮件地址和研究方向官网上都是有的。我当时是想搞物流管理或供应链管理这个方向的，我选择给几个老师发了邮件，可惜老师都没有回我邮件。老师没有回邮件是件非常正常的事，一则是老师放暑假，不看邮箱。二则是老师看了我的简历，看不上我。在北邮人论坛上会有很多老师的招生信息，所以没有夏令营的学院以及立志读博的同学们一定要多加关注，不然会错过很多机会。

夏令营/推免考核内容

八月底，北邮的一个博士生导师组叫我去北京参加复试。那些天，我一直在一教复习，也没有继续看别的老师的信息。我满怀着期待去了北京，我提前问了招生老师知道是要笔试的，但是当真正地看到试卷的一瞬间我还是蒙了，由于部分课程涉及的学科我们学校是没有开设的，但是北邮是开设了。所以看着别人答地健步如飞，而我那是满头惆怅。面试倒也还好，主要是问一下你的学校，科研项目以及大学生活，等等。在等待时间，我与其他学校的同学聊天知道别人都是全国最有名的高校，看着他们的简历，我真心觉得他们好优秀所以你要和他们竞争，必须要准备地特别充分。很遗憾，40个人选几个人，我落选了。

我并没有马上回来，我在北邮和同学一起又主动找了几个老师面试，老师基本第一个问题就是我的本科院校是211吗，我无奈地回答不是，然后老师就随便问几个很难的问题把你轰出去了。确实有些老师还是希望自己的学校是来自985、211高校的，这无可厚非。但是要相信总有那么一些老师不怎么看学校，更

---

① 路姐提醒您：适当的训练口语

多的是个人素养与能力。

后面又陆续联系了一些老师，有些老师回复名额已满，有些没有回复，有些老师说可以见面聊一下。我选择了一个自己相对比较喜欢的研究方向的老师，但是这次我并没有马上去北京详聊，我问了一下老师的电话号码，跟老师在电话里聊了还是相对比较好的，无非是聊一些项目，研究方向以及大学学习生活情况，等等。但是老师还是让我过去一趟再聊一下，其实我已经知道老师对我的感觉还好。到了北邮，与老师主要还是聊了一下实验室的项目。老师问了我几个专业知识，基本上没答上来，我就转到别的话题了，不过老师最后还是给了我一个学硕的名额。经过自己1个多月的努力，还是取得了一定的收获，如愿以偿拿到offer。

总结

联系老师在九月推免过程中是个很重要的问题，尤其是保研外校，信息获取比较困难。首先在官网上要对实验室和导师有个大致的了解；直接邮件联系老师，争取见面沟通，回不回邮件的老师都有，心态要好一些，见了老师之后可以认识一些实验室的学长学姐，对老师有个侧面的了解；找北邮本校的学长学姐，问他们要周围保外的学长学姐的联系方式，一般情况下，找到一位保外的学长学姐就可以认识另外很多个保去不同学校的学长学姐，多听不同人的见解，反思自己需要些什么，你对自己的规划会越来越清晰。

去年我也觉得想这么多很麻烦，有位老师告诉我说，再坚持坚持，可以这样自由选择的机会真的不会很多，坚持一下把握住。现在也同样把这句话送给学弟学妹，希望在人生的关键路口，如果你有很多迷茫纠结、挣扎彷徨，坚持一下，总有一天你会为这样的自己感动！

第十五章　首都经济贸易大学

首都经济贸易大学经济学院

申请环节

今年首都经贸大学经济学院的夏令营通知是和其他很多学院一起在首经贸研究生院的官网上公布的，公布时间大约是在5月中下旬。今年经济学院的夏令营招收专业有9个，除了国际商务硕士是专业硕士之外，其他8个专业方向都是学术型硕士。要求提交的材料也是常见的几种，包括申请表，成绩单，成绩排名证明，个人陈述，2封专家推荐信（副教授以上职称），英语成绩单，其他证明材料（证书，已发表的论文）。申请表是在线填写打印的，个人陈述在所给的模板里面写就可以了（1500左右），字数要求不多，语言言简意赅，表达出自己特点就可以了。在个人陈述模板里面还需要填写你想要参加的学院和专业方向，学院和专业方向都可以选择两个，我本身是学经济学的，所以就只报了经济学院，方向是西方经济学和产业经济学。至于专家推荐信，基本上都是自己写好，然后找老师签字。建议写的时候要区分侧重点，我的话一篇侧重学术，一篇侧重竞赛。大家可以根据自己的特点，有针对性的写就可以了。总的来说，首经贸夏令营的要求不算很高，专业排名在年级前30%，，英语四级达到425，最好有发表论文和竞赛经历。

参营准备

参营前基本上是熟记中英文自我介绍，对之前复习的专业知识进行汇总，等等。因为各大论坛上并没有关于首经贸的经验，我参营的时候也就没有什么参考资料，所以我也就没有做过多的针对性的复习。首都经贸大学的夏令营具体安排在夏令营通知中已经公布出来了。

因篇幅所限，请扫描二维码或登录易保研官网
www.ebaoyan.cn了解历年夏令营详细日程

复习的时候可以参考对应专业的考研书籍，会有所帮助。

参营内容

首经贸的夏令营是学校和学院的结合，整个面试过程还是比较轻松的。

7月9日是营员报道并安排住宿，印象中7月份的北京还是很热的，天气闷热，整个人的精神都不太好。做什么事都提不起精神，当时对自己的状态就比较担心，害怕影响之后面试。

7月10日是学校统一组织的讲座和一系列的活动。跟其他学校的夏令营没有什么区别，先是校长致辞，介绍了校史，校园文化，师资力量，学科建设，等等，对首经贸有一个概括性的认识（非常水，个人觉得没什么用）。后面就是一系列的讲座。经济学院的老师分享了一个主题讲座，印象中是关于经济学中的中国元素，剩下两个讲座大概介绍了研究生的职业发展规划，以及研究生的学术生活。通常情况下，这种讲座一般都是刷脸的好时机，有很多同学在这个时候就表现得特别踊跃，给老师留下些印象。但因为是学校统一组织的，就显得意义不是很大了。下午的时候参观了校史馆，了解一下首经贸的历史，第一天就过去了，没有开展什么实质性的内容。不过也让很多外地的同学能喘息一下吧，要是一来

就面试，大家还没适应，效果可能也不太好。

7月11日就是各学院各自的活动以及面试过程。经济学院的活动除了一些基本的讲座以外，最重要的就是笔面试。笔试主要是对经济学基础知识的考察。

比如新古典经济学和新凯恩斯主义异同，扩张收缩适中经济政策；计算题为计算最优产量以及停止经营点。首经贸各学院的面试形式基本相同，属于半结构化面试。包括中英文面试，英文部分主要是抽题目做答，对相关专业名词进行解释。中文问题包括专业问题和个人资料问题。专业问题基本上是让你对重要知识点进行论述。如果之后有时间的话，会针对你的个人资料进行提问。包括论文模型，研究计划，等等。总的来说，老师都很好，不会刻意为难同学。氛围比较轻松。

7月12日开本次夏令营的闭营仪式，派教师代表和优秀学生代表分享感想，然后就是宣布优秀营员。这次夏令营就算是结束了。

录取情况

招生类型	专业	全部录取人数
学术硕士	政治经济学（020101）	3
	西方经济学（020104）	5
	世界经济（020105）	1
	国民经济学（020201）	8
	产业经济学（020205）	9
	国际贸易学（020206）	7
	数量经济学（020209）	6
	经济思想史（020102）	1
专业硕士	国际商务硕士（025400）	9[1]

单就各专业录取人数看，国际商务硕士以及产业经济学专业的录取比例最大。而经济思想史，世界经济专业的名额很少，选报方向时尽量不要挑选这些名额很少的专业方向。某种意义上，会降低录取成功率。

首都经济贸易大学金融学院

申请环节

今年首经贸是第一次举办夏令营，由学校统一组织。通知公告大约在5月下

---

[1] 小妍提醒：（﹁﹂﹀）↗*Studying makes me happy*

旬发布。招收专业有3个，金融学、金融硕士以及保险硕士，后两个是专硕。需要的纸质材料包括申请表，个人陈述，成绩单，成绩排名证明，英语成绩单，专家推荐信（副教授以上职称）以及证书论文等其他材料。按照顺序准备好提交就可以了。首经贸这次的夏令营要求其实不是很高，成绩排名在前30%，过英语四级。不过我个人觉得应该是因为跟其他学院在一起举办，所以英语只要求过四级。但是，作为经管专业尤其是金融专业，英语是非常重要的。很多高校的英语要求是6级至少600+，所以如果你的英语成绩不高，还能刷分，就赶快报名刷刷分，不要因为英语成绩没能去心仪的高校。

参营准备

在接到参营通知的以后，基本上就是准备面试，包括熟记自我介绍（中英文），搜集面试时可能问到的问题，以及自身各项材料的熟悉。像中英文自我介绍，我基本上都准备了5分钟，通常情况下面试自我介绍的时间都不会超过5分钟，所以中英文介绍是肯定说不完的，到时可以根据现场情况随机应变。我面试的时候老师就要求我直接介绍论文情况。建议大家能用英文就不要用中文，英文能更好地体现你准备的充分程度以及你的英文实力，而且也会增加老师的好感度。在面试之前每天都会熟悉自己的简历，个人陈述，论文。最后就是关于专业课的准备。首经贸这次夏令营采用的笔面试结合的方式，成绩各占50%，笔试主要是专业基本理论知识，面试主要是考察包括外语水平在内的综合素质，所以准备的时候，可以在网上搜集一些历年学长学姐的经验和专业相关的书籍，构建专业知识架构。同时，了解近期时事动态，最好能够谈论自己的见解。首都经贸大学的夏令营具体安排在夏令营通知中已经公布出来了。

因篇幅所限，请扫描二维码或登录易保研官网
www.ebaoyan.cn了解历年夏令营详细日程

金融类可以参考滋维·博迪等著《投资学（原书第9版）》，以及斯蒂芬A.罗斯（Stephen A. Ross）等著《公司理财（原书第9版）》。保险方向可以参考魏巧琴著《新编人身保险学》（第3版），以及许飞琼、郑功成主编《财产保险》。

参营内容

整个夏令营进行了4天。由于这次夏令营是由学校统一进行规划，所以在安排跟其他学校的夏令营可能有所不同。

7月9日是营员报道，安排住宿。参加夏令营的京外学员的食宿和往返车费都是学校报销的，这点比有些高校要强很多。

7月10日一整天是学校统一安排的活动，11个学员的学生一起，总共也就200多人。早晨在学术报告厅举办了开营仪式，介绍了校史，学科布局，师资力量，校园文化，欢迎我们加入首都经贸大学这个大家庭。紧接着就是一系列的讲座。印象中先是经济学院的一位教授以"经济学中的中国元素"为主题开展了学术报告，后面另一位老师介绍了研究生阶段的职业规划问题，最后介绍了研究生的学术内容，提前让大家了解一下研究生的学习生活吧。下午，大家一起参加了校史馆，感觉这项内容基本每个院校都会开展，为了更好地了解学校。第一天总的来说，还是比较轻松的。

正是分学院进行面试是在11日，上午学院会开展一个讲座，紧接着就是面试。面试的形式其实是半结构化的，包括专业课笔试，中文面试和英文面试。专业课笔试题型是名词解释，简答题以及论述题。涉及内容包括金融货币银行学与国际金融知识等。

英文面试：随机两个人一组，进到办公室。两个老师对一个学生，一个老师询问和聆听，另一个老师记录。其中一个老师会先用英语介绍面试的整个流程，然后开始放听力。这是一段大约两三分钟长度的VOA听力（我也不知道是慢速还是常速），听完后需要用英语来描述这段听力说的是什么内容。这部分完成后，要从桌子上很多纸条中抽一张纸条，纸条上有一问或者两问，念完问题后进行回答。问题都比较简单，不涉及专业英语。

专业课面试：对面有5位老师并排坐在一起，侧面是一个指导老师，主要负责辅助工作。首先是自我介绍，两三分钟，然后从面前的五个信封中选三个，五个信封上分别标有商业银行、证券、保险、国际金融和货币银行学。从这三个信封中各抽一张纸条，念出来并回答问题。这些问题都是专业知识问题，老师会借此考察对专业知识的掌握程度，也会就这些问题继续提问。如果还有剩余时间，则会随机提问其他问题，比如读研动机，职业规划，学术背景之类的。

总的来说面试氛围比较轻松，老师也不会过于为难大家，甚至会引导你说出答案。整个夏令营过程非常的轻松愉快。

12日就是闭营仪式，除了校领导再次表示期待大家加入首都经贸大学以外，比较紧张的就是闭营典礼的时候会宣布优秀营员。

首经贸金融学院的夏令营大致内容就是这些，相对来说比较简单，不必过于紧张。

录取情况①

招生类型	专业	全部录取人数
学术硕士	金融学（020204）	14
专业硕士	金融硕士（025100）	19
	保险硕士（025500）	1

2017年金融硕士（专硕），金融学（学硕）的名额占比很大。而保险硕士的名额极少，17年只有1个名额。如果有想报保险方向的，可以考虑转换专业方向或者关注其他院校。

易保研语言中心

重心放在翻译硕士（MIT）的保研辅导和解决保研学子面临的语言问题，用最好的师资和最好的辅导，让同学们的保研路不会因为语言而耽误。

官方微信：iebaoyan

第十六章 中国社会科学院

中国社会科学院工业经济研究所

申请环节

我在2016年11月份就开始准备写论文、参加一些比赛（像大创、数模之类），然后刷了一次六级，这些都是硬件，必须早早备好。大概4月份的时候着手准备相关的材料。需要的材料可以看去年夏令营的通知，一般都挂在学校的官网上，在通知公告栏。

其实每个学校需要的材料都大同小异，像简历、个人陈述、证件的复印件和扫描件（身份证、学生证）、获奖证书复印和扫描件、学术成果等。这些通用的材料可以提前准备好，然后根据各个院校的要求进行调整修改。

工经所比较特殊，2017年的夏令营是它第一次举办夏令营，通知大概是在5

---

① 易宝提示：保研论坛有很多学姐学长的经验分享帖

月中旬挂出来的（中国社会科学院工业经济研究所网站 http://gjs.cssn.cn/），报名的方式是邮件报名，不需要寄送纸质材料，截止的时间是6月20日。要求投递的材料有夏令营报名表、本科前5学期成绩单原件的扫描件、成绩专业排名证明的扫描件、学生证（学号页、注册页）的扫描件。没有要求附上英语证书、获奖证书、学术成果之类的东西，但是我建议最好作为附件4附在上面必需的3个附件后面。报名表里面只能选1个专业方向（产业经济学/企业管理），但是这个方向在入营之后还可以更换，要求写1000字以内的个人经历（本科期间获奖情况、学术研究及其他经历）、1000字以内的申请理由（结合自身特点、未来规划等说明），其他都是一些基本信息。其实就是2000字的个人陈述被拆成了两部分，我当时是按照出国留学的personal statement模板先把自己所有的信息梳理一遍，然后根据申请的专业特点和需要进行选择性的加工，保研论坛上也有很多相关的模板，但是质量参差不齐，最好还是自己写完之后请文笔比较好的人帮忙修改一下，或者自己多读几遍。

　　同时通知中也说明了正式参营时需要携带的相关纸质材料，建议提前准备好。主要包括以下几项：

　　（1）本科前5学期成绩单原件（学院或学校教务部门盖章）

　　（2）本科成绩专业排名证明（学院或学校教务部门盖章）

　　（3）国家英语六级考试成绩，或其他体现英语水平的证明材料复印件（TOEFL/IELTS/ GMAT成绩等）

　　（4）大学期间获奖证书复印件[①]

　　（5）其他体现自身学术水平的代表性学术论文、出版物或原创性工作成果等材料的复印件

　　（6）身份证及学生证复印件（学号页、注册页）

　　申请材料需要按照顺序编号装订成册，在这里建议学弟学妹在装订的时候自己编个页码，做一个封面和目录，如果有心的话还可以用标签把每一份材料隔开（页数较少的话不建议这样做），用透明文件夹夹起来，看起来比较赏心悦目。如果自己的学术论文>1篇的话，建议放1篇全文，剩下的只放中英文题目和摘要，如果自身英语成绩有欠缺，可以尝试把论文翻译成英文放进去，能适当弥补英语的短板。

参营前准备

　　工经所的夏令营是在发夏令营通知的时候就告知了夏令营考核的流程。

――――――――――

① 小也提醒您：多参加一些认可度高的竞赛吧

因篇幅所限，请扫描二维码或登录易保研官网
www.ebaoyan.cn了解历年夏令营详细日程

地点是在国谊宾馆的会议室而不是在社科院，是因为当时社科院的办公场所正好搬迁装修中，所以去了《中国工业经济》（工经所的刊物）杂志社所在地举行夏令营。

7月9日，我收到了参营通知，了解到是导师直招，所以提前在网站上了解了一下招生导师的情况，根据老师研究的方向查找了部分资料。我感觉研究所都很注重学生的科研能力，所以把自己的论文和相关的课题都进行了梳理。

在开营的前一天晚上，也就是16日晚上，收到通知在第二天下午的小组讨论上要进行个人研究方向的答辩，如果有论文可以展示自己的论文，当时被打了个措手不及，只能连夜做了一份论文答辩PPT，我16日刚结束另一个营，17日凌晨1点到的酒店，做到凌晨6点，休息40分钟就准备正式参营了，建议学弟学妹提前准备好，不然会非常痛苦。

参营内容

夏令营总共进行了3天，考察的时间也就2天，7月16日下午报道提交材料，然后进住酒店；

7月17日上午一上午的讲座，刚开始是工经所的所长致辞，欢迎大家参营，然后有3个招生的老师分别介绍了自己的研究方向，两个是产业经济学方向，一个是企业管理方向，企业管理方向本来应该有两个导师，但是因为其中一位导师出差不在，所以只有一位导师介绍，产业经济学方向没什么好说的，主要是工业经济的内容，企业管理方向的两个老师一个是研究企业战略管理，一个是研究中小企业组织。老师介绍完之后有提问环节，大家都比较踊跃的进行发问。其中有几个问题还是比较有价值的，在这里简单说一下：

1. 工经所是否有留学机会？

工经所没有联培、联办的项目，可以自己申请国家公派留学项目或者自费留学，如果足够优秀的话老师会支持留学。

2. 工经所有没有硕博连读的项目？

没有硕博连读的项目，如果想在工经所读博需要考博，但是自己的研究生考博士面试的时候会有优势。

3. 工经所的就业情况如何？

工经所毕业的学生大部分会从事科研，或者进入编制（也就是公务员的性质），去企业的相对少一些。

工经所是1位导师隔年带1个学生，也就是说，两年中他只会带1个硕士，博

士队伍比硕士队伍庞大，不强制要求跟导师做课题，老师说社学院的上课质量远不如科研质量，想上课可以去清北人旁听。

7月17日中午直接在会议室里订的外卖，吃完休息1个小时。

7月17日下午一整个下午都是讲论文，所有参营的学生分成2个小组（其实就是按专业分的，此时可以更改自己的方向，比如原来选的企业管理，如果觉得产业经济学更好可以去产经组，反之亦然），先自己讲自己的论文，讲完以后别人可以提问，老师也会进行提问。老师会根据讲解的内容和提问的内容进行打分，也就是不仅仅要把自己的东西讲好、回答好，还要会提问，找出别人论文中的不足并给出改进的建议。

当时有的同学是自己临时编的，有些是用的课堂大作业，有些是自己的论文或者参加过的课题，前两种强烈不建议，最好是以实证论文的形式来做，即使没有数据分析，也要保证逻辑框架清晰。还有就是如果是和别人一起做的，或者是跟老师做的，一定要点出来自己的贡献，不然老师可能怀疑你是用的别人的东西，只是挂了个名。我当时用的大创的中期报告，我们的课题有三条传导路径，我负责了其中一条，所以我把自己做的那一部分单独拎出来做的PPT。

回答问题的时候如果有回答不上来的，就坦白一点，不要乱扯，虚心接受别人的意见和建议，死鸭子嘴硬只会让老师的感观很差，不过正确的观点还是要坚持的，毕竟是自己的成果，别人可能理解的不透彻，反驳的时候也要有理有据。还有一点非常重要的就是对自己的研究方向或成果有信心，当时有个同学讲的是模糊数据抓取，虽然大家都听不懂，也提了很多问题，但是她对自己的研究成果非常有信心，老师还单独表扬了一下。

7月17日晚上，聚餐。

7月18日上午，笔试，两张卷子。产业经济学和企业管理考试的内容都有微观经济学和高数三，但是产业经济学要多考一门宏观经济学，企业管理是多考[①]一门管理学。

高数单独1张卷子，另外两门一共1张卷子。都是A4纸的正反面，题量适中，正常的考试时间。题目的内容不难，都比较基础，所以大家的分数可能相差不太大，高数就是期末考试的难度，可以提前复习一下，有填空和计算，线代和概率论考的相对少，微积分比较多。

产业经济学是宏微观一张卷子，具体的内容我不太了解，听参营的同学讲大概是基础宏微观的水平（高鸿业那本）。毕竟要顾及非专业的同学。

企业管理是微观经济学和管理学在一张卷子上，先是4个名词解释，2个微观经济学的，有一个"寡头垄断"，2个管理学的，我记得有一个"长尾效应"，

---

① 小也提示：小部分夏令营在8月份举行

然后是2道计算题，一道考消费者效用最大化，一道考垄断，每道计算题下面都有2、3个小题。最后是2道简答题，总之主观题比较多，没有选择填空什么的。微观经济学有考到求解古诺模型，垄断那里可以好好看看，当时第3问考得有点难，好像是根据前两问的结果解释一个结论。管理学考的时事热点，根据热点谈看法，但要结合管理学知识。

7月18日下午，总结，颁发证书。

录取情况

专业	入营人数	全部录取人数（包括预报名）	备注
产业经济学	约20人	2	
企业管理		2	

产业经济学只招2名学生，全部从夏令营招收，企业管理招3名硕士生，夏令营收2个，留给考研1个名额。

入营的专业覆盖面广，会计、经济、企业文化管理、数学、计算机等，他们应该没有专业歧视，只要成绩排名高，学术成果比较优秀一般不会卡本科的专业。入营的同学大多来自985，山东大学、中南大学、中国海洋大学等，也有几个211，其中山大的同学特别多，最终录取的时候也比较偏爱山大的，不过也可能是巧合。

过来人回声

1."工经所没太大必要联系导师，自己科研情况比较好，可以尝试提前联系导师，如果是老师研究的方向，他也比较感兴趣的话会跟你聊一下，自己好好表现是可以加分的。参营结束之后，有心的话留一个老师的联系方式，以学术探讨的名义多联系老师，请他指导学习，会给老师留下很好的印象，因为最终收什么学生是他们自己定的。"（一位2017年录取学生）

2."工经所比较注重学术科研，在就业上相较于高校来说有所欠缺，而且社科院大学成立的时间比较短，教学质量一般，管理也比较松散。但是老师有很多横向的和纵向的课题，如果想做课题的话是一个不错的选择，每年都有进入公务员队伍和选调的学生，老师和学生的关系比较亲密，毕竟2年只带1个人。"（1位2017年拒掉的学生）

3."小组讨论的时候要好好表现，自己的论文要讲清楚，不要随便糊弄了事，当时我们时间都很紧，有同学直接随便在网上找了点资料做答辩PPT，这种态度特别不好。提问环节不要不说话，也不能乱指别人的错误，发言要有礼貌，因为老师在一旁看着，如果强行出风头会给老师留下坏印象，不说话会导致分数很低。笔试还是要好好准备，最起码不能让卷子空着，能写的话尽量填满，如果实在不知道的话就从自己的专业角度分析。"（1位2017年落选的学生）

中国社会科学院经济系

申请环节

社科院真的是一个非常低调而有实力的存在，我真正开始准备报社科院是在九月二十号以后了，大约距离九月二十八号推免系统正式开放不到五天时间。这也是在机缘巧合之下，我的本科生导师曾在社科院任职，得知我保研还没有拿offer的情况，鼓励我去试试社科院。

九月二十八日凌晨，推免系统正式开放的时候，我就报名了社科院经济系和中南财会计学院的志愿，特意留白了一个志愿，用以后续捡漏之需（每年都有名校出现招不满的情况，信息搜集能力很重要）。社科院回复复试资格的速度很快，并且在系统上写明了复试时间和地址，以及到时需要递交的材料：

1、《中国社会科学院研究生院2018年接收推荐免试攻读硕士学位申请表》（见附件）

2、本科阶段历年学习成绩单（须加盖推荐高校教务处公章）

3、学生证、身份证、大学英语六级证书（或成绩单）复印件。

4、网上报名时需要提交的相关表格。

5、公开发表的论文、著（译）作。

6、获奖证书。

7、政审表。

8、体检报告。（复试合格后统一安排）

之后系秘还发送了邮件提醒我们准备相关材料，以及导师的推荐书目。

当时快要国庆放假，于是赶忙赶急奔波于学校，在当天就把材料都准备齐全了。有问题可以询问系秘，联系方式标注在复试通知的末尾，经济系的系秘老师[1]还是很好的。当时有些老师没有学生报名，而我也有点担心复试被刷，系秘很愉快地答应万一复试不幸被刷会给我安排调剂。

推免复试前准备

一、详解招生目录，联系导师。社科院相对其他名校来说，真的完全不会歧视双非本科院校，而且实行导师一对一培养，导师对于是否录取某个学生有很

---

[1] 小西提示：在保研论坛找个朋友一起努力的话会更有斗志哦！

大的自主权。且社科院没有夏令营、预推免，大概在九月中旬官网会公布招生目录，它不同于其他的学校以专业分类批量招生，而是根据当年有带硕士名额的导师专业一一排列，每个导师只招收一名学生，所以提前联系导师十分重要。在选定我心仪的导师以后，我给导师发了一封自荐信，包括我的个人陈述（一千字左右）、附件（简历、成绩单、排名和获奖证书等证明材料）。后续还加了导师微信，聊了我报考社科院和读研的想法，但当时也没有明确说收不收我，只是体恤我人在浙江，怕我白跑一趟…

与导师的联系是很多技巧的。技巧万千但不离两个原则：第一，语气一定要有礼貌；第二，读研的态度十分坚定，表示对老师的研究方向十分感兴趣，并且会努力做事，坚持科研之路（仅针对学硕情况而言）。由于有前期经验的积累，我的材料都是很早就准备好的，所以没有花废很多时间。这里提醒一句，个人材料一定要早做准备，一般在大三放寒假的时候可以做出一个初稿了，定好基调，后续只需要微调，在烦琐的海投过程中可以节省很多时间。另外，很多人都不会注意的细节其一是文件名的命名，我的习惯一般是"学校—姓名—个人简历"这样的格式；其二是邮件短信等的落款，我曾听一个老师说他每一次跟导师联系，都会在最后写上很正式的落款，这是基本的礼貌。一般要在正文右下方署上推荐者的身份、姓名，如"学生：某某"，以及成文日期的年月日；其三，与老师联系的内容可以千变万化、丰富多彩，但一定要有逻辑、有侧重点，努力让老师看到你的闪光点。第一次联系还可以注明自己的联系电话，以备以后必要时的联系之用。

推免复试内容

社科院的复试为总分300分，合格线为180分。其中笔试总分150分，合格线为90分；面试总分150分，合格线为90分，面试包括外语综合能力测试（含听力和口语），占50分。在一天内完成，上午为笔试，下午面试。地点在国谊宾馆商务楼，中午还有超级好吃的自助餐。

笔试没有太多建设性建议，因为是每个老师独立出卷，看导师心情和个性…还有前期与老师的联系中看他会不会透露相关内容。就我而言，我在与老师联系的过程中，表明了自己的本科专业是会计，是跨学科到西方经济学的，且老师给我的推荐书非常深奥，以下为书目：《公共选择理论（第3版）》丹尼斯·C.缪勒，中国社会科学出版社；《政治经济学：对经济政策的解释》，佩尔森（Persson, T.）等著，中国人民大学出版社……且当时我只有十天时间准备，于是我大胆猜测考题不会很细也不会很难，但一定要了解老师的研究内容和方向，于是十天时间安排自己关注了老师发表的论文专著等作品、研读导师推荐的书目、向本科相关专业领域的老师请教问题，对学科有了初步的认识。结果确实如此，我的考题是与经济学相关的三道开放性论述题，选择两题作答，按整体回答水平给分。但据其他参加复试的同学说有遇到很可怕的计算题，所以还是看老师的个性和自身情况。

面试是先英文自我介绍，没有时间限制，一般三到五分钟。这部分是唯一可以提前准备的，一定要好好准备。再是英文提问和中文提问。根据往年情况，会有三到五个面试官，都来自经济系，还有系秘会在旁做记录。我的导师刚从国外回来，口语很native，全程被迷倒，但也被嫌弃我英文回答磕磕绊绊让直接用中文回答，我内心真是忐忑要命…面试的整体氛围还是很轻松愉悦的，自我介绍完了以后根据我所讲的，用英文问了我为什么会选择社科院，中文问了会计学和经济学的区别，为什么会选择经济学，以后的打算是继续深造还是工作。自己选择的导师会问的比较多、仔细，其他老师的问题会随意点，帮你放松。时间因人而异，我那组第一个同学面了半小时（嗯，是因为太优秀了，聊的停不下来），后面的人基本上十五分钟左右。自我感觉回答不出问题不会太减分，但一定不能不懂装懂，社科院的老师都是学术大牛，不要班门弄斧，态度谦逊一点，自信一点就好了。老师更注重的是你的学术潜力和毅力。

录取情况

所有人面试结束以后，经过短暂讨论会立刻通知录取结果。最终录取情况：进入复试共8人，最终录取了6人，从今年录取的学校来看，有双非院校、中青院、北大等，中青院和北大人数占多，但是跨度很大，这也充分说明了社科院不问出身的气概。经济系专业有政治经济学、经济思想史、经济史、西方经济学和发展经济学5个专业47个研究方向，每年招收情况不定，看具体通知，今年计划推免7人，统考7人，比去年增加了7人。

社科院今年刚成立了社科院大学，且第一年录取分数与人大相当。且无论何时，都能看到大量社科院著名专家学者在各个领域的重大影响力，这方面，在文科领域只有北大等极少数高校可以媲美。社科院下属的"期刊群"在文科领域占据绝对优势，单个的高校（即便是北大）根本无法与社科院比。社科院几乎每个所都有一个甚至是多个期刊在本学科中属于"权威核心期刊"的水平，整个社科院拥有包括《中国社会科学》《经济研究》等几十个权威期刊。未来一定是越来越好的，欢迎各位学弟学妹报考。[①]

过来人回声

1.老师推荐的书目都很厚很厚，不是说逐字逐句一定要看完，而是去理解整

本书的框架和思想。社科院的老师都是学术界的大牛，都很和蔼。可以事先自己打印5、6份简历，充分准备简历上与自己相关的内容，在面试的时候递上去，引导老师针对性的提问。生活小贴士：社科院复试时间较晚，北方不同于南方，十月初气温已经处于个位数啦，注意多带衣服保暖。（一个2017年录取学生）

2.虽然老师一开始问我是否有读博的意愿，我回答的十分肯定，但可能自己在面试的时候太过自信了，跟老师透露了自己第二天还有一场不错院校的复试要参加，老师们认为我会选择其他院校而放弃社科院，所以直接拒绝了我。（一位2017年落选学生）

中国社会科学院数量经济系

申请环节

（一）7，8月份中国社会科学院研究生员发布相关推免信息（包括专业、导师、招收人数及导师研究方向）；

（二）自行主动联系导师，通过邮件发送个人简历、论文等材料；

（三）导师面试（不同于其他学校之处）；

（三）指定网站、指定时间进行网上报名，材料邮寄等（这一部分内容由每个系的教学秘书主管，到时候与该位老师保持密切联系，确保成功报名以及材料的成功接收）；

（四）院系复试：笔试以及面试；

（五）静候佳音。

参营前准备

（一）研究方向及导师选定：

在社科院研究生院官网上，针对每个专业各位老师的具体研究方向以及本年度招收推免人员数都有详细说明，筛选出自己感兴趣的研究方向，通过邮件方式直接联系主攻该方向的导师。

（二）详细了解该导师的研究方向：

详细阅读近几年来，该位导师在国内外顶级期刊上发表的论文。国内主要是，《经济研究》《管理世界》和《中国工业经济》，国外期刊主要是"五大"上的。以上期刊推荐，只针对经济专业。通过研读导师的论文，形成自己的体系，便于在面试过程中回答问题时，抓住重点。在与导师交流是，能够跟得上思路和节奏。

（三）专业知识储备：

这一部分不同专业有不同要求，但是宏观、微观和计量一定要打好坚实的基础……尤其是计量，重点推荐伍德里奇的《计量经济学导论》，如果能在本科期间扎实学完这本书，我认为对于推免已经是足够的了。

（四）软件应用：

针对软件的应用，主要推荐stata和R，eviews也可以。作为本科生，三个软件至少能够掌握进基本计量处理。对于软件应用的考察自然不会让你实际操作，主要体现在你本科期间的论文成果（论文部分稍后做详细解释）或是在面试是对你的相关提问。

（五）简历AND论文：

针对简历，以本科期间的学术科研为主，实践之类稍作简介，至于实习一笔带过就好了……毕竟，社科院以学术为主，实习在这里就不重要啦，除非有特别拿得出手的。接下来重点来啦，敲黑板！论文很重要，相信本科期间大家都会有一篇最拿得出手的论文（是否发表不重要），将本篇文章再做优化，包括模型和语言描述方面，然后在给导师发邮件的时候一并发送过去。这篇论文将会是导师面试你时，重点提问的部分。另外，如果你时间充裕，可以根据你想要选择的导师的研究方向，来撰写自己的论文，当然这一过程耗时较长，所以只针对处于大二或是大三上学期的同学们。当然，在较短的准备时间内，你可以针对该研究方向构想出一个idea，这样能够在面试时为你加分。

推免复试内容

如果导师对你发送的邮件感兴趣，导师会安排好时间通知你前往社科院面试。注意！这一过程是其他学校所没有的，同时也是顺利报送社科院最重要的过程！本次面试，主要是导师对你本科时期学术研究成果以及论文的详细考察，因此上面提到的准备工作一定要做好！这一面试，不用讲究什么技巧，真诚就好。主要做到，清晰地叙述本科时期的学术科研工作和相关成果，明确的表达自己对学术研究的兴趣，以及今后的学术科研目标和计划。

复试分为笔试和面试，笔试题是所报专业的专业课考试，考题比较基础，主要是名词解释和简答。面试是阅读一篇英文Paper，叙述主要内容并回答相关问题。问题大概三四道。此外，会对简历进行提问，针对学术研究经历。

易保研定位服务
帮助学生清楚自身定位，从而有更确切的申请规划。
官方微信：iebaoyan

第十七章　北京交通大学

北京交通大学经济管理学院

申请环节

北京交通大学经济管理学院每年都会在5月份左右在官网挂出夏令营通知，截止时间一般为当年的6月中下旬。需要注意的是北京交通大学经济管理学院的[①]夏令营只招收985和211学校的学生。对于满足条件的学生，在4月中旬，就可以准备纸质材料了。每年要求提供的纸质材料基本一样，因此提前做好准备最好，以免耽误时间。要求投递的纸质材料有：（1）有效期内的学生证（每学期均注册）、身份证原件及复印件；（2）本科成绩单原件1份，要求加盖学生所在学校教务处公章；前三学期专业学习排名证明一份，要求加盖学生所在学校教务处公章；（3）国家英语四级或六级成绩单原件及复印件；（4）各类获奖证书原件及复印件；（5）有学术科研成果（公开发表的论文、出版的专著等）者，需提供复印件。这个时候，除了准备这些证明材料，还应该把简历、个人陈述、推荐信等写好，不仅节约时间，而且可以为网申提供便利。

5月中下旬，当官网出通知以后，就可以在网上报名了。北交经管夏令营需要再"北京交通大学创新能力认定及推免网报系统"报名。北交的系统只能申请一个学院一个专业，之前几年的网申系统里除了自己的基本信息之外，还需要填写发表论文和其他研究成果情况、个人陈述（要以当年的网申系统为准），如果之前已经写好了简历，网申系统填起来就比较得心应手。

参营/推免复试前准备

北京交通大学经济管理学院是在发夏令营通知的时候就告知了夏令营考核的流程，一般夏令营都是为期3天左右。

因篇幅所限，请扫描二维码或登录易保研官网
www.ebaoyan.cn了解历年夏令营详细日程

夏令营/惟免考核内容

7月11日，整个上午主要是进行夏令营的报道，上交应该提交的相关资料等。下午的时候，首先观看北京交通大学和经济管理学院的两个纪录片和宣传片，之后会有相关的带队老师过来，按照分组进行一个简单的会议，大家相互熟悉一下，然后在老师的带领下选出营长等。傍晚的时候，大概会根据专业在各个考场进行笔试。笔试分为两部分：第一部分是英语听力，一共30分钟。形式和英语六级很相似，但是这个英语听力的开始语速超级快，而且有很大的杂音，因此需要很强的英语听力能力。之后就是2小时专业课的笔试。笔试会指定相关的参考书。如下表：

考试科目	拟申请专业	参考书目
经济学	金融学、产业经济学、国际贸易学、劳动经济学、金融（专业学位）、应用统计硕士、公共管理	《微观经济学》（第8版），中国人民大学出版社，平狄克·鲁宾费尔德；《宏观经济学》（第6版），清华大学出版社，奥利维尔·布兰查德
管理运筹学	管理科学、物流管理与工程、信息管理、工程与项目管理、工业工程、物流工程	《管理运筹学》中国铁道出版社（2006年第3次印刷）作者：张文杰、李学伟
管理学	会计学、企业管理、技术经济及管理、旅游管理、资产评估硕士、审计硕士、会计硕士	《管理学》（2013年修订版），科学出版社，张明玉

7月12日，主要就是进行听讲座。确实能够在讲座过程中听到很多的专业前沿东西，能够受到很大的启发，也算是此次夏令营的一种收获吧。然后会专业分组进行专业沙龙，主要是在老师的带领下进行专业的探讨，很轻松地时间就会过去。

7月13日上午，主要是进行面试的考核。面试主要是进行专业课程的问答和英语对话、自我介绍等。面试一般会有5名左右老师，会有一个老师做组长。老师们都很和蔼可亲，进去之后先做1分钟的自我介绍，然后就是英语的问答，主要是从生活方面随机提问，问题很简单，都能够答得上来。之后就会有专业问题的提问，一般是2～3个左右的题目，而且也不是特别难。需要提醒大家的是一定要关注前沿的专业知识和当下的热门话题，以及这个学校老师们的研究方向，这在面试中会有很大的用途。我在进入考试场的时候准备了一份简历，老师们根据我简历上的东西进行了一些提问。因为我的简历都是真实的，所以老师问的问题我都能对答如流，之后面试就结束了。

7月13日下午，就会公布优秀营员的名字。然后就退营，夏令营结束。

该营（九推/预推免）招收专业情况如下（2017年夏令营）：

专业类型	专业名称
学术型	金融学
	产业经济学
	国际贸易学
	劳动经济学
	管理科学
	物流管理与工程
	信息管理
	工程与项目管理
	会计学
	企业管理
	旅游管理
	技术经济及管理①
	公共管理（含教育经济与管理、社会保障方向）
专业型	金融（专业学位）
	应用统计硕士（专业学位）
	资产评估硕士（专业学位）
	审计（专业学位）
	工业工程（专业学位）
	物流工程（专业学位）
	会计硕士（专业学位）

录取情况

专业	人数	专业	人数
金融学	10	旅游管理	5
产业经济学	27	技术经济及管理	7
国际贸易学	5	公共管理	5
劳动经济学	8	金融	20
管理科学	5	应用统计	14

---

① 路姐提醒：整理材料一定要细心哦

专业	人数	专业	人数
物流管理与工程	23	资产评估	7
信息管理	18	审计	22
工程与项目管理	11	物流工程	22
会计学	23	会计	32
企业管理	23	工业工程	13

特此说明：以上招生人数，硕士生人数会视报考人数和面试情况发生改变，一般都会有所增加，但是博士生名额基本保持不变。

过来人回声

（1）灵活选择专业。对于学生来说，北交大经管的推免难度适中，还是有一定的难度存在，因此要好好把握专业选择。专硕的难度要小于学硕，因此建议背景不是特别好的学生这样选择专业：想报考物流管理与工程（超级难，一般是要本校的或者特别优秀的学生，名额很少）的学生可以选择报考物流工程专业，想报考工程与项目管理的学生可以选择报考工业工程专业（工程与项目管理方向），想报考信息管理、管理科学的学生可以选择报考工业工程专业（工信息系统工程方向），想报考金融学的学生可以选择报考金融专业，想报考会计学的学生可以选择报考会计专业，这样报考成功的概率会大大增加。但是要注意学费是否在自己能够承担的范围内。（在报考前要问清楚学费，工业工程、物流工程等学费与学硕学费相同均为8000元／年，审计专硕学费貌似上万元，所以要打电话问清楚）

（2）面试积极准备。北交大经管学院的推免复试以面试为主，因此要积极准备好与面试相关的东西。比如，中英文自我介绍（大概1～2分钟）、个人简历（一份出彩的个人简历将为自己加分，而且会引导面试官朝着你的特长方向提问，但是一份糟糕的简历就不要呈递给面试官了）、专业知识（一些最基础的基本专业知识肯定是要熟练掌握的，还有就是要关注一下本专业的最近的一些热点知识和话题，其次就是要在官网熟悉一下本专业的老师的研究方向和研究过的课题，这些提前做的功课必将为你的面试加分不少）、英语（主要是英语的听说读能力，老师会问你英语问题）。另外重要的是要调整好自己的心态，面试的时候不要紧张，对于老师提出的问题要实事求是，不要不懂装懂。全程面带微笑的学生会更加博得老师的青睐。

（3）适当联系导师。虽然导师没有绝对的权力决定你是否可以来北交大经管学院，但是提前联系导师得到了老师的认可的话，万一你联系的导师就是你的面试官，着就会为你成为北交大经管学院的一员增加更大的机会。在联系导师的时候，注意说话的语态和方式，一般是用电子邮件联系导师（附上自己的成绩单和个人简历），如果有本科的学长学姐在，让他们推荐一下会更好。（一位2016年录取学生）

易保研保过学员成功案例——
吉林大学、重庆大学、西北工业大学、北京交通大学

第十八章　北京航空航天大学

北京航空航天大学人文社会科学学院

申请环节

我在8月中下旬的时候开始准备自己的材料，由于在这之前自己已参加了几个夏令营，均被录取，所以抱着试试的心态准备了北航的人文社会学院。选择尝试这个学校有两个原因：第一北航的人文社科学院确实有几位学术界的大佬，学术氛围好。第二北航也是一个特点十分鲜明的学校，结业率也是相当高，就业有保障。在准备材料之前，我先联系了导师，北航的老师人特别好，不仅很快回复我邮件，甚至是个人的联系方式也一并留给我，我感受到了北航老师对自己的重视。随后，陆续跟导师进行联系，自己感觉很不错，也坚定了自己试一试北航的九月推免的决心。

根据自己本科的专业，最后自己选择了北京航空航天大学的人文社科学院。北京航空航天大学的人文社科学院没有夏令营，只有九月推免，我在准备材料的时候只注意了这些信息。通过官网消息的公布，我得知申请一方面需要发送电子版的邮件，另一方面是需要邮寄纸质的申请材料。

纸质材料包括：1.《北京航空航天大学接收推荐免试攻读2018年研究生申请表》；2、本人自述；3、加盖所在学校教务处公章的本人历年在校学习成绩单以及加盖学院教务公章的成绩排名证明；4、本人有代表性的学术论文、出版物或科技成果的复印件；5、本科期间获得学科竞赛、科技活动或其他奖励的证明复印件；6、身份证的正反面复印件；7、近一个月内由二级甲等以上（含二级甲等）医疗机构或北航校医院出具的体格检查表（附化验单）；8、政审表。

电子邮件需要发送的是前五项，邮箱在官网有通知，近两年都是李老师。整个申请材料还是比较复杂的，尤其是政审表、体检这两项比较麻烦一些，但是

我还是准备了，因为我真的想试一下。但是，北航的人文社科学院并没有网申系统，所以这一项还是比较简单的。

通过与北航导师的沟通，我觉得北航还是比较开放的，同时比较注重学生的综合素质，而不仅仅是学术能力。北航的老师也比较接地气，很多话题都聊得来，我当时和北航那个老师联系的方式是邮件，后面熟悉了就是微信联系，即便最后我没有选择北航，那个导师还是很愿意和我交流，我觉得自己还是蛮幸运的。所以，建议大家都可以尝试提前联系一下导师，这样成功概率可能会更大。

推免复试前准备

参加复试之前，我主要看了专业书籍，尤其是公共政策方向。同时，阅读了北航导师的几篇论文，了解一下他的研究方向以及自己的专业喜好。最后就是练习口语了，相信这是大多数人的痛。

虽然自己准备了很多，但是最终自己还是放弃了，因为跟导师的沟通过程中，我发现北航的复试结果在9月28日之后，这样的话会和我的夏令营形成直接的冲击，9月28日如果拒绝了其他学校，那么我只有北航了，如果北航复试失败，可能我就没有书可以读了，所以我选择了安稳，放弃了北航。放弃之前，我跟当时的联系的北航老师沟通了自己的想法，导师说他也不能百分百保证我可以被录取，他尊重我的选择，最后我选择了放弃，导师也是支持的，他说北航的竞争其实还是很激烈的。

推免复试内容

北航的复试成绩占比是：面试占70分，申请材料占30分，总分为100分。思想政治情况考核按"合格"或"不合格"记。也就是说复试只有面试一种形式，同时这个学院对于学生的思想政治情况、政审情况以及体检情况相当重视，而且体检是这个学校的必选项。面试的话主要还是学生综合素质的考察。上述这些内容一方面是导师的叮嘱，另一方面是负责招生工作的老师的善意提醒。[①]

录取情况

北京航空航天大学的录取比例大概是15∶1，竞争还是很激烈的，录取的学生大都是来自985高校，而且录取人数很少。

过来人回声

1.由于北京航空航天大学人文社科学院的九推时间真的很晚，因而机会成本

---

① 易宝提示：接到入营通知可以开始备战夏令营啦！

就会比较大，建议大家想好了再准备，不然可能会浪费人力、物力和财力。同时，查询某一学院的情况的时候，可以看看前两年该学院的状况，然后结合自己的实际情况，做出相对合理的选择。（一位2017年落选学生）

2.北京航空航天大学人文社科学院没有夏令营，只有九月推免。如果真的特别想去北航，建议一定要提前联系导师，这会在后续的复试中有很大的帮助，自己也会多一些自信心，另外心理素质一定要好，因为面试更多的就是一种临场应对的能力，在保研之战开始之前，就可以有目的地锻炼自己这种能力。（一位2017年落选学生）

保研论坛

互助、开放的全国性教育论坛，致力于为国内各高校保研学子提供保研交流和学习的平台。

保研论坛官网：www.eeban.com

官方微信：IEEban

上海篇

第十九章　复旦大学

复旦大学经济学院

申请环节

复旦经院金融硕士的夏令营是分两批次报名筛选，统一入营。官网说4月20日之前报名但未收到第一批入营通知的申请者，将与4月20日之后报名的申请者一起纳入第二批入营营员备选名单之中，参与第二次入营选拔，所以还是早点投材料竞争比较小。

今年3月15日官网上就有了夏令营活动的具体通知，当然也可以提前按照往年的要求进行提前材料准备，注意每一批次的材料发送和系统填报的截止时间就好。在材料准备阶段，复旦经院和其他学院有点不同，经院没有自己的报名系统，所有信息是直接在复旦大学研究生网站上填写，然后按照官网夏令营的公告要求把电子版和纸质版的材料分别发到指定的地方即可。要求的材料有研究生申请表、成绩单、排名证明、推荐信、个人陈述、个人简历、研究报告、其他证明材料（论文、奖状等）和申请信息汇总表。排名证明有模板，不建议提前准备，最好等当年的模板出来后再盖章，其余操作都是比较常规的。先是在系统里填写完成研究生申请表，然后打印、签字，再和成绩单、排名证明一起到教务部门盖章比较省事。研究报告可以是金融类论文、行业分析报告、经济金融领域调研报告或案例分析报告，范围很广，我当时递交了一份审稿期没发表的论文，大三下专门准备的一篇。网上系统3月20日开放，在填写网上系统之前，建议把个人陈述和简历准备好，经过梳理和总结，会比较容易完整填列大学期间所获奖项、参与活动等内容，节约时间。

参营/推免复试前准备

复旦经院的夏令营入营通知分两批发放，第一批是在4月28日，第二批是在5月23日。确认参营后，工作人员会在5月24日发送夏令营大致流程到邮箱，在5月27日将酒店安排、具体的夏令营流程及注意事项再次发送到邮箱。最终229人安排住宿。

因篇幅所限，请扫描二维码或登录易保研官网
www.ebaoyan.cn了解历年夏令营详细日程

通过夏令营流程文件和多方询问，我确信复旦经院只有面试考核，会把PPT展示作为面试重点，而展示的相关主题已经体现在流程文件中的"大会报告"环节，2016年和2017年都是展示的内容与大会报告主题相关。所以在收到入营通知前，我对私募股权和衍生品定价两大主题相关知识进行普及性了解，同时筛选比较合适的PPT模板；还有就是因为自己是跨专业申请，金融方面的基础知识和本专业的内容也适当复习一些。

夏令营/推免考核内容

金融硕士项目：

夏令营一共进行了4天，真正集体参与互动的时间是2天，具体到个人的考核也就只有1天，6月2日下午到指定的宾馆报道、递交纸质版材料、领取营服，依照已有房间安排入住。

6月2日晚上会填写专业志愿书，提前确认金融硕士的细分方向，并且确认是否在排名靠后的时候接受其他项目的调剂。金融硕士包含基金管理方向（09基金管理）、定量金融方向（04证券与衍生工具投资、07定量金融）、金融风险管理方向（03商业银行管理）、投资银行方向（05 公司金融、06 风险投资与私募股权投资）和大数据金融与互联网金融方向（08 供应链金融、15 大数据金融、16 互联网金融）五个项目，夏令营录取结果出来后学院将根据填写的志愿和考核成绩排名情况，依序选择。①

6月3日上午活动相对比较多，大大小小的讲话和报告一共6段，最重要的就是和面试内容相关的两场报告，分别是"衍生品定价方法简介"和"私募股权投资的魅力"，这两个报告结束后分别会给出相关展示的题目选项。

衍生品的四道题目又专又难：

（1）什么是风险中性测度？

（2）如何从一个现实世界的测度过渡到风险中性测度？

（3）衍生品可以给你的投资带来什么效果？

（4）复杂衍生品的定价该怎么办？

私募股权的专业性不强，但是很发散：

（1）最近有篇帖子《名校有啥好》在微信和微博上传播频广。从小学到大学，家长和学生一直追逐名校，在你看来，名校究竟能给我们带来什么核心

---

① 小西有话说：提前熟悉本校的保研名额分配方式

价值？

（2）经过近40年的高速发展，中国目前面临人口老龄化、产能过剩、实体经济下滑、转型升级艰难、环境污染严重等一系列问题。你对中国未来30年的经济发展的看法是乐观还是悲观？并给出至少3个理由。

（3）物理学家霍金指出，人类可能正在一手创造着自己的末日终结者——人工智能（AI），最终它们将战胜人类，并终结人类在地球上已经超过10万年的主导地位。特斯拉公司的创始人说："发展人工智能实际上是在召唤魔鬼"，并将人工智能与核战争相提并论为最有可能灭亡人类的两大技术。类似的"危险"技术还有基因技术等。对于这种"科技的不断发展，最终将导致人类毁灭自己"的观点，你怎么看？

（4）假设你是一名私募股权投资经理，你怎样去评估一个以网红为卖点的直播平台（例如花椒直播、映客直播等）是否值得投资？

综合考虑了难度、时间和资源的可获得性，大家有近70%的人都选择了私募的（4）。

6月3日下午的座谈会主要是和一些学术名家、业界精英面对面，提问交流；项目推介会则是负责的老师对营员普及除了金融硕士以外的专业，比如保险硕士、资产评估硕士、商务分析硕士等，与国际院校合作，也比较有吸引力。

6月3日晚上基本大家都一夜无眠，全力准备面试的内容展示。

6月4日早上抽签分组后就是等待，每组大概二十左右，我是整组的第六个，上午面试。面试我的是五位老师，进去之后先进行PPT展示，然后剩余时间是老师提问，可能展示相关，也可能是常规面试问题，基本上每个人都会被问到一个英文问题。我是先展示大概10分钟，有一段英文的自我介绍，然后后面是提问环节，两个是展示的拓展问题，一个职业规划的英文问题，没有涉及任何专业相关的单独提问，还有一些琐碎的提问，基本上就到时间了。

面试结束后就可以离营了，小部分人选择提前离开，但多数营员还是按时间安排完成的。

6月9日就收到预录取的邮件通知，复旦经院还是很有工作效率的。

经济学硕博项目：

这个项目的人也是一直和金融硕士的营员一起的，但又些地方不一样。营服颜色不同，还有就是6月4日的分组是单独抽签分组，考核方式是论文答辩，也没有笔试。

录取情况

学校名称	入营人数	学校名称	入营人数
西南财经大学	28	北京大学	2
西安交通大学	5	大连理工大学	3
武汉大学	9	中南财经政法大学	13
天津大学	5	中山大学	13
四川大学	11	中央财经大学	12
苏州大学	2	中央民族大学	6
上海交通大学	6	中国人民大学	6
山东大学	9	同济大学	1
上海大学	1	北京交通大学	1
南京航空航天大学	2	安徽大学	1
厦门大学	11	北京邮电大学	1
南开大学	8	北京师范大学	1
南京大学	7	重庆大学	2
华中科技大学	5	中国科学技术大学	3
华中师范大学	1	武汉理工大学	1
华南理工大学	2	长安大学	1
华东师范大学	5	吉林大学	10
华东理工大学	1	浙江大学	5
湖南大学	11	中国海洋大学	1
哈尔滨工业大学	4	中国农业大学	1
对外经济贸易大学	11	中南大学	2
东北大学	2	西南交通大学	1
东南大学	4		①
清华大学	1		
暨南大学	1		
兰州大学	3		

---

① 小西提示：确保自己在本校获得保研名额

2017年夏令营经济学院各专业录取人数：

专业	入营人数
政治经济学	4
西方经济学	5
世界经济	16
区域经济学	1
财政学	3
金融学	12
国际贸易学	3
劳动经济学	1
数量经济学	1
金融	81
税务	3
国际商务	5
保险	8
资产评估	9

过来人回声

1. "复旦经院的考核方式相对于其他学院而言，还是比较容易的。一方面是由于入营人数多、时间提前，所以经院考核形式简单，只有不到半个小时的面试环节，在这段时间内坚持住就比较有希望；另一方面是考核的内容比较灵活，可以让营员自己选择，在可选范围内避开自己不太擅长的领域"（一位2017年有录取资格的学生）

2. "复旦经院的金融硕士近几年的吸引力不是那么大，保研中后期很多拿到录取资格的营员会选择其他院校，所以即使经院的夏令营排名出来只是一个等待的结果也不要灰心，很有可能像我一样在九月的系统确认之前收到补录的邮件"（一位2017年9月中旬补录的学生）

 易保研保过学员成功案例——复旦大学经济学院、中山大学岭南学院

复旦大学管理学院

确定目标

复旦大学管理学院的专硕项目分为金融硕士项目（含财务管理方向和金融工程管理方向）和国际商务硕士项目（分为GMIM和DDIM两个）。我在2月的时候就已经获悉复旦大学管理学院本年度的推免招生宣传及夏令营系列活动。考虑到我比较喜欢国际化的项目及 DDIM的招生人数更多一些等因素，所以我就把目标定在了DDIM项目上。

申请环节

确定好申请方向后，就可以开始准备申请材料了。管院的招生简章及系统开放时间非常早，给了我充分的时间了解项目特色及报考条件，当然，鉴于管院的申报难度，建议还是越早做准备越好。我自己在2月底就对复旦管院的报名系统进行了初步了解。复旦管院夏令营要求的是只能申请一个学院一个专业，我对系统上需要填写的内容进行了准备，希望能够增加自己参加预录取活动的概率。复旦大学管理学院不接受纸质版材料，所有的材料都是通过线上系统提交的，具体内容包括：申请表（含各种报名信息）、45秒英文个人介绍视频、证明文件、专家推荐信2封、推荐人的邮箱，申请硕博连读项目的学生还需提交一份科研计划。需要注意的是，如希望通过预录取活动获取参加夏令营的机会，因此必须完整填写申请表单中1～6项的内容。另外，在正式报名夏令营之前，所有的信息都可以选择只点击"保存"按钮，这样可以便于后期的信息修改和材料补充。但如需要报名夏令营，还是需要点击"提交"按钮，才能算做一次完整的报名完成。

一般来说，3月底至4月初，就可以在线上提交申请材料了，随后根据自身的情况，我在4月14日参加了复旦大学管理学院北京地区的宣讲会，并于4月15日参加了复旦大学管理学院北京站的预录取活动。

预录取/夏令营前准备工作

3月中旬，我收到了预录取活动的邮件通知，并参与了北京地区的预录取面试。不久后就收到了来自夏令营录取的反馈通知。管院夏令营是一个竞争比较激烈的考验，在3～4天的相处中，需要与全国非常优秀的大学生面对面交流、竞争。而我也深知，作为即将申请国际项目的申请者，英语能力也将是非常重要的部分，所以我在边准备面试材料的同事，苦练英语表达，事实证明这对我后来的面试环节是非常有帮助的。

预录取/夏令营内容

● DDIM：

管院的夏令营2017年分为2场，5月25日至5月28日，以及7月10日至7月13日。考虑到个人时间安排，我报考了5月份的第一场夏令营。总体来说，夏令营的行程非常充实。第一天的上午是报道注册时间，下午举办了开营仪式介绍了一些管院项目特色、入营须知，同时，也请来了红杉资本的大牛为我们做开营讲座。第二天上午是业界及教授讲座时间，下午DDIM进行了小组讨论的考核。其形式和当时预录取的方法差不多。老师准备一个Topic，随后我们5个人一组进行观点讨论，在一张纸上进行观点疏通，最后依次做presentation并接受评委提问。案例涉及较多市场营销及金融方面的知识，总体来说不是特别的微观，还是很适合非金融专业的同学一同参与讨论的。

第三天比较紧凑，我们根据老师发布的面试顺序进行英文群面。我是第一组进行面试的，内容都是一些比较日常的问题，当然也有相关个人兴趣爱好，专业认知度的部分，总体来说感觉难易度适中。面试老师张弛有度，比较nice，并没有特别大的面试压迫感。面试完之后就去听了讲座，晚上有一个各专业的交流会。

第四天我们去参观了震旦博物馆，并在陆家嘴中心举办了一场别开生面的颁奖午宴。至此，为期4天的DDIM项目夏令营落下了帷幕。

四天的安排让我对管院的认可度又得到了进一步的提升，除了以上一些重要的面试讲座环节，管院还设置了很多交流活动，团建活动，我们在紧张的考核之余也收获了很多欢声笑语。当然，不难看出，管院的茶歇和餐饮也是花了好一番心思的~（来自一个吃货的特别关注点）

● 硕博连读项目、金融硕士项目，GMIM项目：

硕博连读项目、金融硕士项目，GMIM项目的夏令营环节跟DDIM大同小异。硕博连读项目和金融硕士项目会有数学笔试；硕博连读项目会有跟导师交流的时间，同时他们的考核据说还包含一些科研计划等。

录取情况

据了解复旦大学管理学院九月份推免人数极少。2018年复旦大学管理学院拟录取推荐免试硕士生142人，拟录取推荐免试博士生无。

过来人回声

1. "复旦管院是国内非常有名的一个学院，它对学生的要求是非常高的，想要申请复旦管院的同学要做好充分准备，增加自己被复旦管院选上的概率"。

2. "管院的国际化程度非常高，可以培养学生的全球化视野。同时她非常注重学生的职业规划与实践经历，帮助学生找到自己的职业道路并为其做好充足的准备。并且，管院为学生的投入非常大，而作为回馈学生的未来发展也会更好，同时有回报母校的精神。最后，我觉得管院很重视人文关怀，整体氛围非常和睦愉快，学生可以在一个健康积极的环境中学习生活"

3. "人文精神。GMiM项目的选拔让我认识到，这个项目的考核不只在于我们对商业世界的了解，而更多的想考察我们如何认识和表达自己，我们有着怎样的价值观，我们如何认识他人和世界。复旦管院招人并不严格苛求条条框框的硬性条件和专业素养，而是在意学生本身是什么样的人：具有可塑性的充满无限可能的具有人文精神的人。管院对人本身的关注是让我这名非商科学生非常非常感动的。这让我清晰地感觉到复旦"自由而无用"的精神。自由是不设限地自主地通往无数可能，无用是凌驾于一切功利目标的感性特质。同时，从复旦管院对于夏令营各项内容周到的安排中，从复旦管院对于学生反馈的在意程度中，我感觉到，管院并不是在向我们索取，而是在尽可能把自己有的东西给予我们。管院不是要现成的我们，而是要充满无数可能的我们。管院是有复旦的情怀和底蕴的，这点让我非常向往，也非常感动。"

4. "今天刚写完复旦管院夏令营复盘回顾，认为复旦管院有鲜明的优点：专业化、国际化、校友质量高。管院有非常专业的招生和管理团队。#在观察UPEC老师跟嘉宾沟通、讲座和面试准备的茶歇、金融家之夜中负责摄影和记录等工作人员，甚至管院一楼负责登记的工作人员之后发现，复旦管院有非常系统、专业的管理体系和团队。这是让我印象非常深刻，能够感受到管院在认真地做事，从这些小细节里面我感受到的管院魅力最大。"

5. "管院具备优秀的学术氛围，优厚的学术资源，紧密的市场联系;每一个管院人都拥有着积极进取，勇于拼搏的品质，卓越的学术能力;每一位管院老师都热情，友善，耐心细致！管院是温和而有力的学院！"

真题研究局 _ 2017年复旦大学面试真题与解析

复旦大学大数据学院

申请环节

我在3月份的时候开始准备自己的材料，这个时候复旦大学大数据学院的夏令营的通知还没有出来，可以在学院网站上搜索并查看去年夏令营的通知，做好材料的准备工作。

4月21日，我看到了今年复旦大学大数据学院优秀大学生夏令营的通知，要求申请材料有：申请表、排名证明、成绩单、推荐信2封、个人陈述及其他证明材料。5月下旬，我准备进行网上申报工作，了解网上申报的具体要求。

参营/推免复试前准备

在收到录取通知之前，我觉得复旦大学大数据学院十分看重学生的数理背景和经济类学科的知识。因此我做了一些数学题并阅读了一些经济类学科的书籍，做好提前的准备工作。

夏令营/推免考核内容

夏令营于7月10日到7月14日举行。

夏令营的情况可以说是比较简单的。行程一共是五天，晚上没有活动。第一天上午是院长讲话+学术讲座，下午是笔试。第二天第三天都是学术讲座。第四天是应用统计专业的面试，国际商务没有活动。第五天上午国际商务专业面试，下午是wind的一个讲座。

笔试的科目在夏令营开始前半个月通知了，考的是西方经济学、概率论与数理统计还有数据结构。每个科目一个大题，会有几个小问。西方经济学考的是CPI的相关知识，解释、公式、偏误以及如何改进等。概统考了极大似然估计，这个去年的夏令营就考了，今年又来一遍，题不难。数据结构这个经管院大部分学生都没学过，是计院国软他们的专业课。考的内容是线索二叉树。这个如果有兴趣自学的话可以找数据结构相关的书看一下，最好有一点C或者C++编程的基础，看起来会轻松一点。当然如果你修了计院双学位那应该就是很简单啦。

面试的话，还算是比较轻松的。只有单面，主面试官是副院长……先来一个英文自我介绍，有的同学还被问了用英文介绍一下你的专业之类的，不过大部分只有一个自我介绍，可以提前准备。问题的话老师们会根据你成绩单上的课程来，可能我是跨专业的，没有问我专业问题。只是让我解释一下大数据，对数据科学的看法，在我的那些科研项目中我做了什么工作，用了哪些方法模型。最后还问了我一句你们学校的土木工程是不是很好因为我看你专业课有修过工程力学和工程结构，总体来说老师们还是很nice的。

录取情况

复旦大学大数据学院有预申请的环节。2018年复旦大学大数据学院拟录取推荐免试硕士生57人，拟录取推荐免试博士人2人。

过来人回声

1. "复旦大学大数据学院是一个非常具有上升潜力的学院，夏令营的活动也非常充实，让人能够学习到很多的东西。"（一位2017年录取学生）

2. "复旦大学大数据学院的考核非常注重学生的数理背景，对于数理背景非常好的学生来说是一个很好的选择。"（一位2017年落选学生）

易保研保过学员成功案例——多短板逆袭的典型：北大国际法、人大环境、复旦大数据等

复旦大学数学科学学院（金融硕士）①

申请环节

我在4月中旬的时候开始准备申请夏令营的各种材料，这时候复旦大学的数学科学学院夏令营通知还没有发放，往年都是在5月中上旬，需要的材料内容大同小异。2016年是5月11日给的通知，今年则是早了几天，5月5日官网给的文件，所以在截止前准备时间都是很充裕的。需要特别注意的是文件中提及，今年9月将不会有推免机会，只能通过夏令营进入数院了。

需要准备的纸质材料有申请表、成绩单（教务部或院系盖章），专家书面推荐信2封，还有其他必要证明材料。我想申请的是金融方向，因此我提交了一篇金融相关的论文，没有发表但是质量比较高，同时还附上了我修的金融双学位的成绩单。还有大学期间所获得的奖项，像美赛、全国大学生数学竞赛这一类的，不论是否亮眼，全部复印附在材料后面寄出去。建议大家提前做一个表格罗列大学期间的重大奖项及活动参与情况，这样在填写系统时不易遗漏，也可以在填写其他院校系统时重复翻看。网申系统只能选择一个专业的一个方向，在填报的时候还是要多看几遍，免得选错，否则还要和相关负责老师进一步沟通人工更改，很是麻烦。

参营/推免复试前准备

复旦数院的夏令营是在发夏令营通知的时候就告知了夏令营考核的方式和流程，对于专业学位的要求比较低，只有面试环节。流程如下：

---

① 易宝小提示：联系导师十分重要

日期	活动内容	时间
7月5日	营员入营，安排住宿	下午
7月6日	面试	全天
7月7日	面试	上午
	离营退房	下午

但今年由于系统的原因，直到6月22日才确认自己入营，还好我提前进行了准备，不然只留下不到15天的准备时间会很被动和忙乱，我是在开始准备投递材料的阶段，就已经着手准备面试了。复旦数院在全国都十分厉害，但是我认为这个项目不只关注数学能力，更考察是否有一定的金融敏感度，因此我在按部就班地温习数学时也关注资本市场的动态，并且阅读了两遍辅修的金融课程笔记，尽最大可能保证自己的知识没有领域性空白。

夏令营/推免考核内容

金融专业：

复旦数院的专业学位的夏令营一共3天，其中有两天都是面试考核环节。

7月5日下午到指定地点报道，依照安排进行住宿。

7月6日上午就开始面试了，一上午也没有多少人进行面试，而且面试的时间间隔都很长，平均在30分钟，主要是因为上一个同学出来后老师们要讨论一段时间进行打分，所以金融方向的专业学位尽管入营人数不多，但是考核很是慎重，进度缓慢。面试时我带了几份简历进去，争取让老师在最短的时间内对我有一个比较全面的印象。提问主要围绕数学、金融和简历上的经历三大主题展开，也涉及到职业规划、兴趣爱好等常见的面试问题，整体下来感觉还是比较顺畅的，没有压力面的感觉。

7月7日离营。

录取情况

专业	录取人数
金融	25
应用统计	10
基础数学	9
计算数学	5
概率论与数理统计	1
应用数学	9
运筹学与控制论	4

过来人回声

1. "复旦的数学在全国排名还是很靠前的，所以竞争也就格外激烈，特别是近几年比较热门的金融数学，网申要求非常高，一般只有复旦本校、武汉大学、浙江大学等校的学生能进，而且面试非常难，时间也超出其他面试组的一倍"（一位2017年落选的学生）

2. "建议大家尽量通过夏令营获得录取资格，因为9月的推免机会会小很多，发放资格的总量不会超过10个，而且时间比较晚，容易给人的心态造成较大影响"（一位2016年录取的学生）

复旦大学法学院

申请环节

由于我有两位师姐保研到复旦大学法学院，因此我很早就关注了该学院法律硕士（非法学）项目的相关情况。我在法学院的官网上找到了上一年度的招生简章，出于不影响9月份本校推免资格考试的考虑，我在8月份的时候根据2016年的有关情况开始准备自己的材料。复旦大学法学院的申请只需要网申，相关纸质材料在复试时提交。①

需要准备的纸质材料主要有推荐免试申请表（从网申系统内导出）；专家推荐信两封；本科阶段历年成绩单（在复试时需要验原件）；外语水平证明复印件（在复试时需要验原件），如大学英语四、六级成绩单等；有关获奖证书和学习科研成果复印件（在复试时需要验原件），如发表论文、出版物或原创性工作等；学生证和身份证复印件（在复试时需要验原件）。由于我在申请其他学校夏令营时已经准备过专家推荐信、成绩单等，所以8月份再次准备材料节省了很多时间。

网申系统于9月11日开放，网申系统里除了自己的基本信息之外，还需要个人陈述、工作经历、获奖经历，并上传相关证明材料的照片。在这里建议所有准备保研的同学提前拟写个人陈述，可以详细描述专业背景、获奖经历、科研经历、实习经历、对学校的渴望、研究生阶段计划等。提前准备的好处就是能在正式申请时直接修改或删减，非常节省时间。同样地，专家推荐信也可以提前做好准备。

---

① 路姐提示：4~6月制作文书材料准备参营论文

推免复试前准备

复旦大学法学院的推免复试是在发复试通知的时候就告知了复试考核的流程及考核办法。

因篇幅所限，请扫描二维码或登录易保研官网
www.ebaoyan.cn了解历年夏令营详细日程

注：各位考生请在英语面试间隙到法学院楼212室提交、审验推免材料。

复试考核办法如下：

复试分为笔试和面试两部分。

1、笔试考察主要内容：

（1）要求考生结合个案中的信息和考生个人的知识，对个案进行分析，提出相关意见和建议，主要考察逻辑推理能力和综合分析能力。

（2）按照指定题目，要求考生写出一定字数的小论文，要求观点明确、论据充分、逻辑思维清晰、文字语言表达流畅，以此考查考生的阅读能力、对社会问题把握能力以及论文写作能力。

2、面试考察主要内容：

（1）综合素质面试：题目内容并不限于法学专业领域，考生应根据题目所提供的信息作答。申请全日制法律（非法学）专业的考生主要考察逻辑思维、反应能力和口头表达能力等综合素质；申请全日制法律（法学）专业的考生除考察上述综合素质外，一并考察法学专业知识。

（2）英语面试：考察考生的英语综合水平。

在收到录取通知之前，我咨询了已经保到复旦法学院的师姐关于复习的相关事宜。师姐推荐我认真阅读《美国宪政历程》《大法官的智慧》这两本书，并加强对《法学通论》的学习。平时可以有意培养自己的"思辩能力"，我本身是学院辩论队队长，因此看过很多辩论赛视频，进行了一些对逻辑思维、临场反应、口头表达能力等方面的锻炼。

推免复试内容

法律硕士（非法学）专业：

复试一共进行了一天，早上中（英）文面，下午英（中）文面，晚上进行笔试。

白天的两场面试中我遇到的老师都很nice，中文面会有三名老师对你进行单面，一般会问问你为什么想要跨保法硕，有没有修过什么法律相关的课程。我在回答中提到了自己曾认真阅读过《美国宪政历程》，老师们便跟我交流了一

些对美国宪政的看法。英文面会有两名老师对你进行单面，除了需要做自我介绍之外，还问了毕业后的规划、了解哪些部门法、最感兴趣的部门法是什么等。总体来说，英文问题和中文面大同小异，不过也会根据你的回答提问题，所以千万千万不要给自己挖坑。

复旦的笔试是放在晚上的，时间为一个半小时，一道论述题+一篇800字小作文。论述题是对榆林孕妇跳楼事件谈谈你的看法，小作文是你对死刑的存废持什么态度，并阐述原因。

复旦的考核难度适中吧，而且有很多人没有参加复试，所以录取比其实蛮高。

录取情况

2017年推免复试专业一览表

本科专业	复试人数
德语、经济学类、逻辑学、机械设计制造及其自动化、考古学、中国语言文学基地班、教育学、海洋生物资源与环境、经济犯罪侦查、植物保护、电气工程及其自动化、数学与应用数学、农林经济管理、社会工作、通信工程、金融工程、药学、外交学、民族学、保密管理、哲学基地班、旅游管理、电子信息科学与技术、汉语言、采矿工程、宗教学、广播电视新闻学、工商管理、艺术教育、阿拉伯语、护理学、能源动力类、保密管理、①广告学、历史学基地班、化工与制药类、经济学、哲学（国学方向）、制药工程、预防医学	均为1人
生物技术、税务、市场营销、应用语言学、财政学、应用语言学、热能与动力工程、市场营销、保密管理、传播学、土地资源管理、哲学、传播学、税务、俄语、新闻学、生物技术、世界历史、土地资源管理、生物学基地班、世界历史、保密管理、热能与动力工程、生物学基地班、新闻学、哲学、俄语	均为2人
朝鲜语、国际经济与贸易、人力资源管理、人力资源管理、国际经济与贸易、汉语言文学、汉语言文学、汉语言文学、朝鲜语、国际经济与贸易、社会学、朝鲜语、社会学、社会学、人力资源管理	均为3人
国际政治	4人
日语	5人
政治学与行政学	7人
行政管理	8人
金融学、会计学	均为9人
英语	16人

① 小西提示：不同的风格的项目要展示自己不同的侧面

2016年推免复试专业一览表

本科专业	复试人数
社会工作、经济学类、德语、资源环境与城乡规划管理、审计学、工商管理、心理学、药学、农学、生物科学、国际经济与贸易、国际商务、传播学、经济学基地班、车辆工程、设施农业科学与工程、护理学（四年制）、刑事科学技术、教育学类、电子信息科学与技术、经济犯罪侦查、化学基地班、体育经济、历史学、对外汉语、人力资源管理	均为1人
工商管理类、财政学、财务管理、广播电视新闻学、国际政治、汉语言文学、社会学、旅游管理、逻辑学、外交学、市场营销、侦查学、日语	均为2人
政治学与行政学	4人
英语、哲学	均为6人
行政管理、金融学	均7人
会计学	9人

2017推免录取名单专业分布一览表

本科专业	录取人数
德语、市场营销、财政学、外交学、哲学基地班、采矿工程、阿拉伯语、朝鲜语、化工与制药类、经济学、植物保护、药学、旅游管理、行政管理、传播学、生物技术、世界历史、社会学、人力资源管理、哲学（国学方向）、制药工程、机械设计制造及其自动化、教育学、护理学	均为1人
日语、国际经济与贸易、生物学基地班、保密管理	均为2人
国际政治	3人
金融学、政治学与行政学	均为4人
会计学、英语	均为6人

过来人回声

1. "非法本法硕的复试难度相对而言没有那么大，但笔试和面试主要考察学生分析问题和处理问题的能力、思考的完整性和细致度、逻辑的清晰度、对社会热点的熟悉度。大家平日里可以多看一些辩论赛、时评文章，培养自己多方面思考问题的能力。在面试过程中只要表现出逻辑清晰、有条理即可，千万不要为了和本专业联系起来而尬聊。"（一位2017年录取学生）

2. "保研战是一场信息战，一定要充分搜集各种各样的资料、搜寻相关专业的经验贴、向师兄师姐们取经。保研过程中的心态十分重要。切忌盲目跟风。不要让自己的决定受到他人的影响，正确认识自己，同时也切忌浮躁纠结。"（一位2017年录取学生）

3."复旦大学的学风非常端正,不愧为名校。但法学院似乎比较偏向于招收985、211的学生,比较看重学生的出身。当然,也有一些非985或211的同学一起参营并最终被录取。"(一位2017年落选学生)

第二十章　上海交通大学

上海交通大学上海高级金融学院

申请环节

因为高金有迷你营,所以夏令营通知发得很早,大约2月份招生公告及夏令营通知在官网上就可以看到了。在所有的夏令营申请中,我感觉高金是最洋派的,网申系统也是最复杂的。整个申请过程都是在高金单独的网申系统中完成,一般2月底3月初网申系统开放。需要注意的是上交高金的迷你营每个人只能参加一场,2017年迷你营申请时间和参加时间。

2017 SAIF MF迷你营日程表		
城市	时间	申请材料及截止日期
上海1	2017年4月7日～4月9日	2017年3月15日23：59前在系统中完成申请
北京1	2017年4月7日～4月9日	2017年3月15日23：59前在系统中完成申请
成都	2017年4月21日～4月23日	2017年3月21日23：59前在系统中完成申请
广州	2017年5月5日～5月7日	2017年4月5日23:59前在系统中完成申请
上海2	2017年5月12日～5月14日	2017年4月12日23:59前在系统中完成申请
北京2	2017年5月19日～5月21日	2017年4月19日23:59前在系统中完成申请
2017 SAIF MF夏令营日程表		
SAIF MF夏令营	2017年8月20日～8月23日	2017年6月20日23:59前在系统中完成申请

网申系统中需要的材料包括完整申请表、最新在校成绩单、相关英语能力资格证书复印件(如英语六级、GMAT、GRE、TOEFL、雅思等)、个人陈述(英文)、60秒全英视频、推荐信两封(由系统直接发送推荐人邮箱获取)、其他证明材料,每个扫描件需要合并成一个PDF文件在相应位置进行上传。

参营复试前准备

高金的考核比较灵活,面试形式多样,比较注重考察个人应变能力。参营之前建议关注一下时事点评，锻炼自己的口才及团队合作能力。按我的理解，高金的夏令营就是完全不用准备，也不需要看经验的营。因为考核形式非常多变，基本全程英文考核，很多大神可以把英语说得像中文一样流利，但高金最终考量的是学生的综合素质。

参营复试内容

2017迷你营一共三天，全程讲英文。无论是介绍项目的老师、请来演讲的嘉宾，还是参营人员在小组讨论和面试时，全部用英文交流。

迷你营考核方式主要是两种，一个是小组讨论一小时，画一个海报，做一个展示。一共大约八个小组，每个小组5～6个人，都是在一个大礼堂里同时讨论，讨论的是一个问题。但是组与组之间间隔挺大，也听不到别的组在说什么。我们当时间的关于共享经济，让我们策划一个校园共享项目。最后每个组全员上台介绍自己组的项目。组与组之间会互相提问。

第二个考核方式是面试。面试时老师手里有报名时提交的简历，这个面试是完全不需要准备的，我甚至觉得它考察的主要是小组讨论的表现以及简历评估。我被面试的时候被问了觉得整个营里谁最优秀、在营里有没有遗憾、我的独特之处在哪里。一起被面试的同学有被问会不会在上海工作、他们自己系里最优秀的是谁（清华经管），还有一个小伙伴被问为什么本科成绩这么烂（作为某省高考第四名）。

录取情况

高金有迷你营和夏令营，入营人数无法统计，最终共录取金融硕士推免生74人，生源如下：

本科学校	人数
北京大学	13
清华大学	13
复旦大学	12
上海交通大学	19
南京大学	4
山东大学	1
四川大学	1[①]

---

① 易宝提示：7月是参加夏令营考核的时间

本科学校	人数
同济大学	1
西安交通大学	2
中国科学技术大学	2
浙江大学	2
中国人民大学	1
中南财经政法大学	1
中山大学	2

过来人回声

1.高金非常洋派，就业仅从外资看应该是上海地区最好的，但可能与光华和经管的外资比还有一些差距。比较看重英语，夏令营全程用英文进行。也许因为日后授课都是全英文，提前给大家一个机会，以便判断自己能否适应这种学习环境。（一位2017年录取学生）

2.高金比较喜欢精英范，还会"搞事"的学生。我最后参加的一次迷你营，有一个非常外向的同学就被录取了。我觉得我没录取的原因可能有两个：第一个是性格还不那么外向，与项目老师交际的主动性不强；第二个是我当时面试的时候忘了高金的4个价值观是什么，虽然被我海扯糊弄过去了，但是可能给老师留下了不好的印象。（一位2017年落选学生）

上海交通大学安泰经济与管理学院

申请环节

我在3、4月份的时候开始准备自己的材料，我当时查看上届的网申截止时间是6月15日，我们这一届的截止时间新通知也是6月15日。

上交安泰学院要求申请阶段只需完成网上申请，不需提供纸质材料，在获得入营资格后再行提供；但是按往年的时间，都是要求入营资格公布后的三天内将纸质材料寄出，所以建议大家还是在网申截止的时候把所有的纸质材料一并准备好。4月中旬，可以准备纸质材料了，要求投递的纸质材料有报名表、个人综述、成绩单、推荐信两封及其他项。

申请时注意的事项：

1、要提前在各学校官网上关注夏令营信息，并提前联系好推荐信老师，一般都是自己写好，找老师签字即可，注意一定要用学校给的模板。

2、材料准备方面，所有材料准备宜早不宜晚。一般各个学校材料的邮寄截止时间都是周日，所以不需要盖章的材料可以拖到周末进行，但需要盖章的材料越早去盖越好，如成绩单、排名证明，以及某些报名表，因为还要考虑到盖章老师不在的情况。另一方面，因为准备夏令营，大三下的成绩可能还有波动，我是出一门成绩去打印一份成绩单，总担心会有一门考砸。

参营/推免复试前准备

上交在六月初就在官网上公布了笔试内容，每年都是一样的，所以大家可以在寒假就开始着手复习，不然下学期各校夏令营申请、准备面试、投递论文、期末考试，等等。赶在一起还是挺忙的，可以在寒假着手准备笔试和其他学校的入营论文。也可以把个人陈述、推荐信底稿写出来。

各专业笔试复习参考书

1.硕博连读

报考学科	笔试内容	参考书目
应用经济学	① 微观经济学 ② 宏观经济学 ③ 计量经济学	① 微观经济学：H. Variant，《微观经济学：现代观点》第8版，格致出版社； ② 宏观经济学：曼昆，《宏观经济学》第7版，中国人民大学出版社。 ③ 计量经济学：Introduction to Econometrics: A Modern Approach, 5th Ed., J.M. Woodridge, Cengage Learning.
工商管理	① 逻辑思维 ② 概率统计 ③ 微观经济学 ④ 管理学	① 概率统计：浙江大学编，《概率论与数理统计》第4版，高等教育出版社。 ② 微观经济学：H. Variant，《微观经济学：现代观点》第8版，格致出版社。 ③ 管理学： 周三多，《管理学—原理与方法》第5版，复旦大学出版社；兰杰·古拉蒂、安东尼 J.梅奥、尼汀·诺里亚著，杨斌等译，《管理学》，2014版，机械工业出版社。
管理科学与工程	① 逻辑思维 ② 运筹学 ③ 概率统计 ④ 微观经济学	① 运筹学：H. A. Taha，《运筹学导论》第8版（上、下册），人民邮电出版社。 ② 概率统计：浙江大学编，《概率论与数理统计》第4版，高等教育出版社。 ③ 微观经济学：H. Variant，《微观经济学：现代观点》第8版，格致出版社。[1]

---

[1] 易宝提示：多逛逛论坛，忘掉紧张吧↖(ˆωˆ)↗

2.硕士夏令营

报考学科	笔试内容	参考书目
应用经济学	① 微观经济学 ② 宏观经济学 ③ 计量经济学	① 微经：H. Variant，《微观经济学：现代观点》第8版，格致出版社； ② 宏经：曼昆，《宏观经济学》第7版，中国人民大学出版社。 ③ 计量： Introduction to Econometrics: A Modern Approach,5th Ed,J.M Woodridge,Cengage Learning.
工商管理	① 逻辑思维 ② 概率统计 ③ 微观经济学 ④ 管理学	① 概率统计：浙江大学编，《概率论与数理统计》第4版，高等教育出版社。 ② 微观经济学：H. Variant，《微观经济学：现代观点》第8版，格致出版社。 ③ 管理学：周三多，《管理学—原理与方法》第5版，复旦大学出版社；兰杰·古拉蒂、安东尼J.梅奥、尼汀·诺里亚著，杨斌等译，《管理学》，2014版，机械工业出版社。
管理科学与工程	① 逻辑思维 ② 运筹学 ③ 概率统计 ④ 微观经济学	① 运筹学：H. A. Taha，《运筹学导论》第8版（上、下册），人民邮电出版社。 ② 概率统计：浙江大学编，《概率论与数理统计》第4版，高等教育出版社。 ③ 微观经济学：H. Variant，《微观经济学：现代观点》第8版，格致出版社。

3.专硕营

报考学科（专业）	笔试内容	参考书目
金融硕士	① 金融学综合 ② 基于SAS或R或其他软件的金融数据处理和金融数据库	① 金融学综合：米什金.货币金融学（商学院版）；Ross,S. A., Westerfield, R. and Jaffe, J. （2011） Corporate Finance, 9th edition, McGraw-Hill & China Machine Press.
会计硕士 审计硕士	① 财务会计 ② 公司理财	① 财务会计：财务会计学（第七版）（中国人民大学会计系列教材·第七版），戴德明　等主编 /2014-09-01 /中国人民大学出版社； ② 公司财务：公司财务原理（原书第10版），（英）布雷利，（美）迈尔斯，（美）艾伦　著，赵英军　译 /2013-01-01 /机械工业出版社。 ③ 财务会计理论（第六版），斯科特 著，陈汉文 等译，工商管理经典译丛·会计与财务系列/2012-09-17/中国人民大学出版社

夏令营/推免考核内容

上交安泰的夏令营是在发夏令营通知的时候就告知了夏令营考核的流程。

因篇幅所限，请扫描二维码或登录易保研官网
www.ebaoyan.cn了解历年夏令营详细日程

　　安泰夏令营时间为3天，提供食宿。第一天上午入营报到，这时需要复查证书，说到这儿我要补充一点，在获得入营资格后一定要常查看邮件，安泰可能会建立一个微信群，里面发布各种通知、说明报到时间的问题，最好尽快加进去，不然很多问题会不清楚。第一天下午就是笔试了，晚上一般会举办一个破冰活动，缓解考试压力，活动的氛围特别好，可以交到很多朋友。第二天，听讲座，见导师。导师见面会大概是一人半小时，会着重问读博的动机（有近20分钟都在翻来覆去问这个问题吧，所以想读博的同学还是要提前想一想），也会聊一下笔试情况，家庭情况，本科时候的一些经历（建议带着自己的简历去），还有就是去之前多了解一下老师的研究方向，我在见面前一天晚上看老师论文看到三点多，聊天的时候也都说进去了，感觉这也是我的加分项了吧。第三天，主要是面试，面试结束后就可以自己退房离开了。

　　我是管理科学与工程专业，笔试时间为两个半小时，两个小时是逻辑+经济学+运筹学与概率统计，剩余半个小时为心理测试。运筹学部分是一道线性规划（单纯形表求解+对偶单纯性法+列出对偶问题），经济学好像是跟价格波动相关的（本科没有学过经济学，不是很懂所以也记不太清了），概率统计两道题：超简单的条件概率+期望，一道中心极限定理+参数估计。题目全是大题，每道题15分，还算比较基础。逻辑题这一块，一共十道题，每道4分，都是一些经典的逻辑推理题目，例如"分步倒水"、"通过对话判断生日日期"等，每道题的思考时间较长，而且所占分值比较小。整体来讲，笔试的内容考察了整体的知识运用能力和知识面，需要依靠平时的积累。通过笔试，我看到了自己的很多不足，以及值得反省和思考的地方。大家复习的时候可以拿一些小学奥数题复习或者网上搜索经典逻辑50题等。

　　笔试没有答好的同学不要放弃，要静下心来好好准备面试。安泰最后总体分数中笔试为80分，面试为120分（总分200分），所以面试的表现特别重要。每人面试时间大约为20—30分钟，一共五位面试官，不同的老师负责不同方面的问题。面试前需要准备五份个人简历（一定要彩印），在面试时自己带进去交给各个老师。面试中，首先会问一些常规问题，如自我介绍（本次为中文自我介

绍），① 然后会针对你的个人简历提一些简单的问题，当然也会包括专业问题；其次，是关于论文的问题，一般就是使用了何种模型、如何得到结论、得到什么样的结论；最后，就是一系列的英语问题，不会太难，只要流利表达就可以了。安泰的老师都不会特别严肃，回答错了也不要紧张，老师可能会纠正你，不要害怕，认真听、承认自己的毛病就行了。

录取情况

该营（九推/预推免）招收专业及大致录取情况（2017年夏令营）如下表所示：

招生类型	专业	录取人数	985人数	比例	C9人数	比例
学硕	工商管理	29	29	100%	18	61%
	管科	13	13	100%	9	69%
	应用经济学	16	15	94%	11	75%
专硕	金融	42	38	92%	30	72%
	会计	35	31	88%	16	48%
	审计	7	5	71%	3	45%
硕博	工商管理	4	4	100%	2	50%
	管科	5	5	100%	2	40%
	应用经济学	2	2	100%	1	50%
合计		153	153	100%	92	60%

根据录取比例，上交对本科学校背景还是相当重视的，尤其是学硕和硕博项目。面试的时候感觉老师对于c9的学生还是略有偏向的，会问为什么不留本校而选择上交。

过来人回声：

1.下午在候场的时候考虑到自己面试的时候可能老师都会比较疲惫了，所以为了能够吸引到老师的注意，面试前我临时修改了一下自我介绍，以自己专业课做的PDP性格测试结果，用"变色龙"来定位自己，并结合我之前自我介绍的多角色来进行串联。果然在自我介绍的时候，本来还低着头的老师都开始关注我。甚至有个较年长的老师在我自我介绍完了过用"变色龙"跟我玩文字游戏，送了我一个"容"字，十分玄学，一脸懵比的我也只能放松心态、谢谢老师。因此，有的时候可以根据情况的变化去适当调整自己。之后有位老师结合我的简历

---

① 小西提示：针对往年面试情况做一些面试预演吧~

问了我一些英文问题。比如我对"Amazon Go"的看法、亚马逊企业文化以及我未来的研究兴趣等。由于我参加了经济学院"厚重经英"项目，在项目中会有老师带着做研究，因此老师还询问了我为什么要涉足经济学领域的研究。除此之外，还有一位老师让我在最短的时间内向他们介绍我的大创研究项目，老师还是比较nice的，介绍完研究模型、研究方法忘了说研究结论，老师还特意提醒我研究结论。据往届师兄师姐说安泰的老师可能真的会具体到问你研究中某个数据分析在spss或者其他统计软件中是如何操作的，我记得当时老师只是问了我对stata和spss统计软件之间区别的看法。所以一定要对自己的研究比较熟悉，可以在面试前一天晚上好好再回顾回顾。（一位2017年录取学生）

2. 面试考核，我被安排在了上午最后一位进行面试。经过一上午的面试，非常担心老师们会产生疲惫感。于是，在自我介绍时，我把重点放在了对工商管理专业兴趣的来源、未来围绕该专业的规划上。同时，我还在开头和结尾处穿插了两个"笑点"，试图带来轻松的氛围。整个面试过程中，五位老师都很和蔼，这也让我的状态更加放松。自我介绍后，老师针对我的简历问了一些问题，包括专业选择的原因、科研经历中扮演的角色与收获等。之后，老师又根据我提供的论文材料，对研究问题、研究方法、研究结论等进行了提问。面试中还有英文的提问，其中一位老师提出了一个专业性较强的问题，我的回答不太准确，老师耐心地进行了说明，令我受益匪浅。（一位2017年落选学生）

上海交通大学凯原法学院

申请环节

上海交通大学凯原法学院既开展了夏令营，也开展了预推免。但我本人错过了夏令营申请，因此只参加了预推免。 2017年夏令营需要网申和纸质材料投递，截止日期均为6月5日。预推免只需要纸质材料投递，截止日期为9月16日。夏令营与预推免的纸质材料都可以参照上一年的招生简章提前准备例如个人陈述、专家推荐信等。个人陈述可以详细描述专业背景、获奖经历、科研经历、实习经历、对学校的渴望、研究生阶段计划等。提前准备的好处就是能在正式申请时直接修改或删减，非常节省时间。

预推免需要准备的纸质材料有：推荐免试申请表；本科前三年成绩单原件1份；获奖证书复印件各1份；国家英语六级考试合格证书或成绩单复印件1份，或提供网上打印的成绩单。英语要求：CET6成绩须≥425分（TOEFL≥90分或[①]

---

① 小妍有话说：夏令营的暂时失败绝不是世界末日

IELTS≥6.0）；此外还可提交公开发表的学术性论文复印件。

推免复试前准备

上海交通大学凯原法学院我参加的是预推免，预推免考核的流程。

因篇幅所限，请扫描二维码或登录易保研官网
www.ebaoyan.cn了解历年夏令营详细日程

法硕的复习我是从6月底一直到9月开学都在进行。我之前向上一届保送法硕的师姐们取过经，也去保研论坛里搜了很多非法本法硕的经验贴。复习内容主要是对一些法律相关书籍的阅读，《美国宪政历程——影响美国的25个司法大案》和《大法官的智慧——美国经典司法判例精选50例》应该算是法硕保研的必读书目（这两本书我都精读了两遍），除了这两本必读书目，我还阅读了《法治及其本土资源》和《制度是如何形成的》。以《美国宪政历程》为例，书中的每一个司法判例都会讲到案件背景、双方辩词、陪审团意见、法官意见、判决内容、社会影响等，读判例不是读故事，而是跟随内容寻找双方辩词的立足点，矛盾冲突是什么，法官判决的依据，如果你作为当事人、旁观者、法官，你的看法是什么。在阅读的过程中训练自己的逻辑思维和思考的完整度。在阅读书籍的同时要保持对社会热点的关注，也可以关注一些时评公众号。为了让自己心里能够踏实一些，我在暑假把法学通论又过了两遍，选取了一些法理、宪法、刑法等章节的知识要点进行记忆。

推免复试内容

法律硕士（非法学）：

复试只用了一天时间，上午笔试，下午面试，强度适中。

上午的笔试内容是一道案例分析，共有9小问，涉及物权法中所有权的取得方式、继承法中的继承顺序、合同法中的免责条款及一些刑法的知识，不过会提供相关法条。可以说上交的笔试是对专业知识考察最多的，不过难度并不大。在准备过程中可以通过复习《法学通论》来弥补法学专业知识的部分空白。

上交的面试是单面，两名老师负责中文面试，一名老师负责英文面试。值得一提的是，上交的中文面试中，老师会根据你的本专业提一些你本专业领域的问题，我被问到了如何看待财政限权和经济发展之间的冲突，我的部分观点和老师产生了分歧，但最终还是各自保留意见。英文面试也是一些非常基础的话题，如自我介绍、研究生阶段的计划等，难度不是很大。

录取情况

2017年获得推免复试资格学生的本科专业一览表

本科专业	复试人数
经济与金融、中国语言文学系、通信工程、法语系、英语系、文化产业管理、护理、汉语言文学专业、历史学、计算机科学与技术、弘毅学堂国学班、药学、阿拉伯语、商务外语专业、会展经济与管理、政治学、电子信息科学与技术、会计学ACCA方向、德语系、外国语学院、文学与新闻传播学院新闻学专业、工程管理、政治学与行政学、政治与公共管理学院、金融学（证券与期货方向）、英语（翻译）专业、经济学、力学与工程学院力学茅以升班、信息管理与信息系统专业、翻译专业（国际公务员人才实验班）、英语（医学）、财政学、刑事司法学、日语、国际商务、社会工作学、侦查学（经济方向）、工商管理、刑事侦查、行政管理	均为1人
食品科学与工程、英语、哲学、人文科学试验班、市场营销、边防管理、金融学、侦查学、治安学	均为2人
人力资源管理、世界历史试验班、公共事业管理	均为3人
会计学	4人
英语系（涉外法律）	9人

2017年获得推免录取学生的本科专业一览表

本科专业	录取人数
通信工程、法语系、历史学、弘毅学堂国学班、商务外语专业、德语系、市场营销、政治学、行政学、翻译专业、日语、治安学、工商管理、刑事侦查、行政管理、治安学、哲学、财政学、信息管理与信息系统专业、英语（医学）、英语系、文化产业管理、护理、食品科学与工程、汉语言文学专业、计算机科学与技术、药学、阿拉伯语、政治学系、外国语学院、工程管理、政治与公共管理学院、国际商务、金融学（证券与期货方向）、力学与工程学院力学茅以升班、英语（翻译）专业、社会工作学	均为1人
人文科学试验班、金融学、人力资源管理、治安学、公共事业管理、英语	均为2人
会计学、世界历史试验班	均为3人
英语系（涉外法律）	9人

过来人回声

1.“上海交通大学对出身比较看重。相当于设置了一道无形的屏障，在本科院校类别上对申请学生进行了一道筛选。因此对于出身较好的学校的学生在九月份还没有拿到offer的时候，上海交通大学凯原法学院是一个性价比很高的选择。

同时，录取学生的本科专业范围较广，只要在笔试、面试中表现优秀，就都有录取的可能。"（一位2017年录取学生）

2."上海交通大学凯原法学院的笔试直接是一道案例分析题，对法学专业知识有一定要求，因此在复习的过程中要注意对法学专业知识的复习"（一位2017年落选学生）

上海交通大学国际与公共事务学院

申请环节

上海交通大学国务学院的官网上有历年的夏令营通知、入营名单，以及录取[①]名单，信息公开做得比较好，我在寒假期间就浏览了这些信息，对于夏令营的申请流程有了基本的了解。

2017年的夏令营通知是5月11日发布在学院官网上的，申请资格、申请材料、申请步骤等都与前一年基本一致。上交国务对申请资格没有非常严格的限制，要求本科前三年（或前五学期）的总评成绩排名在班级前30%之内，或者成绩不在本班前30%，但是在其他方面（比如科研）有优异表现也可以；六级成绩则要求达到425分以上，与上海很多经管类院校相比要宽容很多。

国务学院的网申是在上海交通大学研究生招生网系统进行填报的，每个学生只能申请一个学院的一个专业。需要寄送的纸质材料有：申请表、本科成绩单和专业排名证明，英语六级证书复印件，个人陈述，专家推荐信1~2封，代表性论文一篇（已发表或未发表的都可以），其他证明材料复印件。

国务学院的个人陈述没有字数限制，我就写得稍微丰富一点（大概接近2000字），在最后还引用了国务学院院长的寄语，表达了对学院的向往。关于其他证明材料，我是提前把证书、实践证明等扫描存在电脑里，并且及时更新，按类别编排整理成一个小册子，并添加了简单的封面和目录。

参营前准备

6月15日，国务学院官网上发布了入营名单，一共有65名同学入营，我看了一下这些同学的本科学校，全部来自985高校，而且很多都是公共管理学科实力强劲的院校，看来上交国务还是非常重视学生的本科背景。

我上网搜索了上交国务的考研参考书，发现一共有6本，由于时间和精力有限，我就只买了夏书章老先生的《行政管理学》，另外还买了人民大学张成福教

---

① 小妍提示：每个学校都有专属的考核方案

授的《公共管理学》，主要以这两本书为参考进行专业知识的复习。

国务学院官网上发布过各个专业的研究生必读书目，每个专业都列了十几本书，由于时间比较紧张，没办法一一阅读，就百度了其中几本，简单了解其主要内容，建议准备时间比较充裕的同学能够选取其中几本认真阅读一下，或者是阅读这些书目的简介和书评，增进对专业著作的了解和理解，因为在国务学院夏令营的考核中，还是比较重视对专业著作的考查。

由于我本科学的是公共人力资源管理专业，研究生还是想继续在公共人力资源管理方向学习，我浏览学院官网，发现有两位老师的研究方向是人力资源管理，于是我在知网下载了这两位老师近三年的论文，通过阅读他们的论文，大致了解了他们近来研究的方向。

参营内容

国务学院的夏令营和暑期学校是同一时间进行，暑期学校和夏令营性质差不多，只不过学员都是有意报考博士的硕士生学长学姐。

夏令营持续的时间比较短，但是活动安排得比较满，节奏紧凑，可谓是麻雀虽小，五脏俱全。

6月30日下午报到注册，填写信息，交去程车票，发放夏令营日程安排，到酒店登记入住；

7月1日上午是开营仪式，院长、副院长等领导老师都在，参营的本科生和研究生围坐在一起，气氛比较热闹。合影之后是院长钟杨教授主讲的学术讲座——《社会科学与中国研究》，据说这是每届夏令营，以及每年研究生开学的保留项目。由于时间比较紧张，午餐是在教室里吃的，学院统一订的盒饭。

7月1日下午首先是樊博教授主讲的学术讲座——《学科交叉视角下的公共管理研究》。在讲座中，樊博教授向我们展示了一些博士生、硕士生和本科生的论文，通过讲座可以看出，上交国务对研究方法比较重视。

学术讲座结束之后就是笔试，公共管理专业和政治学专业考的是同一份卷子。题型有3种：（1）专业名词翻译，汉译英，比如公共行政、人力资源管理、城市治理、建构主义、一带一路，等等。（2）列举5本读过的专业著作，简要介绍它们的主要内容和学术影响。（3）运用所学知识，对给出的材料进行分析，材料与公共政策相关。总体来说，题目比较偏向行政管理。

7月2日上午是副院长主持的招生情况介绍，以及师生见面会。整个过程比较轻松愉快，能够感受得到上交国务学院的老师都比较年轻、亲切，跟学生没什么距离感。

7月2日下午是面试。面试没有区分专业，所有学生分为4组，每组十多位同学，每组的面试官也是各个不同专业老师的组合，1名学生面对3名老师，每人面试的时间为15~20分钟。进去之后首先进行英文自我介绍，然后老师提问。别的组貌似都有英文问题，而我们组除了英文自我介绍，其他都是用中文提问和回答的。因为我事先准备了简历，所以老师很多都是根据简历来问的，对科研经历、学生工作经历这些问得比较多。另外针对我意向的公共人力资源管理方向，老师问了目前公共人力资源管理存在哪些问题，该如何解决。其他小伙伴遇到的问题还有：介绍一个专业理论、读过什么专业名著、参营论文中用了什么研究方法、用一句话（英文）概括参营论文的结论，等等。

面试结束之后，就是闭营仪式和总结，夏令营就此结束了。

录取情况

2016年录取情况如下表所示：

专业	入营人数	全部录取人数（包括预报名）
政治学	共52人	7[①]
公共管理		20

2017年录取情况如下表所示：

专业	入营人数	全部录取人数（包括预报名）
政治学	共65人	8
公共管理		17

过来人回声

1. "上交国务是一个比较年轻的学院，虽然上交的优势学科是理工科，但是近年来也很重视对人文社科的发展，国务学院正处于快速发展之中。上交国务学院的老师们都很有亲和力，考核的时候氛围比较轻松，而且整个夏令营的安排也非常贴心，体现出学院对学生的关怀。"（一位2017年录取学生）

2. "上交国务最看重的是城市治理和实证研究，这是学院老师多次强调的，在学术讲座和笔试面试中也得以体现，在夯实基础的同时，平时应该多阅读专业书籍，不能仅仅局限于课本，面试之前，应该全面回顾自己提交材料和简历，尤其是科研经历和参营论文，这是面试中的重中之重。"（一位2017年落选学生）

3. "上交国务接受推免生的方式有夏令营和九月推免，虽然留给夏令营的名额比较多，但是每年都有一些优秀营员放弃录取资格，所以即使在夏令营中没有拿到优秀营员，或者根本没有入营，九月推免还是有一定机会。"（一位2015年

---

① 小妍提醒您：8月要备战预推免面试啦~

录取学生）

保研优辅

只做清北复交人的高端保研辅导品牌。人生最后一个全日制学历，能不拼一下清北复交人吗？

官方微信：baoyanyoufu

第二十一章　上海财经大学

上海财经大学金融学院

申请环节

金融学院夏令营作为选拔外校推荐免试研究生的唯一方式，选拔活动主要针对学术型硕士和专业学位硕士两个项目。

上财金融学院夏令营通知是4月20日发出的，网申时间从4月20日到5月31日，邮寄纸质材料截止到6月5日。申请材料需要申请表、个人陈述、专家推荐信、本科阶段成绩单、排名（专业或年级）证明；各类奖状及证书复印件、英语六级考试成绩或其他外语成绩证明，另外还需要身份证学生证复印件及论文等。如果要申请全球金融硕士双学位项目，除提交上述所需材料外，还应提交GMAT或GRE成绩、托福或雅思成绩。

参营复试前准备

入营名单在6月30日公示，之前就已经通过邮件确认，上财金融的夏令营是在发夏令营通知的时候就告知了可申请专业，只可申请一个专业。

申请专业及研究方向列表如下：

申请攻读学位	申请攻读专业	研究方向
学术型硕士（硕博连读）	金融学	货币银行
		国际金融
		证券投资
		公司金融
	金融数学与金融工程	金融数学与金融工程

申请攻读学位	申请攻读专业	研究方向
学术型硕士（硕博连读）	信用管理	信用管理①
	保险学	保险学
		精算会计
专业学位硕士（专硕）	金融硕士A	金融分析师
		信用风险管理与互联网金融
	金融硕士B	金融工程与量化投资
	金融硕士C	财富管理
	保险硕士	保险学
		精算师
	全球金融硕士双学位项目（GMF）*	目前合作院校包括美国乔治·华盛顿大学、美国福特汉姆大学、新加坡管理大学、美国北卡罗来纳大学夏洛特分校、美国辛辛那提大学。

个人感觉上财金融夏令营入营标准较严格，身边很多优秀的同学都没能入营（包括拿到清北offer的），可能是各个学校标准不同。参营之前就听说过上财财大气粗，夏令营是包食宿和往返车费的，因为开营前几天正好是期末考试，没有时间准备考核内容，就用的之前参加其他院校夏令营的资料。

参营复试内容

6月中下旬，收到上财金融学院的邮件。笔试（40%）+面试（40%）+夏令营表现（20%。主要是头脑风暴；其次，举手发言，做小组组长等可能会有少量加分）

7月9日，报到，入住。（住的是如家连锁酒店，每天早上七点左右统一坐大巴去学校，大概20min车程）

7月10日，进行开营仪式、学术讲座、参观校园和各专业介绍会。

7月11日上午，9：00～11：30笔试：金融学综合，三十道选择，六道计算（每大题两小题左右），二道分析大题（每大题两三小题）。选择题很杂，知识点比较多，基本是所有学过的专业课的综合卷子再加一些金融实事常识题等（比如欧盟有多少个国家，SDR包括哪些货币，等等）；六道计算大概涉及准备金比率、基金费用、汇率问题、公司理财，等等；分析大题有简略的材料，一道是与国际金融有关的材料及问题，另一道是要求介绍企业的各类股权政策，并且分析

---

① 路姐提示：9月底别忘了填报九月推免

中国的实际情况等。总体而言，卷子比较基础，但涉及面广。

7月11日下午，先是一个半小时的头脑风暴，就是大家坐在一起讨论，每小组十几个人还有一个老师。首先，每人领取一张材料纸，正反各有一篇文章。我们组的两个话题：英国脱欧和万科事件（每个小组的都一样）。先是5min独立思考，之后选出会议记录人（需要最后总结出小组结论，形成文章），然后自由讨论，发表意见，大家都特别踊跃。后来负责我们小组的学长告诉我们，他看了老师给的打分表，一般发言多的、有自己观点的得分相对高一点。结束之后就是讲座。

7月12日上午面试，分两场，英语+专业。英语面试5人一组进教室，自我介绍+回答问题，问题采用抽签方式，当前一位同学开始自我介绍的时候，后一名同学开始抽题准备。题目各异，有比较生活化的，也有偏专业的，之后老师会对每个人再追问一两个问题，有时候老师也会针对你的自我介绍再提一些问题。专业面试（中文）则是一个一个进教室了，每个人的面试时间都会超过15min，同样先是自我介绍，之后抽题（2题，一道与专业有关，一道和专业没有关系），我抽到的一题是用三个词形容一下自己，另一个是掉期，第一个问题由于自我介绍的时候会有提到，简答回答之后老师就要求回答下一题了。一道专业题一般也不需要回答很久，因而老师会继续提问其他问题，比如我被提问了利率汇率的一些问题，还有与股票相关的一些问题（你认为造成A股和H股股价不同的原因，股利政策，等等）。面试抽题还是挺看运气的。中午大家一起吃顿饭，闭营。

7月19日公布拟录取名单。

录取情况

以下为2016年夏令营大致录取情况：

专业	入营人数	全部录取人数（包括预报名）	备注
金融学		5	
金融数学与金融工程		1	
保险学	共105人	2	
金融硕士		39	
保险硕士		8	

过来人回声

上海财经大学金融学院给我的第一感觉就是很豪气啊，吃住都很不错，但也是我参加过的最累的夏令营，身边的小伙伴都很强，参营过程real心累，最后被录取真的很开心。（一位2017年录取学生）

上海财经大学区域科学与城市经济前沿夏令营①

申请环节

4月28日，我看到了2017年上海财经大学"区域科学与城市经济前沿夏令营"的通知，要求投递的纸质材料包括申请表、成绩单、排名证明、个人陈述、专家书面推荐信2封、六级考试成绩或TOEFL/GRE/GMAT成绩等具有同等水平的外语成绩证明复印件、其他证明材料及身份证、学生证复印件。

5月中旬，我准备进行网上申报工作，了解网上申报的具体要求。

参营/推免复试前准备

在收到录取通知之前，我听说上海财经大学"区域科学与城市经济前沿夏令营"是一个很重视学生科研能力的夏令营，所以我下载了一些区域科学和城市经济前沿的基础知识资料来看。

夏令营/推免考核内容

夏令营于6月24日到6月28日举行。

6月24日晚上的红瓦楼小礼堂掌声不断，营员见面会非常隆重地举行了。该院（所）党委书记杨培雷教授在见面会上对我们这些同学表示了欢迎。夏令营项目组王婧老师、王常伟老师、王薇老师、盛伟老师、教师代表黄赜琳老师、孙聪老师出席了见面会，见面会由该院（所）长助理王常伟老师主持。在交流环节，营员们纷纷对财所的精心准备表示感谢，并就升学、就业等问题进行了提问，在座老师们也都耐心做出回答。

6月25日上午，"区域科学与城市经济前沿"夏令营开营仪式在城市与区域科学学院/财经研究所三楼小礼堂隆重举行。上海财经大学研究生院常务副院长徐龙炳教授、城市与区域科学学院/财经研究所副院（所）长（主持工作）曹建华教授、副院（所）长张学良教授、上海自由贸易区研究院/副院长孙元欣教授、农经学科带头人吴方卫教授、国防经济学科带头人陈晓和教授、城经学科带头人金钟范教授、区经学科带头人刘乃全教授和该院（所）的全体教师出席了开营仪式。老师们为我们分别介绍了上海财经大学城市与区域科学学院/财经研究所、自由贸易区研究院/上海发展研究院的发展现状，鼓励我们做到求真务实，积极上进。开营仪式结束后，孙元欣教授为我们做了题为《自贸试验区制度创新和成效》的讲座。孙元欣教授介绍了建设自贸试验区的初衷以及自贸试验区7大改革领域，指出自贸试验区肩负着全面深化改革、扩大开放和服务国家战略的先试先行重要

---

① 小西提示：面试前准备好得体的服装

使命，要紧抓制度创新核心，积极探索新途径、积累新经验。经过短暂的午休，我们在红瓦楼小礼堂进行了基础能力笔试，希望能够展示出自己的最佳水平。笔试结束后，刘乃全教授为我们做了题为《当前中国区域经济的热点问题探讨》的讲座。刘乃全教授向我们介绍了区域经济学科的发展历程，对我国当前区域经济研究的热点如区域发展差距、新型城镇化问题、对外投资的空间选择、"一带一路"战略等问题进行了深入浅出的阐述。

6月26日上午，农经学科带头人吴方卫教授为我们做了题为《经济研究与方法论》的讲座。吴方卫教授向我们讲述了现实生活和经济学研究方法的不同，然后用我们身边的例子生动幽默地告诉我们如何将经济学和现实相结合。其后，副院（所）长张学良教授为我们做了题为《中国要做什么样的中国空间问题研究：上财能给你什么》的讲座。在这次讲座中，张学良教授向我们展示了财经研究所强大的师资力量和卓越的学术水平，介绍了财经研究所在区域经济学的研究方向和近期的研究工作进展，并对我们未来的发展提出了指导意见，展示了作为一名学者应有的情怀和风采。

6月27日上午，由邵帅老师主持，美国康奈尔大学的李善军教授做了题为《经济学视阈下的中国能源与环境问题挑战及解决之道》的讲座。李善军教授通过详尽的数据揭示了中国能源消费在世界能源消费中所占据的重要地位及其所导致的中国环境污染形势的严峻性，并从经济学角度提出了一些具体的解决措施。其后，李善军教授以自己的一篇论文为例，就交通拥堵费征收的合理性和数量等方面进行了深入阐述，并运用诸如供需曲线等基本经济学原理对征收拥堵费所带来的效率提高程度进行了相关测算。通过将基本的经济学原理与相关领域最前沿的研究进行结合，给我们日后的学术研究带来了极大启发。

6月27日下午，学院对每位营员进行了面试。通过面对面交流的形式，全面考察了我们的基本情况、逻辑思维能力、研究潜力及综合实力。

6月28日上午，Alexander Stewart Fotheringham 教授在国定路梯一教室做了题为《Big Data in Geographical Information Science and Spatial Analysis》的讲座。教授介绍了空间计量回归方法GWR及其应用，为我们提供了新的论文写作思路。然后，作为整场夏令营的总结，老师们在红瓦楼三楼小礼堂举办了互动沙龙。各位学科带头人向我们介绍了本所各学科的情况，营员也向老师们提出了自己的疑问。沙龙结束后，老师们为我们颁发了夏令营结业证书。28日中午，本届夏令营闭营仪式上，我们一起观看了志愿者们精心制作的回顾视频。张学良教授主持了闭营仪式，党委书记杨培雷教授在闭营致辞中表达了对我们的祝福。

录取情况

上海财经大学没有九推。2017年该夏令营计划对外招收约50名营员（不包括本校名额），各专业名额视报名情况待定。在2017年，该夏令营通选拔推荐免[①]试硕士研究生候选人共17人，其中拟录取专业为区域经济学的有6人，拟录取专业为国防经济的有1人，拟录取专业为城市经济与管理的有5人，拟录取专业为能源经济的有2人，拟录取专业为农业经济管理的有2人，拟录取专业为林业经济管理的有1人。

过来人回声

1. "上海财经大学'区域科学与城市经济前沿夏令营'中的老师非常注重学生的应用能力，对学生的创新思维要求很高。同学们都是各个领域的佼佼者，真的非常厉害。感谢那个激情燃烧的夏天。"（一位2017年录取学生）

2. "上海财经大学'区域科学与城市经济前沿夏令营'非常接地气，学生们相处起来非常轻松，老师们也非常和善，学生都非常优秀，自己即使失败了也不会后悔这趟旅程。感谢那个美好的夏天。"（一位2016年落选学生）

上海财经大学会计学院

申请环节

保研的事情我一直关注，所以在今年的夏令营公告开始前，3月中旬我就已经着手准备了。之所以知道准备的方向，一方面是听上一届介绍、总结出共性的东西；另一方面就是在网上查往届夏令营的信息。投递上财会院的材料有申请表、成绩单、排名证明、个人陈述、2封专家书面推荐信及其他证明材料。

在材料准备的过程中还是有些地方要注意的。成绩排名证明、个人陈述和专家推荐信都是有在线模板的，要等到最新的模板出来再找老师签字、教务处盖章。在填写网申系统的时候不要过于拖拉，以至于超过系统开放时间，我们这一届系统开放的·时段是5月10日到6月25日，最后临近期末，所以我还是早早提交打印申请表了。

参营/推免复试前准备

上财会院的时间安排在夏令营公告公布的时候就会给出，很方便提前安排行程，内容十分充实紧凑。

因篇幅所限，请扫描二维码或登录易保研官网

---

① 小妍提醒：面试基本的礼仪不要忘记略

www.ebaoyan.cn了解历年夏令营详细日程

英语考试为笔试，数学考试范围涵盖微积分、线性代数和概率论。

因为我的英语六级成绩没有过600分，年初我就报名了5月初的托福以作为弥补，顺便就准备了夏令营的英语考试，毕竟英语笔试最后还是落实到词汇量上。数学考试也是按套路出牌，和其他多数考数学的夏令营一样，所以我就安心把以前的课本过了一遍，然后重新做了课后习题。案例大赛就不是靠个人而是看队友了，和写作大赛一起准备素材，我自己猜的是资本市场相关的时事热点，后来证明蒙对了一半。

夏令营/推免考核内容

夏令营一共有5天，可以说考察是从始至终贯穿。

7月15日报道入营。

7月16日上午开营式，下午都是讲座，但是有很多营员都是心不在焉，忙碌着各项考核的准备。

7月17日考核开始。先是上午的英语和数学各一个半小时的考试，时间十分紧张，有小一部分营员在后期交流时说作文没写完。英语题型很常规，数学考试的难度和考研数学相当，内容也就是线性代数、概率论与数理统计和高数。下午案例大赛就开始了，是在一个类似于ERP的系统中进行生产经营和财务决策等方面，和其他队友一起争取做出最好的战略决策。

7月18日案例大赛还没有结束，还要根据组委会发过来的某一其他小组的案例运营数据进行分析点评，呈交PPT。下午才是专硕经常有的面试环节，问题围绕简历、专业、职业规划等角度展开，还让适当地介绍了一下个人论文的内容和亮点。

7月19日上午是写作，要求是中英文均可，我就在两篇中一篇英文一篇中文，稳中求胜。第一篇是关于房地产和股市的关系，要求指出逻辑错误，第二篇则是询问对产业政策的看法。只记得大家都洋洋洒洒写了一堆，4、5页不在话下。下午就踏上了归途，自此我的夏令营阶段也就结束了。

录取情况

拟录取专业	录取数	本科高校	本科专业
会计学	5	南京理工大学	会计学
		中南财经政法大学	会计学
		东华大学	数学与应用数学（金融工程）
		河海大学	会计学
		中国海洋大学	会计学

拟录取专业	录取数	本科高校	本科专业
财务管理	3	北京理工大学	会计学
		西安交通大学	会计学（国际注册会计师方向）
		浙江大学	财务管理
会计硕士	28	华南理工大学	会计学①
		中国农业大学	会计学
		东南大学	会计学
		上海交通大学	会计学
		中南大学	会计学
		西安交通大学	会计学（ACCA方向）
		华中科技大学	会计学（ACCA方向）
		中国地质大学（北京）	会计学
		上海交通大学	资源环境科学
		哈尔滨工程大学	工商管理
		四川大学	会计学（ACCA方向）
		东北大学	会计学（ACCA方向）
		中国海洋大学	会计学（ACCA方向）
		华南师范大学	财务管理
		吉林大学	会计学
		东南大学	会计学
		对外经济贸易大学	会计学
		东南大学	会计学
		南京大学	金融学
		苏州大学	会计学
		北京师范大学	会计学
		重庆大学	财务管理
		武汉理工大学	会计学
		海南大学	会计学
		厦门大学	会计学（中外合作办学）
		清华大学	英语系
		南京师范大学	会计学
		中南财经政法大学	会计学

---

① 易宝提醒：参营前和导师确定意向可能增加录取几率

过来人回声

1．"其实上财会院的夏令营考核得挺综合的，评判标准和算分比例也很公开透明。所以我建议大家在前面环节发挥失常的时候不要一蹶不振，毕竟在权重相近的情况下还是可以取长补短的。特别是第一天英语和数学的考试会给人一定的打击，但是后来在案例和面试环节都是可以弥补的，所以心态一定要好"（一位2017录取的学生）

2．"夏令营的选拔结果于两周后以官网名单以及E-mail的形式公布，尽管我是在录取名单边缘，但是幸好不用提心吊胆的等待补录通知。当然事实是另一个夏令营同学在补录名单中，也最后转正了。因为上财会院入营的基本都是各院校前5%的同学，经过一番夏令营混战后往往会有更好的去处而放弃这个资格，所以基本上名字出现在官网上候补名单前10就可以安慰自己被录取了。从考核方式可以看出，上财会院较为注重基础学科，是为数不多的专门将基础学科作为考察项目的院系，并且所占比重很大，英语和数学就占据了一半江山，因此对于跨专业保研的同学而言是一个不错的选择"（一位2016录取的学生）

上海财经大学国际工商管理学院

申请环节

因为去年有同校的学姐保研到上财，所以很早就关注到了这个学校并了解了一些相关信息。上财国际工商管理学院开设有两个夏令营，一个是针对硕博项目，其中包括：世界经济、产业经济学、国际贸易学、企业管理和市场营销学。另外一个夏令营为国际贸易的专硕项目。

4月大概就可以准备纸质材料了，要求投递的纸质材料有夏令营报名表（通过系统打印）、个人陈述、成绩单、成绩证明，以及学生证和身份证的复印件。另外，对于专硕项目还需要提交一个报告，2017年的内容是与一带一路相关的。

建议大家将自己的证件以及获奖证书扫描，这样的话在要打印时可以更加的快速，若有富余的时间可以做一个包含自己基本信息的简单简历，这样在填写网申的时候会轻松得多。

参营前准备

关于参营前的准备，我觉得主要分为三个方面：

第一，论文的阅读。了解所报考方向老师近期的论文，了解他们的研究方向。① 因为这个成为面试出题的方向，也可以让你在面试时与老师有更多互动的机会。

第二，基础知识的复习。所在学科的所必须了解的基础知识，很有可能成为面试的题目。若能胸有成竹的流利答出，也会减少自己面试时的紧张感。

第三，专业相关的时事热点。老师可能会针对相关的时事热点出题，也可能会请学生结合专业知识内容进行分析。若早有关注，可能会更加流利的回答出。

参营内容

夏令营考核的流程在入营结果公示后会在营员群里发出。

因篇幅所限，请扫描二维码或登录易保研官网
www.ebaoyan.cn了解历年夏令营详细日程

上财夏令营对学生的关怀做得很好，给我们安排了学校附近的酒店入住，并且往返学校都有校巴接送，会有小助手全程帮助解决在入营期间出现的问题。

6月26日基本是在参观校园，上财的校园不大，但是感觉很有历史的气息，尤其是门口的那个牌坊。上财的图书馆是由一个旧厂房改造的，里面的设施也都很全面，老师专门给我们讲解了图书馆的构造和使用注意事项。

6月27~28日是各个专业的老师开展的讲座，有的是各自的研究内容，有的是专业介绍，帮助同学们对研究生生活有更多的了解。

6月29日就是面试了，硕博营没有笔试只有面试，主要分为三个部分。自我介绍、抽专业题目回答、导师提问。当时我抽到的专业问题是：比较新零售与传统零售特点。在导师问答的环节，老师会对基本情况进行一些询问，例如：英语怎么样？喜不喜欢数学？绩点排名是纯成绩还是加上了综合素质分的？如实回答即可。之后老师又提问了我希望研究的方向，我回答的消费者行为学。老师又提问了大数据在消费者行为学研究中的作用，以及有了大数据以后消费者行为学研究是不是没有必要。最后，老师也提问了关于其他学校的报考情况以及读博的意愿，我当时比较坚定的回答自己的意愿是来上海读书且有读博的打算。

录取情况

由于上财国际工商管理学院9月推免不再录取，故所有推免生均从夏令营招收。

---

① 易宝提示：关注往年的夏令营为今年做预期

招生类型	专业	入营人数	全部录取人数
硕博	世界经济	40	3
	产业经济学		3
	国际贸易学		2
	企业管理		5
	市场营销学		3
专硕	国际商务	81	30

过来人回声

1. "感觉英语能力很重要，另外就是面试的时候一定要有自信，不能怯场。尽管和你较量的都是很优秀的学生，你也要自信的将自己的优势展现在老师的面前。"（一位2016年落选学生）

2. "提前的准备很重要，对于专业知识要有自己的见解和思考。老师看重数学成绩和英语能力，这个是未来做研究很重要的能力。因为上财的考核只有面试，因此在短短的十五分钟内一定要把自己所希望展现的东西告诉老师。"（一位2017年录取学生）

上海财经大学法学院

申请环节

申请上海财经大学法学院夏令营要提交的材料有：身份证、学生证扫描件，证明材料，成绩单扫描件，排名证明，外语成绩证明扫描件，已发表论文及各种奖励等的扫描件。入营的名单6月中旬会在官网公示，同时也会发电子邮箱给入选的人员，如果没收到则表示没有入选。

关于推免，我是在8月份开始关注上海财经大学的预报名，因为大部分学校的预报名都会在八月份开始，本次报名时间本来在8月20日～9月15日，后面时间推迟了，但9月份肯定是可以填写了。

完成网上报名后，还须打印并寄送上海财经大学2018年接收外校推荐免试攻读硕士研究生申请表以份和上海财经大学2018年接收推荐免试攻读硕士研究生专家推荐信2封。寄送的截止日期为9月15日（以邮戳为准），如果没有寄这些材料，网上的申请会无效，所以一定不要忘。

9月22日开始登录中国研究生招生信息网"推免服务系统"按网上提示填写填好个人信息，要检查自己到底有没有获得保研资格，如果系统里还没查到，及时和学校联系，9月28～10月25日，开始正式填写志愿，正式预录取等都需要在这个系统上操作。

参营/推免复试前准备

报到时要上交很多材料，参营前要都准备要求的纸质材料。建议复试前先在网上收集了一些信息，更多地了解学校以及专业老师的情况，下载几篇该校专业老师的论文，了解一些老师对某些问题的观点以及他们近来在研究什么。其次，建议大家平时专业课的学习不能落下，对某方面不太清楚的要及时搞懂，还有上海的学校重视英语，每天都要抽空试着练口语等。

我在网上看了多篇关于保研面试的文章，总结下来，专业问题就随便看看，其他问题可以好好借鉴下，比如自我介绍、为什么要读这个专业的研究生、未来计划等，同时和学校前几届保研的学长学姐交流，可以更好地了解面试。专业问[①]题只能靠平时的积累了，但还是可以试着大致把握学校问题的侧重点，准备时会比较有方向。

夏令营/推免考核内容

推免面试分为英语和专业面试，满分100分，外语听说能力40分、专业知识60分，择优录取。

英语面试，提交个人简历及报名表，先自我介绍，然后老师开始提问，一开始问的都是和提交的材料里有关的问题，问了在研究生学习阶段我有什么打算，又让我说说有哪些部门法。之后是一个有关学习的话题，让我对一句话发表自己的看法。

专业面试先自我介绍，老师问了下未来打算，感兴趣的法律学科是什么，为什么想来这个学校，之后就开始问和论文有关的问题，老师问我论文写的内容是什么，用几句话概况下，当时为什么想写，写的时候是否有什么疑问，存在什么问题，等等。一般有发表论文的，面试时老师大部分都会问一些与论文有关的问题。

面试结果很快就会知道，在当天或第二天就可以收到，如果没有收到则表明没有通过。

---

① 小也提醒：搜集信息非常重要！

录取情况

学院	获得2018年录取资格者人数	获得备选资格人数
经济学院	（硕博连读）13	
	（硕士项目）25	（硕士项目）32
法学院	18	14
国际工商管理学院	（硕博连读）16	8
	（国际商务硕士）30	15
数学学院	9	6
金融学院	（学术型）8	6
	（专业学位）47	17
信息管理与工程学院（硕博连读）	4	8
公共经济与管理学院	47	13
统计与管理学院	（学术型）8	8
	（专业学位）36	25
外国语学院	9	7
城市与区域科学学院/财经研究所	17	13
交叉科学研究院（硕博连读）	8	4
会计学院	36	36

过来人回声

1. "很多面试问题会和自己提交的材料以及自己的回答有关，所以要做好准备，特别是论文这方面，老师如果问了不少有关这方面的问题，说明老师感兴趣，只要能较流畅地回答，很可能被录取。"（一位2017年录取学生）

2. "上海财经大学是一个不错的学校，老师都不错，面试回答问题时要想好了再回答，回答不出的直接和老师说明就好，不少专业都有硕博连读，如果个人总体不错又愿意连读，录取的可能性会比较大。"（一位2017年落选学生）

上海财经大学信息管理与工程学院/交叉信息研究院

申请环节

上海财经大学信息管理与工程学院和交叉信息研究院共同举办夏令营。

该夏令营通知在四月份就发布了，其实我是在五月初才看到通知的，因为我开始准备夏令营的时间比较晚，但是也没有耽误太多时间。我之前了解到这个营是30人选6、7人，属于录取率比较低的夏令营，但是是硕博连读，所以还是想要去争取一下。

在准备纸质材料的同时，我也在网申系统上注册了。网申系统是整个上海财经大学的系统，截止日期是6月10日，需要特别注意的是，你所选择的专业和方向都是在这个系统选的，因此千万不要错选。纸质材料的截止时间的6月15日，由于这个夏令营只招收硕博连读，因此大家的材料里务必要有足够的论文和学术成果，老师还是比较看重这方面的。

参营/推免复试前准备

上财信管学院的日程安排在得到入营通知的时候，老师会通过邮件发给你。

因篇幅所限，请扫描二维码或登录易保研官网www.ebaoyan.cn了解历年夏令营详细日程

在参加夏令营前的准备时间里，我主要了解到信管学院夏令营招收的都是硕博连读，因此我针对我的本科期间做过的项目和论文重新梳理了一遍，特别是论文，针对其中的知识点，重新翻开文献资料复习了一遍，然后又做了一个英文版的梗概，要做到面试的时候，教授提问你的论文相关的内容，能做到非常了解和应答如流。另外我还做了一些关于自我介绍方面的准备，主要就是把自己的闪光点尽量简洁地告诉面试官，然后再准备一个英文版本。[①]

夏令营/推免考核内容

信管学院的夏令营和上财的交叉科学研究院夏令营是同时开始的，第一天基本上就是开营仪式和讲座报告。第一天（10日）晚上会有一个简单的笔试，说简单，是因为考试的内容都是逻辑题，有点类似管理学联考的逻辑题，不会涉及太多的专业知识，主要是测试你的逻辑思维和辩证思维，都是不需要太多计算量的题目，但是也需要一点点数学的知识，总体来说不会很难，但是并不容易都做对。第二天有一个分组辩论，辩论的主题主要是围绕着目前很火的信息话题或者管理话题，所有营员会分成不同的小组，大家会针对这个问题一起商量讨论，然后进行辩论。最后一天的时候会有一场面试，面试是群面，由于夏令营收的都是硕博连读，因此老师的问题很多都集中在你的论文上，可能对某一个细节，会和你聊上很久。有的同学的论文是在参加夏令营之前草草写出来的，很多地方都不甚了解，因此回答问题的时候，往往会被教授问的不知所措。面试我的教授挺好

---

① 小西有话说：亲爱的你，一定可以成功！

的，没有问我非常难的问题，也要感谢自己在之前对于论文做了非常多的准备

录取情况

招生类型	专业	入营人数	全部录取人数
硕博连读	金融信息工程	共4人	3
	管理科学与工程		1

（夏令营一共入营30人，最后录取4人）

过来人回声

1. "由于夏令营只招收硕博连读生，因此老师会比较看重你本科期间的论文发表情况。所以推荐有本科科研经历的同学报名申请夏令营"（一位2016年录取学生）

2. "虽然说夏令营总共入营了30个人，但是最后只有4个人被录取，因此通过率有点低，而且涉及选择专业的问题，实在报名的时候就选了，参加夏令营的同学要十分注意选择"（一位2017年未录取学生）

上海财经大学公共经济与管理学院

申请环节

上海财经大学公共经济与管理学院近几年大体的时间安排是，5月初出夏令营通知，6月中旬截止材料投递，7月上旬开营。近两年具体时间为：

年份	夏令营通知	网申截止	纸质材料	入营通知	参营时间
2016年	5月4日	6月17日	6月19日	6月25日左右	7月9日～12日
2017年	5月9日	6月4日	6月9日	6月30日左右	7月2日～5日

入营通知出来后，就要抓紧网申和准备材料了，从官网下载个人陈述、推荐信和成绩排名证明的附件，然后将自己之前写的内容根据学校要求稍作修改。值得注意的是上财是整个学校一个网申系统，只能填报一个学院一个专业，而且选好后专业无法更改，所以在网申填写之前一定要想好自己想要申请的专业。具体可申请专业如下表：

申请攻读学位	申请攻读专业	所授学位
专业硕士	税务硕士	税务硕士专业学位
	资产评估硕士	资产评估专业学位

申请攻读学位	申请攻读专业	所授学位
学术型硕士	投资经济	经济学硕士学位（经济学博士学位）
	国民经济学	
	财政学（含硕博连读）	
	税收学	
	房地产经济学	
	公共经济政策学	
	技术经济及管理	管理学硕士学位
	行政管理	
	教育经济及管理	
	社会保障	
	土地资源管理	
	社会医学与卫生事业管理	

参营前准备

上海财经大学公共经济与管理学院的夏令营是在入营报道时公布夏令营的日程安排。

因篇幅所限，请扫描二维码或登录易保研官网
www.ebaoyan.cn了解历年夏令营详细日程

上财的笔试是考察数学和英语，在最后的总分中各占25分。数学的话我是从5月份下旬开始复习的，主要是看了一遍学校的课本，包括微积分、概率论和线性代数三本书，并配合着考研的视频做了笔记进行了梳理，做了一些学校期末[1]考试常规题型，也做了一些李永乐数三那本书，但是因为时间紧张，感觉数三难度对自己有些大，最后就放弃了，精力主要集中在做一些基础的题目，建议数学早点开始复习，有精力按照数三的难度复习最好。英语主要是做了几篇阅读，看了些作文句式。面试准备一下自我介绍，如果不擅长群面的话可以抽时间找同学帮忙模拟一下。

参营内容

上海财经大学公共经济与管理学院虽然专业比较多，但是除了最后的分专业

---

① 易宝提示：保持好成绩很重要

面试之外，夏令营期间其他活动和考核都是在一起的，夏令营虽然持续4天半，但真正的考核时间只有一天面试和半天笔试。

7月2日8点到17点，在学院指定的酒店报道，住宿条件还不错，虽然离学校有不到2公里的距离，但是每天都有大巴车接送营员，并且有学生志愿者负责组织营员。

7月3日上午是先是开营仪式，随后去体育馆进行了破冰活动，主要是做了一些小游戏。破冰结束后回去听讲座，上午的讲座由刘小兵教授主讲，主题是"财政学应该研究什么？"，下午有两场讲座，分别由校外导师何斌老师讲了关于科技金融与投资职业挑战问题、张熠老师讲了社会保障的相关内容。讲座结束后会有提问和答疑的时间。

7月4日上午进行笔试，先是数学后英语。下午的活动是沙龙互动和参观图书馆。沙龙互动分两个部分：先是由各个系的老师介绍本专业相关情况，然后由不同专业的学生代表学长学姐分享自己的体验和学习情况，并给大家一些关于研究生阶段学习规划的建议；随后是自由讨论时间，可以去找专业老师和学长学姐咨询，一些老师会把报考本专业的同学集中到一起进行自我介绍、提问和分享等。沙龙结束后在图书馆负责人员的带领下参观了上财的图书馆。

7月5日进行面试。上午是分小组群面，这个是各个专业混在一起分的小组，进行无领导小组面试，进去抽题，自己读题思考然后每个人陈述自己的看法，随后进行小组谈论，并形成小组的观点和方案，最后由代表进行总结发言。下午为专业面试，各专业分开，在不同的地方，依次进去面试，每个人大约20分钟左右。大体流程是自我介绍、抽一个题目并回答，老师根据你的自我介绍和回答随机提问，提问的内容和形式比较随意。

录取情况

招生类型	拟录取专业	入营人数	录取人数
学硕	财政学（含硕博连读）	8	4
	房地产经济学	3	1
	公共经济政策学	3	1
	国民经济学	4	2
	行政管理	3	1
	教育经济与管理	3	1
	社会保障	3	1
	税收学	5	1
	投资经济	4	1
	土地资源管理	2	1

招生类型	拟录取专业	入营人数	录取人数
专硕	税务硕士	21	20
	资产评估硕士	20	13

过来人回声

上海财经大学公共经济与管理学院夏令营活动比较丰富多彩，考核比较全面，较为注重综合素质，笔试、群面、专业面试各占一定比重（2016年还有小论文测试）。整体而言，学院夏令营的性价比还是很高的，录取比例比较高，且最后基本进了候补名单的都有录取机会。（一位2017年录取学生）

上海财经大学统计与管理学院

申请环节

上海财经大学的统计与管理学院在2017年召开第一届"上财统计夏令营"活动。我在看到这个通知之后，就着手准备该夏令营所需要的材料了。

夏令营的申请材料包括申请表（在线打印）；个人陈述；专家推荐信2封；成绩单；排名（专业或年级）证明；各类奖状及证书复印件；国家大学英语六级考试成绩或同等水平的外语成绩证明；身份证、学生证复印件；鼓励申请人提交体现自身学术水平的代表性学术论文、出版物或原创性工作等成果。5月下旬，我准备进行网上申报工作，了解网上申报的具体要求。

参营/推免复试前准备

在收到录取通知之前，我觉得上海财经大学统计与管理学院应该是一个很重视学生数理背景和管理类学科知识的学院，因此我还在参营前下载了一些数学题和管理类的有关题目来练手。

夏令营/推免考核内容

夏令营于6月23日到6月26日举行。

笔试部分考的是数分线代概率论数理统计。我当时没看到官网发的关于笔试[①]的补充通知，只复习了概率论和数理统计，去了上海才知道要考数分线代，连书都没带的我内心很是绝望。第二天看到卷子的时候，数分考了一个可导一个三重积分，线代考了齐次还是非齐次方程组之类的，概率论考了一个概率问题，

---

① 小妍提醒：考一个好六级分数吧！

数理统计考了期望方差。全部都是就算好久不学习了也不可能忘记的题型！所以不慌好好准备面试和机考。

面试的内容是数分线代概率论数理统计英语综合素质。有几个纸袋子在里面抽，老师会给你读题，主要是基础题和对关键定义的理解，那些以前上课老师重点提出过的就很可能是考点。英语就是聊天，谈谈家人家乡。综合素质我被问了学校校训，这个时候就知道热爱学校是多么重要了吧。

机考是选择一种软件C，C++、R等十几个编程题里选4个完成并且得到结果是很基础的编程题，运用条件语句，循环语句就能得到结果。对了取整也用到很多，我当时用R不会取整硬着头皮跑循环。

录取情况

上海财经大学没有九推。2017年，该营硕博入营20人，统专硕入营80人，预录取名额将近一半。上海财经大学统计与管理学院2018年通过夏令营选拔外校推荐免试硕士研究生候选人共8人，拟录取专业为应用统计学的有2人，拟录取专业为金融统计与风险管理的有2人，拟录取专业为数理统计学的有2人，拟录取专业为经济统计学的有2人。

过来人回声

1. "上海财经大学统计与管理学院是一个非常注重学生数理背景的学院，虽然2017年是该学院召开第一届'上财统计夏令营'活动，但是竞争还是非常的激烈。"（一位2017年录取学生）

2. "上海财经大学统计与管理学院非常注重学生的综合素质，考核的形式也非常的多元化，具有很大的挑战性。"（一位2017年落选学生）

第二十二章　同济大学

同济大学经济管理学院

申请环节

同济经管每年的夏令营开始时间都很晚，一般申请时间是在5月下旬到六月中旬，参营时间一般是在七月下旬。因为5月下旬同济经管还没出夏令营通知的时候，我已经拿到了好几个夏令营的入营offer，所以就没太关注其他还没出夏令营通知的学校，以至于错过了同济经管的夏令营。有趣的是我在参加预报名的时候还有老师问到为什么我没有去参加他们的夏令营。但是同济经管的预报名简章发布得非常早，以今年为例，在6.16日的时候就出了预报名简章，申请截止日期是9.27日，所以准备时间还是很充分的。我是在8月初的时候才看到他们的预报名简章，抱着试试看的心态参加了预报名网申。

同济经管的预报名网申系统是面向全校的，因此只能填一个学院，网申系统里除了自己的基本信息之外，还需要填写个人获奖情况（不超过200字），发表论文和其他研究成果情况（不超过200字）、个人陈述（不超过1000字）等。

参营/推免复试前准备

同济经管虽然预报名开始时间非常早，但是预报名复试时间非常晚。以今年为例，我是在9.25日下午才接到同济经管的复试通知，要求27和28日去同济经管参加复试。因为9月28日全国推免系统就开放了，许多学校都要求夏令营营员在当日确认待录取，所以通过预报名审核的学生中大概有三分之一放弃了去同济经管参加预报名复试。同济经管的预报名复试流程也是在27日早上才发布的。[①]

因篇幅所限，请扫描二维码或登录易保研官网
www.ebaoyan.cn了解历年夏令营详细日程

9月25日收到同济经管预报名录取通知时，我就去上网查了往年预报名的考核方式。在了解到同济经管要考核专业知识和专业英语的时候，考虑到现在复习专业课或者复习英语肯定来不及了，所以我决定将两者结合起来复习。因此我在26、27日两天就集中看了Stephen Robbins的管理学原理（英文版第九版）和Gary Dessler的人力资源基础（英文版第三版）。除此之外，我还下载了心仪老师的论文来看。

夏令营/推免考核内容

预报名复试总共进行了2天，考察的时间也是2天，同济经管所有专业的学生都按如下流程进行复试：

9月27日中午报道，领取了关于同济经管发展，同济导师介绍，以及考核流程的资料。

9月27日下午2.30，分经济学、工商管理、管理科学与工程三个学科大类，分教室进行笔试。笔试时间是两个小时，考核内容是100分的专业知识和50分的专

① 路姐提醒您：适当的训练口语

业英语（包括汉译英三道题，英译汉三道题以及两个小作文），时间非常紧，需要有针对性地分配时间。

9月27日晚上，进行了硕博连读的宣讲会，重点介绍了他们最近重点发展的"2+2"中外联合培养硕博生计划。宣讲结束之后有意硕博连读的学生需要领取两份硕博连读意向书，签署之后第二天中午提交到招生办公室。备注：同济经管明确声明了有意硕博连读的学生同等条件下优先录取。

9月28日中午，进行无领导小组面试，照样是分专业进行。我们企管专业因为人比较多，所以分成了三个教室进行。进入教室后，首先老师会说出题目，然后给出15分钟的讨论时间，最后小组推选一名代表进行3分钟的总结陈述。我们当时的题目是—在"大众创业 万众创新"的时代背景下，许多人开始进行创业尝试，根据一项针对上海学生创业的资料统计，有意愿创业的占到48.2%，但实际创业的仅有14.3%，创业成功率仅为1.8%，那么大学生是否应该创业呢？

9月28日下午，进行分专业综合面试。每个学生单独进入面试教室后，会有一名负责英语的老师提两个英文问题，你需要用英文回答。据了解，如果你没有带简历，英文问题一般问得比较基础，比如"Can you introduce your university"和"What is your favorite course"；如果你带了简历，英文提问一般根据简历进行，比如我的简历中提到我有心理学二专的教育经历，所以我的英文提问就是"Why did you choose applied psychology as your second major"和"What have you learnt from learning applied psychology"。之后，就是各个老师对你进行提问了，据了解，内容一般是本科阶段参加过什么科研活动，读研期间的规划，有没有硕博连读意愿。每个学生面试时间大概是10分钟。因为我当时带了自己的简历去，所以整场面试都是围绕我的简历进行，主要针对我最近做的挑战杯项目以及数学获奖情况进行了提问。

9月31日中午，给出录取结果，在研招网上发放待录取通知。

录取情况

2016年预报名：

招生类型	专业（一级学科）	进入复试人数	录取人数
硕士	工商管理	54	33
	管理科学与工程	69	42
	应用经济学	27	13

2017年预报名：

招生类型	专业（一级学科）	进入复试人数	录取人数
硕士	工商管理	53	34
	管理科学与工程	66	41
	应用经济学	34	20

过来人回声

1. "同济经管推免复试前好好复习专业英语和看一些老师的论文比较重要，因为预报名复试笔试占的分值非常大，所以一定要下功夫好好复习。建议参加复试之前看一些专业书籍的英文版，对专业英语有个大概的了解，还要对英汉互译有基本的掌握。其次，要多读心仪导师的论文，并对所学专业的论文规范形成基本的了解与掌握，并且要了解实证论文的框架，了解基本的统计分析方法。"（一位2017年录取学生）

2. "同济比较重视学生的科研基础和读博意愿，不管是夏令营还是九月预报名，都偏向于招收硕博连读学生。夏令营和九月预报名的宣讲会中，老师都明确表示了有硕博连读意愿的学生同等条件下优先录取。综合面试中，几乎每个人也都会被问到有没有读博的意愿。一般来说，有一定的科研基础，同时又愿意硕博连读，被录取的可能性很大。但是，如果不足够优秀，又拒绝硕博连读，落选的可能性还是很大的。"（一位2016年落选学生）

同济大学法学院

申请环节

对于同济大学法学院的夏令营和九月份推免，我当初是因为要在暑假准备司法考试，那个时候刚好也是状态最好的时候，所以就放弃了当时的夏令营，除了[①]司法考试的原因，这里还要说明的是我从大一无论是成绩还是综合排名一直保持着第一名，其他专业竞赛，诸如模拟法庭大赛，知识产权知识竞赛，辩论赛都参与了相对比较多；期间也做过一些项目研究，发表过几篇论文，因此我有很大的把握可以拿到保研的名额。也正是因为相对比较有把握，所以我就将重心放在了九月份的推免上。但是我的一个舍友参加了同济的夏令营，所以我对于夏令营也算是相对比较熟悉的，今天的分享主要分为两大部分，一是九月份的推免经

---

① 小西提示：最好有一些科研成果哦（*. ω < ）

验分享，另一个是夏令营的经验分享。

同济的接收推免消息放出的还是比较早的，当年的7月份就出来了，所以还是有相对比较充裕的时间来完善自己增加录取概率的。加上我关注的非常早（大概正式推免的半年前），基本上当年的最新信息都还没有出来，所以我从以下几个渠道进行获取信息：一是从易保研的官方论坛上，各个学校第一时间的相关信息保研论坛都会立马出现，所以相对来说还是比较方便的，另外上面还有专门的区域供学生们进行探讨，期间能够获得一手的学长学姐入围经验及教训；二是关注同济大学法学院的官方信息。

参营/推免复试前准备

根据我当年的政策，同济大学法学院招收推免生的具体信息大概如下：

在招生专业和招生名额上，法学硕士研究生接受非法学（跨学科）推免生的申请，法律硕士（法学）拟招收推免学术型研究生20人，拟招收推免专业学位研究生5人。

申请需提供的材料为：身份证复印件、申请表、排名证明、外语水平证明、专家书面推荐信等。对于申报材料中的排名证明需要特别强调，有两个问题容易出现，建议规避：一是成绩单的开具时间。在现实中大部分学子参加推免都是在学期末或者暑假，这个时候部分高校的教务处会处于放假状态，这个时候就很难开具成绩单；二是成绩单学科成绩不完整。由于大部分高校期末考试刚刚结束，成绩出现并不会那么及时，所以这个时候就需要做好与申请学校的沟通和解释工作。

网申系统会在规定时间开通，因此在开通前还无法进行填报。网申系统里除了自己的基本信息之外，还需要填写发表论文，获奖情况和其他研究成果情况，表述要尽可能简洁，因为会有字数限制，大概在200字左右，其次还需要一份个人陈述，字数最好控制在800字左右，到时可以以电邮的方式发给指定邮箱。建议提前准备好自己的一份简历，我当时是这样做的，因此网申系统填起来就比较从容。个人陈述如果不懂该如何书写可以从保研论坛上下载模板和参考资料，结合自己的实际情况进行撰写。

夏令营/推免考核内容

夏令营：

关于夏令营，其在申请条件和材料准备上与九月份推免大致相同，此处不再赘述，下面主要是给大家介绍一下不同之处，夏令营相对于九月份的推免来说考核是更丰富和严苛的，流程也比较多（以今年为例，大家可以作为参考）：

因篇幅所限，请扫描二维码或登录易保研官网
www.ebaoyan.cn了解历年夏令营详细日程

在具体的录取办法上，同济法学院在面试的评选内容和标准上主要以其官方公布的为准，大概是口头表达能力150分，文字表达100分，外语能力100分；在面试结束后的5天内基本结果就能出来。对于优秀学员，无论是九月份的推免还是12月份的统考都具有优惠政策，对于前者，只要获得推免资格，则可以直接录取；对于统考生，执行同等条件下优先录取的原则。

推免：

在保研的具体面试上，主要分为两个环节，专业课面试和英语面试以及综合面试，说到这有一个小道消息（笔者没有去考证，大家听一听就好）：就是男生比女生进的可能性更大。专业课面试是两个人一组进去，分别会被问问题，当时我身边的一个小姐姐被问到的问题是：经济法和国际经济法的区别。而问到的我的问题是：消费者权益保护法是归到民法还是行政法。忘了提醒的一点是我报的专业是经济法，所以上述问题跟经济法有密切联系。英语方面就是普通的问答，有的考生会被要求进行英语听力复述，我当时被问到的一个问题是对国际经济法的理解。关于综合面试主要就是考察学生的反应能力，逻辑分析能力等，没有什么需要特别强调的，也不需要提前怎样准备。下面附上2018年同济法学院的推免面试的安排文件以供参考：

以2017年为例，参加复试的法学（学术型）和法律硕士（非法学）的推免生的复试时间为2017年9月25日。

录取情况

为了能够给各位更好的指导，下面也附上推免复试的遴选情况，让大家对自己的衡量更具有客观性（姓名略）：

序号	性别	本科学校和专业	申请专业
1	女	同济大学法学院法学	法学|学术型
2	女	天津师范大学法学院法学专业	法学|学术型
3	女	中南财经政法大学法学院法学（民商法方向）	法学|学术型
4	男	南京理工大学知识产权学院法学系	法学|学术型①
5	男	西北农林科技大学人文社会发展学院法学	法学|学术型
6	女	中国政法大学民商经济法学院法学	法学|学术型

---

① 小妍提醒：（￣︶￣）✓*Studying makes me happy*

序号	性别	本科学校和专业	申请专业
7	男	郑州大学法学院、法学	法学|学术型
8	女	吉林大学法学院法学	法学|学术型
9	女	西南政法大学国际法学院涉外人才实验班	法学|学术型
10	女	中南大学法学院 法学专业	法学|学术型
11	男	海南大学法学院法学实验班专业	法学|学术型
12	女	大连海事大学，法学院，海商法	法学|学术型
13	女	郑州大学法学院法学系	法学|学术型
14	男	浙江工业大学 法学院 法学	法学|学术型
15	女	首都经济贸易大学法学院法学	法学|学术型
16	男	华东理工大学法学院法学专业	法学|学术型
17	女	同济大学法学院	法学|学术型
18	女	北京师范大学法学院 法学	法学|学术型
19	女	北京师范大学法学院	法学|学术型
20	女	云南大学法学院法学专业	法学|学术型
21	女	西南政法大学法学学术人才实验班	法学|学术型
22	女	同济大学法学院法学专业	法学|学术型
23	女	同济大学法学院法学专业	法学|学术型
24	女	同济大学法学院法学专业	法学|学术型
25	女	同济大学法学院法学专业	法学|学术型
26	女	同济大学法学院法学专业	法学|学术型
27	女	同济大学法学院法学专业	法学|学术型
28	女	同济大学法学院法学专业	法学|学术型
29	女	西南政法大学–经济法学院–法学	法学|学术型
30	女	同济大学外国语学院日语系	法律硕士（非法学）
31	男	中南财经政法大学刑事司法学院侦查学	法律硕士（非法学）
32	男	同济大学 土木工程学院 岩土	法律硕士（非法学）
33	男	同济大学化学科学与工程学院应用化学专业	法律硕士（非法学）
34	男	同济大学土木工程专业结构工程与防灾减灾课群组	法律硕士（非法学）
35	女	华东政法大学 商学院 金融学	法律硕士（非法学）
36	女	同济大学外国语学院日语系	法律硕士（非法学）
37	男	中山大学政治与公共事务管理学院 行政管理	法律硕士（非法学）

过来人回声

1，"关于同济的这次面试，我认为最好是要提前联系导师，并能与导师取得一定的共识，这对于自己的考核有着非常大的作用。"（2017一位录取考生）

2，"如果问我怎么没有走到最后，我想说的是关于前期的知识储备不够，尤其是在民法和刑法上，建议大家面试前一定要对于基础再进行巩固"（2017一位落选考生）

第二十三章 华东师范大学

华东师范大学经济与管理学部

申请环节

通过查找前年和去年的资料，我了解到华东师范大学经济与管理学部没有夏令营，九月预报名是他们招收推免生的唯一途径。往年截止时间都是9月21日，我们这一届的截止时间新通知是9月20日。

因为大三的暑假参加了一些夏令营，所以我提前已经准备好了自己的成绩单、科研证明以及获奖材料扫描件。要做的就是按照往年华师经管部的要求准备申请材料，因为参加华师大经管预报名的人数一直比较多，一个专业招生的人数又一般不超过10个，所以竞争比较激烈，建议一定要好好打磨自己的申请材料，做①到简洁有亮点。打磨好自己的材料，等到预报名通知一出来就可以开始填了。

等到9月6日出了预报名通知，开放了预报名申请系统，就可以准备填写网申了。网申系统除了要求填写自己的基本信息之外，还需要填写获奖情况（不超过200字）、发表论文和其他研究成果情况（不超过200字）、个人陈述（不超过1000字）。这里需要额外提醒一点的是，因为华师经管部预报名审核是导师登录系统，查看报名学生资料，看到心仪的通知招生处将其纳入复试名单，所以建议越早填报预报名系统越好。

参营/推免复试前准备

华师经管部是在发出复试通知时才告知了考核方式，据了解，考核时间一般

---

① 易宝提示：保研论坛有很多学姐学长的经验分享帖

只有一天，只有综合面试，没有笔试。

9月中旬，在收到录取通知之前，因为听之前保研到华师的学姐谈到华师面试重视对学生基础知识和专业动态的了解。所以我主要从两个方面进行了准备。首先，我把《人力资源管理基础》和《组织行为学》这两本专业书籍大致看了一遍，理出了人力资源管理专业大概重要的知识点，没想到真的在专业面试的时候真的派上了用场。其次，我去看了近几期《Journal of Applied Psychology》以及《管理世界》的目录，梳理出了组织行为学方向前沿研究的几个热点，并重点看了《管理世界》的几篇感兴趣的论文，将研究意义、研究方法和结论整理出来形成了大纲。结果，在预报名面试的时候，老师果真问了我对学科前沿研究有什么了解。

一般是会在9月23日左右收到入营通知，这个时候就可以准备简历去参加复试了。据了解，一般综合面试如果带了简历，老师一般会根据简历提问。所以简历具有框定问题范围的作用，建议一定要多备几份，同时，一定要把简历上的内容自己多看几遍，想想可能会被问到的问题，自己预先想好怎么回答，做到心中有数。

夏令营/推免考核内容

华师大经管部所有专业复试流程如下：

华东师范大学经济与管理学部的预报名复试一般只有一天的时间，一般只有综合面试，没有笔试。综合面试流程如下：

首先，是基础英语面试。进入面试教室后，老师会首先问两个基础的英语问题。比如"比如室后，老师会首先问两个基础的英语一天的时book?"以及"Can you introduce your hometown?"。可以发现，华师经管预报名英语面试内容比较简单，侧重于基础英语。所以建议在面试之前，就在保研论坛查找可能会问到的基础英语问题，自己先想好答案，背诵流畅，这样英文面试的时候会显得比较自信。

其次，是专业知识面试。老师一般会根据申请的具体专业问一个专业问题，比如你如何理解战略性人力资源管理？比如你怎么看待企业家社会责任？做慈善能够等同于履行社会责任吗？对于此类问题的回答，我建议是先说清概念，再具体阐述，这样回答比较条理。对于专业基础知识面试，我建议面试前可以看一下学科专业书籍，梳理重要知识点并记住，面试的时候，结合题目实际进行阐述。

最后，是根据简历提问。在回答完英文问题和专业基础问题后，老师一般会根据简历进行有针对性的提问。比如有的同学被问到了国创做的什么，有的同学被问到对大学生数学建模竞赛的题目，用了什么统计分析方法等。对于此类提问，我建议面试前准备好几份简历，并根据简历内容模拟提问，想好回答，这样面试的时候比较得心应手。

录取情况

2016年预报名：

层次	院系	专业	人数
硕士	公共管理学院	行政管理	4
	统计学院	统计学	12
	亚欧商学院	市场营销	5
	经济学院	世界经济	8
		金融学	3
		国际经济与贸易	2
	工商管理学院	产业经济学	2
		会计学	2
		企业管理	6
		旅游管理	6
		情报学	2
		商业分析	1

2017年预报名：

层次	院系	专业	人数
硕士	公共管理学院	行政管理	4
	统计学院	统计学	14
	亚欧商学院	市场营销	6
	经济学院	世界经济	9
		金融学	2
		国际经济与贸易	2[①]
	工商管理学院	产业经济学	2
		会计学	1
		企业管理	8
		旅游管理	5
		情报学	2
		商业分析	2

---

① 小也提醒您：多参加一些认可度高的竞赛吧

过来人回声

1. "华师经管提前联系导师对申请通过非常重要。因为华师经管的申请审核流程是：学生填完申请，招生导师登录系统、查看申请，招生导师确定心仪学生、通知招生处，招生处向学生发放面试通知。一般来说，如果能够提前联系导师，向导师详细说明自己的基本情况，尤其是重点突出自己的科研基础，再适时表现一下自己有读博的打算，导师一般会对你比较满意，这对通过预报名申请非常重要。通过预报名申请后，也可以继续跟老师保持联系，加深老师对你的印象，在专业复试的时候，展现出自己的自信和从容，一般来说，通过的机会还是很大的。"（一位2017年入选学生）

2. "华师经管比较重视学生学术能力的比较。虽然九月预报名招收的是硕士，但是最后的面试环节，据了解还是挺多人被问到要不要有没有读博打算的。因为华师经管预报名审核比较严格，一般都是按照不超过1：2的招生比例通知学生参加面试的，所以来的学生一般都比较优秀，大家的基础条件相差一般不大，面试的表现一般也没有太大差异。这种情况下，读博意愿就显得比较重要了。一般如果不足够优秀的话，又表示自己没有读博打算，落选的可能性还是很大的。"（一位2016年落选学生）

华东师范大学法学院

申请环节

9月份，在听取学长学姐意见后向华东师范大学提交预报名申请，本次报名截止时间至9月20日，个人建议报名时不要太晚，即使提交后发现信息填错也会比较容易改正。登录华东师范学校官网，找到推免生预报名系统，注册后会获取一个编号，到时候再次登录时都会用到，可以记一下。登录后按系统里的要求填写个人信息、英语成绩、获奖情况、个人介绍等。

参营/推免复试前准备

华东师范是我第一个面试的学校，对于未知的东西，还是比较紧张。我和之前保研至该校的学长取得联系，向学长取经验，也大致打探了下本次推免面试竞争难度。网上也可以去搜索下以往的推免面试问题，找些感觉，但是我没怎么找到，个人觉得一方面不能中断专业知识的学习，要保持一种能快速准确回答本专业问题的感觉，另一方面要重视和以往保研的学长学姐的交流，能找到相同保研学校的就更好了，信息会更正确和快速。

准备好面试时需带的材料：提交一份书面申请报告（可以在系统中打印），

包含个人基本信息及学习经历，大学前三年的成绩单（需要教务处盖章），申请理由等，并附上能证明本人综合能力的材料，比如各种获奖证书复印件等类似的材料。

夏令营/推免考核内容

9月25日法律硕士面试，提前15分钟到场。面试分为英语和专业面试，签到后按名单顺序先去英语面试，专业面试顺序则反着来，两个面试同时进行，所以名字排在前的先英语面试，排在后的先去专业面试。

英语面试，全程英语，难度中等，问题基本可以理解，除了个别单词不知道。有三个老师，先问了我姓名，又问我的学校以及专业，后面又问我为什么想读法律硕士，我回答是因为以前有看一部电影《律政俏佳人》，自己很希望能像女主角一样，勇敢、机智又敢于追求自己想要的东西，当时老师们都笑了，气氛顿时欢快起来，后面老师问我以后是否想当律师，又稍微探讨了下法律硕士和法学硕士的区别。个人觉得英语面试老师都特别友好，一般不会问特别专业的问题，问题都不会为难，若用中文回答肯定能说很多，只是翻译成英语就有些断断续续了，特别是大段大段的回答，我缺乏连贯性。

专业面试，自我介绍后抽签回答一个问题，如果回答不出可以换一题，但是会扣5分，思考和回答时间都会有人计时，如果超时也会扣分。可能是因为是师范学校，面试的教授特别多，有十几个，进去还是有些吃惊，坐满一排，左边是投影仪，抽签后会显示题目。提交带来的资料后，我开始自我介绍，和老师们大概聊了聊我的专业，因为专业比较特殊，是公共事业管理医事法律专业，老师有些好奇，好几个老师都有提问，面试后数了数，自己回答了不少。围绕我的专业，第一个问题是医生手术是否有侵害病人的权益，又问如果一个医生在舞蹈家受伤昏迷且无法得到其家属同意时，为了挽救其性命将其双脚切除，舞蹈家醒来后索赔，因为她觉得跳舞比生命更重要，你觉得医生这样有错吗？又让我谈谈我对现在医患关系紧张的看法，谈谈原因等，问我想在哪个领域发展，回答民法后，老师们都笑了，说很多人都是这个答案。个人觉得问题难度一般，只要不紧张，按着自己思路慢慢回答就好，总体气氛还是比较活跃。之后我抽到的问题是谈谈对[1]现在教育制度的看法，这个问题有计时，好像五分钟吧，之后老师又问我认为高考制度是否公平，最后问了我是否学过各部门法。

出来后和其他面试的同学交流，英语面试有人被要求讲一个民法案例，还有介绍家乡等，相比之下难度比我的高。专业面试有人抽到民法和行政法的区别，谈谈对教育法的认识，等等。感觉大家都挺紧张的，因为老师们的问题都有一定

---

① 小也提示：小部分夏令营在8月份举行

的专业性和难度，大家都是非法律专业，怕回答不上来。

面试成绩中专业面试占80%，英语面试占20%，本次法律硕士欲招15人，法学硕士10人，学院择优录取，结果会以短信或电话形式通知，如果没有收到任何信息则表明没有被预录取，当天就会收到。在面试时可以和其他同学多沟通，互相留个联系方式，因为每个人的通知时间会有先后之别，焦急等待时可以问问其他面试的同学，也可以互相鼓励，都是不错的收获。

录取情况

华东师大法学院2017年法学硕士录取了8名，法律硕士录取了3名；相较2016年所有下降，2016年法律硕士招收了13人，这与招收总人数下降有关系。

过来人回声

1."准备时要重视体现自己科研能力的资料，老师如果感兴趣会问很多这方面的东西，被录取的机会会比较大。老师们都比较亲切，面试时的个别问题会有点难，老师会侧面地提出小问题让我回答出更多东西，引导我思考更多。"（一位2017年录取学生）

2."华东师范重视论文发表等，如果有这些东西被录取的概率会大很多，来面试的不少同学都有多篇论文发表，所以要重视这方面的准备。"（一位2017年落选学生）

第二十四章　华东政法大学

华东政法大学商学院

申请环节

华政夏令营的申请材料包括申请表、个人陈述、汇总表等，由于申请表与汇总表里需要填写的内容往往都是客观填写，因而笔者不再赘述，仅着重介绍一下个人陈述的撰写。对于审核材料的老师来说，一份简洁干练、内容充实的陈述往往会将申请者的形象塑造得很是丰满，容易产生好感，无形中提高申请者被录取的概率。因而，我们需要好好打造这份自荐信！

具体而言，个人陈述一般从学术背景、科研学术经历、社会工作与个人素养、研究生学习计划即就业目标四个部分进行展开叙述，由于官方文本中建议

1500字左右，因而每个部分都需要合理分配字数，用词酌句不要拖沓。

第一部分：学术背景

我们需要简单介绍一下自己近三年来的学习情况，包括获得哪些奖学金、现在的成绩排名是多少、雅思托福或六级成绩如何，等等，让审核老师首先意识到你是一个成绩不错的同学。

第二部分：科研学术经历

就经管学生而言，无非就是参与过学科相关的创新课题（项目）、撰写过的期刊论文等内容。

前者我们需要回顾自己三年里参与过哪些和法学相关的科研项目，这类项目可能是老师的科研基金项目，可能是自行申报的校院科研创新项目，也有可能是"挑战杯"学术科研竞赛的项目。如果你实在没有参加过上述所提的项目，有关法律的社会实践项目也可以"塞"进去。需要注意的是，不管参与的是何种项目，我们都要尽量简要谈一下参与此类法律科研项目的感受与心得。

第三部分：社会工作与个人素养

此部分可以具体写一些自己从事过的学生工作与社会实践情况等，更多的是一种个人综合素质的展现。在谈到自己活动经历与实习经历时，记得总结一下自己从中收获了什么。每个人都有大把的经历能够附上，但不是每个人都能在经历的后面附上有意义的总结，能总结、会分析的个人特点也是此时你可以展现给审核老师的，何必错过呢？

第四部分：学习计划与就业目标

此部分撰写时你需要展现自身强大的规划能力与学习精神，而不是寥寥数句、不痛不痒的叙述，你可以将规划分为多个不同角度。这样一种分开进行叙述的方式，往往能够显示出你的系统学习观念。

参营/推免复试前准备

填写申请材料时，很多同学都会有各种各样的担忧，比如我是非985、211大学的会不会不被认可？我的成绩排名刚刚超出30%还能申请上吗？这些担忧都是正常的，需要我们在材料里予以弥补：可能你本科学校不是那么的出名，但是你的成绩名列前茅就是弥补呀！可能你绩点排名不是那么的靠前，但是你发过论文，抑或是外语不错，总归其他方面你是有机会弥补一下的，因而在申请材料里可以多加予以体现。

如若一切顺利，优秀的你突破重围，正式成为夏令营的60多名营员之一，接下来面对的便是最为丰富也是最具挑战性的各种夏令营活动啦！

夏令营/推免考核内容

夏令营期间，商学院将为所有营员提供免费食宿、并承担外地营员往返上海的火车硬座交通费。夏令营活动内容包括名师讲座（包括上海证券交易所、基金和资产管理公司总裁或其他实业界的领导等）、学术研讨、导师见面、在读研究生交流、实地感受上海文化等活动。[①]

对于夏令营中的学术讲座与知名律所参观活动，由于每年内容都有所区别，且与最终优秀营员的评选没有联系，在此也不细细介绍，我们把关注点放向最关键的专业素质考核。

该营考核方式如下：

专业笔试100分+面试100分+英语笔试50分=总分250分

专业笔试=西方经济学3题（必答）+专业题2题（10题选2题）

最终将按成绩高低确定优秀营员名单。

不管是否是跨专业，中英文自我介绍是必备的，上海的大学比较重视大家的口语水平，有些面试会问很多英文问题。比如你读过这个专业的什么专业书，主要内容是什么啊？其次就是要提前了解你想报的那个专业的相关知识，特别是一些基础的理论知识，比如我们行政管理学过的新公共管理理论，等等。

其他

补充一点关于如何选择保研学校和专业的问题：个人觉得可以考虑两个方面。首先是自己这方面，自己打算读学硕还是专硕（以后是工作还是搞学术，其他差别不大），对什么专业感兴趣，学校地理位置及名气的要求。以上几个因素不可得兼，所以大家应有相应的心理准备。当然我没有把个人的能力和素质放进去，因为我觉得这点并不是最大的阻碍因素，因为既然能拿到保研资格基本可以证明你的学习能力不差，每个人都有无限的潜力，如果你真的对某个学校某个专业情有独钟的话，我相信你会为之拼尽全力，自然也可以坦然面对任何结果。再次就是考虑对方的情况，也就是你想去的学校，这个学校的学科实力，师资情况，准入门槛（有些学校非985，211不要），所以提前了解清楚这些信息可以少做无用功，保研可以更有针对性，效率也更高。

说一千道一万，最终还是需要各位学弟学妹好好准备。当然申请材料的准备与综合考察的情况也会因人而异，师兄在此也只是给各位提供一些参考的信息。衷心期待七月与你们相约华政园，Good luck to all of you!

---

① 小西提示：在保研论坛找个朋友一起努力的话会更有斗志哦！

过来人回声

1.我当时报的是华政政研院，院里的老师都非常的年轻，平易近人，沟通起来也没有什么代沟，其中还碰巧遇到一位同校师兄，和他聊了好久，非常亲切。9日上午是开营仪式，拍集体照，然后就开始了紧凑的讲座时间，给我们每人发了一本他们还未出版的很厚的教科书，还有笔记本等，让我们做笔记。虽然讲座很枯燥无聊，但听完下来还是非常有收获的。晚上还安排了联欢晚会，大家围坐在一起，挨个自我介绍，然后是我那个师兄现场演奏小提琴，专业水准，非常好听。当天晚上的氛围相当好，之后老师们和研究生师兄师姐们还开始唱起了卡拉OK，还有一位新疆营员跳起了她们的民族舞，大家都很尽兴。10日是最后一天，上午听完讲座后，他们政研院就给我们每个人都发了结业证书，还送了集体合照，后面还唱了他们自己临时写的院歌。中午安排了欢送午宴就结束了三天的夏令营之行。华政政治研究院，虽然成立不久，但是仍然十分推荐，尤其推荐政法类专业或对政治、比较政治感兴趣的可以去华政政研院。（一位2016年夏令营保送至华政的师兄）

2.对于华政这一所学校，我想说的是虽然华政不是211，985，但政法类专业确实很强，又因为在上海，被认可度还是很高。另外，不得不说，华政的校园环境是我见过的最优美，最好看的，有一种欧洲古堡式风格，听说不少电视剧电影都来他们学校取景，真得是一个非常美丽的校园。（一位2017年夏令营保送至华政的学姐）

3.我在九月份参加了华政的九月推免复试，我当时在系统填报的志愿是国际金融法律学院、法律学院（民商法学）和教育学院（专硕）三个志愿。当时，国际金融法律学院只招收7人，法律学院包括其他专业共招收73人，复试由教育学院老师负责签到，但具体面试工作由各个学院自己具体负责。许是因为国际金融法律学院招的人太少，或者是对国际金融法律学院了解不多，报名该学院的人并不多，而报名民商法学的推免生淘汰率达到5：1。因此，建议大家先确定未来职业方向，在进行志愿填报，从事非诉业务的，国际金融法律学院更适合、更有优势；从事诉讼方面的，民商法专业更好。

九月份推免考试分为两个部分，上午面试和下午英语听力考试。面试由各个学院自己主持，听力考试则是统一进行，难度和体型相当于六级听力考试。我当时参加了民商法和国际金融法律学院两处面试，民商法采用了由考生自己选择一个民法概念进行论述并提问的面试方式，在场的民法老师会就民法基本原理、概念等进行提问，比较考察学生的民法理论功底。国际金融法律学院的面试相对比较轻松，英文自我介绍+适当的了解性提问，整体氛围比较轻松。（一位2016年九推至华政的学长）

华东政法大学法学院

申请环节

我参加的是"高端法律创新人才"，在5月初正式填写申请，这次截止时间是6月2日。准备的材料有申请表、个人陈述、汇总表、成绩单以及一些证书。在网站下载填写完整后将上述材料电子版（word格式）压缩文件发至电子邮件，根据学校要求，主题和压缩文件名称均为"夏令营申请+现就读本科学校+学生姓名"。

个人陈述是材料的重点，撰写的时候我参考了几篇保研论坛上的帖子，又请易保研的咨询师帮我改了一遍。获奖证书复印件、各类证书、国家英语四、六级考试成绩或TOEFL/GRE/GMAT/雅思成绩等证明、代表性学术论文、出版物或原创性成果等，在营员报到时提交，全装一个文件袋里以防资料不齐全。审核通过的名单会在6月15日前后在东方法学网公布，需要通过邮箱确认参加，如果不确认会视为放弃，如果报了很多学校同时收到参加的通知，时间上会有重合，需要自己权衡一下，之后学校在25日公布正式录取营员名单。

参营/推免复试前准备[1]

夏令营：

在夏令营通知中学校告知了夏令营考核的流程。

因篇幅所限，请扫描二维码或登录易保研官网www.ebaoyan.cn了解历年夏令营详细日程

参营前在网上收集了一些信息，对学校以及一些专业老师有大概的了解，也看了几篇老师发表的论文。因为自己本身的专业并不是法学，个人觉得自己理论知识不算特别扎实，根据一些推荐特意去买了一些书看，加强自己的专业能力。还有很早就知道华政重视英语，由于口语能力较差，自己每天都有抽空试着练口语，准备了英语自我介绍等。

收到入营通知，要好好做自己的学术成果简介等，自己要展示的论文要做好PPT。优秀营员选拔考核分三个部分进行，即：背景评估、专业笔试和综合面试，可以从这三方面着手准备。

---

[1] 易宝提醒您：3~4月该搜集夏令营信息啦~

推免：

7、8、9月份，大部分学校都会开始推免预报名，特别是好的学校，推免预报名区别于9月份的中国研究生招生信息网"推免服务系统"，它不要求已经确定拿到本校保研资格，只要符合报名学校的条件就可以参加，华政要求成绩在前20%，CET6成绩不低于425分。登录学校官网可以找到报名系统，每个学校的预报名及面试时间都不同，暑假期间需要时不时关注自己心仪学校是否开始预报名，华政的预报名比较晚，这次在9月18日至24日，在学校的推免生系统里填写个人资料。此期间不少学校已经面试完毕且已经明确告知考生是否预录取，所以要做好心理准备。

9月26日、27日，华政电话通知取得复试资格的考生，一般是老师助理（学生）打电话，会通知要准备什么材料、面试模式、时间、地点，等等，9月28日，接到电话通知的考生需登陆中国研究生招生信息网"推免服务系统"，按网上提示填写报名志愿，学校通过"推免服务系统"集中审核申请信息，向考生发送复试通知，需在2小时内确认是否接受复试。

很多学校面试的资料网上很难找到，即使能找到，都是年代久远，个人觉得自己搜到各种资料基本只是图个心理安慰，除了一些比如自我介绍、研究生个人计划等这种问题值得准备，其他的没太多实质性帮助，所以要重视和学校已经面试过的学长学姐交流，或多或少的可以更好地了解和把握当下的面试。华政有英语笔试，所以需要重视英语的练习。专业问题每年都不一样，实在心里没底就去网上找找吧，可以大致把握学校问题的侧重点，比如它是注重理论还是实践，它是否重视学生对社会问题的思考等，面试后和不少同学沟通后，我个人觉得华政的不少专业问题老师都是随机问的，根据交谈内容而定。

复试时提交要书面申请材料，虽然我这次面试老师后面说不需要交，但是我还是递给了老师们，老师们还是大致翻看了，这个要仔细准备，打印时可以多打印几份，很多面试准备的资料都是一样的，不管最后是否用上，至少表面自己的态度是积极的。资料如下：

序号	所要提交材料及要求
一	《华东政法大学招收优秀应届本科毕业生推荐免试攻读硕士学位研究生申请表》，预报名成功后可自行下载（须加盖学校教务部门或院系公章）
二	本科阶段1～6学期成绩单（须加盖学校教务部门或院系公章）
三	大学英语六级考试成绩单（其他语种提交相应水平证书）
四	大学学习期间获得的各类奖励证明；
五	与所报专业相关的学术论文、出版物或科研成果等。

夏令营/推免考核内容

夏令营总共进行了3天，7月3日上午9：30—11：00报到，开幕仪式、校史讲座、学术讲座。

7月4日综合考核，先笔试，有专业笔试和专业英语，后面试。面试先自我介绍，老师问了英语成绩，一些专业问题，问了问我对哪方面比较感兴趣，还有今后自己具体打算从事什么，也问了论文的有关问题，也有探讨一些社会现象。之后又是学术讲座，听着还是不错，可以学到一些东西。

7月5日，参观活动、闭营仪式、颁发证书。

选拔考核综合成绩=背景评估×10%+专业笔试成绩×40%+专业英语成绩×20%+专业面试成绩×选拔考核综合成绩运用，根据选拔考核综合成绩排名情况，确定优秀营员名单，最后由学校统一发放"优秀营员证书"，其他营员颁发"营员结业证书"。

推免面试时间为9月29日上午8：30—9：30，至华东政法大学长宁校区河东教学楼教室报到，人比较多，需要排队，到场检查身份证、学生证、六级成绩单，在表上签名及填写是否服从调剂。当时自己是提前一天到学校去看了下，楼道里都已经贴好各种标签，可以找到教室，第二天面试会比较从容点。

上午10：00～11：00参加外语能力测试（笔试），考场很多，有三层，随机找教室坐下就行，内容是几篇阅读，个人觉得难度和六级差不多，只是和一般读到的英语阅读类型不一样，解题思路需要活跃点，耐心做就可以。

下午参加各学院组织的专业在综合能力测试，每个专业的时间和地点都不同，学术型比较早，我考完英语后就马上去另一个楼面试了，我报的是法学理论，面试人数十几个人，录取五人，面试顺序就按名单上来。进去后有四个老师，一个[1] 专门负责记录的人。老师先让我自我介绍，问了今后的从业打算，这个问题自己平时就有比较多规划，我分阶段谈了不少，老师也感兴趣地和我聊了聊，又问了我有没有论文发表，后面又让我说说相比外面等待面试的同学，我能被录取的优势有什么，因为我报的是法学理论，老师又问了我如果被录取想要学哪个方向，我回答了法理学，专业问题老师没怎么问我，都不是很难（但是据说之后进去的个别同学就被老师问得都回答不上来，还有人最后出来脸色很不好），因为我没有什么论文发表，最后老师就问我还有什么要对老师们说的，让我再总结性地说一下。中途自己发自内心地向老师表达了自己对华政的喜欢，因为我也有经历面试失败，主动和老师说了自己关于面试的一些想法，老师都耐心地和我谈了谈。

个人觉得老师们都很和蔼，不用太紧张，面试的时候不知道的东西就不要

---

[1]　易宝小提示：时间清晰的保研计划可以提高效率

乱回答了，有的同学想好好表现，但是最后说得自己都慌，我觉得老师们都是教授，一眼就会看穿，坦诚是最好的。

最后成绩由两部分的分数加起来排名择优录取，专业面试结果再优秀，如果英语成绩不及格学校也不会录取。最后是否录取当天就会出结果，会通过系统发出预录取通知，推免系统以短信形式提醒，考生收到待录取通知后，须在24小时内通过"推免服务系统"确认录取，否则视为放弃。当天回家吃完晚饭后，我收到了通知，确认信息后马上确认，尘埃落定。

等待的过程必然是焦虑的，但一定不要轻易放弃，每个学生受到录取通知的时间都不同，所以要多给自己一些肯定。

录取情况

夏令营录取情况：

专业	入营人数（个别信息尚未公布）	全部录取人数（包括预报名）
马克思主义学院	47	1
外语学院		4
政治学与公共管理学院		1
高端法律创新人才	96	
社会发展学院		2
商学院		2

推免录取情况：

学院	推免人数
法律学院	72
知识产权	22
经济法学院	23
国际法学院	22
国际金融法律学院	8
商学院	2
社会发展学院	2
传播学院	2
外语学院	4
政治学与公共管理学院	1
马克思主义学院	1
法律硕士教育中心	131

过来人回声

1.“如果有论文发表等能体现自身科研能力的，一定要认真准备，都是加分项，大家都是学校里优秀的学生，能脱颖而出必然是靠成绩，面试时需要从容面对，当然这些和前期准备有关系，所以要做好准备。”（一位2017年录取学生）

2.“华政不仅重视学生的专业能力，也重视学生的个人思想和认知，有的问题自己没有好好考虑，紧张后有的专业知识回答得不好，手忙脚乱的，老师说我们中有的同学对未来还没真正考虑清楚，需要多想想。（一位2017年落选学生）

华东政法大学外国语学院（法律翻译夏令营）

申请环节

华东政法外国语学院从2016年开始举办夏令营，大概每年的四月上旬就出招生通知了，每年夏令营规模大约为30～40人左右，主要内容是一些学术讲座、座谈交流以及参观活动。

在准备过程中，我按照网站的要求，提交了申请表、成绩单、个人陈述以及推荐信，申请表可在官网上下载到。这个营相比于其他高校，对成绩的要求不算严格，只要前30%就可以入营。不过毕竟是外国语学院，对于英语的要求比较高，[①] 需要通过英语专业四级考试，大学英语6级525分以上，雅思6.5分以上，或者托福95分以上。

夏令营/推免考核内容

夏令营期间，该院主要进行了专业笔试和综合面试的形式进行考核，专业笔试主要测试专业基本理论、基础知识，综合面试重在考查综合素质、和科研创新能力，还会问到攻读硕士学位的目的与科研计划等。最终成绩是100分，笔试、面试各占50%。根据最终成绩确定优秀营员，分A、B两类：

A类营员为取得所在学校“推免资格”的优秀营员，可直接接收为法学理论（法律语言学方向）硕士研究生、翻译硕士研究生；

B类营员为未取得所在学校“推免资格”的优秀营员，报考法学理论（法律语言学方向）研究生、翻译硕士研究生，达到该专业（方向）复试基本分数线，复试时同等条件下可优先录取。

---

① 路姐提醒：整理材料一定要细心哦

录取情况

大概六月中旬，法律翻译夏令营的入营结果就出来了，营员从985到双非都有，211居多，营员几乎全是外语和法学专业背景的。2017年是入营60人左右，只去了30多个人，最终录取了十几个人。

易保研自强助学计划
诚意帮助有经济困难的学生，获得更好的保研指导服务。
官方微信：iebaoyan

第二十五章　上海国家会计学院

申请环节

上海国家会计学院虽然在材料审核阶段不需要纸质材料，但是电子版和系统填写还是要依赖纸质版的，所以我先按自己能够入营进行准备，即准备好所有的纸质版材料。

需要的材料有夏令营申请表1份，本科成绩单1份，个人陈述1份，专家推荐信2封，身份证和学生证复印件各1份，还有其他证明材料。在前辈们的指点下，我没有一上来就填系统，而是先在一个文档里按照时间顺序整理出来大学三年我的经历和奖项证书，巨细无遗，而后在填写材料时直接复制粘贴。其次是个人陈述和推荐信，都需要动笔书写，要留出充足的时间给自己和老师们。对于电子版材料的提交，官网上还是有比较多而碎的要求的，比如排列顺序、文件大小、命名方式等，最好做到一条划掉一条，否则很可能导致遗漏。系统是2017年5月8日至2017年6月16日开放，入营与否6月24日即可见分晓，这些日期安排都明白的写在公告中，比起让人天天提心吊胆等通知的学院好太多，我也就安心的准备期末、等待结果了。

参营/推免复试前准备

上海国家会计学院的夏令营是在发夏令营通知的时候就告知了夏令营考核的流程，而且极为详尽，可让早早准备。

因篇幅所限，请扫描二维码或登录易保研官网
www.ebaoyan.cn了解历年夏令营详细日程

笔试（200分，150分钟，闭卷）：综合卷，考核内容包括英语（80分）、数学（80分）、写作（40分），各科分别使用不同答题纸；面试（100分）：考核内容包括专业素质、逻辑分析、综合能力和英语口语，时间为每位考生总计不超过10分钟；案例大赛（100分）：考核内容包括个人表现和团队展示。

虽然文件中明确提到笔试各项考核内容，但是并没有给出准备范围，这时候我去参照其他夏令营的准备提示，并咨询往届的学长学姐们，最终把英语的难度定在CET6左右，数学为考研数三的难度，而写作则重点关注近两年的资本市场热点时事。至于面试和案例大赛的准备则主观性较强，难以细说。

夏令营/推免考核内容

夏令营的时间一共有7天，但是都是满满当当的。

7月2日下午报道后就是动员大会。

7月3日上午没什么事情，但是下午就是笔试，因为前面做英语和数学的速度有点慢，写作到最后有点敷衍，所以时间要安排好。晚上的团队拓展就算是给明天的面试做预热了。

7月4日基本上全天都在面试，问的问题主要是关于专业知识和热点时事的结合谈看法，也提及一些常规的面试问题，比如优缺点、转专业的原因（我本科非会计）。

7月5日都是研讨活动，为后面的案例大赛做准备。

7月6日白天都是讲坛，晚上是专门留作研讨的时间，但是考虑到时间紧迫，我们小组还是在讲坛的时候有所线上沟通的。

7月7日各个小组进行案例展示，会有老师根据每个人的表现给打分，当然团队表现也重要，我们小组在前一天晚上进行了多次的排练，所以展示的时候比[①]较顺畅。

7月8日离营。

录取情况

录取专业	人数
税务（全日制）	2
会计、审计大口径	19

此外，18人有后备资格

---

① 易宝提醒：不要忘了各个学校的截止日期

过来人回声

1."其实面试环节还是很令人紧张的，毕竟才10分钟，有一点小错误可能就会留下很不好的印象。特别是英文问题那里，因为没有重视所以准备不充分，回答有点不顺畅，这可能就是我没有直接拿到offer的重要原因之一"（一位2017候补录取的学生）

2."上海国家会计学院的考核还是很综合的，并没有单纯的面试一锤定音，这既是机遇也是挑战。如果前面有不太好的表现还可以用后面的环节弥补，但环节越多可能出错的方面就越多、准备的压力也就越大。还是推荐要早些准备，尤其是数学和英语，个人以为突击复习对于这个夏令营而言是没什么用的"（一位2017录取的学生）

第二十六章　华东理工大学

华东理工大学商学院

申请环节

根据华东理工大学商学院夏令营的往年通知来看，其夏令营时间在7月初，正逢期末考试的时间。但我非常希望能够到上海读研，想在冲刺上海其他院校时能有一所保底院校，因此我把华东理工大学也列入了重点考虑的院校范畴。

从华东理工大学研究生官网招生工作的通知栏中可以查看到2016年华理的夏令营通知汇总，但实际上其汇总通知是2016年6月28日才发布的，而各学院自己的夏令营通知早在这个时间之前就已经发布了，因此我并没有把研究生官网作为唯一的信息来源，而是又关注了华理商学院的网站，隔几天就去刷一下通知公告，看是否有新的夏令营通知公布。商学院2016年的夏令营通知公布时间是6月7日，本来我还等着2017年5月末再开始准备华理的材料，但没想到5月15日商学院便发出了今年的夏令营通知，申请截止日期是6月15日，虽然有一个月的时间，但还是觉得有一些被"赶着"的匆忙。

刷到通知后，按通知内容开始准备材料。华理商学院夏令营的材料分为两部分，一个是网上申请需要准备的，另一部分是参加夏令营时需要携带的书面材料。

虽然5月份距离参营时间还有1个多月，但为了避免6月末期末考试时时间匆忙来不及准备，我还是将参营时需要携带的书面材料在5月份一并准备好了。参营时需要携带的材料包括学生证和身份证、英语四六级证书的原件，但因为后面还要准备其他夏令营需要用到原件，因此我将这三样写到了便利贴上，贴到了华理申请资料的夹子上。除了这几样原件材料外，需要注意的是专家推荐信，商学院夏令营需要的专家推荐信有固定的模板，要到学院官网上去下载（通知里有下载链接），专家推荐信最好能用印有自己学校logo的信封封装。

（悄咪咪说，虽然通知中说的是专家推荐信需要密封并在封口骑缝处签[①]字，但实际去参营交材料时又都拆开了直接交推荐信即可，但总还是要按照通知来准备的。）

参营复试前准备

华东理工大学商学院夏令营日程安排通知发布的时间与能够从系统里查询到自己录取状态的时间相近，商学院三个专业均遵从统一的夏令营活动安排。

在这里要补充说明的是，华理会打电话通知你通过了夏令营审核（在接到电话之前，从系统上查询自己的状态还是未审核的），并询问是否回去参营（划重点，这是一个关键问题），一定要非常肯定的回答"是"！当你回答之后，她会再跟你确认一下是否确定会去，一定要坚定立场回答"会"！哪怕你有考试与夏令营冲突，也不能犹豫，一犹豫Offer就没有了！当电话询问完得知你一定会去的时候，对方才会在系统里修改申请状态，然后告诉你在系统里截至确认是否参加的时间。（此时千万不要傻傻地看通知里写着6月17或22日前确认，就想着在那之前确认就好了，我是某天上午9点30多分接到的电话，要求我在上午10点前在系统中确认会去参加，过期不候！）

（华理的这种"你爱来不来，我就在这里"的态度会一直延续到推免系统申报。总之，你若认定去，就利索地选择。）

因篇幅所限，请扫描二维码或登录易保研官网www.ebaoyan.cn了解历年夏令营详细日程

华理商学院夏令营是3日下午开营，而实际上我3日、4日、5日上午有3场考试。由于去参营就要申请缓考，因此在这个时候就要非常慎重地进行选择，要考虑缓考是否会影响绩点及专业排名，然后再进行取舍。幸运的是，在与老师进行沟通后，可以申请缓考，且预计对绩点不会造成恶劣影响，因此我缓考了4日和5日的考试，在3日上午考试结束后，奔赴华理参加夏令营。

---

① 易宝提示：接到入营通知可以开始备战夏令营啦！

由于决定缓考两门，期末考试的压力并不是很大，给准备华理夏令营留了一定的时间。因此我在参营前回顾了一下本专业的一些重要知识点、查阅了一下管科的研究方向，并准备了熟练的3分钟版及1分钟版中英文自我介绍，然后就带着之前准备好的资料去参营啦！

参营复试内容

商学院管理科学与工程专业

虽然日程表中的安排是7月3日到7月5日，但实际上满打满算也只有2天的时间。

7月3日下午报道领取营服、资料袋。由于我上午考试，下午到的有一些晚，错过了报道时间，所以直接去了开营仪式的教室。开营仪式上会有各专业负责人对专业进行一个简单的介绍（我成功错过了管科的学科发展介绍……）。开营仪式后是合照时间，然后参观校史馆。在校用完晚餐后，乘车前往住宿的地方。（住在宾馆，条件还是非常好的。）

7月4日一天都是讲座环节。上午三场讲座的主讲老师分别来自三个不同的专业，下午的也一样。因此总会有一二场讲座是能够听得懂的。虽然我报的是管理科学与工程专业，但给我留下印象的确实工商管理专业的老师讲的对正念的研究以及应用经济学专业的老师讲的生活中的经济学。老师们讲的内容都非常吸引人，哪怕仅作为知识拓展，也是非常值得认真听的。

7月5日营员考核日。华理商学院夏令营的考核仅有面试，三个专业分别在三个不同的地点进行面试。每人面试时间大概10~12分钟，面试老师有5位，都是来自所填报专业的老师，只不过方向不同。进去之后首先是一个中文自我介绍，要求在1分钟左右。我之前有准备1分钟的自我介绍版本，但是第一次面试有点紧张，并没有完全按照记忆中的来，总之是把自己认为重要的都讲了一下。自我介绍之后是一个对英文的考核。考核内容是英文短文诵读并翻译指定段落或全文。需要抽选1个题目编号，然后看对应的题目。这个时间非常短，大概就是拿到题目仅够扫一眼有几段内容，老师就要求开始读了。读完一遍之后马上就是翻译指定内容。老师是让我翻译第二段，虽然有不熟悉的词，但是放在句子里也能大致翻译出来是什么意思。（实际上翻译完了之后，我也不知道我拿到的这个短文讲的是什么。所以还是建议要提前多练习，不然短时间内加上紧张根本反应不过来。）英文考核完之后是一个专业知识考核。同样是抽选1个题目编号然后进行回答。不同的是会两次机会可以抽答。我抽到的第一个题目涉及的内容之前根本没见过，老师看了我的专业和题目不太符合，所以特别好心地让我重新抽了一个。第二次抽到的是仿真建模中达成某一环节的注意事项。刚好之前做过有关于仿真的内容，因此我就按照物流系统建模仿真需要注意的点进行了回答。在这个考核之后，便是老师们的随机提问了。问了一些与资料中相关的内容，包括做的项目等，还问到了希望选择什么研究方向，以及为什么。因此在未来研究方向这方面也要多看看，做好充足的准备。总体来说，面试过程并不难，老师们只是想尽力挖掘你的亮点，并不会有为难。（其他专业的面试过程大相径庭，只不过每个人被提问的问题不同而已。）

录取情况

学院	专业	入营人数（人）	夏令营录取人数（人）
商学院	应用经济学	19	19
	管理科学与工程	17	17
	工商管理	20	20

（个人感觉参营性价比非常高！）[①]

过来人回声

"虽然华理负责夏令营的老师很严肃，但是各专业的老师给人感觉都很随和，而且老师也说这个夏令营不是为了考核分一二三等，而是希望大家来了华理的夏令营都能有所收获，然后对华理商学院有一个新的认识。因此其实夏令营整体非常轻松，面试考核也不是很难，不要太拘束，自信展现就好了。"（一位2017年夏令营录取学生）

第二十七章　上海大学

上海大学上海研究院

申请环节

我在寒假期间的开始准备自己的材料，把共性的材料，比如个人陈述、简历、成绩单、中英文自我介绍，等等，写一个初稿。在准备的过程中，也可以系统地梳理一下自己大学期间取得的成绩，审视一下自己的优缺点，有利于尽早定位，将目标院校缩小，节省自己的时间。

---

① 小西有话说：提前熟悉本校的保研名额分配方式

由于该院没有夏令营，可以先去忙其他院校的材料准备。3、4月份，夏令营的通知陆陆续续就发布了。建议做一个excel，将要申请的、要参加的学院设成一行，列信息可以包括申请截止时间、复试时间、材料要求、考核内容、备注等。做到一目了然，防止高峰期搞乱。

上海大学上海研究院9月20日发布预报名通知，讲明了推免流程：9月27日前在上海大学研招网登陆预报名系统报名，同时28日在中国研究生招生信息网推免服务系统报名。同日公布了复试流程，今年复试在27日，大系统开放前可以结束。

20日可以准备纸质材料了，要求复试携带身份证、学生证原件及复印件，成绩单原件，及其他对申请有参考价值的其他材料。参加这个营首先要准备1篇学术成果，也就是自己的一篇论文，可以是发表的，也可以是未发表的，上海研究院的导师是社科院的，相对重学生的科研能力，所以建议没有学术成果的同学在暑假前写一篇和自己研究生方向相关的文章，复试会比较有展示的东西。九月底要求的成绩单是3年的，需要去学院教务处申请打印和盖章。

20日开始就可以开始填上海大学的网申系统了。上海研究院受上海大学管理，毕业证书也是上海大学，所以流程上走的是上海大学。网申系统里一般除了自己的基本信息之外，还需要填写发表论文和其他研究成果情况、个人陈述，个人爱好特长，等等。由于之前已经积攒了很多网申系统的填写文字，网申系统填起来就比较快了。研究成果逐条列举即可，注意论文尽量使用参考文献的格式，显得专业一些。个人陈述等一定先在word里写好，直接复制过去，以防止系统停止工作还得重写。个人陈述是展示自己较弹性的材料，多看些前辈的优秀陈述学习。不要是前面信息的堆砌，最好将自己独特的认识和心得展示出来。因为上海研究院的老师是社科院的，对于学生的偏爱和社科院招生风格类似。在最后一部分未来规划方面，想要工作的同学也要踏踏实实展示自己的研究、做课题想法和能力。爱好和特长部分，有特殊文体特长的同学填写上注意详细具体，有时候在复试时会加分很多。

推免复试前准备[①]

上海研究院的推免是在发推免通知的时候就告知了复试的流程。

因篇幅所限，请扫描二维码或登录易保研官网www.ebaoyan.cn了解历年夏令营详细日程

---

① 小西提示：确保自己在本校获得保研名额

由于申请推免的学生来自不同学校不同学院，具有不同的学科背景，2017年复试未安排笔试，最终排名及录取以复试成绩为主。所以在准备上，着重将专业相关的论文准备的深一点，把撰写过程多过几遍，把数据、实证过程和结论的严谨性一定确定好。同时把简历上涉及的活动、比赛熟悉一遍，把握住主干学科的主要问题。

推免复试内容

官网给了考研初试、复试的内容，参考价值比较高：

合作学院	学科	研究方向	初试	复试科目
经济学院	应用经济学	020204 金融学 020205 产业经济学 020206 国际贸易学 020207 劳动经济学	101 思想政治理论 201 英语一 303 数学三 895 现代经济学	金融学：货币银行学与国际金融学 产业经济学：产业经济学 国际贸易学：国际贸易理论与实务 劳动经济学：劳动经济学
社会学院	社会学	030301都市社会学	101 思想政治理论 201 英语一 647 社会学理论 888 社会调查与统计方法	综合考试（复试科目）
悉尼工商学院	区域经济学	020202区域经济学	101 思想政治理论 201 英语一 303 数学三 895 现代经济学	区域经济学：区域经济学
法学院	法学	030105 民商法学 030107 经济法学	101 思想政治理论 201 英语一 625 法理学及民法学 828 宪法学及刑法学	商法学、国际经济法学、民事诉讼法学，知识产权法学

过来人回声

上海研究院复试之前联系导师也很重要，甚至在暑假的时候就可以和社科院的老师有交流，有的社科院老师社科院没有招收名额或者很少，但是在上海研究院有招生名额。

如果其他方面比如本科学校、排名有缺陷的话，但是自己科研情况又比较好，可以尝试提前联系导师，事实证明还是非常有效的，老师会跟你邮件询问科研情况等，这个时候再多表现一下，录取的希望就比较大了。

上海研究院因为成立比较晚，很多人不知道，录取比例较高。上海研究院资源、导师水平，地理位置都很不错，还有可能研一在上海大学学习，剩下两年去北京跟着导师在社科院做课题。对于喜欢做科研的同学，将来也更有利于去上海大学或者社科院。

上海研究院统一颁发上海大学的毕业证而不是社科院的，这点在报考前要清楚。

上海大学经济学院

申请环节

上海大学经济学院没有暑期夏令营，只有九月推免，时间很充裕；而且参考2015年推荐免试复试通知的递交材料要求，可以发现九推对材料的要求相对轻松。因为系统开放的时间很短，所以我提前在暑假准备材料。

首先是简历，把自己大学三年的经历和成就都按时间顺序罗列出来，再分别归类，调整格式，作为填写系统的参考提纲。其次是个人陈述，虽然没有明确要求且我的方向非学术，但是作为一个跨专业的学生，我认为个人陈述有利于老师对我的进一步了解，可以弥补面试时间短和考量不充分的缺陷。最后是整理好自己所有的证书和奖状在一个文件夹里，同时把电子扫描件在电脑和U盘备份。材料准备就算是完成了一大半，至于成绩单、排名证明和推免资格证明，都是九月开学后要办的事情。

申请上海大学经济学院的九月推免是需要在两个网站上填写信息，一个是上海大学研招网的预报名系统，另一个是中国研究生招生信息网推免服务系统，两者缺一不可。要注意的是预报名系统里的联系方式一定要准确，因为相关报考学院会通过预报名系统发送复试通知，还要在那几天随时注意邮箱和手机短信，有空还可以上保研论坛询问大家的情况。

参营/推免复试前准备

上海大学经济学院的九月推免考核形式只有面试，我报的专业是金融，但是对于经济学的知识也不敢大意，所以在专业课方面，我主要准备了三方面：自己本专业和金融相关的知识点、投资学和公司理财、宏微观经济学，时间有点紧张，但是记住大的框架和核心理论是足够的。专业之余，考虑到学校地处上海，对英语考核要求较高，我就准备了一份英文的自我介绍和几个常见英文面试问题的答案。之后就是不断地熟悉自己的简历，特别是实习和论文两部分，逐渐完善陈述的方式。

由于报名人多，面试是分批次进行的，大概提交信息后一周时间就可以收到经院的复试资格通知，但是具体的面试时间安排会后续有老师打电话联系安排。[1]

夏令营/推免考核内容

九月推免的复试面试需要先递交纸质材料报到，之后面试当天才会在经管大楼办公室的公告栏里看见自己面试的具体时间和分组情况，会有志愿者带领前往面试会议室。

每个会议室有五位老师，面试过程中主要是围绕着专业知识、简历内容和职业规划展开。专业知识的考核不难也不是很细，比如问我的就是CAPM的假设是哪几个，不像是加分项，但是如果答不出来或者十分不流利，就会成为减分的地方。简历内容主要就是陈述一下论文的内容和创新点，并没有深入提问，毕竟专业学位的学术要求不是很高。但是对于除了金融以外的推免专业，据说论文都是面试中的重中之重，会被不停地提问研究思路的严谨性和模型参数的适当性，所以学术型的项目论文还是要更认真地去准备。至于职业规划，更多是集中在我为什么跨专业到金融、将来有什么短期工作规划、如何平衡工作和生活一类的问题，感觉老师更多是看学生对个人的认知是否明确，报名本专业的动机是否纯粹，只要不前后矛盾就可以。

录取情况

该营九月推免招收专业及录取情况（2016年夏令营）

专业	全部录取人数	备注
金融	21	除了金融为专业学位，其余均是学术型
理论经济学	4	
应用经济学	35	
国际商务	7	
统计学	5	

该营九月推免招收专业及录取情况（2017年夏令营）

专业	报名人数	全部录取人数	备注
金融	约400人	34	除了金融为专业学位，其余均是学术型
理论经济学		3	
应用经济学		39	
国际商务		6	
统计学		4	

---

[1] 小也提醒：面试就是表现自己

过来人回声

1. "上海大学经济学院的竞争越来越激烈了。以前听学长学姐说基本上预录取过了就可以复试通过，但是今年打电话问了院招生处，说是有预审核通过也不一定复试面试，当时感觉自己通过的可能性不太大。等到面试当天，除了找不到办公楼之外，还把简历弄丢了，心态十分糟糕，然后面试就挂掉了。后来想想，面试的问题都不是很难，是自己心态不稳、主观失误太多造成的"（一位2017年落选学生）

2. "上海大学的考核方式我很喜欢，就是一场面试。因为在大学期间承办过较多的学生活动，也参加过不少的实习面试，所以我认为在这方面我还是比较有优势的。虽然面试过程中我有两三个小问题不太了解，但是都尽力去表达自己所知道的全部，老师也没有为难我，而是接着提问下面的东西。所以我发现表达能力和应变能力在这种考核形式中真是太重要了"（一位2016年录取学生）

上海大学管理学院

申请环节

保研的准备过程因人而异。为了方便大家了解每个阶段的内容，我用时间点的方式具体说明一下我的时间安排。

2017年3月1日，通过官网了解学校，了解老师，记录老师的联系方式（将老师对应的学校学院、职称、研究方向、联系方式、个人官网主页等信息列成excel表格），准备好自己的简历。（一般简历找学长学姐改过三遍就差不多了，可以多准备一份英文简历和自我陈述。）

2017年3月1日～3月10日，开始联系导师，只要是好学校的方向相关的导师都投了简历，但没有回信，一度以为是自己资质太差，遭嫌弃。后来跟学长学姐交流了解到三月份老师可能会收到很多邮件，大牛老师一般都懒得回，一般老师如果不回的话多是资质比较普通，没有什么特点让老师有要收的冲动。这是特别以及十分正常的现象，如果你对于这个导师的满意程度也一般，就赶紧换别的导师继续联系，如果你十分心仪这个导师，可以找自己学校的老师推荐过去，也可以表诚意继续发邮件，每隔一个星期发一封，精诚所至金石为开！相信导师最终被你的坚持所感动。[1]

2017年3月10日～3月20日，筛选心仪的老师，再次投简历，收到两封回信，一封附带测试题，一封要求暑假到课题组学习。宝宝亲身经历，附带测试题的那

---

[1] 易宝小提示：联系导师十分重要

封，是我发了三次邮件之后导师给我的回复，所以勇敢地抛弃羞耻心，对待自己心仪的导师要坚持不懈。（记得留一条后路，不要吊死在一棵树上。）

2017年3月20日～2017年5月，做测试题，争取写出点东西，发一篇一作论文。（只要本科有一作质量不错的论文，保研就不愁好学校了。）

参营/推免复试前准备

申请这个学院之前我听说联系导师非常重要，便开始着手联系导师。

选择导师的时候需要注意，不要选择大牛，因为大牛的竞争压力实在是太大，如果不是自己实力超级强，有信心有把握获得老师青睐的话，不要浪费时间和经历在这上面，折中选择好学校，认真负责的导师即可。选择导师的时候重点筛选研究方向、科研项目、发表论文、年龄、职位、性别。研究方向主要是通过学校官网导师的介绍+发表论文内容+科研项目等方面来看。

夏令营/推免考核内容

复试考核分为专业笔试和综合面试。

笔试需要大家在暑假把要考的科目系统的复习一下，有些同学报名了多个专业的夏令营和九推，可能暑假已经不能沉下心来复习了，那就需要在寒假就提前把所有要考的科目都过一遍，暑假复习的时候会轻松很多。

各个专业的参考书目和复习题都是和该校的考研题差不多的，可以其他在网上找考研真题和高质量的模拟题做一下，找找手感。

各专业笔试复习参考书

学科	参考书目
会计学	《基础会计学》（第2版）任永平等编著 立信会计出版社 2010年 《财务会计》（最新版）徐文丽等编著 立信会计出版社 2014年 财政部已经颁布和修订颁布的最新会计准则内容
管理学	《管理学》（第11版）斯蒂芬·P·罗宾斯（Stephen P.Robbins）玛丽·库尔特（Mary Coulter）人民大学出版社 2012年
企业管理	《管理学》（第9版）斯蒂芬·P·罗宾斯等著 中国人民大学出版社 2008年
旅游管理	《旅游学概论》（高等院校旅游专业系列教材）李天元 南开大学出版社 2009年

综合面试分为中英文。大家在答题的时候一定要自信、落落大方，气势真的很重要！可以多用一些连接词来帮助自己答得流利一些，不至于磕磕巴巴卡住。可以提前准备的问题有：首先是中英文的自我介绍（一定一定要背流利，这一般会作为第一个问题，第一印象非常重要），为什么想来上海大学（中英文）。一

般上海的学校还是比较重视学生的英语能力的，会问很多英文问题。比如你读过这个专业的什么专业书，主要内容是什么啊？其次就是要提前了解你想报的那个专业的相关知识，特别是一些基础的理论知识，比如我们行政管理学过的新公共管理理论，等等。

我当时收到华东理工大学、上海大学的管科和南京师范大学社会学的面试通知。于是我先去上海再去南京，一路北上。第一天上午是华东理工大学，下午就直接出结果，得知自己被录取了顿时松了一口气。接着下午又电话面试了上海大学的管科，面试之后身心俱疲，不想去南京了，于是果断第二天打道回府，第三天上海大学的拟录取通知也到了。网上查了一下上海大学的学科实力排名蛮靠前的，虽然知名度和综合排名没有华东理工大学高，但是我觉得以后如果想要搞学术的话学科实力更重要，于是最终决定去上海大学，我的保研之路也就到此结束。回过头来看看自己的保研经历，好像没有那么困难，但是当时也是每天晚上都睡不好，整个人都很憔悴。我觉得大家可以把保研看作人生的一次特别的经历，不管结果如何，至少这是属于你人生的一笔宝贵财富。

第二十八章　东华大学

东华大学旭日工商管理学院a

申请环节

东华大学旭日工商管理学院在5月底发出的夏令营招生简章，我大约是6月初开始准备报名材料，报名时间截止到6月15日。相比其他夏令营，东华大学要求的材料较少，主要包括申请表纸质扫描件和电子版、成绩单原件、英语成绩证明以及其他证明材料扫描件。

虽然报名材料中并没有要求参营论文，但从夏令营的整个安排来看，学院对科研能力还是比较看重的，建议附带上自己发表或没发表的得论文，最好是申请专业相关论文。另外，成绩单是2.5年的，需要去学院教务处申请打印和盖章。再梳理一下自己本科期间的获奖情况，把获奖证书原件扫描和复印，这样基本上需要提交的纸质材料就完成了。

---

① 路姐提示：4~6月制作文书材料准备参营论文

夏令营/推免考核内容

东华管理的夏令营在发夏令营通知的时候告知了夏令营的主要内容，但没有给出具体日程。

通知中有提到围绕"创意经济与时尚营运管理"主题开展学术报告和座谈研讨，因此我搜集了很多相关主题的论文和最新时事，重点关注了技术创新与时尚营运管理、创意经济与时尚营运管理和网络经济与智能商务。结合参营经历，我发现不需要各个方面都准备，只需要深入了解其中一个主题就足够了，选一个自己感兴趣的主题。面试的准备我是与其他夏令营放在一起准备的，在东华之前也参加过一个夏令营面试，所以没有特别准备。

参营复试内容

夏令营总共进行了3天，从7月3日到5日。入营100人，实际报道87人。

夏令营期间，举办了9场讲座，大概主题有房地产业的创意转型、人工智能技术在企业中的运用、学术合作领域、共享经济、消费升级背景下的品牌建设、市场和公平、金融产品动态定价、创意经济伦理以及O2O供应链运营决策等方面，每场讲座后都会有互动时间，这时提前准备的内容就发挥了作用，与老师互动会提高印象分，之后面试还发现面试老师中也包括讲座老师。

面试在夏令营中间，氛围比较轻松，每个同学可以根据自身情况准备。建议带个人简历，这样老师会分散部分专业问题到个人经历上，更有利于自己发挥。

全员面试结束后，我们参观了位于延安路校区的上海市纺织服饰博物馆。最后是夏令营闭幕式与文艺会演。

录取情况

以下为2017年东华大学管理学院录取情况：

专业	录取人数
世界经济	2
金融学	16
产业经济学	7
国际贸易学	8
统计学	3
金融	5
国际商务	12
物流工程	4
管理科学与工程	22

专业	录取人数
会计学	16
企业管理	27
旅游管理	4
技术经济及管理	1
会计	8

过来人回声

东华大学管理学院不是经管类热门院校，结合之前参加过的夏令营，我感觉东华管理的竞争压力较小。学院老师的态度很严谨，之前论文的一个数据问题被考核老师提问了，真的建议大家在参营之前认真关注一下自己的科研论文。（一位2017年落选学生）

易保研面试中心

夏令营/推免面试模拟服务。

官方微信：iebaoyan

第二十九章　上海理工大学

上海理工大学管理学院

申请环节

上海理工大学管理学院没有夏令营和预报名，九月正式推免是他们招收推免生的唯一途径，在材料准备上只需要填写研招网上的信息就可以了。但是，为了提高推免复试的成功率，我还是建议可以在大三暑假的时候提前将自己的个人材料整理好，参加推免复试的时候带过去，让老师能够更好地了解你。重点建议准备个人简历、个人陈述，以及其他证明材料复印件。关于简历和个人陈述，建议可以在保研论坛下载参考资料，结合自己的科研以及获奖情况，撰写一份简洁明了的个人简历和个人陈述。

推免复试前准备

上理管院是在发出复试通知时才告知了考核方式，考核时间只有一天，只有综合面试，没有笔试。

9月开学，在拿到本校推免资格后，我开始有针对性地准备上理管院的复试。因为听之前保研到上理管院的学姐谈到上理管院面试重视对学生基础知识的考核。所以我主要从两个方面进行了准备。首先，我把《人力资源管理基础》和《组织行为学》这两本专业书籍大致看了一遍，理出了人力资源管理专业大概重要的知识点。其次，我在保研论坛找了英文面试一般会问什么基础问题，自己提前想好了答案并将其背诵了下来。

一般是会在9月30日左右收到复试通知，这个时候就可以带上个人资料去参加复试了。据了解，一般如果面试的时候带了简历，老师一般会根据简历提问。所以简历具有框定问题范围的作用，建议一定要多备几份，同时，一定要把简历上的内容自己多看几遍，想想可能会被问到的问题，自己预先想好怎么回答，做到心中有数。

推免复试内容

上理管院所有专业复试流程如下：

上理管院复试综合面试流程如下：

首先，是基础英语面试。进入面试教室后，老师会首先问两个基础的英语问题。比如"How do you know our school？"以及"What is your favorite course？"。上理管院英语面试内容比较简单，侧重于基础英语。所以建议在面试之前，就在保研论坛查找可能会问到的基础英语问题，自己先想好答案，背诵流畅，这样英文面试的时候会显得比较自信，但是，面试的时候一定不要让老师看出你有背诵的痕迹。

其次，是专业知识面试。老师一般根据申请的具体专业问一个专业问题，比如目标管理及其优缺点？比如绩效管理包括哪几个流程？对于此类问题的回答，我建议是先说清概念，再具体阐述，这样回答比较条理。对于专业基础知识面试，我建议面试前可以看一下学科专业书籍，梳理重要知识点并记住，面试的时候，结合题目实际进行阐述。

最后，是根据简历提问。在回答完英文问题和专业基础问题后，老师一般会根据简历进行有针对性的提问。比如有的同学被论文写了什么，有的被问到某项比赛的情况。对于此类提问，我建议面试前准备好几份简历，并根据简历内容模拟提问，想好回答，这样面试的时候比较得心应手。

录取情况

专业	录取人数
国民经济学	2
金融学	1
产业经济学	1
国际贸易学	1
统计学	1
系统工程	1
管理科学与工程	2
会计学	6
技术经济及管理	1

过来人回声

1. "如果能有一篇发表的论文，对于通过上理管院的复试很有帮助。如果老师在你的简历上看到你本科阶段有发表的论文，一般会问写的内容，如果你回答比较流畅，老师一般会觉得你是具有一定的科研基础的，会对你比较满意，这样录取的可能性就大了很多。"（一位2017年入选学生）

2. "上理管院经管比较学生的专业基础。虽然面试的时候只问一个专业问题，但是如果没有回答好，会让老师对你失去信心。以我为例，当时问到我的问题是培训效果如何考核，因为《培训开发》是专选课，我没有怎么用心去上，这个问题我就回答不上来，当时老师还从几个方面提醒我，我都想不起来，结果后面的师生互动老师就随便问了两个问题就结束面试了，最后的结果当然也比较'杯具'。所以建议面试前一定要好好复习专业知识，起码要对一些比较基础的知识有个宏观的了解。"（一位2016年落选学生）[①]

第三十章　上海海关学院

申请环节

3月中旬，开始了解保研流程，我把感兴趣的学校需要的信息以及往年的申

---

① 小也温馨提示：6月就会接到入营通知啦！

请时间汇总到一份表格中，着手准备个人陈述、推荐信等材料，关院没有要求推荐信，个人陈述有要求模版，可以提前准备好电子稿，到时候按格式复制过去就可以了，内容包括本人专业背景、实习经历和/或研究经历，以及个人职业发展规划等。

5月底开始填写网申系统，准备纸质材料了，要求投递的纸质材料有夏令营报名表、个人综述、成绩单及其他。个人综述官网下载模板，把之前写好的通用版略作修改复制过来就可以了。成绩单是2.5年的，需要去学院教务处申请打印和盖章。再梳理一下自己本科期间的获奖情况，把获奖证书原件扫描和复印，这样基本上需要提交的纸质材料就完成了。

夏令营/推免考核内容

因篇幅所限，请扫描二维码或登录易保研官网www.ebaoyan.cn了解历年夏令营详细日程

关院的夏令营活动还是比较丰富的。我们有幸在胡蓉老师的带领下开启了上海自由贸易区考察之旅。在考察第一站保税区大厅内，通过老师介绍讲解，参观办事窗口，对海关工作有了进一步的认识。随后，大家移步前往位于自贸区的展销中心，参观外高桥国际酒类展示交易中心，学习世界各地不同交易方式的红酒在最后入境时如何交纳关税，将生活与专业知识紧密联系起来。接下来，我们继续参观集海关、质检等一体的办事大厅，仔细聆听老师介绍，通过集各单位为一体的服务大厅，简化办事流程，提高办事效率，给市民提供最大的便利。自贸区的最后一站是保税区分局办税服务大厅，近距离接触到以后自己可能会从事的岗位都很兴奋，积极了解税收新政策、企业纳税申报流程。小憩之后，我们便前往志远楼聆听现上海市国家税务局、上海市地方税务局党组书记、书记龚祖英龚局长关于"金税三期工程与政府电子政务建设"的讲座。龚局长从金税工程于电子政务的关系，金税三期的概述，金税三期主要内容等三个方面并结合自身工作经历为同学们细致地讲述了我国税收管理现代化的探索历程。讲座过后，前往参观明志馆，了解海关教育百年史，学习海关精神，探索海关发展进程。作为海关总署直属院校，关校过去一直承担着为海关系统输送新鲜血液的重任，全国海关关员有很大一部分都是关校毕业生，其中还有一部分已经在海关系统担任领导职务，有些海关的关长就是关校毕业生，可以说，关校就是海关系统中的"黄埔军校"。

在面试中，首先会问一些常规问题，如自我介绍，然后会针对你的个人简历提一些简单的问题，当然也会包括专业问题。老师都不会特别严肃，回答错了也不要紧张，老师可能会纠正你，不要害怕，认真听、承认自己的毛病就行了。

面试中，要表现得很自信、落落大方，无论是说中文还是英文都不要带口头语，回答英语问题的时候不要一句话都不说，即使说错了也不要紧，老师最在意是你能否说出来，如果表达流利，老师对你的印象分会提高很多，认为你不怯场，因为绝大部分的同学都会紧张，如果你表现得很自如，你就会变得很突出。与老师交流的过程中，一定要全程面带微笑，注意礼貌。穿着方面，要求穿正装，不花哨、不艳丽就好。

最后，很开心能如愿以偿进入关校，穿上制服成为一名海关人。也祝学弟学妹们能够乘风破浪，实现梦想。

第三十一章 上海立信会计金融学院

申请环节

上海立信会计金融学院只有九月推免，没有夏令营，而且今年是第一次，所以根本没有以往的资料参考，只能按照夏令营的准备方式摸索。9月12日研究生招生系统开放，所填内容有排名、成绩等硬性指标，也会有获奖经历和参与活动等主观陈述，如果有一份个人简历或者个人陈述，填写起来会省事很多。

这里和其他院校的九推不同的地方就是当查到材料预审通过时，还要正式在教育部"全国推荐优秀应届本科毕业生免试攻读研究生信息公开暨管理服务系统"（以下简称"推免服务系统"）中报名。我身边其他同学都是在拿到确定的offer后才填的，但是这个项目的时间安排只能这么操作，在规定的时间内确认后才能有复试。

参营/推免复试前准备

因为是第一届九月推免，难免有些神秘，所以具体的时间安排并没有在官网公布，也无人打听，不过招生的相关信息倒是有一些：

招生院系所 （代码）	招生专业 （代码）	学习方式	研究方向	拟接收推免 生人数	复试科目
会计学院 （601）	审计 （025700）	全日制	（01）注册会计 师审计	10	综合面试（含 英语听说）
			（02）金融审计	5	

因为我选择的是注册会计师审计，所以我一心扑在了会计、审计、财务管理

和成本管理会计上，而且以会计和审计为主，复习中先是浏览课本，其次是找到注会的教材粗粗看了一遍，虽然有很多不太透彻地方，但是我觉得这种程度已经够综合面试的难度了，毕竟面试不可能让我当场做一个合并报表吧。同时英语我重点练习了听力和口语（公告里写得很明白的），听力就用VOA经济板块，以[①]熟悉专业领域的词汇，至于口语，就按照托福口语第一、二题来准备。

夏令营/推免考核内容

因为考核方式很简单，只有面试，所以一共时间就1天。

面试时老师会让自我介绍，有中文有英文，不同场次的老师偏好不同，所以建议两个都准备，有些中文自我介绍的同学后面还会被问到英文问题；还有会进行专业知识的提问，而且比较灵活多变、穷追不舍，当初老师问我学的最好的是什么课，为了显得比较内行，我说的是财务管理，然后就开始老师追问，我勉强回答的尴尬环节。不过最后还好，虽然难度不小，但回答都不是不切实际的，所以前期刷书还是很有成果。

过来人回声

"作为第一年的参与者，还是九月推免，内心是有些恐惧的；但是一想前期参加别的夏令营的经验和提前的一些准备，还是又比较踏实的。因为考核就只有一个面试，所以很大程度上心态比知识更重要，在有限的时间内即便有小的失误，只要时间还有，就还会有改变的机会"（一位2017录取的学生）

第三十二章　上海外国语大学国贸学院

申请环节

上海外国语大学国贸学院没有夏令营，九月预报名是他们招收推免生的唯一途径。我在大三暑假的时候开始准备自己材料，我先去官网上查看了往年通知，重点要看一看自己是否符合申请要求，要准备什么材料，以及记录去年的预报名时间段，我当时查看的预报名时间是9月21～22日，我们这一届的预报名时间是9月20～21日。

等到9月20日，开放了预报名申请系统，就可以准备填写网申了。网申系统除了要求填写自己的基本信息之外，还需要填写获奖情况（不超过200字）、发

---

① 路姐告诉你：好好准备人生第一场面试

表论文和其他研究成果情况（不超过200字）、个人陈述（不超过1000字）。

参营/推免复试前准备

上外国贸是在发出预报名通知时就告知了申请流程以及考核方式。

因篇幅所限，请扫描二维码或登录易保研官网
www.ebaoyan.cn了解历年夏令营详细日程

9月中旬，在开始填报系统前，看到预报名通知里提到要考专业知识。所以，我把《国际贸易实务》和《商务英语》这两本专业书籍大致看了一遍，理出了国贸专业大概重要的知识点，没想到真的在专业面试的时候真的派上了用场。其次，考虑到可能会英语面试，所以我想了想可能会问到的英语问题，提前想好了答案。

一般是会在9月23日左右收到复试，这个时候就可以准备简历去参加复试了。据了解，一般综合面试如果带了简历，老师一般会根据简历提问，所以建议一定要多备几份简历。同时，一定要把简历上的内容自己多看几遍，想想可能会被问到的问题，自己预先想好怎么回答，做到心中有数。

夏令营/推免考核内容①

上外国贸所有专业复试流程如下：

9月26日，是专业笔试。考核内容包括专业知识和专业英语，专业知识考核内容比较基础，只要看了专业书籍一般都回答得上来。这里建议，答题时要先写概念，再进行阐述，这样论证比较充分；其次，要分点回答问题，这样条理比较清晰。对于专业英语，考的一般是商务英语的翻译和写商务邮件，考前找找国贸考研专业英语练习一下就可以了。

9月27日，是综合面试。首先，是基础英语面试。进入面试教室后，老师会首先问一个基础的英语问题。比如"Why do you want to study in our school?"。英语面试内容比较简单，侧重于基础英语。所以建议在面试之前，就在保研论坛查找可能会问到的基础英语问题，自己先想好答案，背诵流畅，这样英文面试的时候会显得比较自信。

然后，是根据简历提问。在回答完英文问题后，老师一般会根据简历进行有针对性的提问。比如有的同学被问到了参加的一项科研做了什么，获得的创业大赛三等奖是以什么为主题做的等。对于此类提问，我建议面试前准备好几份简

---

① 小西说：其实竞争在上保研考场前已经结束了上半场

历，并根据简历内容模拟提问，想好回答，这样面试的时候比较得心应手。

录取情况

2016年预报名：

专业	录取人数
国际贸易学	5
国际关系学	1
外交学	1
国际公共学	2
区域国别专业	6

2017年预报名：

专业	录取人数
国际贸易学	6
国际关系学	1
外交学	1
国际公共学	1
区域国别专业	7

过来人回声

1. "上外国贸提前联系导师对申请通过非常重要。一般来说，如果能够提前联系导师，向导师详细说明自己的基本情况，尤其是重点突出自己的科研基础，能弥补一些硬性条件上的不足。在专业复试的时候，再努力表现一下，重点展现出你的自信和从容，一般来说，录取的机会还是很大的。"（一位2017年入选学生）

2. "上外国贸比较重视学生的英语水平。在笔试中，会考核专业英语，在面试中，会考核基础英语问答。我因为不知道要考专业英语，商务英语又学得不太好，结果笔试的时候冥思苦想都想不出来一些专业术语的英文表达，笔试就做得比较糟糕。面试的时候，因为回答得磕磕巴巴，所以面试官的表情看起来有些不太满意。所以，建议有意报读上外国贸的学生一定要好好复习商务英语和准备好基础英语。"（一位2016年落选学生）

阮小路◎主编

经管法
保研申请
全指南

（下册）

新华出版社

目　录

江浙地区篇

东南地区篇

西南地区篇

中部地区篇

华北东北地区篇

江浙地区篇

第三十三章 南京大学

南京大学商学院[①]

申请环节

南京大学商学院无暑期夏令营，只有九月推免（每年或有不同，见当年招生政策）。流程走学校路线，学院没有单独发通知。7月7日～9月15日期间在南京大学研究生推免系统上进行网申的填报，网申结束后会尽快发出复试通知。复试时间为半天，只有面试，最终结果会在教育部研究生推免系统开放前两三天出来。

申请材料：

前期只是网申，复试时才上交纸质材料。要求的纸质材料有：

所需材料	材料要求
申请表	1份，需所在学校教务处盖章。暂时无法盖章的，可先由所在学院（系）盖章，后期补交教务处同意推荐的证明，否则申请无效。
专家推荐信	申请直博者需要。2封，推荐人需具有与申请学科相关的教授职称（或相当职称），且需密封并在封口处签字。申请硕士者不需要提交。
本科成绩单	原件，或加盖所在学校教务处或院系公章的复印件。
英语水平证明（成绩单）	复印件，四六级成绩证明需加盖所在学校教务处或院系公章。
参加各类科研活动的获奖证书	复印件
在公开发行的刊物或全国会议上发表的学术论文、出版物、科技专利证书等	复印件
体检表	可在校医院或校外具备相应资质的医院进行体检
其他要求	跨专业申请者须提供能够证明其已达到申请专业本科阶段应达到水平的相关材料。

---

① 易宝提示：7月是参加夏令营考核的时间

推免复试前准备

南京大学商学院的复试只有面试，相对比较容易。以闲聊为主，即使是专业性问题，也比较基础。所以在专业性方面，并不需要特别准备。不过英语口语很重要，有条件需多多练习。建议大家多多熟悉自己的简历，因为可能会被追问。

因为没有笔试，故不需要特别准备，但是如果时间充裕的话，泛读相关专业的专业课书籍，也是很有好处的。

推免复试准备

面试相对比较容易。单面，五个老师一个学生，其中一个老师负责英语问题。面试时间10～15分钟，直博20多分钟。虽然没有要求携带简历，但是个人认为，带多份简历是必需的，最好保证每个老师能够有一份，毕竟简历能够让老师迅速了解你。而且，在有了简历的情况下，老师的问题基本是围绕简历来的，这样自己就可以多做准备，毕竟简历上的东西都是自己最熟悉的，有的说。

面试流程：进去后直接三分钟英语自我介绍，然后中文问答5分钟左右，最后会有英语问答。一般就一个英语问题，也有老师根据考生的回答继续提问，但不超过三个英语问题。

自我介绍提前准备，直接流利地说出来就好。在5分钟问答时间内，主要根据个人资料提问，有论文的问论文，有大创的问大创。老师的态度都很好，不会问很专业的问题，多为闲聊，如问当时论文是怎么写的，写论文时遇到的问题，等等。学硕的话，侧重科研经历。既然是按照个人资料问的，自己准备的证明材料等东西一定要非常熟悉，如果连自己主动拿出来展示的经历都讲不清楚，那失败的概率将会扩大。回答的时候要详细具体，要让老师明确清楚你做了什么，而不能泛泛而谈，把自己的经历说的很高大上，很空是一大禁忌。但同时，必要的美化、包装也是一定要有的，如果太坦诚，明白告诉老师自己就是打打杂，也是不可行的。也有部分面试会问专业问题，还是看老师吧，但也不会特别专业，都是比较基础的。比如企业管理专业问了关于企业文化方面的问题。最后的英语面试环节，相比其他的学校会简单不少，有的学校是会给出一个话题，自己阐述几分钟。而南京大学商学院当时的英文问题有要不要读博士等。

面试直博的有四五个人，都有托福、雅思成绩，英语非常好，面试时间差不多二十几分钟。

录取情况

专业	2018届推免生人数	2017届推免生人数
政治经济学	11	11
西方经济学	3	3
世界经济	2	2
人口、资源与环境经济学	3	2
国民经济学	10	11
金融学	16	18[①]
产业经济学	10	11
国际贸易学	13	16
数量经济学	2	2
金融	6	2
国际商务	8	10
会计学	15	16
企业管理	41	43
会计	16	17
总计	156	164

注：以上人数包含直博生。

由上图可知，南京大学商学院近两年录取人数略微增加，总体来说变化幅度不大。

其中企业管理专业招生人数最多，参加面试者大约50人，最后录取43人，相对竞争较小。而西方经济学、世界经济、人口、资源与环境经济学等专业招生人数很少，只招2~3人，相对竞争较大，申请者需慎重考虑。

南京大学工程管理学院

申请环节

前期申请阶段要注意两点，一是申请材料的准备，二是申请时间的节点。关于材料准备可在南京大学工程管理学院官网上搜索去年夏令营所需材料，按照上

---

① 易宝提示：多逛逛论坛，忘掉紧张吧↖(ˆωˆ)↗

面的要求提前准备，一般不会有太大的变动。关于通知发布时间，也可参考去年的通知时间，在其前后10天左右关注官网动态。注意通知中网页和邮件报名的截止时间，缺一不可。

今年南京大学工程管理学院夏令营需要的材料有南京大学工程管理学院推荐免试研究生夏令营申请表1份，本科阶段前三年（或前五学期）成绩单1份，所在学院出具的具有所在学校的研究生外推资格证明1份，专家推荐信2封，近一年内免冠照片1张，已发表论文或工作论文，获奖证书或资格证书等。3年成绩单如果没有出具，跟南大老师沟通后2.5年的也可以。沟通一般使用邮件，老师回复的速度很快。

网申通过后，南大工程管理学院的老师会在夏令营开始前1周左右电话通知，并询问你是否能够参加本次夏令营。同意之后，会在1天内在官方网站公布入营名单，并发邮件给你。包括夏令营参营指南、笔试试题，并要求加入微信群，之后的一些重要通知会通过微信群公布，不论是第一批还是第二批夏令营，通知时间距离夏令营只有1周左右，同时还要完成笔试试题，时间比较紧张，所以建议其他针对性准备工作（英文自我介绍，面试问题等）要提前进行。

参营前准备

南京大学工程管理学院的夏令营分成两批进行，第一批夏令营通知公布时间是2017年5月11日，第一批夏令营入选名单公布日期是2017年6月26日，第二批夏令营入选名单公布时间是2017年7月10日。第一批基本上不考虑211学校的学生，第二批会有部分211学校进入名单。在夏令营报名通知发布的时候，南大工程管理学院会公布可报名的专业。如下：

招生类别	可申请学科/专业	研究方向	学制（年）
直博生	管理科学与工程 120100	详见2017年博士研究生招生	5
学术型硕士生	管理科学与工程 120100	研究方向包括：复杂工程与项目管理、金融服务与金融工程、复杂系统分析与优化、运营与供应链管理	3
专业型硕士生	工程硕士	工业工程085236	3
		物流工程085240	3
	金融硕士	金融工程	3

我自己是在夏令营第二批面试中入选的，所报的方向是运营与供应链管理。（p.s. 在这里想提醒一下各位小伙伴，南京大学的一批和二批面试报名虽然是分

开的，但是如果你没有在一批报名的时候填写信息，二批报名的信息你也是不好找到的。所以一定要在一开始的时候就要提交自己的信息，没有选上也不要灰心丧气，随时注意二批的报名通知会发邮件和短信的。）

因篇幅所限，请扫描二维码或登录易保研官网
www.ebaoyan.cn了解历年夏令营详细日程

因为是第二批才入选，从接到通知到夏令营开始前前后后也就只有不到一个星期的时间。但是因为之前也参加了其他许多的夏令营，因此很多材料都是已经准备好了的。除了上面说过的已经提交的个人文书资料以外，在提交院校信息的5、6月份，可以开始制作一些基本的中英文自我介绍啊，面试老师可能问的问题。南大工管院的面试是没有论文答辩的，也就是不需要进行PPT制作。但是南大工程管理学院比较特殊的是，它在给你发邮件通知你来的时候会给你发一份跟你所报方向相关的英文论文，也就是这次的笔试试题，像我报的运营和供应链方向[①] 的题目就是Order Stability in Supply Chains: Coordination Risk and the Role of Coordination Stock，根据这篇论文需要回答试卷中的问题，关于主题，技术方法等方面。在这里建议大家在答题的时候一定要加入自己的看法，尤其是主观题的时候，深入的谈谈你自己的理解，对知识架构的认识，等等。完成以后保存成pdf版的发邮件给对方，然后在报到时，打印一份纸质版带过去就可以了。夏令营期间，会有专门的专业方向介绍的讲座，这是和心仪导师见面的绝佳机会，所以在面试之前的时期，你还要好好的阅读心仪老师的论文，研究成果，以及你对这个方向的感想，便于在见面的时候给老师留一个好印象。

关于专业问题，在准备时可以参考考研书目或者往届经验。如管科方向的建议参考周三多等编的《管理学原理》（第二版），曼昆著（美）的《经济学原理》（第五版）（上、下），胡运权主编的《运筹学教程》（第三版）；金融方向的建议参考李心丹著《金融市场与金融机构》，吴晓求、王广谦著《金融理论与政策》等。

参营内容

运营与供应链管理方向

南京大学工程管理学院的第二批夏令营只有2天。7月27日早晨到指定地点报道并提交笔试试卷。题目就是我前面提到的论文，试卷模板是和论文一起发过来的，你可以选择打印或者手写，回答问题的方式最好选择英文，除非你的英文实

---

① 小西提示：针对往年面试情况做一些面试预演吧～

在是拿不出手，也可以中文。

27日下午是听学术讲座，各专业方向的老师进行学术报告讲座，听学术报告的时候，有很多同学都是采用刷脸的策略，比如每一个讲座报告的交流问答时，拼命地向老师提问题，刷存在感，来给老师留下一些深刻的印象。不过我觉得究竟主不主动提问还是看你自己的性格，没有必要强求自己。在面试过程中好好表现才是最重要的。

27日晚上是与各学科老师交流的时间，基本上就是专业方向大致情况的介绍。如果之前你有非常中意的导师的话，可以在这个时候联系一下，看看有没有机会见一面。

28日就开始正式面试了，上午是学术型硕士的面试，下午是专业型硕士的面试。面试话就是按顺序一个一个进去单独面试。里面大约有3~4个老师，但整个提问基本上是由一个老师进行的。面试过程比较严肃，总的来说，提的问题比较刁钻。首先在专业问题上会挖的很深，基本上你刚刚回答完问题，他就会进一步深入提问，而且速度也会比较快，你就会感觉在被面试老师推着走，自己的节奏会被打乱，这时候就很容易紧张出错。面试的问题除了一些基本问题之外，会深挖最开始发的笔试试题，所以一定要充分读懂论文各部分的含义，而不是仅仅回答试卷中的问题。另外，还会问一些学院专业老师写的论文。面试前可以多去了解一下这方面的内容，做好充分的准备。其次，这个面试风格比较偏向压力面试，我分到的小组的主面试老师是沈厚才，提问十分刁钻，而且能够精准地抓住你语言上的漏洞，比如他问道一个有关供应链的专业问题，但是我当时记得并不是十分清楚，所以就回答说自己学的这部分知识并没有学的这么深，后期回去会进一步深入学习。但是沈厚才老师就说这方面的知识都没有准备好就来面试，你是不是对我们学校不尊重。后来就有一个女老师出来打圆场，说是再怎么准备充分，也挡不住你这么问呀，这个问题就这么过去了。不过南大工程管理学院的面试应该就是偏向压力面的形式，跟我一组的其他小伙伴也遇到了类似的情况，基本上你面试完就会觉得自己肯定过不了的那种感觉，但其实我觉得单就录取来看，情况也还好。面试的时候他就会问你，都参加了哪些学校啊，是不是拿到offer呀，如果南大给了你offer你会不会来，这样的问题。这个问题我觉得还是根据自己现实情况来比较好，像我当时已经有了其他几个更好学校的offer，南大对我来说比较鸡肋，我就没有表现得特别的积极，就说南大是很好学校，如果拿到offer会跟父母认真讨论的。最后面试结束的时候，老师又再一次问如果拿到offer会不会来的问题，我说我会认真考虑的。整个回答问题过程我是采用英文回答的，大家只要英文水平不是太差，前期准备充分的话，完全是可以的。

整体的面试过程大约就是这样，总之，南大工程管理学院这边就是采用一个压力面的模式，需要你有比较好的抗压能力，还有随机应变能力吧。

录取情况

招生类型	专业		全部录取人数
专业硕士	工程硕士	工业工程（085236）	25
		物流工程（085240）	10
	金融硕士（025100）		35
学术硕士	管理科学与工程（120100）		27
直博	管理科学与工程（120100）		4

今年南大工管院夏令营总材料投递达到800份，录取人数为59人，尽管之后的二批录取人数也有部分在此次夏令营中投递材料，但总体来说，录取比例[①]高，筛选比较严格。第一批夏令营录取生源院校基本为985院校。211院校学生可将关注点放在第二批夏令营，入营成功率较大。

此外，南京大学工程管理学院对直博生的审核比较严格，录取名额很少，竞争比较激烈，建议慎重考虑。

过来人回声

1.南大老师很注重专业的掌握情况，整个面试过程很严肃，压力比较大，面试的时候会很容易被老师打乱节奏，导致回答问题断断续续，可能这就是落选的主要原因。（一位2017年落选学生）

2.自信非常重要，在回答问题时只要老师没有打断你，就不要停顿。英文自我介绍是亮点，用英文回答问题时不要紧张，遇到不知如何表达的询问后使用中文回答即可。（一位2017年录取的学生）

南京大学政府管理学院

申请环节

因为早早地就确定了想要走保研这条路，所以在学长学姐们的推荐下，我在大三开学初就关注了保研论坛，在论坛里看了好多学长学姐们的夏令营经验并学习了一些文书材料准备的方法。虽然在保研论坛上有夏令营通知的合集，但我

---

① 小妍有话说：夏令营的暂时失败绝不是世界末日

还是倾向于自己到官网上查看（毕竟有时候并不知道自己想要去的会不会被放上去……不过论坛上的夏令营通知合集已经可以说是比较全了）。

首先准备材料当然要按照对方学校的需求来，所以收集信息很重要。在收集信息方面，我关注了两个南大的官网：一个是南大研究生院，另一个是南大政府管理学院。在南大研究生院的通知公告里，可以找到去年的夏令营通知合集，但遗憾的是并不能打开，所以只能参考一下时间，大概是5月份左右出合集（一定不要被研究生院官网中招生信息里的硕士研究生招生给"骗了"，要到招生信息的通知栏里去找）。不过我在开学初顺手点开南大政府管理学院的网站时，看到了2017政治学与行政管理学学术夏令营的预通知（同样也是在网站首页的通知公告里，招生信息里都是2013年之前的内容）。所以我在3月份就根据预通知提前准备了材料，包括学术简历、语言证明（英语四六级成绩证明）、成绩单、排名证明、在读证明等，并根据学长的建议，准备了一份个人陈述。其实预通知里还写了一个材料是研究设计，就是在保研意向的专业领域内任选研究议题，然后提出明确的研究问题，任选研究方法，探讨研究内容以及研究的创新与不足之处。因为不需要形成完备的研究成果，所以感觉这个研究设计跟写一份未来的研究计划差不多，但是因为个人时间的安排，当时我并没有准备这个材料。

然后是5月份夏令营的正式通知。参营要求明确指出申请者要就读于211或985高校，而且所学专业要与保研意向专业相同或相近。夏令营时间从7月6日开始，一直进行到7月11日（一共6天），而且通知中还说每位学员均有机会针对本人研究设计发表演讲。关于入营，通知中也提到，"研究设计竞比"是申请者是否入选的重要因素。所以如果大家要去申请这个夏令营，一定要好好准备研究设计这一项材料！虽然我没有去申请，但是我也关注了一下该营的入营情况，我意向的专业共录了28个人，90%都是来自985院校。

推免复试内容

由于没有参加夏令营，所以我便等待9推。通知大概是9月初发出，需要先在南大的推免系统中报名，然后再准备纸质材料复试时候带过去。复试所需纸质材料与夏令营所需的材料类别差不多，包括南京大学接收推荐免试研究生申请表（教务处盖章）、成绩单、语言成绩证明、证书复印件、论文、体检表等（特别注意需要体检表，因此在复试前需要先体检）。

今年政府管理学院9推是9月16日出的复试名单，并发布了复试通知。个人感觉复试考核比较简单，没有笔试，只有面试。面试在18日下午，分专业进行，地点在仙林校区。面试分为两部分，先是英语口语测试，然后是专业综合面试（不同专业可能顺序不一样，但总归是要进行中文和英文两项考核）。面试时有5位老师（不同专业的面试老师数量可能不同，但也都是在5位左右）。第一部分英语口语测试是老师用英文提问，然后我们用英文回答，通过回答来判断英语水平。据社会医学与卫生事业管理专业的小伙伴回忆，她的英文面试是1个题目：为什么要选择这个专业。综合感觉这个英语面试进行得如何就要看平时的积累以及一点点小运气了，也许复试前突击准备的几个问题就有可能会被问到。类似的比如说：你喜欢的学术著作是什么、喜欢的学者是谁、对哪个研究方向最为感兴趣，等等，都是一些比较常规的英语问题。然后第二部分是专业综合面试，实际上也只是根据个人简历进行提问，然后再根据你的回答追问，等等，以便更深入地了解情况（就像有的小伙伴就被问到了志愿服务经历）。所以我觉得在简历制作上面还是一定要花点小心思的，让简历可以"诱导"老师去问那些你能够胸有成竹地回答的问题，而且在回答老师提问时候也可以小小地给老师"制造"兴趣，让他继续问下去，看到你的闪光点。总体来说复试的流程很简单，面试的氛围轻松与否取决于老师对你的态度。

所以整体上我觉得如果要报考南大政府管理学院的话，可能九推会比较容易一些。后来我查看推免录取名单时特别注意了一下，实际上夏令营录取的人数占总的推免人数的比例并不是太多，大概23%左右吧，所以九推还是有很大机会的。

录取情况

招生类型	专业	录取人数
硕士	政治学理论	6[1]
	中外政治制度	1
	国际政治	5
	行政管理	20
	社会医学与卫生事业管理	4
	社会保障	12
	总计	48 （11位来自夏令营录取）

---

[1] 小妍提示：每个学校都有专属的考核方案

第三十四章　浙江大学

浙江大学管理学院

申请环节

浙大管院仅需网申即可。需要特别注意的是它的网申系统里只有成绩单附件可以上传材料。因此在通知里也特别写出了"建议所有扫描文件整理成一个PDF文件，在'成绩单附件'上传"。上传的材料也仅是成绩单、成绩排名证明、四六级英语成绩、论文、获奖证书等，没有什么其他特别的材料需要额外准备。

参营复试前准备

我觉得浙大需要这样的人：1）英语好，由前文所说，英文真的无比重要；2）知识面广，要有国际视野；3）要有科研的基本素养。

我觉得特别需要注意的是，浙大管院夏令营只招收直博生，而且因为以后是纯英文授课，纯学术的氛围也会要学生接触英文论文，所以对英语要求特别高，英语水平。实际上管院在筛选时，对英语的要求为六级548+，或者四级580+的同时六级520+，或者雅思托福gmat gre的分数特别高，当然这些并不会在夏令营通知中说明。所以如果英语不达标，最好还是选择其他夏令营比较稳妥。

除了英语需要注意外，去年开始还有一个变动就是农业经济管理这个专业调整到了公共管理学院招生。之前了解到浙大的农业经济管理专业在全国的排名遥遥领先，在学科评估中也是处于第一梯队，是非常值得选择的一个专业，所以在这里点名向大家推荐一下。

参营复试内容

管理科学与工程模块：

管科晚上有三个半小时的时间在实验室完成科研作业，可以上网。我们的作业内容是关于快的打车和滴滴打车的，站在某一方的角度进行分析并对停止补贴后的客户流失问题提出自己的建议。做出一个PPT在十点之前交到老师的邮箱中去。

次日早晨，开始科研作业展示。每个人15分钟，7分钟左右展示，其余时间老师提问。个人感觉有些像面试，老师会问一些其他问题。

第四天上午，是无领导小组讨论。需要抽签，每四个人一组，各个组话题都不一样。

工商管理模块：

听工商管理模块的小伙伴讲，工商管理模块的考核形式是面试加科研作业（无展示）。

与管科不同，工商管理（除了旅游管理）的同学们在第二天下午就进行了面试。据回忆，面试过程还算是比较轻松的。大家被分为了三到四组。其中一组是两个技术经济＋三个创业管理＋四个企业管理。面试是三个老师一个学生。面试时间比较长的可以达到15分钟，而面试时间较短的只有5分钟。被问到的问题有为什么读phd、为什么换专业（该同学是跨专业的）等。口语较好的同学是全程英文面试，口语稍微欠缺一点的同学后面的问题可能是中文的。但据说至少第一个问题应该是英文。

旅游管理的同学单独分为了一组，五位面试老师都是博导，老师们的第一个问题都是为什么要到浙大要读博，然后才是自我介绍，要求用英文。如果提前准备了简历的话，老师们就会按照简历提问。所以还是建议大家提前准备简历，然①后将老师的注意力吸引到你比较熟悉的事情上。旅游管理的同学说，老师会根据自己的研究方向提出相应问题，所以建议想要报名旅游管理直博得同学一定要提前阅读相关老师的论文，了解他们擅长的领域，保证跟老师有话可聊。据回忆，在此之后会问有没有意向导师。所以报名旅游管理的同学也可以尝试提前联系导师，然后就可以直接说明想要报哪位导师（因为每位老师每年只有1个直博名额，所以机会有限）。

然后第三天一整天，工商管理模块布置了科研作业，不用答辩，在晚上10点前做好提交就好。题目有五组，每组题有五篇TOP期刊的英文文献（参见AMJ）。每组题都是一个主题，在其中选一组，然后把这五篇文章阅读之后写一篇proposal，最后写出来的东西可以用中文。主要是时间仅是一整天，非常考验短时间内提取信息的能力。

最后多说一句，由于管院整体女生偏多，所以老师们还是很愿意要男生，男生在面试中会有一点点优势的。

创业管理硕士项目（九推）：

创业管理硕士项目进入复试的一共20人，包括浙大学生及外校生，最终只录取10个，因此淘汰率还是非常高的。

考核方式仅有面试，时间是15分钟，会有计时。面试时会用到自我介绍的ppt，会临时通知用英文来进行自我介绍ppt的展示。因此需要提前准备中英文的

---

① 小妍提醒您：8月要备战预推免面试啦～

自我介绍。剩下的就是老师提问，提问内容会根据简历拓展，也会提到一些专业问题和职业规划等。

最后希望以上全部内容能够帮助到走在保研路上的你啊！相信自己，加油！

录取情况

2016拟录取直博生：

专业	录取人数
技术与创新管理	1
企业管理	11
旅游管理	1
农业经济管理	12
技术经济与管理	1
管理科学与工程	16
总计	42

2017年夏令营（录取人数还未公布）：

招生类型	模块	专业	入营人数	候补人数
直博	工商管理	旅游管理	8	4
		创业管理	5	4
		会计学	7	4
		企业管理（财管方向）	3	2
		企业管理	24	12
	管理科学与工程	管理科学与工程专业与技术创新管理专业	30	15
		总计	77	41

过来人回声

1. "我觉得啊，浙大没那么看重本科发了什么paper。因为很多人的paper都是国内卖版面的水期刊，价值不大。其实浙大本科生发这种文章的少之又少（其实发文章的都很少，要发都发的高水平期刊），老师也对这些"科研成果"没什么好感。还有啊，四六级多少分真的也没那么重要，一个英文问题就可以差不多测出来英语水平了。但是六级也要550+啊，不然会很可能无缘入营的。"（一位2016年录取学生）

2."浙大出了名的入营难，录取比例高。我知道的小伙伴们都拿到offer了。只要不要明显地表露出不喜欢科研，不适合做科研的样子，录取不会成问题。就算是补录的，好多小伙伴最后都会去清北复交，9月被录取的希望也很大。拉拉扯扯算下来，录取率几乎百分百。而且整个管院氛围开放自由，老师们都特别好。"（一位2016年录取学生）

浙江大学经济学院

申请环节

在四月份的我开始准备收集各类夏令营的资料，浙大一直是我的一个目标。五月初的时候，在浙大经济学院的网站上看到了夏令营的有关通知，之前已经了解过往年的夏令营情况，所以做了一些简单的准备，大致的内容没有太多的改变，主要就是网申和纸质材料两个部分。而材料的内容，包括申请表、成绩单、专业① 排名证明、推荐信、个人简历、学术成果。个人简历的话，尽量准备一个各个夏令营通用的，然后针对不同的营进行修改，推荐信需要找两名老师写，我的话是写好了发给老师看看，他觉得可以的话再打印出来签字。当然也有非常好的老师愿意为你手写推荐信，这就看你的老师了。除此之外，浙大是一个看重学术科研的学校，因此如果你手上有越多的论文越好。在夏令营之前，也可以尝试写一两篇实证论文，来填充自己的经历。

五月底的时候，我把自己的材料寄了出去，同时也在网申系统上注册了。网申系统是整个浙江大学的系统，因此内容上不会有很多特别的地方，主要是个人信息和专业的选择，大家根据自己的情况填写就可以了。然后把网申系统的申请表打印下来，和其他材料一起寄送。由于整个经济学院的夏令营招收60个人，（后来才知道，报名者有好几百人）竞争也非常激烈。

参营/推免复试前准备

整个夏令营对比起其他学校，可以说是中规中矩。包含了笔试、面试和一些自由活动。夏令营报名的时候，并没有直接选择专业和硕士的类别，所有人的考试都是经济学原理。在参加夏令营之前，我主要以复习微观和宏观两本书为主。并且将自己的一些科研项目和比较重新梳理，整理一份中文版和英文版的梗概（就是要能够清晰地说出自己的项目所做的内容和用到的一些知识），除此之外，再准备一下自我介绍，一般也是中文和英文的各准备一份。时间按照3分钟

① 路姐提示：9月底别忘了填报九月推免

左右即可。

因篇幅所限，请扫描二维码或登录易保研官网
www.ebaoyan.cn了解历年夏令营详细日程

夏令营/推免考核内容

整个夏令营持续了五天，但实际上前几天都是和考核无关的内容，包括讲座、参观调研以及一些破冰的活动，但是有机会给老师留下好印象，比如说在讲座上提问题就会给讲座的教授留下印象，有可能教授就会单独找到你和你聊一聊，大家可以根据自己情况选择。最重要的就是最后一天的论文答辩，如果要给建议的话就是说得越多越好，老师不会有太多的问题，所提的问题也都比较普通，不太深专。浙大的老师一般比较看重所做研究论文，特别是论文中有没有模型以及数据来源。浙大基本不招学硕，夏令营收27个人，只有4个名额是学硕，调剂的话需要专硕和直博都招满了才能调剂，大家谨慎选择。整个夏令营的录取率还是比较高的，1：2左右，但一定要选好专业，因为各个专业之间不能互相调剂，所以大家专业一定要选好。

录取情况

专业	入营人数	全部录取人数
政治经济学	共92人	3
西方经济学		5
世界经济		1
区域经济		1
金融学		5
产业经济学		3
国际贸易学		6
财政学		2
金融		44
税务		8
国际商务		14

（夏令营一共入营60人，最后录取27人，由于没有具体的专业区别，因此夏令营专业录取情况暂时无法提供）

过来人回声

1. "如果报的是学硕，竞争会非常激烈，而且参营的学校对论文要求都还蛮高，尽量不要写速成的实证论文，因为很多事被人写过的题目，同学们对论文的准备应该尽可能的早，且要有一个比较好的选题。"（一位2016年录取学生）

2. "经济学院夏令营最后录取较多的是金融专业，但是报的人也是最多的，其实可以尝试一些小专业，这样可以避免去竞争最激烈的金融专业"（一位2017年录取学生）

浙江大学公共管理学院

申请环节

我在3、4月份的时候开始准备自己的材料，这个时候只能参考去年的夏令营通知，一般在学院的官网上都会有往年的夏令营通知，如果没有的话，可以直接在网上搜，注意记录一下去年的网申时间和投递材料的截止时间，我当时查看的截止时间都是6月8日，我们这一届的截止时间新通知是6月7日。3月中旬，可以准备纸质材料了，要求投递的纸质材料有夏令营报名表1份、学术成果1篇、学术成果简介1份、1份成绩单、其他（英语、发表的学术论文、校级以上获奖证书等），首先准备1篇学术成果，也就是自己的一篇论文，可以是发表的，也可以是未发表的，把自己之前写好的一篇专业论文和一篇跟申请专业有关的一①篇论文（因为我是跨专业申请的）整理和排版，在浙大公管官网上下载学术成果简介的格式，填好。成绩单是2.5年的，需要去学院教务处申请打印和盖章。再梳理一下自己本科期间的获奖情况，把获奖证书原件扫描和复印，这样基本上需要提交的纸质材料就完成了。为了后面方便填写网申系统，我也同时写了一份个人简历。

3月底，开始了解网申系统，这个时候还不能填。浙大的夏令营要求的是只能申请一个学院一个专业，网申系统里除了自己的基本信息之外，还需要填写发表论文和其他研究成果情况（不超过200字）、个人陈述（不超过1000字），由于之前已经写好了一份简历，网申系统填起来就比较得心应手。主要要完成的就是一份个人陈述，我在保研论坛下载了个人陈述的一些参考资料，结合自己的获奖经历，撰写了一份个人陈述，这个时候我认为是写得越详细越好，这样后面具体申请的时候直接删减就可以了。浙大的个人陈述要求就是不超过1000字，由于

---

① 小西提示：面试前准备好得体的服装

网申系统将科研情况单独拉出来写了，那么个人陈述中关于这部分可以简写。先在word里写好，系统开放了直接复制过去就行了。

参营/推免复试前准备

浙大公管的夏令营是在发夏令营通知的时候就告知了夏令营考核的流程。

农业经济与管理学科模块活动由学科自行安排，非农经学科的学科模块活动为成果（论文）交流。

因篇幅所限，请扫描二维码或登录易保研官网www.ebaoyan.cn了解历年夏令营详细日程

6月初，在收到录取通知之前，我觉得浙大公管应该是一个很重视学生科研能力的学院，因此我还在参营前下载了一些浙大公管社保专业的老师的一些文章来看。还有就是自己是跨专业申请的，下载了一些社保专业的基础知识资料来看。

大致在6月26日左右收到入营通知，收到通知时会要求提交一份自己的学术成果简介（psd格式），会做成展板，在夏令营期间展示，夏令营参营前主要准备这个展板，还有就是自己要展示的论文要做好PPT。

夏令营/推免考核内容

社会保障专业：

夏令营总共进行了4天，考察的时间也就2天，7月3日下午报道领取营服，选住宿的房间；

7月4日上午一上午的讲座，印象中有三个老师来自三个不同的专业，由于我报的是社会保障专业，系主任有事要去出差，所以对当时报这个专业的4个学生提前进行了一次面试，大概问的内容有高考成绩（不知道为什么问了这个），本科学校，英语成绩，一些专业问题，由于我是跨专业，所以问我的问题是我的会计专业基础问题，老师特别问了本科谁学了计量经济学，然后让我大概介绍了一下计量经济学都是什么内容。

7月4日下午一整个下午都是讲论文，所有参营的学生分成几个小组，先自己讲自己的论文，讲完以后别人可以提问，然后所有人讲完一个小组挑出来一个最好的，我当时讲的论文是我的国创论文，所以最后选出来的是我的论文。

7月4日晚上，聚餐，表演节目。

7月5日上午，整个营选出来10篇优秀论文，在大会上分享自己的论文。

7月5日下午，面试。面试的老师不只是自己报的那个专业的老师，其他专业

的也有，进去之后先进行英文自我介绍，然后老师提问。问的问题大致是个人简历上的东西，比如你的社会实践经历，然后提一个专业问题，我当时被问到的是什么是精准扶贫，因为我当时论文展示了两次老师对我的论文印象很深刻，所以整个面试大部分时间都在聊论文，比如我论文当前存在什么问题，之后怎么做等。

7月6日上午，总结，颁发证书。

教育经济与管理专业：

7月5日下午，笔试，内容是英文翻译，内容事教育经济与管理专业课内容，面试包括专业课与简历的问题

录取情况

2017年夏令营录取情况如下：

专业	全部录取人数（包括预报名）
劳动经济学	3
社会学	9
人口学	1
社会工作	6
农村发展	6
农业经济管理	17
行政管理	20
教育经济与管理	4
社会保障	4
土地资源管理	16
公共信息资源管理	4
非传统安全管理	1
城市发展与管理	2
国际事务与全球治理	2

过来人回声[①]

1. "浙大公管参营之前联系导师也很重要，如果其他方面比如排名有缺陷的话，但是自己科研情况又比较好，可以尝试提前联系导师，事实证明还是非常有

---

① 小妍提醒：面试基本的礼仪不要忘记略

效的，老师会跟你邮件询问科研情况等，这个时候再多表现一下，录取的希望就挺大的了"（一位2017年录取学生）

2."浙大一直都是一个比较重视学生学术能力的学校，公管学院近年来也是比较偏向于招收直博生，参营最后的面试环节，据了解还是挺多人被问到要不要读直博的，一般如果不足够优秀的话，拒绝读直博，落选的可能性还是很大的。当然，一起参营的也有足够优秀的，就是拒绝了读直博，老师也愿意录取到硕士"（一位2016年落选学生）

3."浙大农经专业超级强，一直都在学科评估排第一，也是浙大文科中唯一一个A+的学科，参营的时候就能感觉到大家庭的感觉，老师和学生之间很平等，无话不谈。老师们不仅学术厉害，也都充满了人格魅力。对农经感兴趣，有学术追求的同学欢迎来试试呀"（一位2016年录取学生）

浙江大学光华法学院

申请环节

对于浙江大学光华法学院，我算是唯一一个从普通本科院校逆袭出来的黑马，为什么这么说呢？除了横向之间的本科毕业院校对比之外，还有在"天时""地利"以及"人和"方面的优势助攻。也许在我正式行文之前你会觉得我说这些有点云里雾里的，但是记住：机会总是留给有准备的人。

填报完浙大的系统后，我就开始继续准备司法考试，一直到考试结束的一周后（9月29日）我都没有接到任何面试通知，内心也是有点失落。但是机会来了，第二天（也就是十一假期的前一天）的上午我接到了华东政法的面试邀请，激动的我抓紧收拾行李准备下午出发；下午在收拾行李时，我接到一个外地的固定电话，直觉告诉我应该是浙江的，一接听是浙大光华法学院的，一位声音很亲切的老师的声音传来：请问是***吗？我们看了您的申报，现在想对你进行一个电话面试，不知道你是否方便呢？

那一瞬间我简直震惊了，到如今还是无法描述内心的心情。慌乱中跟老师说方便方便……面试大概持续了5分钟吧。这是天时。

关于"地利"这一问题，因为我是浙江人，所以优先考虑了浙江大学，也因此有了这段美妙的缘分。

关于"人和"，这是需要重点说的，毕竟从哲学上看内因决定外因。要说明的是我从大一无论是成绩还是综合排名一直保持着第一名，其他专业竞赛，诸如模拟法庭大赛、知识产权知识竞赛、辩论赛都参与了相对比较多；其间也做过一些项目研究，发表过几篇论文。但是还有一点优势是特别重要的，就是英语水平，因为浙大是一个国际化水平非常高的学校，对于英语的要求相对比较高，而我本科期间特别注意英语的学习，参加过全国大学生英语竞赛，拿过特等奖，英语六级我也将近有600分。客观来说，我的法学水平倒是一般，到最后我能够被录取，一定跟自身的英语水平有很大关系。

在天时上，恰逢十一假期之前浙大法学院没有招收满额，老师们又要开启假期模式，我算是在这个时间点上捡了便宜，但我认为这不具有可借鉴意义。在人和上，尽管出身不好，那又怎样呢？现在国家的推免政策更加公平以后，谁也不能阻挡你冲击的能量。尽管出身不好，但是不代表不能发掘潜力，增加亮点。成绩，学术研究，英语水平这三驾马车只要驾驭，我相信结果一定不会差。

参营/推免复试前准备

在申请资格上，主要有以下要求：

序号	要求
1	申请人原则上为985、211高校非法学专业本科三年级（三年级升四年级）学生，成绩优异，专业排名不低于本专业前30%，对学术研究兴趣浓厚，具有较强的创新意识和专业研究能力；
2	外语水平优秀，应获得我国大学英语六级426分以上，或TOEFL≥550分（或网考80分）或雅思≥5.5（或具备同等水平的其他种类外语国家级考试成绩）；

我罗列了一些没有回旋余地的硬性条件，一会同学们看到我下面给出的入营名单就知道啦。

在申请材料上主要有：夏令营报名表及汇总表，本科成绩单和专业成绩排名证明，外语类成绩证明以及其他材料（已发表论文、所获奖励证书复印件等）。

对于申报材料的要求，第"本科成绩单和专业成绩排名证明"之外一项需要特别强调，有两个问题容易出现，建议规避：一是成绩单尽早开具，不要拖到暑假，可能教务处都放假了；而且万一遇到学校阻碍保研不给盖章的事情，也可以早点去解决。二是成绩单学科成绩不完整。由于大部分高校期末考试刚刚结束，部分学科成绩未出，这个时候就需要做好与学校沟通好。除此之外，由于保研很大程度上在筛选层面会考量学生学术研究能力，因此在时间充裕的状态下学生最好是要有学术成果的发表，发表等级越高越好。如果在学术研究上有困难，那么参加专业类的竞赛也是可以起到加分作用的。上述材料准备好后按照顺序进行归档整理并进行电子扫描存档，因为后续填报系统会用得到。①

---

① 易宝提醒：参营前和导师确定意向可能增加录取几率

夏令营/推免考核内容

跟大家介绍一些推免面试的细节，因为我是电话面试的，所以问的问题相对比较少，首先关于专业方面问我的是：请探讨下法理学对于学习法学的指导意义？在英语方面让我做了一个自我介绍，然后让我回答为何要选择浙大已经喜欢研究哪个方向？根据与朋友的聊天，他们也都反映在推免面试上还是比较简单的，如果自己在准备司法考试，专业课应该不会出什么问题，例如还有被问到高空抛物的责任、行政公开等问题。

因篇幅所限，请扫描二维码或登录易保研官网www.ebaoyan.cn了解历年夏令营详细日程

录取情况

校名	录取人数
西南政法大学	6
厦门大学	5
中国政法大学	5
中南财经政法大学	5
山东大学	4
北京航空航天大学	3
湖南大学	3
华东政法大学	3
四川大学	3
中山大学	3
北京师范大学	2
华南理工大学	2
吉林大学	2
兰州大学	2
南昌大学	2
苏州大学	2
天津大学	2
中南大学	2
重庆大学	2
北京交通大学	1

校名	录取人数
北京外国语大学	1
大连理工大学	1
电子科技大学	1
东北大学	1
东南大学	1
哈尔滨工业大学	1
华东师范大学	1
华中科技大学	1
南京师范大学	1
南开大学	1
清华大学	1
山东大学（威海）	1
太原理工大学	1
西安交通大学	1
西北政法大学	1
西南大学	1
中国海洋大学	1
中国人民大学	1
中央财经大学	1
中央民族大学	1

过来人回声

1.如果自己报的是法律硕士，不用提前联系导师，但是如果是学术性硕士，提前联系导师是非常重要的，各位一定要提前准备好推荐信，自荐信，个人简历等，对于自己感兴趣导师的研究方向自己他们所发的论文多学习，到时可以很好地展现自己。（2017一位录取考生）

2.基本功特别重要，一张口就知道，所以给大家推荐基本一些书籍，一是张明楷的《刑法学》第五版，二是王泽鉴的《民法学说与判例研究》。刑民两本书好好阅读，无论是对于面试还是研究生期间的学习都有益处！（2017一位落选考生）

第三十五章　东南大学

东南大学经济管理学院

投递材料准备及网申填写过程

东南大学经济管理学院没有夏令营，所以要特别注意预报名的起止时间并尽早投递。预报名的信息关注东南大学研究生招生网站，今年是七月初就可以进系统进行网申了。因为当时在等待最新的六级成绩，所以我暑期8月份才开始投递东南大学经济管理学院的预报名，如果大家感觉各种材料信息基本成形，重要信息点（如语言成绩、论文发表等）不会有大的变动，那么建议大家六月底七月初持续关注网站，一旦开放就尽早投递。

一些必备材料（如成绩单、英语成绩证明、个人陈述、论文发表及获奖情况等）我是直接用的4、5月份为其他学校夏令营准备的那些，这些基本材料几乎每个学校都要，可以提前准备。个人陈述东南大学经济管理学院没有模板，我直接把之前投递的其他学校的内容稍微修改，字数最好在1000字左右（如果院校没有明确字数要求的话）。我们这一届网申投递截止时间是9月15日，但是一定要八月中下旬之前就投递结束，因为虽然写的时间是9月15日网申才截止，但是9月1日左右就已经有专业通知第一轮面试了，九月初面试已经正式开始了。东南大学经济管理学院预报名报名人数多，录取名额很珍贵，第一轮面试绝对有优势，择优录取，很可能第一轮之后录满了就不再举行下一轮。

今年要求的纸质材料有东南大学接收推荐免试研究生申请表一份（直接登录系统打印），本科阶段成绩单原件须加盖学校教务处或院（系）公章一份，身份证件和学生证复印件各一份，英语水平证明（成绩单），校级及以上获奖证书复印件，公开发表的学术论文复印件，如申请直接攻读博士学位，还须下载填写《东南大学本科直博研究生申请–考核表》（考核表官网下载）一份。预报名大部分是暑假期间网申，各高校放假，所以一般不要求写推荐信，夏令营几乎都是要写推荐信的。"申请者须在参加复试时向报考院（系）提交以下纸质材料供审查（注意：无须提前寄送）"，这是今年官方关于纸质材料的要求，如果通过网申进入面试，直接把纸质材料带到面试现场即可，不需要提前纸质邮寄。成绩单如果3年的本校还未发布，只有2.5年的，在面试交材料时向面试秘书说明，面试结束若被录取，等3年成绩单出来后以挂号信的形式寄给东南大学相应工作人员即可，具体要求和地址每年会有老师通知。

如果通过网申能进入面试的话，我今年报的专业是邮件通知，所以要每天关注邮箱信息，邮件里面会有具体的面试时间地点和一个官方qq群，尽快加入该qq群，很多重要的信息老师都会在群里发布，通知大家，也可以在群里找到一起面试的小伙伴。同时，查看网申系统，自己的申请状态是否出现了变化，在规定时间内点击是否参加选项，超过规定时间视为自动放弃，所以大家要谨记确认参加。网申系统上也会有一些面试有关的信息，应仔细阅读。并且，收到面试通知和正式面试相差时间短，我是9月1日或者2日收到的进入面试的邮件，4日上午就直接面试了，准备时间非常短，希望大家要提前准备，不要措手不及。

参营前如何准备

上面提到收到面试通知和正式面试之间相差时间短，所以建议大家在暑假期间就开始准备面试相关内容。东南大学经济管理学院预报名当天结束，不像夏令营一样持续几天，所以官方网站未发布考核流程。考核形式各专业都只有面试。

因篇幅所限，请扫描二维码或登录易保研官网www.ebaoyan.cn了解历年夏令营详细日程

各个专业的考核流程基本相似，没有笔试，只有面试。通过对经管学院各专[①]业面试考核形式与流程的会议，可以总结出各专业面试重点如下：

中英文题目重点：抽取的中文问题均为专业问题，英文绝大部分为专业类问题，部分专业涉及生活化英文问题。技术经济与管理专业的出题重点为经济与创新相关问题，建议考生重点复习我国企业创新、我国经济相关话题，结合当下时事热点（尤其是与经济、创新两个词相关的热点时事），均准备双英文，自问自答，揣测出题点。国际贸易与产业经济学专业，考察内容离不开宏观经济学与微观经济学，建议对这两本书重点概念和模型进行了解，同时也要兼顾相关时事热点。会计学硕和会计专硕主要掌握中级财务会计、管理会计、财务管理、审计学四门课目重点，熟记基本概念以及三大报表（资产负债表、利润表、现金流量表）涉及的科目和概念、之间的勾稽关系等，并且以上知识点会用英文进行描述。金融学硕和金融专硕关注金融学与经济学知识，结合时事热点进行准备。

自由提问环节，面试官主要根据简历提问，或者是聊一些生活化问题。简历上确保写上去的每一条经历都有理有据且真实。面试官极有可能就一个经历不断追问，不能被问出讲不通的地方。如果简历上有自己写过的论文和含金量较高的

---

① 小也提醒：搜集信息非常重要！

比赛项目，这将是考官提问的重点。比如论文的创新点、所用模型、基本框架、涉及理论等，比赛项目的过程、所处团队角色、比赛过程中遇到的最困难的事情以及如何克服等。建议学员提前准备问题及回答，在正式面试前进行模拟，有备无患。

值得注意的是，跨保的学生几乎一定会被问到跨保的理由，回答的时候不要说空话，而是应该结合自己经历中与该专业有关的点，有理有据，扩充说明，最好寻找自身经历与该专业的契合度，让面试官信服。不能说只是因为这个专业容易申请或者没有什么理由随便填的等理由，这样会给面试官留下不好的印象。

由于我网申时选择了跨保，所以在收到面试通知前简单了解了该专业的一些基本知识，网上搜了一下东大该专业老师的研究方向等，回答的时候结合本专业，找了两个专业之间的联系和区别，我有什么样的经历导致我萌发了转到这个领域的想法，阐明了理由，这个思路可以给大家作为参考。

参营期间时间线描述

技术经济与管理专业：

面试是4日上午开始，大概中午1点左右结束。在面试正式开始之前，全部面试者抽签决定面试顺序。除了第一个面试的人之外，其他人离开会议室，在外候场。

进入考场之后，递交自己的材料给面试官。考官多人，一排坐在学生的对面，进场之后先进行中英文自我介绍，具体是中文还是英文各专业不同，建议都要准备。然后各抽取一道专业问题和一道英文问题进行回答，专业课和英文问题均为提前准备好的，有的专业是让学生随机说数字，该数字对应的问题由考官念给学生，学生再进行回答，这就既考察了专业知识掌握情况、英语口语表达能力，又考察了英语听力水平；有的专业是将所有题放在盒子里，学生自己抽取，讲题目念出来并进行回答，这样就未涉及英语听力的考察，对考生而言更容易。

专业课和英文问题各回答后，面试官根据你之前回答的问题会问一些问题，接下来会重点问简历上的问题和生活化问题，包括你的经历和论文，你拿到了几个offer，为什么选择东南大学等。

如果你整个过程表现很好，面试官很满意的话，很有可能最后会问你如果东南大学录取你，你会不会放东南大学鸽子。最后，面试官会告知面试结束，叫下一位同学进来。

我选择的是英文自我介绍，技术经济与管理专业抽取题目的形式是学生说一个数字，老师念题目，纸质版题目在老师手里，我怕之后的英文题目清不清影响英语部分成绩，所以想拿英文自我介绍保证一部分英文成绩。自我介绍结束之后，我抽到的中文问题是："中小企业在我国经济中的作用？我国的经济结构是什么？如何提升我国的经济增长？提升经济增长对我国有哪些长远作用和影响？"我是分不同主体不同角度回答的，建议大家回答问题之前简单思索一下，有逻辑的分点陈述。我抽到的英文问题是："如何提高我国企业的创新能力？"这种问题也建议大家分不同主体阐述，比如企业本身应该怎么怎么样，我国政府应该怎么怎么样，当代青年应该怎么怎么样，显得有条理一些。这两个问题回答结束之后，感觉面试官对我的变现还比较满意，面试官就问了一些简历上的内容，比如你写了这么多论文想不想硕博呀，为什么跨专业之类的，由于我本科是会计，还问了一下我认为会计和经济的区别和联系，其实这个问题在回答为什么跨保时也可以用到。聊得比较开心，老师们还问了我家乡是哪里，喜不喜欢南京，现在手里有什么offer，如果东南大学录取我会不会放东大鸽子之类的。整体面下来，① 老师都很和蔼，基本上面试结束自己心里会知道能不能录取。

面试结束之后，就可以直接回去了，不用等到最后。大概两天左右我又收到了东南大学经济管理学院老师的电话，又在电话里确认了如果被录取会不会放鸽子这个问题，基本上就是被录取的感觉。等到系统上正式发布状态的时候，果然是录取了。

2017年经济管理学院专业录取情况

招生类型	专业	全部录取人数
硕士	应用经济学	16
	金融学	5
	金融	8
	物流工程	11
	管理科学与工程	21
	工商管理	10
	会计学	6
	图书情报与档案管理	1
	会计	19
直博	管理科学与工程	1
	工商管理	2
	会计学	1

---

① 小西有话说：亲爱的你，一定可以成功！

过来人回声：

1. "东大经济管理学院每年面试流程几乎不变，可以问一下自己之前去过的学姐学长每年的考核形式和面试真题等。面试之前联系导师意义不大，但是录取之后可以联系心仪的导师。导师每年接受学生的名额固定，好的导师抢手，可能到后面即使想要你也没有名额了。至于选什么样的导师，可以根据自己的未来职业规划，再咨询该校该专业的学长学姐每个老师的特点，综合选择。导师在学生研究生生涯真的很重要，希望大家重视。"（一位2017年录取学生）

2. "我面的是会计专硕，相比较会计学硕录取容易。问的问题比较基础，复试的时候关注会计核心科目的基本概念即可。如果会计学硕面试不佳，也可以调剂到会计专硕，会征询学生意见。"（一位2016年录取学生）

第三十六章　南京理工大学

南京理工大学经济管理学院

申请环节

一般来说，学生都是在3、4月份的时候就进入到保研状态了，第一步一般是准备自己的材料，如成绩单、成绩排名、已有的学术成果、个人陈述、推荐信等。对于夏令营的查找一般要根据去年的夏令营通知，在学院的官网上或者保研机构的网络上往往会有往年的夏令营通知。如果没有的话，可以直接在网上搜，一般网申时间和投递材料的截止时间都在5月左右，有些学校会早一些，例如浙江大学，有些学校会晚一些，比如厦门大学，时间不一。

就南京理工大学的经济管理学院来说，其录取人数比较少，一般控制在5到10人左右，而南京理工大学一般没有夏令营，直接进入九月推免，所以，我是在8月才开始关注南京理工大学官网的。由于8月是很多学校放假的日子，因此可能需要到的成绩排名、成绩单、推荐信等一定要提前准备。到8月中下旬，可以准备纸质材料了，要求投递的纸质材料有夏令营报名表2份、推荐信1份、成绩单原件一份、成绩排名原件一份以及获奖证书、学术成果等若干。首先准备报名表，需要详细填好自己的身份信息，尤其是自己的手机邮箱，这是我们了解录取结果的最快途径。其次，准备一封推荐信，副教授以上职称老师的签字，推荐找国内外知名学者进行背书，或者找该院校往年校友进行推荐。再来就是需要提前打印好成绩单和成绩排名。其余的主要是学术成果和获奖证书，就学术成果而言，也就是自己的一篇论文，可以是发表的，也可以是未发表的，推荐大家上交发表后的文章，或者是由知名教授指导下完成的文章，以证明论文的含金量。获奖证书推荐大家上交市级以上与专业相关的材料，如国家奖学金、CPA等证书。

之后就是等着9月的时候官网开放，在研招网上登入自己的信息，向南京理工大学发送投递申请，再根据南京理工大学官网的要求将所需材料邮递，就可以了。之后，如果顺利，学校就会以邮件或短信的方式通知来参加考试。

推免前的复试准备

南京理工大学没有夏令营，九推一般两天完成：第一天：入营【上午办理入营手续等】，笔试。第二天：面试【面试过程中有加试】。

南京理工大学的经济管理学院对推免学生的把控比较严格，所以推荐大家以考研书籍为根据进行复习。财务会计和财务管理参考书一定要仔细看多看几遍，考试全部都是上面的内容，课后题要做一遍和背一背。然后，成本会计和审计的分值很少，可以简单地过一遍。没有必要看CPA。英语要多练练口语，准备一篇自我介绍和一些简单的小问题；专业英语看一下网上的资料。政治，是习近平讲话和时政，平常多看看新闻即可。

推免复试内容

参营第一天一般办入营手续，即交纸质材料，核对证书复印件与原件，查验身份等，之后就是安排入住，晚上有个简单的宣讲和茶话会，沟通彼此感情，了解学院概况。第二天才正式进入考试环节，考试一般分两部分：面试和笔试。

笔试部分：

第一部分为名词解释和异同比较：（1）存款货币和基础货币 （2）货币政策目标和货币政策工具。

第二部分为简答：（1）金币本位制概念与作用。（2）信用制度形式及特点。（3）利率市场化的优劣比较。

第三部分为计算：某银行有2.2亿资金，呆账有2000万，资本占7%，需要多少储备金才能度过危机？

面试部分：

面试分英语和专业课面试。

第一部分是英语面试，英语面试不是很难，形式不是很固定，大概四五分钟。开始会让你自我介绍，也许老师会突然打断你的介绍，就你的介绍提相关问题，比如我提到本科学校在沈阳，她就会问沈阳相关的情况，是不是很冷，吃什么之类的；还问我是否找过工作，薪水是多少，如果获得了硕士学位，你认为你的工资大概是多少；还有就是今年好多人都问了家乡与南京有什么不同，注意语法，多用一些高级词汇就可以。

第二部分是专业课面试，专业课面试，每个人的情况也是不同的大概是15[①]到20分钟。开始老师会先让你自我介绍，然后根据你的自我介绍提问题。因为我本科时候参与过老师的项目，主要帮助处理一些简单的数据，有一定的科研能力，所以老师比较集中于问这一话题问的问题，比如，用什么处理数据的，从分析的数据里得到了什么结论，为什么会有这种结论，怎么解决存在的问题。硕士推免毕竟很考验学生的研究能力，所以如果之前有科研项目推荐比较多的表述，在自己科研内容上深究一些。

除此之外，老师还问了专业课的知识，因为我本科专业是物流管理，在我之前面试的也有一个是物流管理的同学，所以老师问了很多的东西，比如，世界上比较大的物流公司有哪几个，因为我之前回答问题的时候提到了沈阳物流处于饱和状态，老师就问我为什么沈阳的物流会处于饱和状态，能不能简单分析一下南北物流发展出现差异的原因，怎样解决物流饱和这一问题；还有就是什么是第三方物流，主要是提供什么服务的；因为之前也提到了宝供物流，老师就问我有没有考虑过宝供物流与终端物流企业有什么区别呢。

面试部分主要考察同学的综合素质，对于专业素质的要求有所降低。一般对同学读研期间的计划，本科期间的学习情况、学习态度，以及基本的个人经历、个人性格进行一个考察。有时会问到一些与学术相关的金融实时热点问题，主要考察学术的获取信息的能力、观察力、判断力、是非观和部分学术知识。因此要求同学们在日常生活中就要留心政治热点，对于个人陈述部分早做准备。

录取情况

2017年，经济管理学院录取129人面试，最后录取30人。

过来人回声

1. "参营前可以提前联系导师，如果其他方面，比如英语有缺陷的话，但是自己科研情况又比较好，可以尝试提前联系导师，事实证明还是非常有效的，老师会跟你有个基本的沟通，了解你的大概情况，这样在面试的时候就会比较有机会。"（2017参营学生）

2. "推荐南京当地人报考，第一是因为学校不错，在当地也有名气。第二就是当地人相对来说在很多事情上，如表达理解上比较容易得分，符合当地的表述习惯和风土人情。"（2017参营学生）

---

① 小妍提醒：考一个好六级分数吧！

第三十七章　南京航空航天大学

南京航空航天大学经济与管理学院

投递材料准备及网申填写过程

我是在4、5月份的时候开始准备夏令营投递资料的，由于当时南航的正式通知还没有发布，我就参照往年的夏令营要求（见南京航空航天大学研究生院官网）进行的材料前期准备。"南京航空航天大学研究生院"这个网站建议对南航有意愿的小伙伴们持续关注，因为关于夏令营通知、预报名通知、录取名单等一系列事项均会在这个网站上公布，可以获得很多有用的信息。同时，关于保研的信息也可以百度和关注一些论坛或者公众号，甚至加一些qq群、微信群，来认识更多志同道合的小伙伴，打好信息战。今年网申系统的起止时间为2017年6月16日—2017年7月31日，纸质材料是如果获得复试资格的话，在2017年8月29日上午9：30报到资格审核时现场提交，不用提前邮寄，这点还是比较人性化的，没通过网申的话也不用浪费快递费。

关于纸质材料，申请表是没有办法提前准备的，这个需要网申系统开通之后，在网站上填好各种个人信息之后才能登陆网页打印。其他的大部分材料都可以提前准备，比如我当时提前准备了1份前2.5年的本科学习成绩单原件（需要有学校的印章，一般夏令营只有2.5年的成绩单，预报名的时候就要求3年的了），1份专业排名证明（需要学校教务处或者院系的盖章证明），1份英语成绩证明复印件（四六级、雅思、托福等），1份学术成果复印件（包括公开发表论文、出版著作、获得专利、获得学术科技奖项、承担课题或者其他具有学术水平的工作成果），1份获得各类荣誉、表彰、奖励证书的复印件（建议按照奖项含金量由大到小排序），纸质材料准备的时候最好分类整理并且装订一下，会显得有条理，给老师留下比较好的印象。当然，以上的纸质版材料也要同时准备电子版扫描件，扫描的话可以去复印的扫描，但是价钱比较贵，这里推荐一个很好用的扫描软件，[①] "扫描全能王"，很清晰并且是免费的，对于保研海投的同学很适合。

由于往年南航的要求中没有提到简历和个人陈述，我就没有准备针对南航的

---

① 路姐提醒您：适当的训练口语

个人陈述，忘记网申系统上要不要填写个人陈述了，有时间还是准备一下吧。简历的建议面试带过去几份，留给面试官传阅，即使对方学校没有要求。

南航的网申系统与其他学校的大同小异，只要一项一项填写就好了，注意写完检查一下，有没有遗漏的或者填写错误的栏目，否则一旦提交就不能更改了，还要联系招生老师，询问可不可以更改，很麻烦，所以填写完一定要多检查几遍。正式填写网申系统过程中，要注意字数要求，有的栏框所填字数有要求，我当时填的时候，论文发表的字数最开始就超标了，只能删掉重新写，很浪费时间。系统上填写的时候最好不要出现特殊符号，免得无法识别，英文字母的计算方法也和汉字不一样，很容易超字数。

参营前如何准备

因篇幅所限，请扫描二维码或登录易保研官网 www.ebaoyan.cn 了解历年夏令营详细日程

因为我报的是学硕的项目，在收到正式录取通知之前，我感觉学硕项目比较注重学术科研能力，就重新看了一下自己写过的论文，根据论文内容自己问自己，比如这个论文运用了什么模型，创新点是什么，怎么想到的这个选题，研究意义是什么，过程中遇到了什么困难，数据的来源等，都自己列出来，准备了一下。同时，也复习了本科学过的核心专业课，时间比较紧，就看了看上课的PPT和当时期末考试的重点。英语的话，参考了舍友复习的考研英语，练了练听力和口语，这里英语口语关于生活化英语和专业化英语都要练习，因为面试的时候都有可能会被问到。还有就是，我当时自己简历上的内容也过了一遍，做到心中有底了吧。

参营期间时间线描述

夏令营正式开始之后，上午是报道、资格审核，主要是提交材料和审核材料，下午正式开始笔试和面试。笔试包括英语和专业课两部分，英语主要题型和考研英语历年真题与英语六级听力类似，专业课包含会计学核心课程，我感觉难度适中，不会为难学生。

面试主要包括三个环节，第一个环节中英文自我介绍，都要准备，有的专业要求是中文自我介绍，有的专业要求是英文自我介绍，看面试官的具体要求。第二个环节是专业课的提问，主要被问到的知识点都是会计学的核心课程，包括但不限于中级财务会计、管理会计、审计、财务管理等，可能与你简历上所标注的核心课程有关，或者与你曾经写过的论文的主题相关。第三个环节是老师自由提问，可能被问到简历上的内容，比如你考取的ACCA考取了几门，你的某一门课程为什么考得好，为什么某一门课程考得不理想，某个比赛的经历，比赛过程中遇到最困难的事情是什么，你是怎么样克服的，你的论文创新点是什么，采取了什么样的模型，你为什么想来南航等，整体风格比较发散，但是要确保简历上的每点经历都十分熟悉，不会被问出破绽。

我被问到的专业问题大概有，简述会计要素及其会计恒等式，企业盈利能力有哪些重要指标简单叙述一下，由于写过一篇和成本控制相关的论文，还被问到了成本控制有哪些方法。简历上的问题，因为我在考ACCA，就被问到了关于这个的一些问题。

这是今年夏令营和预报名的整体录取情况：

招生类型	专业	夏令营录取人数	推免录取人数	全部录取人数
硕士	金融学	3	3	6
	产业经济学	1	1	2
	国际贸易学	1	4	5
	金融	3	2	5
	工业工程	6	3	9
	管理科学与工程	13	15	28
	会计学	2	2	4
	企业管理	6	2	8
	会计	3	1	4
	区域经济学	0	1	1
	数量经济学	0	1	1
	系统工程	0	1	1
	技术经济及管理	0	1	1

采访：[①]

1. "南航的夏令营录取比例还是很乐观的，建议大家可以踊跃尝试。学硕的话还是比较注重你有没有科研潜力，即使目前科研成果不多，老师也不会嫌弃的，只要表达出强烈的科研意愿就行。专硕的话不太清楚，应该比较注重实习和项目情况吧。感觉整体笔试面试只要表现不太差，都会录取的，很值得双非的学生尝试。"（一位2017年录取的学生）

---

① 小西提示：最好有一些科研成果哦（*.ω<）

2. "我没有提前联系导师，因为感觉南航经管院导师的话语权不是很大，还是要看自己的综合实力。至于要不要提前联系导师，个人感觉主要看两点吧：一是这个学校老师的话语权大不大，能不能决定要不要你或者进不进面试（一般理工科导师话语权大，经管类都基本导师决定不了），二是你是否心仪某一个导师非他/她不可，只要不是这两种情况，感觉提前联系导师意义都不是很大。"（一位2017年录取的学生）

第三十八章　河海大学

河海大学商学院

申请环节

河海大学商学院的准备材料我是等今年的夏令营通知出来准备的，今年河海大学整个学校夏令营的通知是7月3日出来的，只要求在网申系统上进行填写，纸质材料在入营时携带并提交即可。要求的材料有夏令营申请表、个人简历、本科前2.5年成绩单及排名证明、学术科研成果及各类获奖证书复印件以及国家英语四、六级考试成绩，或雅思等体现自身英语水平的证明材料复印件，以上材料都各准备一份即可，另外还需要副教授（或以上）职称专家或任课教师等专家的推荐信两份。我按照通知要求打印复印加上学校学院签字盖章后装订成册，并携带原件在参加夏令营时备查。

关于网申，网上报名系统里面需要填写自己的个人基本信息、家庭情况、获奖经历、报名专业，等等，如果大家要申报的学校比较多，建议你们可以提前建一个文档把一些经常要网申填写的信息写下来，这样方便复制粘贴。

参营前准备

河海大学商学院的入营通知是在各个同学网申系统中直接显示状态的，并没有发入营名单。夏令营报名系统中审核状态为"审核通过"的，且在系统内点击"参加"确定能按时参营的即为正式营员。

河海大学商学院的夏令营相关事宜以及考核流程文件是在7月7日通过学院网站发布的。里面内容很详细，包括考核对象、考核材料提交、考核方式、考核材料领取以及活动具体安排。

因篇幅所限，请扫描二维码或登录易保研官网
www.ebaoyan.cn了解历年夏令营详细日程

商学院的实际考核就是9日一整天。考核采用面试形式，主要考核营员的外语水平、学术能力与综合素质。考核成绩按照百分制，其中外语水平占25%（X），学术能力占55%（Y）；综合素质占20%（Z）。总成绩=X+Y+Z。

我在参营前首先是熟悉自己面试时携带的论文还有个人简历，包括论文中的研究目的、研究方法、研究过程、研究结果、创新点和不足之处以及参考文献，简历中熟悉自己的专业课程基本信息，社会实践实习还有参加过的竞赛，尽量充分准备以应对老师的问题。关于英语方面，进行每天的英语口语练习来锻炼自己的英文表达能力。对于综合素质方面问题的提问准备，除了需要对自己申请的专业进行深入了解和本科专业知识的回顾外，还有就是要准备一些常问的生活问题。

参营内容①

夏令营总共进行了3天，所有专业的同学基本时间进程和考核方式都差不多，主要区别就在于考核分在不同地点。

7月7日下午正常报道，不过和之前发的流程表有点不同，8日上午先在文体中心那边进行了全校的开营仪式，校领导致辞然后对河海大学进行了宣传，然后下午各院系组织进行开营仪式，在商学院开营仪式上，各个系的系主任还有商学院的黄永春副院长为我们介绍了院系发展、专业设置及特色、招生信息及政策、营员待遇及奖助政策等，使我对于商学院的发展历程和现今状况有了一个较为深入的了解。开营仪式结束后我就回去休息然后准备明天的面试考核。

早上在考核地点外看了分组和面试顺序，我是中间，不前不后挺好，这样就稍微放松了点。我当时是穿正装去的，虽然是夏天，但是很多参营同学都穿了正装，建议大家可以先带着，准备好到时候看现场情况决定穿不穿。进去之后我先把自己带的个人简历还有论文给了评委老师，当时一共是有五个老师。接下来开始进行自我介绍，在自我介绍的时候老师一直在看我的简历还有论文，自我介绍结束之后老师就开始问问题，因为提交了论文和简历，所以基本上问题都围绕论文和简历，包括论文中的论点、主要内容，怎么想到写这篇论文的，还有问了一些简历中专业课、竞赛创训之类的问题，总之面试还是比较顺利的，面试的老师们都很好，面试虽然严肃但不是压力面，放轻松发挥出自己的正常水平就好。

---

① 小妍提醒：（⌒‿⌒）↗ *Studying makes me happy*

面试结束之后我就回去等结果了，因为面试结果是在网申系统中公布，不公布合格名单，只能自己看到自己的，所以还是等了一段时间才出结果的，最后也被顺利录取了。

录取情况

河海大学商学院开设的专业在夏令营都有招生，具体包括人口、资源与环境经济学、国民经济学、区域经济学、金融学、产业经济学、国际贸易学、管理科学与工程、会计学、企业管理、技术经济及管理、情报学、金融硕士（专业学位）、国际商务硕士（专业学位）、资产评估硕士等。但是由于录取结果只在网申系统中公布，个人只能看到自己的录取情况，因此具体数据不是很清楚，但是周围的小伙伴表现优秀的都发了offer。

过来人回声

1. "河海大学商学院学术氛围浓厚而且老师很重视学生学术科研能力，在夏令营面试时如果有一篇非常规范的学术论文，一定会引起老师的兴趣，这样录取的希望就会很大。"（一位2017年录取学生）

第三十九章　苏州大学

苏州大学东吴商学院

对于我来说，苏州大学适合申请的学院有政治与公共管理学院（管科、公共管理）、东吴商学院（优势学科为金融）以及金融工程研究中心（金融工程）。从官网上查找资料得知苏大这三个院并没有夏令营，因此我做好了九推申请苏大的准备。

大概7月初，苏大就发出了2018年接收推荐免试硕士研究生预报名的通知，①除工商管理硕士（MBA）、公共管理硕士（MPA）、教育硕士中的教育管理三个专业学位以外，其他专业均招收推免生。苏大的9推申请直接网申就可以，并不用寄送材料，因此我在通知出来后，就开始进行网申了。苏大的网申系统里只能填一个学院，但专业可以选择3个（必选专业1个和备选专业2个），能够选择的专业多。除了基础信息外，网申系统里还需要填个人陈述，我将之前准备好的个

---

① 易宝提示：保研论坛有很多学姐学长的经验分享帖

人陈述适当删减复制粘贴了上去，然后提交就好了。

之后就是漫长的等待。通知中说各学院的通知将在9月10日之后录取公布。而我只在9月21日刷到了金融工程研究中心的复试安排（但是我报的是东吴商学院），面试分4批，分别为9月30日，10月9日，10月11日及10月13日。面试成绩（100分）：英语综合面试（30分）+综合素质面试（70分）。此时网申系统里的状态仍然是"审核通过，9月10日后各院会陆续通知复试，请保持手机畅通"。当时比较焦虑，担心东吴商学院也是在国家推免系统开放后进行。好在过了两天，收到了东吴商学院的电话，通知27日下午2点进行复试。最终由于还有一所学校也是27日面试，所以权衡之下，我还是放弃了苏大。

录取情况

专业	全部录取人数（包括预报名）	录取类型
工商管理	6	学术型
应用经济学	6	学术型
金融学	6	专业型
会计硕士	6	专业型

第四十章 南京农业大学

南京农业大学金融学院

申请环节

因为正式的面试是在九月中下旬，所以不需要太着急网申，可以在八月底返回学校的时候再填写，同时一定要注意，九推是看前六学期的成绩单，而且大三下学期的成绩也决定了你是否能获得推免名额，所以这个阶段也需要非常的努力，不能掉以轻心。

在暑假的时候可以提前准备好中英文个人简历（个人简历一页A4纸即可）、个人陈述（1500～3000字，全面对自己本科期间的经历进行总结，这一项的准备有助于面试环节应对一些简历相关的问题），整理好自己有价值的奖状、证书（如果是院级校级的小比赛，这里可以不用，放一些有含金量的即可），成绩单一定要注意加盖学院公章。考虑到南农金融学院九推自开办以来，并没有要求提供推荐信，这一点上也节省了较多精力。

2017年南京农业大学金融学院的推免通知是5月份在学院官网上挂出的，一定要注意，这一周期是非常长的，可以有较长准备时间，但仍要注意时间节点，防止错过。

九推的报名非常简单，仅在网申系统中将申请表填好并在线打印，相关思想政治表等附件下载下来填好即可，所有的纸质材料仅在面试的时候才需要提供，注意同时需要提供学生证和身份证的复印件，原件备查。

参营/推免复试前准备

建议在放暑假之前，即7月之前将经济学基础以及专业核心课大致浏览一遍，金融的专业核心课可以选择看投资学、公司金融、金融工程、金融学，会计的专业核心课可以选择看中级财务会计、成本会计、管理会计、财务报表分析等（因为面试的老师就是教授这些课程的，所以被问到相关内容的概率非常大）。在暑假的时候，则可以选择进行重难点的知识复习巩固，同时不要忘了关注近期发生的一些时事新闻，关注与专业相关的重大事件，做到心中有数。平时还要进行简单的英语对话准备，比如：

（1）hometown相关where are you from? how long have you lived there? how do you like it? why? do you live near here? where about? what do you think are the good points about living in this city?

（2）family相关could you tell us sth. about you family? what does your family usually do for the weekend? what do you think about living together with your parents?

（3）leisure相关do you have any hobbies? how did you become interested in the hobbies?

（4）study/work相关 why do you choose to study at our institute? why do you want to go to graduate school instead of finding a job? what are your favorite subjects? what kind of job did you do? have you ever worked during the vacation? why do you want to go back to study instead of going on with your work? what qualifications are needed in order to do your job well? what did you enjoy most about your campus life?[①]

（5）future plans相关 what do you expect to achieve during your study if you are enrolled into this institute? do you think english is important for your future plans? in what aspects is it important?

九推日程安排是在网申结束大概一周左右的时间在学院官网上挂出的。

---

① 小也提醒您：多参加一些认可度高的竞赛吧

因篇幅所限，请扫描二维码或登录易保研官网
www.ebaoyan.cn了解历年夏令营详细日程

面试当天就可以全部结束，形式是中英文混杂的，每个人情况不同。

大体分为首先自我介绍（中英文均有，建议两手准备），然后中英文问题回答。

考虑到跨专业的同学在金融学相关课程的学习会有一定欠缺，所以我建议大家在大三下半学期抽些时间多看看投资学、货币银行学、金融工程的内容，对这些课程的整体框架有个把握，对经典模型比如CAPM，APT，B-S模型有清晰的认知。同时建议每周花一定时间浏览相关时事新闻，分析学习别人对此问题的看法，总结并结合自己的想法做一些记录，可以为之后的中文问题面试打下坚实的基础；而关于面试英文问题的回答，其实老师对于英文要求并不是特别高，仅需表达流畅清晰就好，不需要有太大压力。

夏令营/推免考核内容

9月21日是南京农业大学统一组织的体检，一定不要忘记这个环节。

23日正式开始面试，九推并没有笔试环节，面试分为专业综合素质与能力考核和英语口语两部分，前者占比70%，后者为30%，每部分均为百分制。面试最终成绩即为推免全部依据。

面试时，我首先是做了一到两分钟的自我介绍，然后我被问到的题目是本科阶段做的科研是关于什么的，怎么开展的"，这类问题的回答相对比较开放，我是从选题是什么，如何确定的选题将其，介绍运用了怎样的模型方法、数据，得出了什么结论，课题的创新点等具体展开说明。同时，说明从科研中学习到了什么，对自己今后的学习生涯有什么影响。

同行的其他小伙伴还有被问到"为什么选择南农"、"问什么想要支教"，都是有关个人经历的一些问题，言之有理即可。但是一定要注意，遇到自己不懂的问题，不知道就说不知道，千万不能不懂装懂。

录取情况

这里一定要注意，南农金融学院仅通过九月推免招收学生，招收金融、会计方向的学硕和专硕，下面是2017年九推各个专业最终录取情况。

招生类型	专业	最终录取人数
硕士	金融	13
	金融学	5
	会计	12
	会计学	2

同时，我通过询问相关同学了解到，推免生大多为双非院校，又以江苏、安徽两省的学校居多，除此之外即为本校保研学生。可见，南农金融学院对于双非院校的学生而言，也可以作为一个不错的选择。

过来人回声

1.对自己今后的学习生涯的思考，对于研究生的学习计划的准备也是非常加分的，可以让老师知道你的严谨好学的态度，短时间内可以向老师展现自己对自己的规划，增加自己的闪光点。（一位2017年录取的同学）

2.为了避免在中英文问题回答完毕后被问到较多专业问题，可以选择自己准备好个人中英文简历，简历内容确保自己非常熟悉，不论问到任何问题都可以有相应的回答，开始面试前将简历递给每位老师，这样可以引导老师提问简历上呈现的内容，可以尽可能减少被问到自己不熟知的问题。但最重要的还是要临危不乱、沉着应对。（一位2017年录取的同学）

南京农业大学经济管理学院

申请环节

我准备材料比较早，从寒假的时候就开始了，因为投递夏令营和九推材料的时候不仅仅是投递这一所学校，提前准备好模板可以让自己在3月份开学后不需把过多精力放在材料准备上，可以更高效。

总之就是提前准备好中英文个人简历（个人简历一页A4纸即可）、个人陈述（1500～3000字，全面对自己本科期间的经历进行总结，这一项的准备有助于面试环节应对一些简历相关的问题），整理好自己有价值的奖状、证书（如果是院级校级的小比赛，这里可以不用，放一些有含金量的即可），成绩单要注意加盖学院公章。考虑到南农经济管理学院是并没有要求提供推荐信，这一点上也节省了较多精力。

考虑到正式进行面试是在九月中下旬，所以不需要太着急网申，可以再八月底返回学校的时候再填写，同时一定要注意，九推看的是前六学期的成绩单，而且大三下学期的成绩也决定了你是否能获得推免名额，所以这个阶段也需要非常①的努力，不能掉以轻心。

九推的报名非常简单，仅在网申系统中将申请表填好并在线打印，相关思想政治表等附件下载下来填好即可，所有的纸质材料仅在面试的时候才需要提供，注意同时需要提供学生证和身份证的复印件，原件备查。

参营/推免复试前准备

建议在放暑假之前，即7月之前将经济学基础课程和专业课大致浏览一遍，课本的选择可以参考经管院历年的考研参考书，比如高鸿业的《西方经济学（微观、宏观）》、Stephen P. Robbins, Mary Coulter著的《管理学（第九版）》，而申请产业经济学的同学可以看杨公仆、夏大慰的《产业经济学教程》，申请国际贸易的同学可以看黎孝先、石玉川的《国际贸易实务》、李岳云的《国际贸易基础》，以及，海闻、林德特、王新奎著的《国际贸易》。在暑假的时候，则可以选择进行重难点的知识复习巩固，同时不要忘了关注近期发生的一些时事新闻，关注与专业相关的重大事件，别对该事件是如何分析的，结合他人观点融入自己的观点，做到心中有数。

对于面试英文问题的回答，其实老师对于英文要求并不是特别高，所以仅需表达流畅清晰就好，不需要有太大压力。自己可以准备一些比较日常的英文对话，一周一次，和身边的小伙伴进行口语练习，比如有关家乡、未来学校或者工作计划、个人兴趣爱好等方面的问题。

参加/推免复试内容

9月21日是南京农业大学统一组织的体检，一定不要忘记这个环节。

25日正式面试，面试内容包括专业综合知识测试、外语交流能力测试和综合素质能力考核。面试计算总成绩，满分为100分。其中专业综合知识测试、综合素质能力和外语交流能力测试和考核三项考核满分分别为40分、30分、30分，三项合计为面试总成绩。面试小组根据总成绩确定拟录取专业和导师。

各个专业的具体面试时间如下表：

专业	时间	地点
农业经济管理	2017.9.25（周一）上午8：30	逸夫楼5077
产业经济学	2017.9.25（周一）上午8：30	逸夫楼5072
国际贸易学	2017.9.25（周一）上午8：30	逸夫楼5046

---

① 小也提示：小部分夏令营在8月份举行

专业	时间	地点
企业管理	2017.9.25（周一）上午8：30	逸夫楼5086
技术经济及管理	2017.9.25（周一）上午10：00	逸夫楼5082
旅游管理	2017.9.25（周一）下午2：00	逸夫楼5046
农推、国际商务	2017.9.25（周一）下午1：00	逸夫楼5072

注意面试时要携带好各项要求的纸质材料。

开始面的时候，首先是自我介绍，一到两分钟，然后老师提问，每个人回答的问题大多和一些个人经历有关，主要还是集中在本科的学习、科研论文、竞赛等一些活动经历上，比如本科阶段某个课程学到了什么，科研论文的选题为什么会这么选择，对于跨专业的同学还可能问到为什么选择转到现在这个专业，等等。这里有个小小的秘诀避免在中英文问题回答完毕后被问到较多专业问题，即自己准备好个人中英文简历，简历内容确保自己非常熟悉，不论问到任何问题都可以有相应的回答，开始面试前将简历递给每位老师，这样可以引导老师提问简历上呈现的内容，可以尽可能减少被问到自己不熟知的问题。但最重要的还是要临危不乱、沉着应对，相信自己，才能让别人相信你。

录取情况

这里一定要注意，南农经济管理学院仅通过九月推免招收学生，该院所有专业都招收研究生，下面是2017年九推各个专业最终录取情况。

招生类型	专业	最终录取人数
硕士	产业经济学	5
	国际贸易学	5
	国际商务	1
	技术经济及管理	5
	农业经济管理	13
	企业管理	8

但是2017年招收人数较16年有明显的下滑，申请的时候应当重视这一点。

同时，我通过询问相关同学了解到，推免生大多为双非院校，又以江苏、安徽两省的学校居多，除此之外即为本校保研学生。而且南农经管院的农业经济管理学科获得A+的学科评估，说明学术上的认可度，所以，南农经济管理学院对于双非院校的学生而言，也可以作为一个不错的选择。

过来人回声

1.面试中大家要注意不要碰到不会的问题就不表达，可以选择说明自己了解的和所问题目相关的知识，一定要一直思考并表达你自己的观点，如果是带简历和论文的同学也要在面试前好好思考一下，思考针对你的材料，老师可能会问什[①]么，你又应该如何回答。（一位2017年录取的同学）

2.态度比所学更为重要，不懂千万不能装懂，因为老师懂得的决定在你之上，胡言乱语只能说明你自己不诚信。（一位2017年录取的同学）

第四十一章　江南大学

江南大学商学院

申请环节

江南大学商学院的夏令营通知出的时间比较早，一般在5月初就出了夏令营通知，这个通知是研究生院统一组织的。报名的时候是统一系统报名，不必邮寄材料，只需网申即可，网申系统的开放时间大概是一个月，在5月底就会关闭。所以，想要保研本校的同学要抓紧时间，不要错过网申时间。

为了后面方便填写网申系统，可以提前把一些必要的问题写出来，整理到一个word里，这样在下次填写其他学校网申时将会是一个很快捷。另外，需要完成的就是一份个人陈述一定要言简意赅，详略得当，重点突出，并能够形成自己的文笔特色，如果精力允许的话，将自己的个人陈述与自身经历、对方院校特点结合起来写则更好。在初稿阶段，我认为是写得越详细越好（可以初步草拟1000~2000字左右），这样后面具体申请的时候直接复制删减就可以了（一般网申要求的字数要比较少，一般是500~1000字）。

参营/推免复试前准备

夏令营通知一般会在6月上旬在系统中通知，这个时候要注意在审核结果出来的前后时间里，要多登录一下系统，如果确认参加夏令营的需要在系统中确认参营。去年确认参营名单的时间是6月9日，营员确认参加的时间节点是6月

---

① 小西提示：在保研论坛找个朋友一起努力的话会更有斗志哦!

20日。

6月中旬，在收到入营通知之前，听我在江南大学商学院的同学说，老师的面试主要考查的就是专业知识。因此，我在7月参营之前，将自己的核心专业课复习了一下，用的课本主要还是自己以前学过的课本。因为自己的课本以前学过，复习起来有印象，复习的效率会高很多，能为自己节约很多时间。

夏令营/推免考核内容

夏令营总共进行了4天，参营期间的考察形式只有面试。在确定结果时，将根据营员申请材料、面试综合考核情况，综合选拔出优秀营员，颁发优秀营员证书。所以，不仅面试十分重要，当初网申的材料也同样重要。

面试的形式是多对一，我当时面试的时候是5个老师，院长就坐在旁边。一个人大概10~15分钟的面试时间。

第一个环节是自我介绍，当时是要用一分钟中文自我介绍，如果准备的话，中英文介绍都准备一下吧。这个时候，可以将准备好的简历，一般有5~6个老师，给老师看一下。

之后的面试内容是通过抽题的方式。

首先，先抽一个中文题，中文是专业相关的题，招生选拔的时候是以大类招生的，所以也要多复习一下管理学、公司战略、人力资源这类的专业知识。中文抽到的题有两种形式，这个就要看运气了。第一种形式是结合时事经济热点的综合应用分析题，比如说19大报告中与当前经济中相关的内容，对共享经济如何看待，中国大力推崇的长租公寓能否在未来实现等问题；第二种形式是比较基础的专业知识，比如说什么是SWOT分析，波特五力模型包括哪几部分，结合一个例子说明这个知识。[①]

接下来，老师会针对中文的回答用英语问你一个问题。在用英文问问题时，老师会考虑到之前问题的难易程度。如果之前问到的问题比较简单，那老师可能会问你一个比较专业的问题，比如What's the difference between strength and weakness？如果之前抽到的问题比较难，老师会问你一个很简单很口语的日常话题，比如说为什么想来江南大学，用三个词形容一下你对江南大学的印象，等等。

录取情况

关于录取情况，学校教务处的老师们效率很高，会在闭营之前就统计出结果并当场颁发优秀营员证书。最后闭营的时候是滕乐法院长的讲话，感觉这是一个

---

① 易宝提醒您：3~4月该搜集夏令营信息啦~

非常有激情和开放、包容的院长，加上江南大学优美的环境和图书馆浓厚的学习氛围，让我对这个学校颇有好感。总体来说，江南大学商学院夏令营的优秀营员比例很高，我记得当时大概有50人参加，60%以上都拿到了优秀营员证书。

如果没有被录取的话，也不要灰心，9月份还有预报名和教育部系统的推免，而且那个时候竞争也不会很激烈，也不会出现学校的歧视这种情况，所以这时双非的同学就有很大的机会了。

建议参考书目（以工商管理下的会计专业为例）：

《管理学》	（用自己学过的教材即可）	机械工业出版社
《会计》	中国注册会计师协会	中国财政经济出版社（2018.4）
《审计》	中国注册会计师协会	中国财政经济出版社（2018.4）
《财务管理学》	荆新、王化成、刘俊彦	中国人民大学出版社（2012第六版）
《经济学人》		最新一期的杂志即可

过来人回声

1.在此想跟大家说的是，江南大学商学院的老师们都非常nice，在面试回答问题的时候大家放轻松，千万不要紧张，自信从容地表达出你的观点就可以了，老师并不是十分在意你的答案，更关心的是你思考问题的方式和随机应变的能力。（一位2017年成功录取的学生）

第四十二章　南京师范大学

南京师范大学商学院

申请环节

南师大是在八月初发布的接收推免生预报名通知，其所需信息都在网申系统上提交，而不用另外准备纸质材料。需要填写的内容有个人基本信息、学习信息、申请信息。其重点的内容有学习和工作经历、科研工作、学术成果、奖励情况以及担任学生干部或社会实践经历。这些内容只需准确地填写即可，应注意按照工作的重要性或奖项的含金量进行排序。

复试的时候需要提交的材料如下表，复试的时候老师会对其进行审核。

所需材料	材料要求
有效期内的二代身份证原件、每学期均注册的本科学生证原件	1份
本科成绩单	3份（一份原件两份复印件，加盖校教务处公章）
国家大学英语四级、六级考试成绩单	3份（一份原件两份复印件）
公开发表的学术论文（含封面、目录、正文）	3份（一份原件两份复印件）
校级以上获奖证书	3份（一份原件两份复印件）
其他要求	跨专业申请者另须提供证明其达到申请专业推免生能力和水平的相关材料

推免复试前准备

南师大的经管法类专业都没有开展夏令营，而是在9月采取推免复试的形式，各个学院在不同的时间会举行多次复试。像商学院对于211或985院校的推免生有一定的优待政策，这部分推免生可以不必去到南师大而是采取线上面试的形式。

南师大的经管法类专业的考核形式仅仅只有面试，所以我的准备也相对比较有针对性。第一是对于专业科目专业知识的复习和查缺补漏；第二是自我介绍及面试问题的准备；第三则是对时事热点的准备。

推免复试内容

因为南师大的经管法类专业的考核形式比较单一，因此复试的程序也比较简单。一般是在报到后提交所需的材料，接着就是抽签及面试的环节。

面试的时候一般由该专业的老师作为评审，老师们手里都有打分表。老师会先让你进行一分钟的自我介绍，介绍完之后老师会针对性的问几个问题。接下来会让你进行抽签，抽一题进行作答，作答完毕后老师会询问你是否愿意被调剂或是否会把南京师范大学放在第一志愿的意向，这样专业面试就基本结束了。

录取情况（2017年）①

---

① 易宝小提示：时间清晰的保研计划可以提高效率

招生类型	专业	计划招收人数	全部录取人数
硕士	区域经济学	6	4
	金融学	14	8
	产业经济学	6	3
	国际贸易学	5	2
	企业管理	19	14
	金融（专业学位）	20	11

过来人回声

1. "南师大的预推免相对难度也是比较低的，录取率也很高。在面试中一定要保持自信，在回答问题或自我介绍的时候一定要有逻辑性。即使抽中的题目不会，也要联想相关知识、从容作答。"（一位2017年录取学生）

第四十三章　南京财经大学

南京财经大学所有学院只有九月推免没有暑期夏令营。2017年接收推免生的时间是2017年9月3日8：00至2017年9月22日17：00。

具体申请条件如下，要求中的硬性条件是必须通过英语六级考试。

1. 获得本科毕业学校推荐免试资格的2018届应届本科毕业生。

2. 课程学习成绩要求：

（1）专业成绩排名和综合素质排名均名列前茅；

（2）非英语专业考生须参加大学英语六级考试，且成绩达到425分以上。

3. 申请免试攻读硕士学位的专业，与申请人本科所学专业原则上应属相同或相近学科。

4. 申请人应具有较强的独立调查研究、综合分析问题、解决问题能力。个别学生在某方面有特殊才能，如对专业的某方面有一定研究，有公开发表的科研论文或大学生竞赛作品；或参加社会实践活动并写出具有重要价值的调查报告的；或在全国性竞赛中获较高级别奖项的，可优先考虑。

需提交以下纸质材料：

所需材料	材料要求
学生证、身份证	1份，复印件
本科成绩单	1份，加盖所在学校教务处公章

所需材料	材料要求
外语水平证明（如CET-4、CET-6、TOEFL、IELTS等）	1份，复印件
获奖证书	1份，复印件
公开发表的学术性论文	1份，复印件

复试内容：

复试包括综合面试及外语水平测试两部分，比重分别为70%和30%。

第四十四章　浙江工商大学

浙江工商大学九推申请时间节点是10月7日前。通过教育部"推免服务系统"向相关专业提出申请。

申请条件如下：

1.拥护中国共产党的领导，品德良好，遵纪守法，身心健康；具有一定专业基础，较强的创新意识，较好的独立调查研究、综合分析问题和解决问题的能力。

2.申请人须是2018年普通高等学校应届本科毕业生，取得就读院校硕士研究生推免资格。[①]

3.在校期间曾参加科学研究、全国竞赛等活动，表现突出者（有获奖证书或公开发表的学术论文或产生了较大效益等证明材料）可优先考虑。

需要的纸质材料有：

所需材料	材料要求
身份证、学生证	1份，复印件
浙江工商大学研究生政治审查表	1份
个人陈述表	1份
复试登记表	1份
本科成绩单	1份，须加盖所在学校教务部门公章
英文水平证明（如大学英语六级考试、TOFEL、GRE、IELTS等）	1份，复印件

---

① 路姐提醒：整理材料一定要细心哦

所需材料	材料要求
获奖证书	1份，复印件
学术科研成果证明	1份，复印件
体检结果证明	1份

复试内容：

复试以面试为主。复试内容包含专业知识、综合能力、外语水平和培养潜质。

第四十五章　浙江财经大学

浙江财经大学9月28日教育部推免系统开放当日开始接受报名。

具体申请条件如下：

1. 拥护中国共产党的领导，品德良好，遵纪守法，身心健康；刻苦学习，勤于思考，有较强的创新意识，较好的独立调查研究、综合分析问题和解决问题能力。具备作为硕士研究生培养的能力和素质。

2. 学习成绩优秀，英语水平优良，取得所在学校2018年推荐免试生资格。没有不及格或重修科目，且未受任何纪律处分。

3. 在校期间曾参加科学研究、全国竞赛等活动，表现突出者（有获奖证书或公开发表的学术论文或产生了较大效益等证明材料）可优先考虑。

所需纸质材料有：

所需材料	材料要求
身份证	1份，原件及复印件
本科成绩单	1份，加盖推荐院校教务处公章
体检结果证明	1份
政审表	1份，由所在单位负责人签字并加盖公章
其他相关材料	1份，复印件

复试内容：

①财政税务学院：

1. 专业课笔试（时间为2小时，满分为100分）。

考试科目及参考书：

财政学：《财政学》，钟晓敏主编，高等教育出版社，2015年。

税务硕士：《中国税制》，吴利群，杨春玲主编，高等教育出版社，2016年。

2. 综合面试（时间不少于20分钟，满分为100分）。

综合面试重点考查考生专业基础知识，创新意识和实践能力，外语听力和口语能力，以及人文素质等综合能力，并给出面试成绩。

复试成绩=笔试成绩×40%+综合面试×60%

②公共管理学院

1. 专业课笔试（时间为2小时，满分为100分）。

考试科目及参考书：

教育经济与管理：《财政学》，钟晓敏主编，高等教育出版社，2010年。

行政管理：《地方公共政策学》，郭剑鸣主编，科学出版社，2014年。

社会保障：《社会保障概论》（第三版），孙光德、董克用主编，中国人民大学出版社，2008年。

土地资源管理：《土地资源学》，陈百明，北京师范大学出版社，2008年2月第1版，2010年8月第2次印刷。

城市管理：《城市管理的理论与实践》，宋迎昌著，北京：社会科学文献出版社，2013年4月.

2. 综合面试（时间不少于20分钟，满分为100分）。

综合面试重点考查考生专业基础知识，创新意识和实践能力，外语听力和口语能力，以及人文素质等综合能力，并给出面试成绩。

③会计学院

1. 专业课笔试（时间为2小时，满分为100分）。

考试科目及参考书：

会计学（120201）、会计硕士（125300）：考试科目为财务会计、财务管理和审计，分值各占40%，40%，20%。

《中级财务会计》，赵敏主编，郭德贵副主编，浙江人民出版社，2015年9月或2016年9月。

《财务管理》，杨忠智主编，厦门大学出版社，2015年。

《审计》，邓川主编，东北财经大学出版社，2015年第三版。[①]

2. 综合面试（时间不少于20分钟，满分为100分）。

综合面试重点考查考生专业基础知识，创新意识和实践能力，外语听力和口语能力，以及人文素质等综合能力，并给出面试成绩。

复试成绩=笔试成绩×50%+综合面试×50%

---

① 易宝提醒：不要忘了各个学校的截止日期

④金融学院

1. 专业课笔试（时间为2小时，满分为100分）。

（1）考试科目及参考书：

020204 金融学 复试考试科目：金融学

参考书：《金融学原理（第五版）》，彭兴韵著，格致出版社、上海三联书店、上海人民出版社联合出版。

025100 金融硕士（专业学位）复试考试科目：公司金融

参考书：《公司金融学》（第二版），朴哲范编，东北财经大学出版社，2016年。

025500 保险硕士（专业学位）复试考试科目：保险学

参考书：《保险学》，张代军主编，浙江大学出版社，2016年修订版。

《保险学》习题与案例精编，张代军主编，浙江大学出版社，2017年版。

2. 综合面试（时间不少于20分钟，满分为100分）。

综合面试重点考查考生专业基础知识，创新意识和实践能力，外语听力和口语能力，以及人文素质等综合能力，并给出面试成绩。

复试成绩=笔试成绩×50%+综合面试×50%

⑤信息管理与工程学院

1. 专业课笔试（时间为2小时，满分为100分）。

（1）考试科目：管理信息系统

（2）参考书目：《管理信息系统》（第四版），黄梯云主编，高等教育出版社，2009年。

2. 综合面试（时间不少于20分钟，满分为100分）。

综合面试重点考查考生专业基础知识，创新意识和实践能力，外语听力和口语能力，以及人文素质等综合能力，并给出面试成绩。

复试成绩=笔试成绩×30%+综合面试×70%

⑤经济学院

1. 专业课笔试（时间为2小时，满分为100分）。

（1）考试科目及参考书：

专业名称	考试科目	参考书目
政治经济学	政治经济学	《政治经济学教程》（第八版），宋涛主编，中国人民大学出版社，2008年。（或其他同类教材）。
经济史	中国近代经济史	《中国近代经济史》（教材，作者、版本不限）
西方经济学	经济学说史	《经济学说史教程》（第二版），陈孟熙主编，中国人民大学出版社，2003年。（或其他同类教材）。

专业名称	考试科目	参考书目
人口、资源与换经济学	人口、资源与环境经济学	《环境与自然资源经济学（第8版）》，汤姆.蒂坦伯格，琳恩.刘易斯著；王晓霞等译，中国人民大学出版社，2011年或其他最新版本。
国民经济学	国民经济学	《国民经济学》（第二版），林木西、黄泰岩主编，经济科学出版社，2010年。
区域经济学	区域经济学	《现代区域经济学》（修订版），魏后凯编著，经济管理出版社，2011年。
产业经济学	产业经济学	《产业经济学》（第三版），王俊豪主编，高等教育出版社，2016年。
国际贸易学	国际经济学	《国际经济学》（原书第十三版），罗伯特.J.凯伯、候锦慎、刘兴坤译，中国人民大学出版社，2011年。
数量经济学	概率论	《概率论基础》（第三版），李贤平著，高等教育出版社，2010年。（或其他同类教材）
国际商务硕士（专业学位）	国际商务	《国际商务（环境与运作）》，约翰D.丹尼尔斯等，机械工①业出版社，2014。

（2）综合面试（时间不少于20分钟，满分为100分）。

综合面试重点考查考生专业基础知识，创新意识和实践能力，外语听力和口语能力，以及人文素质等综合能力，并给出面试成绩。

复试成绩=笔试成绩×50%+综合面试×50%

⑥法学院

1、专业课笔试（时间为2小时，满分为100分）。

考试科目及参考书：由各学位点在向考生发复试通知时说明。

2、综合面试（时间不少于20分钟，满分为100分）。

综合面试重点考查考生专业基础知识，创新意识和实践能力，外语听力和口语能力，以及人文素质等综合能力，并给出面试成绩。

复试成绩=笔试成绩×40%+综合面试×60%

⑦外国语学院

1.专业课笔试（时间为2小时，满分为100分）。

考试科目及参考书：考试科目：综合英语能力；参考书目：《高级英语（修订本）第一、二册》，张汉熙主编、王立礼编，外语教学与研究出版社，2010年。

---

① 易宝提示：接到入营通知可以开始备战夏令营啦！

2.综合面试（时间不少于20分钟，满分为100分）。

综合面试重点考查考生专业基础知识，创新意识和实践能力，英语听力和口语能力，以及人文素质等综合能力，并给出面试成绩。

复试成绩=笔试成绩×30%+综合面试×70%

⑧数据科学院

1.专业课笔试（时间为2小时，满分为100分）。

（1）考试科目

经济统计学：国民经济统计学；

应用概率统计：概率论与数理统计。

（2）参考书目

经济统计学：《国民经济统计学：国民经济核算原理》（第二版），科学出版社，杨灿主编，2015年。

应用概率统计：《概率论与数理统计教程》（第二版），茆诗松、程依明、濮晓龙编著，高等教育出版社，2011年。

2.综合面试（时间不少于20分钟，满分为100分）。

综合面试重点考查考生专业基础知识，创新意识和实践能力，外语听力和口语能力，以及人文素质等综合能力，并给出面试成绩。

复试成绩=专业课笔试成绩×40%+综合面试成绩×60%

⑨人文与传播学院

1.专业课笔试（时间为2小时，满分为100分）。

考试科目：汉语言基础（参考教材不作要求）

2.综合面试（时间不少于20分钟，满分为100分）。

综合面试重点考查考生专业基础知识，创新意识和实践能力，外语听力和口语能力，以及人文素质等综合能力，并给出面试成绩。

复试成绩=笔试成绩×40%+综合面试×60%

⑩马克思主义学院

1.专业课笔试（时间为2小时，满分为100分）。

（1）考试范围：

伦理学专业：涵盖马克思主义基本原理、伦理学原理、马克思主义哲学史等相关内容，相应分值为35：45：20。

（2）参考书目

伦理学专业：

《马克思主义基本原理概论》，马克思主义理论和建设工程重点教材，高等教育出版社，2015年版。

《伦理学》，马克思主义理论和建设工程重点教材，高等教育出版社，2012

年版。

《马克思主义哲学》，马克思主义理论和建设工程重点教材，高等教育出版社，2011年版。

2．综合面试（时间不少于20分钟，满分为100分）。

综合面试重点考查考生专业基础知识，创新意识和实践能力，外语听力和口语能力，以及人文素质等综合能力，并给出面试成绩。

复试成绩=笔试成绩×40%+综合面试×60%

⑪艺术学院

1．专业课笔试（时间为2小时，满分为100分）。

考试科目：艺术管理

参考书目：《艺术管理学概论》

2．综合面试（时间不少于20分钟，满分为100分）。[①]

综合面试重点考查考生专业基础知识，创新意识和实践能力，外语听力和口语能力，以及人文素质等综合能力，并给出面试成绩。

复试成绩=笔试成绩×40%+综合面试×60%

⑫中国政府管制研究院

1．专业课笔试（时间为2小时，满分为100分）。

考试科目及参考书：

《管制经济学原理》，王俊豪主编，高等教育出版社，2007年。

2．综合面试（时间不少于20分钟，满分为100分）。

综合面试重点考查考生专业基础知识，创新意识和实践能力，外语听力和口语能力，以及人文素质等综合能力，并给出面试成绩。

复试成绩=笔试成绩×40%+综合面试×60%

⑬中国金融研究院

1．专业课笔试（时间为2小时，满分为100分）。

考试科目及参考书：

025100金融硕士（专业学位）复试考试科目：公司金融

参考书：《公司金融学》，朴哲范编，东北财经大学出版社，2015年。

2．综合面试（时间不少于20分钟，满分为100分）。

综合面试重点考查考生专业基础知识，创新意识和实践能力，外语听力和口语能力，以及人文素质等综合能力，并给出面试成绩。

复试成绩=笔试成绩×30%+综合面试×70%

---

① 小西有话说：提前熟悉本校的保研名额分配方式

东南地区篇

第四十六章　厦门大学

厦门大学王亚南经济研究院

申请环节

按照惯例，无论申请什么院校，大概在4月中旬就要准备完毕自己的基础材料，待到特定院校夏令营要求出来时，根据其申请条件进行着重修改和准备。厦门大学经济学院的夏令营开始通知的时间较早，2017年是4月14日就在厦门大学经济学院官网发布了通知，而且经济学科四个夏令营的通知均在这天发布，申请截止时间为5月20日。2017年申请只需要网申，并不需要邮寄材料。值得注意的是，厦大经济学科今年网申明确规定只有985或211高校本科三年级在校生（2018年应届毕业生）具备申请资格（在填写学校时是采取下拉选择模式）。

网申系统里主要是填写个人信息，类似院校专业、绩点排名、科研竞赛、推荐人信息等个人信息，以及选择营服尺码。特别注意的是，在网申时，要申报3个志愿，四个营的志愿任选。王亚南经济研究院的难度较大，经济学院的金融财政统计难度其次。注意：第一志愿不可更改（所以填的时候一定要了解好）！二三志愿在参营期间可在系统上反复更改。

6月20日，入营名单公布在网申系统se.xmu.edu.cn/xly上，登录系统查询即可；同时也会收到入营通知邮件，进入邮箱查询即可。未接到录取通知的同学皆为未入选者，不再另行通知。

得到入营通知后，需要准备以下申请材料待入营报道时复核：报名系统打印《厦门大学经济学院"2017年全国优秀大学生夏令营"申请表》6份、个人陈述1份、本科成绩单和成绩排名原件（须加盖教务部门公章）、密封并在封口骑缝处签字的专家书面推荐信2封、英语六级或雅思或托福成绩单原件和复印件1份、其他证明材料复印件（如已发表论文、各类获奖或资格证书）各1份。

参营/推免复试前准备①

在官网的夏令营通知中列出了考核项目，分别是笔试和面试。笔试包括英语、数学（微积分、线性代数、概率统计）和宏微观经济学，面试包括英语口

---

① 小西提示：确保自己在本校获得保研名额

语、综合素质面试。

夏令营日程安排（官网通知简易版本）：

日期	活动
7月11日	报到
7月12日	开营典礼+讲座
7月13日	讲座+teatime
7月14日	讲座+参访+teatime +WISE学硕和直博士生加试
7月15日	推免生笔试
7月16日	推免生面试
7月17日上午	退宿

提醒：WISE学硕营和直博生加试口头报告/答辩环节：8～10分钟PPT汇报（可为研究成果或研究计划）和问答。

夏令营/推免考核内容

厦门大学经济学科四个营是一起举办的，所以没有明显的界线之分，所以将它们集中于一篇经验回忆。

经济学科（一）经济学院经济学：

第一天：凭学生证和身份证报到，领饭卡、夏令营牌、宣传册、专业介绍手册、宿舍钥匙等，验六级成绩单原件，晚上举办开营晚宴。值得注意的是，必须按时报到是真的！如果不打招呼，过点才到，直接取消参营资格（你的名字将不会出现在笔试面试名单里）。

备注：宿舍里面什么都有了，拎包入住即可，要自己铺床，挂蚊帐。夏令营2016年住的是厦大学生公寓，也就是以后就读研究生时所住的地方；2017年住的是凌云宿舍，要爬山，比较累。

第二天至第四天：大部分时间为讲座，首先是统一听邹至庄和洪永淼的讲座，然后根据四个营分开。经济学科（一）经院经济学2到4天是讲座以及各种专业（金融统计财政经济国贸）介绍会。

第五天：笔试。经济学科（一）经院经济学营：考察英语，微积分线代概统，宏微观，是全英的试卷。

备注：英语笔试就是一段英译汉和一段汉译英，都是一些金融方面新闻性质的段落，熟悉基本的名词就可以；数学笔试只有六道，不算难也不算简单，这一年涉及线代的题比较多；宏微观的重点基本在书的后半部分，分析题加大题，是比较难和令人发懵的。宏微观经济学的题目没有人能够做得完，不影响offer；据参营的一个同学回忆，他的宏观两道大题没做，仍然在经济统计方向拿到了第一，因为很多人会放弃offer。

第六天：面试——专业面试和英文面。

专业面试（上午）：经济学科一二三营全部打乱进行群面，随机抽签分组，专业面试5人一组，由5位老师面试，总共时间是40分钟。读一篇经济学相关的article，不是academic paper，因为wise院的已经加试过了，所以这一阶段就和大家一起面，类似financial times这种article。和你报的专业可能没有任何关系，全都打乱的，意味着同一组面试的同学可能分别报了财政、金融、统计、国贸、wise，等等。面试内容：大家共同先读一篇经济相关的文章之后进入面试间，每个人先自我介绍，再分别对文章发表一下自己的看法，然后老师根据回答相应提一些问题，每个人都有回答的机会，最后还有时间的话老师可能会针对个人问一些问题，内容涉及各个方面。

英语单面（下午）：

看图说话，5分钟。图片截取自经济学人，自然杂志，科学杂志等，英语口试只给等级不给分，一般不影响录取结果，题目好不好说看运气。原则上英语面试面完立马可以走（如果要赶去其他营），可以不参加闭营晚宴和晚会。讲座签到也是唬人的，最后笔面试一样拿offer，但是一定一定必须按时报到，不然取消资格。

经济学科（二）王亚南经济研究院学硕：

第一天：同营（一）

第二到三天：学术性讲座，各个老师介绍他们做的研究论文，且另外安排大牛老师的teatime。

第四天：加试。

直博生和王亚南学硕加试全英论文或科研计划答辩陈述。加试是PPT展示自己的研究成果或研究计划，主要是展示自己写过什么论文之类的。老师并不期望大家做的东西多么有创新性，而是很看重论文和展示的规范方面。

第五天：笔试（同营（一））

第六天：面试（同营（一））

经济学科（三）量化金融专硕营：

第一天：同营（一）[①]

第二到四天：安排企业参访+讲座。

第五天：笔试（同营（一））

第六天：面试（同营（一））

---

① 小也提醒：面试就是表现自己

经济学科（四）统计营：

第一天：同营（一）

第二到三天：学术性讲座，各个老师介绍他们做的研究论文，但没有安排teatime。

第五天：笔试

1）全日制双证应用统计专业学位研究生：①英语 ②数学（微积分、线性代数、概率统计）③宏微观经济学；

2）统计学专业（数理统计方向）学术型硕士研究生和直博士生：①英语 ②数学（微积分、线性代数）③概率统计

据一名营（一）同学介绍，数理统计考察的实际上是数分高代和概统，而不是微积分线代概统。

第六天：

专业面试：单独面试没有读文章的环节，主要是问一些定理、公式，以及个人简历，等等——比较注重定理叙述的精确和证明思路，因为数理统计为纯理科。

参考问题（仅供参考）：比如什么是测度？为什么测度要求可列可加性不是有限可加性？什么是概率？什么是可测空间？叙述一下莱维定理？叙述一下奈曼皮尔逊定理？主成分分析的思想？高维数据的处理思路？……（一位2017年营（一）参营学生（本科为数学专业）认为重要的点，而不是说真实问到的点）

英语面试：同营（一）

录取情况

2017年夏令营录取情况如下：

王亚南经济研究院

专业	全部录取人数	备注
应用统计硕士	6	专硕，经济学科营（四）
全日制金融硕士	15	专硕，经济学科营（三）
统计学（数理统计）	3	学硕，经济学科营（四）
金融学	5	学硕，经济学科营（二）
区域经济学	1	学硕，经济学科营（二）
数量经济学	5	学硕，经济学科营（二）
西方经济学	3	学硕，经济学科营（二）

经济学院经济系

专业	全部录取人数	备注
西方经济学	13	学硕，经济学科营（一）
政治经济学	6	学硕，经济学科营（一）
发展经济学	2	学硕，经济学科营（一）
人口、资源与环境经济学	2	学硕，经济学科营（一）

统计系

专业	全部录取人数	备注
数量经济学	3	学硕，经济学科营（一）
统计学（经济统计方向）	6	学硕，经济学科营（一）
应用统计硕士	13	专硕，经济学科营（二）
统计学（数理统计）	12	学硕，经济学科营（二）

财政系

专业	全部录取人数	备注
财政学	19	学硕，经济学科营（一）
税务硕士	14	专硕，经济学科营（一）
资产评估硕士	3	专硕，经济学科营（一）

金融系

专业	全部录取人数	备注
保险硕士	6	专硕，经济学科营（一）
金融学	12	学硕，经济学科营（一）
金融工程	6	学硕，经济学科营（一）
国际金融学	3	学硕，经济学科营（一）
全日制金融硕士	41	专硕，经济学科营（三）

国际经济与贸易系

专业	全部录取人数	备注
国际经济学	1	学硕，经济学科营（一）
国际贸易学	10	学硕，经济学科营（一）[①]

---

① 易宝小提示：联系导师十分重要

专业	全部录取人数	备注
世界经济学	2	学硕，经济学科营（一）
国际商务硕士	8	专硕，经济学科营（一）

经研所

专业	全部录取人数	备注
产业经济学	2	学硕，经济学科营（一）
区域经济学	3	学硕，经济学科营（一）

能源中心

专业	全部录取人数	备注
能源经济学	5	学硕，经济学科营（一）

宏观中心

专业	全部录取人数	备注
西方经济学	4	学硕，经济学科营（一）
数量经济学	3	学硕，经济学科营（一）

1.真实参营人数包括wise和直博共404人左右，最后录231人；有100多人放弃offer，所以最后都没有得到录取的大概二三十人；

2.wise录取率较低，但是会调剂至经院其他专业；wise营不分专业，可在wise内部任意调剂；

3.一般金融，财政，统计不放第一志愿就没什么机会了；特别没信心的第三志愿放经济研究所，基本100%录取；

4.统计营默认录取到经济学院统计系数理统计专业，录取率低，大概为50%，慎重选择；而且统计营只有加试宏微观合格了，才可以进行调剂；

5.入营了愿意调剂就几乎能被录取，除了wise，经院接近100%录取；

6.经济学院经济系、统计系和金融系可以和wise院共享导师，其他不行。

过来人回声

1.一个参营同学的血的教训是：假如早知道经济学科四个夏令营的考核方式，就报名金融了，反正考核原来是一模一样的。报志愿不要有顾忌，大方报自己喜欢的，经院所有专业大抵入营难度差不多，因为参营过程中都可以各种调剂。（来自一位2017级经济统计录取学生）

2.第一志愿无法修改！按时报到！（来自一位2017级经济统计录取学生）

厦门大学财务管理与会计研究院

申请环节

2017年申请需要网申，同时需要在规定时间内邮寄纸质材料。

网申系统里主要是填写个人信息，类似院校专业、绩点排名、科研竞赛、获奖经历、推荐人信息等个人信息。同时需要填写个人志愿。纸质材料需要有：申请表1份、个人陈述1份、成绩单和院系排名（复印件无效）、专家（相关领域副教授以上职称）书面推荐信2封、60秒个人全英语录制视频、英语水平证书或相关成绩证明复印件、身份证、学生证复印件、其他证明材料复印件（如已发表论文、各类获奖证书、资格证书等）；只在网上申报而未邮寄材料者，报名不予受理。

2017年06月16日，入营名单公布在厦门大学财务管理与会计研究院学院官网上（http://ifas.xmu.edu.cn/cms/Content.aspx?ID=789）；并直接通知本人（以电话或Email形式），届时未接到录取通知的同学皆为未入选者，不另行通知。选录人数：30人左右。

参营/推免复试前准备

在给入营同学的邮件中列出了考核项目，分别是笔试和面试。笔试有英语、数学、和专业知识（不指定参考书目）。会计学和财务学两个方向考题有差别。

会计学：主要考察财务会计基本概念、理论以及应用；

财务学：主要考察财务学基础理论以及应用。

面试需要PPT报告（推免硕士6分钟、直博生10分钟）需全英文。

因篇幅所限，请扫描二维码或登录易保研官网www.ebaoyan.cn了解历年夏令营详细日程

夏令营/推免考核内容

第一天（7.14）：当天下午凭学生证和身份证报到，领饭卡、夏令营牌、宣传册、专业介绍手册、宿舍钥匙等。晚上大家聚在一起破冰，相互认识。

第二天（7.15）：上午各学院举行开营仪式，下午，分专业进行笔试。笔试分为5道简答和5道论述。简答里会考代理问题这些概念，大题考了收入的确认原则和退货的会计分录，不像常规的偏重计算的会计考题，主要考察对概念的理解。

第三天（7.16）：上午8点开始，各学院分专业分组进行面试。面试需要有

PPT报告，面试考察口语、老师提问的时候回针对研究经历去提问、比如论文，科研项目这些。建议在PPT里面多说一些自己的长处，有科研项目也展示出来，但也要准备好接受老师的挑战。

第四天（7.17）：白天的时候，学院会组织参观鼓浪屿和集美鳌园。晚上统一参与讲座（曲晓辉教授）。[①]

第五天上午参观企业、下午闭营、办理退宿手续。

录取情况

2017年夏令营录取情况如下：

专业	全部录取人数	备注
会计学	6	5个硕士，1个博士
财务学	3	全部为硕士

过来人回声

1.财会院不是报到当晚就要笔试，比厦大管院的时间要宽裕。当时候机的时候，遇到一个参加管院夏令营的，因为飞机延误都要哭了。所以，注意所预订航班的准点率，不要估错时间。（来自一位2017年最终录取学生）

2.财会院没有九推！！要抓紧夏令营这一仅有的机会！！！

3.营员须全程参加夏令营活动，不得中途或提前退出。中途或提前退出，复试考核无效。

厦门大学法学院

申请环节

厦门大学法学院夏令营2017年申请需要网申，同时需要在规定时间内邮寄纸质材料。申请材料的纸质版接收截止日期为2017年6月12日。

网申系统里主要是填写个人信息，类似院校专业、绩点排名、科研竞赛、获奖经历、推荐人信息等个人信息。纸质材料是常规的夏令营申请表成绩单个人陈述，等等。2017年06月21日，入营录取名单在厦门大学法学院主页（http://law.xmu.edu.cn）招录信息一栏公布。未进入夏令营录取名单的同学，不再另行通知。选录人数：申请法学硕士各专业的外校营员60人，申请各类全日制法律硕士

[①] 路姐提示：4~6月制作文书材料准备参营论文

的外校营员80人，本校（含申请法学硕士各专业和各类法律硕士）40人。

参营/推免复试前准备

考核方式：

1. 法学硕士推免生考核（不含厦门大学法学院本科生）

（1）考核内容包括专业基础知识、综合素质及能力、外语。

（2）考核范围以营员申请的二级学科专业范围为准。

（3）考核方式为口试。

2. 法律硕士推免生考核（不含厦门大学法学院本科生）

（1）考核内容包括专业基础知识、综合素质及能力、外语。

（2）考核范围参考最新的《法律硕士专业学位研究生入学全国联考考试大纲》和《法律硕士专业学位研究生入学全国联考考试指南》。

（3）考核方式为口试。

如果是学硕就准备所报名的二级学科下面的内容；如果是法硕，民法刑法宪法法理学诉讼法都要提前复习，可以按照司法考试的内容复习，完全足够。

夏令营/推免考核内容

因篇幅所限，请扫描二维码或登录易保研官网 www.ebaoyan.cn了解历年夏令营详细日程

具体流程（2016年夏令营）：

第一天：报到、安排住宿。记得带好自己的身份证和学生证！报道的时候需要检查。

第二天：上午会组织进行体检，之后会以院为单位举行开幕仪式（本来是全校的，但因为天气原因，变为以院为单位）。下午举行了一个讲座。

第三天：这一天是夏令营最主要的一天，仅有的考核就在这一天。上午分专业进行面试。面试分为专业面试和英语面试，没有笔试。

专业面试形式为单独面试，共四个老师。首先进行自我介绍，然后抽一道题目回答，老师再发散性地问一些其他的问题。建议抽取短一些的纸条，题目会不那么复杂；长一些的纸条很可能为商法案例。不过老师都很和蔼，不用太过担心。实在不会，有一次换题的机会，但也要防范第二次抽到的题目比第一道题更难，除此之外，根据时间，老师会即兴问你一些问题。英文面试主要为一些聊天。答题也是抽题，会涉及一部分的专业内容，需要对法学英语有一定基础；但也会有日常英语聊天，需要良好的口语能力。英文面试老师更加看重表达的流畅

性，不要紧张，不要有"嗯"、"啊"之类的停顿，完整、自然的表达出自己的看法就好。

第四天：上午，学院组织参观校园，及周边景色；下午举行了第二次讲座，讲座质量都很高。

第五天：闭幕仪式、退宿。厦大法学效率很高，在结营的时候差不多就会出最终结果了。优秀营员比例挺高的。

法学硕士：

考核时间：2017年7月16日星期日全天，具体时间考核前一天通知。

考核内容及所占分值：专业基础知识（35%）、综合素质及能力（35%）、外语（30%）

考核方式：口试，专业、外语抽签进行，综合随机问答。

考核范围：以进入考核的二级学科专业范围为准。

法律硕士：^①

考核时间：2017年7月15日星期六上午08：30开始；

考核内容及所占分值：

法律（非法学）：综合素质及能力（70%）、外语（30%）；

法律（法学）：专业基础知识（35%）、综合素质及能力（35%）、外语（30%）。

考核方式：口试，专业、外语抽签进行，综合随机问答；

考核范围：

法律（非法学）：外语+综合素质与能力；

法律（法学）：外语+专业基础知识（法理、民法、刑法、诉讼法）+综合素质与能力。

录取情况

2017年夏令营录取情况如下：

专业	入营人数	全部录取人数
直博	1	
学术硕士	58	
法律（法学）	25	未知
法律（非法学）	58	

---

① 小西提示：不同的风格的项目要展示自己不同的侧面

过来人回声

1.录取率非常高，只要能入营，没听说几个淘汰的；

2.2017年的九月不招法硕；

3.民商慎选，入营率很低；

4.（2016年）厦大法学具体夏令营时间定在7.15～7.19，夏令营时间跨度很长，但涉及的考核时间非常短暂，期间安排了开营仪式、闭营仪式、讲座、参观校园等活动。厦大的组织很用心，还有专门的志愿者帮助解决遇到的问题。

厦门大学管理学院

申请环节

今年厦门大学管理学院大概是五月中旬在官网上发布的夏令营通知，算不早不晚吧，然后差不多就要开始准备申请了。如果有意向的话，其实大家可以多关注一下各个学校的学院官网，研究生院网站，通常会在通知公告或者招生信息那几栏里，虽然保研论坛这里也会定期有人整理，但是毕竟自己盯一下一手信息更靠谱。

通知公布后申请就算开始了，申请材料还是蛮复杂的，又要网申又要邮寄，个人陈述和推荐信还有固定的模板，网申系统6月10日就关闭了，最后的材料也要在10日寄到，所以大家一定要尽早准备。个人陈述最好之前就写好，1000字、2000字的都准备好，到时候直接下模板复制粘贴就好了。英文水平证书和其他七七八八的证明复印件也一次准备好，直接印个十份二十份，到时候直接抽出来用。推荐信务必提前跟老师沟通好内容形式之类的问题，消息一发出来就赶快约老师签字，不然到时候很容易手忙脚乱，但是老师们都很忙很忙，说不准你要找他的时候就飞到哪里去开会了，到时候重新找老师重新沟通推荐信内容真的是分分钟想跳楼。还有参营论文，如果报的是学术类型项目比如学硕、硕博连读、直博这样的，论文一定要提前写好、找老师学长改好，不然真的到Deadline的时候，方的根本什么都想不起来，之前有小伙伴就吃过这个亏。

等材料都准备得差不多了就可以准备邮寄了，还是那句话，一定要打好提前量，千万不能等Deadline，而且厦大管院今年是只收中国邮政快递（EMS）或顺丰。

参营/推免复试前准备

虽然前期资料准备很琐碎，但是感人的是厦大管院的效率还是很高的，大概6月20日就在官网上挂出了入营名单，需要入营的同学发邮件告知是否参加夏令营，直博生还要发送《主导师志愿表》，感觉抢导师大战提前开始了。因为我报的是会计学硕士，就没有这个麻烦。虽然发了通知出来，但并没有提前告诉我们考核的具体形式、涉及的科目内容之类的，不过有提到可以参考以往年度来进行复习，所以往届学长姐的经验还是很重要。而且也特别警告了我们笔试或者面试中任意一项不及格不予录取。

夏令营/推免考核内容

厦大管院夏令营的流程也与其他学校类似，报道、开营仪式、笔试、面试、学术讲座，等等，不过可以可以看出来他们确实非常用心地在办，如果不是我实在是几个夏令营中来回奔波的话，应该算作几天好好休息的日子的，。

笔试的话包括英文听力和专业课知识两部分，英文听力感觉比六级简单一点，专业课知识主要就是审计、财务会计和管理会计。具体的题目好像涉及公允价值、重要性水平、预算方法之类的。

紧接着第二天就是面试，有中文面试也有英文面试。中文面试是三个题目中选一个自己最有把握的回答，我选的是审计——一道关于独立性的问题，老师听我说完就点头示意我可以出去了，也不大清楚是老师觉得我说的没什么问题还是[①] 对我完全不感兴趣。英文面试主要考察专业概念的英文解释，所以国际班或者双语班的学生会比较占优，大家复习的时候也可以重点复习下这些重点概念、原理的英文表述，也算顺便练英文了不是。

录取情况

整体来讲厦门大学在长江以南还是比较有声望的，会计也很强，在学界业界也比较有声誉，对于未来想在长江以南发展的小伙伴来说不失为一个不错的选择。而且很nice的一点是厦大本校的学生是不占指标名额的，外校的小伙伴竞争压力就小了很多。此外厦大的风景很不错呀，食堂也很好吃，管院的夏令营还安排了观光一类的项目，真的算是很有诚意了。

下面列出2017年厦大管院不含本校生夏令营情况。

专业	录取层次	入营人数	录取人数
会计学	硕士	32	12
	博士	6	2
市场营销学	硕士	6	5
	博士	4	2

---

① 小也温馨提示：6月就会接到入营通知啦！

专业	录取层次	入营人数	录取人数
旅游管理	硕士	7	5
	博士	2	1
管理科学与工程	硕士	15	2
	博士	5	3
企业管理	硕士	18	15
	博士	9	2
财务学	硕士	20	15
	博士	16	0
技术经济及管理	硕士	3	2
	博士	7	0

过来人回声

1. "我去的是能源政策研究院，与其他专业的计划大不相同，所以留的空闲时间要多一些。开始填报是因为本专业是能源相关，这个方向是能源经济，比较相关，如果有对此感兴趣的十分推荐来这，导师很有名气人也很好。笔试的题目是城市轨道交通，写得很没有感觉，但其实看看导师们最近发的文章就会找到……面试按着自己的想法去诚实、诚实、诚实地回答就好。"（一位2017年录取学生）

2. "感觉面试的成功与否很多时候都取决于临场表现，除了平时对很多专业知识及课外知识的积累之外，面试时的谈吐、仪表都很重要，在这方面，建议准备正装，虽然夏令营面试一般不会明确要求穿正装，但是正装首先给人的感觉就是你非常重视这个面试机会；此外尽量做到谈吐清晰、注重逻辑，回答问题时注意避免由于紧张而语速过快的问题，中等语速可以给人稳重的感觉，并且也有利于自己边说边思考，无论回答什么类型的话题，无论是否准备过，都要注意答案的逻辑，短时间内也许无法呈现一个非常完美的答案，但是千万不要脑子一片空白之后想到哪里说哪里，尽量在最短时间内想好回答的一二三点，再逐条论述，让老师感觉你条理清晰；还要注意调整心态，面试时碰到没有准备的问题非常常见，此时不要心慌，尽可能把自己知道的所有相关知识都说出来，并且向老师坦诚自己在这方面知识点的薄弱，愿意进一步去弥补，不可不懂装懂。"（一位2016年已经就读的学生）

厦门大学公共事务学院

申请环节

与其他院校类似，今年厦大公共事务学院也是五月中上旬发布的夏令营招生简章。厦门大学的政治学、行政学和社会学学科历史比较悠久，口碑向来也不错，虽然不能和北京上海的高校相比，但是在东南沿海也算得上是第一梯队，对于我还算一个不错的选择。

夏令营简章上对报名条件有比较明确和严格的要求。首先就是出身专业，要求为国内"985"高校、"211"高校在校全日制三年级本科生，本科修读公共管理与公共政策、政治学、社会学与社会工作以及人口资源与环境经济学、心理学等学科的相关专业或专业方向。成绩和英文水平也有一定的要求，需要本科前三年（或前5学期）总评成绩排名在该校同年级本专业前20％之内，英文要求四级500分或六级425分以上。不过最后和参营的小伙伴们交流过，入营的话还是主要看学员的整体水平，会综合考量申请者的毕业院校、毕业专业、申报系（所/中心）和专业、成绩及排名、科研成果、所获奖励、外语水平和综合素质等因素，兼顾生源质量与生源区域以及院校分布的合理性等，全面考量，综合评估，择优选拔出参营营员，不会每一条都划线硬卡学生的，比如这一项差一点点，其他项非常突出的话也有一定概率入选的，所以大家也不用非常担心，大可以报着试试。

厦大公事也是要求网申和材料邮寄一起的，有自己的申请表模板和推荐信模板，剩下的材料也与其他院校大同小异，无非是个人陈述，要求两千字以内，包括个人职业目标和未来学习计划，成绩单，成绩排名，各种获奖证书复印件，英文成绩复印件。讲真很多我身边修读相关专业的小伙伴都没有很明确的职业目标，毕竟这种专业属于划分比较模糊、仁者见仁智者见智的那种，不过最好在写个人陈述前认真想一想，哪怕认真编一编呢，类似问题在夏令营中还是比较容易被问[1]到的，毕竟老师们也都想看到我们免试攻读研究生的决心毅力，也想评估我们的培养潜力。

此外，网申系统6月10日关闭，材料提交也有比较详细的要求，例如按顺序排好放入A4大信封啊，信封正面还要注明申请专业、姓名、所在学校，并注明"夏令营申请"啊，需要用顺丰快递邮寄至厦门大学公共事务学院，邮寄材料截止日期为2017年6月10日（以当地邮戳为准）之类的，大家整理材料的时候一定

---

① 路姐告诉你：好好准备人生第一场面试

要细心呀，也要给快递小哥们留够充足的时间。

参营/推免复试前准备

大概6月20日前后夏令营的入选名单公布就公布在厦门大学公共事务学院的网站上了，也用邮件一一通知给每位入营同学，放弃入营资格的话需要6月22日前反馈给厦大公事这边。建议大家珍惜宝贵的入营机会。

夏令营/推免考核内容

考核的话分为笔试、口试两种，各专业有所不同，口试除了考察学生的专业素质外，还有一部分英文口试，考察学生的英语交流能力。不过值得点赞的一点是虽然从公布入营名单到参营只有短短的二十天，不过厦大公事还是把复试的考核方法给我们了，特别是参考书目也公布出来了。虽然我这届并没有很用到，但是强烈推荐学弟妹们提前准备。

接下来是福利发放！各专业考核标准、方法与参考书目如下表所示。

专业	复试内容（满分100分）及各部分作战比例	复试方式	专业科目笔试参考书目
行政管理 社会保障 社会医学与卫生事业管理 公共政策 政治学理论 国际政治 中外政治制度	公共事务前沿（30%）	笔试	《国家治理转型的逻辑——公共管理前沿探索》，陈振明（著）厦门大学出版社。
	专业课（40%）	口试	
	英语（含专业英语）（30%）	口试	
社会学	西方社会学理论（30%）	笔试	无相关参考书目，笔试考"西方社会学理论"方面相关知识
	社会学原理、社会调查方法（40%）	口试	
	英语（30%）	口试	
社会工作硕士（全日制）	社会工作事务（30%）	笔试	《社会工作综合能力》（中级），全国社会工作者职业水平考试指导指导教材，中国社会出版社，最新版（2010年）。 《社会工作实务》（中级），全国社会工作者职业水平考试指导指导教材，中国社会出版社，最新版（2010年）。

专业	复试内容（满分100分）及各部分作战比例	复试方式	专业科目笔试参考书目
社会工作硕士（全日制）	社会工作原理与方法（40%）	口试	
	英语（30%）	口试	

录取情况

由于2017年是厦门大学公共事务学院第二年举办夏令营，相关资料也不是很多，下面列出本届夏令营各专业入营人数表仅作参考。

专业	录取层次	入营人数（非本校生）	入营人数（本校生）
公共管理	硕士	27	7
	直博	3	0
公共政策	硕士	9	0
	直博	0	0
认知与公共服务	硕士	5	0
	直博	0	0
政治学	硕士	10	3
	直博	0	0
社会学	硕士	26	4
	直博	1	0

过来人回声

1. "厦大公事学院的夏令营共有5天，报道的那天，我们走进了中国最美的大学，不仅提供了宿舍环境及崭新的床上用品，还为我们报销了车票和校园卡。在厦大的这几天，深切感受到陈振明院长和胡荣教授讲座中较前沿的知识和新视野，也有感受到厦大美丽的校园风景和友善的同学关怀，经历了笔试面试的交流，倾听了学长学姐们宝贵的经验和独具魅力的分享，更是见识了厦大高大上的实验室，给人以新的思考……这感觉收获颇丰。"（一位2017年录取学生）

2. "凤凰花开的校园+可爱又亲切的老师们。面试完了真的感觉自己还需要许多许多努力，真切记住了每位老师每一字一句的教导。最后，真的shock到我[1] 的

---

[1] 小西说：其实竞争在上保研考场前已经结束了上半场

实验室太赞啦！"（一位2017年落选学生）

3."参加完厦大公事的夏令营后，收获颇丰，心中有很多感慨在心中，总结说来，主要有以下几点：1、在以后研究生学习中，一定要站在最前沿。这是厦大公事院长陈振明教授强调的一句话。把握住前沿的方向，力求创新；2、选择自己感兴趣的道路。充分考虑，认真选择，这是厦大一位博士生学长给我们的建议。既然选择了走学术的道路，那就应不顾风雨地走下去。3、厦大是一个自由包容的校园，学习也是如此，要海纳百川的吸收各方面知识，不能将自己的研究内容变得过于狭窄。"（一位2016年录取学生）

保研小tips _ 发表的论文级别对拿到外校offer的影响程度有多大啊？

第四十七章　暨南大学

暨南大学管理学院

申请环节

暨南大学管理学院的底蕴是非常深厚的，其学科建设在整个岭南地区也是遥遥领先的，因此无论是管理学院的夏令营还是其九月份推免，横向对比其他学院和其他高校，要求还是相对比较高的。这就要求我们要提前准备，这样才能更为从容。

暨大管理学院的夏令营是从每年的7月份前后开始，说到这需要跟各位说明的就是暨大的夏令营和推免都是根据学校的统一通知进行的，一般情况下各个学院不会单独进行相关信号的释放。因为我的本科专业跟法律有着很强的关系，所以我也走上了司法考试的大军之中，因此为了不耽误司法考试的正常复习，我决定早早地将夏令营的一些材料准备好，这样做的好处不仅是可以早早地放松下来准备考试，而且还能避免不少的麻烦，一会在申请材料上我会再详细说明有些需要规避的事项。

一般情况下，不出意外的话各个学校每年的保研政策和夏令营政策不会出现特别大的变化，所以你在提前了解这个层面完全可以参照以往信息。

在具体的申请条件上，暨大管院在接收推免生上的要求主要是以下：

序号	申请条件
1	获得本科学校的推荐免试资格，材料齐全，手续完备
2	身心健康，综合素质强
3	具备较好的科研素养与学术潜质，有突出科研表现者优先考虑
4	本科毕业专业与申请研究生专业原则上应同属一个一级学科。若跨一级学科，则需提供以下材料： A.书面申请，说明跨专业理由，并提供相关支撑材料，如参加过研究生申请专业的科研项目或取得相关科研成果、选修过相关主干课程（含双学位）等； B.本科毕业专业与研究生申请专业各有一名教授的书面推荐信。

需要提供的材料主要有：

材料名称	备注
《暨南大学2017年接收外校推荐免试硕士学位研究生申请表》1份	须从学校推免系统进行下载
在校历年学习成绩表1份	加盖推荐学校教务处的公章
国家英语四级或六级考试成绩单	原价或者复印件都可
本人学生证	原价或者复印件都可

  网申系统会在规定时间开通，因此在开通前还无法进行填报。暨大管理学院的网申系统与其他高校的网申系统一样，除了自己的基本信息之外，还需要填写发表论文，获奖情况和其他研究成果情况，表述要尽可能简洁，因为会有字数限制，大概在200字左右，其次还需要一份个人陈述，字数最好控制在1000左右。各位一定要注意在网申时一定要注意不要出现错别字，注意体现自己的亮点，规避自己的缺点。关于个人陈述，如果不懂该如何书写可以从保险论坛上下载模板和参考资料，结合自己的实际情况进行撰写；撰写的技巧在易保研上都能获取，但是需要注意的一点就是一定不要夸夸其谈，要具有真诚的态度，如果对于某个老师的研究领域有成熟深刻的见解那就最好了。个人陈述要最好提前写好，网申系统开放了直接复制过去就行了。正常情况下网申提交后很快，就会有工作人员通知面试，如果没有接到相关通知说明遴选没有通过。

录取情况

（略）

过来人回声

  1.暨大管院所招收推免生对于英语要求相对比较高，所以各位在前期准备时间内一定要注意英语水平的提升，尤其是口语表达和听力。（2017一位录取

考生）

2.去之前最好是将自己的申请材料以及获奖证书等文件原件带上被查，然后再准备一份精美的复印件，个人简历可以多打印一些，交给各个面试老师时不仅能够表达真诚的态度，还能通过建立内容的体现来"扬长避短"。（招生老师）

其他

由于管理学院里的每个专业跨度比较大，因此在测试这一块都是分开的。先[①]说一下上述专业在复试上的共性：测试主要分为常规的两大块，一是笔试，二是面试。不同的专业大致时常一样，有些许差别而已。都需要准备自我介绍和英文自我介绍，建议准备下自己的简历，以更好地在有限的时间内让面试老师能够了解自己，也能够起到加分的作用。在笔试这一块，管理科学与工程和应用心理学是进行同一场笔试，会计，财管和技术经济与管理属于同一场笔试，从上述表格中也看得出来，后面不再赘述。在笔试具体的准备上来看，因为我也是只参加了其中的某个专业，加上对于其他专业的咨询和调查，大致的结论都是基本上将平时所学的专业课知识打牢固，笔试这一块问题都不打，需要注意的可能是有些题目很开放，要注意加强观点展示的能力。

在面试上，一般情况下有5个左右的老师，面试是根据从题库所抽到的题目进行回答，老师会根据你的回答进一步追问，直到满意。说到这就必须跟各位强调一下，抽到题目后最好不要换题目，会有隐形的减分。在英语这一块准备好自我介绍，加强对于口语对话的练习。

易保研保过学员成功案例——重庆大学经济与工商管理学院、暨南大学管理学院

暨南大学经济学院

申请环节

暨南大学经济学院的通知在夏令营里面算是比较晚直到6月6日经济学院的官网上才给出了具体的申请材料要求和时间安排，去年也是一样。但是这也没有什么影响，因为参考往年的材料要求，我推断暨南经济对材料的要求还会是一如既往的"简单粗暴"，不要个人陈述，不要专家推荐信，没有复杂的系统需要

---

① 易宝提示：7月是参加夏令营考核的时间

填报，所有收集的信息都是比较容易准备和量化的，可以说是招生院校中的一股清流。

暨南经济需要的材料有夏令营申请表1份，营员信息表1份，历年成绩单1份，学生证原件和复印件各1份以及其他成果的原件及复印件各1份，所有的材料都要学校教务处盖章并扫描发送电子版到指定邮箱。看起来复杂，但已经比其他项目精简很多了。今年提交材料的时间是从6月5日到6月25日，鉴于时间充足，我在5月底才开始梳理自己的大学经历，制作一份比较类似简历的清单，按照时间顺序把自己认为有意义的活动和奖项罗列并简单阐述，作为填写申请表时的参考，在期末复习阶段避免了手忙脚乱现象的发生。而且个人对比了一下申请表和信息表发现，信息表可能更为重要，因为要求的都是像排名、本科院校、专业等容易筛选的内容，由此也能推断出暨南大学对营员的要求主要集中在学业水平和教育背景两方面，特别是对"985"和"211"院校学生的偏好，但是很遗憾的是这些东西基本上是不可更改的，只能尽力充实其他方面的内容来修饰。还有要注意的是所有的材料在扫描发送完成后千万不要扔到一边，入营后还是需要带着材料一起面试。

参营/推免复试前准备

暨南大学经济学院的夏令营是在发夏令营通知的时候就告知了夏令营考核的流程。

因篇幅所限，请扫描二维码或登录易保研官网
www.ebaoyan.cn了解历年夏令营详细日程

考核形式还是笔试和面试两项，没有太大变化。在正式营员名单公示后，所有人会加入一个QQ群，群里负责的老师会对住宿安排、考核顺序做进一步说明，在入营前一切都会比较清楚，有不懂的地方向老师提问也会得到耐心的解答。

我是跨专业申请金融的，所以前期我准备的重心放在了金融、经济学和数学上，因为有笔试，所以经济学的复习深度到了中微和中宏，金融方面也完整的看了公司理财和投资学，数学是按照考研的难度准备的，主要是概率论方面的。因为我对本专业的知识比较自信，而且不认为面试老师会很了解相关领域、会提出比较专业难回答的问题，因此我基本没有重新过一遍专业课。这些准备都是长期渐进的，最后突击准备的时候也只是多思考了几个面试可能被问到的常规问题和英文的自我介绍，以备不时之需。

夏令营/推免考核内容

夏令营一共4天，其中面试1天，笔试半天，其余时间都比较放松。7月10日一上午都在忙入营和住宿的事情，下午和晚上会有空余的时间准备明后两天的面试和笔试。

7月11日的面试节奏并不紧张，入营营员大概一百多，多个考场同时面试。我比较幸运，面试顺序靠前，而且面试中没有遇见不会回答的问题，基本上清晰的表述清楚了自己的观点，也没有受到老师的驳斥与质疑，所以在面试结束后我可以全心准备第二天的笔试考核，重点集中在实变函数、概率论与数理统计和西方经济学这三部分。面试还是围绕我的经历和规划提问，同时结合经济学和金融学的一些理论让我谈谈自己对一些事情的看法，有点难度，但还是在准备范围内。

7月12日上午的笔试感觉难度一般，可能是因为我前期准备的比较深入全面；下午的素质拓展就十分轻松。

录取情况

录取专业	本科院校	录取专业	本科院校
金融（19人）	江西财经大学	财政学	暨南大学
	湖南大学		华南农业大学
	北京交通大学		安徽大学
	华南农业大学	国际商务	四川大学①
	华南师范大学		暨南大学
	江西财经大学	国际贸易学	广东外语外贸大学
	暨南大学		南昌大学
	华南农业大学		哈尔滨商业大学
	江西财经大学	区域经济学（7人）	南昌大学
	中南大学		中南民族大学
	武汉理工大学		郑州大学
	华南农业大学		华南农业大学
	华南农业大学		安徽财经大学
	哈尔滨工业大学		华南师范大学
	华南农业大学		河南大学

---

① 易宝提示：多逛逛论坛，忘掉紧张吧↖(^ω^)↗

录取专业	本科院校	录取专业	本科院校
金融（19人）	海南大学	统计学	暨南大学
	华南农业大学		广州大学
	安徽农业大学	应用统计	南京信息工程大学
	山东师范大学	金融学（9人）	暨南大学
西方经济学	安徽师范大学		山西大学
人口、资源与环境经济学	华南农业大学		中南财经政法大学
国民经济学	山西大学		华南农业大学
	中南林业科技大学		汕头大学
	华南农业大学		广西大学
劳动经济学	广州大学		福建师范大学
	陕西师范大学		郑州大学
	上海海洋大学		暨南大学
资产评估	海南大学		
	河北大学		

过来人回声

1. "暨南大学在南方的地位一直比较高，很多参营的小伙伴都来自华南地区高校或者是南方人，这也是我为什么申请这个项目的考量之一。经济学院的整体氛围都比较友好，在前期没入营前的群聊中大家就相互熟悉了，所以整个夏令营下来都是氛围轻松，除了笔试之前有点小恐慌（哈哈）"（一位2017年录取的学生）

2. "作为一个数学基础比较差的营员，我认为我没有最终被录取的原因在于笔试成绩太低。其实面试环节因为各个营员的专业背景不太一样，提问不会很难，对经济学和金融的考核都比较简单，但是因为我低估了笔试的难度，只是考试前看了看知识点，所以挂掉了"（一位2017年落选的学生）

暨南大学公共管理学院

申请环节

我本科就读专业为公共事业管理（医事法律方向），对于后面需要深造的话有两个方向供我选择，一是法律硕士，一个就是公共管理硕士。我的基本情况整体来说还是比较好的，尽管本科学校不是特别好，但是我在本科就读期间一直保持着专业和综合考评第一的成绩，在社会实践以及学术研究方面也有一些成果出来，其间发表论文3篇。所以基本有非常大的把我可以拿到推免名额，因此我除了参加一些证书考试之外，基本上把所有的精力放在了推免工作和英语学习上。客观来说，暨南大学并不是推免热门高校，各个二级学院对于推免生的选拔要求也不是很高，因此在拿到推免名额的情况下就会有很大可能性获得该校的offer。但是为了保险期间，我们还是应该做好前期的准备工作，因为以往被刷的学生也并不少见。

因为最终还是定位在公共管理相关专业，所以我对于暨南大学公共管理学院关注比较密切，由于关注的比较早，所以基本上当年的最新信息都还内有出来，所以我基本上从以下几个渠道进行获取信息：一是从易保研的官方论坛上，基本[①]上各个学校第一时间的相关信息易保研论坛都会立马出现，所以相对来说还是比较方便的，另外上面还有专门的区域供学生们进行探讨，其间能够获得一首的学长学姐入围经验及教训；二是关注暨大公共管理学院的官方信息。

根据以往的经验，暨南大学公共管理学院接收外校推免生的申请条件为：

序号	申请条件
1	获得本科学校的推荐免试资格，材料齐全，手续完备
2	身心健康，综合素质强
3	具备较好的科研素养与学术潜质，有突出科研表现者优先考虑
4	本科毕业专业与申请研究生专业原则上应同属一个一级学科。若跨一级学科，则需提供以下材料： A.书面申请，说明跨专业理由，并提供相关支撑材料，如参加过研究生申请专业的科研项目或取得相关科研成果、选修相关主干课程（含双学位）等； B.本科毕业专业与研究生申请专业各有一名教授的书面推荐信。

需要提供的材料主要有：

材料名称	备注
《暨南大学2017年接收外校推荐免试硕士学位研究生申请表》1份	须从学校推免系统进行下载
在校历年学习成绩表1份	加盖推荐学校教务处的公章
国家英语四级或六级考试成绩单	原价或者复印件都可
本人学生证	原价或者复印件都可

---

① 小西提示：针对往年面试情况做一些面试预演吧～

暨大公共管理学院在复试的具体操作是这样的：其复试总分为200分。包括笔试和面试两部分，各100分。面试包括外语能力20分，专业素质与创新能力60分，综合素质与能力20分。在笔试方面，重点考察考生对公共管理理论及相关知识的掌握是否扎实，是否具备公共管理学术性硕士研究生入学的基本要求；这一部分的考试时间为2个小时。关于面试，主要考核内容为以下几个方面：一是专业素质与创新能力，这一部分主要考察考生本科阶段学习情况与成绩，考核考生本学科理论知识和应用技能的掌握程度，利用所学理论发现，分析和解决问题的能力。二是综合素质与能力，其主要考核学生的思想，心理，逻辑，沟通等方面的能力。该阶段的考核时间大约为20分钟；该阶段的考核方式为让考生从题库中随机抽取题目进行，面试老师提问，考生现场回答；可能当初我的表现相对比较好，所以基本上10分钟多一点就结束啦，另外外语的考核需要大概5~10分钟，具体也要根据学生的表现来决定，外语的考核方式为阅读和翻译。需要注意的是外语考核只有一次抽题的机会，专业课有两次的抽题机会，第一次抽题后，可以自由选择回答该题或者抽第二次，如果选择抽第二次，则必须回答抽中的第二道题目，不能再折回来回答第一次抽到的题目。

暨大的公共管理学院是按照公共管理一级学科进行统筹复试，所以参加复试的考生在报道时需要填写拟录取专业志愿表，考生可以选择3个志愿。说到这需要强调下，有的考生网申时填报的是A专业，但是并不影响填报志愿时第一专业改成B专业。志愿的录取规则与高考相同，不再赘述，但是如果考生的3个志愿都没有上，考生可以选择服从学院统一分配，由学院分配到有名额空缺的专业；当然，你也可以放弃资格。

参营/推免复试前准备

暨大的公管学院是相对比较优秀的学院，因此在夏令营这方面的话我认为参与价值比较大，从保研政策改革以后，有着大批不同背景的学生参与到保研大军中来，所以我们只有充分了解一手信息，才能更好从容应对。

在申请资格上，影响要求主要有以下两项：一是要求"985工程"院校"211工程"院校及有推免生资格院校的2018年应届本科毕业生；二是预计能获推免生资格或前三年成绩总体排名在本专业10%以内。在本科生科技创新研究方面有突出表现的学生优先。在夏令营的招生总规模上，一共招50人；招生专业有行政管理、应急管理、社会保障、教育经济与管理、土地资源管理。

所需要的申请材料主要有（大致与九推相同，所需要注意的事项也跟上述一样），此处不再赘述，唯一的不同就是对于申请学员的本科院校有要求，要求为985和211高校。

因篇幅所限，请扫描二维码或登录易保研官网
www.ebaoyan.cn了解历年夏令营详细日程

录取情况

暨南大学公共管理学院/应急管理学院2017年全国优秀大学生学术夏令营入营人员名单（共43人）：

序号	性别	本科学校	序号	性别	本科学校
1	女	南昌大学	23	女	南昌大学
2	女	南昌大学	24	女	南昌大学①
3	女	内蒙古大学	25	女	西南大学
4	女	山西大学	26	女	海南大学
5	女	南昌大学	27	女	南昌大学
6	男	西南大学	28	女	西北农林科技大学
7	女	西南政法大学	29	女	河南理工大学
8	男	云南大学	30	女	北京科技大学
9	男	湖南农业大学	31	女	郑州大学
10	女	江西农业大学	32	女	西南财经大学
11	女	海南大学	33	男	安徽财经大学
12	男	内蒙古师范大学	34	男	西南财经大学
13	女	北京体育大学	35	女	南昌大学
14	女	贵州大学	36	女	安徽大学
15	女	东北农业大学	37	女	深圳大学
16	男	华南师范大学	38	女	山东大学（威海）
17	男	新疆大学	39	女	南昌大学
18	女	华中农业大学	40	女	内蒙古大学
19	女	中国地质大学（北京）	41	女	内蒙古大学
20	女	海南大学	42	女	中南民族大学
21	女	河南理工大学	43	女	四川农业大学
22	男	江西师范大学			

---

① 小妍有话说：夏令营的暂时失败绝不是世界末日

过来人回声

1.除了要重视参营期间的笔试和面试外，最后一天的素质拓展尤其重要，据知情人士透漏，这属于一个二次筛选环节，如果您之前在笔试和面试表现不佳，但是素质拓展相对两眼，是有可能挽回局面的；反之，如果之前表现也一般，加上素质拓展表现不好，很有可能滑铁卢。（2017一位录取考生）

2.在笔试上要尤其注意对于公共管理基础理论的把握，注重分析和阐述过程。英语上要有所提前准备，例如日常的口语对话，还有自我介绍，等等。（2017一位录取考生）

暨南大学产业经济研究院

申请环节

暨南大学产业经济研究院没有单独学院的夏令营，只有九月推免。需要在2016年8月10日到9月12日期间，登陆暨南大学研究生招生信息网——网上报名登录——推免生报名，填写并提交个人申请信息表。报名后，就需要邮寄个人材料了，需要材料有申请表1份、成绩表1份、国家英语四级或六级考试成绩原件与复印件1份、学生证原件与复印件1份。另外最好能提供证明自己在科研方面有突出表现的学术论文等原创性成果材料原件与复印件。需要注意的是，本科毕业专业与申请研究生专业原则上应同属一个一级学科。若跨一级学科，则需提供书面申请，说明跨专业理由，并提供相关支撑材料，如参加过研究生申请专业的科研项目或取得相关科研成果、选修过相关主干课程（含双学位）等，本科毕业专业与研究生申请专业各有一名教授的书面推荐信，学院方面会进行科目加试。

特别提醒的是历年成绩单需要前六学期的，而不是夏令营申请时要求的前五学期。因为推免在九月份，建议六级成绩不高的小伙伴可以在六月份刷一下六级。推免材料中不需要个人陈述和简历，但建议准备一份个人陈述，能让老师更好地了解自己，也能对自己的经历进行梳理，对面试准备也是有帮助的。

参营/推免复试前准备

从报名到笔试面试，留给我们的时间并不多，不像夏令营一样有充分时间准备，这时候就需要一定的技巧。我当时找出了准备夏令营时的资料，首先把自己的经历重新整理一遍，找到面试的感觉；之后翻出笔试复习讲义，大体看一下，因为都是不久夏令营之前准备的资料，还比较熟，花费时间不多，大概是经济学中级微观中级宏观这类的基础书籍；最后才开始准备产业经济学的笔试。大学我没有修过产业经济学，我应用了准备资格考试的方法，浏览框架，用思维导图进[1] 行记忆，其实很多知识都是互通的，后面的笔试也证明考的基础题较多。所以大家在九推时遇到没有学过的科目也不要气馁，在最短的时间掌握最多的知识就好，结合之前所学和自己的思考，结果一定不会差。

另外，我觉得产业经济研究院是一个很重视学生科研能力的学院，因此建议大家在复试前再好好整理一下自己的科研经历以及写过的论文。可以背一下每篇论文的摘要，回顾一下研究方法和模型，预先准备几个科研问题。

夏令营/推免考核内容

报名完成后，学校会在9月5日—12日审核回复你是否已获得复试资格，大家可在暨南大学研究生招生信息网推免生免试报名系统中查询。产业经济研究院会在9月21日—23日期间进行笔试面试。

笔试科目为《产业经济学》。个人感觉笔试难度不是很大，会涉及中级宏观和中级微观。复试面试具体时间会邮件通知。有一点比较特殊，在2016年9月21日前，如果你不确定是否获得本科学校的推免生资格，也可先来参加复试。面试为单面，老师比较友好，问简历上的问题和专业问题，如果卡壳，老师会引导你回答下去。复试结束后一两天，即可知道面试结果，最终产业经济学专业推免接收14人。

录取情况

2018年暨南大学产业经济研究院产业经济学专业接收推免生14人，统考计划16人，2018年总招生计划30人。

过来人回声

1. "因为夏令营失利，我本身有些焦急，在九月推免期间想找一个冷门一点的院校保底，最终选择了暨南产业经济研究院，虽然最后放弃了它的offer，但在推免过程中也学到很多，个人感觉研究院比较看重科研能力，在面试中被问到最多的就是科研经历，再就是问了有关产业经济学的问题。它的笔试只考产业经济学，如果单独准备这个院校的话，时间精力还是花费不少的"（一位2016年录取学生）

---

[1] 小妍提示：每个学校都有专属的考核方案

暨南大学经济与社会研究院

申请环节

当时是看到保研论坛上，有关于暨南大学经济与社会研究院的消息。时间应该是4月中下旬左右。如果想提前准备的话，可以参考去年的夏令营通知，一般在学院的官网上都会有往年的夏令营通知，注意记录一下去年的网申时间和投递材料的截止时间，一般每年时间基本都差不多。

暨大经济与社会研究院2017年在网申阶段只需要去学员官网的系统里填写，不需要邮寄纸质版材料，如果网申通过，只需入营时上交一份系统里所填写的材料即可。在系统里需要填写的资料有个人基本信息，学校专业，成绩排名之类的。当时印象很深的一点是系统里需要你填写你的宏微观成绩。除此之外，还需要上传有教务处盖章的成绩单1份、四六级成绩及其他英语成绩、学术成果等。同时还需要上传你的中英文简历各1份，个人陈述，两封推荐信，以及本科期间的主要获奖情况。以上资料均只需上传扫描版。等到真正入营时，需要带在系统中上传所有文件的复印件进行复核。

参营/推免复试前准备

暨大经济与社会研究院如果确认你入营，会进行电话通知。在电话确认你能够参营时，会给你发一封正式的邮件。邮件中会告知本次夏令营的具体活动安排以及注意事项。2017年IESR（暨南大学经济与社会研究院）是6月15日发送录取通知的。

因篇幅所限，请扫描二维码或登录易保研官网 www.ebaoyan.cn了解历年夏令营详细日程

在投递材料之前，我就对IESR有所了解。它是近年来暨大新开设的一个学院，秉持"小班教学、宁缺毋滥"的原则，招生人数非常少。并且里面的老师均是来自国外名校，有着相当丰厚的科研经历与扎实的科研水平。因此，对于参营学生的经济学理论知识以及科研水平有着相当高的要求。

本次夏令营笔试考察的宏微观经济学，试卷内容非常有难度。同期参加的几位同学考下来大家都觉得一头雾水，心里非常没底。老师给出的参考书目是，微观经济学参考范里安的《微观经济学：现代观点》，宏观经济学参考曼昆那一版。面试需要论文答辩，需要就自己完成的一篇学术论文进行答辩。时间为15分钟。需要自己准备ppt。

夏令营/推免考核内容

IESR非常贴心。有一些同学提前一天到广州，学院都会帮他们安排住宿。整个夏令营气氛非常好。听了一些具有非常高质量的讲座，领略了经济学领域的前沿科研成果。同时也参观了岭南院，感受了岭南这片土地的美好。这次的夏令营经历真的给我留下了十分美好的回忆。

下面说一下考核部分。首先是笔试，笔试时间一共两个小时，分为微观经济学与宏观经济学两部分。微观部分共有四道题，宏观部分共两道题。时间上是来得及完成的，题目均是学院老师自编，涉及一些之前没听说过的经济学概念，老师也会在试卷后进行注解。整体的特点就是，题目长，字母多，计算量大。接下来是面试部分，面试分组进行，每一组有3名老师，一名同学结束另一名同学紧跟着进去，依次进行。首先老师会要求你进行一个自我介绍，中英文随机。接下来是进行你自己的论文答辩。由于我的论文是用中文完成的，所以我也相应地做了中文的ppt。参营的很多同学准备的是英文论文，进行答辩也是用英文ppt[①] 以及英语进行答辩。接下来，老师会对你的论文进行一些提问。以我为例，在我答辩完成之后，有老师问到关于我的实证思路设计、实证方法的优化改进以及为什么选取这些变量，等等。也有老师问到关于我简历里的内容，问到我之前做过的几个科研项目。还有老师问了我的职业生涯规划这类问题。

具体的笔试成绩及面试成绩IESR均没有公布，以及笔试和面试成绩的占比也没有明确说明。据一位老师所说，是根据我们的笔试成绩来定笔试成绩占总成绩的比重，如果大家笔试考的都不太理想，就会酌情降低笔试成绩所占比重，提高面试占比。故而，好好准备面试显得尤为重要。

整体下来最大的感受就是，这是一所非常看重你的科研热情以及科研水平的学院。你可以专业成绩不是那么的突出，也并不需要你有丰富多彩的校园生活，唯一看重的就是你对于科学研究是否有热情，是否有能力继续深入进行科学研究。

录取情况

IESR的录取比例一直非常的低。今年开营仪式上，院长讲话的时候说，2016年夏令营只录取了4个人，总共参营人员约40人。大概是10%的录取率。今年的录取人数应该也不会超过5个这样。夏令营结束后，了解了一下周围参加的小伙伴们，有的收到了拒信，有的收到了候补待定的通知，只有极个别少数几个拿到了offer。IESR在夏令营招生中，不细分专业，统一为经济学专业。真正录取确认就读之后，再另行选择。具体包括房地产经济学、发展经济学、环境经济学等。

---

① 小妍提醒您：8月要备战预推免面试啦~

过来人回声

由于IESR的笔试非常有难度。在第二天的学术讲座上，据一位老师说，由于大家的笔试成绩不是十分理想，学院会酌情降低笔试成绩所占比重，提高面试占比。故而，好好准备面试显得尤为重要。面试中也会存在对于你的英语口语能力的考察，比如用英文进行自我介绍，或是用英文回答老师的提问，等等。老师非常的和蔼，在面试过程中，除了对于能力的考察，老师也会侧重考察你对于科研的热情，毕竟IESR是一所研究院，目标是致力于培养优秀的科研人才进一步前往国外深造。——（一位2017年已录取学生）

暨南大学法学院

申请环节

我对于暨南大学法学院的关注非常早，原因是暨大是我一直非常向往的学校，加上自己已经走在法学的道路上，因此对于暨大法学有着非常特别的关注。因为暨南大学法学院没有夏令营，所以我是在能够拿到保研名额的3个月前开始关注暨大法学院接收推免的相关信息。关注的算是相对比较早，但是暨大法学院的推免招生信息都是在8月底才开始放出来，所以等待的过程算是非常焦急。但是有几个渠道可以提前进行相关信息的获取：一是从易保研的官方论坛上，基本上各个学校第一时间的相关信息易保研论坛都会立马出现，所以相对来说还是比较方便的，另外上面还有专门的区域供学生们进行探讨，其间能够获得一手的学长学姐入围经验及教训；二是关注暨大法学院的官方信息。

根据以往的经验，暨南大学法学院接收外校推免生的申请条件为：首先要获得本科学校的推荐免试资格并且要求材料齐全，手续完备；其次是本科毕业专业与申请研究生专业原则上应同属一个一级学科。若跨一级学科，则需进行以下环节：1. 书面申请，说明跨专业理由，并提供相关支撑材料，如参加过研究生申请专业的科研项目或取得相关科研成果、选修过相关主干课程（含双学位）等；2. 本科毕业专业与研究生申请专业各有一名教授的书面推荐信。

除了上述两个条件外，还要求身心健康，综合素质强；具备较好的科研素养与学术潜质，有突出科研表现者优先考虑。当然，这两个条件属于虚项。

参营/推免复试前准备

实践中法学硕士接收跨专业的可能性不大，但是法律硕士（非法学）专业所接收的肯定本科都是非法学专业的，所以申报此专业的可以忽视第（四）项。

根据前一年的文件公告，暨大法学院接收推免生的报名申请程序及复试时间大概如下：报名时间大概为8月中旬到9月中旬，登陆暨南大学研究生招生信息网进行网上推免生报名，填写并提交个人申请信息表。一般情况下会在信息提价后的3日内，学校将审核回复你是否已获得复试资格，考生可在暨南大学研究生招生信息网推免生免试报名系统中查询。

申请人复试时须提交以下材料：

材料名称	备注
《暨南大学2017年接收外校推荐免试硕士学位研究生申请表》1份	须从学校推免系统进行下载
在校历年学习成绩表1份	加盖推荐学校教务处的公章
国家英语四级或六级考试成绩单	原价或者复印件都可
本人学生证	原价或者复印件都可

对于申报材料的要求，第（二）项需要特别强调，有两个问题容易出现，建议规避：一是成绩单的开具时间。在现实中大部分学子申请推免都是在暑假的7.8月份，这个时候部分高校的教务处会处于放假状态而且有些高校没有值班，这个时候就很难开局成绩单，如果有的学校承认学院的印章还好，否者是一件很① 麻烦的事；二是成绩单学科成绩不完整。由于大部分高校期末考试刚刚结束，成绩出现并不会那么及时，所以这个时候就需要做好与申请学校的沟通和解释工作。除此之外，由于暨大法学院很大程度上在筛选层面会考量学生学术研究能力，因此在时间充裕的状态下学生最好是要有学术成果的发表，发表等级越高越好。如果在学术研究上有困难，那么参加专业类的竞赛也是可以起到加分作用的。上述材料准备好后按照顺序进行归档整理并进行电子扫描存档，因为后续填报系统会用得到。

网申系统会在规定时间开通，因此在开通前还无法进行填报。暨大法学院的网申系统与其他高校的网申系统一样，除了自己的基本信息之外，还需要填写发表论文，获奖情况和其他研究成果情况，表述要尽可能简洁，因为会有字数限制，大概在200字左右，其次还需要一份个人陈述，字数最好控制在1000左右。建议提前准备好自己的一份简历，我当时是这样做的，因此网申系统填起来就比较从容。个人陈述如果不懂该如何书写可以从保险论坛上下载模板和参考资料，结合自己的实际情况进行撰写；撰写的技巧在易保研上都能获取，但是需要注意的一点就是一定不要夸夸其谈，要具有真诚的态度，如果对于某个老师的研究领域有成熟深刻的见解那就最好了。个人陈述要最好提前写好，网申系统开放了直

---

① 路姐提示：9月底别忘了填报九月推免

接复制过去就行了。

说到这里需要跟大家强调一下，就是暨大法学院并没有夏令营的开展，每年在接收推免比例上也是相对比较低的，因此这一部分以及后面原本应该有的参营时间线等模块就跟大家略过啦，如果在后续的日子有夏令营的开展，我也会第一时间收集信息跟大家分享。那么下面就具体跟各位保研党聊一下复试的过程和具体的细节：

夏令营/推免考核内容

正常情况下系统关闭后的2~3天就会有工作人员通知面试，如果没有接到相关通知说明遴选没有通过。暨大法学院的复试情况如下（下面为上一年的复试安排信息，以供参考）：

一、复试时间安排

（一）9月20日至21日为报到与心理测试时间。若不能按时报到，大家一定要提前与报考学院联系，并说明情况，这也是基本的诚信问题。

（二）9月22日至23日为专业测试及面试时间。

二、复试内容与要求

复试总分为200分，包括面试和笔试两部分，各100分。面试包括外语能力20分，专业素质与创新能力60分，综合素质与能力20分。面试和笔试及格线均为60分，复试总成绩及格线为120分，不及格者不予录取。拟录取名单按复试总成绩由高分到低分确定。

三、复试细节问题（特别需要关注的）

担心自己当初的经验不够完整，笔者还特意请教了同期参加的朋友以及曾经的前辈进行相关信息的询问，对于面试细节算是把握比较清楚了，下面以叙述的方式表达给各位：

正常套路6个面试老师。自我介绍时要准备多一点。说选读原校时要多说说师资强学院的好处，未来的倾重方向。特别喜欢的科目。自我介绍问的人通常是胡鹏翔老师，通常他是小组一把手，问题特别多，所以自我介绍要充分准备，还有要多说多吹喜爱理论学说研究，这一部分大概持续15~20分钟。英文问题通常是一个知产留学回来的年轻老师问，一般是时事热点问题。如果是自己人原校来的，老师会比较仁慈，有一个知产同学推上来，英文问答答不上，最后也顺利通过。对待外校人，老师会凶狠一点。说到这，值得注意的一点就是暨大法学院的英语面试和专业课面试是没有分开的，在同一个场地进行。英语的面试时间大概5分钟左右。

对于具体问题，如果是考法律硕士（非法学）方向涉及面会比较广，一般是抽问基本的书本概念（名词解释，简答的问题，比较概念的不同）。最好看看以前学过的重点科目，幸运的只会被问问题纸内容，在你回答的过程中也会突然加问题问。如果是考专硕方向涉及比较小的范围，但问得会比较深入，老师会叫你比较概念、构成要件。一般都是你常见熟悉的概念知识点。

刑法走运是杨萌和胡陆生出现，喜欢你说不同观点比较，而不是盲目说张明楷。如果是贾老师就比较头痛，问题特别多比较难，喜欢你说张明楷学说观点。

民商法方向，套路上熟悉崔建远和王利明，多看新的民总。当然商法方向要多熟悉朱院长公司法的书，里面好多案例是他课堂常说。学院好多老师是崔老师以前的学生。

录取情况

由于每年暨大法学院的推免招生规模不算大，因此这里就不再给大家列出来具体的录取情况表了。

过来人回声

1.当初被问到什么问题：

我当初在专业课上被问到的问题是：非国家工作人员受贿罪的分析还有宪法上的立法原则。英语是被要求进行自我介绍并回答为什么要来到暨大以及对那个方向感兴趣并说明理由。（2017一位录取考生）

2.关于心态：[①]

关于专业测试和面试，这里跟各位说明一下，如果你正在准备司法考试，基本上这些测试你不需要怎么准备，都是没有什么问题的；如果说还是不放心可以将民法总则和刑法总论的相书籍看一下。这里推荐书目为王泽鉴的《民法总则》与张明楷的《刑法学》第五版。（2017一位录取考生）

保研小tips _ 六级没过可以保研吗？对保研有什么影响？

---

① 小西提示：面试前准备好得体的服装

第四十八章　中山大学

中山大学国际金融学院

申请环节

中山大学国际金融学院（以下简称中山国金）要准备的材料是比较全的那种类型，没有太多额外的要求，可以比较全面的展现自己。这也是我后来在参营中发现的，中山国金会很认真地筛选申请者资料，而且是由青年老师亲自筛选的。当时真的是很感动的，因为虽然我的绩点比较高，但排名并不理想，在收到中山国金通知以前已经被很多学校拒了，但是国金是真的看重综合实力的，很负责任。所以如果某一方面有短板但总体实力不错的同学可以考虑中山国金。

在材料的准备方面海投的难度确实是要大一些，我在整理材料的时候自己都会怀疑自己，寄快件时地址都会看三四遍。材料和填表除了技术性的成分只是一部分，相比而言更重要的是要细心，要把错别字之类的低级错误降到最低。我列举一些自己犯过的错以供提醒，比如简历上的"申请目标"（不是非必要部分，但是我写了）材料一多就经常容易忘了改，与此相似的是个人陈述里面每个学校个性化的地方，删的时候要删全，不要一个地方改了另一个地方没改。还有就是材料的整理，如果申请的学校比较多，我建议将平常要的材料放在一个"模板文件夹"里，这样每个学校就都可以调用了，而不用把一个学校的材料改成另一个的，尤其是在很多学校自己有模板的时候可以避免混乱。最重要的是文件保存和命名的问题，我自己的个人能陈述写了4稿，我按照1.0、2.0、3.0、4.0这样命名的，这样也容易混乱，所以我建议不心疼地果断覆盖了，而且要注意保存。寄材料最好提前一些，虽然有些学校会说明是按"寄达"算、还是按"邮戳"算，但有些学校是不会说的，所以最好不要卡在截止日期，免得错过。要记住"材料为王"，毕竟只有靠材料入了营才有之后的一切，所以材料一定要认真对待。

参营/推免前准备

入营后国金很快就分配了志愿者与我们联系，全程负责我们的夏令营。夏令营日程在通知中有，笔试在第二天晚上，最后一天面试。

因篇幅所限，请扫描二维码或登录易保研官网www.ebaoyan.cn了解历年夏令营详细日程

这是国金第一年出保研笔试题，去年2016年它第一次办夏令营时并没有笔试，而且通知中没有注明考核科目，也没有往年例题可以参考，我报的专业是应用经济学，因此我就再复习了一遍高鸿业的宏微经，并开始看一些中宏中微。考虑到面试中有可能出现专业问题分析，所以每天看一些经济评论或是分析。面试当时了解了很多结构性面试的注意事项之类，但是没有模拟面试。后来才知道实战和理论的差距是很大的，所以大家有条件最好多找一些人给自己模拟面试，全方位了解、打磨自己。

这是国金第一年出保研笔试题，去年2016年它第一次办夏令营时并没有笔试，但从今年开始以后应该都会有。①

夏令营/推免考核内容

中山国金的夏令营时间比较好，七月末几乎所有夏令营都结束了，不会和其他夏令营冲突。加上入营的同学都比较优秀，所以很多人都已经拿到了offer，氛围算是比较轻松的，只是我当时还没有确切地拿到offer，听到一些同学谈其他学校的时候还是会有些忧心。整个保研夏令营过程中心态起伏是不可避免的，及时调节就好了，信心是一定要有的。

先说下中山国金夏令营给我的整体感觉，就像网上大家说的那样，自主、自由。组织的老师很少，沟通都是由学生志愿者来做；老师群体非常年轻，非常平易近人，感觉和学生的关系很近；很注重校友之间的沟通与传承，第一天一整个下午都是和校友交流，没有老师参与。第二天的学术专题讲座分应用经济学和市场营销学两场，内容充实。

接下来重点讲一下笔试和面试。笔试设在第一天晚上，一共两个小时，三个专业（应经、管理学和金融）在一个考场，分三套卷子。应用经济学考的是宏微经，在一张卷子上。今年的题型是名词解释、简答还有计算、论述题。从第二天老师做讲座的反馈来看（他考完当天晚上就改卷子了，这说明国金的行政效率确实是很高的），出卷的老师负责改卷，而每年负责出卷的老师应该是不同的，所以题型也可能不一样。今年的范围看高鸿业有些不够，涉及一些中级微观的知识点，但是没有很偏的题目。

面试安排在第三天，顺序是在第一天上午抽的签，在第一天下午分享交流会上师兄也分享了他们当时的面试，基本上自我介绍没有特殊要求，准备中文的就可以了。面试一共有六七个老师，每个老师负责不同的领域。英文问题有可能是与专业有关的，今年是将题目打印在纸上随便抽，我抽到的就是关于索洛模型的拓展，问教育是不是也是一种促进经济增长的资源，它与物质资源有何不同。整

---

① 小妍提醒：面试基本的礼仪不要忘记略

体题目给了一个背景，比较长，老师就让我先读了一遍再思考30秒作答。题目倒不是很难，回答时注意联系理论就好。接着是问专业问题，老师对我提交的参营论文感兴趣，就问了数据处理的一些细节，比如数据库合并的标识变量、剔除异常值之后总数据量是多少，等等，问得比较细，但认真做过的话并不难。应经是分两个教室面试的，听说另一个教师的老师挑出了很多同学实证论文中的漏洞，所以应该说这个环节是最严格的。接下来有一个老师问了我平常有没有读什么书，还有一个老师问我关于室友相处方面的一个情景问题，这些就是一些平常的问题，掌握一些面试技巧就好，最好能提前准备相关问题。最后，老师还问我还收到了哪些offer，最终会怎么选择，选择的理由，等等，我的面试是20分钟，一般在15分钟作用。我是第4个面试的，老师问的问题比较多，我听后面一些同学说英文问题也有关于家乡之类的轻松的话题，气氛也不是特别严肃。

录取情况

今年中山国金的夏令营是保研的唯一途径（每年或有变化），不会有九推，所以要抓紧夏令营的机会。而且岭南有自己的系统，可以两个院同时申请。

夏令营录取应该以面试情况为主，但是笔试如果不行也是会被刷掉的。同行有两个都是武大经管的优秀营员但是却被国金刷了，而且最终名单录的人并不算多（应经10个左右），因此还是有一定难度的。相对于应经和管理学两个学术硕士，金融学专业硕士的录取难度好像比较小，我当时的室友是转专业到金融的，面试时也没问什么专业问题，最终顺利录取了。

过来人回声

1.物流专业："我是转专业的，笔试不知道怎么准备，考试的时候真的很绝望，转专业还是要好好学一下专业知识。"（一位2017年落选学生）

2.应经专业："笔试我觉得不是很难，偏中级微观吧，又有一些概念题、又有一些灵活的题。面试我觉得比重更大一点，问科研经历的时候老师逼问很紧，气氛有点紧张，到后面还好一点。"（一位2017年录取学生）

3.金融专业："面试没有为难我啊，老师可能看我是转专业的所以都没有问我专业问题，就问我为什么要转到金融、为什么要选专硕之类的。"（一位2017年录取学生）

中山大学管理学院

申请环节

中山大学管理学院于2017年5月13日开启报名通道，申请截止日期为6月15

日。6月29日在学院官网和微信公众平台上公布了入营名单。在7月11日至14日举办了2017年的夏令营活动，为期四天。

在申请阶段，中大管院需要在系统上填写好相关个人信息的同时，邮寄纸质版材料至学院进行复核。需要注意的是，管院的夏令营分为3个分营，分别为学术型研究生分营，会计专业硕士分营和金融专业硕士分营。不同的分营在申请时选择不同的编号，因此要注意看清自己想要申请的究竟是哪一个类型的分营。

在邮件书面材料时，需要准备以下材料：《中山大学管理学院2017年夏令营申请表》1份、加盖有推荐学校教务处公章的历年在校学习成绩单1份、前两年半专业必修及专业选修课程总评成绩及本专业或年级排名证明（教务部门盖章）、体现自身英语水平的证明材料复印件1份、拟申请直博生资格的提交材料（需提供1份攻博研究计划书和两封副教授或以上职称专家的推荐信）、其他有关材料复印件各1份（如获奖证书及可提交体现本人学术水平的代表性学术论文、出版[①]物或原创性工作成果等材料的复印件）。

参营/推免复试前准备

需要注意的是，中大管院也是将本次夏令营作为招收推免生的唯一方法，这也就意味着没有9月推免的名额了。这对于想要去中大管院读研的同学来说，好好把握夏令营显得格外重要。

因篇幅所限，请扫描二维码或登录易保研官网
www.ebaoyan.cn了解历年夏令营详细日程

夏令营/推免考核内容

管院的夏令营安排比较紧凑，报到当天的下午就会进行笔试考核，最后一天是面试。管院的笔试比较贴近实际，答卷中会问到你对当时发生的希腊债务危机的看法，平时多关注一些财经新闻会有帮助，其中也会有相关的专业的问题。管院比较偏重公司金融，所以考试之前看看财务管理和公司金融的书籍也许会有帮助。

面试是分成两组分别进行，分为中文面试和英文面试。中文面试中，老师会问一些专业问题，也会随意和同学聊聊。例如，为什么会选择中大管院？如果你是跨保，老师也会问为什么跨保以及自己之后的职业生涯规划这类问题。英文面试首先会是自我介绍，老师会在你自我介绍的过程中针对他感兴趣的话题提出问

---

① 易宝提醒：参营前和导师确定意向可能增加录取几率

题。这里给大家的建议是，沉着大方，分点陈述你的观点。遇到不会回答的问题也不要慌张，换个角度去思考，或是发散性的回答，有条理地把你的想法展示给老师即可。

录取情况

中山大学管理学院的效率很高，基本上在夏令营的最后一天或结营之后的一至两天内就会在学院官网公布所有人的成绩与排名。

2017年管院夏令营招收专业有，工商管理免试硕士生、工商管理直博生、管理科学与工程免试硕士生、会计专硕、金融专硕、应用经济学免试硕士生、应用经济学直博生。其中，工商管理免试硕士生共参营76人，考核中总成绩及格73人；工商管理直博生2人，总成绩全部及格。管理科学与工程免试硕士生共参营17人，总成绩及格16人。会计专硕共参营41人，总成绩及格39人。金融专硕共参营49人，总成绩及格45人。应用经济学免试硕士生共参营18人，总成绩及格7人。应用经济学直博生1人，总成绩及格1人。

过来人回声

"大家不要认为夏令营中只有笔试和面试才是考试，其实，老师对你的评价是从一见到你这个人就开始了的。当时我们刚去夏令营，有一场师生见面会，见面会一开始，李广众教授就说，大家要知道，我们对于你们的面试已经开始了。这个时候，最好能抓住机会在老师和同学们面前介绍一下自己，如果介绍得好，或许对后面的面试有加分作用。"（一位2016年录取学生）

中山大学岭南（大学）学院

申请环节

中大岭院每年出通知的时间都差不多，基本都是4月中下旬左右会在岭院官网上出通知。如果想提前准备的话，可以参考去年的夏令营通知，注意记录一下去年的网申时间和投递材料的截止时间，一般每年时间基本都差不多。

岭院的申请需要在系统上填好网申，同时邮寄相应的纸质版资料。在系统里需要填写的资料有个人基本信息，学校专业，成绩排名之类的。同时，还需要填写本科三年半的获奖情况，印象很深的一点是，系统上只允许你填3个奖项。这就需要自己进行一个甄选，选择最具有代表性、最能反映个人水平的3个奖项填写。除此之外，英语成绩以及学术成果也是需要填写的。网申的最后一项需要填写帮你写推荐信的两位老师的姓名，职称，通讯地址以及联系方式。

在邮寄纸质版材料时，岭院不需要提交个人陈述以及个人简历。需要提交的纸质资料有以下几项：夏令营申请表1份、本科阶段成绩单原件1份、成绩排名证明1份、学生证复印件1份、身份证复印件1份、国家英语四级/六级考试等体现自身英语水平的证明材料复印件1份、专家推荐信2封、其他有关材料复印件各1份、研究计划1式5份（仅直博生提交）。

需要注意的是，在邮寄纸质版材料时，将纸质版材料按照上述顺序依次进行排列并用夹子进行固定。将材料装进A4大信封，信封正面注明申请类别、姓名、所在学校并注明"夏令营申请"。由于岭院的保研只有夏令营，没有9月推免环节。所以在申请时务必做好每一个细节，做到精益求精。特别贴心的一点是，岭院在收到你邮寄的纸质材料后，会向你的申请邮箱发送一封夏令营材料接受成功的通知，及时更新各个环节的信息。

参营/推免复试前准备

岭院会在发布的招生简章上注明会在何时公布入营名单。需要特别注意的是，在接到入营通知后，岭院会要求你进行两次确认。第一次是在公布名单之后至6月17日之前，确认你是否入营。并且会在6月20日公布正式入营名单。第二次确认要求在7月3日 00：00至24：00自行登录报名系统进行二次入营确认，岭院将会在7月5日公布第二次确认入营的名单。如果真的想去岭院，一定不要忘记两次确认的时间，及时登录系统进行确认。

因篇幅所限，请扫描二维码或登录易保研官网
www.ebaoyan.cn了解历年夏令营详细日程

岭院的考核分为笔试和面试。笔试占总成绩的30%，面试占总成绩的70%。各个专业统一笔试，笔试题目均是一样的。笔试科目为数学，具体的内容涉及微积分、线性代数、概率论与数理统计，与考研数三内容类似，复习资料选用考[1]研数三的参考资料来复习是足够的。面试则是重点考察考生的专业素质及英语交流能力，因此漂亮的英语口语能力绝对是一个很大的加分项。同时，由于我是跨专业申请，相关专业知识我也做了准备。由于面试所占比重之大，我还是将大部分的精力都投入到了面试的准备中。

夏令营/推免考核内容

岭院真的是很贴心的一个学院。学生办完报到手续后，学院派车送我们去宾

---

① 易宝提示：关注往年的夏令营为今年做预期

馆。整个夏令营全程都有志愿者协助与陪伴，有任何问题都可以立刻得到解决。

接下来我谈一谈具体的考核部分。先说笔试，笔试内容是数学，具体考试时，试卷分为三个部分，分别对应微积分、线性代数、概率论与数理统计三部分内容。难度适中，各部分题目有难有易。

面试采取口试的方法，分专业进行，多面一的形式，一位学生vs五位老师，严格控制时间，一名学生面试的时间为10分钟，旁边有计时人员，时间到了会提醒面试老师停止进行提问。直博生在面试时需要陈述研究计划，提前准备好ppt。

以国际商务专业为例，面试为纯英文面试。进去之后无须进行自我介绍，直接在一个信封中抽取题目。老师会提醒你抽取两个题目，选择其中一个进行回答。信封中的题目涉及到国际商务、企业管理以及国内外时事的点评与看法等。之后老师会对于你的回答进行简单追问，同时也会有老师就你的简历进行提问。国际商务由于专业性质要求纯英文面试，其他专业可能会有中文提问，但是对于英语口语的考察也是必不可少的。

学术讲座部分也可以领略到岭院老师的才华，不论是科研水平，还是人格魅力都深深吸引着我。最后闭营仪式上，大家共同演唱岭院的院歌，可以很强烈地感受到这所学院深厚的历史底蕴，对于未来在岭院的学习也是无限期待。

录取情况

岭院历年来都是以夏令营作为招生推免生的唯一方式，所以相对于其他一些学校、学院来说，岭院的录取率相对来说会高一些。

岭院2017年夏令营招收的专业有，金融硕士、国际商务硕士、管理科学与工程硕士、应用经济学硕士、理论经济学硕士，和直博生。

一般岭院都会在夏令营结束的一至两天内在学院官网公布出成绩与排名，同时会注明录取、候补和未录取。2017年的情况是，凡是总成绩不及格的营员均未被录取。在剩下的总成绩及格的人中，排名在大约后四分之一至五分之一的同学为候补，其余均被录取。

过来人回声

最终录取的同学笔试成绩都在60以上，所以数学的考核不能忽视。大部分的题目都不算刁钻，经过思考都是可以写出来的。面试比重较大，涉及个人简历和个人经历的部分要烂熟于心，其次就是英语口语的准备，岭院在面试部分也是十分注重对于英语口语的考察。——（一位2017年录取学生）

易保研保过学员成功案例——复旦大学经济学院、中山大学岭南学院

中山大学政治与公共事务管理学院

申请环节

2017年中山大学政治与公共事务管理学院（以下简称政务学院）是在5月11日发布了夏令营的报名通知，申请截止日期为6月6日，并于6月16日下午在官网上公布入选名单。夏令营于2017年7月8日至12日在广州中山大学南校园政务学院举行。本次夏令营共接收来自全国多所知名高校的300多份申请书，经学院评审小组认真审核材料后，慎重选择了65名优秀大学生参营。

在申请阶段，政务学院需要申请人登录中山大学研究生院在线报名系统上填写好申请信息的同时，邮寄纸质版材料至学院进行复核。需要邮寄以下4项材料：夏令营申请表1份、本科阶段成绩单原件1份（由学校或学院教务部门盖章）、国家英语六级考试成绩等体现自身英语水平的证明材料复印件1份、其他有关材料复印件各1份（如获奖证书及可提交体现本人学术水平的代表性学术论文、出版物或原创性工作成果等材料的复印件）（该部分材料不作为必须提供材料的内容，供审核、接收时参考）。

参营/推免复试前准备

需要注意的是：政务学院在夏令营活动结束后，原则上不再另外安排面向校内外的推免生复试工作。这对于想要去中大政务学院读研的同学来说，在夏令营中好好发挥显得格外重要。

因篇幅所限，请扫描二维码或登录易保研官网
www.ebaoyan.cn了解历年夏令营详细日程

夏令营/推免考核内容

中山大学政治与公共事务管理学院开设的全国杰出大学生"南方问道"夏令营是我国公共管理专业领域很知名的学术夏令营活动，其主题是"问人间政治之道以善治天下，求公共管理之理为良治中国"。

开营第一天，"南方问道"夏令营的工作人员早早地来到了酒店，为即将入营的同学们准备好了各类物资，从清晨到傍晚，从地铁口到中山大学，在工作人员的指领下，营员们抵达目的地。晚上7点，破冰晚会在中山大学南校园第一教学楼1201室拉开帷幕，陈天祥教授、辅导员毛静老师出席晚会。

7月9日上午9时，中山大学2017全国杰出大学生"南方问道"夏令营开营仪

式在中山大学南校园第一教学楼201课室如期召开。肖滨、郭忠华、岳经纶、陈天祥、何艳玲、张紧跟、刘军强、陈那波、夏瑛、梁平汉、张书维、管兵、陈[①]玎、陈永杰、练宏、钟爽、张海清等17位老师出席并参加此次活动。肖滨院长介绍了我院悠久的学科历史及"老中青"三代优秀的师资构成，并预祝同学们取得理想成绩。何艳玲教授则详细地介绍了到场老师的基本情况，阐释我院的研究生培养体系。陈那波教授和郭忠华教授分别作为学科代表，介绍了我院公共管理和政治学两大学科的学科特色。下午名师讲座环节，公共管理系陈天祥教授给同学进行了主题为"社会转型与治理模式重型：基于中国社会形势的分析"讲座，政治科学系郭忠华教授分享"以人民的名义建国"讲座。

7月10日上午，中文专题讨论及英文专题讨论分别在南校园第一教学楼、政务学院院楼进行。中文专题讨论公共分别以政治行政、社会保障、城市管理、公共政策为主题，英文专题讨论分为公管综合组和政治学组进行。

下午2点半，刘军强教授做社会研究方法专题讲座。刘教授以"爱情如何进行测量"举例，引导同学们进行社会学学科的量化研究思考从变量的选取到测量层次，幽默风趣的语言风格，贴近生活的举例说明。

7月11日全天，学院对参营营员分别进行了专业笔试和面试考核。面试分为专业英语和业务能力考核环节，旨在综合考察学子们的能力，选拔出一批优秀学员。

7月12日上午，"南方问道"夏令营在南校园第一教学楼201室落下帷幕，出席结营仪式的嘉宾有中山大学政治与公共事务管理学院副院长郭忠华教授、何艳玲教授、李泉、钟爽和周燕老师。何艳玲教授做了以"心念南方，必有回响"为题的致辞，总结本次夏令营活动的目的和意义，并公布了公共管理类和政治学类的优秀营员名单。随后，郭忠华教授、周燕老师和钟爽老师分别为政治学类和公共管理类学员颁发结业证书。

2017年中大政务学院的考核方式分为非正式面试和正式面试。

非正式面试可以看作是正式面试的预热，但在最终成绩中所占比重较少。非正式面试随机分组，一组2名老师9名学生。面试内容没有提前说，大致流程包括中英文自我介绍和议题讨论（分为中文议题讨论和英文问题问答）。

正式面试就比较严肃，进去后会看到7名老师坐在长桌前。坐下后会要求你抽取一张英文试题：先读一遍（听英语发音），翻译4个英文单词，接着就是回答问题（也是用英文）。例如"如何看待2017年湖南水灾的事件""谁应该被究责""如何看待任华强事件"，等等。以上是英文面试部分。接下来是中文模式。抽取一张中文试题并进行回答。例如"农民工的社会保障当务之急是做好什

---

① 小也提醒：搜集信息非常重要！

么"以及"关于电子政务和户籍制度"等相关方面的问题。最后就是一些老师的提问，比如"为什么选择中山大学""研究所想研究什么方向""或者是顺着回答内容继续追问"，等等。

录取情况

中大政务学院2017年夏令营招收的专业如下表所示：

学科专业	研究方向
公共管理	1、行政管理；2、社会保障（社会政策）；3、土地资源管理（城市管理）；4、教育经济与管理。
政治学	1、政治学理论；2、比较政治学；3、中国政治；4、政治传播学。

2017年政务学院的优秀营员名单在闭营仪式上进行了公布。大致优秀营员的比率在一半以上，还有部分营员是候补。根据往年经验，由于优秀营员中有很多放弃中山大学的offer，选择了其他学校，因此大部分候补的营员最后也能够被成功录取。

过来人回声

"政务学院行管专业优秀营员本届录取率为50%左右，评比中笔试、面试占比很大。这次笔试除了测试综合能力的论述题外，还有一份研究设计，这也表明该专业不仅要求学生注重日常积累和对问题的思考，也侧重于考查学生对知识的综合运用能力。在面试中，英语口语表达很重要。面试环节不仅是对知识能力的测验，更重要的是对学生综合能力的测量，包括表达能力、应变力等。"——（一位2016年录取学生）

第四十九章　华南理工大学

华南理工大学工商管理学院

申请环节

以2017年为例，其夏令营活动时间如下：

网上报名时间：2017年6月1日～25日；资格公布时间：2017年7月5日，报名系统内查询；夏令营活动时间：2017年7月12日－14日。

华南理工大学2017年各个夏令营报名时间相同，资格公布时间以及夏令营活动时间也大致相同，这就使得学生只能选择华南理工大学其中一个夏令营进行[①]报名，不可兼报。并且夏令营活动时间为暑假初期，这是大陆大多数夏令营所开展活动的时期，所以一方面要选择好自己要参加的哪所院系的夏令营（建议多递交网申，获得入营offer再做筛选），另一方面也要在资格公布后立刻进行订票订酒店的相关工作，避免因外在因素影响参营。

参营/推免复试前准备

在网申过程中，首先要结合自身条件，意愿要确定自己申报的专业（第一志愿，第二志愿等），并且以此为基准进行笔试面试的准备。以华南理工大学工商管理学院开设专业为例，要了解到其管理科学与工程为一级学科博士点和硕士点，会计学、企业管理、技术经济及管理为二级博士点和硕士点。值得一提的是，华南理工大学于2017年6月7日在本校举办了2017年华南理工大学大学生暑假夏令营活动暨研究生招生宣讲会。有时间和精力的小伙伴不妨去听一听，可能会获取很有用的信息与细节。

准备过程中主要要准备以下材料：夏令营报名表，个人简历（中英），个人陈述（1000字以内），前5学期成绩单，英语成绩证明，获奖证书，发表论文等。如果有自己非常满意的发表论文或者学术论文，不妨趁着寒假或春季精心雕琢，也可以请易保研团队专业的论文团队帮助你修改。成绩单需要教务部门盖章再密封起来，个人简历和个人陈述应当多加雕琢，便于网申填写，其中建议包括未来的职业规划，这会增色不少，个人陈述应当详略得当，不宜过于细致长篇大论，写在word里面，再复制过去即可。

夏令营/推免考核内容

因篇幅所限，请扫描二维码或登录易保研官网www.ebaoyan.cn了解历年夏令营详细日程

7月12日是对于学院的介绍，校史馆参观，对大家的欢迎，合影等环节，大家可以利用这个机会缓解一下内心的紧张，为后续的面试做足准备。

7月13日共举行了3场学术报告与1场校友讲座，分别是学院工业工程系叶飞教授主讲的"供应链管理的研究与实践前沿"、财务管理系葛淳棉副教授主讲的

---

① 小西有话说：亲爱的你，一定可以成功！

"互联网人才数据在工商管理研究中的新机遇"、决策科学系许小颖老师主讲的"大数据时代的个性化推荐"，以及广新集团人力资源部副部长刘跃所校友主讲的"国企的人才需求与职业发展"。在讲座过程中可以对教授进行提问，可能面试之时对方看你面熟会有面试小加分，并且面试之时如果你恰当引用了讲座内容，更是会加分不少。

7月14日是本次活动的重中之重，华工工商管理学院夏令营考核内容只有面试，不过面试分为抽专业问题现场口述回答和自我介绍及老师提问。我抽到的两个问题分别是解释"产品创新"和"精益生产"。我在面试前5分钟抓紧时间刷了下百度"管理科学与工程概念题""管理学基本概念""运筹学基本问题"等，求个心理安慰，也是报着能记住点什么的侥幸心理。我搜问题是时看到一句话"全球三大管理理论：瓶颈理论、六西格玛、精益生产"，后来我在回答问题前把"全球三大管理理论：瓶颈理论、六西格玛、精益生产"说了出来，虽然和问题不怎么想干，但至少也展示了一点我的知识储备。

面试的后来，与老师聊得还不错，因为我给每位老师了一份简历，并后附我的科研材料。老师问的问题主要围绕我的科研工作，所以问什么我答什么，气氛很轻松。

最后补充一点，可以准备下华东理工大学工商管理学院的发展历史，知名校友等，让教授觉得你是一位有心之人。

录取情况

专业	入营人数	全部录取人数（包括预报名）
技术经济与管理	共120人	9
企业管理		38
会计学		9
管理科学与工程		39

过来人回声

1. "华南理工大学工商管理学院考核方式只有面试，而且面试题目多为专业相关的时事热点问题，建议面试前花时间把专业相关的最近3个月的热点问题加以梳理，这样即使被问到了不是很熟悉的问题自己也多少有些准备，不至于无话可说。倘若问到自己准备充分的题目，会大大拉开和别人的差距。"（一位2016年录取的同学）

2. "面试环节是考核重点，面试氛围很轻松，不存在压力面试的情况。一方面要回答自己抽到的两个题目，另一方面也要回答教授对于自己简历的深度问题，这一方面有的教授会问的很细，甚至针对简历中一项科研问3～4个问题，当时我回答的逻辑不是很清晰。所以建议简历中每一句话都要斟酌再三，确保自己完全熟悉。"（一位2016年落选的同学）

其他

夏令营活动结束后，将在学院网站公布营员考核结果（包括姓名、本科学校、综合面试考核评分、考核等级等）。以2017年为例，对具有本科所在学校2018年推荐免试资格的优秀营员，2017年9月推免生报名时报考华南理工大学工商管理学院，即可获得华南理工大学工商管理学院推免生录取资格。对具有本科所在学校2018年推荐免试资格的非优秀但考核合格营员，2017年9月推免生报名时报考华南理工大学工商管理学院，可向其提出申请，经其审核同意，也可获得[①]华南理工大学工商管理学院推免生录取资格；对未获得本科学校推荐免试资格的优秀营员，参加2018年的全国研究生统一考试并报考华南理工大学工商管理学院，达到华南理工大学工商管理学院复试分数线，可向学院申请免复试优先录取资格。

第五十章　深圳大学

深圳大学管理学院

申请环节

深圳大学的网申较为简单，仅需要前五学期成绩单（加盖教务部门公章），夏令营申请表格，英语成绩证明以及获奖证书学术论文等，以邮件的形式发送至深圳大学管理学院。其特殊之处在于收到网申入营通知之时，需要缴纳300元押金，以防止空占名额的不良现象，入营时会归还。

参营/推免复试前准备

深圳大学尤其看重申请者的英语水平，在网申时最好有亮眼的英语成绩，六级，托福，雅思都可以，个人建议雅思考试，相对难度较低，投入产出比较高，

---

① 易宝提示：保持好成绩很重要

可以多次考试。如果有自己非常满意的发表论文或者学术论文，不妨趁着寒假或春季精心雕琢，也可以请易保研团队专业的论文团队帮助你修改。考虑到深圳大学对于英语的重视程度，时间条件允许的情况下，建议将中文论文改写成英文论文，会使评委教授眼前一亮。

在参营前建议对于课程有针对性的准备，尤其是倘若自己的学术论文涉猎上述主题，可以着重加以准备，准备两三个有深度广度的问题向教授提问。值得一提的是，活动期间除了有课程内容以外，考虑到深圳大学知名校友马化腾，史玉柱等人，深圳浓厚的创业氛围，还会有参观腾讯、大疆、前海自贸区等知名企业的机会，强烈建议大家在参营前对各个企业有较为详细的了解，参观过程中频繁互动，会给校方留下深刻印象。

夏令营/推免考核内容

具体活动主要分为授课，知名企业参观以及校园游览。

课程内容：创新创业、战略管理、电子商务、公共管理、人力资源、生产运作管理、市场营销、技术经济及管理、旅游管理等方向的专题讲座和学术互动，主讲教师由相关领域的知名学者担任。

我参营之时有小伙伴提问"创新创业在国家大力扶持的条件下成功率依然如此低的原因是什么""电子商务是否会继续大力发展，何时是其鼎盛期，是否很大程度上受到国家政策的影响"，等等。教授都会一一解答，十分耐心与细致，是一次很好的提升自我的过程。当然，在小伙伴提问之后，也可以针对这一问题提出自己的意见与疑问，继续追问下去，与教授及在场同学形成深度探讨，而不是一个个流于表面为了提问而提问的问题，会让教授记住你。

参访腾讯、大疆、前海自贸区等知名企业、政府机构和社会组织。

我在参营前就对这些知名企业做足了功课，包括企业发展背景，成功的几大要素，深圳政府扶持措施，我的更好的未来发展的建议。在这一个环节要大胆的表达自己的想法，不要怕说错，深圳大学管理学院是一个兼容并包，思想极为开放的学院，鼓励每个人表达自己的观点，当时我与腾讯公司部门副经理交谈甚欢，我也要到了他的联系方式，可以说是一次很难得的机会与体验。

这也是我最喜欢深圳大学管理学院的一个环节，它并没有一味地对学生进行考核，这样的参观知名企业的机会实在难得，在大陆学校中尤为罕见。所以建议好好珍惜这一次机会。①

师生共同校园游览，校史馆参观，校园介绍，大合影。

这一阶段表现自然即可，参营期间难得的放松时间，好好沉浸在深圳大学美

---

① 小妍提醒：考一个好六级分数吧！

丽校园之中放松自己，把参加夏令营当成一种享受的过程。

录取情况

专业	入营人数
工商管理	
管理科学与工程	30人
行政管理	

过来人回声

1."深圳大学管理学院讲座内容涵盖范围非常广，尤其聚焦创新，管理这两大话题，可以多做功课。我遇到一个小伙伴本科阶段有创业经历，在企业参观以及创新创业讲座中多次与教授互动，给教授留下了深刻印象，当时现场交流效果非常好，有创业经历的小伙伴可以多多准备几个问题。"（一位2017年入营同学）

2."参营期间无论是讲座还是企业参观，英语都占到了不小比重，比如有两场讲座主讲人分别是台湾清华大学和澳门科技大学教授，他们的PPT中用大量英文来表达自己的观点，其中也不乏一些稍有难度的专业名词，建议入营前可以对于相关主题专业名词汇总，以免出现无法深度理解教授表意的情况。"（一位2016年入营同学）

保研小tips _ 请问什么时候联系导师会比较好？需要和老师当面交流吗？

第五十一章　福州大学

福州大学法学院

申请环节

大概大三的第二学期初就可以开始准备自己的夏令营材料了。这个时候可以先根据学院去年的夏令营通知准备材料，等到五月份左右可以再查看学院发布的今年的夏令营通知，2017年是5月17日发布的消息，然后具体的报名时间是5月20

日至6月20日这一个月的时间。尽量不要赶在截止日期去邮寄材料，早些准备会比较好，我大概5月底的时候就将材料全部寄出了。

法学院可以在正式通知出来先去准备纸质材料，要求投递的纸质材料有个人陈述1份、盖有教务处的成绩单一份以及成绩排名1份、四六级英语成绩证明复印件一份，因为还考了雅思所以我还复印了一份雅思成绩单。此外还有各类荣誉证书的复印件，然后有发表过论文的还可以复印已发表的论文。等正式通知出来后，再下载报名表，报名表需填写的内容并不是很多，就是个人基本信息、所在学校学院、校级以上获奖以及科研论文情况，另外可准备一张一寸照片，到时候贴在报名表上。另外，需要在"福州大学2017年优秀大学生暑期夏令营网上报名系统"开放后进行网上报名。

参营前准备

2017年夏令营的举办时间是2017年7月11日~7月14日，所以材料递交之后还有两个月左右的时间再去准备。大概六月中旬会收到入营通知，后来参营时听老师说今年是36个人报名，给13个人发了入营通知，最后参营时是5个人。所以竞争压力并不是很大，大家要提前熟悉好自己的材料，条理清晰并能很好的将自己的亮点表现出来就可以。然后面试时会考到口语，大家也可以提前练习一些较为简单日常的英语问答。

福州大学法学院的夏令营是在发夏令营通知的时候就告知了大致流程，如下：

内容包括：

第一阶段：课程与综合素质拓展，包括开营式、学术讲座、校园参观、导师交流、综合素质拓展环节。

第二阶段：选拔优秀学员，采用笔试、面试加技能（包括本科阶段学习科研总结、学术生涯规划报告）考核方式进行。

推免复试内容

其实行程安排得很轻松，实际进行的考核只是最后一天。7月11日报道，7月12日举行了开营仪式之后参观了校园，7月13日与导师见面并举行了茶座会。[①] 7月14日进行了考核面试并与老师们合影留念。考核的内容不难，英文面试也没有考察专业知识，就是比较日常的口语话题。

---

① 路姐提醒您：适当的训练口语

录取情况

实际参营5人，最终这5人全部录取了。

过来人回声

1. 福州的空气质量很好，天空一直是蓝蓝的，福州大学的校园环境也给人非常舒适的感觉。学校很注重学生综合素质的培养和发展，经常会组织各式各样的活动。此外，学校也会提供出国交换留学的机会，各种信息也比较公开透明。学校在部分专硕上的学费并不高，同时还会给保研和初试优秀的同学颁发新生奖学金，这样很大程度上就减轻了我们经济上的负担。（一位2017年录取学生）

2. 这次夏令营最后参营的只有5名女同学，最后大家都拿到了优秀营员。法学院的老师也非常的好，因为暑期福建很热很多活动都安排在了有空调的地方，然后老师还请我们吃了福建的特色菜，感觉很温馨。（一位2017年获得优秀营员称号的同学）

第五十二章　福建师范大学

福建师范大学经济学院

福建师范大学经济学院是没有夏令营的，所以在拿到推免资格后才在推免系统中填报了该院校。它接收专业包括：政治经济学、经济思想史、经济史、区域经济学、产业经济学、西方经济学、人口资源与环境经济学、世界经济、金融学、国民经济学、数量经济学、会计学、企业管理、国际贸易学。

复试没有笔试只是面试，大概就是三方面的内容：个人基本情况，专业知识还有简单的英语专业课知识。我报考的金融专业问到的题目是"对金融市场的了解"，觉得问题问得挺开放的，就是选自己擅长的方向作答就可以了。之后的英语面试会问一些专业英语问题，我被问到的是用英语解释一下"一价定律"。总的来说不是很难但比想象中正式，如果要提前准备的话可以复习一下专业课，关注与专业相关的时政，回答起来可能更自信一些。

第五十三章　华南师范大学

华南师范大学公共管理学院

公管学院是没有夏令营的，只有九月份的推免。接收推免生通知里说复试内容包括外语水平测试、专业素养考核、综合素质考核三个部分，总成绩为100分，所以准备的话也就是从三个方向来准备。

因为推免复试就是面试，所以我觉得礼貌很重要，只要是表现得比较谦逊有礼貌应该老师的印象都不会太差。接下来就是一问一答，有中文自我介绍（这里建也准备一个英文的自我介绍，万一老师突然让英文做自我介绍）、除课本外还读过什么书、毕业论文打算选什么提莫之类的问题，英语面试就是老师用英文问了一个专业问题，当时有点紧张没有听清楚就直接给老师说没有听清，老师也非常好又重复了一遍，回答完英语问题就结束了。整个面试过程基本没有涉及专业知识，可以说华师的复试还是比较简单的，不像有些名校刷人很厉害。结果也很快就出来了，顺利地被录取了。

然后说一说其他的情况，首先呢，感觉华师的老师态度都特别好，当时心里有点没谱打电话过去咨询过几次，老师都很耐心地回答了。其次，华师校园的软硬件条件都很不错，广州这座城市我也喜欢，非常的现代化而且绿化也做得特别好，冬天又不会特别的冷，总之给人感觉很舒服。

第五十四章　广西大学

广西大学商学院

申请环节

我是广西人，觉得研究生能够回到家乡读，之后在家乡就业也不失为一个很好的选择。广西大学虽然在全国范围内的认可度一般，但毕竟是一所"211"院校，而且在我们那里相比同类院校就业优势还是大一些。不过遗憾的是商学院并没有举办夏令营，所以只能是在九月份一直关注商学院接收推免生的通知。大概是在推免系统开放前三四天看到了商学院的通知，而且通知中还特别提到"推免生接收名额充裕，学校更以重大利好政策配合招生，欢迎广大应届本科生报考"，这个并没有在其他院校通知中看到，所以推断应该竞争压力也并不算太大，推免系统开放后就放心大胆的填报了商学院的"应用经济学"。

推免复试前准备

复试通知中有提到需要提交的材料：

需要准备的材料	份数
学生证复印件	一份
身份证复印件	一份
国家级外语考试成绩或合格证书	一份
加盖所在学校教务处公章的本科学习成绩单原件	一份
《广西大学2018年推荐免试攻读硕士学位研究生复试申请表》	一份
二级甲等以上医院的体检表	一份
公开发表的学术论文、科研成果或获奖证书	一份

除此之外，看到复试通知里写是只进行面试，就向认识的学长学姐打听了一下，然后准备了一个两分钟左右的自我介绍，因为担心会被突然要求英文自我介绍还准备了一份英文的。之后又简单看了一下专业课的内容，特别是整体的一个框架，不管会不会考到具体的专业课至少看过之后会比较有底气。

推免复试内容①

面试大概是十分钟左右，首先是一个自我介绍，这个一般就是先介绍自己的基本情况、所获得的一些技能证书（如四六级成绩和计算机二级之类的），接下来就是介绍自己的学术成果，跟着老师做过的科研项目，获得的校级以上的奖项，如果时间允许可以再表达下对商院该专业的向往，一定先说主要的，也就是老师最关心的，也是最有可能加分内容，否则别的说再多也没有意义。然后就到提问环节，由坐在最中间的那位老教授先进行提问，第一个问题是为什么选择这个专业，然后又根据我的回答追问了一个基本概念，之后问了一个略相关的时政，问我对那件事情有什么看法，最后是一个英语问题，问的内容比较日常，很生活化没有问到专业英语。总结的时候，老师会给研究方向做一个建议，就表达下对老师建议的认同或者尊重就可以了，千万不要去和老师争辩，基本就没有问

---

① 小西提示：最好有一些科研成果哦（*.ω<）

题了。

录取情况

最终录取了19人，其中7人是应用经济学，12人是工商管理。基本都是广西人，其中不少是广西大学本校的学生。

过来人回声

1.广西大学作为一个"211"对于将来想在家乡工作的同学来说还是一个较为不错的选择，商学院也有部分教授拥有不俗的研究实力，而且学院也有不少推博直博的机会，如果能好好把握，将来的发展前景还是很可观的。（一位广西大学商学院研一学姐）

第五十五章　华侨大学

华侨大学旅游学院

华侨大学不是985、211，但是它是"中央部属高校"，直接隶属于国务部侨办的国家重点建设大学。因此国家于1960年在厦门和泉州创建华侨大学，并最早设立董事会制度。因此，华侨大学虽然既不是985，也不是211，但他的地位是很特殊的，其资源经费甚至要高于很多211工程的学校，而且它的本科招生分数线甚至高于一些211学校。华侨大学还有一个非常大的特点就是留学生非常多，可以想象一下以后的校友都是华侨或是来自全世界。

申请环节

目前与经管类相关的院系与专业如下：

020 经济与金融学院 （泉州校区）	020200 应用经济学	01区域经济学	29
		02金融学	
		03国际贸易学	
		04产业经济学	
		05数量经济学	
	025100 金融	00不区分研究方向	32

033 海上丝绸之路研究院 （厦门校区）	020200 应用经济学	00不区分研究方向 （主要是国际贸易与金融）	8
	030206 国际政治	00不区分研究方向	
033 统计学院/数量经济研究院 （厦门校区）	027000 统计学	01经济统计分析	11
		02金融统计分析	
		03统计理论与方法	
		04大数据科学	
120 工商管理学院 （泉州校区）	120200 工商管理	01会计与财务管理	35
		02企业管理	
		03创新创业管理里	
		04华商管理	
121 旅游学院 （泉州校区）	120203 旅游管理	00不区分研究方向	25

从表中可以看出，华侨大学比较强势的经管类学科是国际贸易学、金融学以及旅游学，其中海上丝绸之路研究院只有国际贸易与金融两个方向，旅游学也是一个独立的学院，招生人数相对而言非常多。要说明的是，我在准备申华侨大学之前对这个学校也是不太熟悉的，因此我只有通过学校网站了解。

在华侨大学的官网上，经济与金融学院、工商管理学院和旅游学院是在"学院"这一页面，而海上丝绸之路研究院和数量经济研究院是在另一个叫作"校属研究机构"的页面，不留心的话可能就会忽略掉。因此我总结出来，不光要关注学院信息，还要关注学校直属的一些研究院的信息，以免错过了好机会。而有些研究院可能是不招收研究生的，因此还要进一步排查，像华侨大学的"经济发展与改革研究院"就不招收研究生。

在上述招收研究生的学院和研究院中只有旅游学院有夏令营，其他4个院都只有九月推免。大家都知道，保研有三个批次，第一批是夏令营，很多好学校都把大部分名额安排在下夏令营；第二是预报名，比如南大商学院一般在八月公布预报名信息；最后才是九月走研招网的推免。但是一般情况下大家都不会想等到九推再定学校，一方面有一大部分好学校的名额在九推之前就已经定了，九推剩下的机会就比较少（当然也有捡漏的机会），另一方面，等到九推时很多周围保研的同学都已经定了，这时候很容易怀疑人生，我的一个室友就是这样。因此大①家最好在夏令营时就好好把握机会，华侨大学是"双非"，所以被我拿来保

---

① 小妍提醒：（￣﹀￣）↗ *Studying makes me happy*

底。今年是旅游学院第一年办夏令营，它6月28日才发布的通知，这时候基本上所有学校的入营通知都已经出来了，我就是看我的入营通知一片惨淡，所以看到华侨大学旅游学院就毫不犹豫地报了，它的参营时间也比较迟，跟其他学校相冲突比较少。

参营/推免前准备

因为今年是第一届夏令营，没有往年经验可以参考，况且通知上说的是"科研能力及综合素质测评"所以我准备华侨大学夏令营的时候是广撒网式的。笔试主要复习的是管理学通论，这部分在参加其他夏令营之前也都复习过，这次我就结合了一些实际案例进行分析，也算是为专业面试做一些准备。面试的形式通知没有具体说，我是按照结构式面试准备的，除了正常的自我介绍，过一下简历上的经历，以及一些英语口语问题之外，我还去网上找了一些考研复试的面试题来训练。

夏令营/推免考核内容

因篇幅所限，请扫描二维码或登录易保研官网
www.ebaoyan.cn了解历年夏令营详细日程

夏令营活动很丰富，可以了解到华侨大学的国外资源还是很丰富的，有不少国际合作项目。也很注重学习氛围，第二天下午专门安排了与学长学姐的交流，整体风格都比较透明开放。面试考核很常规，老师问了一些问题，有与专业相关的、有问科研经历的还有问英语的，提前都可以准备到。

录取情况

这次旅游学院夏令营参营的学生一共十几人，学院是希望通过夏令营拓展优质生源，因此通过率比较高。因为后来有更好的选择，我最终没有去华侨大学，但是夏令营时就它保底至少起到了稳定心情的作用。

过来人回声

我觉得华侨大学旅游学院的录取率还是比较高的，首先基数就不是很大，在夏令营的时候老师也表达了对优质生源的渴望，而且提到了很多奖励优秀生源的政策，还挺诱人的。但是后来留下来的人还是不多，因为毕竟不是211，我觉得留下来的大多数还是本校学生。（一位2017年夏令营放弃优秀营员资格的211学生）

第五十六章　海南大学

海南大学旅游学院

申请环节

海南大学是211工程大学，经管类专业设置还是很完备的，但经管类可能并不是强项，因此近几年来没有夏令营，只有推免。我申请的旅游学院是独立于经管学院的，因为它是国家级重点学科，也是海南大学的特色，在海南旅游发展的前景还是很大的，因此旅游学院的应该比较受重视。另外海南的气候、美景、水果，等等，也比较诱人，因此学旅游的同学可以考虑海大。海南大学经管类专业学院没有在报考前，学校会把每年的接收推免生计划人数放在公告栏里，对比了一下2017年和2016年的计划招生情况，发现海南大学划给推免的人数少了一两个名额。这两个学院每个专业要的推免生人数本来已经不多了，今年又减了一两个，在保研为大势的环境下有些不合常理，因此我推断申请海南大学的推免生应该不多，也就是说竞争不会太激烈。招生简章后面对于985、211工程大学去海南大学的推免生奖励细则证实了我的想法。因此，我决定将海南大学当作我的保底院校。

院系所	专业	接收推免生人数
经济与管理学院（联系电话：66290798、66253605、66289921）	政治经济学	1
	世界经济	2
	财政学	1
	金融学	2
	产业经济学	1
	国际贸易学	1
	统计学	1
	金融	4
	国际商务	4
	农业管理	2
	农村发展	2
	会计学	1
	企业管理	2
	农业经济管理	2

院系所	专业	接收推免生人数
旅游学院 （联系电话： 66193873）	外国语言学及应用语言学	1
	旅游管理	2
	技术经济及管理	1

参营/推免复试前准备

关于面试准备，首先要大概了解一下面试哪些内容，在复试细则里学院说得很清楚，面试包括"专业知识、综合素质及英语水平三个方面。

其中专业知识主要考察考生对本学科、专业理论知识和应用技能的掌握程度，利用所学理论发现、分析和解决问题的能力，以及对本学科、专业发展动态的了解和在本专业领域发展的潜力。综合素质是考察考生思想政治素质、道德品质、本专业以外的学习、科研和社会实践或实际工作等方面的经历、个性心理特征、①诚信状况、意志品质等。

英语水平主要考查学生应用语言的能力。专业知识方面，虽然不需要像准备笔试那样刷题，但要对书中的理论以及理论框架比较熟悉，这样才能在老师问到一些灵活的问题时可以随时套用。英语水平在保研英语面试最常见的就两种考核形式，一种是抽题，一种是由专门老师用英语沟通相关话题。如果不是专业问题方面的英语讨论，就可以准备一些常见话题。如果是专业相关的，那就要提前准备专业英语，尤其是要明白一些专业有名词的读音和意思。但海南大学只是纯考核英语，与专业知识是分开的，所以不用太紧张，平常心与老师交流就好。

最后就是综合素质，就是针对一些社团、实习这方面的经历进行提问，或者问一些兴趣爱好或是平时读的书之类的问题，并不是太难，回答时能突出个人各色最好。最后，面试还要注意着装（可以打电话去问有没有具体要求）、语速和眼神等方面的细节。如果不是十分有经验，最好还要做一些面试模拟。

夏令营/推免考核内容

我在10月10日下午参加了海南大学的推免面试，上午是资格审查，也就是收取纸质申请资料。纸质材料只要求学生证、身份证复印件各一份，成绩单（加盖教务部门公章），还有公开发表的学术论文（或录用通知书）、科研成果、获奖证书等复印件1份，就是把自己准备好的所有资料都带着，按顺序排好。因为复试细则上说"其他能证明申请者能力的材料"，因此可以把自己认为有用的都放进去，但是在申请其他学校的时候，有些就禁止自己添加任何附加文件，这点要看清。下午是面试，三点开始，老师问了一些专业相关的问题、有英语问答，老

---

① 易宝提示：保研论坛有很多学姐学长的经验分享帖

师还会随机再问一些问题。

录取情况

去参加复试的时候感觉竞争并不激烈，在那边认识的小伙伴基本上也都进去了，但是最终去海南大学的却并不多，可能大家都是打算把海南大学做备胎的，因此拿海南做保底还是很稳妥的。

过来人回声

我认为海南大学的九推难度不大，面试问的都是比较常规的问题。我认为前期准备主要以专业问题为主，还有就是要将自己的科研经历细节搞清楚，千万不要被老师问住，否则当场可能会慌张影响发挥。我面试的时候老师还是很和蔼的，总体来说比较顺利。（一位2017年录取学生）

第五十七章　华南农业大学

华南农业大学经济管理学院

申请环节

华南农业大学属于没有夏令营、提前批，只有九月推免的一类学校。2015、2016年的推免招生章程都是在九月中旬发出的，今年是9月13日发布的。根据各个学校公布通知的时间可以推断出一般出通知的时间，或者是经常关注保研论坛和一些保研公众号之类，比如易保研，上面都会有发布通知的学校汇总，这样可以降低遗漏的风险。

学院名称	学院拟接收推免生人数	专业名称
经济管理学院	52	金融学
		产业经济学
		国际贸易学
		劳动经济学
		金融
		农业管理
		农村发展

学院名称	学院拟接收推免生人数	专业名称
经济管理学院	52	会计学
		企业管理
		旅游管理
		农业经济管理
		林业经济管理
		土地资源管理

推免复试内容

华南农大经管学生招收的不少，因此录取概率也很大，而且只有推免复试只有结构化面试，没有笔试（除了本科没有学过数学的同学要加试数学）。结构化面试主要针对简历提问，所以提前要做好准备。

第五十八章　广州大学

广州大学工商管理学院

申请环节

广州大学今年和往年一样仍然只有九月推免，在九月初（9月6日发布了通知）。然后就开始准备材料。其他学校推免都是复试时再把相关文件原件和复印件带去核验，但是广州大学的通知里没有写，因此在下载了它所有的附件，才在最后一个"相关要求"里发现要求"于2017年9月30日以前将按要求填好的全部申请材料（统一用A4纸）寄（或送）达我校有关学院"。院系地址还要自己去招生专业目录上找，可以说是非常不亲民了。像学校的附件这些下载下来还是要好好地看一遍，要不然如果材料只是在网上上传没有邮寄就作废了。

参营前准备

复试只有面试，除了自我介绍，我准备时分英语和专业两块。英语我主要针[①]对一些日常话题进行演练，如果考过雅思托福应该会很熟悉，比如谈谈你的

---

① 小也提醒您：多参加一些认可度高的竞赛吧

家乡这样的话题。专业的就会难一些，首先我关注了一些专业有关的公众号，从上面最新的推文中总结热点和分析框架，然后自己再联系一些实际情况进行拓展，这个过程会比较痛苦，很难坚持。我刚开始时断断续续的，后来经过20几天的积累，我发现很多分析都是套路，心里就不怎么害怕了。面试就是这样，一碰到突发情况就可能方寸大乱，所以之前尽可能准备，到面试中才能巧妙化解危机。

推免复试内容

我参加复试的形式就是结构化面试，分为两大块"外语口试与专业外语"和"业务能力考核"，比重分别是20%和80%，满分是100分，如果复试成绩低于60分也不能录取。英语面试不用说了，提前准备一些雅思托福口语和未来研究生规划之类的问题。专业面试主要问一些科研经历和专业问题。

录取情况

学院	推免人数	招收研究生总人数
旅游学院	3	5
经济与统计学院	3	92
工商管理学院	3	35

相比之下，推免所占人数是很少的，但这并不表示录取比不高。经济与统计学院的应用经济学招生很少（只有经济统计），大部分都是统计学（01金融统计与风险管理、02应用统计、03管理统计与决策、04数量金融与保险精算），而且会计学（01财务会计、02财务管理、03审计、04资本市场与投融资管理）也在经济与统计学院而不是工商管理学院。

第五十九章　南方科技大学
（与哈尔滨工业大学联合培养项目）

申请环节

南方科技大学（下面简称南科大）是2011年成立的国家高等教育综合改革试验校，是由中国广东省领导和管理、深圳市举全市之力创建的一所公办创新型大学。

我先说说为什么会申请这个学校吧。首先，我是被这个学校推出的联合培养项目吸引——自2016年起，南科大与北京大学、哈尔滨工业大学、华威大学、伯明翰大学、香港大学、新加坡国立大学等10多所国际一流高校采用课程共建，学分互认、共同导师、联合课题、实验室共建等形式，开展研究生联合培养，毕业生可获得合作大学学位和南科大学习证明。相当于南科大提供了一个获得这些大学学位的入口，学习主要还是在南科大。

招生类别	联合培养（学位授予）单位	基本学制及培养方式	招生对象/招生方式	学科限定
硕士研究生	哈尔滨工业大学	学制：2年 培养方式：在南方科技大学培养	参加全国硕士入学统考 应届本科毕业生推荐免试	理科、工科、经济学
博士研究生	哈尔滨工业大学	学制：4年，（直博生5年） 培养方式：在南方科技大学培养	硕士毕业生审核考核 应届本科毕业生推荐免试直博	理科、工科、经济学
博士研究生	北京大学	学制：4～5年 培养方式：北大深研院课程学习，南科大完成科研任务	硕士毕业生审核考核	理科、工科
境外联培博士研究生	香港大学 香港科技大学 香港浸会大学 澳门大学 新加坡国立大学 美国天普大学 英属哥伦比亚大学 伯明翰大学 利兹大学 华威大学 东英吉利大学 悉尼科技大学	学制：4年（天普项目本科起点6年，硕士起点5年） 培养方式：双校培养，双导师指导，其中1～2年时间在合作大学学习，其余时间返回南方科技大学完成其余学业及科研任务	优秀应往届本科毕业生申请考核推荐 优秀应往届硕士毕业生申请考核推荐	理科、工科为主（具体见学校夏令营公告）

表中的项目除了与京大学的博士联合培养项目外，都是招收推免生的，尤其像港大学、新加坡国立大学这样的学校，对于一些处于保研边缘的我是个很好的选择。第二，而且南方科技大学所处的地理位置好，广东和深圳都是中国经济发展的排头兵。第三，南科大对与985、211工程大学推免进去的学生待遇优厚。但

缺点是，南科大是以理工科为优势的学校，联合培养项目中经管类只有与哈工大的有应用经济学学硕和金融专硕，都属于金融系。

申请环节

南科大夏令营报名通知5月17日发布，6月25日截至，总共400名营员，[①] 不算多。通知中有注明"名额有限，同等条件下按报名时间录取"，因此有意向就要尽快报名，不要卡着deadline。我今年申请的时候有好几个学校都是卡着截止日期交的，时间紧迫的时候人又很慌张，最容易出问题，所以如果有能力还是早一些交。南科大要求的材料很常规，且是网上填写，只有入选后才要带纸质材料去，所以工作不算复杂。要有网申报名表、身份证、学生证复印件（要办保险）、成绩单、推荐信两封（注意是副教授以上）和其他证明材料。遇到其他证明材料我就基本上把自己有代表性的奖状、学术研究证明如论文复印件附在后面，然后按重要性排序。

参营前准备

因为南科大夏令营考核内容只有面试，不用准备笔试，还是比较轻松的。因为没有找到去过南科大的师兄师姐，所以我中英文自我介绍都准备了。中英文自我介绍在参加不同夏令营或九推时会有所不同，但自己想要突出的点是一定的，在经历过几次面试以后也可以不断修改完善。我还准备了相关专业问题，都是一些前沿的案例和专业相关的热点分析，这是需要较长时间积累的，我是从六月初开始准备，到七月参加夏令营时就游刃有余了。

参营内容

今年南科大夏令营安排在7.12～7.14日，是夏令营比较集中的一段时间。整个时间安排不是很紧，活动挺丰富的，考核形式也是一个面试，并没有笔试。

因篇幅所限，请扫描二维码或登录易保研官网
www.ebaoyan.cn了解历年夏令营详细日程

---

① 小也提示：小部分夏令营在8月份举行

第六十章　广州外语外贸大学经济贸易学院

申请环节

一开始看广州外语外贸大学名字的时候我以为这只是一所语言学校，但是它的经济贸易学院的前身是广州对外贸易学院，所以我所学的国际贸易专业也是经济贸易学院的重点专业。广州外语外贸大学是有夏令营的，但都是语言类，其余的经管类分布在四个学院，都是推免和九月的提前招生。

我是在夏令营都出师不利的情况下发现广州外语外贸大学的，少量学校学院会采取提前推免的形式，这相当于比正式九推又多了一次机会，而且提前推免的流程与正式九推相近，节奏比较快，过程比较短。今年广州外语外贸大学是9月6日出的通知，26日截止预报名，28日正式报名，29日就去参加复试（相当于没有预报名）。但提前推免的劣势在于不会有夏令营的优厚待遇，而且提前批录取后也是和夏令营一样，要在系统开放后的规定时间内确认，也就是必须放弃九推捡漏的可能，所以还是要慎重考虑。今年经贸学院的九个专业各招收10名推免生（不包括上表中的国际商务）。招生简章中说"推免生在规定时间内可自主多次平行报考多个招生单位及专业。"可以多报几个增加概率，但有些学校的夏令营和提前批是不可以报多个学院的（这种情况一般是在学校开通的推免生报名网站上申请），这一点要注意。如果只能报一个学院，就要进行选择。

（002） 经济贸易学院	【020103】 经济史	【020105】 世界经济	【020201】 国民经济学	【020202】 区域经济学
	【020203】 财政学	【020205】 产业经济学	【020206】 国际贸易学	【020207】 劳动经济学
	【020208】 统计学	【025400】 国际商务		
（020） 金融学院	【020204】 金融学	【0202Z1】 金融工程	【025400】 国际商务	
（004） 商学院	【120202】 企业管理	【120203】 旅游管理	【120204】 技术经济及管理	【125100】 工商管理
（016） 会计学院	【120201】 会计学	【125300】 会计		

推免复试内容

复试时要带基本的纸质材料，复试形式很简单，就是面试，老师会问从专业、英语和综合素质三个方面问问题。广外的面试是常规的单面，好好准备一下，拿到offer并没有太难。

保研小tips _ 预推免和九月份的正式推免有什么区别？

第六十一章　华东交通大学

申请环节

这两年华东交通大学都是通过九月推免录取推免生的，预计未来几年变化的可能性也不大。大家可以主要关注华交官网、研究生院还有目标学院的官网，如果有通知会在上面对外界公布的，算是一手资料来源。

报名的话是没有什么硬性条件限制的，只要能获得推免资格、没有记过等处分、可以正常毕业就好。流程和其他学校也类似，先在"全国推荐优秀应届本科毕业生免试攻读研究生信息公开暨管理服务系统"上报名，然后复试，合格的话就能拿到拟录取资格。复试的时候需要提供一些纸质材料，《华东交通大学2017年接收硕士推免生申请表》一式两份（通知上有附模板），加盖学校教务部门红章的本科阶段成绩单一份，获奖证书、英语四、六级证书、公开发表的学术成果及参加各种学术科研活动等体现自身能力或学术水平的材料复印件，还有身份证、学生证的原件、复印件。基本上与其他学校大同小异。

参营/推免复试①

准备过程的话笔者主攻两本，高鸿业《西方经济学》和《金融学》教材，基本上过了一遍，题也刷得差不多了，九推的时候也确实有一些帮助。其次就是认真回顾了下自己前三年的大学生活，获奖经历之类的，安心准备面试。

录取情况

华交最吸引我的一点应该是丰厚的助学政策吧，所有通过推免录取的学生入学后第一学年都能享受到每学年一万块的省级学业奖学金，如果是来自985的推免生还可以收到一次性奖励两万块，211的话是一万五，其他高校一万。基本上研究生阶段可以自给自足，不需要怎么花家里钱了。其次华交还表示会充分尊

---

① 小西提示：在保研论坛找个朋友一起努力的话会更有斗志哦！

重、保证每个推免生在选择导师上的意愿，这应该是和统招生比最优渥的一项条件了吧，毕竟大家读研究生图的就是个好导师，将来在找工作上能帮上点忙就更好了。此外，华交的风景确实是很不错，而且感觉老师也好、学长姐也好都蛮不错的，整体气氛还是挺和谐的。如果是和笔者差不多挡位的推免生的话，也是推荐来华交走一走看一看的，毕竟试一试也没什么坏处。

最后附上华东交通大学经济管理学院2017年九推的录取情况。

专业	录取人数
金融学	2
经济学	2
国际经济与贸易	1
市场营销	1
电子商务	1
会计学	1

其他

华东交通大学，位于江西省省会南昌，是一所以工为主，经、管、文、理、法、教育、艺术等多学科协调发展，以交通为特色、轨道为核心的教学研究型大学，省属重点大学。学校是国家"中西部高校基础能力建设工程"重点建设大学、中国铁路总公司与江西省人民政府共建高校，入选教育部"卓越工程师教育培养计划"、江西省"2011计划"。从名字中也可以看出，整个学校还是以理工为主的，毕竟华交很多专业都来自上交和同济。在九推的经管类院校应该也算得上是第二梯队吧，听往届的学长姐说就业率也不错，至少在江西省内还是比较抢手的。

今年九推参加的经济管理学院招生的专业和研究方向还是蛮多的，大家可以根据自己的兴趣、本科专业和竞争力进行选择。毕竟硕士难度还是要比本科大一些的，如果选个自己很不喜欢的专业也很痛苦。至于比较热门的方向呢，不说大家也知道，像统计、会计这种肯定是比较抢手的方向。其他的一些学院也有开设一些经管相关九推方向，了解不是很多，仅供大家参考。

学院	类别	专业	研究方向
土木建筑学院	学术学位	管理科学与工程	大型土木工程施工技术与管理 工程项目资源配置及计划优化 工程项目管理理论及实践 信息技术在工程项目管理中的应用 绿色建筑及可持续发展 工程项目技术经济评价

学院	类别	专业	研究方向
经济管理学院	学术学位	统计学	社会经济统计分析 金融与投资统计 交通运输统计
	学术学位	金融学	货币银行理论与政策 金融计量 公司金融理论与政策 资本市场与风险管理
	学术学位	产业经济学	产业结构理论与政策 产业组织与政府规制 房地产经济研究
	学术学位	劳动经济学	劳动市场理论与政策研究 人力资源管理研究 社会保障研究
	学术学位	会计学	会计理论 公司理财 审计理论
	学术学位	企业管理	企业管理理论与战略管理 市场营销管理 组织行为与人力资源管理
	专业学位	应用统计硕士	金融与保险统计 运输与物流统计 数据工程
	专业学位	会计硕士	公司会计政策与管理 资本运作与公司理财① 财务决策与控制 审计与市场监督 非盈利组织会计与管理 管理会计理论与应用
交通运输与物流学院	学术学位	管理科学与工程（工学）	物流系统工程 决策支持系统 工业与系统工程 工程项目管理
	学术学位	管理科学与工程（管理学）	物流与供应链管理 商业智能与数据挖掘 项目管理 生产与运营管理

---

① 易宝提醒您：3~4月该搜集夏令营信息啦~

第六十二章　江西财经大学

申请环节

每年江财都会在江财官网或者对应学院官网上放出有关推免的通知。2017年的接收要求是获得推免资格，能够在入学前取得学士学位和本科毕业证书（否则取消录取资格），没有收到过处分，也不能有挂科记录，前6个学期课程加权平均成绩在80分以上，所修课程总学分不低于专业教学计划总学分的80%，且专业排名在本院同类学生中处于前15%以内。当然和参营的其他小伙伴交流过后发现这个要求也不是完全绝对的，如果其他条件比较不错，比如参加过各类学科竞赛、综合竞赛拿到省级以上奖项或者从事科技活动获奖之类的话，成绩排名可以适当顺延。同时，学校也鼓励来自上海财经大学、中南财经政法大学、中央财经大学、东北财经大学、西南财经大学、对外经济贸易大学、985学校的推免生报考，来自这些学校的学生是不占用指标分配的名额的。

流程的话也是先登陆"全国推荐优秀应届本科毕业生免试攻读研究生信息公开暨管理服务系统"报名，同时准备纸质申请材料在规定时间内寄到申请专业所在学院，包括所在学校教务部门或研究生招生办公室出具的硕士研究生推荐免试资格证明，本人申请表（可在江西财经大学研究生部网站上下载），加盖学校教务处公章的在校成绩单（需要密封后在封口骑缝处也加盖学校教务处公章），在核心刊物或会议上发表过高质量的学术论文、出版物或具有学术水平工作成果的复印件或证明，英语四六级证书的复印件。如果推荐免试资格证明开具有一定困难的话，可以很人性化地推迟到面试时提交。

参营/推免复试前准备

接下来，就是安静地等待复试通知了。因为报的是金融学院，趁这个时间还着重复习了下高鸿业的《西方经济学》《货币银行学》《国际金融》还有罗斯的《公司理财》。

夏令营/推免考核内容

复试以面试为主，分为综合面试、专业面试两类。综合面试面向江财本院的推免生，专业面试面向外院、外校的推免生。金融学硕和金融专硕的专业面试主要涉及货币银行学、国际金融、证券投资学和公司金融的知识点，保险专硕的专业面试主要考察的是保险学原理。感觉之前的临时抱佛脚还是蛮有用的，大家也可以适当提前温习下这几本书。面试有五到七位面试老师不等，最后成绩算均值，按从高到低录取。

录取情况

虽然江财对来自外校的推免生开出了不少的优惠条件，但最后九推的时候还是来自江财本校的推免生居多，而且大部分都是本校本院的学生。还要提醒下大家，即便最后收到录取offer也不能说是万事大吉了，江财对推免生最后一年的表现还是有一些要求的，比如一定要按时取得学士学位、本科毕业证书，最后一年也不能受到处分，等等。

附上江西财经大学2017年的推免生录取情况，仅供大家参考。

学院	类型	专业名称	录取人数（非本校）	录取人数（本校非本院）	录取人数（本院本校）
会计学院	学硕	会计学	0	3（3名专项计划）	4（1名专项计划）
	专硕	会计硕士	2	3	2
金融学院	学硕	金融学	1	0	2（1名专项计划）
	专硕	保险硕士	0	0	1
统计学院	学硕	统计学	0	0	1
财税与公共管理学院	学硕	财政学	1	0	2（1名专项计划）
	专硕	税务硕士	0	0	1
国际经贸学院	专硕	国际商务硕士	0	0	2
旅游与城市管理学院	学硕	旅游管理	0	0	1[①]
信息管理学院	学硕	管理科学与工程	0	0	1
工商管理学院	学硕	企业管理	0	0	1

其他

江西财经大学位于江西南昌，是一所财政部、教育部、江西省人民政府共建

---

① 易宝小提示：时间清晰的保研计划可以提高效率

财经类院校。财经方面的专业就更不用说了，产业经济学是国家重点培育学科，应用经济学、理论经济学、管理科学与工程均为江西省"十二五"高水平学科，稳坐省内"龙头老大"的宝座。

江西财经大学每年的推免生招录仍是传统的九月推免渠道，今年开设的经管相关推免专业如下。

学院	类型	专业名称
会计学院	学术硕士	会计学
	专业硕士	会计硕士
	专业硕士	审计硕士
金融学院	学术硕士	金融学
	专业硕士	金融硕士
	专业硕士	保险硕士
统计学院	学术硕士	统计学
	专业硕士	应用统计硕士
财税与公共管理学院	学术硕士	财政学
	专业硕士	税务硕士
国际经贸学院	专业硕士	国际商务硕士
经济学院	专业硕士	资产评估硕士
旅游与城市管理学院	学术硕士	旅游管理
信息管理学院	学术硕士	管理科学与工程
工商管理学院	学术硕士	企业管理

第六十三章　南昌大学管理学院

申请环节

2016年南昌大学管理学院夏令营通知放出来的也比较晚，大概六月初才公布在管理学院的官网上，申请资格也是要求为国内一本院校学习成绩优秀的本科三年级在校生，本科前两年半总评成绩需排名在该校同年级本专业前20%之内，，不过对211、985的学生进行了适当放宽，211高校的学生放宽至前30%，985高校学生至前40%，特别是对科研方面有突出表现的学生也可以破格入营，可见南大管院还是比较人性化的，同样对于英文水平不错的同学也有一定的加分。

南大管院同样需要网申，不过与其他夏令营不同的是，学生在系统填写《申请表》和《个人陈述》相关内容，并上传照片后，学院会先进行一轮初审，初审通过的同学才能下载打印《申请表》和《个人陈述》，汇同成绩单扫描件发送至指定邮箱，完成报名。而纸质材料，包括有院系推荐意见和学校教务部门盖章的"南昌大学管理学院2016年优秀大学生暑期夏令营"申请表、个人陈述（附件）1份、前两年半学习成绩单及成绩排名证明、各类获奖证书复印件、四六级或其他英语考试成绩证明、参营论文、身份证复印件等，在入选参营报到时按顺序整理装订后一并装入A4大信封提交，信封正面注明姓名、所在学校及院系，并注明"夏令营申请"。

参营/推免复试前准备

参营结果大概六月底会通知到入选同学，7月14日、15日两天进行夏令营。

因篇幅所限，请扫描二维码或登录易保研官网www.ebaoyan.cn了解历年夏令营详细日程

夏令营/推免考核内容

夏令营考核分为背景评估、专业笔试及综合面试进行，所以参营时的纸质材料提交、笔试、面试一个都不能掉以轻心。背景评估主要根据营员提交的申请材料进行评估，包括：营员的教育背景、学习成绩、科研能力、外语水平等。专业笔试主要考察营员掌握本专业基本理论、基础知识及基本技能等。综合面试包括专业英语测试及专业面试，主要测试营员专业英语能力、掌握本专业系统知识的情况、攻读硕士学位的目的与科研计划等，重在考查营员综合运用所学知识的能力、科研创新能力（专业能力倾向）以及对本学科前沿领域及最新研究动态的掌握情况等。最后的选拔考核综合成绩按照三项加权计算，即选拔考核综合成绩＝背景评估×20%＋专业笔试成绩×40%＋综合面试×40%。

录取情况

在南昌大学的两天过得还是很愉快的，南大管院提供这两天的食宿，还报销了往返硬座火车票，虽然笔者是买的机票，但还是按照本科所在院校与南昌的火车硬座报了一些，很贴心，特别是如果获得优秀营员资格并且成功推免进入南大可以拿到南昌大学硕士研究生特等奖学金，如果没有拿到推免资格而是第一志愿报考南昌大学并取得入学资格的同学，也能拿到一等奖学金呢。可以说是诚意满

满了。①

下表是南昌大学管理学院2016年夏令营录取情况，仅供后来者参考。

专业	录取人数 （非本校生）	录取人数 （本校生）
管理科学与工程	10	1
图书情报与档案管理	0	2

过来人回声

1. "在南昌大学的几天里认识了许多来自各个地方的小伙伴，老师们也都很亲和，很照顾我们，通过笔面试的考察，也让我认识到自己在学术素养和知识储备上也有一些不足之处，不过还是很开心南昌大学能愿意接受我，希望未来能在南昌大学能遇见更好的自己。"（一位2016年录取学生）

名企直通车

实习鸟联合众多优质企业合作，企业高管和金牌导师共同为学员进行极速的背景提升，快速提高实际工作技能和简历含金量。

官方微信：internbird

---

① 路姐提醒：整理材料一定要细心哦

西南地区篇

第六十四章　四川大学

四川大学经济学院

申请环节

川大经济学院截至2017年9月是没有开展夏令营的，所以唯一的机会就是九月份的推免，也就是在"推免服务系统"填报专业志愿。2017年经济学院接收网上填报志愿的时间段为9月28日—2017年9月29日17：00。并且要求学生必须在收到"复试通知"12小时内确认接收"复试通知"。我是本院的学生，在拿到推免资格后考虑到自己想跨专业报名金融，就尝试着联系了金融系的两个系主任，向他们表达了想报名金融的想法，得到的回复是统一的，都说按着流程来，有名额就可以接收。可能是想报名金融的本校同学真的很多吧，在推免系统开放前金融系主任也专门找欲报名金融的同学开了会，统计了一下大家的专业，想报名的同学真的挺多的，除了本院金融系和其他系的同学，还有商学院，数学学院，计算机学院，等等，系主任说学硕名额较少，建议部分同学考虑专硕，名额相对充裕。我是和我几个保研的朋友一起去的，大家都觉得还是更倾向于学硕。此外，老师们特别给我们强调了一定要尽早报名，本院学生无须进行面试就可以直接录取。所以28日一早上就报名了金融专业，等待着复试通知。

推免复试前准备

因为本院学生没有复试环节，所以也不需要准备面试，最费心力的准备应该是很早就起床开始准备报名。此外考虑到报名金融系学硕有很大可能不被接收，还提前准备了报名其他两个专业，并联系了我的大创导师，询问是否可以跟着她继续读研。

推免复试内容

本院学生没有复试所以主要说一下自己的经历以及见闻。28日当天还是很煎熬的，很多金融系甚至经济系的部分朋友都已经接到复试通知，也就是被录取了，然而自己等到下午都没有收到通知，心里很慌还往学院楼跑了好几趟，碰到了一位老师，说报名金融系的外校同学也不少，本地的会面试，不能面试的就电话面试，问一些基本情况还有几个专业问题，还要考察一下英语，这么想想本院的学生还是挺幸福的。我大概等到第二天上午，觉得自己确实没什么希望被录取了也害怕如果一直等可能其他专业名额就满了，赶紧又报名了大创导师所在的专业，很快就接到了复试通知，也算终于有了归宿。

录取情况

2018年经济学院计划接收的推免生共76人，实际接收人数目前未公布。听老师是部分专业并没有接收满，而且确实29日下午经济学院群里还在通知欲保研本院的同学如仍未收到复试通知尽快报名政治经济学、西方经济学、国民经济学、区域经济学、国际贸易等专业，虽然没有公布具体每个专业录取人数但可以推断应该这些专业竞争都相对小一些。

过来人回声

1. 我不是四川人但真的很喜欢成都这个城市，也是住了将近四年渐渐理解到了张艺谋那句"成都，一座来了就不想走的城市"的真正含义。推免虽然没有考研那么辛苦，但心理压力还是挺大的，从专业到导师，还有是否报名本院的"3+2"项目，都面临着选择。但一路走来，真的收到了很多经济学院老师的鼓励或者说帮助，也非常感激他们，虽然最后没能去最想去的专业，但也知足了。（2017年本校保研生）

2. 川大经院的学硕是三年，研一基础课还是挺多的，但基本研二我们有较多时间能够去实习，不少同学的实习就在IFS或者天府新区，从学校坐地铁过去也很方便。（2016级经济学院金融系学姐）

3. 川大经院特别傲娇，对川大本校的学生非常偏心，且大部分名额都只会给本校，外校保研的同学需要小心。（2017级外校被拒的保研生）

四川大学商学院

申请环节

因为是走教育部的推免系统，所以报名时间较晚，一般是9月底，2017年是9月22日开放系统，开始注册及填报个人信息。28日才开始填报志愿。虽然要等到系统开放后才能填报，但是提前准备好各种资料是必需的。推免系统上很多信息都是学校填上去的，本人不能修改。最主要的就是在填报志愿时弄好个人[①]证

---

① 易宝提醒：不要忘了各个学校的截止日期

明材料。填报时会有一个链接将个人证明材料上传，也就是说所有的东西必须弄成一份，一个压缩包或是一份PDF等都是可以的。具体形式不限，只要老师看得清楚就好。个人建议做成一份PDF，加上彩色封面和目录，形成一本书的样子，加上本校的校名、校徽的水印等，这样会给老师留下一个非常好的印象。其他证明材料没有明确要求，一般包括简历、英语四六级成绩单、获奖证书、本人代表性学术论文、出版物或原创性工作成果、个人陈述等。个人建议把简历放在第一页，这样可以让老师迅速了解自己。

参营/推免复试前准备

川大商学院的复试通知是填报后2日内发出的。

复试只有面试，每个人10～20分钟，是多面一，一般是五个老师面一个学生。虽然没有要求携带简历，但是个人认为，带多份简历是必需的，最好保证每个老师能够有一份，毕竟简历能够让老师最快了解你。而且，在有了简历的情况下，老师的问题基本是围绕简历来的，这样自己就可以多做准备，毕竟简历上的东西都是自己最熟悉的，有的说。

夏令营/推免考核内容

首先是1～2分钟的个人陈述，然后老师会按照简历或者其他证明材料问一些相关的经历。既然是按照简历问的，简历上及自己准备的证明材料等一定要非常熟悉。如果把自己主动拿出来展示的经历都讲不清楚，那就没有办法了。如果有论文，是一定会被问到的。跟老师做了某科研项目，一般也会被问到。回答的时候要详细具体，要让老师明确清楚你做了什么，而不能泛泛而谈。把自己的经历说的很高大上，很空是一大禁忌。但同时，必要的美化、包装也是一定要有的，如果太坦诚，明白告诉老师自己就是打杂，也是不可行的。问完简历后，会问一些专业相关的问题。管理主要是偏文的，所以基本都有得说，重点就是讲得是否有条理、有道理。同时，要关注一下近期的大事，比如之前有提到怎么看待共享单车的出现等。遇到这种问题，要尽可能扯到管理上来。同时不要给自己挖坑，老师的问题可能是一串，会根据你的回答一直深入提问，所以不要往自己不擅长的方面去说。然后，老师会问为什么选择川大商学院；如果给了offer，是否确定选择川大商学院；研究生的规划等。最后，会有一个简短的英文问题，大多也是把以上为什么选择川大商学院等问题用英语的形式问出来。

录取情况

川大商学院推免研究生招收专业及录取情况（2018届）

专业	全部录取人数 （包括川大商学院）	备注
工业工程	5	
管理科学	3	
工程管理	4	
管理系统工程	3	
会计学	11	
企业管理	13	
旅游管理	2	
技术经济及管理	2	
公司金融	8	

过来人回声

根据我了解到的信息，从外校保研到川大商学院的人数占川大商学院接受研究生的总数的比例是比较小的。一方面，商学院的研究生来源以考研为主，例如2018年商学院计划招收全日制硕士研究生合计145名，其中预计接收推荐免试研究生58名（学术型50名，专业学位8名），实际接收推荐免试生51人，其中商学院本院40人（获得推免资格共有78人），外校保入川大11人。而今年相对以往来说，商学院本院学生选择保外较多。一般情况下，每年从外校保研至川大商学院的人数只是个位数。甚至有时商学院本校保研学生已经达到甚至超过了预计接受的保研人数（商学院大部分学生都会选择留本校本院，且学院是相当欢迎学生留下来的），这样就会导致当年接收的外校学生屈指可数。所以，外校学生在选择保研到川大商学院时一定要向负责招生的老师询问清楚意向专业是否有名额及名额多少。如果没有名额还继续申请，肯定是不能成功的，还会影响到申请其他的学校学院。

除了留给外校学生名额少，在仅有的外校保研名额中，还存在很大的风险。也正是因为每年招收的外校学生很少，商学院不会花费时间在暑期举办保研夏令①营，即使在九月份的推免中，商学院也不会提前进行招生，而是走教育部的研究生推免系统。在教育部的推免系统开放后，才进行资格审核、通知复试，等

---

① 易宝提示：接到入营通知可以开始备战夏令营啦！

等。这样的风险是非常大的。因为对已经获得offer的同学来说，大部分的院校都是要求在系统填报志愿当日，有的甚至是当日上午12点之前确定选择该院校，否则视为放弃已有offer。对没有获得offer的同学，本校是肯定会接受的，但是有的学校对本校学生也会有时间限制，要求在一定时间之前确定就读本校，否则可能没有名额。也就是说，如果选择川大商学院，就需要放弃以前得到的offer或者是本校本院的名额，而川大商学院的offer能否得到又是未知的，所以风险很大，大到不少人会放弃川大商学院。

任何事情都有两面性，正是因为选择从外校保研到川大商学院的学生较少，因此面临的竞争也小。同时考虑到学生的风险问题，复试的淘汰率也比较低，一般能够来川大商学院参加复试的同学，除非表现特别差，基本都是能够过的。

总体来说，从外校保研到川大商学院，是一个风险较大的选择，除非有了出国或者工作等offer保底。但同时，如果是本科学校不太好，同时本校又愿意一直为你保留位置，尝试川大商学院是一个很不错的选择，很有可能就获得高收益。

（2017级研一）

四川大学公共管理学院

申请环节

四川大学公共管理学院在2017年7月6日至9日举办夏令营，招收营员70～80人，招收专业为公共管理、哲学、图情档相关专业。夏令营期间将安排学科介绍、专家讲坛、师生联谊、参观考察等活动，评为优秀营员并获得本科学校2018年保研资格者，或通过2018年川大公共管理学院相关专业复试线者（含二次划线），将给予预录取资格，可免复试。在申请环节，没有网申填报系统的环节，只需发送邮件到指定邮箱，并邮寄纸质材料即可，材料包括：申请表、本科成绩单和专业排名证明各1份、其他证明材料复印件（获奖或资格证书、英语水平证书、发表论文情况）各1份，而九月推免还需要额外提交一份体检报告。

参营/推免复试前准备

因为考核没有笔试，故不需要特别准备，但是如果时间充裕的话，看一下相关专业的专业课书籍，也是很有好处的，具体专业书籍可以参考川大公管学院官网。

夏令营/推免考核内容

暑期夏令营参营流程：

7月6日：营员报到，学院安排食宿。

7月7日上午9：00至11：00：营员在学院老师和志愿者的带领下前往四川大学博物馆、校史馆参观，感受四川博大精深的文化和深厚的人文底蕴，同时也了解了四川大学源远流长的建校史和发展史。参观结束后分别在博物馆和校史馆门前合影留念。

下午14：00，在四川大学干部培训基地一号演播厅举行招生宣讲会和经验交流会。研究生教务办李岚老师介绍公共管理学院学术型研究生的学习和招生情况；学长学姐进行学习、工作、生活上的分享，并与营员进行互动，现场气氛温馨活跃。下午16：00，四川大学公共管理学院2017年优秀大学生暑期夏令营活动开营仪式正式开始。

7月8日，按照哲学、公共管理、图书情报与档案专业一级学科对夏令营营员进行了专业复试。

7月9日，营员离营，夏令营结束。

注：获得夏令营优秀营员者，在获得所在学校推免资格后，可以于9月28日中午之前直接登录研招网"推免服务系统"填报公共管理学院相关专业；待川大招生部门确认同意后，在研招网"推免服务系统"及时（应在2017年9月29日17：00前）点击待录取通知。逾期不确认者，将视为自动放弃。

九月推免

2017年的九月推免和夏令营复试都只有面试，每个人10～20分钟，是多面一，一般是五个老师面一个学生。首先是1～2分钟的个人陈述，然后老师会按照简历或者其他证明材料问一些相关的经历。既然是按照简历问的，简历上及自己准备的证明材料等东西一定要非常非常熟悉，如果把自己主动拿出来展示的经历都讲不清楚，那就没有办法了。如果有论文，是一定会被问到的。跟老师做了某科研项目，一般也会被问到。回答的时候要详细具体，要让老师明确清楚你做了什么，而不能泛泛而谈，把自己的经历说的很高大上，很空是一大禁忌。但同时，必要的美化、包装也是一定要有的，如果太坦诚，明白告诉老师自己就是打打杂，也是不可行的。问完简历后，会问一些专业相关的问题。因为公共管理主要是偏文的，所以基本都有得说，重点就是讲得是否有条理、有道理。同时，要关注一下时政方面的事情。遇到这种问题，要尽可能扯到自己的专业上来。同时不要给自己挖坑，老师的问题可能是一串，会根据你的回答一直深入提问，所以不要往自己不擅长的方面去说。然后，老师会问为什么选择川大公共管理学院；如果给[①]了offer，是否确定选择公共管理学院；研究生的规划等。最后，会有一个简短的英文问题，大多也是以上为什么选择公共管理学院等问题。

---

① 小西有话说：提前熟悉本校的保研名额分配方式

录取情况

公共管理学院推免生招收专业及录取情况（2018年）

专业	全部录取人数（包括本校本院）	备注
中国哲学	2	
外国哲学	1	
中外政治制度	1	
社会学	3	
技术经济及管理	4	
行政管理	18	
教育经济与管理	2	
社会保障	6	
土地行政与房地产管理	2	
图书馆学	5	
情报学	5	
档案学	5	

四川大学公共管理学院的保研分为暑期夏令营及九月推免两部分，其中主要以夏令营招生为主。2018年计划招收硕士研究生258人（其中科学硕士148人，专业硕士110），预计接收推免生约71人，实际接收49人，其中本校29人（本院28人，本校外院1人，本院有保研资格57人），外校20人。

过来人回声

"川大公管学院的王牌专业是行政管理专业，考核会更严格，来参与面试之前一定要多看论文多看书，行管专业的老师很喜欢能说会道的学生，如果语言表达能力很强，将会是一项大大的加分项。"（2017级研一）

四川大学法学院

申请环节

川大法学院历年都没有举办夏令营，也没有九月预推免，所以走十月正式推免流程相对简单。根据前两年川大公布的复试通知看，川大法学院一般于每年的10月10日左右进行推免复试，今年也不出意外，复试时间定在了10月9日。具体申请投递的材料，详见川大法学院官网通知。

川大的复试名单是根据在推免系统上填写的志愿来进行确定的，复试通知也是通过推免系统发放，收到复试通知后，主要准备的就是面试技巧和基础理论知识的巩固，通过咨询之前参加过川大复试的学长学姐得知，川大法学院的复试相对简单，没有笔试环节，主要就是专业面试和英语口语对话测试，因此不必太过紧张，正常发挥即可。

参营/推免复试前准备

川大法学院在发布复试通知时，也列明了复试考察办法，非常明确地写着，考察法律综合知识和口语，考察形式为面试。这也让在推免最后关头的同学们节省了大量的时间。10月9日上午报道，报道半小时后即开始面试。

夏令营/推免考核内容

川大法学院的复试时间安排相当紧凑，不过内容也相对简单。10月9日上午9点半进行报道，十点就开始面试。面试分组进行，一一单面。因为并不只是你所报名的专业的老师来进行面试，且其考察范围为法律综合知识，在面试时，会被问到各种各样的问题，不过氛围相对轻松，问题也简单，大部分都可以轻松应对。

面试结束后进行体检，体检结束即可离开。

录取情况

招生类型	专业	全部录取人数
硕士	法学理论	1
	宪法学与行政法学	1
	民商法学	7
	诉讼法学	14
	经济法学	3
	环境与资源保护法学	2
	国际法学	3
	法律（非法学）	4

过来人回声

"川大法学院的复试可简单了，老师会问一些比较基础的问题，英语部分的考察其实并不多，面试氛围也相对轻松。我认为没有提前联系导师的必要，因为面试时并不区分专业，而是考察综合知识，所以联系导师可有可无。放松心态，

川大复试录取概率还是很大的"（一位2017年录取学生）①

实习鸟

专注大学生实习校招，为全国大学生提供最全面、最及时、最靠谱的实习、工作、兼职、志愿者等职位信息，是国内最具影响力的实习生招聘网站之一。

实习鸟官网：http://www.internbird.com/

官方微信：internbird

第六十五章　重庆大学

重庆大学法学院

申请环节

2017年是重庆大学法学院举办夏令营，并以此选拔外校保研同学的第一年。简历投递过程中，重庆大学对于211和985的出身还是比较在意的。对于985、211同学来讲通过简历关会非常占优势。除基本信息外，重庆大学对于英语成绩的证明不限于四六级成绩，如果同学有GRE成绩、LSAT成绩，都是可以提交的。在简历投递过程中，重点不在于是否能够在和别的同学比分数的过程中占上风，而是让老师系统、精确地了解到你的英语水平。甚至你可以在报名表中填你参加过英语辩论或者英语模拟法庭，来证明你的法律英语水平。其他的材料和其他学校大致一致。如果能够拿到学术大牛的推荐信，或者是同行的推荐信会加分不少。在过程中，大家可以对于法学院的老师出身做一下简单功课，如果能够找到相关的认识的老师写推荐信则会加分不少。

参营/推免复试前准备

在保研前的准备过程中，应当多注意对时事热点的积累和对于老师们相关研究方向的重视。在开营仪式结束之后会有师生交流会，如果能够和老师之间有相关问题的交流，或者比较高质量的问题提出，无论是关于学校的还是关于培养模式的抑或关于学理的问题，都会大大加分，并提升印象。如果能够通过联系导师

---

① 小西提示：确保自己在本校获得保研名额

提前认识老师是很占优势的。在今年的夏令营面试过程中，学院选派了一位法理学老师（最受学生欢迎的老师）、一位环境法和房地产法方向的老师（重庆大学法学院优势学科）和一位主管学生工作的党委副书记担任小组讨论的评委，学校对于同学的评价是相当多元且非常注重综合素质的。

关于专业课方面的准备，同学们可以从考研的历年真题入手，从学理的角度学习保研过程中的知识点。针对一些学理争议，只要言之成理即可，要表述有条理，逻辑清晰。建议同学们平时多多练习对于时事政治的评述。建议大家在读新闻的过程中，可以用便利贴，限时五分钟的时间，想出三个评述的点，并组织语言，像盖楼一样一层一层的深化自己的逻辑。最后达到目标能够在五分钟之内立出至少三层框架来对问题进行具体的评述。

关于无领导小组讨论方面，第一，清晰明确表达自己的观点。对于洞穴奇案的案情，可以从刑法的四要件或者三阶层等理论进行案情分析，有能力的同学可以通过法理学观点的分野进行讨论，对每种审判观点的法理基础进行分析。第二，合理对待别人的异见。在无领导小组讨论过程中，有与自己不同的异见是十分正常的。讨论不见得一定要说出孰是孰非，如果能够从观点的角度入手对两人的观点进行分析，甚至可以达到合理兼容，是最好的状态。

第三，明确组内自己的位置。在讨论过程中，如何分组是未知的，在此情况下，难免会被分到比自己实力相差悬殊的队友，如何在自己处于强势地位的时候合理引领讨论过程，如何在自己处于弱势地位的时候通过别人的观点找思路并最终取得好成绩。

夏令营/推免考核内容

总体来说，重大法学院夏令营的行程安排非常紧凑，2017年的夏令营从7月10日报道，晚上会进行营员破冰活动，现场气氛很好，大家很快就能互相认识。晚上的话好好休息基本上没有太多的事情需要准备。11日的日程是从开营仪式到师生交流会，交流会上可以抓住机会和老师交流，也能尽可能多地了解老师和学院。下午的日程主要是校区参观和校史馆参观，也没有太多的任务要做，[①] 晚上的本硕博论坛是干货较多的。可以从学长学姐的角度详细地了解一下这个学校的生活学习和工作，也能从学长学姐的角度学到不少东西。今年参与分享的研究生是一位学生工作助管，甚至可以在论坛上问问学长学姐面试经验和可以规避的问题。12日就是主要的一部分，无领导小组讨论了。今年的题讨论的是五名洞穴探险人受困山洞，水尽粮绝 无法在短期内获救。为了维生以待救援，大家约定抽签吃掉其中一人，牺牲他以救活其余四人。威特摩尔是这一方案的最初提议

---

① 小也提醒：面试就是表现自己

人，但在抽签前又收回了意见。其他四人仍执意抽签，并恰好选中了威特摩尔做牺牲者。获救后，这四人以杀人罪被起诉并被初审法庭判处绞刑。这是美国20世纪法理学籍大家富勒在1949年哈佛法学评论上发表的假想公案，1998年的法学家萨伯延续了富勒的游戏，并将两位作者分析出的14中观点编辑成书，名为《洞穴奇案》，无领导小组讨论本身无统一答案，对于这道题而言，就更没有统一的观点，老师将主要通过同学们分析问题的能力、分析不同种学说基础的能力，以及如何对待与自己不同的学术观点，来对学生进行综合性考察。

现场的讨论是比较轻松的，只要表达妥善表达观点就好。此外的应当注意的问题也在准备中提到了。12日有个学术讲座和重庆夜景的游览，也都是比较轻松的日程。13日最重要的就是营员面试，被问到的问题主要有：

1. 你如何看待南海仲裁案中国的四不立场？是否具有国际法上的意义？

2. 你认为互联网金融方面的多元化争端解决机制应当如何构建？

3. 如果你是一县的县长，辖区内有一千人，一座荒山，如何将荒山在二十年内增加绿化面积。

4. 房产非意思表示行为的取得方式都有哪些?

录取情况

由于今年是学院开办夏令营的第一年，报名人数和录取比例较为平衡。今年的夏令营简历投递共225人，夏令营入营35人，实际到营人数27人。九月推免发放系统报名人数45个，最终复试offer共发放23个。夏令营与九月推免共录取校外保研学生23人，校内保研学生9人（两名学工支教保研）。因为2017年第一年开始以夏令营为主要招生方式，也是第一年采用较为多元化的面试方式，从招生比例来看，还是很高的，基本上除非常不符合学院要求的同学外悉数纳入考虑范围，发了优秀营员的offer。

从夏令营的公布名单来看，夏令营入营营员近88%以上的学生都来自211，这相当于设置了一道无形的障碍，且校内教师普遍偏好基础好、受过专业的法学训练的同学，因此对于211学校的同学以及虽然没有211学历，但是有特殊的教育培养背景的同学，如接受过博雅教育抑或有丰富的实习经历的同学，重庆大学法学院是一个性价比很高的选择。

过来人回声

"重大法学院的专业面试属于比较传统的面试，你可以在自我介绍的时候展示出你的专业研究经历或者一些做过的科研项目，通过给自己"挖坑"的方式来与老师找到话题，这样能更好地和老师在学术上进行讨论，基本上面试就是没问题的啦。"（2017级夏令营参与者）

重庆大学建筑与房地产管理学院

申请环节

重庆大学的校内学生保研的绩点要求大概是在3.7左右，如果校外保研学生的绩点可以达到3.6~3.7左右应该是一个比较好的状态。一般会在大三开学时开始依照去年的通知中的要求开始准备简历内容。注意记录一下去年的网申时间和投递材料的截止时间，我当时查看的截止时间都是6月4日，我们这一届的截止时间新通知是6月6日。

3月中旬，可以准备纸质材料了，要求投递的纸质材料有夏令营报名表1份、学术成果1篇、学术成果简介1份、1份成绩单、其他（英语、发表的学术论文、校级以上获奖证书等），首先准备1篇学术成果，也就是自己的一篇论文，可以是发表的，也可以是未发表的，重点不在于是否发表，当然发表的论文会有更多的任何度，但是并不代表未发表的论文就一定会减分。审查过程中老师更多关注的是学生的科研潜力和创新意识。成绩单是前五学期的成绩，需要去学院教务处申请打印和盖章，要查明是学院章还是学校教务的章。再梳理一下自己本科期间的获奖情况，把获奖证书原件扫描和复印，这样基本上需要提交的纸质材料就完成了。

三四月份大部分学校还没有开始进行填报。主要要完成的就是一份精心打磨的个人陈述，这同时也是一个对自己大学经历不断精简和重新认识的过程。也是保研实质内容准备的第一步。[①]

参营/推免复试前准备

在重大建管学院联系导师尤其重要，会在初步投递及简历筛选过程中占很大优势，这其中便可以通过自己中意的导师的项目和作品来对老师进行深入的了解，通过"有感而发"来向导师套近乎。而各专业复试，尤其是财管专业，对专业水平的要求极高，因此在复试之前一定要参照建管学院的官网，好好复习参考书目。

夏令营/推免考核内容

重大建管学院的复试只有面试。其中专业课的面试是跟英语面试在一起的，我们去年是总共五个老师打分，一个老师负责提问英语，另外四个大概就负责提

---

① 易宝小提示：联系导师十分重要

问专业课相关的问题，但是也不一定，一般是牛一些的老师问得多一些，因为面试分组都是随机的，不知道会分到哪一组。专业课面试问完之后是英语口语面试。一般老师们问的专业课问题随机性都是很大的，有专业性的也有常识性的，所以尽量总结一下可能会涉及的问题，有时候也不面试英语的，比如12年，14年都取消了口语面试，直接只问专业课。面试时也不是全看你专业知识掌握的情况如何，老师还会看你的临场应变能力，因为毕竟是面试嘛，所以你尽量做到大大方方，不慌不忙，不急不躁，说话要大声、思路清晰一些。不要由着老师领着你走，要你给老师提供你最擅长的一些信息，领着老师往你的方面走，而且还要了解老师下老师的擅长领域，差不多是这个意思。在英语面试常见问题有，你的研究生计划是什么？你为什么要读研？你为什要来建管学院？大学最喜欢的专业课是什么？为什么选择重庆大学？你来过重庆么，你刚到重庆对重庆有什么印象，说说重庆特色，喜欢什么？你觉得重大校园怎么样，对重大的感受和印象？重大和母校相比，你喜欢哪个？等。而在专业课的面试中，常见问题有，清单计价和定额计价的共同点和区别？建筑安装工程费用构成（这个题目必须得会，很容易就考了，无论是笔试还是面试中都有可能）？工程概算和工程预算的区别？竣工结算和竣工决算的区别？什么是不平衡报价？建设工程项目全寿命期都包含了哪些阶段（房地产项目全寿命期类似）？从哪几个角度去控制工程建设的成本？项目融资都有哪些模式？。当然，不同专业会有不同的问题，难易程度不一，我们所要做的便是争取引导老师，当老师问你都学过什么课程，或者对什么感兴趣的时候你可以说学过造价、学过工程力学，等等）。

录取情况

重大建管的2017年并没有夏令营，仅仅通过九月推免保研，2017年的研究生招生人数为112人，其中学术型65人，专业学位47人。其中保研人数为58人，其中区域经济学一人，建筑与土木工程23人，项目管理1人，管理科学与工程13人，工程财务与造价管理5人，工程管理5人，技术经济与管理8人，土地资源管理2人，保研生源差不多一半来自于本校。今年本校推免生共有17人，外校简历申请人数不详，外校推免的复试录取比例为1：3。

过来人回声

"面试里财务管理专业的面试题是最专业的了。其他专业的面试题据说不是特别专业。面试的话肯定是要了解一下房地产的政策和发展趋势，是最重要的内容，能让老师感受到你的专业敏感度，这很重要。面试题主要是问了会计的基本工作内容、公司并购的体制机制、PPP的含义和发展，以及一带一路、亚太行等金融经济方面的问题。也问到过比特币在金融经济中的作用，等等。"（2017年

重大本校保研生）

重庆大学公共管理学院

申请环节

重庆大学公共管理学院没有夏令营，只有预推免这一种接收推免生的方式。但是需要重点注意的是，网申不是九月份才开始，而是从大三上学期就已经开始了。2017年5月31日，重庆大学研究生招生信息网上发布了2018届推免生招生通知，拟申请免试攻读重庆大学2018年研究生的应届本科生（包括本校和外校），可登录"重庆大学研究生服务系统"进行申请，网申时间为：2017年6月1日8：00至2017年9月25日17：00（期间24小时开放）。招生通知发布在重庆大学研究生招生信息网的通知公告板块，而不在学院官网上，所以大家在关注招生信息的时候，不能仅限于学院官网，而应该多留意几个信息渠道，比如研究生院官网、研究生招生网，等等，千万不要错过重要信息。

对于申请条件，重庆大学没有硬性的要求，只说了思想品德良好，本科阶段学习成绩优秀，名列前茅，学术研究兴趣浓厚，有较强的科研创新潜质、专业能力以及综合分析问题和解决问题的能力，等等。

对于申请专业，推免生招生通知中附上了前一年的招生专业目录，里面有各个学院的招生专业、推免招生人数、指导老师、研究生考试科目，等等，可以作为申请参考。公共管理学院2018年招生专业目录列出的招生专业和推免招生人数如下表所示：

专业名称	推免招生人数
理论经济学	1
区域经济学	1
产业经济学	12[①]
国际贸易学	2
社会工作（专业学位）	10
心理学	2
公共管理	18

重庆大学公共管理学院的推免申请只有网申这一环节，无须寄送纸质材料。

---

① 路姐提示：4~6月制作文书材料准备参营论文

网申自2017年6月1日开始，登陆"重庆大学研究生服务系统"，填写各项信息。网申时需要提交以下材料的电子版：①大学本科阶段成绩单扫描件，须加盖学校教务处或院系公章；②外语水平证明，如CET-4、CET-6、TOEFL、IELTS等的证书或成绩单扫描件；③如果有校级及以上获奖证书，或者公开发表的学术论文，也提供扫描件。需要注意的是，所有电子版材料都只支持PDF格式，扫描的时候注意一下。网申系统填写完成后，申请过程就暂告一段落了。

参营/推免复试前准备

推免招生通知上写的是："我校推免生申请系统开放后，各院系将根据网上申请情况，分批安排审核申请信息，详情请咨询学院"，并没有给出具体的审核和复试时间，因而网申完成后，应该随时关注系统，查询申请进度，还要密切关注着学院官网和研究生招生信息网。如果想让心里踏实一点，可以给学院招生办打电话咨询，联系方式网站上都有的。

9月20日，公管学院官网上发布了《公共管理学院接收2018年推免研究生工作实施细则》，研究生招生信息网上也有发布。细则中提到复试由笔试和面试组成，笔试主要考核学生的专业综合知识，面试主要考核学生的综合素质和能力以及外语听力和口语等，笔试和面试成绩各占复试成绩的50%。随后学院教务打电话通知了复试的具体时间在9月25日，上午笔试，下午面试。

由于要准备笔试，我在网上找到了公共管理学院考研科目和专业课参考书目，公共管理专业共有7本参考书，分别是夏书章的《行政管理学》、张国庆的《公共行政学》、李洁明、祁新娥的《统计学原理》、卢淑华的《社会统计学》、周三多的《管理学——原理与方法》、杨光斌的《政治学导论》和郑杭生的《社会学概论新修》。参考书比较多，我就重点看了夏书章的《行政管理学》和周三多的《管理学》，同时把自己本科专业课的PPT和笔记大概看了一下。另外回顾了自己参与的科研项目的结题报告，并且根据保研论坛上的资料，准备了几个比较常见的英文问题。

除了知识上的准备，还有一些材料需要准备，有二代身份证原件及复印件；学生证及本科阶段学习成绩单（必须加盖学校教务部门公章）；英语四、六级证书原件和复印件，或证明外语水平的其他考试成绩单原件和复印件；其他相关材料，比如各类获奖证书原件和复印件、代表性学术论文、已发表的论文或其他科研成果的原件和复印件。这些材料在复试时要交给学院。

夏令营/推免考核内容

以公共管理专业为例，复试只有一天，节奏紧凑，效率较高。

9月25日上午，报到并提交申请材料。

上午报到结束之后就进行笔试，笔试一共有5道大题，题型比较多样。有2道题目考查公共管理专业的基础知识，比如介绍你所熟悉的公共政策模型；有的题目问如何理解习大大的一句话；还有题目要求设计一个实验，探究你与领导之间的关系；另外还有一道题目是要把一段文言文翻译成英文，感觉很新颖，挑战性比较大。

9月25日下午，面试。分组进行单面，面试官有4～5位老师，面试时间为15分钟左右。进场之后首先进行自我介绍，接着是英文提问，最后是中文提问。英文问题比较常规，与日常和学习、生活息息相关，比如本科期间学过哪些课程、介绍学习习惯、介绍家庭，等等；中文问题主要围绕自我介绍展开，也会涉及专业知识、科研经历、实践经历等，范围比较广。

录取情况

2016年复试：

专业	复试人数	全部录取人数
区域经济学	共54人	1
产业经济学		15
社会工作（专硕）		3
公共管理		15

2017年复试：

专业	复试人数	全部录取人数
理论经济学	共52人	1
产业经济学		12
国际贸易学		1
心理学		1
公共管理		15

过来人回声

1. "重大公管的笔试题目比较开放，题型丰富也比较新颖，像实验设计还有[①]古文翻译这些都让人眼前一亮。题目中没有那种固定的、比较死的知识点，而是注重考查学生的综合素质和平时积累。如果想在笔试中取得不错的成绩，不仅需要基础知识过硬，平时还要多阅读一些论文和学术著作，留心时政热点。"（一

---

① 小西提示：不同的风格的项目要展示自己不同的侧面

位2017年录取学生）

2. "在准备复试的过程中我上网搜索了公管学院去年考研的真题，作为复习的参考，结果发现，推免生笔试的题型题目和考研复试的笔试题目非常类似，可能就是在考研复试的试卷基础上进行修改的。所以建议大家提前找到当年考研复试的题目，以此为基础进行复习和准备会比较有针对性。"（一位2017年录取学生）

重庆大学经济与工商管理学院

申请环节

重庆大学经济与管理学院的夏令营出的比较晚，6月中旬才在保研论坛上看到重大管院出了夏令营的通知。如果十分想去重大管院，也可以把重大管院官网加收藏，每天起床的时候打开看一下有没有出夏令营的通知。

自己当时已经海投了很多学校，再投重大管院的也就十分游刃有余了。重大管院需要提交的材料有《重庆大学经管学院夏令营申请表》《个人陈述及研究计划》、本科阶段成绩单（要求是前五个学期的，并且要有排名体现）、申请者本人身份证、学生证复印件、英语水平证明（如CET6成绩单或雅思成绩单）、发表论文、获奖证书。

其中，申请表和研究计划都是给出了附件，只需要自己按照附件要求填好即可。研究计划规定了在1000字以内。建议同学们及早准备一份内容翔实的计划书，很多学校都是需要提交研究计划书的，一份好的研究计划书也可以在简历初筛这道门槛上为你助力很多。至于如何准备，建议联系本校心仪的导师，多多请教，最起码研究计划各部分结构要符合学术规范。选题也要多和导师探讨，也可以结合他的研究方向想题。研究计划书还可以参考别人科研项目开题申请书，好多结构都是可以借鉴的。

其余要求投递的材料都很常规，在这里就不再赘述了。

参营的基本要求，是原则上要求绩点排名为前10%，对于部分院校可以放宽要求，英语要求是CET6 450分以上或同等水平的其他英语考试成绩。

参营/推免复试前准备

没过多久得知自己入营了。重大经管会由专门的老师负责建一个QQ群，相关事宜都在里面通知，参营过程中有任何问题也可以及时提问。这点我觉得挺好的。并且负责对接我们夏令营活动的常老师也真的超级棒。

营前给大家公布了活动流程。

因篇幅所限，请扫描二维码或登录易保研官网
www.ebaoyan.cn了解历年夏令营详细日程

　　由于看到了有笔试面试，所以在这两方面上准备较多。在QQ群里有人问常老师笔试都是哪些科，常老师告诉我们，无论你是报的什么专业，笔试都是一套题，里面包括管理学、经济学、运筹学、市场营销学等六门学科。很多同学当时都慌了，表示自己没学过某一门学科。看到很多人都有没学过的学科，根本没学过运筹学的我也就松了一口气，没有很慌。随后把大把的时间花在复习笔试学科的复习上，没学过的学科由于时间不多了，也就没有再去深入研究，只是和同学借了课本把目录和前几章过了一遍。

　　事实证明，把大把的准备时间都投入到笔试科目的复习上是十分明智的！因为重大管院的题实在是有点令人抓狂。当然面试也不可忽略，中英文自我介绍一定要写好并不断润色与练习，自我介绍和简历上的每一个点自己也要吃透。

夏令营/推免考核内容

　　7月3日，从南京出发，坐了好几个小时的动车，骨头快要散架。晚上的时候到了重庆，一下车就被热浪打晕了头，建议来的同学一定要带好防暑药品，做好防暑准备。晚些时候到达了指定酒店入驻。

　　7月4日上午领取完物品，进行了一上午的讲座。首先是院长等人给全体的营员介绍了一下管院。随后分专业的（工商管理、管科、应用经济学和工商管理-会计）进行了专业讲座。

　　下午进行了面试。面试分为专业面试和英语面试。专业面试是群面，七八个人一组，按照给好的名单顺次进入进行群面。英语面试是三人自由结组，组好后自由进入英语面试教室进行面试。专业面试的群面，首先进去之后每人进行自我介绍，老师会根据大家递交的材料和自我介绍，对他们感兴趣的同学进行提问。也会有老师抛出一两个问题，让大家去讨论回答。英语面试可以在任意没有进行群面的时间段参加。英语面试分为自我介绍、阅读和问题回答。阅读是面试老师从一篇英文文章里选几段内容，让大家每人一段去朗读。阅读材料难度在六级阅读水平之下。同时老师会问一到两个问题，可能是非专业知识方面的，比如怎样看待越来越多的人热衷于读MBA，介绍一下你的家乡；也可能是专业知识方面的，但由于英文面试老师都是重大外语学院的，即便是专业知识，问的也不会很深入。

　　晚上进行笔试。笔试之前常老师说，你做完重大的笔试，肯定就不会觉得别的夏令营的笔试有多难了。事实证明确实笔试令人抓狂——题量大，范围广，

时间长。笔试分为英语笔试和专业知识笔试。英语笔试考听力，前面是和六级考试差不多的听力选择题，后面是两道听力填词题。难度不高，在六级考试难度左右。[1] 英语笔试进行45分钟，包括了在结束后短暂的休息时间。45分钟之后进行专业知识笔试，卷子发下来很多同学都惊呆了，里面有200道左右的选择题和8道大题，也确实涵盖了常老师之前在群里通知的那些模块。考试范围确实很广，但是如果你对基础知识掌握的很牢固，会发现题目其实也不算很难，考察的内容都是相对基础的。专业知识笔试进行3个小时。也就是说晚上的笔试一共占了3小时45分钟，答题真的很煎熬。

7月5日上午，进行workshop活动。老师会提前给大家布置一个话题，让大家去准备。第二天大家进行交流。这个活动是不算做考核的。

7月5日下午，进行交流会和闭幕式，这部分内容也不进行考核。由于订了下午五点多的动车票，和常老师说明情况之后就在上午活动完成后溜了。中午下午先去在市区小浪了一下，随即赶赴高铁站返宁。

录取情况

2016年夏令营

专业	入营人数
工商管理	80
管科	33
应用经济学	49

2017年夏令营

专业	入营人数	全部录取人数（包括预报名）	备注
工商管理	106	优秀：30；候补：15	此表格中入营人数指官网公布的通过名单中的人数。
管科	31	优秀：7；候补：5	
应用经济学	70	优秀：16；候补：8	
工商管理–会计	21	优秀：7；候补：5	

2017年夏令营中，据招生老师说，由于实际参营人数达到了150人左右，远超于往年（60人左右），因此在最终录取中分为了优秀营员和优秀候补。如果优秀营员有最终放弃优秀营员权利的，优秀候补可以补位，变为优秀营员。

---

[1]　小也温馨提示：6月就会接到入营通知啦！

过来人回声

1. "重大经管院夏令营的重头戏无疑就是专业笔试了，专业笔试也是最能拉开大家最后综评差距的。所以专业笔试一定要好好准备，笔试分数拿高了基本上优秀营员也就稳了。"（一位2017年录取学生）

2. "如果错过了重庆大学经管学院夏令营，或者在夏令营没有拿到优秀营员也没有关系，还可以多多关注它的预推免。预推免中也会给出很多offer。"（一位2016年录取学生）

易保研保过学员成功案例——重庆大学经济与工商管理学院、暨南大学管理学院

第六十六章 西南财经大学

西南财经大学经济学院

申请环节

西南财经大学经济学院是在6月初发布了2017年的夏令营通知，但我在之前申请其他夏令营时就已经整理了相关材料，所以在申请西南财的经济学院时并没有太过提前做准备。在6月5日看到通知后就开始填写网申系统，系统中需要填写的大概内容除了自身的基本信息外，最重要的还是个人陈述、科研经历及成果、获奖情况、学习和工作经历等内容，这是网申系统中普遍包含的内容。并且这部分内容都有字数的限制，因此如何表述出自己的闪光点也是需要好好思考的。我当时是在网上下载了一些参考资料，并找往届有经验的学长学姐要来了她们当时保研时的个人简历。但这些资料千万不能照抄，一方面是因为每个人的情况和侧重点不同所以表述也应该有所不同，另一方面是照抄的话万一被老师发现会对自己和学校有不好的影响。所以只需要借鉴前辈们的经验和方法，以此来完成自己的个人简历，再根据字数的限制扩充或精炼填充到网申系统中即可。以上的工作我都是在word中完成的，等填写网申的时候就可以直接复制过去然后调整格式，这样就能避免网申系统意外关闭造成文书遗失。

在完成了网上申请后，我就紧接着开始准备需要邮寄的纸质材料。其中导师的推荐信的撰写也一定要仔细斟酌以突出自己的优势，并且尽量找在你所申

请的专业有所建树的教授职称的老师帮你签字，这样可能会对你申请成功有所帮助。另外材料一定要进行整理和排版，需要寄送的材料很多的话最好做一份目录，老师也一定希望看到翔实且有条理的材料。

参营/推免复试前准备

西南财大经济学院在公布入营名单的第二天就公布了夏令营的活动安排。

因篇幅所限，请扫描二维码或登录易保研官网
www.ebaoyan.cn了解历年夏令营详细日程

笔试分考场进行，面试及论文答辩分组进行。

西南财经济学院夏令营的时间跨度比较长，并且考核的形式和内容也比较多样，所以需要尽早开始准备。首先最重要的当然是要形成一篇高质量的入营论文，我在大约三四月份将自己的学年论文再次完善，并多次与导师沟通并修改。完稿之后开始制作PPT，请别人或自己站在老师的角度上根据自己的PPT或论文提出问题并归类整理，然后根据这些问题自己可以做出熟练的解答。其次就是要重视专业科目的学习，笔试考核的科目有宏观经济学、微观经济学和政治经济学，因此我也提前进行了专业课的复习，并配合着做了几套练习题目。

夏令营/推免考核内容

西南财经大学经济学院的夏令营时间大约有一周，每天的日程安排也比较满。7月10日第一天白天主要就是报到，在学员完成报到和资料的审核之后会进行政审的环节，会有老师问你关于党课学习和入党时间的问题，还会询问你对于宗教信仰的看法。接着晚上会进行夏令营活动安排说明会，一开始老师就将我们分为三组进行传递数字的素质拓展活动，之后就是大家根据活动情况自愿发言，这样老师就会对大家进行一个初步的了解。接着学院的老师对夏令营及学院的情况进行了基本介绍，第一天的活动就结束了。

7月11日上午是开营仪式及学术报告，首先是学院的领导为我们介绍学院的情况以及研究生学习的各类信息，接着为我们做了关于政治经济学的学术报告。下午首先是宣讲会暨专业方向介绍会，每个学科的负责人首先对各个学科进行了详细的介绍，对于研究生的学习要求和计划也进行了讲解。接着是导师见面会的环节，大家有什么疑问可以提出，会有相应的老师进行解答。

7月12日上午是笔试的环节，笔试涉及微观经济学、宏观经济学和政治经济

---

① 路姐告诉你：好好准备人生第一场面试

学三个科目，出在一张试卷上，共计两个小时。题量并不大，但是题目具有一定的综合性，所以也需要一定的思考。下午是面试与论文答辩，但重点还是在论文答辩上。每四到五人为一组，被分在同一间教室，一般会有三四名老师及一名记录员。首先老师会让你在三分钟之内做一下简短的自我介绍，之后就是根据PPT来讲解你的论文，之后老师会根据你的答辩用中文和英文各问几个问题。

13日上午是对校园进行参观，下午就是针对前一天答辩比较优秀的论文进行展示，之后老师也会对这些论文进行评价并提出建议。

14日大家乘坐大巴去到高新产业园区进行参观和游览，整个夏令营的流程基本上就结束了。

录取情况

2016年该院大致录取情况

专业	全部录取人数（包括预报名）
区域经济学	3
西方经济学	14
发展经济学	1
世界经济	2
政治经济学	8

2017年夏令营大致录取情况

专业	入营人数	全部录取人数（包括预报名）
经济史	1	0
区域经济学	17	4
西方经济学	14	13
发展经济学	8	1
国民经济学	7	4
世界经济	3	2
政治经济学	0	4

过来人回声

1. "西南财经经济学院的老师比较重视学术能力，尤其重视你的论文答辩，所[①]

---

① 小西说：其实竞争在上保研考场前已经结束了上半场

以大家一定要重视入营论文的质量。在答辩的时候，老师可能会提出一些比较尖锐的问题或者直接对你的论文提出批评，这也比较锻炼大家的抗压能力。但总体来说，老师都非常的nice，你有什么问题都可以与他们进行讨论，感觉收获也非常大。"（2017年录取学生）

2. "西南财经大学的经济学院作为一个有着悠久历史的学院，一向以学术要求严谨著称，入营考核不光要考宏微观经济学，还要考政治经济学，接到入营通知比较晚，也没有准备政治经济学方面的知识，在考试的时候就容易出现问题。在论文答辩的环节，面试的老师都有很高的学术素养，能够看出来文章的缺陷和问题，论文质量如果不高的话，会在面试的时候很被动，整个面试的过程其实就是论文阐述。英文问题是和经济学相关的内容，只要能听懂就比较好回答。总之，要准备一篇质量好的文章，还要做好专业课的准备才能在夏令营中有较好的表现。"（2017年落选学生）

西南财经大学财政税务学院

申请环节

2017年西南财经大学的各个学院都在六月初公布了夏令营的报名通知，有志于申请的同学也可以提前准备材料。因为各个院校所需要的材料有很大一部分是共性的，所以可以先把这部分材料做好准备，等学院的招生通知出来之后再有针对性的准备材料。首先需要先填写网申系统，系统中除了自身的基本信息外，最重要的还是个人陈述、科研经历及成果、获奖情况、学习和工作经历等各类内容。这部分会有相应的字数限制，所以建议大家先根据前辈的经验或方法形成自己的个人简历，然后再根据网申系统的需要提取相关内容。在撰写个人简历的时候除了要做到准确和详尽之外，也一定要突出自己的闪光点，要用精练的语言将自己最突出的优势凸显出来。

完成网申之后就是纸质材料的准备和邮寄，财税学院需要准备的材料有申请表、本科成绩单、已发表论文或参营论文提纲（其中代表性论文1篇提供全文或详细摘要，其他已发表论文提供期刊目录、论文首页，未发表论文提供单页摘要）、与经济学管理学相关的获奖或资格证书、各类英语考试成绩单等（雅思成绩单、托福成绩单、英语6级成绩单）。首先要将上述文件扫描件打包压缩并发送到该学院的邮箱，最后还需将纸质版寄送到学院。材料一定要进行整理和排版，需要寄送的材料很多的话最好做一份目录。

参营/推免复试前准备

西南财经大学材政税务学院的夏令营是在发夏令营通知的时候就告知了夏令营考核的流程。

因篇幅所限，请扫描二维码或登录易保研官网
www.ebaoyan.cn了解历年夏令营详细日程

因为财税学院的考核形式比较单一，只有面试，所以我也把复习的重点放在了面试上。一方面是英文的准备，每天进行听力和口语的训练；另一方面是专业方面的准备，不仅是对于专业科目的重点复习，还每天关注专业方面的时事热点并进行分析与整理。

夏令营/推免考核内容

财税学院的夏令营时间跨度并不短，但是最重要的考核内容却被放在了最后一天。7月10日主要是营员报到、领取资料和办理住宿。7月11日上午是开营仪式，首先是院领导致辞，然后就是学生代表致辞，最后是针对夏令营活动的情况做了介绍。下午大家一起去参观了学校的校史馆。7月12日上午由刘蓉教授和周小林教授分别做关于"学科介绍"和"学习财政学的意义"的主题报告，然后下午举办了夏令营的读书会。7月13日上午由黄健老师和彭蕾老师分别做"地区间基础教育财政支出差异格局下的教育不平等研究"和"案例热点分析"的学术讲座，接着下午开展了心理学分享会。

最后一天上午是推免面试的环节，面试一共分了三组，分别有政审（20%）、英语面试（20%）、专业和综合面试（60%）。英语面试主要聊生活方面的事情，有的还包括专业的选择、对专业的看法、毕业论文的方向，等等；专业面试就主要是问关于专业的基本知识，或者结合理论知识谈一谈对一些时事热点的看法。

录取情况

2016年夏令营大致录取情况

专业	全部录取人数（包括预报名）
财政学	9
税收学	8
税务	20
资产评估	2

2017年夏令营大致录取情况

专业	入营人数	全部录取人数（包括预报名）
财政学	8	8
税收学	8	16
税务	16	23[①]
资产评估	0	1

过来人回声

1. "财税学院的考核主要以面试为主，当然也举办了各式各样丰富的活动，给我总体的感觉是难度并不是很大，并且老师也都很好。因为我是跨专业的学生，在专业面试的时候有些问题回答不上来，老师也会表示理解并且会与我交流，所以整体来讲是对营员非常友好的。"（一位2017年录取学生）

2. "整体来讲财税学院的夏令营还是非常有趣的，而且面试的难度并不大，我当时专业是抽到了一个财政、一个税务的问题，基本上都是专业课本中的基础知识，大家只要找到之前的学长学姐问到参考书目并且认真复习的话应该是没有什么问题的。"（一位2017年录取学生）

西南财经大学工商管理学院

申请环节

我是在大三的寒假开始准备自己的材料的。为了节省时间精力，我总结出三点经验。首先，寒假的时候可以提前将自己的成绩单、获奖证书、研究成果等扫描成PDF格式保存在一个文件夹里，这样在之后投递夏令营以及预报名网申的时候就可以直接根据申请系统的实际添加证明材料。其次，可以提前将自己的获奖情况，科研情况等写好存在Word里，系统开放了直接复制过去就行了，关于个人陈述，因为不同申请系统要求的字数不同，比如西财工商管理学院要求不超过600字，而同济经管和浙大管院要求不超过1000字，所以建议可以准备一个详细版本的个人陈述，填申请系统的时候直接根据要求删减字数就可以了。最后，可以将自己的成绩单、获奖证书、研究成果等一次性复印十几份，需要邮寄材料的时候直接拿，省去了来回跑打印店的时间。通过在西财官网查资料，我了解到西财工管学院往年的夏令营通知一般在6月上旬出，我当时按照2016年的通知准备

---

① 易宝提示：7月是参加夏令营考核的时间

了申请材料，并记下了网申和投递材料的截止时间。

在今年6月份开始的时候，我就开始关注西财官网有没有出夏令营通知。结果在今年6月7日的时候，西财工管学院官网出了夏令营通知。主要包括网申申请和纸质材料投递两点：

首先，网申申请要求申请人登陆"西南财经大学夏令营网上报名系统"进行网申，西财夏令营网申系统是面向整个学校的，因此只能选择一个专业填。网申系统里除了自己的基本信息之外，还需要填写个人获奖情况（不超过200字）、发表论文和其他研究成果情况（不超过200字）、个人陈述（不超过600字），由于在寒假的时候已经将这些东西提前准备了，所以要做的就是粘贴和删减，网申系统填起来比较得心应手。

其次，除了填网申系统外，还需要将夏令营通知中要求提交的申请材料邮寄至西财工管学院。

参营/推免复试前准备

西财工管的夏令营是在发夏令营通知的时候就告知了夏令营考核的流程。

因篇幅所限，请扫描二维码或登录易保研官网
www.ebaoyan.cn了解历年夏令营详细日程

夏令营考核内容包括专业能力面试；综合素质面试；专业以外的学习、科研、社会实践或实际工作表现等；外语听说能力测试以及政治思想品德考察。

7月初，在收到录取通知之前，我觉得西财工管应该是一个很重视学生科研能力的学院，因此我在参营前下载了一些西财工管心仪老师的一些文章来看。在7月5日接到夏令营入营通知后，我上网查找了往年西财工管夏令营的考核内容，了解到西财工管夏令营没有专门的笔试，但是有考察专业知识的综合面试，我推断可能会以抽题的形式回答专业问题，应该会侧重考察专业基础知识，所以我把《人力资源管理基础》和《组织行为学》这两本专业书籍大致看了一遍，理出了人力资源管理专业大概重要的知识点，没想到真的在专业面试的时候派上了用场。

夏令营/推免考核内容

西财工管所有专业的面试流程都是一样的，如下：

夏令营总共进行了3天，考察的时间也就1天，7月11日上午报道领取资料和安排入住房间。

7月11日下午开展了热情隆重的开营仪式，营员通过破冰活动对彼此有了基

本的了解。

7月12日上午听了一上午的讲座，印象中有三个老师来自三个不同的专业，他们主要对自己的研究领域进行了介绍。

7月12日下午，进行了两场面试。首先是思想品德面试，单独进入一个面试教室，进行自我介绍后，会有一名老师就你的兴趣爱好，社团活动、是否入党，最近在关注什么时事政治等提问。思想品德面试只看合格与否，成绩不计入总成绩，一般来说大家都是合格的。

7月12日下午，在思想品德面试结束后，就进行了综合面试。依旧是单独面试，大概是五位面试老师。进去之后首先进行自我介绍，然后在一个老师那抽取两道专业试题，读出题目后进行回答。这个专业试题侧重于考核学科基础知识，比如我申请人力资源管理专业，我抽到的试题就是什么是战略性人力资源管理？和绩效考核是什么，主要的用处有哪些？ 回答完专业试题后，面试老师会根据你的简历和申请资料进行提问。比如老师根据我的申请资料问了我选修心理学二[①]专的意义和一篇我发表的论文。最后，会进行英语面试，一位考官会根据你的申请资料以及你前面的表现提英语问题。比如之前回答心理学意义这个问题时，我谈到了心理学的实验研究方法能够弥补问卷调查的缺点，所以考官问我的英语问题就是 "What is the difference between survey study and lab study?"

7月13日上午，先前没来的其他两个专业的老师就他们的研究领域进行了介绍，下午就结束夏令营，大家各自回家了。

录取情况

2016年夏令营大致录取情况

代码	专业	入营人数	招生人数（包括宣讲会和预报名）
20205	产业经济学	9	4
1201Z5	大数据管理	3	2
120202	企业管理	13	11
120203	旅游管理	6	4
1202Z2	人力资源管理	5	3
1202Z5	市场营销管理	6	4
1202Z9	物流与供应链管理	5	3

---

① 易宝提示：多逛逛论坛，忘掉紧张吧↖（^ω^）↗

2017年夏令营大致录取情况

代码	专业	入营人数	招生人数（包括宣讲会和预报名）
20205	产业经济学	8	5
1201Z5	大数据管理	2	1
120202	企业管理	14	12
120203	旅游管理	5	3
1202Z2	人力资源管理	5	3
1202Z5	市场营销管理	6	3
1202Z9	物流与供应链管理	6	3

过来人回声

1. "西财工管参营之前好好复习专业知识比较重要，因为综合面试一开始就是抽取两道专业试题进行回答。考核的专业知识都比较基础，如果你能流畅自信地回答出来，并且能够结合实例进行分析的话，老师对你的第一印象会非常好，之后也愿意多向你提问题，多跟你交流，交流中再发现你有一定的科研基础，那你通过夏令营的可能性就很大了。据了解，如果一开始的两个基础问题都回答不好，那之后的提问环节老师一般也就草草结束了。"（2017年录取学生）

2. "西财工管看重学生的科研基础，近两年来的夏令营也都是招收硕博连读学生，之后的宣讲会和九月预报名才将硕士和硕博连读生分开招收。因为夏令营都是招收硕博连读学生，所以面试的提问环节，据了解还是很多人被问到有没有科研经历，一般来说，如果前面的专业问题回答得磕磕巴巴，又没有科研经历，同时对论文写作不够了解的话，落选的可能性还是很大的"（2016年落选学生）

西南财经大学国际商学院

申请环节

西南财经大学国际商学院6月5日在官网上公布了夏令营的相关通知，具体时间安排如下表所示：

相关事项	时间节点
网申时间	6月5日至6月30日
纸质材料投递截止时间	7月3日
参营时间	7月11日至15日

填写网申系统的时候，可以另开一个word文档，先在word中填写，便于修改和检查，然后再复制到网申页面中。并且，填写完毕后，还可以将该文档保存起来，以后如果有网申的填写，可以直接复制，会方便快捷的多。准备纸质材料则是需要更多的耐心，需要一份夏令营申请表（网上报名成功后即可下载）、是已发表论文或参营论文提纲（注意已发表论文提供期刊目录、论文首页，未发表论文提供单页摘要）、与经管相关的获奖、资格证书（最好能够分类整理并编号）、各类英文成绩单、社会活动证明材料（同样分类整理并编号）。材料都打印出来之后，按照要求的顺序装订完毕，临寄出的时候再对照检查一遍。可以将材料装入A4的信封袋中，在信封袋上写上自己的姓名、学校，以及申请XX学院夏令营的字样，会更方便老师整理材料。

参营/推免复试前准备

西南财经大学国际商学院在公布入营名单时也发布了夏令营日程安排。

因篇幅所限，请扫描二维码或登录易保研官网
www.ebaoyan.cn了解历年夏令营详细日程

由于国商学院的考核形式较多，包含笔试、面试（思想政治测试、专业基础知识、论文答辩、英语口语），因此相应也需要较长的准备时间。其中，国际贸易学的笔试考核是微观经济学、宏观经济学，国际商务的笔试考核是微观经济学和管理学，具体的书目可以参考西财考研用书。[①]

为了进一步加深对专业知识的理解，可以采用看书为主+做题辅助的形式，用题目检验自己的学习状况，也便于量化每日的学习成果。由于专业面试中会问到一些专业问题，因此，对于简答题和论述题要多加留心，必要时也可以自己梳理答题逻辑，加以总结和记忆。

论文部分是需要花大量时间的，首先要有比较成型的论文可用。论文有两种常见的形式，一种是案例，一种是实证，目前实证论文是主流形式，并且更容易得到老师的青睐。但相应的，实证论文也有一定的门槛，数据获取的难度及后期数据的处理、相关软件的使用，都对学生的实证水平提出了比较高的要求，也需要花费大量的时间和精力进行学习。因此，如果之前对是实证论文一无所知，并且找不到特别靠谱的领路人时，也不一定要强行进行实证论文的写作，此时能拿出一篇高质量的案例论文也是能够让老师眼前一亮的。这一段时间，需要仔细地整理自己的论文，写作的逻辑思路是什么，是否清晰和完整，文献综述部分的总

---

① 小西提示：针对往年面试情况做一些面试预演吧～

结是否到位，文章是否有价值。这里必须说明，对于本科生的论文，老师诚然并不期待我们拿出具有极高创新价值的文章，但是一味地老生常谈也是不可取的，最好能有一些较为原创的新想法，比较容易在面试中吸引老师的注意。在写作和完善的时候，建议充分利用本校的资源，多多请教学长学姐和学院的老师。

对于英文面试，需要搜寻相应的常见英文面试问题和英文专业面试问题，最好能够自己写出相应的回答。口语方面的练习，可以参考托福口语的第一二个问题的策略。注意回答的逻辑清晰，表达流利，措辞和句型没有明显的低级错误。平时也可以在早上的时候，到室外空旷处进行自我练习，如果有录音设备的话，可以将自己的回答录下，然后反复回放，揣摩自己的表达有何不当之处，在什么地方还能够有所改进。同时，这段时间也不能放松对词汇的学习，因为英文专业问题的词汇在日常生活中并不会被高频使用，只有通过不断地复习，不断地加强记忆，才能在面试地过程中迅速反应其意义，并组织起来，为自己所用。

思想政治面的准备则相对简单一些，如果有上过党课的同学，认真听讲基本就能流利作答了。

夏令营/推免考核内容

7月11日，主要是报到和活动情况说明。

7月12日，上午是开营仪式，下午是两场专业讲座。

7月13日，上午是学院教授讲座，下午是校外导师讲座，印象中有关于一带一路的内容和跨国企业国际化战略的内容。讲座的认真听讲还是很有利的，可以汲取一些思路，等到专业面试的时候有可借鉴的案例或观点。

7月14日，上午是专业笔试，笔试的内容难度适中，没有非常偏的题目，国际商务专业中管理学部分有考到马斯洛需求、影响分权和集权的因素等，如果之前有好好复习罗宾斯的教材，应该没有太大的问题。下午的考核全部是面试，主要是思想政治测试、专业基础知识、论文答辩、英语口语部分。最后的综合成绩=笔试成绩*40%+专业面试*30%+论文答辩*20%+英语面试*10%。国商学院的老师都是比较温和的，不会太刁难考生，面试的时候不用过度紧张，沉着冷静地发挥就好。

录取情况

2016年夏令营：

招生类型	专业	入营人数	全部录取人数
硕士	国际贸易学	34	28
	国际商务	46	42

2017年夏令营：

招生类型	专业	入营人数	全部录取人数
硕士	国际贸易学	46	36
	国际商务	36	30

过来人回声

1.西南财经大学国际商学院的整体氛围非常好，老师和同学都无比的真诚和温暖。学院考核的内容大部分都是很基础的题目，不会刻意地设置障碍去刁难考生，所以自信和冷静是很有必要的，相信自己有能力作答，展现自己最好的一面。（一位2015年录取学生）

2.国商的夏令营录取率还是很高的，一般只要是211及以上学校，如果入营的话淘汰的可能性很小。考核主要是面试和笔试两方面，都很重要，要做好充足准备。（一位2016年录取学生）

西南财经大学统计学院

申请环节

我在4、5月份的时候开始准备自己的材料，这个时候只能先根据去年的夏令营通知，一般在学院的官网上都会有往年的夏令营通知，如果没有的话，可以直接在网上搜，注意记录一下去年的网申时间和投递材料的截止时间，我们这一届的网申截止时间通知是6月23日，材料投递截止时间一般在网申截止后顺延几天，我们这一届是6月25日。

5月下旬，可以准备纸质材料了，可以结合自己要申报的学校，将专家推荐信多准备几份，推荐老师一般要求你自己写推荐信，签好的推荐信可扫描存档。[①] 为了方便后面的夏令营申请与参加，我针对获奖情况及相关经历整理了"信息条库"，以后需要哪些信息就像"抓药"一样，配好润色即可。同时，我也针对我的论文做了一份论文展示的PPT。

6月初，开始了解并填写网申系统。西财的夏令营要求的是只能申请一个学院一个专业，网申系统里除了自己的基本信息之外，还需要填写发表论文和其他研究成果情况（不超过200字）、个人陈述（不超过1000字）等。

---

① 小妍有话说：夏令营的暂时失败绝不是世界末日

参营/推免复试前准备

西财统计学院的夏令营是在发夏令营通知的时候就告知了夏令营考核的流程。

因篇幅所限，请扫描二维码或登录易保研官网
www.ebaoyan.cn了解历年夏令营详细日程

笔试环节，申请专业为经济类的同学考高数、线代和经济学，申请专业为管理类的同学考高数、线代和管理学。

6月上旬，在收到录取通知之前，我觉得西财统计学院应该是一个很重视学生数理逻辑能力的学院，因此我着重准备了高数、线代的复习以应对笔试，除此以外我积极准备了统计学和概率论的复习，并关注了近期统计学的热点问题及其在其他学科中的应用。最后，重新修订了自己的论文。

大致在6月27日左右收到入营通知。

夏令营/推免考核内容

夏令营总共进行了5天，考察的时间集中在第3、4天。7月2日白天报道及领取营服，住宿。

3日也是非常轻松的欢迎仪式和参观，晚上自由安排，有较多时间调整状态，应对之后的考核。

4日上午是笔试，高数和线性代数比较基础，管理学和经济学考核中非常多题目类似名词解释。如考到了：什么是摩擦性失业？什么是目标管理，总体较为基础，考前认真复习，问题不大。4日下午的面试也比较轻松，先是3~5分钟的自我介绍，之后是抽问回答。抽的题根据申请专业而定，但是统计学和概率论方面的题比较多，如抽到了"如何控制假设检验中的两类错误？"。

5日下午是论文答辩，每个教室3位老师，采用单面形式。5分钟论文答辩结束后（答辩时间请严格控制），评委老师根据答辩情况及论文内容提问，问题个数不限，问答环节的时间在5~10分钟。老师只要从论文内容中的数据处理、论文写作目的及你在论文中承担的工作3个方面提问。曾经问到的问题有：你为什么要做这篇文章？你为这篇文章做了哪些工作？

6日全天回程。

录取情况

2017年夏令营大致录取情况

招生类型	专业	入营人数	全部录取人数
硕士	统计学（020208）	共75人	18
	数量经济学（020209）		8
	经济大数据分析（0202J8）		4
	应用统计（025200）		15
	管理科学与工程（120100）		6
硕博贯通	统计学（020208）		2
	经济大数据分析（0202J8）		2

过来人回声

"西财统计学院是一个比较重视学生数理逻辑能力的学校，考核非常全面，包括笔试、面试和论文答辩3个环节。对学生基础知识掌握的考核非常多，集中在笔试和答辩的提问中。除此以外，大数据等问题也是热点，思辨的逻辑能力也是很重要的。总体而言，老师都比较和蔼，夏令营行程宽松适宜，非常难忘！"（2017年录取学生）

西南财经大学中国金融研究中心

申请环节

我们这一届中心的网申截止时间通知是6月20日，材料投递截止时间为6月24日。5月中旬，可以准备纸质材料了，要求投递的纸质材料有夏令营报名表1份、学术成果1篇、1份成绩单，以及其他材料。

参营/推免复试前准备

西财中心的夏令营是在发夏令营通知的时候就告知了夏令营考核的流程，并且对营员进行了分组，每组负责的为研究生师兄、师姐，在得到入营通知后，他们会主动联系你，并请你加入相关群。夏令营具体流程如下：

时间		内容
7月8日	上午、下午	营员报到
	晚上	欢迎晚宴

时间		内容
7月9日	上午	开幕式、学术讲座
	下午	参观校史馆、学术讲座
7月10日	上午	笔试
	下午	面试
	晚上	集体活动——密室逃脱
7月11日	上午	导师见面交流会①
7月11日	下午	市内参观（大熊猫基地）
	晚上	聚餐和分组排练节目
7月12日	上午	闭营仪式
	下午及晚上	回程

备注：农业经济与管理学科模块活动由学科自行安排，非农经学科的学科模块活动为成果（论文）交流。

6月初，在收到录取通知之前，我觉得西财中心应该是一个很重视学生科研能力的学院，因此我还在参营前下载了一些西财中心老师的一些文章来看。还有就是对公司金融及金融学课程的基础知识进行了复习。

大致在6月25日左右收到入营通知，收到通知时会要求申报硕博贯通项目的同学准备5分钟的论文答辩PPT和论文的纸质档及之前的申请材料，以备论文答辩及材料审核。

夏令营/推免考核内容

夏令营总共进行了5天，考察的时间集中在1天，7月8日白天报道及领取营服，住宿；8日晚上有2个半小时的"破冰游戏"，主要是中心的招生老师及研究生负责主持，以小组形式展开（注：之后几天的活动均按照分好的小组为单位）。

7月9日上午是开营典礼和中心洪正教授的讲座。开营典礼中心主任和副主任都分别有致辞，西财招生办主任对本次入营情况及硕博贯通项目进行了介绍。洪正教授的讲座主要聚焦中国特色的金融问题。中间有营员合照环节。

7月9日下午，先是参加西财的校史馆和货币历史馆，之后是一个时长约一个半小时的分享，主讲老师主要讲授计量经济的最新研究成果，非常和蔼可亲，期间一直鼓励我们如果没听懂没有关系，感受了解就可以了。

---

① 小妍提示：每个学校都有专属的考核方案

7月10日上午，笔试，时长为120分钟，主要考察金融学综合。特别注意的是选择题部分为全英文。

7月10日下午，面试。面试分为学硕和硕博贯通两种。学硕方面，进去之后先进行自我介绍，然后老师进行专业提问，根据问答情况再做进一步提问。进一步问的问题大致是你的个人简历上的东西，比如你的社会实践经历，当时被问到的问题有什么是三元悖论。最后一个环节是英语问答，当时问道的问题有"What's the meaning of your Chinese name?"对于硕博贯通，首先是自我介绍，其次是重点环节，论文答辩，论文答辩及提问时间一般在15～25分钟之间。之后是专业知识提问及英语问答。整个面试大部分时间都在聊论文及科研兴趣，比如我论文当前存在什么问题，为什么要做这个论文，读博的意愿等。

7月10日晚上，游戏"密室逃脱"。

7月11日上午，导师见面会。同学们围绕西财的学习、培养计划及入学前的准备工作等问题，和老师沟通。当天共来了5位老师，分别负责招生、就业、教学及科研等多个方面。

7月11日下午，参观成都市大熊猫基地。

7月12日晚上，火锅聚餐，排练节目。

7月12日上午，小组节目展示及闭营仪式。

7月23日下午，返程。

过来人回声

1."西财中心是一个比较重视学生学术能力的学校，近年来越偏向于招收硕博连读生。硕博贯通的论文答辩环节，不一定论文非常出色，老师更加看重你的科研基本素养及读博的意愿。"（一位2017年录取学生）

2."西财中心的夏令营活动真的太丰富了，可以感受到他们的用心，全程虽然疲惫，但是真的非常开心，非常难忘！"。（一位2017年录取学生）

西南财经大学公共管理学院

申请环节

夏令营官网通知一般是在5、6月份发出，提前先查询学院官网去年的夏令营通知，如果官网查询不到的话，可以直接在网上搜索，西财公管2017年夏令营网申时间是6月2日至6月15日，同时应注意材料寄达要求的截止时间也是6月15日。因此符合下述申请条件的话，在3、4月份的时候就应开始准备材料。

3月中旬，可以开始准备纸质材料了，最好提前准备1篇学术成果，也就是自己的一篇论文，可以是发表的，也可以是未发表的，进行规范的整理和排版。为了后面方便填写网申系统，同时可以提前写好一份个人陈述。我们可以从保研论坛、知乎或者保研相关的公众号上寻找参考资料，结合自己的获奖经历和论文成果进行撰写，个人陈述一般要求不超过1000字，但这时可以尽量在Word里写得详细一些，这样后面通过系统申请的时候再根据学校具体要求进行删减即可。网申系统里面需要填的内容主要是自己的基本信息，如本科学校及专业、前5个学期成绩排名、政治面貌等，以及发表论文和其他研究成果情况。

参营/推免复试前准备

西南财经大学公共管理学院的夏令营是在发夏令营通知的时候就告知了考[1]核的流程。

因篇幅所限，请扫描二维码或登录易保研官网www.ebaoyan.cn了解历年夏令营详细日程

参营之前，准备复习目标专业本科期间的主要课程以及专业英语。课程方面，可以结合西财公管老师的发表的文章来看，尤其要关注申请专业相关的论文，以便自己了解专业领域目前的发展程度和状况。专业英语上，对于一些主要的知识点名词，能够用简单易懂的英文解释出来。对于跨专业申请的同学，主要寻找专业方面的基础知识资料来看。针对外语测试，这时可以提前写好一份英文版的自我介绍，参营前每天熟悉几遍，以保证面试老师要求先进行简短的英文自我介绍时，能够按照自己的逻辑顺利地展示自己的口语水平。

夏令营/推免考核内容

夏令营为期5天，包括开营仪式，名师讲座，营员与教师交流会，专业面试，参观活动，闭营仪式等。实际上考察的时间也就1天，主要体现在交流会和专业面试时。

参营期间整个时间线如下：

7月10日上午报到，下午参观校史馆及整个柳林校区。

7月11日上午举行了开营仪式，下午听取了第一场名师讲座。

接下来的两天，7月12日和7月13日，分别听取了四场讲座。

最后一天，7月14日上午，进行了专业面试和外语测试。专业面试形式为抽题回答，每名考生抽题回答2道专业试题，时间一般为20分钟，主要考察考生的

---

[1] 小妍提醒您：8月要备战预推免面试啦~

专业水平、研究能力和综合素质。面试结束后，由参加面试的教师当场独立打分，其平均分为考试的专业面试成绩。外语测试形式为听说能力测试，在专业面试结束后进行，老师提问几个日常的口语问题，由考生作答。下午参加了夏令营的闭营仪式。

录取情况

2017年总录取情况

招生类型	专业	全部录取人数（包括预报名）
硕士	120401行政管理	7
	1202Z2人力资源管理	5
	020207劳动经济学	1

2017年夏令营录取情况

专业	录取人数
行政管理	3
人力资源管理	3
劳动经济学	1

因为公共管理学院2016年没有举办夏令营，2017年才开始举办，所以2017年投报的人数较少，导致入营人数也很少。所有的推荐免试录取学生由夏令营录取学员和九月份推免预报名录取学员构成。预录取13人，但部分同学放弃填报，最终录取9人，行政管理录取4人，人力资源管理录取4人，劳动经济学录取1人。

过来人回声

参营之前联系导师也很重要，如果其他方面（比如成绩排名）有缺陷的话，但是自己科研情况又比较好的情况下，可以尝试提前联系导师，老师会跟你邮件询问科研情况等，这个时候再多表现一下，录取的希望会增大。（一位2017年录取学生）

西南财经大学会计学院

申请环节

西南财经大学会计学院今年于6月5日在官网上公布了夏令营的相关通知，具体时间安排如下表所示：

相关事项	时间节点	备注
网申时间	6月5日至6月17日	
纸质材料投递截止时间	6月20日	纸质材料仅接收中国邮政快递，拒收其他物流快递
参营时间	7月7日至11日	

由于之前已经申请过其他的学校，我将网申时可能填到的相关信息，如家庭住址、联系方式、个人项目经历等情况，制作成了一个word文档，后期填写时可以随时复制。而后再进行网申的时候，就会方便快捷的多。西财的网申系统与其他院校大同小异，填写的时候注意分条陈述、逻辑清晰即可。在正式提交之前，最好再三检查以下，避免不应该的小错误。

纸质材料的准备相对而言要烦琐一些，其中推荐信，则是需要找本科学校的老师签字，最好也是能够提前准备，因为老师未必一直都会在学校里。将材料按顺序整理完毕后，就可以通过中国邮政快递发出了，建议不要卡在时间截止期前寄出，如果出现了问题也不好再调整。预留7天左右的时间是比较乐观的。

参营/推免复试前准备①

西南财经大学会计学院在公布入营名单时也发布了夏令营的日程安排。

因篇幅所限，请扫描二维码或登录易保研官网
www.ebaoyan.cn了解历年夏令营详细日程

收到入营通知的时候，距离夏令营只有一周不到的时间。事实上，我是在开营20多天的时候就开始准备了，准备的具体内容如下：

1.专业课。首先需要对专业课内容做一次比较彻底的复习和梳理，建议从《中级财务会计》《财务管理》两本书开始看起，而后开始看《高级财务会计》《审计学》的相关内容，必要的时候也可以对照注册会计师的课本，加深对重点章节的理解。这一阶段复习的重点在于夯实基础，由于有些课程是很久之前学的了，因此难免会有所遗忘，对于部分分录、比率的计算也有可能会记忆偏差，尤其是企业合并、报酬率的计算等比较复杂的章节，更是需要多花工夫、多花心思，尽可能多的回想、理解、记忆。

2.数学。可以直接用考研的李永乐数三进行复习，由于覆盖范围比较大，最好能够早做准备。

---

① 路姐提示：9月底别忘了填报九月推免

3.针对英语部分，则是可以利用考研真题进行复习，但注意听说读写四部分都应当兼顾到，以免在英文面试中乱了阵脚。同时，如果同期还在备考六级的话，那么六级内容本身也是很好的复习资料，在学习六级的过程，也是在为会计学院的笔面试做积累。

4.论文答辩。准备比较完备的论文稿，请学长学姐、老师们提建议，尽可能地丰富和完善。修改完毕后，制作论文答辩PPT，撰写答辩稿。

5.熟悉个人简历，对个人经历做一次全面而细致的梳理，要能讲出自己做的每一个项目的具体内容。了解西南财经大学会计学院的相关信息，知己知彼。

夏令营/推免考核内容

7月8日，首先举办了夏令营开营仪式，会计学院马永强院长分享了自己关于做科学研究和未来工作的看法，而后是一场专题讲座。下午就是3个小时的笔试时间，考试内容的综合和英语，数学在数三难度，英语是六级难度。

7月9日，上午是两场专题讲座，一场由教授带来，另一场是四位已经在会院就读的学长做了经验分享。这一天的任务比较轻松，因此会有一些时间对第三天的面试做一些准备。

7月10日，一整天都属于面试时间。

而西南财经大学会计学院的夏令营只有硕博贯通项目，因此有意于专硕项目和学硕项目的同学，只能选择九月推免。相较于夏令营，九推的形式更为简单，仅需要填写网上申请，如果获得复试资格后，再到西财会院参加一场面试即可，而且录取的人数相对也会多一些。

面试内容包括：自我介绍：面试编号，本科学校，本科专业，报考方向。时间非常非常少，中文。专业面试：每人回答一到两个专业问题，从会计，审计，财管三大类里面选题作答。无领导小组讨论：之前在抽好组以后有一定等待时间，大家在这个时候提前选好无领导小组讨论的发言人，负责抽题、念题、引导讨论、发言总结等。每组分数大体相似，老师可能会追加问题。大体都是和会计专业知识相关的题目，17年有问到和会计稳健性相关的问题。英文面试：老师单独提问每位同学，会针对每个人不同的情况提问，提问的问题简短，语速也很缓慢，一般情况下都能听懂。问题分为两类，一类是综合性问题，一类是专业类问题，会问一些专业的基础名词。

录取情况

2016年夏令营：

招生类型	专业	入营人数	全部录取人数
硕博贯通	会计学	34	7
	财务管理		
	审计学		

2017年夏令营：

招生类型	专业	入营人数	全部录取人数
硕博贯通	会计学	29	8
	财务管理	9	3
	审计学	3	1

过来人回声

"西财会计学院比较注重学生的专业基础，在参加夏令营之前，最好能够全面复习专业课知识，尤其是简答题和论述题，往往都会作为面试题出现，比如盈余管理、会计稳健性等。"（2017年已录取学生）

易保研保过学员成功案例——中南财经政法大学会计学院、西南财经大学会计学院

西南财经大学保险学院

申请环节

西财保险学院2017年的网申截止时间通知是7月2日，材料投递截止时间是7月3日。我在准备专家推荐信的时候，老师要求我自己写推荐信，写好了给他签个字即可，所以少了很多波折。为了方便后面的夏令营申请与参加，我还针对获奖情况及相关经历整理了"信息条库"，以后需要哪些信息随时调配。

参营/推免复试前准备①

西财中心的夏令营是在发夏令营通知的时候就告知了夏令营考核的流程。

---

① 小西提示：面试前准备好得体的服装

因篇幅所限，请扫描二维码或登录易保研官网
www.ebaoyan.cn了解历年夏令营详细日程

农业经济与管理学科模块活动由学科自行安排，非农经学科的学科模块活动为成果（论文）交流。

6月中旬，在收到录取通知之前，我觉得西财中心应该是一个很重视学生综合能力的学院，因此我着重准备了答辩PPT并进行了预答辩。还有就是对保险学的基础知识及保险热点问题进行了复习和搜集。

大致在7月5日左右收到入营通知。

夏令营/推免考核内容

夏令营总共进行了6天，考察的时间集中在第4天，保险学院的考核没有笔试，只有综合素养的面试。7月9日白天报道及领取营服，住宿；9日晚上是一个轻松的新老营员交流会。

7月10日上午是开营仪式和学科介绍，院长、各专业负责人和研究生院主任到场。下午是参观西财校史馆和货币历史博物馆。晚上时间均是自由安排。

7月11日全天为讲座，涉及保险学及社会保障方向，主要是讲授老师的最新论文及行业动态。在参营前下载学院老师的论文看看，会很有启发。讲解中途和最后安排了交流环节，可以积极发言给老师留下印象，当时讲授的老师刚好就是面试我们组的评委老师。

7月12日全天都是专业素养面试，主要分为政审面试、英语口语面试（15～25分钟）和专业面试（论文展示及提问）。政审主要是一些关于你家庭基本情况和政治面貌的日常交流。英语口语面试主要是生活方面的话题或有关你科研经经历的陈述，问到的问题有：What kind of research experience do you have？；What kind of hobbies do you have?专业面试主要是自己的论文答辩（若无论文，则答辩内容为大学突出经历），答辩之后老师提问，问到的问题有：论文的数据来源是什么？；论文选题的背景及原因？；控制变量及模型选定的依据是什么？等。

7月13日白天是成都市内保险公司的参观，晚上是火锅聚餐。

7月14日全天返程。

录取情况

2017年夏令营录取情况

招生类型	专业	入营人数	全部录取人数
硕士	保险学（0202Z7）	共49人	18
	保险（025500）		14
	社会保障（120404）		5

过来人回声

"西财保险学院是一个比较重视学生综合能力的学校，论文答辩环节比较灵活，没有论文老师也不会为难，就围绕你的大学经历提问。面试环节整体轻松，老师都非常和蔼，最后的录取率也真的很高哦！"（一位2017年录取学生）

西南财经大学证券与期货学院

申请环节

西财证期学院没有举办过夏令营，它主要是通过预报名来接受推免生。一般在暑假期间通过学校的研招网能够查询到推免生接收工作通知，去年的通知是在2017年7月25日发布的，进行网申的报名时间为7月25日至9月5日。每个申请人只可填报一个招生专业，多填无效。

我于2017年8月份在西财研招网的网站认真填写了申请，网申系统里除了自己的本科学校及专业、前5个学期成绩排名、政治面貌等这些基本信息之外，还需要填写发表论文和其他研究成果情况、个人陈述（一般要求为不超过1000字）。主要完成的就是一份个人陈述，为了方便填写网申系统，可以提前在Word里面写好一份个人陈述，结合自己的获奖经历和论文成果进行撰写。全部内容填写完毕之后就可以向系统提交了，要注意的是一旦提交不可以再次修改，因此对于需要填写的内容要确保真实、准确。

西财的预报名只需要网申，不用提前寄送纸质材料，但我还是建议在9月开学后就着手准备可能会需要到的材料，如身份证、学生证、学籍在线验证报告、四六级成绩单、获奖证书、科研成果，这些材料都可以提前复印多份备用。此外，本科成绩单尤其需要提前准备，这个时候需要准备的是过去三年也就是6个学期的成绩单，每个学校的教务处规定有差异，所以尽量提前去本科学校的教务处申请打印几份成绩单并盖章，以便时间紧急难以及时拿到而影响后续的面试。

参营/推免复试前准备

9月15日，我收到了学院招生办的通知参加复试的短信，要求9月19日到学校进行面试。于是我先尽快订好了18日的机票，剩余的几天时间我把考核需要的材料一一备齐，按照顺序装订好。

专业知识准备方面，我把本科期间学过的证券投资方面的课程又简单温习了一下，还把之前自己分析过的一篇风险管理方面的论文又重新研究了一遍，对老师可能问到的主要问题准备好应对的答案。此外，还可以结合证期学院一些老师[①]发表的文章来看，以便自己了解专业领域目前的发展程度和状况。

英语面试方面，对于一些主要的专业知识点，要理解其中的含义，能够用简单易懂的英文解释出来。我还准备了一份英文版的自我介绍，面试前每天熟悉几遍，以保证面试老师要求先进行简短的英文自我介绍时，能够按照自己的逻辑顺利地展示自己的口语水平。

总之，要提前熟悉好目标院校的具体考核形式，针对性地进行准备工作将会事半功倍。

夏令营/推免考核内容

预报名的面试时间非常短暂，总共耗时一个上午。我在18日中午到达成都，住在学校附近，19日早上徒步走到学校，在找面试教室的途中大概参观了一下校园。上午8点至9点期间由研究生学长学姐对我们进行资料审查，随后9点正式开始面试。此次参加预报名面试的学生一共有8人，其中6名女生里面有两名本科院校是西财的，两名是郑州大学的，而2名男生中一名是重庆大学的，另一名是内蒙古大学的。

首先进行的是专业面试和英语面试，面试老师让我先用中文做一个自我介绍，随后对我自我介绍里面的内容进行询问，比如我提到曾参加马拉松志愿者服务工作和学生干部工作，老师便问我从志愿工作里面收获了什么以及如何平衡学习和工作这两者的关系。随后问我专业论文方面的问题，由于我没有公开发表的论文，因此是将本科期间分析过的一般风险管理论文的主要内容做了一个介绍，老师又让我指出了论文的缺陷和不足之处，并说明了解决办法。建议面试之前对自己提交过去的论文要有详尽的理解和分析，因为面试老师会追问得很细。

英语面试方面，在场的一位英语老师问我的问题是在证券方面我最感兴趣的一个金融工具是什么，以及为什么对它感兴趣，我回答的是期货，并把它的含义、主要特点和功能简略描述了一下。整个英语面试过程中，老师的语速很快，声音也不大，我听起来有些吃力，但是老师并不要求你有多专业，只要能够说到

---

① 小妍提醒：面试基本的礼仪不要忘记略

相关的东西，口语能够流利地表达下来即可。专业面试和英语面试到此就结束了，大约用时20分钟。

随后我又去到另一间教室进行政治审查，负责的老师让我进行自我介绍之后，主要询问了我的学生干部工作情况和兴趣爱好这方面比较轻松的问题，在愉快的氛围中结束了谈话。不到上午11点钟，我的全部面试就结束了，因此相较于夏令营来说，预推免面试留给双方了解的时间非常少。

录取情况

2017年预推免录取情况

招生类型	专业	研究方向	全部录取人数（包括预报名）
硕士	020204金融学	证券市场运行与监管	1
		证券与期货投资	1
	025100金融	证券投资理论与实践方向	6

由于证期学院不举办夏令营，而许多推免生一般已经通过夏令营拿到了录取资格，这就使得预推免的竞争压力小了很多。比如这次参加证期学院预推免面试的只有8名同学，最终结果也显示8名均被录取。其中金融专业硕士共录取了6人，学术型硕士共录取了2人。

过来人回声

1. 西财证期主要培养研究证券投资方面的实践性人才，需要尽可能去了解金融前沿的理论知识，因此不断阅读国际上的相关优秀文献，增强自己的数学功底非常重要。（2017级研一）

2.随着夏令营这一招收推免生的方式逐渐推广开来，大量优秀学生在夏令营就已经取得了offer，已经没有动力再参与九推的竞争，所以事实上九推的时候大神是减少的，可以理解为一个捡漏的机会。（2017级研一）

西南大学心理学部

申请环节

西南大学的心理学在我国实力较强，也是西南大学的重点学部，每年都会接收许多跨专业的学生，如公管、经济、数学。而我的专业是人力资源管理，辅修专业是应用心理学，通过了解，很多学校心理学院的应用心理学专业，都有组织行为学或者人力资源管理的研究方向。因此，我初步把自己保研意向为经管院企业管理专业或者心理学院应用心理学专业组织行为学方向。定好意向专业后，我开始收集院校信息。因为本校的心理学部是由原西南大学心理学院、教育科学研究所、认知与人格教育部重点实验室、重庆市心理健康教育研究中心、重庆市心理学与社会发展研究中心、重庆市基础心理学重点实验室的教学科研人员合并组建的，也是西南大学重点培育的研究型学部。所以我将其定为了目标院校之一。

大三寒假，定好目标院校后，我开始准备自己的材料，这个时候只能先根据去年的夏令营通知，一般在学院的官网上都会有往年的夏令营通知，如果没有的[①] 话，可以去学校研究生院的招生公告里找。重点要看一看自己是否符合申请要求，要准备什么材料，以及记录去年的网申时间和投递材料的截止时间，我当时查看的截止时间都是6月16日，我们这一届新通知的截止时间是6月18日。

3月中旬，可以准备纸质材料了，要求投递的纸质材料有个人申请表1份；个人简介1份；基本情况汇总表1份；本科成绩单1份与成绩排名证明1份（需教务部门或院系盖章）；四六级成绩单复印件1份；科研获奖证书复印件1份；发表的代表性学术论文、出版物或原创性工作成果复印件1份。为了方便接下来填写网申系统和参加其他学校的夏令营，我主要做了两方面的准备。首先，我将自己的科研证明材料，英语能力证明材料，获奖证书，成绩单等一次性复印了10来份，并将其扫描成PDF文档存在了电脑里。

5月11日，西南大学心理学部出了夏令营通知。与往年一样，照样是没有网申系统，只需要将报名材料扫描为PDF格式，再打包发送至指定邮箱。对于这种需要打包发送的情况，我建议将获奖材料放在一个PDF文档里，一页放一张获奖证书扫描件，这样整个文档看起来会整洁很多，也方便院校审核。

参营/推免复试前准备

西南大学心理学部的夏令营是在发夏令营通知的时候就告知了夏令营考核的流程。

因篇幅所限，请扫描二维码或登录易保研官网
www.ebaoyan.cn了解历年夏令营详细日程

所有专业的考核流程一样。

6月初，在收到录取通知之前，我在保研论坛查找了一些资料，了解到西南大学心理学部侧重对学生基础知识和所学专业动态的了解。所以我主要从两个方面进行了准备。首先，我把以前学的应用心理学二专的专业书籍，包括《人格心

---

① 易宝提醒：参营前和导师确定意向可能增加录取几率

理学》《社会心理学》和《组织行为学》这三本专业书籍大致看了一遍，理出了组织行为学方向大概重要的知识点，没想到真的在专业面试的时候真的派上了用场。其次，我去看了近几期《Journal of Applied Psychology》以及《管理世界》的目录，梳理出了组织行为学方向前沿研究的几个热点，并重点看了《管理世界》的几篇感兴趣的论文，将研究意义、研究方法和结论整理出来形成了大纲。结果，在预报名面试的时候，老师果真问了我对学科前沿研究有什么了解。

夏令营/推免考核内容

西南大学心理学部的夏令营有近一周的时间，但考核时间也就1天。

7月10日，主要是宣讲会。西南大学副校长简要介绍了西南大学及心理学部的情况，西南大学资深教授黄希庭以"热烈欢迎你们——未来的心理学家们"为题发表了欢迎辞，简要介绍了心理学部的发展历史和培养心理学研究者的理念。心理学部副部长从科研水平、团队建设、人才培养等方面详细介绍了心理学部的具体情况。

7月11日，认知神经科学和英语心理学专业的两位教授以自己所研究方向为出发点，详细介绍了自己的研究内容和招生期待。7月12日和7月13日，主要是参观认知与人格教育部重点实验室、心理健康教育研究中心、心理学与社会发展研究中心和基础心理学重点实验室。

7月14日，主要是导师见面交流会。大家根据自己的专业兴趣进入导师所在教室，与导师进行深度交流，主要是详细了解导师的研究领域和专业特色，同时可以向导师介绍自己的情况，一般如果导师见面会给导师留下了好印象，之后的综合面试会轻松很多。

7月15日，是综合面试考核。进入面试教室后，老师会首先问两个基础的英语问题。比如"What is your favorite course?"以及"Why did you choose our school?"。可以发现，英语面试内容比较简单，侧重于基础英语。所以建议在面试之前，就在保研论坛查找可能会问到的基础英语问题，自己先想好答案，背诵流畅，这样英文面试的时候会显得比较自信。其次，是专业知识面试。老师一般会根据申请的具体专业问一个专业问题，比如你如何组织行为学主要分为哪几个板块，简单介绍一下各个板块内容？对于此类问题的回答，我建议是先说清概念，再具体阐述，这样回答比较条理。对于专业基础知识面试，我建议面试前可以看一下学科专业书籍，梳理重要知识点并记住，面试的时候，结合题目实际进行阐述。最后，是根据简历提问。据了解，有的同学被问到了国创做的什么，有的同学被问到论文中用了什么统计分析方法等。对于此类提问，我建议面试前准备好几份简历，并根据简历内容模拟提问，想好回答，这样面试的时候比较得心应手。

录取情况

2016年夏令营录取情况

西南大学心理学部2018接收推免人数一览表		
专业代码	专业名称	招生人数
40201	基础心理学	27
40202	发展与教育心理学	15
40203	应用心理学	9

2017年夏令营录取情况

西南大学心理学部2018接收推免人数一览表		
专业代码	专业名称	招生人数
40201	基础心理学	26[①]
40202	发展与教育心理学	12
40203	应用心理学	10

过来人回声

1."西南大学心理学部参营前联系导师比较重要。如果其他方面比如排名有缺陷的话，但是自己科研情况又比较好，可以尝试提前联系导师，重点表明自己的科研基础和希望从事科研的意愿，事实证明对于获得入营offer还是非常有效的。面试的时候，这个时候再多表现一下，录取的希望就挺大的了"（一位2017年录取学生）

2."西南大学心理学部比较重视学生的科研意愿。因为西南大学心理学部是非常偏研究的学部，老师们对学生的期待也是将来能够成为从事心理学研究的学者。因此，科研基础和读博意愿比较重要。据了解，参营最后的面试环节，有挺多人被问到有没有将来从事心理学研究的意愿，一般如果不足够优秀的话，又表示自己没有从事研究的意愿，落选的可能性还是很大的。"（一位2016年落选学生）

3."西南大学心理学部的很多专业在全国排名都非常靠前，并且非常欢迎跨专业学生报读。根据我的经验，今年心理学部的110位入营学生里，有20位跨专业学生，原专业多为工管、人资、市场营销、国贸等经管类专业，还有数学、生物学等理科类专业，以及广告学、护理学、历史学、食品学等专业。据了解，西

---

① 易宝提示：关注往年的夏令营为今年做预期

南大学心理学部对跨专业学生比较包容，尤其欢迎数学、生物学、经管类跨专业学生报读，而且夏令营考核没有笔试只有面试，这对跨专业学生来说难度降低了很多。因此如果经管或者生物及数学类跨专业学生有意将来从事心理学方面的研究，西南大学心理学部是个性价比很高的选择。"（一位2017年录取的跨专业学生）

4."西南大学心理学部能为夏令营优秀营员提供不占用学员所在单位的推免指标的推免名额。西南大学心理学部是具有额外推免补偿名额的学院。我来自一所普通一本院校，本校有限的保研名额没有轮到我，因为我参加西南大学心理学部的夏令营拿到了优秀营员，通过与西南大学心理学部进行沟通，他们为我提供了不占用我本科所在学校的推免指标的推免名额，让我意外保送了研究生。"（一位2016年没有本校推免资格，又成功保送的学生）

第六十七章　电子科技大学

电子科技大学政治与公共管理学院

申请环节

电子科技大学政治与公共管理学院往年都没有举办夏令营，都是在9月份发布预推免和正式推免的通知。但是随着越来越多的院校都通过夏令营抢占生源，电子科技大学政治与公共管理学院2017年也举办了第一届暑期夏令营。夏令营通知是5月19日发布在学院官网"通知公告"板块的，所以有意愿申请的同学，从四月份开始就要密切关注学院官网，在第一时间看到夏令营通知。

电子科大政管对优秀营员的优惠力度比较大，优秀营员如果获得所在学校的推免资格，可以直接拟录取；即使未能获得所在学校的推免资格，如果考研报考电子科大政管学院，在同等条件下，也可优先录取。所以不仅是有推免资格的同学，有计划考研的同学也可以尝试参加夏令营。

学院对申请者的学习成绩和英语成绩都没有非常严格的要求，成绩和排名上没有硬性要求，英语也只要求六级在425分及以上，或者托福、雅思和GRE等考试分数达到总成绩60%以上。

夏令营申请不需要在线填写网申系统，也不需要寄送纸质材料，只需要将通知中的电子版申请材料放在一个压缩包内，在6月14日之前发送到指定邮箱即①可，收到确认回复后，就代表申请材料提交成功了。

参营/推免复试前准备

学院审核申请材料的速度还比较快，与夏令营通知所说的一致，6月20日，学院官网公布了入营名单，另外还以电话短信和电子邮件的形式通知入选营员。共有71位同学入营，不过由于有一些同学放弃参营，实际上最终有49名同学参加了夏令营。

在夏令营通知中就给出了暂定的夏令营安排，可以看出，夏令营的活动安排还是比较丰富，有专业介绍、学术讲座、导师见面、参观考察等，而涉及营员考核的活动只有7月12日上午的营员自我展示，我想应该就是综合面试。后来又通知说需要制作PPT，在PPT中介绍自己的学习状况、学习成果、研究规划等内容。

因篇幅所限，请扫描二维码或登录易保研官网
www.ebaoyan.cn了解历年夏令营详细日程

夏令营/推免考核内容

电子科技大学政治与公共管理学院的夏令营从7月9日开始，到7月12日落幕，共持续了4天。

7月9日下午报到，出示申请材料原件，领取夏令营期间的物品，办理入住。

7月10日上午，开营仪式，学院的很多领导和导师代表都参加了开营仪式，院长介绍了学校与学院的历史与现状，导师代表介绍了研究生的学习方式与本科生不同，是以师徒制为基础的团队式研究，各专业的老师还分别进行了专业介绍。

7月10日下午，参加暑期学堂课程"非营利部门、社会创业和慈善事业"，聆听了美国克里斯托弗·纽波特大学副校长Dr.Robert E.Colvin和俄罗斯莫斯科国立大学公共管理学院副院长Prof.Alexander Livshin的授课，并与这些国际专家学者进行交流。

7月11日上午，学术讲座，电子科技大学人工智能研究中心的张汝民研究员，发表了关于人工智能与新媒体的学术讲座，内容丰富充实，与当下的热点趋势紧密相关。

7月11日下午，学校参观，在学院的组织下，大家参观了学校图书馆、电子

---

① 小也提醒：搜集信息非常重要！

博物馆、学院综合实验室以及新媒体融合室，在参观的过程中，能够感受到校园优美的环境、浓厚的学术氛围、时尚前沿的科技气息，也能够感受到学院对这第一届夏令营的重视，想让营员更多地与学校亲密接触，感受到学校的魅力。

7月12日上午，营员自我展示。学生站在台上，下面大概坐了5位面试官。首先是学生展示PPT，介绍自己本科期间的学习情况、科研经历、实践经历，等等，还有未来的研究规划。随后，老师会根据学生的展示进行提问，老师们会追问一些学生展示中提到的、自己感兴趣的部分，还会问一些与专业知识相关的问题，另外还有几个英语问题，比如介绍学校、介绍家庭、说说你的兴趣爱好之类的。

7月12日下午，举行总结大会，夏令营落幕。

录取情况

2017年夏令营录取情况

专业	入营人数	全部录取人数（包括预报名）
新闻传播学	21	6
新闻与传播（专业学位）	2	1
公共管理	48	20

过来人回声

1."电子科技大学是一所理工科为主的学校，政管学院不是特别强势的学院，但是通过今年这第一届夏令营，能够看出学院准备得很周到，安排了非常丰富的活动，使得夏令营的目的不只在于考核学生，也能让学生更加深入地了解这个学校和学院的文化。"（一位2017年录取学生）

2."虽然电子科技大学政管学院今年举办了夏令营，但还是保留了预推免这个招生方式。九月中旬会在学院官网上发布预推免通知，申请的时候只需要发电子版材料到邮箱就行了，然后学院会分批次组织复试，今年复试的形式只有面试，专业问题和英语问题抽题作答，以前好像还有笔试。需要特别注意的一点就是，预推免申请的时候要填导师，所以要提前了解导师的信息，确定意向的导师，最好提前与导师联系。"（一位2017年录取学生）

电子科技大学经济与管理学院

申请环节

本人是四川大学公共管理学院信息管理与信息系统专业的，研究生方向是经管下管理科学与工程，具体的方向是电子商务背景下的自然语言处理和商务数据挖掘。我从5月开始准备保研，因为确定了院校，所以只用选择导师。我的保研过程比较非常规，最开始我男朋友在清水河畔发布了一则求助帖，恰巧被我现在的师兄看到，师兄推荐了导师和另外一位老师，然后我给这两位老师各发了一封邮件（当然，非我这种特殊情况的话，大家最好一个学校只联系一个导师，确认没有回音或者老师没有意向，再联系下一个导师），我的导师恰巧住在川大附近，然后约了第二天聊。在见导师之前，我准备了我的个人资料，包括成绩单（教务处打印）、四六级成绩单（原件/复印件/扫描件）、个人简历（偏学术研究方面）、① 以及本科取得的成果和各种奖状证明，等等。无论你申请任何什么院校这些东西都是必须有的，如果没有请提早做一些准备。在约见导师的过程中，我被老师传递的学术造诣和专业前景以及组内的生活深深吸引，且导师和蔼、能言且满腹经纶让我折服，所以当时就下定决心跟着这位老师继续研究生生活。

参营/推免复试前准备

由于我没有参加夏令营，且成电没有夏令营，所以具体参加夏令营的事项我就不做说明，接下来我主要说明的是如何写邮件联系老师，老师在面试过程中更看重什么。写邮件之前，你首先需要查找一下导师的基本信息以及导师的研究方向，看是否与自己的兴趣相符，毕竟以兴趣作为驱动力更容易将事情做好，第二，你应该下载老师的论文研读一下，因为这也是你研究生三年需要做的事情，第三，最好在申请之前有一些学术成就或者学术经历，对于这个我的感触比较深，成电经管的本科生在大一大二有一个阶段性导师，大三大四有第二阶段性导师，所以从大二下他们已经进实验组跟着导师做科研，所以给老师发邮件最好能够表明自己有过一些科研成果或者科研经历。最后，在你发邮件的过程，需要将你之前准备的个人资料打包一起发给老师，让老师对你有一个初期预判。然后是跟老师面谈，我觉得大多数老师都是温文尔雅，所以用不着太紧张，我导师就是这样的，在面试的过程中，他更加看重是学过的课程以及你的知识结构，他需要衡量你适不适合学习这个方向。举个例子，2017年夏，有位西南电子科技大学的女生来找我导师面谈，导师让我们几个研究生也跟着一起，因为导师怕她紧张，希望可以让我们研究生跟她讲我们研究生到底在做些什么事情，看她适不适合，怕她入了坑，自己也很痛苦。事实是这样的她很优秀，发过5篇论文，简历也非常好看，也肯定拿得到保研资格，但是我们研究过程很多时候需要用代码实现我们的想法，她没有写过代码，也不愿意写代码，所以最后也没有能来到我们实验室。总而言之，学生找导师，导师招学生，是一个双方匹配过程，所以需要在双

---

① 小西有话说：亲爱的你，一定可以成功！

方都觉得合适的前提下，才更有价值。

在跟导师见面之后（5月份），我决定跟着他读研，而我们导师会提前让我们进组学习（暑假期间），一方面是跟着他做本科论文，一方面是学习提前学习研究生课程。这有三个好处，一是在保研面试的时候，你可以跟面试老师侃侃而谈，二是面试老师如果知道你已经在这里学习了几个月，那么你保研成功的概率基本上是90%以上，更重要研究生三年时间很短，而我们要学习的知识那么多，如果能本科期间能先修一些研究生课程，那么研究生期间你的学习进度会远超别人。

夏令营/推免考核内容

接下来，我主要说明一下成电的保研笔试和面试。对于笔试，因为你提前进实验室，你可以联系师兄师姐，他们可以给你找到一些往年的考题，或者你可以去电子科技大学知博书店（商业街二楼）购买一下相关的考研资料。由于我的大专业是管理科学与工程，所以笔试只用考管理学，我将往年的题以及考研大纲看一下，总结一下考题。由于都是论述题，所以在考试时我根据自己对问题的理解进行阐述，总而言之，笔试并不难，主要是从笔试中评价你对于问题多角度的理解，主要是考察你的思考能力和思考维度。对于面试，面试分为两场，一场是有着四位面试老师的中文面试，首先是自我介绍，简明扼要，突出重点、特点，然后介绍自己感兴趣的方向，说明自己已经做了一些什么东西，老师会问一下学术相关的东西，但是都不难，主要是考察你的逻辑性和语言表达能力。第二场是英文面试，之前我准备就直接准备了一个英文自我介绍，而事实上，是一对一英文交流，且交流的话题是随机的，比如你本科的专业是什么，现在申请什么专业，你来自哪里，你家乡有什么特色的东西，你的爱好是什么，等等。英语口语不是一日之功可成，所以最好早日准备，无论是考研保研或者是之后你再成电读研都是非常重要的，研一学位英语成绩有5%是口语成绩，所以英语口语应该趁早准备。

录取情况

2018年电子科技大学经济与管理学院的推免，在工商管理专业共招生16人，金融工程专业共招生4人（含学工），管理科学与工程专业共招生20人（含学工），金融专业共招生15人，金融学专业共招生2人，应用经济学专业共招生6人。

过来人回声

"我认为，研究生必须要学会选择三样东西：选择方向，选择导师，选择学校，这是我的顺序，每个人在选择时都应该有自己权值，但是我觉得所有选择都

应该建立在深入了解之后，建立在兴趣之上。"（2017级研一）[①]

第六十八章　西南交通大学

西南交通大学公共管理与政法学院

申请环节

西南交通大学公共管理与政法学院一直以来都没有举办过夏令营，一般是9月份发布推免通知。

2017年9月21日，学院官网发布了推免通知，通知中要求有意愿申请政管学院的推免生，在规定时间内通过"推免服务系统"填报志愿，学院对申请人的信息审核之后，择优确定复试名单，并且在"推免服务系统"中向学生发放复试通知，收到通知后要在24小时内确认参加复试，逾期则视为主动放弃。

西南交大公共管理与政法学院的复试分为两批，第一批是9月26日进行，参加复试的主要是本院学生，如果外校学生想要参加第一批复试的话，就需要提前联系学院。大多数外校学生都是在推免服务系统开放后，通过在系统中填报志愿，参加10月10日的第二批复试。由此可见，虽然通知中并没有明确规定填报志愿的时间，但是最好在系统开放之后尽早进行填报，因为学院不可能把复试时间安排得太晚。

参营/推免复试前准备

推免复试细则中明确指出，复试的形式以面试（口试）为主，而且给出了复试的基本内容和评分细则。虽然没有笔试，但是复试内容中对专业知识考核的难度不低（特别是对外校的同学），所以我在复试前对专业知识进行系统复习（事实证明这一决定是明智的）。当时，我的复习参考书是樊勇明的《公共经济学》、曼昆的《宏观经济学》、周三多的《管理学：原理与方法》和陈振明的《公共管理学》，主要复习的是公共经济学和公共管理学的主干知识。

针对复试内容中提到的其他项目，我梳理了自己本科期间的学习成绩、专业排名、核心课程、科研经历、学生工作、社会实践，等等。将其制成一份简历，准备在面试时交给老师，引导他们提问简历上的内容。

[①] 易宝提示：保持好成绩很重要

另外，还需要准备以下材料，在参加复试时提交：学生证、身份证原件及复印件；成绩单、本人学术成果、表彰奖励等证明材料原件或复印件一份、个人陈述报告（有模板）；政审表（有模板）、体检表。而后面两样材料如果来不及准备，可以在复试结束后两周内补交。

夏令营/推免考核内容

如前文所说，复试分为两批。

因篇幅所限，请扫描二维码或登录易保研官网
www.ebaoyan.cn了解历年夏令营详细日程

9月26日上午，报到，提交身份证、学生证、成绩单等材料（参见上一部分内容）。

报到过后就是面试。面试形式为单面，面试官有4~5位老师，时间为10~15分钟。首先进行自我介绍，然后是中英文提问与回答。就我个人而言，我在面试中被问到的问题主要有：在本科期间，你印象最深的一门课是什么？通过学习这门课，你有哪些收获？公共管理与私人管理的区别有哪些？判断一个研究问题是好问题的标准是什么？本科期间，你参与过哪些科研项目？你在项目中起到了怎样的作用？有哪些收获？

如同通知中所说的那样，面试考核了学生的专业素质和综合素质，涉及的面比较广，面试氛围比较轻松活跃。

录取情况

2016年录取情况

专业	全部录取人数
法学	6
政治学	1
公共管理	20

2017年录取情况

专业	全部录取人数
法学	4
政治学	1
法律（法学）	2
公共管理	13

2017年公共管理专业各方向录取情况①

专业方向	全部录取人数
行政管理	8
教育经济与管理	1
社会保障	3
城市发展与管理	1

过来人回声

1. "今年录取的推免生中，除了西南交通大学本校的学生以外，其余本科都是双非院校，由此可以看出，西南交通大学公共管理与政法学院对学生本科学校背景要求并不是很高，即使是双非院校也不用过多担心。"（一位2017年录取学生）

2. "据了解，西南交通大学公共管理与政法学院本院的同学全部都通过了复试，外校参加复试的同学，通过比例也比较高，因而学院复试的整体难度不是很大。由于学院不举办夏令营，全部招生名额都给了推免复试，而且复试不设置笔试、只有面试，氛围相对轻松，准备起来压力也比较小，性价比较高。"（一位2017年录取学生）

第六十九章　云南大学法学院

申请环节

云南大学法学院往年没有举办过夏令营，但一直有关注该学院。2017年6月6日，云南大学法学院在官网上发布了夏令营招生活动的通知，该公告详细介绍了云南大学法学院的概况，列出了申请夏令营需要准备的材料以及参营时间安排。夏令营举办时间为2017年7月14至16日，采用书面申请的方式，纸质材料接收截止日期为6月20日。

看到通知后，将之前准备好的各类材料根据夏令营通知进行排序装订。云南大学法学院夏令营通知要求投递的纸质材料包括：1.《云南大学2017年优秀大学生夏令营活动报名信息表》1份（附件1）；2.《本科成绩单》及学业成绩在本专业的排名情况（加盖教务部门公章）1份；3.《其他材料》（如英语等级证书、论

---

① 小妍提醒：考一个好六级分数吧！

文发表、专利发明、各类获奖或资格证书等材料的复印件）1套。其中，夏令营报名信息表严格按照要求填写，简练但要突出自己的优势，成绩单和排名情况一定要是加盖教务部门公章的原件，这个可以在前期准备材料的时候多准备几份，避免需要时要反复跑教务处，各类获奖证书以及证明材料可以扫描保存，需要时直接一套打印出来，节省时间且不会慌乱之中忘记某些材料。

准备好纸质材料并投递之后，一定要记得同时将电子版材料发送至指定邮箱。电子版材料的制作，我推荐使用全能扫描王软件，用手机就可以制作出清晰的电子文件。

参营/推免复试前准备

云南大学法学院的夏令营是在发夏令营通知的时候就告知了夏令营考核的流程。

因篇幅所限，请扫描二维码或登录易保研官网
www.ebaoyan.cn了解历年夏令营详细日程

看到云大法学院的夏令营活动流程安排后，注意到有两场学术讲座安排在笔① 试和面试之前，瞬间提高了警惕，在讲座时认真听讲，并将其中几个主要的点记录下来，晚上休息时大致浏览了有关这几个点的理论知识，果然在第二天的笔试中有所反映。

夏令营/推免考核内容

夏令营总共进行了3天，真正进行考试选拔只有1天，7月14日上午报道领取夏令营必需品，安排食宿；

7月14日下午主要介绍了云大法学院的概况以及参观了云大校园，为之后几天在这里的生活做好准备。

7月15日一整天安排了两场讲座，讲座主要围绕近来法学界的各种变化进行，有自由讨论提问环节，如果有心仪专业的老师参加，建议表现的活跃积极点，给老师留下个印象，对之后的面试会有所帮助。。

7月16日上午，进行笔试，时长共四个半小时，中间有半个小时的休息时间，主要考察基础理论知识以及观点阐述。

7月16日下午，进行分组面试，主要有小组讨论，单人单面以及群面三种形式，面试中老师会观察你的一举一动，也就是说，当你进入教室的那一刻，面试

---

① 　路姐提醒您：适当的训练口语

就已经开始了，老师会进行综合考察然后进行打分。面试时，要把话题尽可能往自己擅长的方向引导，而不是顺着老师的方向走，只有这样才能掌握整个面试过程。

面试结束之后，就是闭营仪式，颁发证书。

录取情况

2017年夏令营录取情况

招生类型	专业	入营人数	全部录取人数
硕士	民商法学	共26人	2
	国际法学		4
	刑法学		5
	宪法与行政法学		1
	诉讼法学		1
	经济法学		0
	法律史		1
	法律硕士（非法学）		4

过来人回声

"参加云大法学院其实不必有太大压力，将自己平时所学展现出来即可，整个夏令营过程中的待人接物也是录取会考虑的因素之一。"（一位2017年录取学生）

第七十章　西南政法大学商学院

申请环节

西南政法大学的所有学院都没有夏令营和预推免，只有等到9月28日推免服务系统开放之后，在系统内填报志愿。

学院的官网上一般不会单独发与推免或者录取相关的通知公告，都是由研究生院官网统一发布全校的招生信息。

与很多学校不断扩大推免生招生规模不同，西南政法大学接收推免生的规模很小，法学类专业（含法律硕士）接收比例为本专业招生人数的10%—20%，法学以外专业接收比例为本专业招生人数的20%—30%，这一届企业管理专业接收推免生的名额是4~6名。

在申请条件中有这样一项要求"本科所学专业具有一级学科硕士授权点或者本科所在学校与我校签订有研究生合作培养协议"，这项要求不知道具体是怎么限定的，总之在申请之前最好先向本科院校确认一下比较保险。另外，所申请的专业应当与本科所学专业相同或相近，原则上不得跨一级学科报考。

在推免系统填报的时间是9月28日—10月9日，在此期间，只需在网上提交申请信息，不用寄送材料。[①]

参营/推免复试前准备

对推免生的材料进行初审后，学院会在系统中发放复试通知，并于10月10日，在研究生院官网、学校官网"研究生招生"页面公告复试名单。

通过审核的学生，在复试时需要提供以下材料：申请表；本科阶段成绩单，需要加盖所在学校教务处公章；获奖证书复印件；国家英语四、六级考试成绩单原件及复印件，如果是其他语种及英语专业，需提供相关证书或成绩证明原件及复印件；体现自身学术水平的代表性学术论文、出版物或原创性工作成果。

这些申请材料都要准备复印版，并且自己保留好原件和备份，因为一旦交了之后就不再退还了。

推免通知上写得比较清楚，复试包括笔试和面试两种形式，复试总成绩=笔试总成绩×50/笔试总分值＋面试总成绩×50/面试总分值。法学以外专业的笔试科目为本专业基础知识，那么商学院的笔试自然也是专业基础知识，可以依据考研初试的科目和课本进行复习，也可以按照自己本科所学的管理学、经济学的内容进行准备。可能会用到的书有：周三多等主编的《管理学：原理与方法》，吴德庆等主编的《管理经济学》，以及刘新智、黄燕萍主编的《企业管理学》。

面试主要考查笔试时无法考查的内容，重点是对考生专业素质和综合能力的考查，比如逻辑思维能力、语言表达能力、应变能力、心理素质、举止和礼仪、外语听说能力等，这方面我觉得没有什么需要特别准备的，就是梳理一下自己本科的学习、科研的实践经历，然后再稍微看一看网上的面试技巧，重要的是临场发挥时不要怯场。

夏令营/推免考核内容

复试时间是学校统一安排的，几乎所有学院都是在这一时间段。

10月13日上午8：30—12：00，下午14：00—17：00，报到，提交前面所说的一系列纸质材料。

---

① 小西提示：最好有一些科研成果哦（＊.ω＜）

10月14日上午，笔试。由于人比较少，所以非法学专业的同学笔试都是在一起的。笔试满分是100分，考试时间为3个小时。笔试科目为企业管理专业基础知识，考的大多是管理学原理部分的内容，对基础理论知识比较侧重，另外还有几道情景题，稍微灵活一些，考查的是专业基础知识的运用。

10月14日下午，面试。面试官一共有3位老师，进去之后首先做了英文自我介绍，然后老师会问一些专业理论知识，还会问你意向申请的专业和方向，了解一下你在研究生阶段的打算。

录取情况

2017年九推：（详细录取名单未公布）

专业	拟接收推免生人数	复试人数
企业管理	4～6	5
审计（专业学位）	14～21	1

过来人回声

1. "西南政法大学招收推免生的比例比较低，只占全部研究生招生名额的20%左右，大部分研究生都是通过考研招生的，非法学专业本身规模就比较小，推免生招生名额更少，可能因为报名的人数也少，今年整个商学院各个专业加起来，一共只录取了不到10个人。"（一位2017年录取学生）

2. "在准备笔试时，要提前把教材复习一遍，主要是管理学部分的内容。面试时老师会问你意向的专业和方向，所以要做好功课，到学院官网或者研究生院官网了解自己所申请的专业都有哪些方向，并且对自己意向的专业方向有个想法。以企业管理专业为例，下面分了组织与战略管理、人力资源管理、营销管理、财务管理、会计与审计、企业法务管理这些方向，要了解这些方向各有哪些侧重，以及自己适合哪个方向。"（一位2017年录取学生）

第七十一章　重庆交通大学经济与管理学院

申请环节

重庆交通大学于9月7日发布了接收推免生的章程，要求符合条件的考生，在规定时间内登陆中国研究生招生信息网"推免服务系统"，填写申请志愿，并准备好以下材料：

所需材料	材料要求
个人陈述	1份，内容应包括申报学院、专业，个人基本情况，学业水平能力概述，及研究生学习阶段的初步设想等
本科阶段成绩单	1份，需加盖学校教务处成绩专用章
全国大学外语四级、六级、全国外语专业四级考试成绩证明	1份复印件，需查验原件
获奖证书、体现自身学术水平的代表性学术论文、出版物	1份复印件，需查验原件

个人陈述、推荐信这类较为琐碎的文书准备，最好能够早点开始着手，先根①据自己要申请的专业，写出一个基础版本，而后针对自己要申请的院校，增添、修改一些细节部分，可以节约大量的时间。

个人陈述是对个人经历的一次全面的展现，不仅可以通过生动的语言详细阐述自己的核心竞争力，还可以展示自己的语言表达能力，给老师留下第一印象。个人陈述的篇幅比较长，但并不能就此放松对其精确度和格式的要求，因为它也是学生申请态度是否端正的直接体现。相比于简历，个人陈述的字里行间中能够体现申请人的一些性格特征，也更能拉近学生和老师之间的距离。因此，并不建议直接套用模板，最好能够自己精心地写作，展现自己最好的一面。写完之后，也可以请学长学姐或者学院的老师提一些修改建议，进一步完善。

对于英语证明、获奖证书等通用类的文件，可以直接成jpg格式存储在电脑中，下次要用的时候就可以直接打印，无须携带原件。

参营/推免复试前准备

1.距离九月推免还有比较充足的时间，首先需要对专业课内容做一次比较彻底的复习和梳理，建议针对所申报的专业，从《基础会计》《财务管理》两本书开始看起，必要的时候也可以对照注册会计师的课本，加深对重点章节的理解。此外，如果申报的时经济类相关专业，还需要仔细研读高鸿业的《西方经济学》以及《工程经济学》《技术经济学》。

2.英语学习，词汇积累是基础。对于词汇量不足的同学，前期可以下载扇贝、百词斩等app，先从词汇积累开始，保证自己在听力和阅读时能够跟得上。并且，可以有意识地学习专业名词，将其记录、整理到自己的笔记本上，在日常复习专业课的时候，将中英文对照起来。英语学习绝非一日之功。可以为自己制定

---

① 小妍提醒：（﹁﹀﹁）↗ *Studying makes me happy*

每日计划，如每天50个单词，三篇阅读，两篇听力，两天练一篇小作文等。注意每周要留下一天对于已经学习的内容进行总结，对于自己的错题，仔细反思，最好能够形成自己的错题本，方便后期进行回顾

3.针对面试，首先尝试通过各类网站搜集相应的面经，并自己加以总结和理解。网络上关于面试经验，有非常多的资源可以获取。有条件的话，也可以和同学们组织面试模拟，通过不断实战、反馈，提高自己的面试能力。

4.现如今，各大院校的面试往往会询问一些和时事热点密切相关的问题，因此这些问题，学生也应当有相应的掌握。比如2017年的共享经济问题，万科股权之争等问题。在学习专业知识之余，也要多多关注财经新闻，可以通过看新闻、专栏、微信公众号等多方观点，逐渐积累进而形成自己的观点，让自己能够在面试的过程中有话可说。.

夏令营/推免考核内容

（1）外语能力测试（20分）

外语听说能力测试每名考生的测试时间应不少于5分钟，测试重点在于考察考生运用外语知识及技能进行交流的能力，从发音的正确性、使用语言的准确性、流利程度等方面测试考生的听力和口头表达能力；

（2）专业素质和能力测试（60分）

①大学阶段学习情况及教育背景（辅修等情况）

②考生对本学科（专业）理论知识和应用技能掌握情况

③考生对本学科发展动态的了解情况

④考生在本专业领域培养的潜力（创新精神和创新能力）

（3）综合素质测试（20分）

①本学科（专业）以外的学习、科研、社会实践（学生工作、社团活动、志愿服务等）或实际工作表现等方面的情况

②事业心、责任感、纪律性（遵纪守法）、协作性和心理健康情况

③人文素养（特长、个人素质等）

综合面试得分以复试小组各成员给出成绩的平均值作为考生的最终成绩。

录取情况

2016年九月推免：

招生类型	专业	入营人数	全部录取人数
硕士	管理科学与工程	未披露	未披露
	会计学		

招生类型	专业	入营人数	全部录取人数
硕士	企业管理	未披露	未披露
	技术经济与管理		
	物流工程		

2017年九月推免：

招生类型	专业	入营人数	全部录取人数
硕士	管理科学与工程	未披露	未披露
	会计学		
	企业管理		
	技术经济与管理		
	物流工程		

过来人回声

"重庆交通大学的经济与管理学院比较低调，老师也很好，在复试的时候一定要表现出很强烈的来重庆交通大学的态度，比如我非重交不去，如此会加分很多，我们当时有个双非出身的同学，其实她的条件并不好，但是当时老师们就定[①] 下了她。"（2016级保研生）

第七十二章　西南石油大学经济管理学院

申请环节

西南石油大学经济管理学院没有夏令营，只有九月推免的形式，具体时间安排如下表所示：

相关事项	时间节点	备注
网申时间	9月28日至10月25日	
纸质材料投递截止时间	10月25日	无须寄出
参营时间		

---

① 易宝提示：保研论坛有很多学姐学长的经验分享帖

西南石油大学经济管理学院于9月21日发布了接收推免生的章程，要求报考该学院的考生登录西南石油大学研究生招生信息网查阅研究生招生章程、推荐免试攻读硕士、博士学位研究生申请办法及招生专业目录，于9月28日—10月25日登录"全国推荐优秀应届本科毕业生免试攻读研究生信息公开暨管理服务系统"填报志愿，申请人接受复试通知后，按规定时间到经济管理学院复试，并携带下述的申请材料交学院审核。因此，不同于其他院校，西南石油大学经济管理学院是不需要寄送纸质材料的，但还是最好早点着手准备，避免收到复试通知时手忙脚乱，忙中出错。

具体而言，需要准备一份夏令营申请表、一份加盖了教务处公章的成绩单，一份学术成果复印件，一份科技或实践活动的获奖证书、其他获奖获资格水平证明，此外，还需要提供一份在当地二甲医院的体检表。如有不便，也可以携带本人一寸照片到西南石油大学校医院体检。最后，将这些材料统一用A4纸复印获打印，再按照顺序整理起来，携带到复试现场即可。

所需材料	材料要求
夏令营申请表	1份
历年在校学习成绩单	1份，加盖所在院校教务处公章
发表的学术科研论文或著作或发明创造或其他形式的学术成果的复印件或证明	1份
在学期间曾从事过课外科技活动或社会实践活动，获奖或表现突出，由教务部门书面证明	1份
其他获奖或资格水平证明	1份，复印件
体检表	在当地二级甲等以上医院体检或带本人一寸照片到我校校医院体检
国家英语四级水平考试成绩单	1份，复印件
学生证和身份证	1份，复印件
其他要求	以上所有材料统一用A4纸打（复）印

参营/推免复试前准备

1.熟悉个人简历，整理与个人经历相关的问题。面试的个人问题往往会和个人经历密切相关，因此必须做到对自己的经历高度熟悉，有条件的话，最好能够以模拟面的形式，多多熟悉。在面试中，老师一般会根据学生的自我介绍、个人陈述或个人简历提问，因此，必须要做到对展现出的个人经历绝对的熟悉。对于自己的做过的项目，起源、经过及其意义，都必须要能够娓娓道来。对于自己参加过的实习，也要说出自己的工作内容和心得体会。含金量高的项目和实习固然很好，但如果并不能够流利地说出自己的所得所获，只是泛泛而谈，那么其价值就会大大下降。因此，这一阶段可以对自己过往的经历做一次细致的梳理，最好能够形成文档，方便后期查看。此外，还需要了解西南石油大学经管学院的相关信息，进一步加深对所申报专业情况的了解.

2.回顾相关专业知识，了解相关财经热点问题。九月推免的专业面和专业知识相关，因此查漏补缺在这一个阶段是非常重要的。并且，要能够了解近几个月发生的财经热点，最好能形成自己的观点①.

3.强化对面试形式的理解，组织模拟面试练习。这一阶段应当积累了一定的面试经验，也可以通过校内的一些社团面试，校外的实习等积累实战经验。如果方便的话，最好可以问到面试官对自己的印象和点评，因为自我的感知和他人的评估之间往往会存在一些偏差。从他人的角度，比较容易看到自身的问题所在。或者在模拟面的时候，可以使用录像设备或录音设备，全程记录自己的表现，私下再回放，回顾自己从礼仪、表情、表达各方面有无改进之处，也可以请经验丰富的同学帮忙点评。

4. 整理英文面试相关问题，做好回答。常见问题不断自我提问，保证自己能够流利地加以作答，并且加强对专业词汇的记忆，但不要直接背诵，太过生硬和刻意。

夏令营/推免考核内容

专业综合面试（60%）

管理学的专业面试往往和经典理论及案例密切相关，因此，仅仅局限于书本知识时不足够的，时间充裕的话，建议多进行一些课外积累。通过博采众长，将不同的观点对照起来看，时间长了，也会逐渐浓缩提炼，形成自己的观点，在面试的过程中也不会有无话可说的尴尬了。

综合类面试则和个人经历密切相关，主要考察考生的思维能力及创新精神、人文素养、思想政治素质和道德品质等素质。在回答时，注意逻辑完整、条理清晰，可以采用"总—分—总"的模式进行陈述。

外语能力面试（40%）

英文面的题目比较常规，都是考研复试中的常见问题，比如"你感兴趣的研究方向是什么""为什么要报考我们学院""你在研究生阶段的规划是什么"，等等。如果是口语水平一般的同学，可以提前搜集这些问题，自己做好回答，多多练习、多多巩固，熟能生巧之后，等到面试的时候也能够快速反应了。有条件的话，最好能把自己练习的内容用录音设备录下来，反复回放，纠正自己的语音

---

① 小也提醒您：多参加一些认可度高的竞赛吧

语调，尽善尽美一些。

录取情况

2016年九月推免：

招生类型	专业	复试人数	全部录取人数
硕士	产业经济学	/	4
	工商管理	/	6
	管理科学与工程	/	2
	物流工程	/	3

2017年九月推免：

招生类型	专业	复试人数	全部录取人数
硕士	产业经济学	/	3
	工商管理	/	8

过来人回声

"西南石油大学的经济管理学院是热门学院，有很多本校其他学院的同学申请读经管院的，竞争压力蛮大，值得一说的是，经管院的老师比较倾向于实践方面很出色的同学。"（2017级保研生）

第七十三章　贵州大学法学院

申请环节

贵州大学法学院招收推免生都是通过九月推免，没有夏令营和预推免，因此如果目标就定在贵大法学院的同学到九月份就会比较慌张，因为只有一次机会。但是跟之前推免进入贵大法学院的学长学姐进行沟通后，心里略有底，缓解了慌张的心情。

贵州大学法学院一般会于9月25日左右公布推免工作安排，给出详细的日程安排，一步步跟着走就没有什么大问题。今年也是一样，9月25看到贵大法学院官网发布的推免工作安排后，9月28日在推免系统上进行注册和填报志愿，第二天就收到了复试通知，9月30日就奔赴贵大进行复试。

整个流程安排可以说是相当紧凑，我的经验就是在投递材料的时候就买好去贵阳的车票，以免真的接到复试通知匆忙之下很可能来不及赶到，也让自己可以更加从容。①

参营/推免复试前准备

因篇幅所限，请扫描二维码或登录易保研官网www.ebaoyan.cn了解历年夏令营详细日程

民商法是贵大法学院的强势专业，面试时院长冷传莉老师可能会参加，李萍老师、程昭伦老师也会参加，可以提前联系下老师，加深彼此印象，也提前熟悉贵大法学院的风格。

夏令营/推免考核内容

九月推免大部分学校就会将日程安排的比较紧促，贵大法学院也是如此。9月30日上午笔试9：00——11：00（法学硕士、法律硕士【法学】）；11：10开始面试。

录取情况

2017年九月推免录取情况

招生类型	专业	全部录取人数
硕士	民商法学	2
	刑法学	1

过来人回声

"贵大法学院复试之前联系导师也很重要，贵大民商法学的几位大佬中，冷传莉老师比较严格，程昭伦老师比较随和，可以考虑与自己风格相近的老师联系，增加自己的录取概率"（一位2017年录取学生）

---

① 小也提示：小部分夏令营在8月份举行

中部地区篇

第七十四章　武汉大学

武汉大学经济与管理学院

申请环节

参加保研夏令营把握好时间节点非常重要，如果错过申请截止日期那就非常遗憾了，因此要及时关注dream school的相关学院主页，或是每天上保研论坛搜集信息，或是关注一些保研类的公众号，上面会有很多经验贴和夏令营通知公布的汇总贴。

我是大三下到4月份开始准备材料的，这时候准备已经不早了，因为有些学校已经公布信息了。我的沉痛教训是准备材料一定要趁早，后面还会有各种杂七杂八的事情，不会有太多可以安定下来好好准备文书、简历和论文的时间。2017年是武大经管学院第6届保研夏令营，2016年武大是6月8日出的通知，2015年是6月18日，今年5月22日就出了。不仅武大，其实今年很多学校都提前了，学生之间的竞争变得激烈，学校之间的竞争也更激烈了。总之大家的材料都要及早准备，千万不要错过心仪学校的申请。

武大的材料要求非常简单，就是将信息和个人陈述填入网申系统，成功后导出然后到学院去签字盖章，其他材料就是大学前两年半的成绩单、获奖证书、英语证明材料和论文学术成果，等等，没有非常特别的。唯一要注意的是它的个人陈述是在网申的时候填写然后导出的，有800字左右的字数要求，并且会提供建议陈述的方面，要按照要求来写。另外，武大的纸质材料是在入营后才要交的，不需要寄送。

武大夏令营的实施办法中有明确说明了夏令营的考核方式，笔试科目是微观经济学，面试包括心理测试、专业英语测试和专业面试。选拔考核综合成绩＝背景评估×30%＋专业笔试成绩×30%＋专业英语成绩×10%+专业面试成绩×30%。我重点准备了笔试、英语和专业面试。微观经济学我看的是高鸿业的第五版，和上课的难度差不多，看得比较快。然后做了一些习题，我认为还是很有必要的，下面再详细说。然后宏观经济学我也提前看了一些，因为根据师姐的经验，专业面试问的问题基本上是宏观经济的现象分析，回答的时候要结合理论，所以宏观经济学虽然不用笔试但是也很重要。英文面试我做了两手准备，一是准备一些雅思口语的话题素材；另外是专业英语准备，我背了一些专业词汇和一些基本理论。[①] 今年武大夏令营7月9日开始，时间比较紧，没有模拟面试，但现在看来模拟面试还是很有必要的。

夏令营/推免考核内容

因篇幅所限，请扫描二维码或登录易保研官网www.ebaoyan.cn了解历年夏令营详细日程

武大夏令营的时间是很紧凑的，第一天的时间融入，第二天上午笔试下午面试然后就结束了，没有讲座之类的安排，但是有师生座谈，老师们都还是很亲切的。笔试主要题型有英文的名词解释、简答、论述和计算，一共两个小时，题量还是有点大的，我有一道计算题没有来得及写。难度比学校期末考试难一些，但也没有考研题目难，出来后有人说还是有往年考研真题的，我没做过不知道，但是找相关学校的考研真题做是个好方法，可以借鉴。复习的话就看高鸿业的微观就可以了，但要全面的看，不能只看本科时学过的。

录取情况

笔试是所有专业都用一张卷子，但专业面试是各个专业老师自己定的形式，所以难易程度不一，我所在的西方经济学专业是采用的群面的方式。一共4个老师，6个学生（我们专业来参加夏令营的一共6个人）。先进行自我介绍，按从左到右的顺序依次进行，老师感兴趣的话会追问。接下来老师会给每个人一个题目（题目是一样的），然后让大家说看法。我们今年的题目是"劳动力供给"，要求结合理论分析现在劳动力供给存在什么问题、可以采取什么样的措施、研究论文可以从什么角度切入。给我们3～5分钟思考时间，然后举手发言。我觉得有点类似无领导小组讨论，老师可能会针对某个学生的发言进行追问。总结起来，要点是一方面要有想法，能结合理论和实际，有一定的积累，至少听起来要是有逻辑的。另一方面，需要勇气，一般第一个发言的人是最困难的，因为他是定基调的人，没有参照对象，所以大家可能会比较犹豫，第二第三个时就可能有人一起举手，场面一度比较尴尬。关键就是不要紧张，按逻辑组织语言，然后勇敢地说出来。不用第一个说，但也尽量不要在后面说，因为到时候能说的基本上已经被说完了。整个专业面试大概1小时左右，气氛还是很紧张的，老师们比较严格，中途老师还批评我们跑偏了，可能因为大家经验不足，因此就会在第一个同学发

---

① 小西提示：在保研论坛找个朋友一起努力的话会更有斗志哦！

表的观点上进行补充或者反驳。但第一个同学跑偏的话，后面同学的发言也就偏了，我觉得这一点还是值得好好训练的。大家出来后都觉得自己发挥得不好，心里有些担心，好在最后获得优秀营员的比例还是很高的。

英文面试是5个人一组进去，不是按专业分的，所以有的同学可能会和后面专业的同学一起面试。我们组的题目是给政府提意见，就是这么大的一个题目，没有方向，自由发挥。我当时是找了一个留住武汉市大学生的角度（因为我在武汉读书，比较熟悉）切入的，这样就可以说的有实际内容一些。英文面试的内容深度是次要的，关键还是看表达能力，而且从后面出分的情况看给分差距不是很大。

过来人回声

1.我们面试比较轻松，就是老师问问题，比较随意。专业面试是单面，一共七八个老师，每个人二十分钟左右。倒是笔试，微观经济学对于管理学学生来说可能要更陌生一些，要好好复习，毕竟和专业面试的比重一样，所以要刷一两遍书，最好再刷点题。（市营专业优秀营员）

2.我觉得武大经管筛选入营的比例还是比较低的，大部分学生可能在入营的时候就就被筛选掉了，所以进入夏令营之后被刷的可能性反而不大。我来自武汉地区的211学校，我觉得入营的人中，中部地区的还是很多的，武汉本地学校就不说了，湖南大学、中南大学来的也不少。而且武大的推免名额也还是比较多的，我室友夏令营没进，后来十月推免的时候进了。而且推免时只有面试，我觉得也是个好机会，就是不知道以后会不会把更多的名额放在夏令营。（经济思想史专业优秀营员）

武汉大学政治与公共管理学院

我来自东北某985学校，本科专业是行政管理，因为读研期间想回老家武汉，所以就把目标定在武汉大学政治与公共管理学院。武汉大学这两年势头正猛，学校排名比较高，他们的政治与公共管理学院也是老牌强院，因此就把这个学院当作了我的主要冲击目标。能够被武汉大学政治与公共管理学院录取真的是非常幸运，夏令营期间也收获很多，愿为大家分享。

申请环节

我在3、4月份的时候开始准备自己的材料，这个时候只能先根据去年的夏令营通知，一般在学院的官网上都会有往年的夏令营通知，如果没有的话，可以直接在网上搜，注意记录一下去年的网申时间和投递材料的截止时间，我们这一届的出通知的时间是5月26日，网申截止时间是6月13日，纸质材料投递截止时间是6月13日下午17：00。

参营/推免复试前准备

3月中下旬，可以准备纸质材料了，要求投递的纸质材料有夏令营申请表1份、身份证和学生证复印件、个人陈述1份、1份成绩单、其他（英语、发表的[①]学术论文、校级以上获奖证书等）等。申请表有固定的模板，在官网可以找到，要求有院系推荐意见和学校教务部门盖章。个人陈述建议可以提前就写好，这样修改的时间就充足一些，因为面试的时候老师可能会针对你的陈述进行提问，务必保证对每段经历都足够熟悉。成绩单是2.5年的，须加盖申请者本人所在学校教务部门的学习成绩专用章，武大政管院要求申请者学习成绩在所在专业年级排名居前15%，这个要求还是比较高的。再梳理一下自己本科期间的获奖情况，把获奖证书原件扫描和复印，这样基本上需要提交的纸质材料就完成了。值得一提的是，武大政管院的夏令营允许申请者提交体现自身学术水平和研究潜力的学术科研成果，需要复印封面、目录和文章全文。我个人觉得如果本科阶段有拿得出手的文章的话值得一试，可以加分不少。

2017年夏令营入营名单是6月23日公布的，他们要求参营学员务必在6月25日24：00点前，通过"夏令营报名系统"确认是否参加，逾期未确认者视为自动放弃，我成功被选中，还是很激动的。我们这一期的夏令营招收了76人，政治学类26人，公共管理类50人，后来我入营以后发现基本都是985、211学校的大神，武汉那边的高校同学居多，这也算是一种地域优势吧！

夏令营/推免考核内容

武汉大学政治与公共管理学院的夏令营会在官网通知夏令营考核的流程，大家要时刻关注着官网，今年出通知的时间是6月29日。

因篇幅所限，请扫描二维码或登录易保研官网www.ebaoyan.cn了解历年夏令营详细日程

在收到参营通知之前，我觉得武汉大学政治与公共管理学院应该是一个很重视学生专业知识和英语水平的学院，因此我还在参营前集中复习了专业课的知识，主要是公共管理学的理论知识，我向学长学姐们请教了经验，把黎民版的《公共管理学》翻了一遍，还把一些专业名词、理论的中英文解释都看了一遍。

---

① 易宝提醒您：3~4月该搜集夏令营信息啦~

英语方面就是按照雅思阅读、口语准备，读了很多管理学方面的英文文献。在参营前半个月，我每天都会去关注5～10个时政热点，并尝试着自己做出分析。

夏令营总共进行了3天，行程非常紧凑，考察的时间也就集中在7月1日、2日两天，自我感觉强度还是蛮大的。而且夏令营的时候武汉正热，从东北来到这样一个火炉真是难以适应，不过武大的绿化做的真是一级美，不愧于最美大学，珞珈山也给我带来了一丝凉意和清爽。

院长讲话和教授介绍在此就不做赘述，自我感觉武大政管的老师真的是学者气质爆棚，温文尔雅，给我留下了深刻印象。以下多介绍一点笔试和面试的内容。

7月1日下午15：00～17：00是笔试，武大政管的夏令营笔试是公共管理类和政治学类两大类，主要考察书目是《公共管理学》和《西方行政思想史》，是武大政管本科教学用书，也是考研必考书目；可能有少部分的《公共政策学》，如何时间充裕，可以多做准备。考试题型大致有名词解释、概念辨析题、简答题和论述题，这都是常见题型，和平时专业课考试差不多。题目侧重于专业知识的记忆和运用，所以相关知识点要记牢，题量不大，题目也不是很难算比较基础，考试时间还算充足。

建议考前可以阅读黎民版《公共管理学》这本书，或者查找这本书的重点资料，（特别是每个章节课后习题，一不小心就是笔试重点）另外，武大行政管理的历届考研题也可以小做参考。多看几遍，最好是在理解的基础上熟记，因为这书是武大自己编的，所以笔试就考这个，占比80%左右。另外，多关注时事热点，笔试中会让你结合相关理论知识对具体社会现象或热点问题进行阐述。

面试的话因为人数比较多所以分为两批，我是第一批，就是笔试当天晚上进行面试。面试分为英语面和专业面两个部分，面试流程是你先在门外抽取专业面试题1道，十分钟时间准备，可以用笔和草稿纸写下要点，然后进去答题，先英文面再中文面，一共三个评委老师。英语面首先是简短的自我介绍，然后是三个老师对你提问，用英文回答，类似于：你为什么会选择这个学校？对本专业（如行政管理）有什么看法？专业面顾名思义考察专业知识，考察的面比较广，有《公共管理学》《西方行政思想史》《管理学》等专业知识，也有时事热点问题，所以专业基础要牢固。

英语面试问题可以做一下准备，这样回答起来会比较流畅，给老师一个好印象。这一部分老师比较随和，不会太为难你，实在回答不出，碰到单词卡壳，老师也会提醒你一下，所以不用太紧张，从容应对就好。专业知识就需要参营前的紧密准备，面试时遇到不会的也不要慌乱，用自己的理解和能想到的专业知识回答就好了，碰到好的老师也会循循善诱引导你回答。

大概7月10日左右公示的优秀营员名单，从名单来看2017年招收的夏令营人数为76人，实际入营65人，优秀营员的录取比例大约为78%。公共管理类录取人数大约是政治学类的两倍，其中优秀营员的录取在专业分配上也遵循这一比例。我很幸运，可以成为优秀营员的一员，只想说天道酬勤，努力不会被辜负。

录取情况

下表就是今年武汉大学政治与公共管理学院推免招生整体的一个录取情况吧，仅供参考。

招生类型	专业	研究方向	总人数	全部录取人数	优秀营员总人数	其中优秀营员人数
硕士	政治学类	政治学理论	共35人	5	共19人	3
		中外政治制度		3		2
	公共管理类	行政管理		21		10
		社会保障		4		3
		公共经济管理		1		1

过来人回声

1. "武大政治与公共管理学院的推免夏令营入营门槛还是挺高的，我们这一届基本都是985、211，当然录取率也比较高，大概有70%以上的都是优秀营员，不怎么刷人。夏令营考核个人感觉挺难的，侧重于对基础知识的考察，偏理论一点。我觉得武大的牌子比较好，选择这个夏令营性价比挺高的。"（一位2017年录取学生）

2. "我本科是学行政管理的，因为特别喜欢武汉大学所以来尝试一下武大政管的夏令营。我本科是普通211，但是我觉得武大政管夏令营的考核对我来说还是挺难的。我英语听说能力比较差，遇到英语面试就紧张，虽然面试老师很和蔼，但是我确实说不出，而且很多专业词汇实在想不起来，可能这就是我失败的原因吧！"（一位2017年夏令营落选学生）

武汉大学信息管理学院

申请环节

夏令营的通知会在5月下旬进行发布，2017的通知于5月24日发布。需要首先进行网上申请，网上申请参加夏令营活动需要根据系统要求在线填写申请表和个人陈述，并上传照片。由学院按照申请条件对申请人资格进行初审。经审核通过的申请人，可下载打印申请表和个人陈述。因此，个人的申请表和个人陈述就是招生老师筛选学生参考的全部信息了。申请表中包含个人的基本信息、获奖情况、科研情况等。

在审核通过确定入营后，才需要打印纸质材料，包括：申请表1份，个人陈述1份，以及其他证明材料（如：前两年半学习成绩单，获奖证书复印件，各类证书，国家英语四、六级考试成绩或TOEFL/GRE/GMAT/IELTS成绩等体现自身外语水平的证明，体现自身学术水平的代表性学术论文、专利、出版物或原创性成果等）。在参营时提交这些纸质材料。①

参营/推免复试前准备

在通知中我们就可以得知夏令营的时间安排。

因篇幅所限，请扫描二维码或登录易保研官网
www.ebaoyan.cn了解历年夏令营详细日程

选拔考核综合成绩、背景评估成绩、笔试成绩及综合面试成绩均为百分制。选拔考核综合成绩＝背景评估×40％＋专业笔试成绩×20％＋综合面试×40％。因此，我们可以对笔试和面试进行一些准备，主要分为三个方面：

第一，论文的阅读。了解所报考方向老师近期的论文，了解他们的研究方向。因为这个成为笔试或者面试出题的方向，也可以让你在面试时与老师有更多互动的机会。

第二，基础知识的复习。所在学科的所必须了解的基础知识，很有可能成为面试的题目。若能胸有成竹的流利答出，也会减少自己面试时的紧张感。而结合基础知识答题，则是笔试的基础，这样可以展现自己良好和扎实的基本功。

第三，专业相关的时事热点。老师可能会针对相关的时事热点出题，也可能会请学生结合专业知识内容进行分析。若早有关注，可能会更加流利的回答出。而笔试的主观题，也可能会随时事变化出题。

夏令营/推免考核内容

7月7日的上午基本就是开营仪式与专业的讲座了，当天下午就进行了面试。一共4个老师对学生进行多对一的面试，他们会参照简历对学生轮流提问，并有一些英语的问题，类似introduce yourself。比较像老师和学生之间互相了解的聊天。整体的氛围比较轻松和愉快。所以没有必要过分的紧张，充分展现自己就

---

① 易宝小提示：时间清晰的保研计划可以提高效率

好了。

7月8日是笔试的环节。笔试是不分学科的，多为论述类型的题目，有中文也有英文。英文的题目有：描自己的述科研经历，介绍自己本科最喜欢的一门课程等。英语的题目可能主要是考察学生的英语运用能力以及了解一些更多的个人信息吧。之后就是中文的论述，如：谈一谈数据挖掘，大数据等对信息管理以及现在信息科技形势的理解？这类题目没有标准答案，言之有物、逻辑清楚即可。

在笔试结束后就是闭营仪式了，优秀营员的名单会在夏令营结束后过一段时间才发布，并不是当场发布的。

录取情况

该营大致录取情况

招生类型	专业	入营人数	全部录取人数
硕士/直博	信管学院	120	70%

注：入营人数中外校人数不少于40%[①]

过来人回声

1. "我觉得武大还是看背景吧，我写论述题一直很菜，但是和那边老师聊得比较开心，最后就录了，我看我后来的分数分布，笔试确实比较低。武大信管还是很看你的背景的，就是你的简历。"（来自一名2017年录取同学）

2. "武汉本地211多，外地985多，但是大多是一些中流的985，最好的貌似是一个中山大学的，211比例还是不是很多的，应该是对武汉地区有关照。若老师对你的学校比较了解也会增加录取的概率。"（来自一名2017年录取同学）

第七十五章　华中科技大学

华中科技大学经济学院

申请环节

我是4、5月份的时候根据去年的夏令营通知开始准备自己的材料，5月下旬

---

① 路姐提醒：整理材料一定要细心哦

华科经济学院就公布了今年的招生简章。需要准备的材料有一份申请表及个人简历，成绩单、专业排名证明（由院系教务部门盖章），两名副教授以上级别老师推荐意见，获奖证书或参与科研项目证明复印件各一份，国家英语四、六级考试成绩，或TOEFL成绩，或GRE/GMAT成绩一份，已发表的学术论文、出版物或原创性工作成果的复印件。其中申请表就可以按照附件的格式准确、精炼的填写个人的信息，并要在有限的空间里尽可能把自己最有含金量、最突出的能力展示出来；个人简历以及老师的推荐意见我当时是在保研论坛下载了一些资料来学习前辈撰写文书的方法，完成之后还请有经验的学长学姐帮我修改；其他获奖证书、论文等内容也要注意文件的排版，准备材料的时候一定注意严格按照要求。上述材料的纸质版还要在填写完网申系统之后邮寄到学院。

参营/推免复试前准备

夏令营在7月2日到8日分为学术型与专业型两期举行。

因此，面对学硕和专硕营，也需要采取不同的准备策略。学术型硕士应该注重展现自己的科研能力，而专业型硕士可以侧重展现自己的实践能力。但因为都有笔试和面试环节，所以大概从以下几个方面准备：

第一，基础知识的复习。主要复习宏观经济学相关的知识点，考试也是与之相关的内容，若有复习过可以减少考试时的紧张感，有助于更好的发挥。

第二，英语听力与口语。可以通过阅读英语文章 或听英语新闻进行一个短期的强化英语训练。

第三，准备一篇论文，因为华科有论文答辩的环节，因此一定要对自己的论文足够熟悉，这样才能逻辑清晰、有理有据地回答好答辩老师提出的各类问题。

夏令营/推免考核内容

因篇幅所限，请扫描二维码或登录易保研官网www.ebaoyan.cn了解历年夏令营详细日程

参营前主要是要对专业课进行复习并不断完善自己的参营论文，并根据自己的论文完成PPT的制作。华科经院的学术氛围还是非常浓厚的，所以重点就是专业知识的复习与论文的答辩。

总体上说，华科经院夏令营的日程安排比较紧凑，每天都从早晨8点持续到晚上10点，中间有休息时间，但总体上可自由支配时间较少，讲座安排比较多。

7月2日上午是营员报到，下午首先是开营仪式，开营仪式以后是营员见面会，在见面会上大家相互熟悉，决定分组的组名、组歌和口号。笔试安排在报到

第一天晚上，共进行三个小时。涉及微观、宏观、计量，每一门50分，一张A4纸上共有8道题。华科经院的笔试题目很有综合性，难度在中级水平，微观侧重计算、宏观侧重论述、计量侧重基础，而且全部以大题的形式出现。一开始，微观大计算放在最前面压力还是比较大，但只要好好复习还是可以下手去做的。感觉笔试成绩跨度很大，有将近满分的同学，也有分数较低的同学。

7月3日是一整天的讲座报告。刘海云教授、彭斌老师、钱雪松教授、方晶老师、徐锦老师分别作主题报告。刘海云教授做了题为"国际贸易理论演进及新进展"的精彩报告，以"为什么经济发展的三驾马车之一是出口"为切入点，深入浅出地讲解贸易理论的发展历程与前沿研究。彭斌老师做了题为"计量经济学中一些有趣的研究问题"的精彩报告，通过例子说明计量回归不能替代经济理论，并指出计量经济学未来的发展方向。钱雪松老师做了题为"如何在经济学科讲好中国故事"的精彩报告，强调选题应将现实问题与前沿方法相结合，提醒同学们避免"有中国、无故事或有故事、无中国"的误区。方晶老师、徐锦老师在科研方法与实践论坛中分享了自己出国读博的经历，并指出做科研最重要的是兴趣，建议硕士期间多与导师交流。

7月4日上午是论文答辩，分组进行，分组情况会在前一天通知，每个小组5位老师（所以要准备5份简历和论文），分配到每个人的时间在10~15分钟左右。流程是先进行简短的自我介绍，然后用PPT进行论文的陈述。自我介绍和论文陈述一定要简洁，时间很紧张，太拖沓会被老师打断。陈述完之后会老师们会进行提问，华科经院的老师学术很强，所以要做好被批评的心理准备。如果还有时间，老师会问一些简历相关问题，再比如为什么选择华科经院、想不想读博、有没有参加其他学校的夏令营之一类问题。至于教室里学生轮流进去面试还是所有人都在教室里全程参与，则视不同小组决定，2017年两种情况都出现过，但[①]单面是主流。下午是参观校园，晚上则是闭幕仪式的彩排。

7月5日是闭幕式，营员准备了合唱、朗诵、乐器表演等节目，展示了个人风采。闭幕式上还宣布了优秀营员名单。

---

① 易宝提醒：不要忘了各个学校的截止日期

录取情况

该营招收哪些专业，大致录取情况（2017年夏令营）

招生类型	专业	入营人数	全部录取人数
学硕	西方经济学	24	10
	世界经济	6	3
	区域经济学	11	3
	金融学	27	17
	产业经济学	17	6
	国际贸易学	7	6
	数量经济学	12	10
	人口、资源与环境经济学	2	2
专硕	金融	40	14
	国际商务	18	4

该营招收哪些专业，大致录取情况（2017年夏令营）

招生类型	专业	入营人数	全部录取人数
学硕	西方经济学	13	9
	区域经济学	4	3
	金融学	47	14
	产业经济学	6	2
	国际贸易学	13	8
	数量经济学	10	4
	人口、资源与环境经济学	3	3

过来人回声

1. "华科经院夏令营的录取比例历年都比较高，大概在70%～80%左右。因为考核难度较大，但录取比例较高，所以就算笔试或面试自我感觉并不好也不能放弃希望，很有可能会出现在最终的录取名单上哟。老师原话是大家能够入营就是从众多报考者中挑选出来的，考核只是一个参考，花费精力、时间和金钱举办夏令营就是为了录取大家的。并且9月教育部系统开放后，会有不少同学因为拿到了更加心仪的offer而放弃华科经院，所以，9月份还有名额可以一试。总而言之，华科经院的夏令营紧张而又充实、生活体验佳，学术水平更佳，极力推荐有意愿的学弟学妹报华科经院！"（一位2017年录取学生）

2. "总体上说，华科经院夏令营的日程安排比较紧凑，总体上可自由支配时间较少。生活上，华科的食宿真的一级棒。笔试方面复习要注意综合性，可以相应地参考考研题目，关注相关重点知识点。面试方面氛围比较紧张，老师们学术功底很强，时间也比较紧张，所以要对论文做到足够的了解才会面对老师的提问会比较从容。"（一位2017年录取学生）

华中科技大学管理学院（会计专硕）

申请环节

对于华中科技大学管理学院的会计专硕，我其实之前并不知道，是我们专业的一位老师看到后转给我的，之前我一直以为华科只有经院会举办夏令营，管院不会举办。我估计可能很多小伙伴之前也跟我一样，并不知道华科管院的会计专硕会举办夏令营。这个夏令营报名的通知是在"华中科技大学管理学院MPAcc教育中心"的官网上出的，去年时间是5月23日，6月上旬结束报名，前后报名时间一共只有十多天，所以想要去参加的同学要时刻留意她们官网的动态哦，要不然错过报名时间可太可惜了。

我之前准备过其他院校的一些夏令营，感觉各个学校材料的准备大同小异，我就结合华科管院的要求，改了一份原来的材料。华科会计专硕的夏令营是要求网申填写系统+邮寄材料两个环节，填写网申时我是根据我的个人简历和个人陈述的情况，对字数进行了一定的缩减，基本需要填的内容包括：个人陈述（不超过800字）、教育背景与学生工作、所获奖项、发表论文、科研工作、英语水平等，所邮寄的材料包括：申请表、两封专家推荐信、个人陈述、个人简历、英语证书、获奖证明和其他能够证明科研水平的材料。华科的效率还是蛮高的，大概[①]过了10天左右，我就接到了武汉打来的电话。

参营/推免复试前准备

我记得我接到入营通知的时间是6月25日左右，要求7月2日晚上进行报道，7月3日为夏令营时间，速度很快，只有一天的时间。由于我是偶然了解到这个项目，之前并没有对他进行准备，想要咨询一些学长学姐该项目的情况，却没能问到有经验的人，据说学院调整了保研和考研的接收比例，今年是第一年举办会计专硕的夏令营。

我当时主要看了一下我们学过的课本，主要包括《中级财务会计》《高级

---

① 易宝提示：接到入营通知可以开始备战夏令营啦！

财务会计》《管理会计》《成本会计》《财务管理》等。加上当时我们还在期末考试周阶段，我也没有很多精力准备这些专业知识，就走马观花的把课本翻了一下，7月2日早上就坐上了开往武汉的动车。

7月3日的日程安排非常紧张，9：00~10：00是夏令营的开营仪式，10：00~12：00是笔试环节，13：30~17：00为面试环节，17：00~18：00公布录取结果。

夏令营/推免考核内容

第一个环节是开营仪式，是由华中科技大学管理学院MPAcc中心的郭主任对学院的会计专硕项目做了一个总体的介绍。能很明显地感觉出来，华科是一个典型的工科院校，很踏实和务实，也给学生很多优惠。奖学金可以覆盖到每个人，也就意味着对于保送生来说是一个免费的项目，同时还有去法国的上课院校免学费的海外合作项目，性价比非常高。

开营仪式结束之后，我们就马上进入了笔试状态，连教室都没来得及换。因为之前也没来得及好好复习，笔试结束的时候我大概整个人的状态都是懵的，最后一个30分的大题都没读清题就开始做了，出来之后与小伙伴一讨论发现自己从第一问开始就错。很多题目都是我看着挺熟悉的，但是就是忘了要怎么做了。据说这套试卷是注会考试的题，题目的综合性都很强，看大家的反应都是觉得不太好。

下面我对笔试题目做一个简单的回顾，供大家参考准备。首先是选择题，有10道，每道2分，考察的题目有一半为小的计算题，一半为概念理解题。其次，是判断题，每道1分，一共10道。接下来就是大题，有一道是关于中级财务会计的，综合了各个考查内容，主要还是根据发生的事件做会计分录处理；还有一道计算题，是关于成本会计当中平行结转法和逐步结转法的处理；一道审计题，主要是分析审计目标，写出对应的审计方法，还要求写了审计调整分录，这道审计题比较灵活，最后是一道财务管理和中财综合后的大题，分值30分，涉及内容主要是计算每年的现金流、投资项目的净现值以及筹资方式的最优化选择；另外，还有一道案例分析题，案例是关于公司治理的，让我们分析其中存在的问题，这道题目比较简单，应该是送分的了。

12点结束后，我就与同室友的小伙伴一起去吃饭了，因为校园比较大，还差点迷了路，找了好久才找到食堂，吃完饭就匆匆赶回管理学院参加面试了。面试的时候是分组面试，30多个人被分为了10组，大概一组12、13个人，因为我是当天的动车，所以我向老师申请分到前面，果然我是我们那组的第二个。当时一共3个老师，应该都是资深教授，我把简历拿给了老师，并做了一个一分钟自我介绍。接下来，老师主要根据我的自我介绍和简历问我问题，比较关心的还是科研工作和写过的论文。由于我之前科研经历比较丰富，老师就问了一下我的国家大创项目是怎么做的，论文的思路是如何构思的，用了什么模型，得出了什么结论，看过哪些会计类的学术期刊。回答完之后，老师对我的科研实力还是有所肯定的，又问了我一些专业基础知识，都是非常简单的，老师不会很为难学生。比如管理会计中的本量利分析是什么情况，觉得哪门课程学习的最好，等等。最后变成了闲聊，问我还去参加了哪些夏令营，如果同时通过了会不会选择华科，觉得华科吸引我的地方是什么，又让我介绍了一下我本科所在的学校。

面试就这么轻松愉快的结束了，由于我第二天还要上课，之后我就赶上了回学校的车，也没来得及好好体验一下华科和武汉。结果立马就出来了，速度简直惊人，我在高铁上看到了官网挂出来的结果，比我预想中要好一点，我是我们那个面试组的最高分，虽然笔试最后一道30分的大题全军覆没，但是也算及格了。

录取情况

当时参加夏令营的人数是38个人，给了35个人优秀营员，录取比例是相当的高了，几乎是等额录取。不过，可能在确定入营名单的时候，对本科学校有一定限制，要求是985或211，反正与我一起参加夏令营的那些同学中我没有看到双非的同学。对于处在保研边缘的211同学来说，华科的确是一个价值洼地，而且老师很nice，学校也是真的很为学生考虑，表示强烈推荐呢！

过来人心声

1. "我对华科管院会计专硕夏令营的印象非常好，老师们都很严谨，虽然是管理学院，但是还是能感受到工科思维对管院的映射。笔试不用很担心，虽然比较难，但是大家都一样的，面试主要还是看重个人的综合素质，重点还是在你前三年的积累，只要你向老师表现出自己自信和真诚的一面，老师是不会为难你的。体验过了你就会发现，其实拿到夏令营优秀营员是一件很简单的事呢。"（一位2017年被成功录取的学生）

第七十六章　中国科学技术大学管理学院①

申请环节

中国科学技术大学所有学院的夏令营均采取统一的网络系统填报，该提交的材料只要在网络上填报完成即可，申报体验感十分不错。网络填报系统开得很

---

① 小西有话说：提前熟悉本校的保研名额分配方式

早，是我自己填的最早的夏令营。

填报系统中需要填报诸如姓名、性别、本科学校等基本信息。同时也需要在系统上提交辅助证明材料。比如成绩证明、英语水平证明、论文证明、获奖证书证明等。这些证明需要拍照或扫描形成图片文件，然后放入压缩包中上传即可。同时，即便一时填报信息不够完全，填报信息也可以保存。比如现在所有其他的资料我都已经准备好、填写好了，但是教授推荐信我还没准备好，就可以先暂存其他信息，等到推荐信弄好后再登录系统上传即可。在填报截止日期前，对填报内容做出修改也是允许的。

在需要上传的诸多证明文件中，教授推荐信是需要使用系统所提供的模板的，要求是副教授及以上职称的老师来写。很多人（包括我）都是自己写好了之后拿给老师，让老师签字的。其余需要上传的文件都较为常规。但是系统对上传文件的大小做出了限制，要求不能过大。因此如果图片过大，可以用系统自带的画图软件打开图片（windows系统），然后在上边栏选取"重新调整大小"，按比例缩小图片至达到要求并且保证能看清即可。

值得注意的是，科大管院对生源的本科学校有一定的要求，要求必须是985或者211。不过最后也有非985、211的同学参加了其他学院夏令营，最后进入管院夏令营的情况发生。因此非985、211的同学如果十分想来科大管院，不妨试试"曲线救国"。

参营/推免复试前准备

虽然系统开放的早，但是入营名单出来的算是相对较晚了。本来也没对入营抱希望，结果某天傍晚一个短信发来，告诉我入营了。上系统一看，果真如此。科大夏令营录取分为A类、B类两类营员。对于管院，A类营员就是985高校的，B类是211高校的。相对于B类营员，A类营员会多出一些参观或是游玩的活动，但是在考核上，还是唯分数论，一视同仁。

因篇幅所限，请扫描二维码或登录易保研官网
www.ebaoyan.cn了解历年夏令营详细日程

营前准备把精力花在了笔试面试和提前联系导师上。其实由于在这之前已经参加了其他学校的夏令营，专业知识复习得已经不错了，面试上的自我介绍也背得滚瓜烂熟、简历上的每个点也都吃得很透，所以只是在参营前几天把这些东西又简单地过了一遍。同时，浏览了科大管院的官网，给自己心仪的导师发了邮件，提前联系了下。幸运的是，导师认为我还不错，表示如果能最终通过夏令营，愿意收我为学生。

当时没做好的一件事就是去搜集信息。因为我觉得各大学校的夏令营基本上考核内容都差不多，因此也就没再仔细去看看科大管院夏令营考核有什么不一样的地方。

夏令营/推免考核内容

7月19日我到达了合肥，后面被科大包的车送到了科大校园。所有在外面行走的时候，都感觉自己是一块移动的五花肉。天气真的炎热。

19日晚上，我们聆听了管院领导教授们的讲话。大概介绍了科大、科大管院、合肥的发展情况。无论是在学术，还是在部分专业的就业领域，科大管院都很不错。同时，由于在诸多国际大学排名上，科大一般都能排到大陆第五左右，科大在国外大学中的认可度还是很高的，对于那些读完研之后想出国继续深造的同学来说，性价比还是很高的。在讲话的最后，负责研究生招生的老师给我们大致透露了一点明天笔试的内容，告诉我们笔试分为英文面试、思维笔试和论文阅读。考虑到能最终进入夏令营的同学，其实基础知识掌握都还是不错的，因此没有设置题目考查大家的专业课知识，题目主要考察大家"够不够聪明"。

20日上午分专业进行了学术报告，下午就是笔试。当我拿到笔试试卷，简单浏览了一遍笔试内容之后，瞬间就感觉炎热的天气没那么热、心拔凉拔凉的了……管院的笔试很不常规。比如英文笔试，是一些古诗词的翻译，思维笔试的题更是很不常规，最后的文献阅读，要在一个小时左右读一篇给出的英文经典文献，并且回答六个相关的问题。要知道，这篇英文文献有十几页。不过好在我看到身边的同学拿到试卷后好像也都比较震惊，我也就没有那么慌张了。调整状态之后认真答题，前两部分尽己所能去答，后面的英文文献找到关键内容迅速读完，然后开始写答案。

21日晚上进行了各个专业的介绍。

22日上午进行了面试。面试就没有那么不常规了，就是普通的面试。同学们按照顺序排好，顺次进入面试房间接受面试，每个房间会有三名老师。首先进入后先进性英文的自我介绍，随后老师会根据你的自我介绍和简历进行个别提问。由于我面试经验还算丰富，准备做的也十分充足，因此面试进行得还算比较顺利。

22日下午，学院开放给大家，可以去找自己心仪的导师谈话。我之前联系的导师在那个时候并没有在办公室，去给MBA上课了，最后也没有见到。后面又给这位副教授发了个邮件，告知了情况。

夏令营结束后，对自己能否获得资格是十分没底的，因为去参营的很多同学[①] 都十分优秀，自己笔试部分又相当于"裸考"。结果最后还是获得资格。心情十分激动。

录取情况

该营（九推/预推免）招收哪些专业，大致录取情况

（2017年夏令营）

专业	入营人数	全部录取人数（包括预报名）	备注
工商管理	A类：100人左右 B类：80人左右 本地大学：60人	92人 A类：33人 B类：36人 其他：25人	由于没有给出入营名单，入营信息在系统内公示，后期由于录取等情况更改导致系统内人员变化大，所以看不到具体的A、B类营员人数。
管理科学			
统计与金融			
金融专硕			
（物流专硕）			

在2017年，物流专硕一开始是没有直接招生的。后面有些同学可能会被调剂到物流专硕。

除了A类、B类营员之外，科大管院还对本地的两所211大学有着照顾。安徽大学和合肥工业大学两所本地211大学夏令营共入营60人，他们不属于B类营员，不参与除了笔试、面试、专业介绍、导师约谈之外的其他活动。在录取上也是区别于A类、B类营员单独录取的。因此安徽大学和合肥工业大学的同学们一定不要错过这个机会。

除此之外，A类营员和B类营员的考核标准是一样的，最终在录取上都是按照成绩来的，不会给出某一方特别的照顾。最终B类营员的录取比例高于A类营员的原因之一，是很多A类营员当时并没有最终参加科大的夏令营。

过来人回声

1. "17年中国科大管院笔试的考试题不是很常规，很少有人能够提前准备到的，考察内容我认为更考察大家的能力。我相信做过科大管院夏令营试题的同学一定对这份试题是终生难忘的。"（一位2017年录取学生）

2. "现在想想，其实无论考核难不难，重要的是心态，因为我难你也难。如果笔试的时候心态能够好一点，自己也会多一分胜算。"（一位2017年未录取学生）

---

① 小西提示：确保自己在本校获得保研名额

第七十七章　中南财经政法大学会计学院

申请环节

我是提前就关注了中南财经政法大学会计学院官网，看了往年的夏令营通知和要求，发现中南财会计学院每年的夏令营都开得很早，基本上四月底就出简章通知，五月份就正式笔试面试了。所以我四月初就大致准备好了一些基本的电子材料和纸质材料，并且询问了学长学姐关于网申系统的一些填写注意事项。大部分学校关于夏令营的招生通知都会在该院系的官网上查得到，还有一些发布在学校研究生学院网站或者该校研究生招生信息网等官方网站，也可以持续关注保研论坛、易保研等论坛、公众号平台，都会持续更新各高校的夏令营简章情况。等到夏令营简章出来了，最好记录一下网申系统的截止日期、纸质材料邮寄的截止日期、入营结果通知日期、正式开营日期等关键点，如果是海投的话，可以建一个word文档，以表格的形式记录自己所有意向投递院校的重要时间节点和投递要求，防止出现遗漏。当需要邮寄纸质材料时，还要看清有没有要求指定必须是某一个快递公司，比如要求必须是顺丰速递或者邮政等，而且要看清邮寄纸质材料的截止日期是以寄到目的地的时间为准，还是以当地邮戳为准。

我们这届的要求是网上提交信息和邮寄报名材料二者缺一不可，网申时间是5月2日至5月12日，纸质材料投递截止时间是5月12日（请在信封左上角注明"夏令营申请材料"字样。邮寄材料截止日期为2017年5月12日，以当地邮戳为准，过期不再接受申请。请用"顺丰速递"邮寄），参营时间是5月26日至5月27日。

三月中旬至四月中旬，可以准备各种纸质材料和电子材料。中南财经政法大学会计学院夏令营要求投递的纸质材料有中南财经政法大学文澜优秀大学生夏令营报名登记表1份、个人陈述1份（有模板）、前5个学期学习成绩单原件1份、推荐信2封（要求面试时带过去，2封，即需要2位副教授以上职称专家分别推荐，且密封并在封口骑缝处签字）、获奖证书复印件、英语水平的证明复印件、代表性学术论文、出版物或原创性工作成果复印件。个人陈述最后官网给了模板，一定要根据最新模板将自己提前准备的内容再整理一下，推荐信建议自己写好去找老师直接签字，因为老师很忙，可以一次性多签几个学校的。学术成果可以是已经发表的或者尚未发表的论文、被授权的专利、做过项目的成果等，形式多种多样，能证明自己的实力即可。我顺便把前2.5年的成绩单、获奖情况证书、英语成绩证明和学术成果都电子扫描了，存成电子版，上传网申系统的时候① 可能需要得到，或者以后投递其他学校的时候可以用到。

关于中南财的网申系统具体内容记不太清了，应该是填写一些基本信息（教育背景、成绩排名、英语水平成绩、获奖情况、科研成果等），遇到有字数限制的栏，要注意字数要求，不然会提交失败。网申系统的意愿专业可以填三个，建议按照意愿从前到后，因为感觉并不是平行志愿，而是有第一志愿、第二志愿和第三志愿的区分。网申信息的填写可以参照自己的简历，也可以每填完一个学校的网申就存到word文档中，以后填其他学校网申系统时用得到。

参营/推免复试前准备

中南财经政法大学会计学院在发夏令营通知的时候就阐述了考核的大概方面：

1. 综合面试（40%）

2. 研究能力考核，营员根据既定的案例资料撰写案例分析报告（40%）

3. 营中综合表现，包括团队合作精神、仪表仪态和言行举止等（20%）

并且写出了大概的录取比例：

择优授予260名左右的营员"优秀营员证书"，获得优秀营员证书的同学享受以下政策优惠：取得所在学校推免资格的优秀营员，可直接接收为中南财经政法大学2018年"推免生"。优秀营员的分配比例如下：

1. 科学型硕士优秀营员约90名（其中会计学35名，财务管理30名，审计学25名）

2. 会计专业硕士优秀营员约170名

因篇幅所限，请扫描二维码或登录易保研官网www.ebaoyan.cn了解历年夏令营详细日程

夏令营/推免考核内容

复试分为笔试和面试，其中笔试总成绩为100分，其中中级财务会计（含会计学原理）60分；财务管理40分；面试总成绩为100分（专业综合能力70分，英语30分）。复试突出对考生能力考查，注重一贯表现，强化对考生科研创新潜质和专业能力倾向的考核。最终成绩以笔试成绩60%、面试成绩40%之和排序，从高到低优先录取。

---

① 小也提醒：面试就是表现自己

当时夏令营入营结果是在会计学院官网上直接公布的名单，知道被录取之后，我询问了招生老师，考核形式和科目是什么，当时老师说有数学的考察，结果之前准备还花了很多时间来学习考研数学，不过最终笔试并没有数学，建议今年小伙伴们打听确切了再复习，不要浪费时间在不考核的科目上。因为我报的是会计专硕，在专业课方面复习了中级财务会计、管理会计、审计、财务管理、内部控制等核心课程，梳理了一下本科上课时的重点课件，建议大家有时间全面复习书本，只看PPT的话可能每个学校老师的教学重点不一样，我是因为时间比较赶，所以只能粗略复习啦。

我们第一天到的时候直接去学校报道，签到并且领取夏令营服装，今年或许因为夏令营参营人数众多，不报车费和住宿，行政安排不是很舒心以及满意。晚上有参观钱币博物馆的行程。

第二天上午8：15文泉楼集合，参加开营仪式。开营仪式印象最深的是会计学院的老师和学校研究生负责老师真的超级搞笑，整个氛围非常轻松，笑个不停，没有官腔和虚伪。10：00赶往文添楼，笔试考试于10：30～12：00进行（本来是10：00～12：00，结果活生生少了半小时）。笔试题目只有一张试卷，试卷上只有一个大案例分析题，考察的是专业课知识点，主要包括会计学、审计学、内部控制等核心课程科目。笔试题目：獐子岛公司案例分析，给了该公司的一些案例背景描述和财务信息，部分财务报表的节选，根据这些问了大概四个问题。问题：（1）根据材料总结獐子岛内部控制问题并提出建议。（2）CPA面临哪些风险，并且应该实行哪些审计程序。（3）影响獐子岛利润因素，若作为外部投资者，如何识别獐子岛公司盈余管理并做出决策。（4）獐子岛公司是否进行盈余管理，说明理由。你觉得盈余管理对公司有什么影响？建议大家好好学审计课程，知道盈余管理到底是什么，那几张营业利润、净利润、存货、存货跌价准备等表到底是什么意思。试卷上并未涉及其他科目，所以之前复习的数学感觉很坑。

中午的时间安排比较紧，可以搭乘校园观光车前往食堂，下午面试2：00正式开始。面试一共11个组，提前被分好面试顺序。各个小组面试的形式由各组老师来定，我所在的第四组，主导老师是个很温柔的男老师，一个女老师问英文，还有一个男老师在那边记录。进去先抽一道中文题目，之后由老师女老师问一道英文专业题。汇总一下，专业题目涉及：会计审计财管经济，很奇妙各种各样，我抽到的中文题目是：会计报表和经济状况像靓照和美女，是什么因素使得会计报表和公司实际经济状况不相一致？其他人的中文题目如：资本市场和分析师的关系，自由现金流量和现金流量的区别，会计账户与科目的相关内容……。之后我的英文专业题目是：中央银行作为政府部门的作用，其他人的专英问题比如与：swot分析、你对共享单车的看法、会计/审计在资本市场的作用、会计中风险的含义、Roa和roe区别、ceo和cfo区别、一带一路、big data等。

面试结束后和小伙伴们的聊天中，总结出以下面试规律：先进行中英文自我介绍，再抽一道中文题目和一道英文题目，最后问一些生活化或者简历上面的内容。汇总一下，专业题目涉及：会计、审计、财务管理、经济学等核心课程知识和一些时事热点。时事热点一定要看，而且不光要知道中文怎么描述，还要知道① 英文怎么描述，比如今年就有人被英文问道谈谈对共享单车的看法，要求也是英文作答，不能用中文回答。抽取的题目总数是20个，难易程度不同，还是看运气啦，抽取到什么样的题目真的很重要。所以大家还是要全面复习。

简历上被问到的问题无非是项目相关的经历、论文的一些问题和核心课程等，一些经验贴大家也可以去保研论坛上搜搜看，这里我就不详细赘述啦。

最后一天是听讲座，在听讲座的途中会出来前一天笔试面试的成绩很录取情况，我们这一届300多人几乎都录取了，极少数人被淘汰，所以感觉真的很水。可能学校知道最后有很多人会放鸽子吧，所以不要有什么压力。

录取情况

2017年全部推免录取人数：

招生类型	专业	入营人数	全部录取人数
硕士	财务管理	共343人	22
	会计		94
	会计学		30
	审计		2
	审计学		15

过来人回声

1. "直到最后我才直到带队学姐是需要给学院打分的，足足20分，想到我信息不回、临时改变主意、没有按时参加展览，感觉是最费心的学员了吧，估计学姐打分也不会很高。希望接下来的小伙伴们一定要和带队的学长学姐搞好关系"（一位2017年录取学生）

2. "每个学校的笔试考试不一样，但是最起码我要把想去学校之前的一些情况摸清楚，数学：高数、线代、统计。专业课要买新的、公认很好的书，不能看之前画了考试重点的书，自己仍缺乏分析能力，比如这次的盈余管理，其实就是会计分析，但是我似乎只把框架搭了起来，还不知道对不对，具体的分析没有完成，希望回到宿舍可以好好研究一下这道题目。觉得整场夏令营是心理和生理和

---

① 易宝小提示：联系导师十分重要

体力的双重考验，好好充分准备两所学校的夏令营，其他的不用去过多准备，这是明智的。"（一位2017年录取学生）

中南财经政法大学金融学院

申请环节

我从3月份的时候开始准备自己的材料，主要是根据学院官网上往年的夏令营通知，了解需要的材料，从保研论坛上找了一些材料模板，写好了个人陈述和推荐信，建议开始的时候可以多写一些作为模板，之后根据不同院校的要求进行删改即可，把自己的获奖情况梳理一下，填网申时可以直接复制粘贴，还有证书和英语成绩扫描一下存好。2017年的夏令营通知是5月4日公布的，网申截止时间为5月26日，夏令营时间是6月5日至6月7日，中南财经政法大学金融学院的夏令营时间比较早。

金融学院申请时只需要在系统网申，不需要提交纸质材料，比较方便。不过在入营报道时需要提交纸质材料，要求的纸质材料有夏令营申请表1份、专家推荐信2封、成绩单1份、四六级证书1分、获奖证书1份、学术科研成果1份。其中夏令营申请表是从网申系统导出的，推荐信需要由两名具有高级职称教师撰写，成绩单是前5学期的，需要去教务部门盖章，学术科研成果也就是自己写的论文或者报告等。申请时不需要投递纸质材料只需要网申还是比较简单的，但建议大家还是在准备材料时把成绩单成绩排名等多准备几份盖好章，因为可能出现一些突发情况，来不及盖章什么的，还有获奖证书也一次性多复印几份，省的跑很多次。

参营/推免复试前准备

中南财经政法大学金融学院的夏令营是在发夏令营通知的时候就告知了夏令营考核的流程。

因篇幅所限，请扫描二维码或登录易保研官网
www.ebaoyan.cn了解历年夏令营详细日程

中南财大金融学院在夏令营通知时大体说了考核形式，我主要据此进行了准备和复习。复习了经济学和金融学的基础知识，对重要的知识点进行了梳理和总结。同时，准备了一下专业英语的词汇和英语问题。有重点有目的的关注时事新闻、经济金融热点问题，对重要的问题查看一些评论和文章，形成一些自己的

观点和看法。看一下最新的论文，以及学院老师的研究方向和文章，提前有所了解。

夏令营/推免考核内容

夏令营总共进行了三天，实际考察时间也就只有一个半天加一个晚上，总体而言时间比较短，安排较为紧凑。

6月5日下午4点前报道，非武汉本地的学生会安排住宿。晚上七点到九点就是专业笔试。

6月6日上午进行了专业讲座和师生座谈，下午分专业进行了面试，面试包括心理测试、专业英语测试及专业面试，主要测试心理素质、专业英语能力、掌握经济学和金融学系统知识的情况、攻读硕士、博士学位的目的与科研计划等。[①]重在考查综合运用所学知识的能力、科研创新能力（专业能力倾向）以及对本学科前沿领域及最新研究动态的掌握情况等。心理测试不计入综合面试成绩，但是心理素质测试不合格的话不能被评为"优秀营员"。

6月7日上午是专题讲座，下午参观校园，参观了校史馆和货币金融博物馆，随后闭营仪式，夏令营结束。

录取情况（2017年夏令营）

招生类型	专业	入营人数	夏令营录取人数
学术型硕士	保险学	13	11
	金融学	81	40
	产业经济学	10	7
	房地产经济学	6	5
	管理科学与工程	3	1
	国民经济学	5	3
	金融工程	21	12
	投资学	16	13
专业硕士	保险硕士	5	3
	金融硕士	65	50

---

① 路姐提示：4~6月制作文书材料准备参营论文

录取情况（2016年夏令营）

招生类型	拟录取专业	入营人数	全部录取 人数
学硕	保险学	4	2
	产业经济学	1	0
	房地产经济学	3	3
	管理科学与工程	1	0
	国民经济学	2	1
	金融工程	28	9
	金融学	70	28
	投资学	10	6
专硕	保险	3	1
	金融	75	38

过来人回声

1.中南财经夏令营考核分为两个部分，笔试和面试，笔试考了十道左右的开放性大题目，基本是一些时政热点，个人感觉和西经专业课联系不是很紧密，重点还是在于面试，面试是群面。六个人进去一起面试，面试主要包括英语口语以及专业问题测试，英语口语问题有的小组是介绍你自己有的则是回顾自己的大学生活，等等。我报的是金专，专业问题二选一："你对当前股市波动的看法"和"你对互联网金融和传统银行业的看法"。（一位2015年录取学生）

2.中南财分为笔试和面试，考试内容比较杂，包括金融学，国际金融，金融市场学，公司金融，商业银行经营管理，中央银行学等相关内容，靠基本功吧。面试是群面，自我介绍+话题讨论+英文话题，话题都是社会热点，多关注财经新闻，多思考形成自己观点。

中南财经政法大学法学院

申请环节

我是在大三的寒假开始准备自己的材料的。为了节省时间精力，我总结出三点经验。首先，寒假的时候可以提前将自己的成绩单、获奖证书、研究成果等扫描成PDF格式保存在一个文件夹里，这样在之后投递夏令营以及预报名网申的时候就可以直接根据申请系统的实际添加证明材料。其次，可以提前将自己的获奖情况，科研情况等写好存在Word里，系统开放了直接复制过去就行了，关于个人陈述，因为不同申请系统要求的字数不同，比如西南财经大学法学院要求不超过600字，而浙大法学院要求不超过1000字，所以建议可以准备一个详细版本的个人陈述，填申请系统的时候直接根据要求删减字数就可以了。最后，可以将自己的成绩单、获奖证书、研究成果等一次性复印十几份，需要邮寄材料的时候直接拿，省去了来回跑打印店的时间。通过在中南财经政法大学官网查资料，我了解到中南财经政法大学法学院往年的夏令营通知一般在5月上旬出，我当时① 按照2016年的通知准备了申请材料，并记下了网申和投递材料的截止时间。

在今年5月份开始的时候，我就开始关注中南财经政法大学官网有没有出夏令营通知。结果在今年5月9日的时候，中南财经政法大学法学院官网出了夏令营通知。申请夏令营流程主要包括网申申请和纸质材料投递两点：

首先，网申申请要求申请人登陆"中南财经政法大学夏令营网上报名系统"进行网申，中南财经政法大学夏令营网申系统是面向整个学校的，因此只能选择一个学院填。网申系统里除了自己的基本信息之外，还需要填写个人获奖情况（不超过200字）、发表论文和其他研究成果情况（不超过200字）、个人陈述（不超过1000字），由于在寒假的时候已经将这些东西提前准备了，所以要做的就是粘贴和删减，网申系统填起来比较得心应手。

其次，除了填网申系统外，还需要将夏令营通知中要求提交的申请材料—包括申请表夏令营申请信息表1份，个人陈述1份，专家推荐信2份，本科阶段成绩单原件1份，本科阶段成绩排名证明（需由教务部门盖章）1份，获奖证书复印件，英语水平证明（成绩单）复印件，发表文章或研究成果复印件等材料整理装订成册，邮寄至中南财经政法大学法学院。

预报名复试前如何准备

中南财经政法大学法学院是在发出夏令营入营通知时告知考核方式的。

因篇幅所限，请扫描二维码或登录易保研官网
www.ebaoyan.cn了解历年夏令营详细日程

6月初，在收到夏令营通知前，我提前在中南财官网看了夏令营往年夏令营考核的方式，了解到有笔试和综合面试。所以我主要从两个方面进行了准备，首先，我把《法学通论》和《民法学》这两本专业书籍大致看了一遍，理出了本专业大概重要的知识点，没想到真的在专业笔试的时候真的派上了用场。其次，考虑到可能会英语面试，所以我提前想了想可能会问到的英语问题，提前想好了答

---

① 小西提示：不同的风格的项目要展示自己不同的侧面

案并把答案背诵流畅。

一般是会在6月20日左右收到入营通知，这个时候就可以准备简历去参加复试了。据了解，一般综合面试如果带了简历，老师一般会根据简历提问，所以建议一定要多备几份简历。同时，一定要把简历上的内容自己多看几遍，想想可能会被问到的问题，自己预先想好怎么回答，做到心中有数。

复试考核流程描述

中南财经政法大学法学院所有专业复试流程如下：

7月10日，是营员报到，大家领取了相关的材料和根据安排进行了入住。7月11日上午，是宣讲会和专业讲座，副院长简要介绍了中南财法学院的基本情况，包括发展历史和培养学生的理念。讲座教授介绍了中南财法学院的科研水平、团队建设、人才培养，以及自己的研究领域。

7月11日下午，是专业笔试。专业知识考得比较基础，只要好好看了专业书籍一般都回答得上来。这里建议，答题时要先写概念，再进行阐述，这样论证比较充分；其次，要分点回答问题，这样条理比较清晰。

7月12日，是综合面试。首先，是基础英语面试。进入面试教室后，老师会首先问一个基础的英语问题。比如："Why do you want to study in our school?"英语面试内容比较简单，侧重于基础英语。所以建议在面试之前，就在保研论坛查找可能会问到的基础英语问题，自己先想好答案，背诵流畅，这样英文面试的时候会显得比较自信。

然后，是根据简历提问。在回答完英文问题后，老师一般会根据简历进行有针对性的提问。比如我被问到了参加的一项科研做了什么，参加模拟法庭比赛有什么心得等。对于此类提问，我建议面试前准备好几份简历，并根据简历内容模拟提问，想好回答，这样面试的时候比较得心应手。据了解，老师一般也会问到对中南财法学院有什么了解，对中南财法学院的老师有什么了解，还会问到读研期间有什么规划。对于此类提问，我建议参营前一定要在中南财的官网看一看它的历史发展、比较有名的校友，还可以重点看看最近中南财举办了哪些学术活动，邀请了哪些嘉宾。对于介绍老师的情况，我建议可以提前去官网看看老师的简介，看看心仪老师的论文，记录下他最近的研究方向。可能的话，也可以记一下老师的照片，这样面试的时候大致可以知道是哪些老师在面试你。做到了上述准备，面试老师一般会对你很有好感，这对通过夏令营面试考核非常重要。

录取情况

专业名称	录取人数
法学理论	3人
法律史	2人
宪法学与行政法学	7人
民商法学	22人
诉讼法学	8人
经济法学	10人
环境与资源保护法学	3人
国际法学	2人
合计	57人

过来人回声①

1."中南财经政法大学法学院提前联系导师对申请通过非常重要。一般来说，如果能够提前联系导师，向导师详细说明自己的基本情况，尤其是重点突出自己的科研基础，能弥补一些硬性条件上的不足。在专业复试的时候，再努力表现一下，重点展现出你的自信和从容，一般来说，录取的机会还是很大的。"（一位2017年入选学生）

2."中南财法学院比较重视学生的专业基础。笔试考的内容几乎都是专业基础知识，而且笔试成绩占总成绩的比重还是挺大的。因为我当时忙着准备期末考试，专业基础没来得及好好复习，结果夏令营笔试的时候很多都想不起来，结果就没有拿到优秀营员。所以如果有意报读中南财法学院，夏令营前一定要好好复习专业基础知识。"（一位2016年落选学生）

中南财经政法大学公共管理学院

申请环节

中南财经大学公共管理学院的夏令营通知和夏令营举办都很早。2017年在六月中旬就举办了，2016年更早，在五月末就举办了。在那个时间点上，相信不少同学期末复习还都没有结束。

2017年，公共管理学院的通知在5月2日就已经给出，系统在10日开放。因此

---

① 小也温馨提示：6月就会接到入营通知啦！

可以现在系统开放之前，把个人陈述、成绩单等先提前准备好。系统开放之后，现要在网络上进行注册和填报，填报好后，再将所需纸质材料邮寄到学校才算完成报名。

需要邮寄的纸质材料包括《中南财经政法大学文澜优秀大学生夏令营报名登记表》（在系统申报之后自动生成，需要自行打印）、个人陈述、前5个学期学习成绩单、获奖证书复印件、英语水平证明材料、发表论文（如有）等。

公共管理学院的发文中对申请同学的本科学校有一定要求，发文中提到"全国985、211工程高校或省属经济和管理类重点学科且具有研究生推免资格高校的经济和管理类的本科三年级在校生（2018年应届毕业生），非经济和管理类专业学生应当具备良好的经济管理学科基础或者修过相关课程"。有些同学误认为只收985、211高校同学，因此部分双非同学也就没有最终报名。最后实际上，还是有很多双非同学入营的。因此对于那些非985、211高校的同学来说，夏令营申请也可以积极尝试。

参营/推免复试前准备

因篇幅所限，请扫描二维码或登录易保研官网www.ebaoyan.cn了解历年夏令营详细日程

主要准备好笔试和面试。人力资源管理、社保等管理学同学主要复习管理学相关内容。区域经济学等经济学同学主要复习经济学相关内容。对于面试，准备好自我介绍，记住几个所申报方向的几门专业课的英文名称，并且吃透自己简历和自我介绍上的每一点，来更好地面对老师可能的提问。

夏令营/推免考核内容

6月17日，主要是进行开营仪式和专家讲座。对于认为自己复习不充足的同学来说，可以抓住16日到校、17日晚上的时间在对专业知识、面试内容进行最后一次的复习。

6月18日上午进行笔试，申请人力资源管理、社保等管理学方向的同学考察管理学相关内容，申请区域经济学等经济学方向的同学主要考察经济学相关内容。同时还有很多热点实事问题，需要同学们知晓、理解并能用理论知识阐释、尝试解决这些问题。专业知识笔试的难度并不算很高。

下午进行了面试。面试较为常规。老师会让你说出5个你申请方向内的专业课的英文名称。同时，很多老师还倾向于问你在学术科研方面上的问题，比如做过哪些课题、发表过哪些论文，论文中运用了什么方法，得到了什么结论，等

等。还可能会问到："①你的研究生规划如何？②你为什么想来中南财？③你对本专业的认识如何？④对某一社会热点进行讨论。⑤还参加了/打算参加哪些夏令营？"可能是由于前面进行笔试，已经考察了大家专业知识的原因，面试中少有老师问道专业知识方面的问题。但是有备无患，还是希望大家如果有精力就准备一下。

19日，研究生学长学姐会带着大家游览游玩，下午就可以离营了。

参营完不到一周的时间就公布了最后的考核结果。

录取情况

该营（九推/预推免）招收哪些专业，大致录取情况
（2016年夏令营）

学校	入营人数
985高校	7
211高校	34
其他高校	16

（2017年夏令营）

专业	入营人数	全部录取人数
地方政府与治理	1	0
行政管理	21	8[①]
教育经济与管理	1	1
劳动经济学	1	1
社会保障	17	13
区域经济学	2	2
组织与人力资源管理	8	5
土地资源管理	1	0
社会医学与卫生事业管理	2	1

17年中南财经大学公共管理学院共有54人入营，其中985学校7人，211学校25人，其他学校22人，其他学校入营比例有40%左右。16年共有57人入营，其中985学校7人，211学校34人，其他学校16人，其他学校入营比例在20%以上。因此对于有志于进入中南财公管院的同学来说，不管是不是211、985的，夏令营都可

---

① 路姐告诉你：好好准备人生第一场面试

以大胆尝试。

过来人回声

1. "不要错误地理解为中南财公管学院只收985、211的同学，其他学校的同学也应该努力尝试。最后入营营员中，来自双非学校的同学也不少。"（一位2016年录取学生）

2. "笔试这一块，专业课的难度都不大。主要是要好好了解一下近一年来国内外发生的社会热点事件，理解并能有自己的思考。"（一位2016年录取学生）

中南财经政法大学财政税务学院

申请环节

我在3、4月份的时候开始准备自己的材料，这个时候可以参考去年的夏令营通知，一般在学院的官网上都会有往年的夏令营通知，如果没有的话，可以直接在网上搜，注意记录一下去年的网申时间和投递材料的截止时间，2016年的截止时间是5月30日，2017年的截止时间是5月20日。

4月中旬，可以准备纸质材料了，要求投递的纸质材料有网上下载的生夏令营报名登记表1份；专家推荐信2份，需要由两名具有高级职称教师撰写；本科阶段历年成绩单（由教务处或院系盖章）1份；英语成绩证明1份；其他获奖证书等。除此之外还有与申请专业相关的学术论文1篇，也就是自己的一篇论文，可以是发表的，也可以是未发表的。我将自己之前写好的一篇跟申请专业有关的论文按照财税学院的毕业论文格式进行整理和排版。再梳理一下自己本科期间的获奖情况，把获奖证书原件扫描和复印，将复印件按照一定顺序排放整齐，有的学校会要求装订，有的学校不会。以上基本就是需要提交的纸质材料。

在网申系统开放后，我进行了网申。网申系统主要包括自己的基本信息，还需要填写发表论文和其他研究成果情况、个人陈述、自己获奖经历、工作经历等。在撰写个人陈述时，我将之前就写好的自荐信进行修改，在不超过字数的前提下，涵盖了基本信息、学习获奖经历、项目经历、实习经历、研究生阶段计划等。因此可以在夏令营的正式申请之前提前写好一份自荐信，内容可以尽可能详细，在后面申请不同院校是可以直接删减或修改。

参营/推免复试前准备

中南财大财税学院的夏令营是在发夏令营通知的时候就告知了夏令营考核的流程。

因篇幅所限，请扫描二维码或登录易保研官网
www.ebaoyan.cn了解历年夏令营详细日程

所有营员必须参加以上活动，以上安排如有变化，会在学院主页中更新。

在收到录取通知之前，我在网络上找了很多财税学院的考研题目进行练习，认真准备了英文面试。除此之外还将自己的参营论文认真读了几遍，做到胸有成竹。

大致在5月24日左右收到入营通知，收到通知后我抓紧时间准备了自己的论文答辩PPT，并反复联系论文答辩。

夏令营/推免考核内容

财政专业：

夏令营总共4天，6月2日报道，3日笔试，4日面试，5日论文展示，但在这3、4日这两天里都有财政税务学院的老师为我们学术报告。

6月3日晚7：00，在文泉楼北403会议室，陈志勇教授为营员们进行了主题为"地方政府三类融资模式：特点、问题和出路"的讲座。主要讲述了我国地方政府主要融资模式的情况和建议。讲座开始陈志勇教授首先表达了对我们所有营员们的殷切希望，然后指出，改革开放以来我国城镇化水平飞速提高，且城镇化建设有巨大的发展空间，从而出现了巨额的资金需求，传统的税收融资已经不足以满足支出需求，在此背景下，逐渐形成了"卖地融资""债务融资"和"合作融资"三种融资模式。

6月3日下午进行了笔试，考察了数学和英语。数学包含了微积分、概率论、线性代数三部分的知识，但总体难度不大。英语题型与考研英语题型类似，由于我之前曾用考研英语练习，因此在考试过程中比较得心应手。

6月4日上午8：00，财政税务学院薛钢教授为营员们做主题为"税收征管的未来改革方向和重点"的讲座，薛钢教授首先介绍了我国税收征管制度改革创新[1] 历程，并相应分析了各阶段税收征管改革之所以进行的深层次原因和思路。接着，薛钢教授合理指出了我国税收征管面临的形式和存在的问题。最后，薛钢教授对2016年至2020年的十三五期间中国税收征管改革重点进行了分析。

早上10：00，庞凤喜教授为营员们做主题为"宏观税负的衡量"的讲座。庞凤喜教授首先介绍了税收负担被关注的主要原因。接下来，庞凤喜教授对我国宏观税负的研究现状进行了简要的总结。随后，庞老师对宏观税负的衡量视角进行

---

[1] 小西说：其实竞争在上保研考场前已经结束了上半场

了简要介绍和分析。最后，庞老师给我们讲解了税负痛苦指数计算过程、存在的问题以及衡量痛苦指数的意义，并且分别从横向和纵向比较分析了我国历年的税负痛苦指数。

6月4日下午进行了中文面试和英文面试。由于我所报名的专业是财政学，中文面中老师问了我一些财政学的专业知识，例如财政风险、财政支出的规模、消费型增值税的内容。英文面也比较简单，都是一些基础的日常问题，主要考察我们的英语交流能力，我遇到的问题是"用英语介绍一下自己""你记得父母的生日吗""你给他们买了什么礼物"。

6月5日进行了论文答辩。论文答辩主要是自己讲自己的论文，讲完以后老师针对论文进行提问，由于我在参营前将论文又扎扎实实得过了几遍，对自己的论文比较熟悉，因此答辩过程比较流畅。

当天结束论文答辩后，所有营员还和老师们进行了合影留念。

录取情况

该营入营学生的本科院校（2017年夏令营）

本科院校	录取人数
安徽财经大学	4
西安电子科技大学	1
厦门大学	1
中央民族大学	3
天津财经大学	1
江西财经大学	3
安徽大学	2
中国农业大学	1
福州大学	1
中国石油大学（华东）	2
青岛大学	1
山东农业大学	1
南昌大学	1
中南林业科技大学	1
华南农业大学	1
东北大学	1
广西大学	1

本科院校	录取人数
四川农业大学	1
西北大学	1
西北师范大学	1
中南财经政法大学	17

该营录取学生的本科院校（2017年夏令营）

本科院校	录取人数
南昌大学	1
中南财经政法大学	16
四川农业大学	1
安徽大学	2
广西大学	1
中国石油大学（华东）	2
青岛大学	1
山东农业大学	1
安徽财经大学	2
江西财经大学	2
中央民族大学	1
华南农业大学	1
西安电子科技大学	1
天津财经大学	1

过来人回声

"中南财大财税学院的整体实力还是比较高的，有很多科研能力很强的老师。本次参营过程中我也体会到了该院的科研精神。总体来说，财税学院的夏令营还是比较容易入营和通过的。如果自己前五学期的排名有硬伤，但科研或英语能力、比赛能力（省级以上比赛）比较出众的话，可以尝试与学院联系进行说明。"（一位2017年录取学生）

中南财经政法大学经济学院

申请环节

我是2017年成功保研到中南财经大学经济学院的，现在在这里给大家分享一下我的经验，希望大家都能成功申请到自己心仪的学校和专业。

大三下学期5、6月份的时候，要时刻关注各大高校（尤其是自己感兴趣的）的暑期夏令营文件，千万不要因为错过截止时间而后悔，中南财经大学夏令营在夏令营网上申请系统的时间是5月2日至6月2日，我在3、4月份开始准备自己的材料，要求的纸质材料有申请表1份，专家推荐信2份，1份成绩单，大学英语四、六级证书、大学阶段获奖证书和学术科研成果复印件。首先准备1篇学术成果，也就是自己的一篇论文，可以是发表的，也可以是未发表的，把自己之前写好的一篇专业论文和一篇跟申请专业有关的一篇论文（因为我是跨专业申请的）整理和排版。成绩单是2.5年的，需要去学院教务处申请打印和盖章。再梳理一下自己本科期间的获奖情况，把获奖证书原件扫描和复印，这样基本上需要提交的纸质材料就完成了。为了后面方便填写网申系统，我也同时写了一份个人简历。申报和报到参营的几个时间节点，一定要时刻注意，不要错过。

参营/推免复试前准备

中南财经政法大学经济学院的夏令营是在发夏令营通知的时候就告知了夏令营考核的流程。

因篇幅所限，请扫描二维码或登录易保研官网www.ebaoyan.cn了解历年夏令营详细日程

经济学院夏令营笔试和面试的内容是宏观和微观，尤其侧重微观经济学。前期花一定时间复习，所有内容过一遍，尤其对于那些跨专业的更加要花时间。（我一个北京工商大学跨专业的朋友花了近2个月的时间看书，最终如愿以偿地拿到了北大的offer。）而本人因为期末考试在夏令营前两天才结束，所以没时间准备，到了笔试前一天晚上，从中南财大的打印店买了他们学生宏微观期末考试重点，看了一晚上，其实也是大概地浏览了一遍，不过这样的作用还是蛮大的。推荐跨专业的同学在4、5月份就开始看一些经济学书籍，宏观经济学，微观经济学，以及国际商务专业的国际经济学，建议分阶段复习。第一阶段，能熟练掌握基本的知识点，对应做适量的课后练习。第二阶段，梳理每一章的知识脉络，宏观注意几个模型以及货币财政政策的影响，微观注意均衡的思想，宏观课本最后

的内容有时间也要看一下。计算题部分的训练微经主要是企业最大利润的计算、成本相关问题，宏观如劳动力市场均衡状态的求解，国际经济学主要是国际经济学课本上册前几章涉及的计算题形式。名词解释涉及范围较广，比较分散，要把书都看一遍。如帕累托改进、垄断、政府预算乘数、边际效用、里昂惕夫悖论、一价定律等。论述题一般涵盖范围较广，要做到统筹和总结章节的内容或者是某一学派、两个主义的主要观点并做比较，主要看平时的掌握程度了，而且要熟练理解和运用微观经济学和宏观经济学的几个图，可以根据提供的模拟题做一下，自己再找些题目巩固强化。如高鸿业主编的《宏观经济学》和微观经济学，国际商务专业的同学还要看一下国际经济学，据说国际商务专业的笔试会在国际经济学上册前几章的计算题里出。然后国际商务专业会有英文面试，主要就是一些英文的名词解释和一些考察日常交际和生活表达的英文问题，英文名词解释的难度也比较低，总体来说，氛围较为轻松，答不上来也不用紧张。之后老师可能会向你了解一下你参加夏令营的情况，大家放轻松就好。总之在笔试面试之前要熟悉的材料包括你的简历和经济学原理和概念，这些内容需要十分熟悉。准备中英文自我介绍，并背熟，而且面试的时候自信很重要啊，不要紧张，相信自己，回避不会说的词汇，保持一直有话说就可以啦。

夏令营/推免考核内容

6月15日到达学校，递交纸质档之后，老师会分发一些东西给你：漂亮舒适的营服，一个装有笔和本子的文件袋，还有包含价值120元的校园卡（随便刷），然后有学长学姐领我们去住宿的地方，是他们学校的招待所，条件还不错。接下来就是按照以上的流程走，开营、学术讲座、学术交流，不同的教授进行讲座，首先，武身汉书记向大家表示欢迎，介绍了中南财经政法大学的历史与主要特色及近年的招生情况。胡立君院长从推免招生、新生奖学金和硕博连读（"2+3"培养模式）三方面介绍了学校对优秀营员的招生政策，并表示欢迎大家随时进一步电话咨询。之后，卢院长向大家详细介绍了学院的各专业、博士点、优秀校友，及理论经济学二级学科的师资力量，指出我院的各学科师资力量均衡。卢院长回顾了经济学的理论支撑脉络，寄语大家，希望大家保持对学术理论的兴趣与追求。最后，卢院长介绍了近日的夏令营安排情况，希望大家在学校体验到独特的文化内涵，留下美好的回忆。卢现祥教授在文泉楼206会议室为大家进行了以"我国宏观经济形势分析"为主题的学术讲座。卢老师以经济下行原因与经济结构转型过程为切入点，为大家分析我国经济概况。卢老师指出，我国经济的结构性因素包括成本与人口红利两方面，并展示了中美的成本比较和我国的人口结构预测图。在讲解经济结构时，卢老师通过中西方制度和制造业升级等方面的多个实例，指出我国实体经济中存在的"水分"来源与解决对策，同时以住房情况为切入点，阐述了房地产与中国经济间的关系。讲座临近结束时，在座的营员同学们向卢老师进行了提问，卢老师也对此一一做了回应和交流，大家收获良多。[1]

之后到了18日，也是最紧张的一天，上午笔试，下午面试。笔试按照自己的水平好好发挥就行，主要就是经济学专业的问题，有名词解释、简答和计算题，不是很难，但是要在掌握好课本的基础上才能做到胸有成竹。面试的话，首先是一段简短的英文自我介绍，大概1~2分钟，之后是抽取专业面试题，这个面试题真的非常的专业，几乎都是关于微观的内容，与我之前所想的热点问题不一样，但是还是要关注经济学发展状况和当今热点问题，可能在以后的面试中会问到。总之，不要紧张，如果真的不会就实话实说，老师们都挺亲切的。面试结束后，有一场丰盛的晚宴，结束后分发结业证书，至于优秀营员结果几天后出来。

录取情况

该营招收哪些专业，大致录取情况（2017年夏令营）

专业	入营人数	全部录取人数
政治经济学	共76人	3
西方经济学		9
世界经济		3
人口、资源与环境经济学		3
经济思想史		2
经济史		2
国际商务		29

夏令营通过的优秀营员还是挺多的，只要好好准备面试和笔试，有好的心态，面试时自信一些，还是有很大机会，要好好争取。中南财经政法大学最终夏令营录取人数中夏令营优秀营员较少，当然这是学院和学生双向选择的结果，如果特别喜欢经济学院还是要抓住机会，难度不是特别大。

过来人回声

1.中南财经政法大学经济学院的夏令营设置了很多学术交流和讲座，真的是获益匪浅啊！我在这里学到了很多的经济学知识，在准备面试和笔试的过程中也收获颇多，当然也了解到自己的能力不足，希望能在以后多读书，多了解经济类

---

① 易宝提示：多逛逛论坛，忘掉紧张吧↖（＾ω＾）↗

时事，增加实力。（2017年落选学生）

2.我觉得我来自一个"双非"的学院，中南财经政法大学是一个财经类院校，而且有很高的实力，经济学专业也是我一直想学习的专业，了解到中南财经政法大学经济学院面试和笔试对专业知识和英语能力要求比较高，我也是做了充足的准备，期待在这里结交更多志同道合的小伙伴！（2017年夏令营优秀营员）

中南财经政法大学信息与安全工程学院

申请环节

尽早开始准备自己的材料，我是3月份开始准备的，但尽量提前一些更好，最好在寒假就把个人简历、个人陈述和推荐信整理好，把获奖证书扫描打印，根据目标学校之前年度的招生简章，把材料大体整理好，等夏令营通知出来之后，在以后材料的基础上添加删减即可，避免申请季的慌乱。中南财经政法大学信息与安全工程学院的夏令营开得比较早，要提前留意，2017年工程学院是在4月28日发布了招生简章，5月2日到5月31日在系统上进行网申，6月2日公布夏令营入营名单。最初招生简章上说的夏令营时间是6月9日到6月10日，但后来又发了通知对时间进行了调整，改成了6月8日至6月9日，所以这也提醒要随时关注目标院校的通知公告，以免错过一些重要信息。

入营前申请的时候只需要在系统上网申，不需要寄送纸质材料，比较方便。由于之前已经梳理好了自己的获奖情况和经历，并写了个人陈述，网申系统填起来就比较得心应手，就是根据自己之前整理的资料进行修改即可。所以建议在前期整理材料的时候尽量做得越详细越好，这样后面就会比较省力。不过入营报道的时候是需要提交纸质材料的，当时要求提交的材料有：《中南财经政法大学优秀大学生夏令营活动申请表》1份，这个是从网申系统打出来的；本科成绩单（由教务处或院系盖章）1份；专家书面推荐信2份，分别由两名具有副高级以上职称教师填写；能证明其道德素养、外语水平、科研能力等方面的证明材料复印件，也就是自己的获奖证书、四六级证书和论文的复印件。建议尤其是成绩单成绩排名这些需要盖章的材料，如果可以的话，提前多准备一些，因为去盖查比较麻烦，而且如果被补录等通知的比较急，可能正好赶上周末无法盖章，就比较麻烦了。

参营/推免复试前准备

中南财经政法大学信息与安全工程学院夏令营是在发夏令营招生简章的时候就告知了夏令营考核的流程，夏令营的时间比较短，实际上就只有一天时间。

因篇幅所限，请扫描二维码或登录易保研官网 www.ebaoyan.cn了解历年夏令营详细日程

根据招生简直公布的考核内容，我在入营前有针对性的进行了复习，数学主要复习了一下课本的基础知识，做了一些练习题，数学刷题还是很重要的，可以通过做题来复习，把重点知识串联起来，英语的话就是做做阅读熟悉一下，毕竟很久没接触英语了，整理一些作文句式背一背。对于面试，主要就是准备一个中[①] 英文的自我介绍，针对自己做过的一些项目和比赛进行梳理，确保老师问到的时候能说出自己的想法。此外，就是看一下专业课，熟悉一下专业最基础最重要的知识。

夏令营/推免考核内容

除去6月8日是报道时间，夏令营实际的考核时间就只有6月9日一天，而且中南财大工程学院的夏令营报销车票，包食宿，时间也比较短，还是很不错的。

6月8日报道，交了纸质材料，领了营员手册等资料，然后入住酒店。

6月9日的安排特别紧凑，上午先是开营仪式，紧接着就进行笔试，中午逛了逛校园，准备了一下，下午进行了面试，面试结束后闭营仪式，夏令营就结束了，很紧凑很短暂。

录取情况（2017年夏令营）

2017年夏令营公布入营70人，公布优秀营员37人，最终公布录取专业及人数。

专业	录取人数
计算机技术	3
计算机科学与技术	4
管理科学与工程（管理信息系统）	5
管理科学与工程（数据挖掘与商务智能）	5
管理科学与工程（环境管理）	1
管理科学与工程（安全管理）	1
管理科学与工程（信息安全管理）	10

---

① 小西提示：针对往年面试情况做一些面试预演吧～

第七十八章　湖南大学工商管理学院

申请环节

因为各个院校所需的材料基本都是相似的，所以我在三四月份刚开始有院校发出夏令营简章的时候就把所需材料做了整理。湖南大学工商管理学院是在五月中旬才发出了夏令营的招生简章，在看到简章之后我就开始有针对性的准备夏令营的材料。需要的材料有截止到2017年6月的本科阶段学习成绩单1份；本科阶段前五学期的专业排名和专业总人数；身份证和学生证复印件；英语水平证明材料，包括大学英语四、六级考试成绩单，或者TOEFL成绩单，或者GRE/GMAT成绩单，或PETS5成绩单以及获奖证书、科研成果、公开发表的论文等。这些材料都是需要在网申系统中提交电子版的，纸质版入营时提交，不必寄送。建议大家在提交电子版时对这些材料进行重命名，并按照顺序排列好再打包。对于文件的排版也反映了自己的态度与做事的认真程度。

5月17日到6月9日就开始填报网申系统，网申系统首先要申请一个报名编号，申请完之后一定要把编号牢牢记住，因为这是你之后再次登录系统的账号。拥有了报名编号之外就开始填写申请信息，信息包括基本信息还有一些科研情况、个人陈述，等等。基本信息的填写主要做到准确和全面就可以，而其他信息除了有字数限制外也没有固定的模板，所以需要我们在有限的空间里尽量多的展示自己的能力与闪光点。我当时是从保研论坛上下载了一些资料，学习前辈的方法来撰写了自己的个人简历，然后找有经验的学长学姐帮忙修改。在填写网申系统的时候只需将个人简历上对应的部分根据字数限制进行增删即可，复制到系统中也要注意再次调整格式。

参营/推免复试前准备

湖大工商管理学院的夏令营是在发夏令营通知的时候就告知了夏令营考核的流程。

因篇幅所限，请扫描二维码或登录易保研官网www.ebaoyan.cn了解历年夏令营详细日程

面试分组进行，题目是一篇全英文论文，采取无领导小组讨论的形式。

在得知自己被录取之后，我们也没有得知笔试的科目与参考书目，因此我就

根据自己所报的专业来进行专业课的复习，主要是根据一些基础的理论知识并配合着做了一些习题。收到入营通知之后就进行了分组，每组收到了一份全英文的论文，要求入营后根据论文进行讨论。所以我也把重点放在阅读和翻译这篇文章上，反复阅读、撰写读后感并请本校的老师帮忙提出见解，这样对论文的理解层次会更深。

夏令营/推免考核内容

夏令营总共进行了4天，第一天主要就是报到和安排住宿。

6月23日上午是开营式，开营仪式共分为开营热身，开营典礼及学术活动三个环节。仪式主要介绍学校、学院和研究生培养的相关情况。之后就是校内外的专家讲座，当时是一位比较有名的客座教授以及院内比较受欢迎的老师给我们试讲。下午就是面试的环节了，其中包括小组讨论与个人面试。其中小组讨论就是针对之前的那一篇全英文的论文，采用类似无领导小组讨论的形式。六人一组，大概四位老师在场，老师说了开始之后全程自己把握讨论的内容，等结束时选出一个人做总结，老师也会针对论文问一些问题。接着个人面试是轮流自我介绍，在自我介绍的时候，老师会问问题，比如针对你的成绩，或者你的科研经历。然后老师会问一些专业类的问题，让大家一起回答，比如会计和财务的区别，比如[①]审计的概念，审计的流程（因为我当时报的是审计专硕）。

6月24日上午是英语与专业笔试。笔试分为三部分：一是英语，二是审计专业的试题，三是政治部分。英语包括听力和写作，专业试题都是审计专业的名词解释和一些问答题，政治部分考核目前的时事热点。接着下午与学院的教授和优秀博士生、硕士生进行了分组座谈。管理科学与工程和工商管理（企业管理方向）两个专业跟朱教授一起讨论"研究生学习"方面的问题，会计专硕、审计专硕、资产评估和会计学方向由朱博士主持，和16位优秀的硕士研究生以交流会的形式与营员们自由沟通。座谈会之后在领队老师的讲解下，我们一同参观了岳麓书院。

6月24日晚18：00，学院为所有营员举行颁奖仪式和欢送晚宴。并在现场颁发了本期夏令营"卓越表现奖"和"优秀夏令营营员"证书。

6月25日上午返程。

---

① 小妍有话说：夏令营的暂时失败绝不是世界末日

录取情况

录取情况（2017年夏令营）

专业	入营人数	全部录取人数
管理科学与工程	47	26
工商管理	48	63
工商管理（会计学）	39	44
会计硕士	84	
审计硕士	39	未公布
资产评估硕士	5	

录取情况（2016年夏令营）

专业	全部录取人数
管理科学与工程	3
工商管理	17
工商管理（会计学）	9
会计硕士	12
审计硕士	3
资产评估硕士	1

过来人回声

1. "湖南大学工商管理学院的夏令营最重要的环节还是笔试跟面试，所以入营之前一定要花时间准备专业课的复习和英文论文的阅读。湖大的老师还是非常好的，不会问非常刁钻的问题，所以大家只要好好准备稳定发挥应该没什么问题的。笔试面试之外学院也举办了各种类型的活动，两天的时间非常充实和丰富。"（一位2017年录取学生）

第七十九章　中南大学商学院

申请环节

我是在4、5月份开始准备夏令营投递的各种资料，可以参照目标院校的往年夏令营招生简章，一般在目标院校官网、研究生招生信息网、研究生院等官网可以查询到。根据我的经验，每个学校需要的夏令营投递资料大致都包括以下几点：①成绩单原件（一般夏令营的时候只有2.5年的成绩单，预报名和正式推免的时候需要3年的成绩单）②成绩排名证明（有的院校要求加盖学校教务处公章，有的院系要求加盖本院公章，看清要求）③推荐信1~2封（找熟悉自己的老师前推荐信，建议提前写好推荐信内容直接找老师签字，一次性多签几个学校，为了避免麻烦老师；但是需要注意有的院校有特定的推荐信模板，必须按照模板撰写）④学术成果复印件⑤获奖情况复印件⑥英语成绩证明⑦个人陈述（注意不同学校字数要求不同）⑧学生证复印件⑨身份证复印件。

中南大学商学院今年是第一届夏令营，没有什么经验可以参照往年。今年的网申时间是5月26日~6月15日，在规定时间填完网申系统资料并提交即可，建议不要等到最后一天再填写，每年各院校的系统都很容易瘫痪，为自己留出充足的时间比较把握。要求投递的纸质材料有夏令营申请信息表一份、学生证和身份证复印件各一份、本科阶段成绩单原件一份（带学校教务处公章）、获奖证书复印件一份、英语水平证明（成绩单）一份、发表文章或研究成果复印件一份，学术研究成果可以是已经发表见刊的，也可以是尚未发表的。我把所有的材料按顺序装订在一起，建议大家可以买透明的塑料书皮，方便装订材料。我此时的成绩单是2.5年的，准备好这些纸质材料之后，将所有的分类扫描成电子版，一些[①] 通用材料的电子版要妥善保留，因为其他学校用时直接用即可，不用再次扫描了。

中南商学院的网申系统和我之前申过的另一个学校的网申系统类似，提醒大家在投递过程中经常发现某些院校网申系统相似的情况，可以填过一个学校的网申系统之后，将所填内容保留在Word文档中，下次遇到类似的网申系统可以直接填写，省时省力。在填写网申系统时，注意字数要求，某一栏若字数要求在200以内，就一定要控制在200以内，包括标点富含等，否则无法提交，尤其涉及英文字母时，很容易超字数。个人陈述不应过于啰唆，突出重点即可。个人陈述的模板可以在保研论坛下载，或者找有经验的学长学姐对自己的初稿进行修改。

参营/推免复试前准备

中南大学商学院的夏令营在发夏令营通知的时候就公布了夏令营考核流程和内容。

因篇幅所限，请扫描二维码或登录易保研官网
www.ebaoyan.cn了解历年夏令营详细日程

---

① 小妍提示：每个学校都有专属的考核方案

1.专业课测试（面试，300分），内容包括本学科基本知识、基本原理，学科发展前沿动态，对相关学科的基础知识的了解程度等；创新能力考察，包括分析和解决问题的思维方式，独立承担科学研究的能力；实践技能考察，包括参加社会实践情况，实验操作测试；

2.外语能力测试（采取听说交流的形式进行面试，100分），内容包括公共外语和专业外语听说水平测试；

3.综合素质及能力测试（面试，100分），内容包括思想政治素质，人文素养，仪态举止，团队精神，社会责任感等；心理健康情况（将进行心理测试）。

6月16日至6月22日左右可以开始在网申系统上查询自己的状态，网申是否通过。我查到网申通过进入面试之后，因为报的是学硕项目，感觉会比较注重科研能力，准备的时候着重准备了自己的学术成果。

参营前的复习准备，根据上面公布的三方面考核标准，我主要准备了中英文自我介绍（自己录音然后回放，查找不足，也可以找口语好的同学帮忙录一段，然后自己模仿练习）、英文专业课基本知识点、时事热点、简历上各条经历逐条准备问题，自己回答等。

夏令营/推免考核内容

7月8日至11日是夏令营参营时间，学硕和专硕的夏令营是分开的。7月8日至9日为学业硕士研究生夏令营时间，7月10日至11日为专业硕士研究生（金融专业硕士、会计专业硕士）夏令营活动时间。7月8日和7月10日全天报道，到了之后查看自己的专业分组，填写基本信息，上交车票或者机票，作为日后报销的报销单，并且获得第二天面试的面试官打分表，妥善保管第二天面试的时候自己带进去。我当时拿到面试的打分表，就对照打分表的评判标准，进行各项面试内容的针对性准备。建议大家好好利用这个表。

7月9日正式面试之前，我们所有人都来到管理楼508教室集合，商学院院长、博士生导师龚艳萍教授向参营学生介绍了商学院整体情况、师资力量、学术科研、学科类别、研究生专业分类、科研实验室以及招生政策等。介绍完学院情况后，部分学生提出了他们关注的一些问题，如：商学院研究生培养目标及定位、商学院学术科研软硬件平台等。龚院长给学生们做了一一解答。结束之后，我去了自己专业的考场外备考，等待面试。我是第三个面试的同学，第二个面试同学面完英文面试之后，叫我进去面英文。英文面试是两名面试官，一男一女。我首先进行了一分钟左右的英文自我介绍，由于自我介绍中提到了自己考取了CMA（美国注册管理会计师）的证书，所以之后一个老师问了我CMA的全称是什么，另一名老师问我的问题是financial statement是什么，包含哪几个报表。回答完之后，老师简单点评一下，说答得很好之类的，就叫我叫下一名同学进来英文面，我自己就继续去了面中文的教室。

中文面环节是一个能乘坐几百人的大教室，我进去之后先把材料（材料要求准备几份，供老师之间传阅，因为老师实在太多了）交给门口的老师，然后坐在讲台上，老师们坐在下面的前几排，不规则分布。大概十个左右老师，人数很多，中间的老师全程对你微笑，并没有提问。先进行中文自我介绍，介绍结束之后开始有面试官提问。被问到的内容有，简历上一个环境成本有关的论文，为什么会想到写这个话题，你认为环境成本是管理成本还是财务成本？专业问题几种成本计量方法那种比较好，为什么？房地产所得税有关的内容，具体不太记得了。还被问到了考取CMA相关的问题，以及愿不愿意在中南大学商学院读会计的硕博连读之类的。一开始看到老师那么多，我心里有点儿小慌张，不过大部分老师还是比较和善的，不用紧张。

过来人回声

1."今年是中南大学商学院第一年举办夏令营，感觉夏令营整体有些不成熟。之前发文说负责食宿和报销差旅费，临时又更改为全部自理。并且，临近面试才通知今年不招收全日制的会计专业硕士，会计专业硕士只能接收为非全日制的，导致很多报了会计专硕的小伙伴最终不得不改成金融专硕或者是放弃面试。建议今年大家问清楚招生老师各种信息之后，再做决定"（一名2017年录取学生）

2."中南大学商学院第一年夏令营面试刷的人不多，感觉只要过了网申环节，面试环节通过概率很大。建议同学们多尝试。如果立志去中南的话，也可以提前联系导师。面试中有人被问到是否愿意在中南硕博连读，感觉中南还是比较注重[①]学术的。院长在解释今年会计突然不收全日制专业硕士的时候，也阐述了原因是更多的师资力量放在学术上。"（一名2017年录取学生）

其他

以下是一些回忆版的各专业面试真题，供大家参考：

一、会计学硕面试真题回忆

中英文自我介绍

1.financial statement是什么？主要包含哪几个报表？（英文）

2.CMA的全称是什么（英文）

3.新会计准则相关变化

---

① 小妍提醒您：8月要备战预推免面试啦～

4.所得税对企业的影响，所得税的一系列问题

5.会计的计量方法有哪些？你认为哪个计量方法最好？

6.环境成本属于财务成本还是管理成本？

7.会计要素都包含什么？（英文）

8.你遇到的最困难的事情以及如何克服的？

9.政府补贴在新会计准则中的处理？

10.三大报表的勾稽关系？

11.财务会计和管理会计的区别（英文）

12.股东和债权人的区别

二、企业管理面试真题回忆

中英文自我介绍

1.介绍一下你的家乡hometown（英文）

2.对长沙的印象怎么样？（英文）

3.你觉得中南大学商学院怎么样？（英文）

4.互联网+的改变？

三、管理科学与工程面试真题回忆

中英文自我介绍

1.质量屋的问题

2.简历中某个项目怎么把做的预测结合到专业中（英文）

3.某个项目自己当时用了什么方法？考虑过智能算法吗？知道哪些智能算法？

4.关于阿尔法go

5.哪门课学得好？学过博弈论吗？

6.你最喜欢的一本学术书籍是什么？你最喜欢的一本书是什么？（英文）

7.本科院校为什么有两个校区，本科专业为什么两个校区都有，有什么区别？

8.核心专业课学了哪几门课？都主要是什么内容？

9.你想未来研究的方向是什么？

10.你的某篇论文主要写了什么？（英文）

四、金融专硕面试真题回忆

中英文自我介绍

专业面试主要是经济学相关知识

1.会计利润与经济利润的区别？并且引申出其他问题，说了一个例子问你属于会计利润还是经济利润。

2.生活化问题，比如你的核心课程，你来自哪里等

3.简历中某个经历使你收获了什么？

第八十章　武汉理工大学管理学院

申请环节

近年来，武汉理工大学管理学院并不是每年都会举办夏令营，推免生多采用九月推免的形式录取。仅于2015年举办过一次夏令营。

2015年夏令营的通知于6月3日进行发布。需要首先进行网上申请，在研究生院主页的夏令营专栏进入，网上申请参加夏令营活动需要根据系统要求在线填写申请表和个人陈述。由学院按照申请条件对申请人资格进行初审。经审核通过的申请人，需下载打印申请表和个人陈述。招生老师的第一轮筛选基本取决于报名同学的一些"硬条件"了，如：绩点、英语、获奖、论文等。

在审核通过确定入营后，才需要打印纸质材料，包括：申请表1份，个人陈述1份，以及其他证明材料（如：前两年半学习成绩单，获奖证书复印件，各类证书，国家英语四、六级考试成绩或TOEFL/GRE/GMAT/IELTS成绩等体现自身外语水平的证明，体现自身学术水平的代表性学术论文、专利、出版物或原创性成果等）在参营时提交这些纸质材料。《申请表》上须有院系推荐意见和学校教务部门盖章。

参营/推免复试前准备

在通知中我们就可以得知夏令营的时间安排。

因篇幅所限，请扫描二维码或登录易保研官网www.ebaoyan.cn了解历年夏令营详细日程

选拔考核综合成绩计算：①

选拔考核综合成绩、背景评估成绩、专业笔试成绩、英语口语成绩及专业面试成绩均为百分制。选拔考核综合成绩＝背景评估×20%＋专业笔试成绩×40%＋英语口语成绩×10%+专业面试成绩×30%。因此，我们可以对笔试和面试进行一些准备，主要分为两个方面：

一、英语口语。可以在参营前提前准备好英文自我介绍，以及一些简单英文

---

① 路姐提示：9月底别忘了填报九月推免

问题的回答，这样回答时会比较从容镇定，不容易卡壳忘词。

二、专业知识。不论是面试或者笔试都会涉及专业知识，因此，对于自身学习领域的基本知识掌握也非常重要。尤其是对于知识的灵活运用，要锻炼自身对于学科前沿事件的敏感性，有自己的想法和看法。

夏令营/推免考核内容

7月16日来到武汉理工大学，安排入营等适宜。

7月17日，正式开始夏令营，举行开营仪式以及专业介绍的讲座。武汉理工大学管理学院录取学硕的专业有两类：管理科学与工程、工商管理（含创业创新与战略管理，组织与人力资源管理，营销与服务管理，运作与供应链管理）。录取专硕的专业有：会计、资产评估。但夏令营仅针对学硕。在午餐后便是校园的参观，武汉理工大学的校园很大，分为马房山校区和余家头校区，其中马房山校区又由南湖、鉴湖、东院、西院组成。管理学院的大楼在南湖校区，学生的上课和活动范围也主要在南湖。结束了参观，就开始了师生座谈会，主要是帮助学生与老师更好的互相了解，更好地做出选择。

7月18日是进行考核的一天，上午进行了笔试和心理测试，下午进行了选拔的面试。面试的形式为多对一的面试，基本围绕简历提问，并会问你对于一些时事热点的看法，例如最近很火的摩拜单车。

7月19就是闭营仪式了，优秀营员的名单会在夏令营结束后过一周发布。

录取情况

该营大致录取情况

招生类型	专业	类别	全部录取人数
学硕	管理学院	推免生	80%
		考研生	60%

过来人回声

1. "我觉得营销系老师还是比较注重学生对于热点事件的看法，毕竟将来也是要走向社会就业的居多，所以你一定要有敏锐的洞察力和自己的见解。"（来自一名2017年录取同学）

2. "对于专业知识的掌握，不需要太深，面试不会问那么多，但是基础的一定要都知道，这是你学习基本功的体现。"（来自一名2017年录取同学）

第八十一章　中国地质大学（武汉）经济管理学院

申请环节

中国地质大学经管院没有夏令营，地学类强势专业才有夏令营，推免生报读经管院只能在国家推免的时候报名。但是在今年9月1日的时候，中国地质大学经管院的官网发布了预报名通知，这也是他们第一次通过预报名招收推免生。为了准备报读中国地质大学经管院的材料，我是在大三暑假的时候提前开始准备自己的材料。因为当时找不到预报名通知，所以我按照其他学校的一般要求准备了资料。包括本科成绩单、成绩排名证明、个人陈述、个人简历、其他证明材料复印件（英语成绩单、发表的学术论文、校级以上获奖证书、社会活动证明材料等）。这里建议，如果在官网找不到申请材料要求，建议先按一般学校的要求来准备纸质材料，也可以将纸质材料扫描成PDF格式，将其打包存在电脑里，方便网申。在今年9月1日，中国地质大经管院出了预报名通知，预报名截止时间是9月19日。

等到学院出了预报名通知，开放了预报名申请系统，就可以准备填写网申了。网申系统除了要求填写自己的基本信息之外，还需要填写获奖情况（不超过200字）、发表论文和其他研究成果情况（不超过200字）、个人陈述（不超过1000字）。关于个人陈述，因为每个学校网申系统的要求不一样，比如央财商学院是不超过1500字，西财工商管理学院要求是不超过600字，所以我建议在写个人陈述的时候，可以在保研论坛下载个人陈述的参考资料，结合自己的科研以及获奖情况，撰写一份详细的个人陈述。这样后面具体填报系统的时候，就可以直接复制过去，再结合要求删减字数就可以了。做到了上述准备，网申系统填起来就比较得心应手。这里需要额外提醒一点的是，因为有的学院报读人数较多，学院会提前锁定复试名单，所以建越早填报预报名系统越好。

在纸质材料投递方面，中国地质大学经管院要求将以下材料：本科阶段成绩单1份、个人陈述1份、国家英语四级或六级考试合格证书复印件1份、申请人[①] 有效居民身份证和学生证、获奖证书、体现自身学术水平的代表性学术论文、出版物或原创性工作效果等材料复印件扫描成PDF格式，压缩成一个zip格式文件发送至所报考招生单位电子邮箱。

---

① 小西提示：面试前准备好得体的服装

参营/推免复试前准备

中国地质大学经管院是在发出复试通知时才告知了考核方式，据了解，这个学校没有笔试，主要通过视频面试，不用去学校。

9月中旬，在收到录取通知之前，因为听之前保研到中国地质大学的学姐谈到中国地质大学面试重视对学生基础知识的了解。再加上为了体现自己有继续读博的意愿。所以我主要从两个方面进行了准备。首先，我把《人力资源管理基础》和《组织行为学》这两本专业书籍大致看了一遍，理出了人力资源管理专业大概重要的知识点，没想到真的在专业面试的时候真的派上了用场。其次，我去看了近几期《心理学报》以及《管理世界》的目录，梳理出了组织行为学方向前沿研究的几个热点，并重点看了《管理世界》的几篇感兴趣的论文，将研究意义、研究方法和结论整理出来形成了大纲。结果，在预报名面试的时候，老师果真问了我对学科前沿研究有什么了解。

一般是会在9月21日左右收到复试通知，所有参加面试的人都会被拉入一个群，然后按照顺序进行视频面试。据了解，对于经管院来说，一般只要是报名的都会给予面试机会。

夏令营/推免考核内容

中国地质大学大经管部所有专业复试流程如下：

首先，中文自我介绍。之后，老师会询问六级是否通过，若通过分数是多少。如果六级分数较高，老师会表现得比较满意，所以建议有意报读的学生可以把六级分数刷得高一点。

然后，老师会问一个专业问题，比如员工薪酬的构成部分？比如你如何理解战略性人力资源管理？对于此类问题的回答，我建议是先说清概念，再具体阐述，这样回答比较条理。对于专业基础知识面试，我建议面试前可以看一下学科专业书籍，梳理重要知识点并记住，面试的时候，结合题目实际进行阐述。

最后，是根据申请材料提问。在回答完六级问题和专业基础问题后，老师一般会根据申请材料进行有针对性的提问。比如有的同学被问到了国创做的什么，有的同学被问到对大学生数学建模竞赛的题目，用了什么统计分析方法等。对于此类提问，我建议面试前好好看看自己的材料，并根据材料内容模拟提问，想好回答，这样面试的时候比较得心应手。

关于成绩发布，大概是在下午五点半左右出结果，也是在群里公布，老师也会在推免系统上给予预录取选项。这里给出另外两点小建议。首先，中国地质大学经管院有两个一级学科：管理科学与工程和应用经济学，这两个专业学科排名较靠前，如果要学这两个专业，可以考虑这个学校。其次，推免结束后，老师可能会说来年会统一安排导师，可以不用联系导师，但是建议立马联系，不要等到来年，因为到了第二年，老师又会让你去联系心仪导师，没有联系的才随机安排，况且那个时候还有考研考上的跟你抢导师。

录取情况

预报名招收哪些专业，大致录取情况（2016年预报名）

专业	录取人数
应用经济学	7
资产评估	2
管理科学与工程	14
会计学	13
企业管理	11
旅游管理	9

2017年预报名

专业	录取人数
应用经济学	8
资产评估	2
管理科学与工程	15
会计学	14
企业管理	12
旅游管理	10

备注：就经管院而言，每年的录取比不一样，院里首先会计划招多少人，之后不管报的人有多少，都只会录取计划招生人数，一般来说大比例的名额是给推免生的，这个学校很喜欢推免生以及优质生源。

过来人回声

1. "中国地质大学经管院重视学生的六级成绩。每一个参加视频面试的学生都会被问到六级是否通过，成绩如何？如果六级成绩较好，老师一般会比较满意，这个时候再多表现一下，录取的可能性就非常大了。所以建议有意报读中国地质大学经管院的学生一定要考过英语六级，分数也尽可能刷高一点。"（一位2017①年入选学生）

————————
① 小妍提醒：面试基本的礼仪不要忘记略

2."中国地质大学经管院比较重视学生的专业基础。虽然面试的时候只问一个专业问题，但是如果没有回答好，会让老师对你失去信心。以我为例，当时问到我的问题是绩效如何考核，因为我没有怎么用心去上《绩效管理》这门课，复试前也没有复习，这个问题我就回答不上来，当时老师还从几个方面提醒我，我都想不起来，结果后面的师生互动老师就随便问了两个问题就结束面试了，最后的结果当然也比较"杯具"。所以建议面试前一定要好好复习专业知识，起码要对一些比较基础的知识有个宏观的了解。"（一位2016年落选学生）

第八十二章　湖南师范大学商学院

我本科是双非，进夏令营的机会很少，不少985对211的要求都很高，更别说双非了。能保到985的一定是有很突出的优势的一些大神。有一些211对双非的排名和百分比也有要求，所以和我一样的双非的同学可能在大神充斥的夏令营中失去了方向。毕竟虽然211大学有很多，但我们知道的却很少，而且在保研中又不占主流，因此消息来源也比较少。湖南师范大学就是一所211，我也是在翻《保研一本通》时看到的，我看它湖南师大商学院2016年的推免招了5个专业一共36个人。这五个专业分别是企业管理、会计学、金融、产业经济学和区域经济学，我报的是会计学，2016年一共招了14个人我觉得希望还是很大的。我也想报金融，但是一来就跨专业了，而且金融去年只要了6个人，我的英语成绩也没有优势，所以我选择了稳妥。

湖南师大九推的材料要求有加盖学校教务处公章的历年在校学习成绩单、发表的学术论文、出版物或其他能反映学术水平的成果证明、大学期间获奖证书或其他可体现自身能力和水平的相关材料、体检表和思想政治情况审查材料。其中思想政治情况审查材料的模板在通知附件里，填好了去学校学工部盖章就好了，其余没什么特别的。

在商学院发布的通知里，没有明确要求六级过425。我的六级没考过425，因此我选择学校的余地其实很小，我当时是把它放在第二志愿的，人后顺利进入了复试，也算是挺幸运的。复试形式是综合面试，老师对提交材料里面的学术经验很有兴趣，英文面试是日常的口语话题。我是事先准备了一些雅思口语的话题的，因此还比较顺利。最后拿到了湖南师范大学的offer，我觉得还是幸运和准备缺一不可。

第八十三章　华中农大经济管理与土地管理学院

申请环节

在大三下学期开学的时候，我就开始着手准备保研的各种基本资料。在关注华中农业大学经管学院时，由于往年没有夏令营，所以准备材料的时候参照了以往预报名的材料准备和其他学校通用的一些申请材料。当时不确定今年有没有夏令营，所以就想着提前准备材料，有夏令营的话就投递，没有的话预报名时候也用得到。搜集夏令营和预报名通知的话，可以关注华中农业大学经管学院的官网，在"通知公告"中有很多有用的信息，华中农业大学的研究生网站也有一些信息，还有就是保研论坛的官网和公众号，会及时更新本年的最新招生通知。

当时我准备的纸质材料有个人陈述（个人陈述准备了三个版本，800字、1000字、2000字），因为个人陈述有的学校有字数限制，有的学校没有字数限制，准备着三个版本基本上每个学校的要求都涵盖了。不同版本的核心内容都一样，其他扩展内容有增有减而已。至于个人陈述的写作模板和要点，保研论坛上都有之前学长学姐们的分享，可以自己整合一下，形成自己的风格。专家推荐信每个院校1～2封，建议找自己很熟悉，与自己有交集的教授或者副教授写，这样才能保证推荐信的内容让人信服，而不是泛泛而谈。如果海投的话，推荐信可以几个学校攒一起一次性找老师签完，我当时怕麻烦老师，都是自己提前写初稿直接找老师签几个学校的，老师也很忙，大家相互理解嘛。本科阶段成绩单和总评成绩专业排名夏令营一般只需要出具前2.5年的，预报名的时候才要求前3年的，我当时准备的是前2.5年的，也是一次性多准备了几份，避免每次都跑来跑去。获奖证书复印的时候按照重要性排序，比较突出亮点和含金量高的比赛，有的同学获奖证书比较多的话，就要懂得舍弃一部分不重要的啦。英语水平的证明材料我当时是复印的四级和六级英语考试成绩，如果大家有雅思或者托福 是加分项，但是个人感觉六级高分就已经够了，在保研阶段。学术成果主要包括发表的或者尚未发表的论文、本科阶段做过的项目、专利等，如果有的同学科研经历比较少的话，可以问一下自己熟悉的老师有没有项目可以带带自己，给老师打打杂什么的。这些纸质材料我当时也都扫描了电子版，因为看各种学校往年的要求，好多都要求准备电子版，有的网申系统也要上传电子版，所以建议大家也可以提前准备。

华中农业大学以往没有开设过夏令营，就问了认识的学长学姐一些关于预报名网申系统的注意事项。学长学姐说预报名通知发文中会给出网申系统链接，到时候直接点进去填写就好啦，按照每个部分要求填写的内容填写，全部完成后提交即可，没什么难的。

参营/推免复试前准备[①]

在之前不知道今年有没有夏令营，查看了一下以往预报名的流程，都是一天笔试面试就结束了，考察重点也就是专业知识和英语的听说能力。

今年夏令营简章出来之后，也公布大概的考核流程：

此次夏令营活动将于2017年7月5日至9日在华中农业大学经管学院举行，活动包括项目介绍、名师讲座、专题研讨、联谊交流等。夏令营将组织优秀营员评选活动。

在6月份收到夏令营复试通知之前，我感觉华中农业大学经管学院很注重学生的科研水平和科研潜质（毕竟报的是学硕项目），随意很认真的准备了自己的学术科研成果，从头到尾想了一下自己学术都干了什么，等等。专业课就复习了宏观经济学和微观经济学，用的教材就是比较主流额高鸿业的教材，大家也可以用其他版本的教材，基础知识各个教材差别都不大，主要是寻找回以前的记忆，做到不裸考。英语口语我当时就主要是听新闻，模仿语音语调，感觉口语这方面也不是速成的，还是要靠平时多积累，推荐大家可以跟读一些主流的新闻app，或者和身边英语好的同学多交流多对话。

夏令营/推免考核内容

夏令营主要进行了两天，由于经管学院第一年举办夏令营，感觉各方面都不是很成熟，考核形式也比较简单。前面听了很多场讲座，后面分为笔试和面试，笔试很简单，是一些经济学基础知识加上一些社会热点、时事热点问题，现在能回忆起来的就是供给侧结构性改革的一些内容、三农问题（大家可以结合中央一些最新的会议准备哈，比如农业品牌建设问题、国家现代畜牧业示范区—新疆、内蒙古、农业保险制度建设、全国范围农业大数据平台、"公司+家庭农场"发展现代农业、生态农业、农业大数据，等等）和一些宏观经济学、微观经济学的基本概念、理论。面试的话是无领导小组讨论，老师们都很nice，小组成员之间气氛也很融洽。本来还准备了英语口语的面试，结果最后也没有英语面试环节。感觉整个考核流程十分随意和简单。

录取情况

今年夏令营入营的貌似都录取了，具体各专业比例如下：

---

① 易宝提醒：参营前和导师确定意向可能增加录取几率

招生类型	专业	入营人数	全部录取人数
硕士	农业经济管理	共42人	17
	企业管理		22
	产业经济学		1
	国际贸易学		1
	农村与区域发展		1

过来人回声

1. "不知道是不是因为首次举办夏令营，感觉整个夏令营很随意，竞争也不大。需要注意的是，华中农大的录取最后需要确认导师的，所以可以提前看看自己心仪的导师，也可以试着联系一下，防止导师名额招满了。"（一名2017年录取的学生）

2. "华中农业大学的录取难度不大，建议像我一样双非院校的学生可以踊跃尝试呀，会收获很多意想不到的惊喜。老师们也都不会在意本科背景，考核的流程也很轻松，感觉同时参加考核的身边的小伙伴也都拿到offer了。"（一名2017年录取的学生）

第八十四章　郑州大学商学院

我来自"双非"的财经类学校，本科专业是会计。因为我来自河南，读研期间想回到老家，那么作为河南唯一211，郑州大学商学院是我的不二选择。郑州大学商学院每年高考招生分数线都是最高的，学生层次比较高。而且郑州大学商学院在河南名气很大，就很多的就业机会，这是这个学院吸引我的原因。而获得对外经贸商学院的录取资格确实来之不易，我也经历了很多坎坷，在这期间成长了很多，愿为大家分享。

申请环节

我在3、4月份的时候开始准备自己的材料，这个时候只能先根据去年的夏令营通知，一般在学院的官网上都会有往年的夏令营通知，如果没有的话，可以直接在网上搜，注意记录一下去年的网申时间和投递材料的截止时间，我们这一届的出通知的时间是5月2日，纸质材料投递截止时间是6月30日。

3月中旬，可以准备纸质材料了，要求投递的纸质材料有夏令营申请表1份、专家推荐信2封、1份成绩单和成绩排名、其他（英语、发表的学术论文、校级以上获奖证书等）等。首先准备1篇参营论文呢，可以是发表的，也可以是未发表的。这篇参营论文非常重要，后期还要在夏令营讨论分享，一定要认真准备。申请表有固定的模板，在官网可以找到。专家推荐信需要提前和老师联系，不要到最后再去找老师，这样就会很被动。成绩单是3年的，需要去学院教务处申请打印和盖章，值得一提的是，郑州大学商学院对成绩的要求比较高，要求本科前^①三年综合成绩排名在本专业前5%以内，我的成绩是专业第1名，很庆幸自己三年来有足够努力。最后再梳理一下自己本科期间的获奖情况，把获奖证书原件扫描和复印，这样基本上需要提交的纸质材料就完成了。

郑州大学商学院的夏令营比较特殊，我们今年除了需要寄送纸质版材料以外，还要往邮箱里发送电子版材料，是一个个人信息统计表，不过我建议很多证书、证明的电子版最好提前就准备好，有备无患，其他夏令营也能够用得上。

2017年夏令营入营名单是7月3日公布的，我成功被选中，还是很激动的。不过郑州大学商学院夏令营今年计划招收60人，实际就只收了52人，入营应该没有想象中那么难。被录取参营的同学里面也有很多像我一样不是985、211的，当然我去参营的时候也看到不少南开大学、中南财经政法大学、西北农林科技大学、新疆大学等985、211大学的同学，可见学校背景在选拔时没有那么重的份额。

参营/推免复试前准备

郑州大学商学院的夏令营是在发夏令营通知的时候就告知了夏令营考核的流程。

因篇幅所限，请扫描二维码或登录易保研官网
www.ebaoyan.cn了解历年夏令营详细日程

在收到参营通知之前，我觉得郑州大学商学院应该是一个很重视学生专业知识和英语水平的学院，因此我还在参营前集中复习了专业课的知识，主要是财务会计和管理，把一些专业名词、理论的中英文解释都看了一遍。英语方面就是按照雅思阅读、口语准备，读了很多会计学方面的英文文献。我尤其准备的是自己的参营论文，当时找了很多我们学院的老师帮忙提意见和修改，还天天拉着室友听我讲论文，在这里真的要感谢一下我们无私奉献的老师和室友。

---

① 易宝提示：关注往年的夏令营为今年做预期

夏令营/推免考核内容

夏令营总共进行了3天，考察的时间也就9日、10日两天，7月8日上午报到，下午开营。

开营仪式上，郑州大学商学院的院长先是对来自全国各大高校的营员表示热烈欢迎，并从学科建设、人才培养、科研就业、招生优惠政策，等等方面全面介绍了郑州大学商学院。开营仪式后就是新老生交流会，感觉商院的学长学姐都很nice。之后就是组织营员参观郑大校园，郑大校园很美，绿化做得极好，坚定了我要来郑大商院读书的信心。

7月9日上午是讲座，内容好像是供给侧改革方面的，郑大商院的老师学识很渊博，极富人格魅力。下午，大家聚在一起讨论参营论文，老师对参营人员展示的论文进行指导评议，师生互动场面热烈，我也见到了很多大神写的论文，收获匪浅。晚上是去机房进行类似于沙盘模拟的展示，说是培养营员的学术实践能力，我以前没有经历过，自认为很锻炼能力。

7月10日上午就是面试，下午为笔试和结营仪式。笔试的话对专业知识的考察，经济学和统计学的点较多，范围比较广，面试就是分中英文问题，英文问题对专业词汇要求高，中文问题需要牢固的专业知识。

优秀营员的名单结营第二天就公布了，一共有14名优秀营员，其中就有我的名字。看到名字的那一刻还是很感慨，觉得为此付出多少都值得。总的来说，郑州大学商学院作为一所211大学的商学院，它的门槛真的不高，而且参加这个夏令营有很多收获，可以结实很多朋友，认识很多大神，可以从他们身上学习到特别多的东西，这是夏令营深层次的意义所在。

录取情况

下表就是今年郑州大学商学院整体的一个录取情况吧，仅供参考。

招生类型	专业	入营人数	优秀营员资格	全部录取人数（夏令营+推免）
硕士	应用经济学	夏令营计划招收60人，实际招收52人	14	18（其中15人为本校本硕连读）
	金融			3
	工商管理			1
			共14人	共22人

过来人回声

1. "郑大商院真的是非985、211大学的同学性价比很高的选择，至少在河南地区是很有区位优势的。我作为河南籍的学生就觉得很棒，而且感觉郑州大学

商学院在招生上是很下功夫的，对学生也很好，非常感动。（一位2017年录取学生）

2."郑大商院的夏令营好像不怎么重视学校背景，但是特别看重英语和专业水平。我有幸入营，感觉那几天收获挺多的，讲座一级棒，大家一起交流论文也很有启发。既然选择了参加，就不要抱有太多了功利心，好好享受就好。毕竟不是所有人都是优秀营员，被选中可能是大神或者极其幸运的吧！"（一位2017年夏令营落选学生）①

第八十五章　华中师范大学经济与工商管理学院

申请环节

华中师范大学经管学院的保研推免生多采用九月推免的形式录取。首先在推免系统中填报，接到复试通知后再进行面试。

面试需要打印纸质材料，包括：申请表1份，学生证和身份证1份，大学英语六级成绩单复印件1份，各类获奖证书复印件1份，本科成绩单1份（需盖章），成绩排名证明1份以及其他可以体现个人学术水平的代表性学术论文、出版物或具有学术水平的工作成果的复印件一份。总体而言，材料不多，只需把他们整理复印即可。

参营/惟免复试前准备

复试小组通过查阅考生资料进行资格审核，通过专业、英语、政治思想三个方面面试考核打分。满分100分，其中专业考核权重：50%；英语考核权重：30%；政治思想考核权重：20%。

因此，我们可以对笔试和面试进行一些准备，主要分为两个方面：

一、英语。可以在参营前提前准备好英文自我介绍，以及一些简单英文问题的回答，这样回答时会比较从容镇定，不容易卡壳忘词。

二、专业知识。不论是面试或者笔试都会涉及专业知识，因此，对于自身学习领域的基本知识掌握也非常重要。尤其是对于知识的灵活运用，要锻炼自身对于学科前沿事件的敏感性，有自己的想法和看法。

---

① 小也提醒：搜集信息非常重要！

夏令营/推免考核内容

专业、英语、政治思想三个方面的面试。针对这三个方面，首先需要进行简要的自我介绍，紧接着答辩小组老师对针对你的材料进行提问，现场问答，且答辩的老师可以自行决定面试的内容，属于非结构化面试，这样的面试形式比较灵活，但也很难琢磨。在面试中，一定要表现出自己的学术功底，但也不可夸夸其谈，读研的诚意与决心也很重要。

录取情况

下表为2016年推免生人数情况：

专业	录取人数
政治经济学	1
西方经济学	1
世界经济学	1
区域经济学	1
金融学	4
产业经济学	4
国际贸易学	1
数量经济学	1
企业管理	3
农村与区域发展	0
金融	0

由上表可知，每个专业的推免生人数并不多，这代表着想要报考的同学一定要有针对性的准备面试，这样才能在众多复试者中脱颖而出。

过来人回声

1. "我认为复试的专业知识没有很深，但还是需要有一些准备，对一些理论有自己的理解和看法。"（来自一名2017年录取同学）

2. "面试的短短一段谈话就可以塑造你在老师心中的形象，大家也不必过于担心面试，其实个人的性格都会通过一言一行透露出来的。展现真实的自我就好了。当然，老师喜欢好学上进的学生。"（来自一名2017年录取同学）

第八十六章　湖北大学商学院

我来自青海民族大学，本科专业是工商管理。我的学校是属于边远地区的二本，虽然我的综合成绩排在前面，而且顺利拿到了保研资格，但是很多一本学校因为我来自二本就直接把我拒绝。后来，我抱着一丝希望试了湖北大学商学院，最终被录取。湖北大学商学院在湖北大学里面每年高考招生分数线都是最高的，学生层次比较高。而且武汉高校众多，就很多的就业机会，这是这个学院吸引我的原因。而获得湖北大学商学院的录取资格确实来之不易，我也经历了很多坎坷，在这期间成长了很多，愿为大家分享。

申请环节

我在8月份的时候开始准备自己的材料，这个时候只能先根据去年的推免通知，一般在学院的官网上都会有往年的通知，如果没有的话，可以直接在网上搜。我们这一届湖北大学是9月4日在官网上出了一个通告，这时候可以直接联系商学院了，9月20日出了正式的通知，这时候就只等教育部的推免系统开通在上面填报，学院会给你在系统上查复试通知，要注意时刻关注推免系统。①

湖北大学的推免复试需要材料不多，条件很低，需要二代身份证、学生证原件和学籍在线验证报告、在校学习成绩单原件（推荐院校教务处盖章）、其他有关材料（自愿提供），如英语水平证明、获奖证书、本人代表性学术论文、出版物或原创性工作成果等复印件。这里要重点说一下学籍在线验证报告，这个报告在其他学校是不多见的，需要自己在学信网上申请，所以需要提前准备。湖北大学对推免生的英语成绩要求不高，但是个人觉得最好能够考过六级，这是一道门槛，跨过是最好的。至于论文啊什么的，我本科层次比较低，接触不多，不过还是多多益善吧。很多时候，这些材料是敲门砖，也是个人能力的体现。

参营/推免复试前准备

湖北大学商学院的复试通知是通过电话通知你具体的时间地点，我记得今年收到通知的时候大概是在九月中旬吧！

在收到复试通知之前，我觉得湖北大学商学院应该是一个很重视学生专业知识和英语水平的学院，因此我还在参营前集中复习了专业课的知识，主要是财务

---

① 小西有话说：亲爱的你，一定可以成功！

会计和管理，把一些专业名词、理论的中英文解释都看了一遍。英语方面就是按照雅思阅读、口语准备，读了很多会计学方面的英文文献。我尤其准备了英文自我介绍，因为我英语成绩还不错，但是口语因为平时很少说，所以特别生疏，听起来一点都不地道。我特地请学校的老师修改了英语自我介绍的稿子，并比对词典一个个单词纠正了发音，哈哈哈，可能精诚所至金石为开吧，最终被录取也算是努力和幸运并存的结果。

夏令营/推免考核内容

湖北大学商学院的复试是在9月下旬进行，从青海来到武汉真的是一段漫长的旅程，而且两地气温差异实在太大，短时间内差点没有适应过来。

复试那天感觉老师们很和蔼，好像和你聊天似的。首先是英文自我介绍的，因为我提前准备了很久，所以背起来比较熟练，然后老师就问了我一个专业的英文问题，我当时比较懵，也没有答出来，老师直接就微微一笑把我放过了。中文面试的话就是提问一下专业名词解释，然后针对简历提问。面试老师好像对我的科研经历比较感兴趣，这时候真是感激自己本科阶段没有虚度岁月，跟着导师一起做科研。我给老师们大致介绍了一下课题，面试就结束了。

拟录取名单没过几天就公布了，一共有9人，除了我以外还有一位内蒙古师范大学的同学，其他人都是湖北大学本校的。感觉湖北大学的门槛真的不高，而且不歧视本科层次比较低的同学，如果有同学对这个学院感兴趣，就大胆去尝试吧，至少自己不会后悔！

录取情况

下表就是今年湖北大学商学院整体的一个录取情况吧，仅供参考。

招生类型	专业	研究方向	全部录取人数（夏令营+推免）
硕士	金融学	不区分	1
	理论经济学	世界经济学	2
	工商管理	旅游管理	3
		企业管理	2
	国际贸易学	不区分	1

过来人回声

1. "湖北大学商学院真的是非一本大学的同学性价比很高的选择，他们不歧视学生的本科北京，而且武汉地区是很有区位优势的。我作为湖北籍的来自二本学校的学生就觉得很棒，而且感觉湖北大学商学院在招生上是很下功夫的，对学

生也很好，非常感动。（一位2017年录取学生）

2."湖北大学的推免考核好像不怎么重视学校背景，但是特别看重英语和专业水平。我有幸去参加了复试，感觉老师们都很和蔼可亲，而且学识渊博，问到我一些英文问题我没有答出。老师就说没事，还告诉我可以去读一些相关的书籍，非常nice，希望有学弟学妹可以选择湖北大学商学院！"（一位2016年录取学生）

第八十七章　河南财经政法大学

申请环节

需要准备的材料有《河南财经政法大学接收外校推荐免试攻读硕士学位研究生申请表》、本科阶段成绩单（加盖所在学校教务处公章原件）、大学英语四六级考试成绩单复印件（或TOEFL、IELTS等证明自身英语水平证明原件及复印件）

参营/推免复试前准备

获奖证书原件及复印件、能体现自身学术水平的代表性学术论文或原创性科研成果、本科学校教务处提供的本人推荐免试资格证明信以及1寸近期免冠彩色照片两张。①

夏令营/推免考核内容

河南财经政法大学只有推免复试而没有举办夏令营，复试主要内容包括：专业课笔试、专业综合测试（面试）、外国语听力、外国语口语测试。其中专业课笔试试卷分数为100分，时间为两个小时；专业综合测试以面试形式为主，重点考核思想品德、综合素质和学研能力，时间不得少于20分钟，满分为100分；英语听力、口语测试满分为100分，其中听力占60分，口语占40分。最终成绩的计算专业课笔试成绩占40%、专业综合测试成绩占30%、外国语听力口语成绩占30%，总成绩满分100分，而低于60分者则不得录取。

因篇幅所限，请扫描二维码或登录易保研官网
www.ebaoyan.cn了解历年夏令营详细日程

① 易宝提示：保持好成绩很重要

录取情况

该推免复试大致录取情况（2017年）

专业	录取人数
统计学	1
西方经济学	1
公共经济与管理	1

第八十八章　合肥工业大学管理学院

申请环节

4月初就可以开始进行材料的准备了，夏令营的通知一般在5月下旬发布，2017年的通知发布于5月23日。申请人需要首先通过申请系统填写信息，再将其打印并按顺序装订。总体需要的材料不是很多，包括：申请表1份（系统导出）、成绩单1份（教务部门盖章）、推荐信1封、身份证和学生证复印件1份、大学英语四级成绩单及其他英语成绩证明复印件1份、获奖证书复印件1份、其他材料（科研项目证明、学术论文等）。要求统一使用a4纸双面打印或者复印，最后按顺序装订。在准备材料的时候，一定要细心，按照要求装订和排列，减少招生老师的负担也会增加自己的录取概率。

参营/推免复试前准备

合肥工业大学管理学院的夏令营是在发夏令营通知的时候就告知了夏令营考核的流程。

因篇幅所限，请扫描二维码或登录易保研官网
www.ebaoyan.cn了解历年夏令营详细日程

由于仅仅只有面试一项考核内容，一定要在面试环节很好的全方位展现自己，因此我建议从以下三个方面进行准备：

第一，论文的阅读。了解所报考方向老师近期的论文，了解他们的研究方向。因为这个成为面试出题的方向，也可以让你在面试时与老师有更多互动的机会。

第二，基础知识的复习。所在学科的所必须了解的基础知识，很有可能成为面试的题目。若能胸有成竹的流利答出，也会减少自己面试时的紧张感。

第三，专业相关的时事热点。老师可能会针对相关的时事热点出题，也可能会请学生结合专业知识内容进行分析。若早有关注，可能会更加流利的回答出。

夏令营/推免考核内容

整个夏令营的时间不长，考核也比较简单，只有面试环节的考核。在开营仪式上，进行了院长致辞，2015级学长的经验分享，校长助理、研究生院常务副院长刘心报解读夏令营的三个目的：促进交流、了解学科前沿、营员与学校共赢。在下午的报告中，杨善林院士从信息技术代际变迁、互联网资源观、大数据资源观、信息服务系统四个方面阐述了互联网与大数据资源观。之后便是管理学院校友企业家以及青年教师研究成果的报告会。

而对于第二天的面试，主要考察营员的三个方面：外语口试、专业素质和综合素质。

外语口语考察营员运用外语知识进行口头交际的能力，从发音的正确性、使用语言的准确性、流利程度以及得体性几个方面全面测试口头表达能力。

专业素质考察营员对本学科（专业）理论知识和应用技能掌握程度，利用所学理论发现、分析和解决问题的能力，特别是考察营员对本专业基本知识和基本概念的掌握和理解程度，以及对本学科发展动态的了解情况和在本专业领域发展的潜力。

综合素质考察营员思想政治素质、道德品质、诚信状况、个性心理特征以及本专业以外的学习、科研、社会实践、实际工作等方面的情况。

录取情况

该营（九推/预推免）招收哪些专业，大致录取情况（2017年夏令营）

招生类型	专业	入营人数	全部录取人数
学硕	管理科学与工程	75	54
学硕	工商管理	45	32

总体来说，合肥工业大学管理学院的夏令营录取比例还是比较高的，达到了70%以上。所以入营以后的面试就成为决定的关键因素，建议提前思考一下导[①]师可能会提到的问题，打个腹稿，有备无患，在面试时可以沉着的应对。

---

① 路姐提醒您：适当的训练口语

第八十九章　长沙理工大学

申请环节

该校在招收研究生时采取统考和九月推免两种方式。九月推免的流程是：

1、首先，在国家教育部推免服务系统之后填写基本信息，上传照片，网上报名并网上缴费，申请报考学院和报考专业。

2、研究生院通过研招网"推免服务系统"向申请考生发出复试通知。复试后经学院审核确定拟录取名单。申请人按要求在"教育部推免服务系统"完成确认复试通知或确认待录取通知等程序。

参营/推免复试前准备

推免复试是需要提交的材料有：

1、有效身份证、学生证原件，交复印件（身份证复印正反面，学生证复印学生信息和注册情况）；

2、其他有关材料（如大学英语四、六级考试成绩单复印件，其他获奖证书、本人代表性学术论文、出版物或原创性工作成果等）复印件。

夏令营/推免考核内容

长沙理工大学的复试包括笔试和面试两个部分，由各个学院统一组织。

1、笔试主要是专业基础综合考试。满分为100分，闭卷考试，时间90分钟，考试内容与各个专业考研科目的第三门与第四门招生考试科目一致。

2、面试的主要方式及内容：

（1）政治思想素质考核：主要考核考生思想政治素质和道德品质以及事业心、责任感、纪律性（遵纪守法）、协作性和心理健康情况等。思想政治素质和道德品质考核不作量化计入复试成绩，但考核结果不合格者不予录取。

（2）英语口语与听力测试：对考生口语的测试主要是测试考生运用英语知识与技能进行口头交际的能力。听力测试主要是考察考生根据所听材料对具体信息的获取及有关事实的判断、推理等方面的能力。

（3）考核考生的业务素质和能力。着重考核考生在专业方面是否具有较好的基础，是否具有培养前途。考核内容包括对考生业务知识、业务水平、业务能力的考核，考核方式可采取口试、实践技能操作等多种方式进行，要突出对考生创新精神和创新能力的考察。

录取情况

总体来说，长沙理工大学保研流程比较简单，且考试难度适中。报考的人数不是很多，而录取比例较大，因此竞争程度不是非常激烈。除此之外，长沙理工大学学费较少，奖学金类型也很多。综上考虑，对有志保研到相关专业的同学而言，长沙理工大学可以算得上是保底或难度较小且不错的选择。

该校九月推免招收专业及人数

学院	学位类型	招生专业名称
经济与管理学院	学术学位	应用经济学
		统计学
		管理科学与工程
		工商管理
		教育经济与管理
	专业学位	应用统计
		会计

第九十章　湘潭大学商学院

申请环节

我之前查阅湘潭大学商学院往年推免录取情况的时候，发现商学院每年没有夏令营，只有推免。但是当时不确认会不会今年第一次举办夏令营，所以还是提前准备了投递的各种材料。我参考了商学院往年的推免招生要求，这里提一下可以在湘潭大学商学院官网和湘潭大学研究生院官网查询，会有以往的招生简章和录取名单，同时建议大家多加一些保研类型的微信公众号，比如保研论坛、易保研、经管保研、保研红宝书。各大保研公众号都会建立一些qq群或者微信群，方便全国各地保研的小伙伴们交流沟通，各种最新的咨询群里都会讨论，所以大家还是踊跃查找资源，就能获得很多信息。

四、五月份的时候我开始准备材料，包括1份本科阶段成绩单（当时准备的前五个学期的成绩单，夏令营一般只有五个学期的成绩单，预报名和推免的时候一般要求提交六个学期的成绩单），1份外语能力证明材料的复印件（英语成绩证明的种类比较多，四级、六级、雅思、托福、GMAT等都可以提交），1份获奖①证书复印件（按照重要性排序整理，也可以按照得奖时间整理，或者其他排序方法），1份在公开发行的刊物或全国会议上发表的学术论文、出版物、科技专利证书等的复印件。虽然按照往年推免的发文，没有要求个人陈述和中文简历，但是我也准备了这两个，以防今年新增夏令营要求这些。个人陈述我按照保研论坛上的模板撰写的，字数在1200字左右，关于个人陈述的模板其实网站上有很多，还是要从中找出适合自己的，用的时候也不能完全套用，而是应该用自己的风格改造一下。因为模板你看到了别人也看到了，如果完全不改动就套用的话，大家雷同被面试官看出来绝对是减分项。中文简历制作的时候模板要简洁大方，不要有过多的色彩，关于简历的制作网上和论坛上也有很多经验贴和应该避免的雷区，我都是看过之后才开始制作简历的。材料自己准备完之后，可以找认识的学长学姐修改一下，可能自己的水平有限，有些细节的诟病需要借助更有经验的学长学姐来指导一下。

参营/推免复试前准备

商学院是没有夏令营的，每年有推免录取，分为几个批次，下面是今年公布的官方信息：

相关事项	时间节点	备注
网申时间	7月10日—9月15日	
复试时间	复试时间及具体安排由学院制定，所有复试工作在2017年10月24日之前完成	今年复试分为5批进行

1. 第二批接收推免生复试安排：
（1）资格审查：时间：2017年9月17日 上午9：00
地点：商学院109办公室
（2）综合面试 时间：2017年9月17日 上午9：30
地点：商学院102会议室
复试主要采用面试方式，考察学生的德、智、体、能、勤等多方面的综合素质，包括学生的科研创新潜力、对学科的认识、学科知识的综合应用能力、考生知识背景等。（考生可以准备一份个人简历）

因为我申报的是学硕项目，所以提前了解了老师招收学硕时看中的品质。笔试方面我准备了专业课（但是今年复试没有笔试），当时用了本科上课的专业课核心教材，没有特意买所谓的主流教材，个人感觉复习只要掌握了基础的知识点就行了，每本书的基础知识点差异不大。面试的话准备了专业知识和简历上的经历，我提前把想到的面试官会问的问题写下来，熟悉之后找同样保研的小伙伴模

① 小西提示：最好有一些科研成果哦（*. ω＜）

拟面试，互相指出对方面试过程中的不足，这样效果比较明显。

夏令营/推免考核内容

工商管理专业：

我当时考核是当天就结束了的，流程比较简单，只有面试。湘潭大学商学院的复试流程较简单，主要分为三个环节。首先是自我介绍，自我介绍建议中英文都要准备，因为不同专业面试官可能要求中文或者英文的自我介绍，很随机。如果没有明确要求，学员可以根据自己擅长的版本来介绍。自我介绍时，不要有背诵的痕迹，自然的表达。其次是专业知识的提问，面试官会根据你所填报的专业和本科专业背景，提问相关的专业知识。比如今年工商管理方向下的会计学就被问到了如下专业问题：同一控制下的企业合并、境外经营、企业合并的三种主要方法、财务会计信息的质量要求有哪些、资产负债表、利润表与所有者权益变动表这三大报表之间的联系，被问到了一些专业类问题包括会计政策变更的追溯调整法、存货的计量方法有哪些它们的特点是什么、库存现金日常收支管理的主要内容、收入与利得费用与损失之间的区别和联系、会计政策变更的定义以及会计政策变更的条件、收入的定义及销售商品收入确认的条件、资产组的定义及认定资产组应当考虑的因素、融资租赁的判断标准有哪些，和经营租赁有什么区别、不同的信息使用者比如股东债权人管理者、财务经理等如何看待资产负债率等，都是和会计核心课程相关的。

最后一个环节就是面试官的自由提问问题，主要是根据你的个人经历与简历上的内容。个人经历比如会问你为什么要选择这个专业，你的家乡，你的父母是做什么等，你遇到的最困难的事情是什么、怎么克服的、从中收获了什么，你最遗憾的事情是什么，你的优缺点等。简历上的问题会问到你的专业核心课程某一科目为什么考得好为什么考得不好，你的科研经历，论文的创新点、模型、贡献等，你参加过的比赛或者项目的经历，你考取的证书等，你不知道面试官会对哪个点感兴趣，所以每一点经历都要自己准备，保证不会被面试官问倒。

录取情况

2017年推荐免试生录取情况：

招生类型	专业	全部录取人数
硕士	理论经济学	2
	应用经济学	8
	工商管理	10[①]

---

① 小妍提醒：（⌒‿⌒）↗*Studying makes me happy*

过来人回声

1. "湘潭大学商学院并不热门，所以竞争压力比较小，自身条件有短板的同学可以踊跃尝试。英语六级有没有通过都不重要，和我同批录取的好多同学六级都没有通过或者低分通过。对本科背景的要求也很低，不存在什么阻碍。几乎有推免资格就会录取的。"（一名2017年录取的学生）

第九十一章　三峡大学经济与管理学院

三峡大学既不是985也不是211，但它招收推免生，这是我保底的备选学校之一。三峡大学的经济管理学院招收推免生只有九月推免，招生专业有四个，其中有两个学硕，即管理科学与工程和工商管理；还有两个专硕项目，即会计和物流工程，拟招收名额如下：

专业	类型	2017年拟录取人数	2017年实际录取人数	2016年拟录取人数	2016年实际录取人数
管理科学与工程	学硕	3	2	3	3
工商管理	学硕	13	4	13	4
物流工程	专硕	4	0	3	0
会计	专硕	24	1	18	0

我报的是会计，虽然由图可知申请三峡大学经济与管理学院推免的同学不多，竞争也不激烈，但相比之下会计的胜算更大一些，而且专硕的针对性也强一些。至于有些同学有读博需求的，不可以读专硕，其他的选择就看大家自己权衡了。

复试时要提交的材料有身份证原件及复印件、学生证、加盖公章的本科阶段成绩单、加盖校医院公章的缴费单、复试费收据等相关材料，准备起来是比较容易的。其中缴费10月9日上午缴纳的复试费100元的单据，在图书馆进行办理。体检也是在三峡大学体检，体检费为65元。这两项费用即使不录取也是不给退的。

推免考核相对简单，安排在10月10日（第二天）上午，只有综合面试一种形式，每人大约20分钟。进去之后先自我介绍，然后老师会进行相关提问，属于比较传统的结构化面试。

第九十二章　湖北工业大学经济与管理学院

　　湖北工业大学是双非一本大学，近四年才开始招收推免生，但仍以考研生为主。它对申请条件里面对英语还是有硬性条件的，四六级都要过425的线，这一要求对985的学生或部分有特殊学术专长应届本科毕业生此项条件还可适当放宽。今年接收推免的通知是9月3日出的，离9月28日开系统还有一段时间，发布的比较早，而且提前并不需要提交什么纸质材料。复试时要提交的材料是本人学生证、身份证复印件（原件备查）；国家大学英语四、六级成绩单复印件（原件备查）；1~6学期（建筑学1~8学期）的本科阶段大学成绩单原件（须加盖教务部门公章）；有公开发表的学术论文、科研成果或获奖证书者，提供复印件一份（原件备查）；《湖北工业大学2018年推免硕士学位研究生复试申请表》（申请表需要下载附件填写），另外，材料均采用A4纸大小（成绩单可按所在学校格式），它没有说具体发送截止时间，但最好尽快寄出。

第九十三章　江汉大学

申请环节

　　九月正式推免是他们招收推免生的唯一途径。因此，在材料准备方面，没有其他学校要求这么多，只需要填写研招网上的信息就可以了。但是，为了提高推免复试的成功率，我还是建议可以在大三暑假的时候提前将自己的个人材料整理好，参加推免复试的时候带过去，让老师能够更好地了解你。重点建议准备个人简历，个人陈述，以及其他证明材料复印件（本科成绩单、英语成绩单、发表的学术论文、校级以上获奖证书、社会活动证明材料等）一份。关于简历和个人陈述，建议可以在保研论坛下载参考资料，结合自己的科研以及获奖情况，撰写一份简洁明了的个人简历和个人陈述。

参营/推免复试前准备

　　据了解，江汉大学商学院推免生复试考核时间一般只有一天，只有综合面试，没有笔试。

9月开学，在拿到本校推免资格后，我开始有针对性地准备江汉大学商学院的复试。因为从推免招生简章中了解到考核方式只有笔试。所以我主要从两个方面进行了准备。首先，我把《人力资源管理基础》和《组织行为学》这两本专业书籍大致看了一遍，理出了人力资源管理专业大概重要的知识点，没想到真的在专业面试的时候真的派上了用场。其次，我在保研论坛找了英文面试一般会问什么基础问题，自己提前想好了答案并将其背诵了下来。

一般是会在9月30日左右收到复试通知，这个时候就可以带上简章中要求的个人资料：包括第二代身份证、学生证原件及复印件（身份证复印正反面，学^①生证复印学生信息和注册情况）；大学本科阶段学习成绩单原件，并加盖推荐院校教务部门公章；其他获奖、科研成果有关材料（如大学英语四、六级考试成绩单复印件，其他获奖证书、本人代表性学术论文、出版物或原创性工作成果等）去参加复试了。据了解，一般如果面试的时候带了简历，老师一般会根据简历提问。所以简历具有框定问题范围的作用，建议一定要多备几份，同时，一定要把简历上的内容自己多看几遍，想想可能会被问到的问题，自己预先想好怎么回答，做到心中有数。

夏令营/推免考核内容

江汉大学商学院所有专业复试流程如下：

江汉大学商学院复试一般只有一天的时间，一般只有综合面试，没有笔试。综合面试流程如下：

首先，是基础英语面试。进入面试教室后，老师会首先问两个基础的英语问题。比如，"How do you know our school"，以及"What is your favorite course"。江汉大学商学院英语面试内容比较简单，侧重于基础英语。所以建议在面试之前，就在保研论坛查找可能会问到的基础英语问题，自己先想好答案，背诵流畅，这样英文面试的时候会显得比较自信，但是，面试的时候一定不要让老师看出你有背诵的痕迹。

其次，是专业知识面试。老师一般会根据申请的具体专业问一个专业问题，比如我是人力资源管理专业，老师问的问题如何制定薪酬方案？人力资源管理包括哪几个大的板块？对于此类问题的回答，我建议是先说清概念，再具体阐述，这样回答比较条理。对于专业基础知识面试，我建议面试前可以看一下学科专业书籍，梳理重要知识点并记住，面试的时候，结合题目实际进行阐述。

最后，是根据简历提问。在回答完一个英文问题和专业基础问题后。如果带了简历，老师一般会根据简历进行有针对性的提问。比如我被问到某门课程主要

---

① 易宝提示：保研论坛有很多学姐学长的经验分享帖

学了什么，大学时创业大赛做了什么内容。还有，老师一般会问为什么想来江汉大学，以及读研期间有什么打算，等等。因此，我建议面试前准备好几份简历，并根据简历内容模拟提问，提前想好回答。

过来人回声

1. "如果能在本科阶段发表的论文，对于通过江汉大学商学院的复试很有帮助。如果你的简历上写了本科阶段发表的论文，老师一般会就这篇论文展开提问，如果你回答比较流畅，老师一般会觉得你是有一定科研基础的，这个时候再好好地表现一下，录取的可能性还是很大的。（一位2015年入选学生）

第九十四章　武汉纺织大学

申请环节

武汉纺织大学经管类学院包括管理学院、会计学院和经济学院，且这三个学院都没有夏令营和预报名，九月正式推免是他们招收推免生的唯一途径。

参营/推免复试前准备

因此，在材料准备方面，没有其他学校要求这么多，只需要填写研招网上的信息就可以了。但是，为了提高推免复试的成功率，我还是建议可以在大三暑假的时候提前将自己的个人材料整理好，参加推免复试的时候带过去，让老师能够更好地了解你。重点建议准备个人简历，个人陈述，以及其他证明材料复印件（本科成绩单、英语成绩单、发表的学术论文、校级以上获奖证书、社会活动证明材料等）一份。关于简历和个人陈述，建议可以在保研论坛下载参考资料，结合自己的科研以及获奖情况，撰写一份简洁明了的个人简历和个人陈述。

录取情况

根据对武汉纺织大学近几年的研究生招收计划进行分析，武汉纺大管理学院招收管理科学与工程，物流工程，工商管理三个专业的全日制学生，招生人数在10人左右。会计学院招收60名左右的工商管理会计（专硕）学生，经济学院招收15名左右的金融学（专硕）学生。根据对武汉纺大近几年公布的研究生录取名单进行分析，我了解到武汉纺大管理学院、经济学院和会计学院招收的多为考研学生，但管理学院、会计学院和经济学院都在招生简章中表明了除非全日制专硕外，其余专业都招收推免学生。武汉纺织大学对于推免生的奖助学金政策比较优厚，经管类本专业和跨专业推免生可以尝试报读管理学院、会计学院和经济学院。

第九十五章　河南大学商学院

申请环节

河南大学的推免录取工作是在9月28日国家系统开放之后开展的，国家系统开之后，在系统上填报志愿，然后等待学习发出复试通知，前往相应学院复试即可，复试是由各个学院自行安排，确定时间地点和考核形式。在网上申请，收到复试通知后，在复试时需要提交纸质材料。需要提交的材料有：身份证原件及复印件、学生证原件及复印件；英语等级证书（成绩单）原件及复印件；大学学习期间获得的各种奖励证书原件及复印件；学校教务管理部门提供的学习成绩单[①]原件及复印件；如果有学术科研成果（发表的论文、出版的专著等）和获奖证书，提供原件及复印件；提交个人陈述。个人陈述建议打算保研的话就尽早准备，先写一个比较详细的，到时候根据不用的学校的要求进行删改，这样不至于如果收到通知时间紧张而太慌乱，而且自我陈述是需要多改几遍才能更好。

参营/推免复试前准备

商学院的考核形式是笔试加面试，在复试通知时说明了，笔试科目是微观经济学和管理学，我在9月份的时候有复习宏微观经济学的基础课，一直在看一些专业课，在9月底到10月初的时候把微观和管理学的重点知识过了一下，做了一些题目。建议大家对于专业课程还是尽早准备，提前多看着点，因为你不知道自己可能会收到哪个复试通知，那个学院的考核方式是什么样的，所以还是提前准备为好。经济学院是只有面试，没有笔试，形式比较简单。对于面试，提前准备好中英文的自我介绍，梳理自己参与的项目、比赛，做到绝对的了解，熟悉自己的简历。同时，多关注时事问题和经济热点问题，尤其是自己专业领域内的，看一些评论和文章，结合专业知识所学，形成自己的看法和观点。

夏令营/推免考核内容

商学院10月12日晚上7点到9点进行笔试，考核科目是微观经济学和管理学，第二天也就是13日上午8点开始面试。最后是笔试面试成绩各占50%作为综合成绩

---

① 　小也提醒您：多参加一些认可度高的竞赛吧

进行排名，专业笔试成绩、面试成绩只要有一项达不到60分，便没有录取资格。

经济学院形式比较简单，是在10月10日上午9：00进行面试，面试内容就是自我介绍和导师提问，学硕组和专硕组是分开的，之后按照成绩排名进行录取。

第九十六章　安徽大学法学院夏令营

申请环节

安徽大学法学院的夏令营是安徽大学唯一的夏令营。2017年，夏令营通知在5月中旬发布，正式举办时间为7月16日至7月19日。

在通知中，明确了同学们的入营要求：必须为国内一二本院校的同学；成绩优异，原则上为专业内成绩排名前10%，或者在其他方面十分优秀；通过国家四级考试，如果通过六级考试的，可以优先选拔；在校期间未受过处分。

在夏令营申报上，同学们需要准备《夏令营申请表》、身份证学生证复印件、本科期间成绩单、四六级成绩单、在校期间无违纪证明、其他相关证明材料。其中，《夏令营申请表》的电子版需要提交至指定邮箱，同时上述提到的所有材料还需顺丰邮寄到指定地点。

院校计划招收30名营员。

参营/推免复试前准备

由于安徽大学法学院夏令营的活动均为体验式、讨论式活动，不涉及任何考核，且参营同学都可以获得"优秀营员"称号。因此看似不需要任何准备。

实际上，作为参营同学，可以从学术研究、热点问题、专业知识这三方面进行准备。首先需要详细掌握学术研究的流程、思路，并阅读一些相关文献。其次，搜集近一年之内国内的相关热点新闻，进行热点新闻的了解，并进行思考。最后，对专业知识的复习也是需要的，防止在与教授交流的过程中出现知识上的失误，也为可能出现对专业知识问题的考核进行准备。这样一来，在与教授、同学交流中、实践活动参与中，也可以更好地展示自己的风采，被意向导师选中的概率也就更高。

夏令营/推免考核内容

7月16日下午2点，在安徽大学内举行了开营仪式。开营仪式上，学院领导老师进行了欢迎和致辞，也介绍了安徽大学法学院的悠久历史与发展历程，并在现场播放了一段精心制作的宣传视频，让同学们更直观地感受到了法学院的风采。

开幕式结束后，所有营员分成两组和法学院各个教研室的优秀老师们进行了面对面的交流。老师们的专业领域各有不同，涉及宪法与行政法方向、民商法方向、经济法方向、刑法方向等多个方面，力求为营员提供最全面的指导。

晚上是营员们与安徽大学本校优秀大学生的交流时间。

17日上午8点，营员们在志愿者的带领下参观了校史馆、图书馆、法学院以及安大校园。下午则与校内的本硕博同学进行了交流与探讨。

18日是实践参观环节，营员们首先来到了北京金诚同达（合肥）律师事务所。律所高级合伙人高鹏向营员们介绍了律所的文化活动、工作部门和发展路径等，并引领学生们参观了所内新开辟出的实习生办公区域。紧接着，营员们在会议室共同观看了律所的宣传视频。随后营员们到达了合肥市中级人民法院。法院的工作人员带领同学们参观了法院的各个办公区域，并对法院的信访服务区、执①行指挥中心、立案服务区和调解服务区做了重点介绍。

下午，夏令营的校外参观活动结束，营员们回到安徽大学，院长为营员们一一颁发"优秀营员"的荣誉证书，并合影留念。

第九十七章　湖北经济学院

申请环节

学校以经济学、管理学为主干，法学、文学、理学、工学、艺术学等相关学科协调发展，建有省级现代服务业优势特色学科群1个，省级重点一级学科4个，"楚天学者"计划设岗学科14个，硕士专业学位授权点1个；该校招收研究生通过推免和统考两种方式，2018年接收推荐免试硕士研究生的专业是会计硕士（专业学位），专业学位代码为125300，接收计划人数为10人。

申请条件

1、经教育部批准具有推荐免试攻读硕士学位研究生资格的高校2018届普通高等教育本科毕业生，并获得所在学校的推荐免试生资格，以"全国推荐优秀应届本科毕业生免试攻读研究生信息公开暨管理服务系统"（简称"推免服务系统"）备案信息为准。

2、勤奋好学，刻苦钻研，成绩优秀；有一定科研潜力，有较强的创新意识、创新能力和专业能力；学风端正，无学术不端行为；遵纪守法，在校期间未

---

① 小也提示：小部分夏令营在8月份举行

受过纪律处分。

3、申请考生本科主修专业必须为会计学、审计学、财务管理。

4、身体健康状况符合国家规定的体检合格标准。

参营/推免复试前准备

《湖北经济学院2018年接收推荐免试攻读硕士研究生申请表》一份（见我校研究生处网站）；学生证、第二代身份证（或第三代身份证）、大学英语四六级证书（或成绩单）原件和复印件；加盖学校教务处公章的本科阶段成绩单原件；

其他体现申请考生综合素质和学术水平的学术论文、出版物、各类获奖证书或参加有一定影响的社会实践活动证明的复印件一份。

于2017年10月25日前，在"全国推荐优秀应届本科毕业生免试攻读研究生信息公开暨管理服务系统"报名，网址：http://yz.chsi.com.cn/tm。学校对申请考生进行资格审核，并向通过审核的推免生发放复试。考生通过教育部推免服务系统确认同意复试。

夏令营/推免考核内容

（1）复试时间：2017年11月，具体时间和安排另行通知；

（2）复试内容：①专业课和政治课笔试、专业能力和专业英语面试；②其他需要复试时考察的内容。

3、体检

所有接收的推免生需进行体检，体检参照教育部、卫生部和中国残联制定的《普通高等学校招生体检工作指导意见》（教学[2003]3号）和《关于做好湖北省2014年普通高校招生体检工作的通知》（鄂招办[2014] 1号）等文件执行，由学校医院统一安排。确认复试通知的推免生于复试前，空腹到湖北经济学院校医院缴费、体检。

4、录取

按照招生计划，根据推免生复试总成绩排名依次择优确定拟录取名单，并在"推免服务系统"中发放待录取通知，通过"推免服务系统"接受待录取通知。

过来人回声

总体来说，湖北经济学院保研流程比较简单，但招生专业比较局限，只招收会计硕士，且对本科专业要求较严，要求本科主修专业必须是会计学、审计学、财务管理，对其他跨专业同学设置限制。复试时间比较晚，但是复试内容较多，笔试为专业课和政治课、面试考察专业能力和专业英语，欲报考的同学还需提早准备。

第九十八章　安徽财经大学财政与公共管理学院

申请环节

安徽财经大学财政与公共管理学院的夏令营是安徽财经大学唯一的夏令营。对于安财这仅有的夏令营，校外同学如果想要参加，是采取"邀请制"的，即安财主动和部分学校及校内人员进行联系，被联系到的学校才有资格参加夏令营。从2017年的夏令营来看，外校包括南京财经大学、铜陵学院、池州学院和阜阳师范学院。

本校同学如果想要参加，需要自行申请、报名。在报名之后，需经过校内审核与面试确定。工作人员将结合个人成绩、奖学金和奖状获得情况、个人实践能①力等综合考虑，并且通过面试确定校内参营人员。

2017年夏令营中，参营人数为30人。其中校内人员限制在18人以内。

具体通知在6月中旬下发，夏令营在7月中旬举办。

入营及获得优秀营员的校内外同学可能会获得如下奖励。

1.安徽财经大学校内入营学员优先获得学院"三助"岗位。

2.活动结束后，所有按要求全程参加夏令营活动的营员都会获得"营员结业证书"。

3.获得"优秀营员证书"的本校营员会给予以下奖励：给予全院通报表扬；在奖学金评选等方面给予优先考虑等。

参营/推免复试前准备

参营活动包括：

1.学术讲座：与教授面对面对话、热点问题讨论及调研等；

2.实践实训：税务局实践体验、多家企业调研等；

3.税收学习及研究方法探讨；

4.素质拓展项目及其他项目。

因此作为参营同学，应该从学术研究、热点问题、专业知识这三方面进行准备。

首先需要详细掌握学术研究的流程、思路，并阅读一些相关文献。其次，搜集近一年之内国内的相关热点新闻，进行热点新闻的了解，并进行思考。最后，

---

① 小西提示：在保研论坛找个朋友一起努力的话会更有斗志哦！

对专业知识的复习也是需要的，防止在与教授交流的过程中出现知识上的失误，也为可能出现对专业知识问题的考核进行准备。

夏令营/惟免考核内容

7月9日上午，夏令营开营仪式在西校"地方财税制度改革与创新"学科特区举行。院长、院领导等对各位营员的到来表示了诚挚的欢迎，并向各位营员介绍了我校财税学科的发展状况及前景，希望营员们通过本次夏令营活动开阔眼界和思维、强化税收实践学习、增强专业认同感、提升个人综合素质，做德才兼备的当代大学生。

本次夏令营活动，共由实践调研、专题讲座、营员交流等几部分组成。营员们分别在蚌埠市国税局高新区纳税服务中心、德豪光电科技有限公司、亚伦电子科技有限公司、安徽航天信息科技有限公司、安徽永大正瑞税务师事务所进行了专业实践调研。期间，院系教授做了题为"营改增后中国地方税体系改革分析"的主题报告，并与营员们进行了深入交流。

华北东北地区篇

第九十九章　吉林大学经济学院

申请环节

　　吉大经济学院往年是没有夏令营推免途径的，今年是第一届，所以网申环节还不够完善。今年的夏令营信息是在吉大经济学院官网和公众号上公布的，因为目前还不确定网申系统什么时候才能运营所以有意参加经济学院夏令营的同学需要密切关注学院官网和微信公众号上发布的推免信息。

　　今年的推免信息大概是在6月15日前后发布，学院要求准备的参营材料除了最基本的个人简历、专家推荐信（2份）、成绩单、个人前三年专业排名证明（这个需要自己制一张表格写上专业几人排名第几并交教务办盖章）、各类证书、已经发表或录用的论文以外，还要求有一篇与经济类相关的参营学术论文。

　　另外材料投递是直接通过邮件的形式发给夏令营工作人员，因此在发送邮件时最好把这些材料按顺序制成压缩包（材料完整有序给筛选的工作人员一个好的印象）。吉大经院比较注重学术研究能力，这个从之后的夏令营笔试面试可以看出来，因此入营的学术论文一定要慎重选择，在之后的夏令营论文宣讲中老师多次强调论文中应尽可能使用实证建立模型等偏技术分析类的方法，避免纯理论对策类的比较空泛的论文，所以入营论文老师也会更多地注重论文使用的分析方法和模型构建。由于还没有网申系统，入营资格都是通过电话形式通知，所以在投递了申请材料后要保持电话畅通以免错过了入营通知。

参营复试前准备

　　吉林大学经济学院的夏令营是在发夏令营入营名单的时候就告知夏令营考核的流程。

因篇幅所限，请扫描二维码或登录易保研官网
www.ebaoyan.cn了解历年夏令营详细日程

　　在发布通知后可以关注一下自己所报的这个专业有多少人，夏令营在这个专业招几个人，心里大致有个数，个人觉得经济学院的夏令营还是比较严格的，考察的方面很多，无论是基础知识，专业知识还是个人整体素质，所以在入营前需要做好充足的准备。

　　首先需要准备的是参营论文。前面有提到参营论文必须是经济类相关学术论

文，最好使用实证分析，建立模型之类的研究方法，避免纯理论分析。论文格式按照一般发表论文的规格，最好加个封面，因为之后的面试环节需要打印纸质版给老师看。

其次需要准备的是专业知识复习。夏令营笔试和面试环节都会考察到专业知[1]识，笔试是所有人一样的科目，主要包括政治经济学、宏观经济学、微观经济学。西方经济学，一般按照高鸿业的教材复习即可，偶尔会考察布兰查德的宏观经济学，政经推荐宋冬地（这个是经济学院考研指定的参考书）。面试环节主要会考察所报专业的相关知识，比如我报的是世界经济专业，一般会考察两道题（由于我是跨专业，还需要加试一道题），这两道题不仅会考察基础理论知识，也会考察经济热点话题，比如我有抽到一道题是"简述亚投行建立的背景"，理论知识的复习推荐《世界经济概论》和《国际金融学》。

最后需要注意的是穿着，这个我重点提一下，经院夏令营是没有统一服装的，后来和负责夏令营的辅导员聊天的时候才知道这是学院故意安排的，主要是想要各营员展示真实的自己，从穿着行为各个方面来展示自己的个性特点，建议不要穿得过于个性，也不要过于严肃，一定要整洁得体，这一点可能很多人容易忽视。

参营复试内容

夏令营从7月10日到7月13日，考核集中到中间两天。

7月10日下午报道，办理入住，住在学校附近如家酒店。

7月11日上午在国际学术大讲堂举行开营仪式，听一上午的讲座，首先李晓老师向同学们介绍了学院的发展历程以及学科建设总体概况。然后，各系主任分别从学科发展历史、专业设置情况和师资力量等方面进行了介绍。之后是美国经济金融化问题为主题的学术讲座，最后来自英国的国际知名学者Steven Keen教授为大家介绍了国外最新的研究经济学科的软件。中间包括答疑时间。

7月11日下午，学院组织营员参观了吉大校史馆和鼎新图书馆，之后是各自休息时间，大多数同学在准备晚上的笔试。晚上是专业课笔试考核。专业课笔试考核内容总分为150分，分为政治经济学（50分）、微观经济学（50分）和宏观经济学（50分），都是大题。专业课笔试以闭卷的方式进行，时间为2个小时。

7月12日上午，是考核中的个人学术论文宣讲，总分为200分，主要考核个人学术科研能力。每人根据本人提交的学术论文，准备10~15分钟ppt演讲。所有参营同学分为四组，名单会提前贴在门口。

7月12日下午，是综合能力面试考核内容，总分为150分，分为外语能力测试

---

[1]　易宝提醒您：3~4月该搜集夏令营信息啦~

（50分）和综合能力测试（100分），都是单面。外语能力测试首先是3分钟英文自述，然后主考老师自由提问，会有一般问题和专业问题。如果你是本科为非经济或管理学士学位者，需要参加跨学科加试。跨学科加试为通过性考核，得分不计入总分，在面试中进行。

7月12日晚上，聚餐，闭营仪式。

上面是夏令营的具体行程安排，我主要提几个重要的环节。

第一个是学术讲座。今年的学术讲座请到了院长李晓教授和著名经济学者Steven教授做学术交流，讲座结束后会要求同学提问（中文和英文），提问会在面试环节加分，李晓教授主要是讲述了美国经济发展与现状，Steven教授是介绍了一种前沿的经济学分析软件的使用方法。所以在这个环节要积极提问，可以是针对讲座内容，如果实在没听懂可以事先准备几个比较有深度的问题。

第二个是专业课笔试。上面已经介绍了考察内容和需要复习的科目，其中政治经济学大部分是简答和论述等开放性题目，宏观微观会有部分计算题和画图分析题。题目比较简单，和考研初试题目大致相同，所以复习时可以参考考研初试题。

第三个是个人学术展示和论文宣讲。这个环节是分金融、经济、国贸、财政企管四个系进行，讲完论文老师会提问同时要求在场的其他同学提问，所以选择的这篇论文最好是自己全程参与主笔的学术论文，对整个研究写作过程都非常熟悉，因为老师会问的很细，比如实证分析类的论文老师会问为什么选择这个研究对象，怎样筛选数据，或者使用了分析统计软件的论文会问到具体的软件使用操作过程，来考查学生是不是真的会用软件并且懂原理（我就有被问到SPSS统计中的信度和效度是什么，所以还是要全面准备）

第四个是面试。面试环节有两部分，英文面试和专业面试（专业面试是中文）英文面试就是做个简单的自我介绍（不应太长，超过4分钟老师就可能打断了，因为之后他还会问一些关于个人的问题），然后会问一些简单的与专业相关的问题比如问我的是：介绍一本你读过的经济学著作。也有同学被问到介绍一个经济学著名人物，等等。专业面试感觉是比较难的环节，老师会给两个信封，一个信封里是世经的题，一个是国贸的题，有一次换题目的机会，同时跨专业的学生需要加试一道题。考察的内容有基础知识和经济热点，回答前有一分钟准备时间，回答基础知识最好不要背课本，可以用自己的话简短描述，如果实在不会不用慌，就坦白跟老师说抱歉老师这个我不知道，老师一般会换个简单的问题问（老师直接问就不抽纸条换题目了）比如西方经济学里的一些基础知识也可能问到。

最后是闭营仪式。这个虽然不在正式的考察范围内，但是据辅导员说会根据闭营仪式上的表现视情况加分，所以还是积极参与，多和老师同学交流。

录取情况

专业	入营人数	全部录取人数（包括预报名）	备注
政治经济学	共44人	2	
西方经济学		2	①
经济思想史		0	
法经济学		0	
金融学		2	
世界经济		2	
国际贸易学		1	
产业经济学		1	
财政学		1	
制度经济学		1	
国民经济学		1	
企业管理		1	
金融专硕		3	
税务专硕		1	
国家商务专硕		1	

过来人回声

"2017年是吉林大学经济学院第一次举办夏令营，各方面还不太成熟，一定要跟老师多沟通，另外入营的学术论文一定要慎重选择，夏令营论文宣讲中老师多次强调论文中应尽可能使用实证建立模型等偏技术分析类的方法"（一位2017年录取学生）

易保研保过学员成功案例——
吉林大学、重庆大学、西北工业
大学、北京交通大学

---

① 易宝小提示：时间清晰的保研计划可以提高效率

第一百章　哈尔滨工业大学经济与管理学院

投递材料准备及网申填写过程

我是在3月份的时候开始了解对于夏令营我应该做哪些准备。首先就是英语成绩，为了能够使自己在夏令营的激烈竞争中脱颖而出，我为自己报了雅思的考试，因为我的六级成绩不是特别高，刚过500，而在提交材料之前我是没有机会再考一次六级的考试，因此建议想要参加夏令营的同学，大三上学期一定要把六级刷550～580分左右。最终在4月中旬，两次考试后，我将雅思刷到了6.5。

4月份在准备雅思的过程中，我时刻关注着哈工大经济与管理学院的官方网站以便于第一时间获知关于夏令营的消息。一般来说，哈工大一般会在4月份出通知。在出通知之前，先在网上搜一下去年的网申时间和所需材料，做好提前的准备。我们这一届的夏令营通知时间是4月24日，夏令营系统的报名时间是2017年4月24日—5月21日。我首先登陆夏令营报名系统，去熟悉一下所需要的信息，如本科学校、联系方式、身份证号、专业、邮箱、地址、英语语言成绩等基本信息，还有获奖情况、科研经历、学生工作经历等。我先将这些信息编辑在一个文档里，反复修改确认无误后，将这些信息复制粘贴到网申系统里并提交。值得注意的是，因为我们可能会报名很多所学校的夏令营，因而一定要记录好每一所学校网申系统的用户名及密码，以免弄混或忘记。

5月份我开始准备部分材料。哈工大经济与管理学院所需材料有：（1）哈尔滨工业大学2018年优秀本科生暑期夏令营申请表（网上报名后下载），加盖所在院系或教务处公章；（2）所在院（系）或学校教务处盖章的成绩单原件；（3）专家书面推荐信2份（副教授以上）；（4）体现英语水平的证明材料（国家英语六级，TOEFL成绩，GRE/GMAT成绩等）；（5）其他证明材料，包括：①已发表论文（如有）。其中代表性论文1篇，应提供全文，其他已发表论文提供期刊目录、论文首页复印件；②本科期间各类获奖证书复印件。其他突出表现的证明材料。由于所有纸质材料要求在入营时提交，所以在入营录取通知发放知前我只需准备部分材料：成绩单一般要求2.5年的，在入营之前会有几门考试，应随时去教务处打印，选取成绩最优的一份成绩单作为提交材料；其他材料：如获奖证书需要提前想好并做好准备，已经写好的论文等；专家推荐信需要去网上找一些模板和范文进行学习，写的时候要突出自己的特色和优势。

6月中旬，我收到了通知我入营的电话，之后我继续准备余下的材料：申请表去学院进行盖章；专家推荐信我直接拿着我事先写好的推荐信找到我们专业的两位教授去签字，因为很少有老师愿意自己给你写专家推荐信；四六级成绩单、雅思成绩单及获奖证书需要交复印件，因而要提前复印好。这样纸质材料的准备也全部完成了。

参营前如何准备

在夏令营的通知中，介绍了夏令营整体的活动安排：（1）开营式，介绍学校与学院基本情况；（2）参观学校博物馆和航天馆，体验校园文化；（3）参观实验室，并聆听专家学术报告；（4）组织营员面试；（5）哈尔滨风土人情调研。也就是说经济与管理学院的夏令营是没有考试的，主要考察学生的学业水平、科研能[①] 力和综合素质。

首先从学术水平上，我仔细回顾了从大一到大三学过的专业知识，其中微观经济学与宏观经济学是基础，由于我报的是金融学硕，因而我又仔细复习了国际金融、货币银行学等相关知识，对于知识要形成框架梳理脉络，也有利于在面试时可以清晰地表达。

科研能力方面，我对于我参与写过的一篇论文进行了仔细的研究和挖掘，针对面试时可能问到的相关问题进行了充足的准备。

综合素质方面，在入营之前，我会看金融相关的时事热点新闻及相关评论，以培养我思考问题的能力，拓宽我思考问题的角度。此外，我会关注一些经管保研的微信公众号、论坛、贴吧等，多看一些面试的技巧。

英语口语方面，由于之前备战雅思也让我的口语能力有了显著的提升，主要要多加练习，了解一些专业的词汇等。

参营复试内容

因篇幅所限，请扫描二维码或登录易保研官网www.ebaoyan.cn了解历年夏令营详细日程

哈工大是没有笔试的，只有面试。因而录取的机会就在于这三天你在素质拓展中的表现，与老师交流过程中所展现的思维能力和方式，以及面试中的表现，我认为这需要你去提前做好充足的准备，这样你会更加自信，在面试过程中，老师一定会问一个英文问题，基本上是关于你的爱好，生活习惯等比较日常的话题，或者是介绍一下你的本科学校、你的家乡、你最喜欢的一本书等一些你很熟悉的话题，题目都不难，关键在于你要敢于表达自己。中文问题会问你为什么选

① 路姐提醒：整理材料一定要细心哦

择哈工大，还有一些专业方面的知识，我抽到的是概念类的，很基础。感觉哈工大的考核方式还是挺简单的，应该是比较侧重个人素质的。

过来人回声：

1. "哈工大深圳研究生院管理学院的夏令营跟本校流程非常像，也没有笔试，只有面试，深研院作为哈工大正在着重发展的一个校区，比较注重学生的基本素养，会针对一些专业相关的热点问题让你说说自己的看法，我认为你要记得结合一下自己的专业知识，回答的时候要有一个比较清楚的逻辑；此外，面试时会问你为什么要选择哈工大深研院，你要表现出比较强烈的意愿，否则不过的风险比较大。"（一位2017年被哈工大深圳研究生院录取的学生）

第一百〇一章　大连理工大学（盘锦校区）商学院

申请环节

考虑到每年4~6月份是各所高校学术夏令营通知集中发布的时间，看到学院最新通知再开始准备材料会非常仓促，同时周围人都在纷纷投递材料也难免会让自己的情绪有所波动，进而影响准备保研的心态，因此我选择在4月份参加完大学生英语竞赛后开始整理、准备一些通用的材料比如学术成果、成绩单、自我陈述、获奖证书等。

在4月初，我购买了易保研的VIP保过服务，由于有团队在帮忙收集院校信息，因此在准备材料期间，我并没有花费很多时间去刷夏令营通知。现在回顾整理，大连理工各个学院的夏令营通知及入营名单都可以从官网夏令营汇总通知中直接找到。仔细来看，其实17年的盘锦校区夏令营通知与16年的大相径庭，都采用网上申报的方式，所需上传的材料也相同。因此，在准备材料时，也可直接根据上一年的夏令营通知来准备自己今年的个人材料。同时可以留意一下上一年夏令营通知的发布时间及申报材料上传的截止时间，通常新一年夏令营通知的发布时间及截止时间同比相差不超过1周，今年通知的发布时间是5月27日，申报资料上传的截止时间为6月20日。

4月下旬开始准备网申所需上传的材料（往年通知中不需要邮寄纸质材料），要求上传的材料有本科成绩单（加盖学校教务处公章）、自荐信及其他材料（英语四、六级证明，发表论文、专利，各类获奖或资格证等）。为了一目了然地看清资料、方便整理，我在电脑中单独建立了名为大连理工商学院的文件夹进行资料存放。首先本科成绩单是前5学期的，准备好已盖章的成绩单并扫描。第二个是自荐信，在自荐信这一块，我是将之前的自我陈述进行了部分修改，凸显自己的优势并表达了非常向往的意愿。最后在其他材料这一块，我准备了五份材料，分别为成绩排名证明、英文四六级证明、学术论文（未发表1篇）、个人简历、获奖证书扫描件合集。这样基本上所需要在系统里上传的材料就准备好了。

5月底，大连理工盘锦校区发布了夏令营通知。系统开放可以进行填报。大连理工大学夏令营的要求为只能申请一个学院的一个专业，因此填报时一定要慎重考虑，毕竟相对于本部而言，盘锦校区的位置还是略微有些偏远。进入网申系统后，除了个人基本信息外，还要填写学术成果和个人陈述等，学术成果及个人陈述都有字数限制（200字或300字），超过字数是无法上传的。在这里需要特别注意，填写时很可能会出现在word中未超过字数但系统中提交不了的情况，[①] 要以系统中为准，填完一部分就进行保存，检验字数是否符合规范。最后上传材料压缩包时一定要按照通知中的命名格式进行上传，一定要注意细节。

参营复试前准备

大连理工大学盘锦校区的夏令营日程安排是在夏令营通知中明确告知的，盘锦校区的不同学院不同专业适用同样的日程安排。

因篇幅所限，请扫描二维码或登录易保研官网 www.ebaoyan.cn了解历年夏令营详细日程

在夏令营通知中我自己觉得非常友好的一点就是它明确提到外地营员在夏令营期间的食宿由盘锦校区统一安排，且为Ⅰ类营员报销参加学术夏令营时来盘锦校区的单程火车票（硬座标准）或汽车票。而且由通知来看，盘锦校区的夏令营仅有一个上午作为自主招生考核的时间，整体较为轻松。因此在收到录取通知前，我并没有刻意地为了准备该夏令营而进行专业课的复习，而是查阅了一下盘锦校区老师们的资料，搜索了一些文章来阅读。

大约在6月20日左右（截止时间过后），便能在系统上查询到自己的申请状态，会分为院系审核和研究生招生办审核，基本上通过院系审核就基本能够锁定入营offer。在查到已录取的结果后，要在规定时间内（17年是6月22日前）在系统中回复确认参营。在确定参营临行之前，还要准备好夏令营报到时的证件及材料如学生证、身份证、本科成绩单原件、网报系统中的其他材料原件。

---

① 易宝提醒：不要忘了各个学校的截止日期

参营复试内容

商学院管理科学与工程专业：

虽然日程表中的安排是10日报道，13日离校返程，但实际上夏令营一共只有两天半的活动，而考核的时间也仅有半天，心理上不需要有太多压力。

7月10日下午报道领取营服、宿舍钥匙（要交押金）、学生卡（打热水、洗浴需要用）等物品。晚上是素质拓展活动。刚开始大家都比较拘束，猜测素质拓展中也会有考核的套路，而实际上晚上的素质拓展就是非常欢乐的集体活动，让大家快速认识新朋友，融入大连理工盘锦校区这个大环境。

7月11日上午是开营仪式及学术讲座，记得是有2位来自不同学院的老师进行了学术报告（盘锦校区有多个学院，当天并没有商学院的老师进行学术报告），每位老师报告完会有提问答疑的环节。

7月11日下午先是参观了校史馆、体育馆以及实验室（全体营员一起），然后才分学院进行集合，进行学院（部）情况介绍。我们是在一个会议室里进行交流的。整体来看报商学院的参营营员大约在30个左右，其中报管理科学与工程专业的人数最多，印象中是15个。情况介绍就是商学院每个专业的专业带头人介绍自己专业、团队或个人的情况，然后大家有疑惑就进行交流，不局限于交流内容。可能由于当时大家有些紧张有点拘束，所以老师们便让我们按座位顺序一人提一个问题。我的位置比较靠前，因此是第三个提出问题的，在前两位同学提问以及老师回答时，我就在想怎么能让我的问题不是特别浅显，不是那种能百度搜索出答案的。最后我提了一个无关于之前交流内容的存在很久的一个疑惑，这个问题受到了老师的好评，而且两位老师对此都进行了回答。在大家按次序提问到第5~6个时，由于时间原因所以又变成了有强烈意愿问的人提问，此时如果自信心不足胆量不够，可能就会错过一个与导师交流的机会。

7月11日晚上是营员们与老师、研究生学长学姐们的一个"联谊烧烤宴"，在吃饭的过程中，也是一个学院或专业一桌，会有年轻的老师在，大家一起交流。氛围非常轻松。

7月12日上午是夏令营中唯一的考核时间。考核仅有面试。面试的老师包含了商学院三个专业的老师，大部分在昨天的学院介绍环节或者晚间的联谊环节都有露脸。在之前的参营通知中，并没有提需要准备PPT，但有一位是用PPT进行面试环节的展示的（其实ppt并不一定就加分）。面试环节必备的开场是英文自我介绍（但其实英文介绍完老师会让你用中文再说一下自己的优劣势），之前从系统上传的材料纸质版也要整理好一份带着，方便老师在你自我介绍过程中翻看。然后老师会进行提问。提出的问题大致是与你所提交的材料以及想要报考的专业相关的，比如项目经历、英语四六级分数、成绩排名、专业偏好以及对想要研究的方向相关的一些近期发生的热点事件的看法（我当时没有被问到这一个，其他几位都被问到了），还有一个有非常大概率出现的问题是"你为什么选择报盘锦校区而非本部"。我当时被两个老师以不同的表达方式问了两遍这个问题。整体面试环节也是比较轻松的，不会有太多刁难。个人的面试结束之后就可以离开了。

7月12日下午是参观当地的城市规划展览馆以及一个旅游景点，更像是考核之后的游玩。

7月12日晚上就是闭幕式暨颁奖典礼，颁发A类B类优秀营员证书。

录取情况

学院	一级学科	二级学科	入营人数	参营人数	A类营员	B类营员
商学院	管理科学与工程	管理科学与工程	16	15	1	2
	工商管理	企业管理	10	9	1	2
		技术经济及管理	1	1	0	1
		项目管理	1	1	0	0
		环境管理	0	0	0	0[①]
	应用经济学	产业经济学	2	2	0	1
		国际贸易学	3	2	1	0
		总计:	33	30	3（10%）	6（20%）

过来人回声

1."大连理工大学盘锦校区的夏令营整体来说是比较简单的，在参营前要多了解一下自己填报的这个专业方向以及最近的热门事件，在参营期间要多注重与导师的交流，不要太因为个人成绩排名问题而拘谨，适当展现个人风采并表现出强烈的欲望，基本上就会有很大的希望能够被录取。"（一位2017年夏令营录取学生）

2."大连理工大学盘锦校区的面试还是很灵活，面试时问到了我一个电子商务类的热门话题，结果我没有关注到，没有答好，感觉这是造成我未录取的一个原因。吸取教训还是要关注一些专业方面的热点实事。"（一位2017年夏令营落选学生）

---

① 易宝提示：接到入营通知可以开始备战夏令营啦！

大连理工大学管理与经济学部

申请环节

在我最初准备夏令营的过程中，其实并没有重点考虑大连理工大学，尽管大连理工大学离家很近，但我还是想去南方走一走，因此也并没有专门针对大连理工大学提前准备材料。在5月份，碰巧听到有同学说想去大连理工，我才抱着试一试的心态开始搜集信息，准备材料。

一开始搜集信息时，我是关注了学校的官网和学院的网站，去刷最新的通知消息，但一直到5月下旬都还没有消息，我这才搜索了一下前几年的夏令营通知，发现大连理工本部的管理与经济学部及盘锦校区的商学院两个学院（部）开设的专业相近，都可以填报。5月22日，官网发出了夏令营通知汇总，但管理与经济学部及盘锦校区的夏令营通知都未出。根据往年来看，盘锦校区的通知往往在管理与经济学部之前，而且截止时间也较早。由于大连理工大学采用网申的方式，且只能申请一个学院，因此还是需要根据自己的能力慎重选择。我当时想读专硕，因此选择了管理与经济学部，耐心地等待其夏令营通知。之后我了解到，有很多同学想去大连理工，但是又看到管理与经济学部一直没有出夏令营通知，便退而求其次填了盘锦校区，填完过了几天看到了管理与经济学部的通知，非常懊悔。因此大家选定一个学院（部）一定要耐心等，以免错过或放弃了机会。大概6月7日，管理与经济学部便出了夏令营通知。此时我开始按照夏令营通知内容，整理所需要的材料。

所以我在6月上旬开始准备网上申请的材料（通知中不需要邮寄纸质材料）。要求上传的材料有本科成绩单（加盖学校教务处公章）、英语成绩证明、大学期间前五学期学习成绩排名证明（加盖院系或教务处公章）及其他材料（已发表论文、各类获奖或资格证书等）。由于是网申，因此在电脑中单独建立名为大连理工商学院的文件夹进行资料存放会使资料更加清晰直观。首先本科成绩单是大学期间前5学期的，准备好已盖章的成绩单并扫描。第二个是英语成绩证明，我准备了英语四六级成绩证明（四六级成绩单原件扫描也可以）。第三个是前五学期学习成绩排名证明，到教务处查询后盖章然后扫描即可。最后是其他材料，由于我没有已发表的论文，因此我就将之前做得比较好的课程设计报告放了进去，然后是一些国奖及竞赛的证书，最后我放了一封个人陈述。这样我就准备好了需要在系统里上传的材料。

通知中，网站申请的截止时间是7月2日，临近期末我怕在备考过程中忘记申请，所以我在6月中旬，材料准备好后就开始了网申。进入网申系统后，除了个人基本信息外，还要填写学术成果和个人陈述等，学术成果及个人陈述都有字数限制（200字或300字），超过字数是无法上传的。在这里需要特别注意，填写时很可能会出现在word中未超过字数但系统中提交不了的情况，要以系统中为准，填完一部分就进行保存，检验字数是否符合规范。学术成果我主要以课程设计为主，简单概括了2个课程设计；个人陈述这一块我将自己之前准备的个人陈述总结为3部分每部分两句话进行描述。最后上传材料压缩包，这时一定要按照通知中的命名格式（申请编号+考生姓名+考生院校）进行命名并上传，需要注意的是压缩包内的文件命名也要符合规范（申请编号+考生姓名+材料名称），而且压缩包内的材料格式需为PDF文件或图像文件。

参营复试准备

大连理工大学管理与经济学部的夏令营日程安排并没有附在夏令营通知中，而是在7月上旬另有通知。2017年的夏令营日程安排在7月6日公布。

因篇幅所限，请扫描二维码或登录易保研官网
www.ebaoyan.cn了解历年夏令营详细日程

整体来看，管理与经济学部的夏令营为期三天，有主要内容安排的为两天。考核分为笔试和面试两个环节，笔试在夏令营第二天晚上进行，随通知并未附笔试的复习范围。

大约在7月6日左右（日程安排公布前后），便可以在系统上查询到自己的申请状态，会分为院系审核和研究生招生办审核，基本上通过院系审核就基本能够锁定入营offer。在查到已录取的结果后，要在规定时间内（17年是7月9日前）在系统中回复确认参营。确认后即可加入夏令营的QQ群，后续的通知信息会在群中通知。这里需要注意的是，如果确认参营人员少于入营规模（160人），会有第二次营员确认机会。如果7月6日查询未获得参营资格，可以在7月11日再次在系统中查询参营资格。如果二轮补录获得参营资格，则要在7月11日 24：00前确认是否按时参营。在确定参营临行之前，还要准备好夏令营报到时的[①] 证件及材料如学生证、身份证、本科成绩单原件、网报系统中的其他材料原件等。

参营复试内容

物流工程专业

虽然日程表中有笔试和面试两个考核环节，但询问老师后得知笔试题量不大，并非专业知识计算等内容，因此我并没有提前准备笔试，而是按照要求认真

---

① 小西有话说：提前熟悉本校的保研名额分配方式

制作了一份面试时用的ppt。

7月21日，报到，游览校园。

7月22日上午，开营，主题报告。上午开营仪式及学术讲座，记忆中报告内容为《大数据与商务分析》《世界经济变革需求与经济学人的历史使命》和《工商管理学科—发展与展望》，基本上营员都能听到与自己专业相关的一个报告。

7月22日下午，管理科学与工程、工商管理和应用经济学三个一级学科及金融专硕的学科及导师介绍，按学科分开进行。

7月22日晚上，笔试环节。笔试是大家一起考，时间一共一个半小时。卷子是4个英文论述题目，4选2进行回答，其中1个必须用英文，另一个既可以用英文，也可以用中文。印象中本次夏令营的题目分别是：4p、共享单车、swot分析。题目如果熟悉的话就有话可说，因此之前老师也说不用提前准备。

7月23日上午，面试环节。首先按照自己准备的ppt进行自我介绍，结束后老师会根据个人情况问一些问题。我进行自我介绍完之后，老师也没有问专业性的问题，反而随便聊了聊，问了一下个人情况就结束了。面试也相对比较简单。所有人都面试结束后，会有跟导师的交流环节，导师会答疑解惑。这时，大家即便没有什么问题，也都会留下来等待这个环节，力求给导师留下一点印象。

7月23日下午，闭幕式暨颁奖典礼，颁发A类B类优秀营员证书。

录取情况

学院	一级学科	入营人数	A类营员	百分比	B类营员	百分比
	金融学	18	5	27.8%	8	44.4%
	产业经济学	20	6	30.0%	10	50.0%
	国际贸易学	6	2	33.3%	3	50.0%
	金融	34	10	29.4%	18	52.9%
	物流工程	10	3	30.0%	7	70.0%
	管理科学与工程	54	10	18.5%	18	33.3%
管理与经济学部	信息管理与电子政务	16	4	25.0%	8	50.0%
	企业管理	33	8	24.2%	13	39.4%
	会计学	7	2	28.6%	3	42.9%
	技术经济及管理	10	3	30.0%	3	30.0%
	项目管理	7	2	28.6%	2	28.6%
	旅游管理	4	1	25.0%	2	50.0%
	环境管理	3	1	33.3%	2	66.7%
	投资学	7	2	28.6%	3	42.9%
	总计：	229	59	26%	100	44%

过来人回声

1."大连理工大学管理与经济学部的夏令营虽然有笔试和面试两个环节，但实际上并不难，而且入营后通过率比较高。它的笔试题目比较灵活，基本上要靠平时的关注和积累，由于有英语作答，所以对英语水平也有一定要求。总体来说难度适中"（一位2017年夏令营录取学生）

第一百○二章　辽宁大学

申请环节

在准备辽大之前，我先在网上查找了一些有关于经济学院和商学院的介绍。辽大虽然经济学学科力量较弱，但是得到国家政策的扶持，报考人数也相对较少，性价比较高。在准备环节我准备的材料包括中英文版的简历、个人陈述、推荐信、参营学术论文以及自己以前获奖的证书和其他考试的资格证书。简历包括两份，一份是详细的word版的，另一份是简洁的可以给老师看的简历。详细的word版简历中包括自己以前的教育经历、科研经历、学生工作、比赛经历和实习经历等的详细描述。

参营/推免复试前准备

（一）经济学院（金融学）

我报考的专业是金融，在复试之前我复习了一遍黄达的《金融学》。在收到辽大的复试通知之后也只是针对性的又重新修改了一遍中英文的自我介绍，准备了几个英文问题。

（二）商学院（会计学）

由于我一直就有在准备会计的推免，因此我一直都有在看与会计有关的中财、财管、审计、成本会计。在收到辽大的复试通知之后也只是针对性的又重新修改了一遍中英文的自我介绍，准备了几个英文问题。

夏令营/推免考核内容

（一）经济学院（金融学）[1]

金融专业没有笔试只有面试，面试大概就是问一些金融问题。对于面试可以

---

[1]　小西提示：确保自己在本校获得保研名额

除了复习一些专业课之外还可以在网上搜集一些有关金融的时事热点。[①]

（二）商学院（会计学）

会计专业的复试分为笔试和面试。笔试覆盖的比较广，中财、财管、审计以及成本会计等科目都有所涉及，应该就是辽大本校的期末考试重点。面试比较简单，分为英文和专业课问题。英文问题就是一个简单的自我介绍，专业问题主要是财管和审计。

录取情况

（一）经济学院（金融学）

该院（九推/预推免）招收哪些专业，大致录取情况（2017年）

专业	全部录取人数
政治经济学	2
西方经济学	1
规制经济学	1
金融学	7
金融	3
保险	1

（二）商学院（会计学）

该院（九推/预推免）招收哪些专业，大致录取情况（2017年）

专业	全部录取人数（预报名）
审计	1
会计学	9
企业管理	2
技术经济及管理	1
会计	7

---

① 小西提示：确保自己在本校获得保研名额

第一百〇三章　东北师范大学经济学院

申请环节

因为没有之前的经验作为参考，所以我在5月份夏令营招生简章公布之后才着手准备材料、进行网申。学院的官网是在五月底发布招生简章，而申请的截止时间为6月30日。时间看似比较充裕，但是其网申系统是随时进行审核的，所以还是抓紧时间提前申报比较保险。需要填写及准备的材料有：

所需材料	材料要求
"东北师范大学经济学院夏令营"申请表	1份
本科阶段成绩单	1份（教务部门盖章原件）
前5个学期总评成绩排名证明	1份
外语水平证书	1份
其他证明材料复印件	1份（发表的论文、获奖证书、资格证书等）

这些材料都只需要电子版而不需要邮寄。但是这里特别要提醒大家注意的是，除了填写网申系统之外，还要求与网上报名同步将上述材料进行扫描和整理，按顺序合并成一个PDF文档并命名为"学校_姓名"发送到夏令营专用邮箱。上传材料的时候尽量按照顺序分类打包，像获奖证书也最好按照奖项的含金量排列。入营的时候，这些材料的纸质版也都需要上交。

网申填写的内容一般就是基本信息、个人经历、获奖情况等。基本信息填写的时候注意在保证准确性的基础上尽量多展现自己的能力，而个人经历、获奖情况等内容一般都会有字数限制所以语句要更加凝练。建议需要填写的内容都先在word上面详细地写出来，然后根据字数限制进行精炼，填写网申的时候就可以直接复制上去再调整格式。我当时是在保研论坛上下载了撰写个人陈述与科研经历的一些参考资料，并找往届保研的学长学姐要来了他们当时的简历，借鉴前辈们的经验撰写自己的内容。

填写完网申系统并查询到自己已被录取后，需要及时加入学院的QQ群，以方便接收通知信息，并进行咨询、交流。

参营前准备

东师的夏令营是在QQ群中通知入营的安排及考核内容，因此在及查询到自己已被录取后就及时加群以免错过通知。

因篇幅所限，请扫描二维码或登录易保研官网
www.ebaoyan.cn了解历年夏令营详细日程

笔试分考场进行，无领导小组讨论分组进行。

学院在7月中旬才告知了我们夏令营的流程，因此我们在距离参营不到五天[①]的时候才得知了考核的内容及笔试的科目。当然也因为这是经济学院首次举办夏令营，我们没有任何经验可循。在没有公布流程之前，我就复习了宏微观经济学，事实也证明宏微观作为经济学的基础专业课被考核的可能性还是非常大的。但我没有想到会考察货币银行学与计量经济学，因此在时间并不充裕的情况下，我有重点的复习了货币银行学的内容，而计量经济学则是翻看了之前的笔记。对于无领导小组讨论并没有进行系统的训练，而只是在网上看了一些经验贴。

参营内容

东师夏令营的时间相对较短，所以安排得也比较紧凑。16日全天是营员报到的时间，要在工作时间到经济学院报到。除了签到、填写信息之外，还要上交在网申中上传的各种资料的纸质版。

第二天早上进行了简单的开营仪式后就是一系列的讲座。这里敲重点，讲座的内容基本上就是笔试的题目，所以千万不要在下面自己复习或者玩手机。好好听讲，老师讲过的都会考的！！当时我也很认真地听了讲座并记了笔记，所以笔试的时候发现有一大半题目都是老师在PPT中展示的，所以可能也是想考察大家获取信息的能力。

下午的讲座结束之后大家就分考场进行笔试，三个科目出在一张卷子上，题量不大难度也适中。除了计量经济学之外大部分都是主观题，可以在理论知识的基础上依据自己的理解做出解答。

17日早上一开始就分组进行无领导小组讨论，每个组的题目都不同，但都是根据热点问题出的与金融学相关的题目。这一部分占的分值相对较少，因此大家只需根据题目稳定发挥、好好表现即可。无领导小组讨论结束后大约一个小时进行结营典礼，宣读优秀营员名单并颁发证书，最后合影留念。

---

① 小也提醒：面试就是表现自己

录取情况（2017年夏令营）

招生类型	专业	入营人数	全部录取人数
硕士	金融学	共50人	30

过来人回声

1. "在此次夏令营中，我觉得最重要的部分就在于笔试的成绩，这一方面要看平时的专业基础，另一方面要善于从讲座里寻找信息。这两方面都做好了，笔试应该没有什么问题。无领导小组讨论也需要一定的技巧与方法，建议大家也要多掌握时事热点，这样才能有比较出色的表现。"（一位2017年录取学生）

2. "在夏令营的过程中，最好全程的参与进去，特别是在系列专题讲座的时候也要仔细听，有很多的题目其实都包含在讲座里了。并且其实参营的人中也有一部分没有推免名额而是需要考研的，这时如果你表明你可以拿到推免资格的话可能拿优营的机会会大一些。"（一位2017年落选学生）

第一百〇四章　山东大学经济学院

申请环节

大三下学期的时候，对照自己之前的排名，在基本确定能够保研的情况下，我开始准备自己的个人材料，并且从各个渠道了解不同学校的夏令营。也是从这个时候，开始了解到了易保研和保研论坛。山大经济学院的夏令营在4月份的时候就发出了简章，可以说是比较早的院校了，因此个人原因一直在关注山大，所以在官网很早就了解了夏令营一般的通知时间。再了解到所需要的材料之后，我先开始去找学院教务开成绩单、专业排名等材料，因为要求原件，因此我让老师帮我多开了几份，耐心地和教务老师说，老师应该都会答应。第二步，就是梳理一下自己本科期间获得的奖项和科研情况，比较重要的就是一些国家级的比赛和发表的论文，老师还是比较看重有论文的学生的。最后，虽然要求里没有注明要个人陈述和简历，我还是准备了一份2000字左右的个人陈述和一份简历，毕竟其他学校的申请也用得着。

大约五月份的时候，我开始准备投递夏令营的材料，虽然不知道早点投是否机会大一点，但我还是尽量将材料早的寄出去。由于山大经济学院没有网申系统，因此寄完纸质材料之后，将电子版发到邮箱里就可以了，之后的一些通知，也都是通过邮箱来交流的。值得一提的是，山大经济学院的推免研究生是有优秀生源奖学金的，基本上通过夏令营录取的学生都能获得或多或少的奖学金，并且总体来看，夏令营的竞争并不是非常的激烈，因此是一个值得参加的夏令营。

参营/推免复试前准备

山大经济学院夏令营的流程是在官网上面发布的。

因篇幅所限，请扫描二维码或登录易保研官网
www.ebaoyan.cn了解历年夏令营详细日程

整个夏令营对比起其他学校，可以说是中规中矩。包含了笔试、面试和一些自由活动。因此夏令营报名的时候，并没有直接选择专业和硕士的类别，因此所有人的考试都是经济学原理。因此参加夏令营之前，我主要还是以复习微观和宏观两本书为主。并且将自己的一些科研项目和比较重新梳理，整理一份中文版和英文版的梗概（就是要能够清晰地说出自己的项目所做的内容和用到的一些知识），除此之外，再准备一下自我介绍，一般也是中文和英文的各准备一份。时间按照3分钟左右即可。

夏令营/推免考核内容a

整个参营的过程非常的愉快，报道之后就可以去入住指定的酒店了。夏令营第一天上午主要是开幕式以及几个教授分别介绍了学院的情况，做了一些简单的学术报告。下午就是笔试了，笔试的地点在一个阶梯教室，内容主要还是经济学原理的内容，不算太难，题型也就是包括名词解释、论述题，等等。然后第二天上午九时面试，面试主里的问题，因此对自己的论文内容，要掌握好。最后还有一个英文问答，整体也不难，就是自我介绍和简单问答，不会问非常难的问题，包括性格爱好，等等。

录取情况

专业	入营人数	全部录取人数
西方经济学		2
世界经济	共64人	2
财政学		7
国民经济		3

---

① 易宝小提示：联系导师十分重要

专业	入营人数	全部录取人数
金融学		7
产业经济学		3
国际贸易学		6
数量经济学		2
劳动经济学		1
保险学		2
投资经济学	共64人	1
金融		13
应用统计		1
税务		7
国际商务		4
资产评估		3

（夏令营一共入营40人，由于没有具体的专业区别，因此夏令营专业录取情况暂时无法提供）

过来人回声

1."山大经济学院是一个竞争生源一般的院校，因为九月推免的时候会有大量的本校生，因此参加夏令营获得录取的机会较大，而实际上参加夏令营的学生中，录取率也挺高的，主要要准备好自己的材料并且有拿得出手的东西"（一位2016年录取学生）

2."经济学院夏令营最后录取较多的是金融专业，但是有很多小专业也是非常值得报的，因为整个学院的竞争压力不算很多，而且山大也是一个历史悠久的优秀高校。"（一位2017年录取学生）

山东大学法学院

申请环节

五月份的时候，通过保研论坛看到了山东大学法学院的招生信息，因为那个时候一直在准备和收集夏令营的信息，所以在各个法学夏令营里找到了山大。山大法学院夏令营人数挺少的，只收30个人，而且只招211以上或者3个政法专业的院校（华东政法大学、西南政法大学和西北政法大学）因此一开始报名的时候感觉难度还是挺大的，毕竟报名夏令营的同学都很优秀。根据夏令营简章的要求，我首先准备的是本科的成绩单和专业排名。由于要去教务处盖章，因此最好提前准备并且多准备几份。除此之外，还需要一封专家推荐信，推荐信的话，我参考了论坛里大家发的模板，然后写了一封自己的，发给一直带着我的本科导师。老师一般还是很愿意为学生签推荐信的，最好能找到厉害一点的老师，当然如果你有非常了解并且经常交流的老师也行。最后就是填好夏令营需要的申请表和一份个人陈述，个人陈述尽量写2000字左右，而且参加其他夏令营的申请时也能够用到。

法学院要求的时间是6月20日之前将申请材料发送到邮箱里。我大概在五月底的时候就把材料发过去的，当然也包含纸质材料。由于不需要网申系统，那个阶段基本上就是每天一直在刷新邮箱等待夏令营的offer。不过法学院的录取信息发布的还是非常及时的，在6月底基本上就收到了录取的邮件以及相关的要求。

参营/推免复试前准备

收到录取邮件之后，也会收到具体的日程安排整个夏令营的安排还是很丰富并且紧凑的。

因篇幅所限，请扫描二维码或登录易保研官网www.ebaoyan.cn了解历年夏令营详细日程

由于涉及考试和面试的问题，我提前进行了有关的准备，由于听说山大法学院搬到了青岛，第一次在青岛举办夏令营，可能会有所变化。因此我准备了挺[①]多材料，主要包括三大诉讼法有关的内容以及一些专业课的知识。在网上收集了很多最近比较热门的法律事件和分析，以及针对一些专业问题，尝试用英文的方式去回答。最后就是准备一个中文和英文的自我介绍，把自己本科期间做过的研究整理一下。

夏令营/推免考核内容

由于青岛校区刚刚建成不久，整个校园还是非常高大上的。虽然远在青岛即墨，但是对于初到青岛的我来说，真的十分震撼。整个夏令营的安排，前几天基本上都在校园内，安排我们也住在校内的公寓楼里，当然校区内的公寓楼也十分的好。第一天基本上就是听讲座以及参观学校，山大法学院来了许多的教授和同学，开营仪式之后，教授们分别作了一些报告和讲座。基本上第一天就是聆听教授的分享。晚上的时候，有一个联谊晚会，除了大餐之外，法学院也准备了一场

---

① 路姐提示：4~6月制作文书材料准备参营论文

文艺演出，可以说是非常精心的准备了这次夏令营。第二天是重头戏，涉及综合素质测试。有五位考核老师，虽然我不知道他们具体的考核标准，但是测试的形式是针对几个热点问题做一次辩论会，这样的形式可以说是非常的新颖了。辩论涉及人工智能、安乐死和同性婚姻等话题，一个小组6个人一共组成了5支各具特色的队伍，通过设计队徽对标，参与辩论及团队活动，不仅非常愉快地通过了这次测试，并且也让参加夏令营的同学完成了破冰之旅，大家的关系也越来越好。下午，老师带我们去青岛市区参观了青岛几个著名的景点，包括五四广场和八大关，虽然内心在焦急地等待着结果，但是依旧对青岛充满了赞美。

录取情况

专业	入营人数	全部录取人数
法学理论	共75人	4
法律史		1
宪法学与行政法学		10
刑法学		3
民商法学		7
诉讼法学		5
经济法学		1
国际法学		7
法律（非法学）		14
法律（法学）		23

（夏令营只招收30人，实际入营34人，优秀营员可以获得预录取资格）

过来人回声

1. "山大法学院的夏令营是一个非常值得参加的夏令营，可以感受到整个山大和法学院的热情和开放，并且整个夏令营的形式也非常新颖，没有太多传统的笔试测试，而是更多的通过活动和辩论的方式来了解学生的综合素质"（一位2017年录取学生）

2. "法学院的夏令营虽然只招收三十几个人，但是只要参加了夏令营，基本上就能获得录取资格了，所以准备材料的时候一定要完整和仔细，让老师从材料里看到你的闪光点，并且表达关于自己对希望在山大深造的愿望"（一位2017年录取学生）

第一百〇五章　中国海洋大学经济学院

申请环节

中国海洋大学经管法类学院除了法政学院举办"法政学院极地问题研究夏令营"之外，全部都是在九月份进行推免复试。接受推免复试的通知在八月底就一般会在中国海洋大学的研招网公布，报名所需要的材料一般都直接在网上上传，因此需要准备的就是各种材料的电子版。我当时报名需要的材料有本科在读期间成绩单、英语CET-4/6成绩单或其他相应外语水平证明、各类获奖证书与已发表论文等证明材料以及学信网的《教育部学籍在线验证报告》。报名的时候尽量按照顺序分类打包，像获奖证书也最好按照奖项的含金量排列，准备材料的时候也要注意严格按照要求，如成绩单的要求中不仅包括盖章还需要教务处的老师签字。虽然网申阶段只需提交电子版，但复试时需要提交纸质版的材料，因此复试时需要将以上文件打印并提交。

一般从8月底至9月中旬就可以填写网申系统了。网申系统要求选择确定的学院与专业方向，这个方向基本上就是在推免复试的时候所面试及录取的专业，因此一定要谨慎填报。网申系统所需的信息除了自身的基本信息外，还包括英语四六级的成绩、计算机水平、绩点与排名，等等。但我觉得网申系统中最重要的还是个人陈述、科研经历及成果、获奖情况、学习和工作经历等内容，因为这些部分都有字数限制，因此内容都是需要逐字逐句精炼的，才能做到在有限的空间表现出自己最大的能力与潜力。我当时是在保研论坛上下载了撰写个人陈述与科研经历的一些参考资料，并找往届保研的学长学姐要来了他们当时的简历，学习前辈们的经验撰写自己的简历。我认为在写个人陈述、科研经历这方面的文书时可[①]以写的详细一些，然后考虑哪些部分是最重要就保留下来，哪些部分不必在网申中体现就可以删去，最后再检查一遍自己的文书是否做到了语句通畅、逻辑清晰。

以上的工作我都是在word中完成的，等填写网申的时候就可以直接复制过去然后调整格式，这样就能避免网申系统意外关闭造成文书遗失。

推免复试前准备

在复试前一周左右，学校的研招网就会发布复试的安排，通知中就公布了复

---

① 　小西提示：不同的风格的项目要展示自己不同的侧面

试的流程安排。我当时参加的是经济学院的推免复试，但管理学院与法政学院也是在9月21日同步进行的，复试流程与考核内容也都大致相同。

因篇幅所限，请扫描二维码或登录易保研官网
www.ebaoyan.cn了解历年夏令营详细日程

虽然各学院的复试通知上只公布了报到、政审、专业及外语测试的安排，但是心理测试与体检是学校统一安排的，因此一定不要忘记也去看一下学校研招网的通知。我当初就是因为只看了学院官网的通知错过了心理测试的时间，幸亏去复试的时候与研究生院的老师沟通进行了补测，所以提醒大家看通知的时候一定要通知关注学校的研招网与学院的官网。

我在网申系统上查询到自己的录取通知时已经是16日了，距离复试只剩五天的时间。我在暑假前参加夏令营时已经把专业书籍看过一遍，所以对于专业面试不是很担心，因此就进行了一遍快速的复习，将重要的理论知识重新进行梳理。当时我对于英语口试是非常担心的，因此会每天听英语音频并进行跟读。同时我把老师可能会问到的问题梳理出来，根据这些问题用英语整理出答案，然后每天朗读并背诵，可以保证被问到这些问题时可以熟练的回答出来。

推免复试内容

九月份的推免复试一般时间都比较短，像经济学院的复试就只有9月21日一天，但复试之前一定要完成心理测试（再次提醒）。

21日上午九点开始就开始在学院进行报到，报到的流程基本上先是签到，然后提交了我们在网申系统中所提交的所有文件。这里需要注意，由于网申的时候受到文件大小的限制，所以提交的相关材料并不完整，报到的时候就可以将全部材料都打印并提交。当时我旁边也有同学胶装了一本个人材料带过去，但我觉得有点过于用力了。报到完成之后，我们一部分之前没有来得及体检的就赶去校医院体检，体检的项目不多，但是因为几个学院同时进行所以排了很长的队，因此建议大家早点到校医院完成体检。体检前要求空腹，结束后要及时补充能量，不要影响下午的面试与英语测试。

21日下午13：00～13：20是政审的时间，因为之前从官网下载了政审表，所以很多同学都以为只要在这个时间段去交表就好。但是像我参加的经济学院的政审还是非常严格的，需要做一份试题，题目非常常规也很简单。但老师对于纪律的要求非常严格，最后迟到的几个同学也只能在教室外等我们考完了再进行补测。

21日下午13：30开始进行的是专业面试，复试通知上说的是分专业进行，但

其实没有分得那么细，报同一个系的同学被分在同一教室进行面试，据我了解抽的也是同一份题目。我当时报的是区域经济学，万万没想到中国海洋大学的区域经济学被分在国贸系，所以当我知道我要去国贸系面试的时候内心是非常慌的，特别担心自己会被问到国际贸易的专业问题。但事实证明专业面试考察的是你的基础专业课知识，比如宏微观。所以当时所有报国贸系的同学在同一个教室候考，然后不同专业分别抽签决定面试顺序。老师首先让我进行一分钟的自我介绍，然后根据我的介绍针对性的提问了几个问题，回答完后就让我在三份题目中选择一份。每份题目有三个问题，只需选其中两个问题作答，题目都是宏微观经济学的基础知识，所以也不难回答。等我回答完后，老师问我假如没有被区域经济学录取愿不愿意调剂到国际商务专硕，后来在与其他人交流的过程中我发现所有人都被问到了这个问题，这个问题就根据你的真实想法作答即可。

以上是我根据参加经济学院区域经济学的经验进行梳理的。但事实上，经济学院、管理学院、法政学院的复试流程与考核形式都是大致相同的，但有些专业的专业面试的题目不是抽签决定，而是老师临时提问的，但总归都是在专业基础课的范围中提出相关问题。

录取情况（2017年预推免）

经济学院在2017年只提供了拟招收人数的情况，而没有公布复试的具体人数。同时，这里也提供了管理学院和法政学院的录取情况供大家参考。

1. 经济学院

招生类型	专业	复试人数	拟招收人数
硕士	国民经济学	未公布	10
	产业经济学		3
	金融（专业学位）		15
	保险（专业学位）		4
	区域经济学		5
	国际贸易学		8
	物流工程（专业学位）		6[①]
	国际商务（专业学位）		10
	金融学		10
	数量经济学		5

---

① 小也温馨提示：6月就会接到入营通知啦！

2．管理学院

招生类型	专业	复试人数	拟招收人数
硕士	会计学	61	16
	企业管理	25	13
	旅游管理	17	9
	技术经济及管理	8	3
	财务管理	14	5
	农业经济管理	4	4
	农业管理	1	3

3．法政学院

招生类型	专业	复试人数	拟招收人数
硕士	法学理论	未公布	3
	宪法学与行政法学		2
	刑法学		1
	民商法学		2
	诉讼法学		2
	环境与资源保护法学		3
	国际法学		3
	政治学理论		1
	中外政治制度		1
	国际政治		1
	国际关系		3
	社会学		2
	行政管理		4
	教育经济与管理		1
	社会保障		2
	土地资源管理		2
	法律硕士（非法学）		5
	法律硕士（法学）		5

过来人回声

1．"中国海洋大学的经管法类的九月推免复试考核内容比较单一，比较重视的就是专业基础能力与英语水平，但如果你的科研能力或其他方有比较突出的话也要在面试中努力展现自己。面试时间很短，所以一定要有自信、有逻辑，好好准备、好好表现就一定可以的。"（一位2017年录取学生）

2. "中国海洋大学其实在推免复试中最看重专业知识，所以在复试前一定要多看一下基础的专业课，好好准备。还有很重要的一点是要有自信，就算抽到的题目不会的话也要思考一下与之相关的知识进行作答，千万不要看到不太熟悉的题目就放弃，一定要有话说。但就算面试表现得不太好也不用太沮丧，因为后面候补的机会也是很大的。"（一位2017年落选学生）

第一百〇六章　河北工业大学经济管理学院

申请环节

河北工业大学其实我当时是看重它的地理位置——在天津，无论是实习还是就业都沾了京津地区的光。学校的前身是创办于1903年的北洋工艺学堂，是我国最早培养工业人才的高等学校，1995年更名为河北工业大学。划重点划重点：天津地区的211！天津地区的211！

不过比较悲伤的是没有夏令营。只有九推，而且在十月，比较扎心，所以虽然我在教育部系统填了它，它在29日我确定最终offer时也没给我发复试通知，[①]所以我最后去了另一个211。申请环节我觉得跟其他学校不一样，你其实应该考虑的是自己能不能等到十月份，毕竟十月份意味着你要放弃前面所有的offer，包括你本校的，这其实是一个心理战，一定要考虑好。

注意，该校对专业有特殊要求：所报专业原则上须与其本科所学专业属于同一个一级学科，一般不得跨一级学科；本校工科专业跨门类报考的推免生，首先应有导师同意接收，研究生院审核批准，经需接收学院组织复试合格后方能录取；本科为"文科类"专业跨门类报考我校"管理学""经济学"专业的推免生，复试时须加试"数学三"，复试合格方能录取。

参营/推免复试前准备

和上文一样，其实我只做了一件事情：打听十月的机会究竟有多大。但是只有一个拐了很多弯才找到的同学，不过她当时告诉我概率比较大，关键就是敢不敢等到那时候了（反正我是最终还是没敢放弃夏令营的offer，现在有点小小的后

---

① 路姐告诉你：好好准备人生第一场面试

悔吧，毕竟天津这个位置真是不错）。

因为它是面试，所以如果你真的想去，把简历过几遍，把你要去的专业的基础课程准备一下，就可以了。

夏令营/推免考核内容

复试时间在10月上旬。

河北工业大学本校的学生表示就是一个面试。问你的经历，比如你的科研、实践，等等。如果你成绩不好或者某一门科目特别不好看，那么会问你为什么分数这么低，但是并不会追问，所以还是很友好的。

录取情况

本校推免与外校各为17名、21名。外校接受学生较多，生源一般，普通一本和排名靠后偏远地方的211。经管学院有一个招生类型的表格，大家可以参考一下：

招生类型	学院	专业	人数
硕士	经济管理学院	应用经济学	2
		管理科学与工程	4
		工商管理	6

过来人回声

1. "该校在天津，且作为211学校，性价比较高。而且外校接受学生较多，不过生源一般，对于我们这种本科出身不好的学生其实是个不错的机会。"（一位2017年录取学生）

第一百〇七章　华北电力大学（保定）

申请环节

电力方面的同学应该都听过华电吧，但是因为这里是针对商科去写，所以我觉得还是应该把这所有点专业性的学校的介绍跟大家说一下，因为它不仅是211，而且在招生上其实性价比也是不错的。华北电力大学（保定）是教育部直属国家"211工程""111计划""千人计划""特色985工程""首批卓越工程师教育培养计划"重点建设高校；是教育部与国家电网公司等七家特大型电力企业集团组成的校理事会共建的全国重点大学，有"电力黄埔"之称。学校创建于1958年，原名北京电力学院。1969年由北京迁至河北，先后更名为河北电力学院、华北电力学院。1995年与北京动力经济学院合并组建华北电力大学。2005年10月，华北电力大学校部由设在保定变更为设在首都北京，分设保定校区。

注意：保定校区是校区！是校区！不是分校！不要歧视它！电力界应该都知道的好吗！保定校区是华北电力大学在保定设立的分校区，与北京校区实行一体化管理！

申请的话，因为该校无夏令营，而推免又在十月份，所以我当时就是填了个志愿，不过它并没有给我复试通知（悲伤）。据说是因为它生源主要是本校生，所以，你懂的。

参营/推免复试前准备

当时就做了一件事：打听概率。比较悲伤，本校生源为主，所以……我九推还是比较悲伤的，可能本科学校太差，想去河北工业大学然后错过，这个华电也是悲剧。

夏令营/推免考核内容

复试时间在10月中旬。复试的满分为 120 分，时间每生不少于 20 分钟，包括：

（1）外语口语测试，满分 20 分，在复试小组进行。

（2）综合面试，一般以口试为主，满分 100 分，在复试小组进行。综合面试应能全面考核考生对本学科发展动态的了解和在本专业领域发展的潜力，利用所学理论发现、分析和解决问题的能力，创新精神和创新能力以及人文素养、心理承受能力、事业心、责任感、道德品质等方面情况。对全日制专业学位研究生的选拔应更加突出对专业知识的应用和专业能力倾向的考查，加强对考生实践经验和科研动手能力等方面的考查；同时还注重对考生兴趣、爱好、特长及就业意[①]向等方面的考查。

录取情况

根据名单，内保生很多，45中只有8个本科不是本校的，且基本为双非。给大家看一个招生类型，这个更加有用。

---

① 小西说：其实竞争在上保研考场前已经结束了上半场

招生类型	学院	专业	人数
硕士	经济管理系	应用经济学（一级学科）	5
		工业工程（专业学位）	4
		物流工程（专业学位）	3
		管理科学与工程（授工学学位）	1
		管理科学与工程（授管理学学位）	3
		会计学	4
		企业管理	2
		技术经济及管理	9
		会计（专业学位）	3
	法政系	公共管理（一级学科）	1
		法学（一级学科）	1
	数理系	应用统计（专业学位）	2

过来人回声

1."该校经管法专业研究方向和工科交叉较多，适合本科学校一般，也适合工科跨保。该校地理位置一般，但作为211学校，性价比较高。"（一位2017年录取学生）

第一百〇八章 太原理工大学经济管理学院

申请环节

我是一名双非的学生，家乡在山西太原。2017年十月初保送至太原理工大学经济管理学院攻读硕士学位，专业是管理科学与工程。接下来，我来谈谈保送至太原理工的要做的一系列工作。

太原理工的经管学院与其他学院不同，一般不举行优秀生源夏令营活动进行预录取，而是九月底统一进行推免复试进行招生。但是这不意味着你的准备工作要在九月中下旬才开始进行。俗话说，笨鸟要先飞，所以我早早地就开始准备九月推免的工作。

推免复试前的准备

首先，你要获得你们学校的推免资格，对于我们双非院校，可能得全系第一第二了。所以大家要在大三下学期铆足劲，好好提高学分绩，进入往届的推免比例之内。一般来说，最有效的办法是通过推免加分来获取优势，方法包括：省三好学生、推免文件内规定的大学生竞赛、核心期刊的论文、专利获奖，等等。以上不一定对于所有院校适用，具体加分办法还要参见自己学院的去年推免文件。

其次，太原理工对于推免要求是必须通过英语四级（CET-4≥426分），这一点需要未雨绸缪，对于英语底子不好的同学，务必在推免前的六月份争取把英语四级通过，考到500分以上是最好的，这样子对于推免来说是一个很好的亮点，要知道，很多985的学生的四六级也没达到500分。

推免复试内容

太原理工经管学院的复试形式是面试。面试环节分为专业面试、英语面试、综合面试。其中专业面试就是考察专业知识的掌握情况，这个就是一般的知识点，不会有难题。可以提前了解一下他们的专业课和自己的专业课是否有不重合部分，不重合部分再看一看就可以了。其实是英语面试，英语面试就是先英语自我介绍，然后根据你的自我介绍进行一些简单的交流。所以英语面试的准备可以针对自我介绍进行准备，比较容易准备得很充分。最后是综合面试，综合面试就是递交简历，然后根据你的简历进行随机提问，这个过程比较自由多样。只要记住，保持微笑，不要紧张，实事求是，不要贬低自己也不要吹捧自己。

录取情况

2017年，经济管理学共计入选31人，政法学院共计入选13人。

过来人回声

1、一般来说，在大三下学期期末考试成绩出来之后，就可以知道自己是否在学院的保研比例之内了，因此这个时候就可以开始提前了解对应学校的导师情况了。对于导师好不好，可以上百度搜一下，一般搜不出负面新闻的老师都不会差，可以作为自己的导师。

心中有了心仪的导师就要开始联系了，这个可以按照学院官方网站的教师信息栏中的邮箱，向导师发送邮件。发邮件切记要有礼貌，用词要用敬语。一般要附上自己的简历，简历切记要精美，不要凌乱，给人的第一感觉要简练美观。至于简历的模板，可以通过易保研的官方途径进行购买，我当时花了百来块钱让人帮我制作了简历。这份钱千万不要舍不得花，一分钱一分货，毕竟制作简历对于我们而言不是专业人士，而且简历是敲开保研之门的第一块敲门砖，应该重视起来。

一般来说，导师认为你的条件符合他（她）心理预期之后，肯定是会回信的，回信的内容可能会进一步想了解你简历没有提及的内容，或者介绍自己研究方向。导师的信件记得及时回复，但是回复切忌过于热情，以至于啰唆。也不要冷淡，让导师心生厌恶。信件来回数封，有了一定把握之后就可以客套一下停止信件往来，否则导师会认为打扰到自己的正常工作生活。如果没有过大把握，可以尝试再联系第二个导师。但是，切忌同时联系数名导师，也不要同时联系同一个[①]教研组的两名导师，这样有朝三暮四之嫌。（2017届参营学生）

第一百〇九章　黑龙江大学经济与工商管理学院

黑龙江大学，省部建设重点综合性大学，本科一批及本科二批招生。

经济与工商管理学院仅理论经济学为省级重点学科，无夏令营。9月份推免除工商管理（MBA）、公共管理（MPA）和教育硕士专业学位外，其他专业均接收外校推免生。2017年经济与工商管理学院进行2轮复试，一次为9月29日，第二次为10月9日。最终经济与工商管理学院会计学录取4名推免生，工商管理3名，金融学1名，应用经济学1名。

2017年推免进行了两批复试，均为面试的形式。第一批在9月27日（教育部系统开放前），第二批在9月30日（教育部系统开放后）。

总体上，黑龙江大学不仅无商科夏令营，而且九推时推免名额少，层次又远不如作为985高校的东北大学，综合考虑其学校层次、地理位置、学院学科及招生情况等，不进行重点推荐，建议考虑东北的同学移步东北大学章节，对东北大学进行关注。

第一百一十章　东北大学工商管理学院

申请环节

当亲身经历了保研的整个流程，回过头再看这一段时间的经历时，我感觉保研的道路颇为艰辛，同时保研也是一场时间长久的"心理战"，必须要有充足的信息和良好的心态。当时我非常想要保研到985院校，因此我在保研前期的学校

---

① 易宝提示：7月是参加夏令营考核的时间

选择、材料准备方面就下了不小功夫。

首先是关注院校信息。当初选择985院校时，碰巧在论坛上发现一个地处东北的不太热门的985——东北大学。东北大学是一所理工类的研究型大学，坐落在沈阳市。虽然是冷门985，但其在东北和华北都具有一定得影响力，学术氛围浓厚，有着"自强不息，知行合一"的东大精神。因此我也把东北大学作为了重点考虑的对象。在准备材料时，可以先按照往年的通知进行准备，虽然通知中并没有说要准备简历，但最好还是自己先准备一份，方便老师面试的时候根据简历询问。材料最好能够在5~6月份就准备好，因为后面还有期末考试复习的重头戏，因此一定要尽早尽快地完善文书材料，打好申请第一印象。千万不要到截止日期前几天才匆忙准备。

参营复试前准备

2017年，东北大学工商管理学院开设了管理科学与工程、企业管理、产业经济学三个专业的夏令营。需要注意的是东北大学暑期学术夏令营为期较长（8天），以授课为主，入营要求较高。但是根据日程安排来看，夏令营中大课小课相结合，还有小组以及课后答疑等众多活动，非常丰富，而且全程参与下来肯定能学习到不少知识，开阔见识。

去年通知的时间为6月13日左右。申请参加暑期学术夏令营活动的学生须为2018年毕业的全日制应届本科生。夏令营对参营人员的本科专业要求为：金融学、产业经济学、国际经济与贸易、数量经济学、经济学的学生可报经济类专业；工业工程、信息管理与信息系统、管理科学与工程、会计学、工商管理、市场营销专业、技术经济学专业的学生可报管理类专业。（所以跨专业保研的同学要特别注意，东北大学限制报考专业，夏令营跨保道路被阻断）。然后按照通知中的时间安排进行网申和邮寄材料。邮寄材料时一定要注意，通知中的截止时间是文件收到的时间而非寄出时间，因此一定要提前寄送材料！

因篇幅所限，请扫描二维码或登录易保研官网
www.ebaoyan.cn了解历年夏令营详细日程

可以看到夏令营每天的课程安排非常满，其中有一环节为专业老师介绍相关专业以及考研政策，这一环节是重中之重，一定要提前做好功课，熟悉想要去的专业的老师的研究方向，跟老师有话可聊，也许在夏令营中就可以确定未来的导师！

而参加夏令营的资格确认，是学院将根据申请者的本科毕业院校层次、学业水平（专业排名百分比）和在学期间获得的奖励及从事的科技活动及成果确定

的。因此还要再次说明，文书材料的写作与包装非常非常重要！

参营复试内容

东北大学工商管理学院夏令营的考核方式为综合考核，会根据在夏令营期间的表现以及面试来进行考察，考核合格就为合格营员，可以享受到一些入学的优惠政策。面试主要围绕申请材料进行提问，比如项目经历、实践实习活动等。所以一定要多熟悉自己的简历。做到可以高度凝练，自信回答。

在东北大学9月推免过程中，除工商管理硕士、公共管理硕士、工程硕士中的项目管理外，其他学科（类别）、专业（领域）均接收推荐免试硕士研究生。，从通知中可以看出，9月份推免对申请人的背景要求较低，且有奖学金及推免生校长奖学金的优惠政策。因此，如果你的本科背景不足以支持你申请东北大学的夏令营，那还可以在9月推免过程中抓住机会。

录取情况

专业	录取人数
会计	2
企业管理	11
会计学	8
管理科学与工程	12
工业工程	3
产业经济学	2
金融学	4
总计	42[①]

2017工商管理学院录取推免生42人，40人均来自东北院校，院校分布除本校外，以211工程大学居多。

过来人回声

1. "东北大学是一个经常被忽视被遗忘的985，但其实它在东北华北的影响力并不低，反而因为被考生遗忘而使得其性价比很高。建议211和双非学生且想去985读研读博的学生申请。"（一位2017年录取学生）

2. "东大的考核很简单，有自信，对自己的经历熟悉，然后礼貌谦和，基本就是可以的。"（一位2017年录取学生）

---

① 易宝提示：多逛逛论坛，忘掉紧张吧↖(^ω^)↗

第一百一十一章　青岛大学经济学院

申请环节

一般来说，学生都是在3、4月份的时候就进入到保研状态了，第一步一般是准备自己的材料，如成绩单、成绩排名、已有的学术成果、个人陈述、推荐信等。对于夏令营的查找一般要根据去年的夏令营通知，在学院的官网上或者保研机构的网络上往往会有往年的夏令营通知。如果没有的话，可以直接在网上搜，一般网申时间和投递材料的截止时间都在5月左右，有些学校会早一些，例如浙江大学，有些学校会晚一些，比如厦门大学，时间不一。

就青岛大学的经济学院来说，由于其录取人数比较少，一般控制在5到10人左右，因此青岛大学一般没有夏令营，而是直接进入九月的推免，所以，我一般是在8月就要开始关注青岛大学的官网了，查看其需要的材料。由于8月是很多学校放假的日子，因此可能需要到的成绩排名、成绩单、推荐信等一定要提前准备。到8月中下旬，可以准备纸质材料了，要求投递的纸质材料有夏令营报名表2份、推荐信1份、成绩单原件一份、成绩排名原件一份以及获奖证书、学术成果等若干。首先准备报名表，需要详细填好自己的身份信息，尤其是自己的手机邮箱，这是我们了解录取结果的最快途径。其次，准备一封推荐信，副教授以上职称老师的签字，推荐找国内外知名学者进行背书，或者找该院校往年校友进行推荐。再来就是需要提前打印好成绩单和成绩排名。其余的主要是学术成果和获奖证书，就学术成果而言，也就是自己的一篇论文，可以是发表的，也可以是未发表的，推荐大家上交发表后的文章，或者是由知名教授指导下完成的文章，以证明论文的含金量。获奖证书推荐大家上交市级以上与专业相关的材料，如国家奖学金、CPA等证书。

之后就是等着9月的时候官网开放，在研招网上登入自己的信息，向青岛大学发送投递申请，再根据青岛大学官网的要求将所需材料邮递，就可以了。之后，如果顺利，学校就会以邮件或短信的方式通知来参加考试。

推免复试前的准备

青岛大学没有夏令营，九推一般两天完成：第一天：入营【上午办理入营手续等】，宣讲及茶话会。第二天：上午笔试，下午面试【面试过程中有加试】。

因为青岛大学的经济学院专业水准较高，对于推免学生的把控也比较严格。所以推荐大家以考研书籍为根据进行复习。财务会计和财务管理参考书一定要仔细看多看几遍，考试全部都是上面的内容，课后题要做一遍和背一背。然后，成本会计和审计的分值很少，可以简单地过一遍。没有必要看CPA，太难了。考试没有那么难。英语的话就平常练练口语，准备一篇自我介绍和一些简单的小问题；专业英语看一下网上的资料就好，我下面也会发一个资料，看看背背就行。政治，是习近平讲话和时政，平常多看看新闻就好啦。

推免复试内容

参营第一天一般办入营手续，即交纸质材料，核对证书复印件与原件，查验身份等，之后就是安排入住，晚上有个简单的宣讲和茶话会，沟通彼此感情，了解学院概况。第二天才正式进入考试环节，考试一般分两部分：面试和笔试。

笔试部分

1笔试分值：笔试满分100分，合格线：60分，占复试成绩比例：50%。

2. 笔试内容：笔试部分主要考察考生的专业素质和能力，笔试科目为《财务会计》（占45%）《财务管理》（占30%）《审计学》（占10%）《成本管理会计》（占15%）。

当天的考察内容主要有：简答题和业务题。

简答题：1、确定存货可变现净值的影响因素；固定资产加速折旧法的定义及特点；持续经营假设的含义及作用；费用和资本、成本之间的关系。

业务题：是往年学硕真题的原题：考的可供出售金融资产的会计处理

甲公司为上市公司，2009年至2010年对乙公司股票投资有关的材料如下：

（1）2009年5月20日，甲公司以银行存款300万元（其中包含乙公司已宣告但尚未发放的现金股利6万元）从二级市场购入乙公司10万股普通股股票，另支付相关交易费用1.8万元。甲公司将该股票投资划分为可供出售金融资产。

（2）2009年5月27日，甲公司收到乙公司发放的现金股利6万元。

（3）2009年6月30日，乙公司股票收盘价跌至每股26元，甲公司预计乙公司股价下跌是暂时性的。①

（4）2009年7月起，乙公司股票价格持续下跌;至12月31日，乙公司股票收盘价跌至每股20元，甲公司判断该股票投资已发生减值。

（5）2010年1月起，乙公司股票价格持续上升;至6月30日，乙公司股票收盘价升至每股25元。

（6）2010年12月24日，甲公司以每股28元的价格在二级市场售出所持乙公司的全部股票，同时支付相关交易费用1.68万元。

假定甲公司在每年6月30日和12月31日确认公允价值变动并进行减值测试，

---

① 小西提示：针对往年面试情况做一些面试预演吧～

不考虑所得税因素，所有款项均以银行存款收付。

要求：根据上述资料，逐笔编制甲公司相关业务的会计分录。

面试部分：

1. 面试分值：

（1）思想政治理论，满分100分，合格线：60分，（占复试成绩比例：10%）

（2）综合素质和能力，满分100分，合格线：60分，（占复试成绩比例：15%）

（3）专业素质和能力，满分100分，合格线：60分，（占复试成绩比例：15%）

（4）外语口语水平，满分100分，合格线：60分，（占复试成绩比例：10%）

2. 面试内容：

（1）思想政治理论：习近平总书记系列重要讲话、时事政治

（2）综合素质和能力：社会实践及专业实践能力

（3）专业素质和能力：财务会计及财务管理理论水平

（4）外语口语水平：英语口语交流、会计专业外语

部分学员有加试机会，加试要求及内容如下：

1. 加试分值：加试满分100分，合格线：60分，不计入复试成绩。

2. 加试对象：同等学力

3. 加试内容：微观经济学、管理学

4. 考试时间：1.5小时

面试部分主要考察同学的综合素质，对于专业素质的要求有所降低。一般对同学读研期间的计划，本科期间的学习情况、学习态度，以及基本的个人经历、个人性格进行一个考察。有时会问到一些与学术相关的金融实时热点问题，主要考察学术的获取信息的能力、观察力、判断力、是非观和部分学术知识。因此要求同学们在日常生活中就要留心政治热点，对于个人陈述部分早做准备。

录取情况

2017年，青岛大学经济学院招生两人，金融学1人，国际贸易学1人。

过来人回声

1. "参营钱可以提前联系导师，如果其他方面，比如英语有缺陷的话，但是自己科研情况又比较好，可以尝试提前联系导师，事实证明还是非常有效的，老师会跟你有个基本的沟通，了解你的大概情况，这样在面试的时候就会比较有机

会。"（2017参营学生）

2."推荐山东当地人报考，第一是因为学校不错，在当地也有名气。第二就是当地人相对来说在很多事情上，如表达理解上比较容易得分，符合当地的表述习惯和风土人情。"（2017参营学生）

第一百一十二章　东北林业大学经济管理学院

一、东北林业大学2017年录取情况分析

姓名	是否专项计项	学院	专业	分数
张瀚文	非专项计划	经济管理学院	国际贸易学	85.0
冯曦	非专项计划	经济管理学院	会计学	89.4
武永瑕	支教团推免计划	经济管理学院	会计学	86.9
张永梅	支教团推免计划	经济管理学院	会计学	88.8
赵逸夫	支教团推免计划	经济管理学院	会计学	83.0
闵雪	非专项计划	经济管理学院	企业管理	82.0
宋琦嫚	支教团推免计划	经济管理学院	企业管理	81.0
许潇月	支教团推免计划	经济管理学院	企业管理	82.0
赵晓玲	非专项计划	经济管理学院	企业管理	83.0
刘鹏	支教团推免计划	经济管理学院	农业经济管理	85.0

上表为东北林业大学经济管理学院2017年接收推免生名单，从表格中可以看出，一共10人被录取，其中6人为支教团推免计划，4人为常规保研。

支教团推免计划针对的学生对象是前三年在学生工作上做出一定成果的学生干部，涉及与辅导员的沟通交流，不具有参考价值。与东北林业大学的同学沟通后了解到，本校生保研本校的愿望很不强烈。

东北林业大学受制于哈尔滨的地域限制和林业类院校的背景，经济管理学院的吸引力较差。

二、2017年夏令营的举办情况

A.申请条件及材料[①]（参照上一年度招生简章整理）

通知链接：

---

① 参考网址：http://www.xuecan.net/xialingying/16157.htmll

东北林业大学经济管理学院2018年优秀大学生夏令营实施方案http://www.xuecan.net/xialingying/16157.html

申请条件：

1、拟于2018年本科毕业的生源，相关学科在读本科生，同等条件下"211"、"985"高校学生优先。

2、本科期间学习优秀，"985""211"院校学生成绩在年级前30%；普通院校学生成绩在同专业年级前10%；无不及格现象，国家外语等级考试四（六）级通过。

3、能取得所在学校推荐免试资格。

4、如遇具有特殊培养潜质人员，也可凭借学生所在学校相关领域知名教授推荐信、东北林业大学相关领域在聘教授推荐信、国家级课外科技创新竞赛获奖证书、发明专利证书等报名参加夏令营活动。

所需材料	材料要求	备注
"2017年经济管理学院夏令营申请表"	扫描件	下载网址：http://www.xuecan.net/xialingying/16157.htmll
外语四（六）级证书材料扫描件		Pdf格式邮箱上传
本科第1～5学期总成绩单（必须含有GPA）	学院或学校教务部门盖章	Pdf格式邮箱上传
学科或专业排名证明文件原件	学院或学校教务部门盖章	要写清学科或专业总人数及本人所在位次，Pdf格式邮箱上传
其他证明材料		（1）已发表论文（如有）材料扫描件；（2）本科期间各类获奖证书材料扫描件；
教授推荐信及相关资质材料扫描件		如本科期间参加课外科技创新活动、发明专利等证书

注：1.外校同学邮箱提交

2.本校同学递交纸质材料

B.填报流程

邮件报名	接收邮箱：527436762@qq.com，邮件报名截止时间：2017年7月16日15：00前
纸质材料报名	经济管理学院研究生秘书室报名（成栋楼1138室）

C.时间进度（参照上一年度招生简章整理）

相关事项	时间节点
报名开始	7.13
网申截止时间	7.16
公布入营名单时间	7.17 ~ 7.18
参营 / 复试时间	7.20 ~ 7.28

第一百一十三章　大连海事大学

一、院校招生相关材料及进度

大连海事大学简称海大，是交通运输部所属的全国重点大学。大连海事大学的航海技术、轮机工程等相关专业较为有名。海大没有单独的经济类学院，经济类相关专业较少，其交通运输管理学院下属的产业经济学是较为符合条件的专业。法学在海大是国家级特色专业建设点，其海商法方向较为有名。根据其公布的2017年接收推免生名单公示表，没有产业经济学方向的推免生，而法学院共有12名本校学生推免，因此主要可关注的海商法方向的推免。

二、招生情况分析

大连海事大学未举行过经管类的保研夏令营。2017年，法学院共推免12名本校学生。法学类专业的学生更倾向于"五院四系"，以海大为目标院校的学生较少，但其海商法专业具有一定吸引力。[①]

第一百一十四章　哈尔滨理工大学

一、院校招生相关材料及进度

哈尔滨理工大学的经济学院与管理学院今年进行了合并，哈尔滨理工大学二级教学单位之一。学院现有会计学、经济学、国际经济与贸易、金融学四个本科专业，拥有产业经济学、会计学两个二级学科硕士学位授权点，项目管理、工业工程和物流工程三个工程硕士学位授权学科。主要的相关招生专业有产业经济

---

① 小妍提示：每个学校都有专属的考核方案

学，技术经济与管理。

哈尔滨理工大学未举办过保研夏令营之类的活动。因学校地理位置的局限性，较少外地学生对此校有推免意向。

二、招生情况分析

哈尔滨理工大学未举办过保研夏令营之类的活动，仅有九月推免一种方式，而且学校没有预报名过程，是在教育部系统开放后进行填报并复试。这对于外校学生来说有一定风险。从2017年的情况看，录取的经管类学生均为本校生，共录取了22名学生，名额数量一般。从全部推免生的情况看，该校其他学院录取了黑龙江本省的极个别学生。

第一百一十五章　哈尔滨师范大学

一、院校招生相关材料及进度

哈尔滨师范大学经济学院是该校少数几个以应用类学科为发展重点的非师范类学院之一。哈尔滨师范大学经济学院学院拥有一个应用经济学一级学科硕士点，产业经济学、金融学和政治经济学3个二级学科硕士点。

哈尔滨师范大学未举办过保研夏令营之类的活动。哈尔滨师范大学本身在大多数省份于本科招生时录取批次属于本科二批，学校层次较低，以此学校为目标保研院校的学生较少。

二、招生情况分析

哈尔滨师范大学未举办过推免夏令营。2017年以九月份推荐免试为主，未进行夏令营，2017年哈尔滨师范大学推免经管类专业的学生一共九名，其中经济学院5名，管理学院4名，均为本校学生。经济学院的五名学生录取专业为应用经济学。总体来看，哈尔滨师范大学经推免录取的学生偏少，招生规模很小。因哈尔滨师范大学位于哈尔滨，地理位置没有优势，所以外校学生较少有申请意向，推免的学生均为本校学生。

推免复试考核内容：思想品德，体检，专业面试，专业笔试，英语口语。

第一百一十六章　山西财经大学

一、院校招生相关材料及进度

法学和经济学、管理学并称山西财经大学的三大学科支柱。山西财经大学下属的经济学院、环境经济学院、法学院、财政金融学院、公共管理学院、管理科学与工程学院是经管法类保研的目标院系。

经济学院主要有政治经济学、西方经济学等专业，财政金融学院包含了金融硕士、财政学等专业。据了解，山西财经大学未举办过保研夏令营之类的活动。山西财经大学本身在大多数省份于本科招生时录取批次属于本科二批，学校层次较低，以此学校为目标保研院校的学生较少。

二、招生情况分析

山西财经大学未举办过推免夏令营。2017年以九月份推荐免试为主，未进行夏令营，全校进入推荐免试复试阶段的学生有21人，其中金融学、财政学、产业经济学3专业共5人进入复试。复试学生的学校多为山西省内学校，比例为72%。2017年山西财经大学被推免录取的学生有6名，其中5名为本校学生。其中2名为金融学专业，1名为产业经济学专业。总体来看，山西财经大学经推免录取的学生偏少，招生规模很小。

推免复试考核内容：思想品德，体检，专业面试，专业笔试，英语口语。英语口试问题是一些日常生活中的问题，较为简单。

第一百一十七章　中国石油大学（华东）经济学院

申请环节

就中国石油大学的经济管理学院来说，由于其录取人数相对较少，一般控制在30人左右，因此一般没有夏令营，而是直接进入九月的推免，所以我是在8月开始关注中国石油大学的官网，查看其需要的材料。由于8月是很多学校放假的日子，因此可能需要到的成绩排名、成绩单、推荐信等一定要提前准备。到8月中下旬，可以准备纸质材料了，要求投递的纸质材料有夏令营报名表2份、推荐信1份、成绩单原件一份、成绩排名原件一份以及获奖证书、学术成果等若干。

之后就是等着9月的时候官网开放，在研招网上登入自己的信息，向中国石油大学发送投递申请，再根据中国石油大学官网的要求将所需材料邮递，就可以了。之后，如果顺利，学校就会以邮件或短信的方式通知来参加考试。

推免复试前的准备

九推两天完成：第一天：入"营"【上午办理手续等】，笔试【晚上】。第二天：面试【面试过程中有加试】。①

复试的录取比例一般都是1：1.2，分为笔试和面试，笔试通常为晚上，两小时时间，而面试就在笔试完的第二天上午（若面试人数多，则上午下午都有）。面试完成后接着下一天就出成绩，然后公布录取名单，给学生们发通知。

推免复试内容

今年中国石油大学推免的笔试题目偏综合类，其试卷分值为：（1）财务会计50分.第一部分为名词解释，有5个名词解释，一个两分，共计10分。相对来说，名词解释还是很基本的，不难。第二部分是不定项选择，10题，一题两分，共计20分，这个就比较难了，考的比较细致，问题多为排除类，例如："下列哪项不怎么怎么样""不应怎么怎么"，同时考察内容增加了许多不定项，主要涉及金融资产、应收账款之类的内容。第三部分是两道计算题，各10分，共计20分。一道考的是可供出售金融资产的减值计算及其会计分录，另一道考的是双倍余额递减法的计提折旧的计算，主要涉及成本管理会计部分。

（2）概念辨析10分，考察：产品成本与责任成本、资源成本动因与作业成本动因。

计算10分，考的是用约当产量法计算产品的总成本和单位成本

财务管理部分20分，考了10分的单选，共5道，考的是项目投资现金流量管理的内容，项目建设期、营运期的计算，净现值、回收期、内含报酬率的计算，数据给的比较简单。

总的来说，这套题与以往考察重点不太重合，考的都是跟大学课堂上老师讲的重点不太相关的内容，因此，复习专业课的时候只要有时间，一定要细细地看，看得全面，漏洞才会少，底气才会足，考试的时候才会更得心应手！

第二天的面试，上午不到八点在一个教室集合，然后当场随机抽签。中国石油大学的面试还是很严密的，没有自我介绍，不允许透漏任何个人信息，进去喊老师好然后就开始答题。

---

① 小妍提醒您：8月要备战预推免面试啦~

第一部分是政治时事热点，题目都是开放性的。我抽的是：雷锋精神的时代内涵，如何看待群体性事件，还有一个是怎样看待人才培养选拔，主要考察学生的热点把握度和思考能力。

第二部分是英语面试，主要考察内容是英译汉，三篇选一篇，给一篇200词左右的英语文章，让你读一遍，再翻译，再用英文说你的看法。我抽的是中国有四个城市在福布斯杂志上入选了未来发展最快的十大城市。

第三部分是专业课面试，5道选3道，我抽的是关于"现金流量""纳税筹划""坐支"三方面的题。

总的来说，对于学生的基本素质要求的较为全面，因此学生备考时候一定要关注热点新闻，如今年的金砖会议，一带一路等时事政治，写短评。英文的阅读能力要提高，了解相关学术热点。最后就是对于名词解释要细致，理解后背诵，保证基础功的扎实。

过来人回声

1、从2016年到2017年，金融学的推免人数增长2人，产业经济学稳定在2人，管理科学与工程增加6人，会计学减少1人，企业管理减少1人，技术经济及管理少2人，会计增加5个。总体来说，近两年中国石油大学录取人数呈增长趋势，尤其在管理科学与工程和会计学这两个学科增长明显。总体说来，推荐同学报考。（2017级推免生）

2、一般来说，有公开发表的科研论文或其他学术成果，且达到较高水平的，或参加社会实践活动并写出具有重要价值调查报告的，可以优先录取。推荐大家在准备推免时候要对自己的学术成果多花一些心思，尽量投稿发表。（2017级推免生）

第一百一十八章　哈尔滨工程大学

哈工程举办夏令营的只有自动化、动力与能源工程学院等工科学院，无经管法的夏令营；九推时仅船舶与海洋结构物设计制造、轮机工程、水声工程专业的推免生可直接申请直博生；经济管理学院招收少量推免生，以面试为主。

第一百一十九章　西安交通大学管理学院

申请环节

2017年夏令营报名截止时间是6月9日，申请的方式是将电子版材料发送至邮箱和寄送纸质版材料，不存在网申系统。要注意截止时间，考虑纸质版材料的寄送时间成本，避免耽误材料接收。要特别注意，只通过邮箱报名而未邮寄书面材料者，报名不予受理。要求寄送的材料有夏令营申请表、本科阶段成绩单原件、英语成绩单复印件、个人陈述、研究计划和其他证明材料复印件。夏令营的录取工作在6月23日结束，录取名单在管理学院网站上公布，并以短信、EMAIL、电话等形式通知，一定要在官方宣布的结果通知时间前后留意相关消息。①

参营/推免复试前准备

管理学院对外校的推免生没有专业硕士的项目，只有学术型和硕博贯通型，所以在申请之前一定要明确自己的意愿，院方对文献阅读能力和英语听写能力的考核是夏令营的重头戏，其中现场考察营员文献阅读能力的形式也在国内高校举办的夏令营里非常新颖，可见管理学院作为国内第一批举办夏令营的学院，也在改革考核方式，求新求变，因此，很难预测2018年管理学院是否会维持这一形式。

夏令营/推免考核内容

1、英文文献阅读和报告展示；

2、英语听力测试；

3、面试。

录取情况

管理学院的夏令营已经举办七年，2017年通过夏令营接收推免生时，对本科学校的要求是"全国重点院校"，并且具有理工和管理背景优先，总评成绩需要达到专业前15%（但并非硬性要求，在科研、竞赛方面表现优异，或获双学位的同学，要求可放宽），对提交的六级成绩有硬性要求（高于500），并且要求学生有攻读长学制（以攻读博士学位为目标的学术型研究生）的意愿，因为管院对外校推免生的项目没有专业型硕士，且申请长学制项目的学生会优先录取。

---

① 路姐提示：9月底别忘了填报九月推免

2017年，管理学院仅通过夏令营招收外校推免生，没有九月推免。管理学院入营营员共有124人，其中75%都是985、211院校，24%仅为211院校，仅有1位营员来自双非院校（苏州大学）。2017年管理学院一共招收推免生103人，其中32人通过夏令营录取，71人是本学院直接推免录取，不占夏令营的名额（本学院学生不用参加夏令营）。这样，2017年管理学院的夏令营通过率（或称优秀营员率）为32/124=25.8%。录取学生中，男女比例接近1：1，男生略高。这是因为管院的项目多为长学制，不存在就业潜能的性别歧视。

通过夏令营录取的32人中，有7人来自西安交大非管理学院的学生，占到了21.88%的比例，这说明虽然本学院的学生不会参与夏令营竞争，但是本学校的其他学院学生仍会和外校同学竞争夏令营录取名额，并且从数据上来看，学院甚至更倾向本学校其他学院的学生。最终被录取的25个外校同学中，52%来自211院校，48%来自985/211院校，没有双非院校的同学被录取。

项目	专业	项目	专业
长学制研究生（硕博贯通）	管理科学与工程	学术硕士研究生	管理科学与工程
	企业管理		企业管理
	技术经济及管理		技术经济及管理
	会计学		会计学

过来人回声

2017年度的夏令营真正考核的时间只有两天，第一天下午报到，第二天是一整天的讲座和相关介绍，但可以趁讲座间隙和各位导师聊天和沟通，跟他们表达自己的想法，毕竟管院招收的外校生都是走科研路线的，跟导师提前建立联系是很重要的事情。

第三天开始就进入了正式的考核，上午是四个小时英文文献阅读。我们被安排在一个机房，电脑没有联网，只能进入一个文献系统，平均三个人一个小组，我们要在四个小时内阅读一篇全英文文献，然后做出一个PPT，最后将PPT提交到系统里，PPT在最后一天的面试里会被面试官拿来提问。这个工作量相当大，首先时间很短，三个人要磨合，谁来读哪一部分，谁去做PPT都是要协调和沟通好的事情。我们当时阅读的文献是Strategic Management Journal, Vol. 13, 5–16（1992）上的一篇名为THE CHARACTER AND SIGNJFICANCE OFSTRATEGY PROCESS RESEARCH的文章，一共有12页，难度很大，不仅要在短时间内克服语言的障碍，理解文章的字面意思（这已经不容易了，毕竟大量的高级词汇和专业词汇层出不穷），还要理解文章真正要表达的深层含义，只有这样，才能做出与众不同的报告来，否则，就只能成为一个普通的文献翻译，没有太大的亮点。结束了上午的奋战，下午是正式与博导见面，可以跟博导们多了解相关的信息，要多提问，多沟通，把自己对读博的想法和意向展示出来，给导师们留下一个良好的印象。

晚上是半小时的听力考核，题型有大致20题左右的选择题和3道大题（复写听到的原文），难度我个人觉得介于六级和托福听力之间。

夏令营进行到这里，我认为院方主要是在考核营员现有的科研水平（阅读英文文献并从中获取重要信息的能力）和可提升的科研潜力。因此，如果不是真心[①]地想要从事科研工作或者读博的愿望不强烈的，想要通过管院的夏令营还是很困难的。

夏令营的最后一天是面试，按之前分好的小组群面，导师会拿着你们小组提交的PPT对小组成员进行提问，这个部分主要是群体面试，每个组员对于报告中的内容都有陈述自己想法或被提问的机会。结束这一部分后，老师则会让每个人单独用英文进行自我介绍，之后会单独问每个人问题。问我的问题则是为什么想要读博士？以及其他与我的科研经历、比赛经历相关的细节问题，比如某个项目你是第几负责人，你认为你在团队中的贡献有多大，建模过程你有参与吗之类的问题。我的原则是，对于面试，要充分准备自己的相关经历，不能含糊不清，而被问到没有准备的问题，则坦诚面对，尽力答好。

第一百二十章　西安交通大学经济与金融学院

申请环节

经金学院对申请夏令营的学员的英语成绩和科研成果没有硬性要求。

经金学院夏令营目前没有网申系统，采用电子版材料寄送邮箱的方式进行。需要准备的材料有夏令营申请表、本科前5学期成绩单原件、国家英语四、六级考试成绩单或TOEFL/IELTS/GRE/GMAT成绩单、体现自身学术水平和研究潜力的学术科研成果等材料扫描版和其他获奖证书扫描版。

2017年的夏令营材料投递时间为6月8日至7月2日（将近1个月），7月3日—7月6日确定入营名单并发送邮件通知，学员需要回复邮件确认是否参营。

参营/推免复试前准备

相关专业的学院官方考研推荐书目、英语听说能力训练。

---

① 小西提示：面试前准备好得体的服装

夏令营/推免考核内容

没有笔试，仅有面试，面试形式为单面。

录取情况

经金学院于2017年首次开展夏令营活动，将夏令营作为其接收推免生的唯一渠道，不举行九月推免活动。2017年入营人数（仅外校）为44人，生源大多来自西安本地学校（西安工业大学、陕西师范大学、长安大学等），亦有来自哈尔滨工业大学、吉林大学、山东大学、南开大学、厦门大学、四川大学以及兰州大学等，遍布全国20余所院校。

2017年，经金学院共招收推免生86人，其中48人本学院直接推免（保内同学，不占夏令营名额），42人通过夏令营招收，则夏令营的通过率为42/45=93.3%。如此高的优秀营员率是因为这是该学院第一次举办夏令营，将从前留给统考生的名额分配了部分给夏令营。

过来人回声

1.（一位2017年统计学专业落选生）

在为期3天的活动中，感觉到学院为营员们安排了充实的行程，不仅对经金学院有了全面的认识，也体会到了西安交大严谨的校训和校风。其中，几场讲座给我的影响非常深，主讲人都资历深厚，质量不俗，有香港大学王倩博士、北京银行西安分行行长赵政党先生、产经系主任杨秀云教授，他们分别以"海外CDS市场的发展历程与功效：来自学术研究的启示""互联网金融时代股份制商业银行发展趋势探析""Does firm innovation improve aggregate industry productivity? Theory and evidence from China"以及"新常态下我国产业升级及结构调整"为题，给我们做了数场精彩的学术报告。

经金学院对营员的考核只有面试部分，不存在笔试，形式也是单面，分专业进行。统计专业一共有3位面试官，老师问了我为何要来西安交大经金学院、我的科研成果有何、个人资料和我本人对统计专业的看法。全程对专业知识的考核甚少，面试官都和蔼可亲，像聊天一样，我感到非常放松。我感觉统计专业的老师对拥有数理背景和编程功底的学员更加青睐，因为老师数度问到我有哪些操作上手的统计软件和编程语言（对R语言和Matlab尤其偏好）。

2.（一位产业经济学专业参营生）

产经是经金学院的强势学科，竞争较为激烈，因此面试也更为严格，只有产经的面试中有对英语能力的考核。当时老师让我用英文进行自我介绍，之后问了我产经的一些专业知识。总体上，老师的问题不会太刁难学生，面对实在答不上来的问题，可以坦诚地跟老师说不会。

西安交通大学金禾经济研究中心

申请环节

2017年的九月推免招生对专业背景没有限制，申请材料需要发送至邮箱，无须递交纸质版材料，没有申请系统。可以准备的材料有：个人简历、推免生报[①]名申请表、本科成绩单、英语等级证书扫描件奖励、发表学术论文、出版物或其他学术工作成果、社会实践等证明材料扫描件。由于不举办夏令营，因此在递交材料后，学院会电话并邮件通知申请人进行面试。

参营/推免复试前准备

建议想要推免至金禾的同学多关注郭誉森、胡春田等教授的最新学术动态，多浏览学院官网，留意学院近年来举办的学术讲座，在频繁出现的一些热点话题上做充足准备，并产生自己的观点。

夏令营/推免考核内容

没有笔试，仅有个人面试。面试形式包括视频面试和现场面试两种，且面试分批进行，先报名者先面试

录取情况

金禾研究中心近3年来没有举办过夏令营，均通过九月推免的方式来招收校内外的推免生，且推免生为主要生源，2017年，学院仅招收了3名统考生，同年招收推免生14人，2018年推免生人数亦为14人，生源具体情况未知，但据学院相关人员透露，大部分为金禾研究中心本学院推免，外校推免人数甚少。

过来人回声

面试官对学生的现有的科研成果和未来的科研潜力较为重视。现有的科研成果体现在提交的材料上，面试官会详细地询问学生在本科期间的科研经历。未来的科研潜力会在其他问题中体现，比如本学院学生在面试中被问到的一个问题是：你最喜欢微观经济学的哪个章节，并阐明理由。由此可见，金禾重视学生对于经济学的感性理解，提问不停留在表面，更注重学生是否对经济学产生了兴趣，是否能发挥主观能动性。由于面试分批进行，且每个学生采取的面试形式可能不同，因此不确定性很大。

---

① 小妍提醒：面试基本的礼仪不要忘记略

第一百二十一章　兰州大学管理学院

申请环节

针对本院的学生，兰州大学管理学院会在五月份的时候会推出"优培计划"，类似于提前签订内保协议，选择导师进行研究生定向培养，因此无法参加此后其他高校的夏令营与推免。针对本院以及本校的学生，还有"优秀导师计划""创新创业计划"，对于有志于内保的同学来说是值得关注的好机会。

此外，该院主要通过推免与考研的方式录取硕士研究生。推免生需要先在该院的推免系统进行网申，审核通过之后需要参加该院组织的复试（包含笔试与面试），分多批进行（2017年为四批）。通过复试考核予以录取后，考生需要寄送体检表，体检合格后在教育部推免系统中报名，正式录取。网申的时间根据官网发布的信息为准，需要先在该院的推免系统中填写个人信息，学业成绩，个人陈述等（与其他高校夏令营网申系统类似）。2016年的复试时间为9月22日至9月23日，仅一批。2017年由于分多批进行复试，时间分别安排在9月13日至9月14日（第一批），9月19日至9月20日（第二批），9月24日至9月25日（第三批），9月29日至9月30日（第四批）。因此，参加多个高校推免的考生可以根据自己的情况，灵活选择合适的批次。

网申时不需要寄送的材料但是需要向指定邮箱发送《兰州大学接收外校推荐免试攻读硕士学位研究生申请表》1份（官网上有附件供下载）、复试时提交的材料为：1）所在院校有关部门盖章的成绩单（原件）；2）《学生证》（原件及复印件）；3）已获得的有关学术成果（发表的论文、出版的专著或承担的课题等）或获奖证书或外国语水平考试成绩单以及推免生本人认为有必要提供的其他材料（原件及复印件）；4）学院开具的推免资格证明。

推免复试前准备

复试由笔试和面试两部分组成。管理学笔试科目为《管理学综合》，政治学笔试科目为《政治学综合》。会计学及会计专硕笔试科目为《会计学》，闭卷考试，时间120分钟，满分为100分。面试包括外语听力及口语测试、综合能力测试，满分100分。以第三批推免生的考试时间为例，9月24日14：30～16：30为笔试时间，9月25日8：30开始面试，具体地点以报到时通知为准。

总成绩=笔试成绩*0.2+（外语听力及口语测试*0.2+综合能力测试*0.8）*0.8。总成绩及拟录取名单9月26日12：00之后在兰州大学管理学院网站及学院公示栏（齐云楼12楼）公布。根据总成绩排名和推免生接收计划确定拟录取名单，不参加复试者和复试成绩不及格（笔试成绩+面试成绩<120）者不予录取。拟录取考生需于9月30日前将体检表寄送至兰州大学管理学院办公室，提交体检表之后，学院会在教育部推免系统中发送"待录取通知"。收到待录取通知的推免生，需在24小时内进行待录取确定，完成推免生录取工作。[①]

推免复试内容

会计学专业：

没有指定教材（用兰大版的教材即可，不需要根据注会的难度进行备考），会计会涉及会计学、审计、成本会计等内容，笔试内容都比较基础，题型主要是单选、多选、判断、简答、名词解释、计算题。

面试情况因人而异，内容会涉及专业方面的问题，另外面试老师可能会问一些关于研究方向、研究方法，或者关于本专业的一些案例等。一位接受采访的本院推免生表示："120分钟的笔试时间完全够，考的都是基础知识，基本上都是平时上课内容。会计、审计占比较大，成本会计不涉及计算和简答，选择和名词解释会有。"

企业管理专业：

笔试题型为5道选择题、2道论述题，内容为管理学大类。笔试是没有指定教材，不同批的人考试的内容不同。基本上管理学大类的所有科目都有可能考到，比如运筹学，统计学，微观宏观，逻辑学，管理学原理。比如第二批次的题目中逻辑题偏多，最后的大题考察的是关于行政管理方面的。根据采访，一位本校的推免生表示难度其实不大，但是很有区分度，可以说是很考验学生的综合素质的。

面试的内容主要是结合所提交申请材料提问，包括一些论文情况、参与科研项目情况等，除此之外还会问一些对所报专业的了解情况和选报原因。一位接受采访的本院推免生表示："虽然是压力面试，但我觉得面试不用非常紧张。老师不会平白无故的说一些话，还是可以综合问答，提醒你很多东西，所以面试的情节我还记得很清楚，对我来说可能那些话依旧可以鞭策我。"

---

① 易宝提醒：参营前和导师确定意向可能增加录取几率

录取情况

专业	人数
土地资源管理	1
政府绩效管理	3
（专业学位）会计	3
会计学	3
行政管理	14
国际关系	1
企业管理	43

由此可见，该院主要招收的方向为"企业管理"，求稳保过的同学可以考虑该方向，避免会计学以及会计专硕方向的激烈竞争。

过来人回声

1. "面试对于本校的学生就是个流程，就问你为什么留本校啊，读研究生想干些啥啊之类的，学院对于自己的学生还是很信任也很想挽留。兰大这些年来人才流失一直很严重，就是吃了地域的亏，其实老师们都是学术水平过硬，对学生耐心负责的。"（一位2017年录取学生）

第一百二十二章　西北工业大学管理学院

申请环节

西北工业大学管理学院的报名条件是"985"、"211"院校或所学专业在全国学科评估中排名前5%的三年级在校本科生。申请人须向管理学院递交以下纸质版材料：《西北工业大学2017年全国优秀大学生暑期夏令营申请表》；本科前三年成绩单、综合测评成绩单；其他证明材料如已发表论文、获奖证书或其他考试证书的复印件；暑期夏令营安全责任协议书2份等。报名资格的审核和录取工作由西北工业大学管理学院和研究生院负责。

参营前准备

因为西北工业大学管理学院的夏令营有笔试和面试的环节，笔试和面试都有英语部分，所以英语还是挺重要的，要提前练好自己的英语口语和翻译。对于专业课重在平时的积累，可以主要复习一下管理学的相关知识。

参营内容

夏令营先是参观校园，然后是相关的集体活动，最后是考试。考试共分为笔[①]试和面试两个部分。笔试先是一个小时的英语测试，英语测试的内容是翻译，一共五句英译汉，一大段汉译英，主要是管理类英语论文的翻译；然后是两个小时的专业课测试，题型是选择、判断、简答和论述。选择题十道，判断题十道，简答题有"日常业务和项目各是什么，比较、举例""信息系统的生命周期""激励理论：为什么全勤奖没有什么用"，论述题是有人说"管理者是天生的"你怎么看？面试有中文自我介绍、英文听力和口语测试以及相关的问题，没有具体的专业问题。英文听力和口语测试是抽一道题，老师给你念出来，你回答。

录取情况

西北工业大学管理学院共有管理科学与工程、会计学、企业管理、技术经济及管理学和工业工程五个专业。其中管理科学与工程专业共有管理系统工程、信息管理与信息系统、管理优化与决策支持、工业工程和项目管理五个方向，招收27人；会计学专业有财务决策与公司治理、内部控制与管理会计和现代会计理论与方法三个方向，共招收9人；企业管理专业共有企业发展与战略、公司财务与资产运营、组织行为与人力资源管理、市场营销管理和运营管理五个方向，共招收23人；技术经济及管理共有技术经济分析、投资决策与项目评价、技术创新与研发管理三个方向，共招收10人；工业工程下面没有细分方向，共招收30人。所以从招收的人数来说看，如果想通过率高，应该避免会计学专业这种既热门招收人数又少的专业，因为竞争会相对激烈。

过来人回声

同学们要提前准备好自己的中英文自我介绍和相关的专业课知识，英语口语和翻译比较重要，相关的专业课知识重在积累。参营的时候积极一点，要有自信。总体来说，西北工业大学管理学院的夏令营比较简单，通过率高。

易保研保过学员成功案例 ——
吉林大学、重庆大学、西北工业
大学、北京交通大学

---

① 易宝提示：关注往年的夏令营为今年做预期

第一百二十三章 西北农林科技大学经济管理学院

申请环节

西农夏令营开营时间一般在7月中旬，所以有兴趣想要参加西农夏令营的小伙伴可以在五月份着手准备申报夏令营的资料。包括填写夏令营的申请表，准备本科成绩单、各类等级证书、获奖证书、发表的文章和教师的书面推荐信等。按照官网上的要求装入档案袋寄到西北农林科技大学。

参营前准备

如果要申请参加经济管理学院的夏令营，就要根据自己爱好选择专业，经济类专业的同学可以以高鸿业的宏观经济学和微观经济学为主进行复习，如果时间充足可以多看一些经济类的书籍作为辅助，管理学专业的同学会进行管理学综合考试。因为本人报考的是经济类专业，所以只能给大家提供一部分这方面的经验。

参营内容

1.开营

夏令营第一天上午需要去学院报道。下午会有专门的老师带领着去参观校园和博览园。博览园里面包括校史馆、动物馆、植物馆、昆虫馆、蝴蝶馆，等等。想要知道这个学校是否适合自己就一定要了解这个学校的发展历史，所以参营的小伙伴要抓住这个机会。

2.学术会议

夏令营的第二天学院老师会安排我们在外专公寓参加了一系列的会议。这些会议分为两个部分，第一个部分是学院研究生招生政策解读和学院的学科建设以及专业介绍。第二部分是安排经管学院的一些优秀的专家老师做演讲。每位老师都会针对自己的研究领域做介绍，这部分很重要，所以希望同学们可以认真聆听，因为这会关系到之后自己感兴趣的专业选择。

3.选拔笔试

这部分的成绩占最后综合成绩的四分之一，所以也是非常关键的一个环节。考核的内容就是我们平常学习的知识，这在前面的内容中有过相关的介绍，题型包括选择题，判断题，简答和论述。当然我们不能简单地将其看作类似于期末考试的形式，因为最后的论述题会涉及让你用经济学知识去谈谈对时政问题的理解。比如去年大火的供给侧改革，等等。所以大家在复习课本知识的同时，要在平时就加强对热点问题的理解。

4.无领导小组讨论

这是一种情景模拟的集体面试，没有主持人，所有的老师全程不会发表任何的意见。将营员分成不同的小组，每个小组随机选出一名负责人负责整个讨论流程，还要有一名计时员，每个小组必须在规定的时间内完成讨论，如果超出时间将会扣分，所以计时员的角色很重要，他需要掌控整个流程，并合理安排进度。每个小组讨论的内容都不相同，由负责人随机抽签决定自己小组的题目和展示顺序。在拿到题目之后，每个小组都会有一定的讨论时间，然后开始展示，首先由每位营员阐述自己的观点，这个观点可以和小组成员的观点相同也可以提出不同的意见作为完善和补充，总之要注意将自己的观点条理清晰地表达出来。最后会需要负责人做一些总结。在讨论的过程中要注意自己的言辞，避免过于激烈造成评价者对小组的整体印象较差的感觉。因为无领导小组讨论首先看的是整个小组的契合程度，每个小组都会有一个总成绩，然后才是考察个人的自信程度，反应灵活程度，等等。①

5.个人科研能力展示

这一部分需要每个营员制作一个PPT，将自己的科研经历展示给考察老师。本人是从两个方面来展示的，大家可以做一个参考。第一部分简单介绍自己的科研经历（展现科研能力和科研参与积极性）。这一部分可以向老师们介绍自己参加过的科研项目，不需要很具体，但是一定要表达出自己对科研的热爱。第二部分介绍已发表论文的结构与主旨（展现科研成果总结能力）。如果在本科发表过相关论文的同学，可以选择一篇最好的展示给老师。不要害怕老师提出问题自己回答不上来，因为如果老师提问你，说明他对你写的东西感兴趣。建议大家在本科期间就参加一些调研项目，这样才能弄清楚自己以后是否适合做类似的学习工作，同时也能丰富自己的履历。

6.选拔面试

这是整个夏令营考核的最后一部分，也是最让人紧张的一部分。首先在面试开始前，要给自己留一定的时间准备自我介绍，如果感觉自己英语口语还说得过去，可以用英语介绍自己，当然在介绍过程中一定要语言流畅，避免说话磕磕绊绊。西农的老师在面试过程中都很和善，所以大家一定要放轻松。介绍自己的时候也可以分两部分。首先说明自己在本科的表现，包括参加的各种活动，让老师感受到你有这个能力成为这个学校的学生。其次就是说明自己想来这个学校的原因，比如自己喜欢这里的学习氛围，比如喜欢某个专业，等等。最重要的是语言

---

① 小也提醒：搜集信息非常重要！

要诚恳，措辞恰当。在个人陈述完之后，会有老师提出一些问题，问题的范围很广，比如你会什么样的计量模型，比如你对某个问题的见解，比如你为什么想读某个专业，等等。所以大家需要在平时多结合实际，将自己学的知识灵活运用。

录取情况

录取的专业有农业经济管理、林业经济管理、农村金融、食物经济与管理、农村与区域发展、土地资源管理、金融学、区域经济学、会计学、企业管理等。招收营员35人。

过来人回声

参加完夏令营最大的感受就是全方位的了解了自己，也发现了自己的一些不足。其实不管结果如何最重要的是这个参与的过程，在这个过程中和很多来自各个高校的优秀的小伙伴一起学习知识，一起进步是最让人难以忘怀的事情。希望之后要加入到西农这个大家庭的小伙伴要早早地做准备，让自己全面发展，因为如果只是将自己的知识面限制在课本上，那是行不通的。

另外，个人感觉西农的夏令营时间安排上比较紧凑，所以建议大家不要在参营的时候才准备这些需要展示的东西。一定不要打无准备之仗哦！无论在经历上面所说的那四种考核方式的任何一种，都希望大家最重要的是要自信，要充分展示自己的想法。在平时的学习中就要学会反思自己，努力充实自己。

第一百二十四章　内蒙古大学经济管理学院

内蒙古大学经济管理学院是内蒙古大学下属学院，其前身是1978年创立的内蒙古大学经济系，2008年扩大为经济管理学院。目前是集理论经济学、应用经济学和工商管理为一体的整合型商科学院。已经形成本科、硕士、博士等三个层次的兼容学术性和专业性学位教育的立体教育结构。内蒙古大学公共管理学院是内蒙古大学下属学院，成立于2002年1月18日，下设政治学系、社会学系、行政管理系、政治理论教研部、心理测试与咨询中心和MPA教育中心等教学机构。现有本科专业5个：劳动与社会保障、政治学与行政学、行政管理、公共事业管理、土地资源管理；硕士学位授权点3个：行政管理学、马克思主义理论与思想政治教育两个硕士点，一个公共管理硕士（MPA）学位授予权。

内蒙古大学经济管理学院和公共管理学院没有夏令营，只有九月推免。2018年接收推免生情况如下，共接收8名推免生，推免生中大部分为本校学生。由于推免细节信息甚少，建议想要推免至内蒙古大学的同学关注该校的考研推荐用书，推免考核和统考生复试考核会有相当部分的重叠。

学院	专业	人数
经济管理学院	政治经济学	1
	应用经济学	1
	工商管理	4
公共管理学院	政治学理论	1
	公共管理	1

第一百二十五章　兰州交通大学经济管理学院

兰州交通大学经济管理学院接收推免生方式主要是九月推免，每年公布的硕士研究生招生简章中，除工程管理和工商管理等报考条件中有年限要求的专业外，均可接收推免生。推免系统开放时间以教育部为准，复试要求主要对英语成绩有要求，非涉外专业取得国家大学英语四级成绩在425分以上；涉外专业取得国家[1] 大学英语六级成绩在425分以上，其中外语类专业须取得专业外语四级75分以上的成绩。

经济管理学院的专业有产业经济学、企业管理、工商管理和会计硕士四个专业。其中产业经济学有产业组织理论与政策、区域发展与产业分析、运输与物流经济三个方向，复试内容是宏观经济学和英语听力；企业管理有企业战略管理、物流与供应链管理、财务管理、人力资源管理和市场营销五个方向，复试内容是管理运筹学和英语听力；工商管理专业不区分研究方向，复试内容是管理类和英语听力；会计硕士有财务会计、财务管理和项目审计3个方向，复试内容是相关的专业课和英语听力。

---

[1]　小西有话说：亲爱的你，一定可以成功！

第一百二十六章　内蒙古财经大学

内蒙古财经大学是内蒙古自治区唯一一所独立设置的以本科教育为主的全日制普通高等财经类院校。学校前身可追溯到1949年成立的绥远省贸易干部培训学校，1960年，在内蒙古财经学校的基础上，整合内蒙古自治区工业干部学校、商业干部学校等财经教育资源，经国务院批准组建内蒙古财经学院。2012年，经教育部批准，内蒙古财经学院更名为内蒙古财经大学，正式升格进入大学行列，并成为自治区财经教育最高学府。

该校暂无任何推荐免试研究生的信息，附2018年招生计划（统考生和推免生合计）

专业	拟招生人数
政治经济学	3
经济史	2
西方经济学	3
人口、资源与环境经济学	2
民族发展经济学	1
区域经济学	2
财政学	10
金融学	12
产业经济学	2
国际贸易学	4
劳动经济学	2
统计学	9
投资学	3
会计学	16
企业管理	15
旅游管理	2
技术经济及管理	4
信息管理与信息系统	2
工商管理（MBA）	100

专业	拟招生人数
会计专硕（MPAcc）	61
金融专硕（MF）	10
合计	265

第一百二十七章　青海大学财经学院

　　青海大学财经学院不举办夏令营，仅通过九月推免招收推免生（学术型学位和专业型学位硕士研究生），择优选拔，额满为止。复试采用笔试与面试相结合的方式进行。复试内容包括综合素质考核和能力面试，共计100分，其中：（1）专业知识面试（70分）：主要考核学生对专业理论知识和应用技能掌握程度、科学研究及创新潜能、人文素养、精神面貌、仪表仪态、表达能力等；（2）外语听力（15分）；（3）外语口语（15分）。

　　青海大学财经学院每年招收的硕士研究生中，统考生占比更大，且推免生中本学院的推免生又占主要比例。因此，据2018年各学院预计招收各专业人数（统考生和推免生合计）可预测，2018年招收外校推免生3～5人左右。

专业名称	小方向	预计招收人数	学位类型
金融学	区域金融发展与创新	24	学术型硕士
会计学	会计理论与实务	2	专业型硕士
企业管理	01农产品质量管理市场营销	1	专业型硕士[①]
	02人力资源管理	1	专业型硕士
	03企业战略管理	2	专业型硕士
旅游管理	旅游规划	1	专业型硕士
技术经济及管理	01项目技术经济评价	1	专业型硕士
	02技术进步与区域经济发展	4	专业型硕士

---

① 易宝小提示：联系导师十分重要

第一百二十八章　新疆财经大学

新疆财经大学的前身是1950年成立的新疆自治区人民政府干部培训班。1998年，获得硕士学位授予权。2000年12月，新疆财经学院、新疆经济管理干部学院和新疆财政（税务）学校合并组建新的新疆财经学院；2001年，获得了MBA办学权。2007年经教育部批准，学校更名为新疆财经大学。经管相关的院系设置及开设专业如下：

学院名	开设专业
金融学院	金融学、保险学
统计与信息学院	信息管理与信息系统、统计学、经济统计学
工商管理学院	工商管理、人力资源管理、市场营销、物流管理
会计学院	会计学、会计学（国际会计方向）、财务管理、审计学
经济学院	经济学、农村区域发展
公共经济与管理学院	财政学、行政管理、税收学
旅游学院	旅游管理、酒店管理、会展经济与管理
国际经贸学院	国际经济与贸易、国际商务

新疆财经大学不举办夏令营，仅通过九月推免招生，且除工商管理硕（MBA）、会计硕士（MPACC）、审计硕士（MAud）3个专业外不招收推免生。

该校2018年接收推免生的情况如下所示（姓名隐去），可知共接收14名推免生，其中仅有1名是外校推免生（来自湖北大学，双非院校）。

姓名	录取专业	复试成绩	毕业院校
***	旅游管理	86.3	新疆财经大学
**	财政学	87.4	新疆财经大学
***	区域经济学	78.1	新疆财经大学①
**	区域经济学	82.9	新疆财经大学
***	区域经济学	85.1	新疆财经大学

① 易宝提示：保持好成绩很重要

姓名	录取专业	复试成绩	毕业院校
***	国际贸易学	71	新疆财经大学
**	国际贸易学	61	新疆财经大学
***	国际贸易学	76	新疆财经大学
**	会计学	78.2	湖北大学
***	会计学	78.4	新疆财经大学
***	会计学	78.4	新疆财经大学
**	会计学	83	新疆财经大学
***	会计学	74.1	新疆财经大学
**	金融学	85	新疆财经大学

第一百二十九章　陕西师范大学国际商学院

陕西师范大学国际商学院只有九月推免，网申系统就是教育部"全国推荐优秀应届本科毕业生免试攻读研究生信息公开暨管理服务系统"（以下简称"推免服务系统"，网址：http://yz.chsi.com.cn/tm），填报志愿的同时还须在系统里缴纳报名费。国际商学院是分批次审核申请人信息，并通过"推免服务系统"向符合条件的考生发复试通知，所以越早提交，就可以越早接到复试通知结果。复试以面试为主，复试时需要携带的材料为：成绩单、成绩排名证明（格式不限）、外语等级考试成绩单、各类获奖证书等材料。

该学院招收的学术型研究生包括以下几个学科：理论经济学（政治经济学、经济思想史、经济史、西方经济学、世界经济、人口、资源与环境经济学）、应用经济学（国民经济学、区域经济学、财政学、金融学、产业经济学、国际贸易学、劳动经济学、统计学、数量经济学、国防经济）、工商管理（会计学、企业管理、技术经济与管理）、公共管理（社会医学与卫生事业管理、社会保障、土地资源管理）。专业型硕士研究生：工商管理。

第一百三十章　宁夏大学经济管理学院

宁夏大学只有九月推免，启动于9月28日，是教育部推免系统开放的第一天，相比其他高校而言，时间较晚。网申填报系统就是教育部的推免服务系统。9月30日至10月11日，在"推免服务系统"中会看到复试通知。由于宁夏大学是分批审核申请信息，这意味着尽早在系统里提交申请，也可以尽早拿到复试的通知结果。

接到复试通知后，需要到宁夏大学参加复试和体检，复试时需要携带：①学生证及复印件（学历学位证书入学时交验）；②学籍认证报告一份（学信网下载打印）；③加盖所在院校教务部门公章的本人历年在校学习成绩单一份；④有学术科研成果（发表的学术论文、出版的专著等）和获奖证书（学科竞赛、科技活动、奖学金等）。

无论是否把宁夏大学作为首选院校，都建议在申报宁夏大学之前申请一些与宁夏大学同等水平或者更高水平的高校，毕竟在教育部系统开放的时候，很多高校的推免工作已经结束，如果只申请宁夏大学一所高校，风险较大。

如果在夏令营及预推免中没有完成自己既定的目标，宁夏大学也是一个不错的选择，毕竟在教育部系统开放时才开始申请，一方面竞争相对减少，另一方面也不会和其他高校的时间相撞。

第一百三十一章　长安大学经济与管理学院

长安大学只有九月推免，网申系统就是"全国推荐优秀应届本科毕业生免试攻读研究生信息公开暨管理服务系统"，网申时间相对较晚。网申时，需要注意两点：一、只有985或211或"双一流"建设的学校或学科中的推免生才能申请本科直博生。二、所有申报长安大学的推免生（含本科直博生）可加入经管院X级推免群，面试时间地点将会在群内发布。

复试以面试为主，复试时需要携带：1. 申请表1份；2. 本科阶段成绩单（原件）1份；3. 二级甲等以上医院出具的近期体格检查合格证明，体检表照片上要加盖体检医院骑缝章；4. 获奖证书、英语四、六级证书、公开发表的学术成果及参加各种学术科研活动等体现自身能力或学术水平的材料复印件。5. 本科直博生须提交申请表1份、本人身份证复印件（正反面）、专家推荐书、推荐专家职称证书复印件。申请表和专家推荐信的模板可以在官网下载。长安大学均有多批次复试的惯例，因而一定要时刻关注官网动态。

第一百三十二章　石河子大学经济与管理学院

2017年9月22日，石河子大学研招网公布本校具有推免资格的2018届毕[①]业生，同年11月7日公布拟录取名单，该院可以接收校外推免生的专业（领域）为当年推免招生专业目录中招生专业（领域），因此推免生需及时关注官网，本文仅给出2016年所招收的专业，人数以及考试科目供参考（见文末）。

具体要求为：具有推免生资格，非涉外专业取得国家大学英语四级成绩在425分以上，外语类专业须取得专业外语四级以上的成绩，且在公开学术刊物上已发表过论文者优先接收。具体流程为：1.每年9～10月，申请人登录《石河子大学研究生招生信息网》（http://yz.shzu.edu.cn/）下载相关表格，并将全部免试申请材料 [1.《石河子大学接收外校推荐免试攻读硕士学位申请表》；2.加盖学院教务处公章的本科正式成绩单及成绩排名证明；3.身份证复印件、学生证复印件、国家大学英语等级证书复印件或成绩单、获奖证书复印件；4.学术论文、出版物或具有学术工作成果的复印件或证明。5.其他证明、申请材料] 寄至该院。2、将对申请人的资格进行审核，并及时通知符合条件的申请人来学校参加体检和复试，复试时间安排在10月25日前。复试通知、录取通知、名单公示等推免工作将通过中国研究生招生信息"推免服务系统"进行。

石河子大学经济与管理学院2016年接收科学学位推免研究生计划

学院名称	专业代码	方向代码	专业名称	方向名称	考查科目	拟接收推免生
经济与管理学院	020200	01	应用经济学	区域经济学		2
经济与管理学院	020200	02	应用经济学	产业经济学	1.管理学 2.统计学	3
经济与管理学院	020200	03	应用经济学	国际贸易学		2

---

① 小妍提醒：考一个好六级分数吧！

学院名称	专业代码	方向代码	专业名称	方向名称	考查科目	拟接收推免生
经济与管理学院	120200	01	工商管理	会计学	1.财务会计 2.财务管理 3.人力资源管理 4.经济学 5.统计学	5
经济与管理学院	120200	02	工商管理	企业管理		5
经济与管理学院	120200	03	工商管理	财务管理		2
经济与管理学院	120200	04	工商管理	人力资源管理		2
经济与管理学院	120300	01	农林经济管理	农业经济管理	1.农业经济管理 2.发展经济学 3.统计学	5
经济与管理学院	120300	02	农林经济管理	林业经济管理		1
合计					55	27

石河子大学经济与管理学院2016年接收专业学位推免研究生计划

学院名称	专业代码	方向代码	专业名称	方向名称	考查科目	拟接收推免生
经济与管理学院	025100	01	金融硕士	国际金融与国际贸易	1.金融市场学 2.经济学 3.统计学	5
经济与管理学院	025100	02	金融硕士	金融机构与投资理财		5
经济与管理学院	025100	03	金融硕士	资本市场与公司金融		5
经济与管理学院	025600	01	资产评估硕士	资产评估理论与方法	不详	2
经济与管理学院	025600	02	资产评估硕士	项目评估与管理		2
经济与管理学院	025600	03	资产评估硕士	企业价值评估		3[①]
经济与管理学院	095110	01	农业推广硕士	农村与区域发展		10

---

① 路姐提醒您：适当的训练口语

学院名称	专业代码	方向代码	专业名称	方向名称	考查科目	拟接收推免生
经济与管理学院	125300	01	会计硕士	会计理论与方法	1.专业综合（会计学、财务管理）2.管理学3.统计学	5
经济与管理学院	125300	02	会计硕士	财务理论与方法		5
经济与管理学院	125300	03	会计硕士	会计信息化		5
合计					95	47

第一百三十三章　新疆大学经济与管理学院

新疆大学经济与管理学院该院主要通过推免与考研的方式录取硕士研究生，学院开设的专业有工商管理，物流管理，信息管理，市场营销。2016年9月，该校试行接收本校优秀应届生作为推免生攻读硕士学位，据2017年7月公布的名单可知，无推免生选择该校的经济与管理学院。同年11月公布2018年招收推免生的专业及名额显示，该院仅工商管理与理论经济学专业接收推免生各16人且尚未公布录取名单。

考虑到推免的案例有限，本文主要介绍在该校就读本科的同学参加内保可以做的准备。选拔及确认资格的时间为每年9月，具体要求为：政治思想合格、身心健康，非外语专业汉族学生或民考汉学生全国大学英（俄）语六级达到426分（含426分）以上、民考民学生全国大学英（俄）语六级达到390分（含390分）以上，外语专业学生英（俄）专业八级考试良好以上。具体步骤为：经本科毕业学校（具有开展推免工作资格的高校）选拔并确认资格的推免生（且该校规定：推免录取成绩排名前10%的可优先获得申请硕博连读资格），须在国家规定时间内（2017年为9.28至10.25）登录"全国推荐优秀应届本科毕业生免试攻读研究生信息公开暨管理服务系统"（网址：http://yz.chsi.com.cn/tm）填报志愿并参加复试。

由于官网未提供推免复试的考察方式与内容，列出该院相关专业的考研书目供参考：

（806）经济学基础	《微观经济学》（第四版）叶德磊著，高等教育出版社； 《宏观经济学》（第四版）叶德磊著，高等教育出版社； 《政治经济学》（第四版）程恩富，高教出版社。
（807）管理学基础	《微观经济学》（第四版）叶德磊著，高等教育出版社； 《宏观经济学》（第四版）叶德磊著，高等教育出版社； 《管理学》（第三版）周三多，高等教育出版社。

第一百三十四章　西北大学经济管理学院

该院共设置理论经济学，应用经济学，工商管理，管理科学与工程四个硕士学位授权点（具体研究方向共27个），除金融硕士、工商管理硕士（MBA）、公共管理硕士专业外，其他专业均可接收推荐免试研究生。

2017年8月25日，该校研究生院官网发布有关推免政策的通知，具有推免生资格的考生，须通过教育部"全国推荐优秀应届本科毕业生免试攻读研究生信息公开暨管理服务系统"（网址：http://yz.chsi.com.cn/tm）对相关专业提出申请。学校分批次审核申请人信息，并通过"推免服务系统"向符合条件的考生发复试通知。该院进行分批次复试，接收时间截止10月下旬。凡有意申请推荐免试生的学生，需寄送材料：本人学生证、身份证复印件各一份；2. 国家级外语考试成绩或合格证书复印件一份；3. 有本科期间发表的论文或其他科研成果、获奖证书者，提供复印件一份（相关表格请在西北大学研究生招生信息网下载（http://yzb.nwu.edu.cn），考生提供相关材料原件须在面试时携带备查）至经济与管理学院所在地址。

由于官网有关推免的信息有限，无法获得复试的具体考察方式与内容，现将该院考研科目与参考教材列示如下，以便申请相关专业的同学做相应准备：

申请专业	参考教材
行政管理	612 管理学（含公共管理） 1.芮明杰：《管理学》，高等教育出版社，最新版； 2.雷恩著，孙健敏、黄小勇、李原译，《管理思想史》，中国人民大学出[1]版社，最新版； 3.陈振明：《公共管理学——一种不同于传统行政学的研究途径》，中国人民大学出版社，最新版。804 经济学高鸿业主编：《西方经济学》，中国人民大学出版社，最新版。

---

[1] 小西提示：最好有一些科研成果哦（*. ω< ）

申请专业	参考教材
政治经济学、 经济思想史、 西方经济学、 世界经济、 人口、 资源与环境 经济学	801经济学 1.《现代政治经济学》，白永秀主编，高等教育出版社，2008年版； 2.《政治经济学（第五版）》，逢锦聚等主编，高等教育出版社，2014年版； 3.《微观经济学》，任保平等主编，科学出版社，2016年版； 4.《宏观经济学》，任保平等主编，科学出版社，2016年版； 5.《中国经济学60年：1949~2009》，白永秀、任保平主编，高等教育出版社，2009年版； 6.《中国市场经济理论与实践（第2版）》，白永秀，任保平主编，高等教育出版社，2011年版； 7.《西方经济学说史》，任保平编著，科学出版社，2010年版； 8.《当代西方经济学主要流派（第二版）》，方福前著，中国人民大学出版社，2014年版； 9.《微观经济学：现代观点（第九版）》，[美]哈尔·R.范里安，格致出版社，2015年版； 10《宏观经济学（第6版）》[美]奥利维尔·布兰查德大卫·约翰逊清华大学出版社2014年版
管理科学 与工程、 会计学、 企业管理、 旅游管理、 技术经济 及管理	803管理学与运筹学（管理学占100分，运筹学占50分） 1.《管理学：原理与方法（第六版）》，周三多，陈传明等编著，复旦大学出版社，2014年版； 2.《管理运筹学》，茹少峰，申卯兴编著，清华大学出版社，北京交通大学出版社，2008年版，2014年印刷。
国民经济学、 区域经济学、 财政学、 金融学、 产业经济学、 数量经济学	806西方经济学与应用统计学 1.《微观经济学》，任保平等主编，科学出版社，2016年版； 2.《宏观经济学》，任保平等主编，科学出版社，2016年版； 3.《统计学》，贾俊平等编著，中国人民大学出版社，2012年版； 4.《微观经济学：现代观点（第九版）》，[美]哈尔·R.范里安，格致出版社，2015年版； 5.《宏观经济学（第6版）》，[美]奥利维尔·布兰查德，大卫·约翰逊，清华大学出版社，2014年版； 6.《全球视角的宏观经济学》，[美]杰弗里·萨克斯，费利普·拉雷恩，格致出版社，2012年版。

第一百三十五章　兰州理工大学经济管理学院

　　该院现有工商管理、管理科学与工程2个一级学科硕士点，包括企业管理、会计学、管理科学与工程、技术经济及管理学、旅游管理、财务管理、产业决策与管理、物流管理8个二级学科硕士点，有工商管理（MBA）、会计（MPAcc）、国际商务（MIB）3个硕士专业学位点。除工商管理硕士（MBA）专业学位外，其他学术型专业和全日制专业学位专业领域均可接收推免生，推免生均享受新生一等奖学金。

　　2017年10月20日，兰州理工大学经济管理学院官网发布关于招收攻读硕士学位研究生的招生简章，由于官网信息有限且推免案例（2017年仅一例）不足，需要申请者及时关注是否需要通过该院自有系统进行网申或直接通过国家教育部推免系统进行网申，复试的考核内容及形式不详，现给出如下考研科目与教材：

教材名称	版本
《会计学》	陈信元，上海财经大学出版社，2013年8月（第一版）[①]
《财务管理》	财政部会计资格评价中心编，经济科学出版社，2016年
《管理会计学》	张巧良主编，经济科学出版社，2013年5月（第二版）
《成本会计学》	于富生，黎来芳，张敏主编，中国人民大学出版社，2015年6月（第七版）
《管理学–原理与方法》	周三多，陈传明，鲁明弘，复旦大学出版社，2013年（第五版）
《企业战略管理》	杨锡怀主编，高等教育出版社，2010年2月
《生产与运作管理》	陈荣秋等，高等教育出版社，2011年6月
《市场营销学》	吴健安，高等教育出版社，2011年6月（第四版）
《运筹学基础及应用》	胡运权，高等教育出版社，2014年2月（第六版）
《工业技术经济学》	（第三版），傅家骥，清华大学出版社
《系统工程》	汪应洛，机械工业出版社，2011年6月（第四版）
《系统工程理论、方法与应用》	汪应洛，高等教育出版社（第二版）

---

① 小妍提醒：（￣▽￣）♪*Studying makes me happy*

后 记

本书结束编写的日子，在春节前夕，历时数月的紧张编写终于结束，编写团队都长舒了一口气，面对大量书稿，我们也是成就感满满。

下笔千言，但是写到这里的时候，反而没有太多话可说。

只希望这本书，对数万经管法保研学子的保研申请之路，有所帮助，有所启发。

也希望师弟师妹们，能够珍惜保研这样一个机会，认真的选择自己想要就读的院校，全心全意准备申请材料，勇敢镇定的参加复试，为人生道路上即将开启的新篇章创造一个好的美丽的开端。

《经管法保研分院校详解》编写团队

2018年2月6日

易保研：

全专业、全流程的大陆最强保研辅导机构，由顶级高校离任招生官与硕博组成，万名保研学子的成功选择。注重教研、学员为先，做有温度的辅导是我们的服务宗旨。

保研，一段关乎命运的旅程。这段旅程，对每个"保研者"都是第一次，也是最后一次。这一次，你将与众多高手过招，如果失败了，你可以不甘心，却无法从头来过。每位"保研者"都是优秀的人才，为了保持优异的成绩刻苦学习，为了获得出色的比赛名次废寝忘食，为了做出优秀的科研成果绞尽脑汁……三年磨一剑，终于获得保研的入场券。但是，自我定位的失误、保研政策的变动、保研资讯的缺乏、院校选择的迷茫等，都可能让"保研者"所有的努力功亏一篑。在接触众多保研学子的过程中，我们为每一位保送到理想院校的同学感到欣喜，更为因错失良机而保研失败的同学感到惋惜。保研时，我们那么接近成功，却又那么容易失败。成功的理由就那么几个，失败的原因却很多很多。甚至，在终点前倒下时，很多人还不知道倒下的原因。那就和"易保研"一起前进吧！让一群最专业的"过来人"帮助你定位自己、选择院校、联系导师、准备复试，让你在保研路上走得更加从容、更加自信……易保研，因为最懂得，所以最专业！"易保研"团队由多位参与过保研论坛管理与运营的核心成员，以及历经保研的千锤百炼、品尝过保研的苦辣与酸甜的"过来人"组成。从保研路上走过，我们拥有保研方面独一无二的一手资料，所以，对于保研，"易保研"最具有发言权！"易保研"提供的服务：1. 水平评估：帮助"保研者"合理地认识自己、定位自己。2. 目标确定：帮助"保研者"在个人水平的基础上，理性选择院校，实现目标的最合理化、最大化。3. 个人简历撰写：简历是"保研者"的门面，一份完美的简历，是成功保研的起点。有了"易保研"，你将所向无敌。4. 联系导师：在目前的保研形势中，导师的重要性不言而喻，"易保研"助你成功获得导师的青睐，从众多高手中脱颖而出！5. 面试技巧培训：面试时候紧张？语无伦次？不能完美展示自己？没关系，让"易保研"帮你轻松渡过难关。6. 保研生涯规划：如果正处于大一、大二的你已经决定以后要保研，那就来"易保研"吧，为你量身打造一个成长规划，让你的求学之路一帆风顺！"易保研"能够为你做的还有很多很多，让最懂得保研的人作为你坚强的后盾，纵然高手云集，你依然所向无敌！

官网：www.ebaoyan.cn

官网微信：iebaoyan

官网微博：易保研

咨询电话：4000521226　QQ:2852385184/2852385183

易保研论文中心

一、项目的立项依据（请简要阐述EBY论文中心成立的意义，综述国内论文辅导业的进展，以及EBY论文中心的贡献与创新性）

科研对于保研党有多重要？

申请夏令营或9月推免时，都不免被要求提交代表性学术论文，有些学校要求提交研究计划并作为重要的考核指标，不少学校复试有论文答辩，即使没有答辩，面试时老师也会围绕您的科研反复询问。科研能力要经受住老师犀利的盘问以及N道关卡的考核。

作为本科生，科研探索有多苦恼？

本科指导科研的导师有自己的节奏，更多的还是要自己琢磨探索试错；计量经济学只学了初级的理论，难以应用；软件操作几乎一窍不通；学术规范一窍不通；更别提不少同学，从选题这一步起，就已经卡住了……

市场现有的论文辅导业务都是代写代发或者直接帮忙处理数据，然而弊端很明显——

➢ 违背学术规范

➢ 论文质量很低，招生导师更偏爱虽未发表但是有含金量的论文，而非发表于垃圾期刊的低质量论文

➢ 没有自己学习、操作模型的过程，复试时很容易露馅

EBY论文中心从设立初期就建立了"授人以鱼不如授人以渔"的理念，对辅导方式进行了大胆创新。不仅让您有论文，更要教会您写论文。通过1V1授课，细致且针对性地解决您的难题！中心现设课时类辅导和VIP打包型辅导，快来瞧一瞧噢~

二、项目的研究内容、研究目标，以及拟解决的关键问题

手把手，从选题开始，教会零基础学员完成论文

通过一对一授课的方式，手把手、深入浅出地教您攻克选题、数据搜集、软件操作、案例分析、论文行文等难关。帮您梳理难点，弥补基础，告诉您最直接的解决问题的方式。哪怕您是零基础的学员，在课程结束之后，都能够有明确、具体的方向与方法去完成论文。

帮助完善已有论文：分析论文的不足，细致辅导改进办法

论文答辩辅导

除了传统的答辩模拟之外，还可以灵活增加课时或选择VIP辅导，强化ppt制作、讲稿、如何妥善回答可能遇到的问题等。

论文中心1V1、授课前先了解学员需求规划课时的辅导模式，可以灵活且针对性地满足您的需求。

哪里遇到了困难？想学EndNote？文献综述？科研项目？或者"我就是啥也不会怎么办"？只要在课时规划时告诉您的咨询师，咨询师会给您满意的答案。

三、项目研究基础与工作条件（为什么EBY论文中心能够做到这些！）

规范的辅导方式：

EBY论文中心不仅仅有科研很强且耐心的师兄师姐，还有非常详细的辅导指南，辅导指南由论文中心负责人根据自己多年科研经验结合试讲制定，再根据咨询师授课、学员反馈情况不断修改完善。咨询师上课的每一个小环节背后都有一大段的细则规定着具体要求。论文中心已经提前预想好了各种小白写论文可能遇到的难题，并且纳入课程必教内容。

强大的辅导团队：

易保研论文中心成立于2017年。咨询师的专业与研究方向包括且不限于经济、管理、教育、信息管理、理科、工科、法律、心理学、文学、医学等。咨询师所在院校遍布清华、北大、复旦、人大、浙大、中国政法大学等。论文中心多位咨询师已经在《经济研究》、《管理世界》、SCI、SSCI和CSSCI期刊发表论文。

他们不仅有过硬的实力，更有对学员认真耐心的工作态度。论文中心目前针对零基础学员研发出国内独一无二的教学方法，中心成立短短数月已累计帮助三十余名零基础学员完成论文，其中不少科研零基础学员最终被重视学术的名校录取。除此之外，论文中心也致力于帮助学员完善已有论文，攻克毕业论文、研究计划、论文答辩、文献综述、案例研究、数据处理建模等难关。

科研方面遇到难题找我们就对了！易保研论文中心期待帮助更多的学员！